Genozid und Moderne

Genozid und Moderne

Band 1
Strukturen kollektiver Gewalt im 20. Jahrhundert

Herausgegeben von
Mihran Dabag und Kristin Platt

Leske + Budrich, Opladen 1998

Titelgrafik: Assadour 1996

Gedruckt auf säurefreiem und altersbeständigem Papier.

ISBN 978-3-8100-1822-9 ISBN 978-3-322-97381-8 (eBook)
DOI 10.1007/978-3-322-97381-8

Inhalt

Kristin Platt

Genozid und Moderne: Strukturen kollektiver Gewalt im 20. Jahrhundert. Einleitung

Genozid und Moderne? Die Begriffskombination mag leichtfertig, plakativ gedankenlos oder provozierend erscheinen. Kann die Zusammenführung zweier so vielschichtiger Begriffe überhaupt eine weiterführende, vielschichtige Diskussion eröffnen? Überwiegt nicht die Befürchtung der Stereotypisierung und Analyseungenauigkeit angesichts des unpräzisen und schlagwortartigen Charakters der Begriffe jene Versuche, dem Konstrukt programmatische Bedeutung zuzuschreiben? Steht eine unter dem Konzept *Genozid und Moderne* geführte Diskussion unvermeidbar vor der Gefahr, zum Irrläufer des unklaren Bedeutungshorizonts der beiden Einzelbegriffe selbst zu werden? Oder charakterisiert das Konzept nicht doch gerade die aktuellen Ausprägungen und Richtungen der Diskussionen um Verfolgung und Völkermord? Wenn das letztere der Fall sein sollte, aus welchen Gründen wird dann die normative Ebene der Moderne-Diskussion in die Analyse von Völkermord einbezogen, welche Funktion ist ihr hier zuzuschreiben? Welche Aspekte vermögen Studien, die sich unter dem Schlagwort *Genozid und Moderne* über einen theoretischen und sogar vergleichenden Weg dem Ereignis Völkermord anzunähern suchen, überhaupt in die wissenschaftliche Diskussion einzubringen angesichts der notwendigen Einsicht, daß noch immer zu viele Einzelstudien zu wichtigen Fragen der Durchführung der nationalsozialistischen Vernichtungspläne - wie ebenso anderer Genozide - ausstehen?

In bezug auf den vorliegenden Band wird eine weiterführende Diskussion vor allem von einer Bereitschaft abhängen: der Bereitschaft der Akzeptanz, das in dem scheinbar Gewußten noch zu viele Aspekte des Noch-Nicht-Erforschten zu erkennen sind; einer Bereitschaft, sich mit anderen Genoziden zu beschäftigen; einer Bereitschaft, die Beschäftigung mit dem Prozeß, den Strukturen und dem Ereignis Völkermord auch in unsere Gegenwart hinein zu verfolgen - das bedeutet nicht zuletzt auch, eine Auseinandersetzung mit Facetten der Historisierung der Shoah zu suchen. Denn gerade für diese letzte Forderung müssen wir akzeptieren, daß die Beschäftigung, jene »Aufarbeitung« des Vergangenen, jenes »Nie wieder«, dem wir uns verpflichtet fühlen und das unsere Gegenwart legitimiert, im allgemeinen als Aufforderung zu einer Art von »Humanität« und »Toleranz« oder sogar auch eines »sozialen Friedens« gedeutet wurde und »trotzdem« nicht ausreichte, neuer Gewalt zu begegnen. Der Glaube an das Böse, das den nationalsozialistischen Täter doch unweigerlich bewegt haben müsse, das Denken des Nationalsozialismus über zivilisatorische Oppositionsbilder von Fortschritt und Rückfall, Zivilisation und Barbarei, hat deutliche Vereinfachungen im Verständnis der Prozesse des nationalsozialistischen Verfolgungs-, Segregations- und Vernichtungshandeln mit sich gebracht. Gleichsam scheint ein solches Denken in der Konfrontation mit neuerlicher kollektiver Gewalt den Blick verstellt zu haben für das Erkennen charakteristischer Verlaufsstrukturen beispielsweise im Falle Jugoslawiens oder Ruandas. Da, wo, wie Detlev Claussen warnt, die Metapher »Auschwitz als radikale Infragestellung wissenschaftlicher Welterkenntnis ... beiseite geschafft (wird) zugunsten einer wiederbelebten konventionellen Werteordnung der Toleranz, die sich substantiell von der Beliebigkeit nicht mehr unterscheidet«,[1] wo der Allgemeinheit der menschlichen, noch nicht überwundenen Bestie gedacht wird und eine aus Betroffenheit und »Aufarbeitung« zu gewinnende Humanität auch dem zukünftigen Bösen vorbeugen soll, ist kaum noch Platz für das spezifisch jüdische Opfer[2] wie für andere Opfer kollektiver Gewalt.

Warum hier aber zunächst von einer Bereitschaft die Rede sein sollte und nicht von Fragen, die unter der angesprochenen Herausforderung *Genozid und Moderne* überhaupt zu stellen möglich sind, ist natürlich nicht zufällig, sondern deutet auf einen der Leitgedanken dieses Bandes hin. Denn über *andere* Formen kollektiver Gewalt und *andere* Fälle von Völkermord zu reden, ist noch immer nicht in einem selbstverständlichen Rahmen möglich, sondern von der vorangestellten Beteuerung abhängig, fern von Relativierungstendenzen der Shoah zu stehen. Ebenso abzuwehren hat man den Verdacht, den einzeln betrachteten »Fall« nicht als singulares Ereignis zu verfolgen, sondern der vergleichenden Differenzierung opfern zu wollen. Doch haben auch wir uns in diesem Band auf die Einbeziehung von Einzelbeiträgen über den jungtürkischen Völkermord an den Armeniern, das Lagersystem des GULag sowie den Verweis auf die Con-

1 Claussen, Detlev: Veränderte Vergangenheit. Vorbemerkung zur Neuausgabe 1994, in: Grenzen der Aufklärung. Die gesellschaftliche Genese des modernen Antisemitismus, Frankfurt a.M. 1994 (1987), S. 24.

2 Wobei an dieser Stelle zunächst auf eine Diskussion des höchst problematischen Opferbegriffs verzichtet werden muß.

quista und die Vernichtungen indigener Völker beschränkt,[3] denn es ist nicht allein fraglich, inwieweit eine Sammlung von Einzelbeschäftigungen über Genozid»fälle« die Diskussion über Entwicklungsstrukturen von Völkermord überhaupt weiterführen kann. Zu drohend ist darüber hinaus die Gefahr, sich in Differenzierungskategorien, in Rangstufen des Schreckens oder Zivilisierungsgraden der ausgeübten Verbrechen zu verlieren. Trotzdem werden gerade die hier versammelten Beiträge auch die Unterschiedlichkeit von Formen kollektiver Gewalt verdeutlichen wie ebenso auf differente Anwendungen und Anwendungsmöglichkeiten des Genozidkonzepts verweisen.

Aufmerksamkeit verlangt jedoch, daß sich Kategorien über unterschiedliche Formen von Verfolgung und Völkermord in englischen, französischen oder US-amerikanischen Forschungsdiskursen trotz, genauer eigentlich *mit* der moralisch wertenden Begleitdiskussion als analytische Kategorien spätestens seit Mitte der 70er Jahre allgemein durchgesetzt haben. Die Unmöglichkeit, solche Kategorien in der deutschen Diskussion zu verfolgen, scheint dabei aber doch weniger von unserer Sensibilität gegenüber Relativierungstendenzen bestimmt. Auch mag die Tatsache, daß es aus unterschiedlichen Gründen in deutschen Geschichtsbüchern nur einen Völkermord gibt - und beispielsweise der Genozid an den Armeniern kaum dem Bewußtsein präsent ist -, der Offenheit gegenüber anderen Verfolgungen zwar im Wege zu stehen, dies aber möglicherweise eher aufgrund einer unterschwelligen Furcht, daß jenes Deutschland auch für andere Verfolgungen und kollektive Gewalt in der Geschichte verantwortlich oder mitverantwortlich gemacht werden könne.[4]

3 Leider bleibt die Literaturanalyse sehr schnell vor der Erkenntnis stehen, daß sich Beschäftigungen beispielsweise über die Verfolgung indigener Völker häufig kaum aus einem ethnologischen oder kulturanthropologischen Rahmen gelöst haben. In den Publikationen zu solchen »Randthemen« muß man feststellen, daß hier wenig Anschluß an internationale Diskurse und interdisziplinäre Paradigmen um Gewalt, Verfolgung und Völkermord besteht. Wir bedauern, keinen Einzelbeitrag zu den Vorgängen in Ruanda und Burundi vorstellen zu können. Daher sei an dieser Stelle verwiesen auf Scherrer, Christian: Ethnisierung und Völkermord in Zentralafrika. Genozid in Rwanda, Bürgerkrieg in Burundi und die Rolle der Weltgemeinschaft, Frankfurt a.M./New York 1997. Zu Ruanda und Burundi vgl. aber in diesem Band insbesondere die Darstellungen im Beitrag von Otto Luchterhandt.

4 Vgl. dazu die Diskussion um die Arbeit von Vahakn Dadrian sowie seine Arbeit selbst, die sich an zu vielen Einzelpunkten jedoch nur schwer von Stereotypen lösen kann: German Responsibility in the Armenian Genocide. A Review of the Historical Evidence of German Complicity, Watertown/Mass.1996.

Kritisch diskutiert werden sollte jedoch auch der häufig willkürlich erscheinende Gebrauch von Begriffen und Konzepten, die aus der Auseinandersetzung mit dem Nationalsozialismus in die Diskussion von Ausländerproblematiken, Ausländerfeindlichkeit und Rechtsradikalismus - stets aufs neue in enge Nähe zum Rassismus gestellt - eingebracht wurden. In der Diskussion um Ausländerproblematiken finden sich Paradigmen und Metaphern, die dem Versuch zu unterliegen scheinen, die nicht geführte Auseinandersetzung um den Nationalsozialismus und eine Schuldigkeit auch gegenüber anderen, realen und potentiellen Opfern von Gewalt abzuleisten - als Arbeit am jüdischen Opferbegriff ohne ein Sprechen des Wortes Jude, ohne Durchbrechen von Verdrängungshaltungen. Während solche Einstellungen die Völkermordprozesse selbst verharmlosen, schüren sie gleichsam Verharmlosung und Intoleranz gegenüber den Opfergruppen von Gewalt, da nicht Empathie sondern »Pflichten« zur Geltung gebracht werden. Die Spuren dieser öffentlichen Auseinandersetzung werden auch in wissenschaftlichen Diskussionen deutlich. So lassen sich im besonderen im Umkreis soziologischer Forschung über Ethnizitätsproblematiken und Fremdenfeindlichkeit Annäherungen entdecken, in denen es häufig weniger um Ereignisklärungen geht, sondern um eine Rettung der eigenen Gegenwart im Generationengefüge der Täter. Gerade in diesen Auseinandersetzungen werden normative Fragen an die Gestaltwerdung der Aufklärung gestellt, es werden unter dem Konzept der Moderne jegliche Identität und Tradition als gewaltvolle Unheilsboten gebrandmarkt, es ist von dem sozialen Konstruktcharakter aller Identität, von der Relativität der Identität die Rede, von »zivilisatorischen Gefährdungslagen« und »kulturellen Gewaltpotentialen«[5]. Findet in diesen Diskursen nicht eine entschlossene Leugnung der gewaltvoll homogenisierenden Prozesse statt, die die soziale Konstruktion von Eigen und Fremd, vielmehr von dem Einen und dem Anderen, aus einer definierten Menge des Gleichen erst bedingten? Prozesse, die für das gegenwärtige Europa das Setzen einer modernen »reflexiven« Identität ebenso wie die gegenwärtige Rede von einer »Globalisierung« erst ermöglichten, da sie auf den Ergebnissen jener Gewaltprozesse beruhten? Werden mit einer solchen Rede nicht die Utopien der Täter verwirklicht, indem die Annahme einer prinzipiellen Gleichheit der Menschheit hier auch einer Verneinung von Verschiedenheit Raum gibt?

5 Vgl. zu den Begriffskonzepten Beck, Ulrich: Wie aus Nachbarn Juden werden. Zur politischen Konstruktion des Fremden in der reflexiven Moderne, in: Modernität und Barbarei. Soziologische Zeitdiagnose am Ende des 20. Jahrhunderts, hrsg. von Max Miller und Hans-Georg Soeffner, Frankfurt a.M. 1996, S. 329.

Melange übertitelte Adorno seine Überlegungen zur Toleranz in *Minima Moralia*: »Wollte man demgegenüber die Gleichheit alles dessen, was Menschenantlitz trägt, als Ideal fordern, anstatt sie als Tatsache zu unterstellen, so würde das wenig helfen. Die abstrakte Utopie wäre allzu leicht mit den abgefeimtesten Tendenzen der Gesellschaft vereinbar. Daß alle Menschen einander glichen, ist es gerade, was dieser so paßte. Sie betrachtet die tatsächlichen oder eingebildeten Differenzen als Schandmale, die bezeugen, daß man es noch nicht weit genug gebracht habe; daß irgend etwas von der Maschinerie freigelassen, nicht ganz durch die Totalität bestimmt ist. Die Technik der Konzentrationslager läuft darauf hinaus, die Gefangenen wie ihre Wärter zu machen, die Ermordeten zu Mördern.«[6]

Mit dem vorliegenden ersten Band einer zweibändigen Publikation möchten wir zunächst Fragen aufwerfen und zusammentragen, die für eine von dem Genozid an den europäischen Juden ausgehende Betrachtung zu Strukturen kollektiver Gewalt überhaupt von analytischem Interesse sein könnte. Das Begriffspaar *Genozid und Moderne* sollte dabei nicht als Begriff einer Verlegenheit oder eines Etiketts verstanden werden. Vielmehr haben sich die einzelnen Beiträge des Bandes sehr bewußt in die historische wie auch systematische Verortung ihres Gegenstands unter der aufgeworfenen Fragestellung eingelassen - eine Fragestellung, die mit den Arbeiten von Zygmunt Bauman erstmals in einen breiteren Forschungsdiskurs Eingang fand, wenn sie auch bereits auf ihre eigene Weise die Durchführung der Völkermorde an Juden und Armeniern oder das Gewaltsystem des GULag begleitet hat. Daß in den einzelnen Arbeiten keine tendenziell identischen Leitlinien im Umgang mit der Idee Moderne festzustellen sein werden, erfordert möglicherweise nicht der Erwähnung.

Zwischen den Schwerpunkten der gegenwärtigen Diskussion, von »Grenzen des Verstehens«[7] bis zu Bedingungsanalysen von Modernisierungsprozessen und Völkermord,[8] möchten die Beiträge des vorliegenden

6 Adorno, Theodor W.: Minima Moralia (zuerst 1950), in: Gesammelte Schriften Bd. 4, Frankfurt a.M. 1980.

7 In Anspielung: Holocaust: Die Grenzen des Verstehens. Eine Debatte über die Besetzung der Geschichte, hrsg. von Hanno Loewy, Reinbek 1992.

8 Vgl. als Sammelpublikation zum Beispiel: Nationalsozialismus und Modernisierung, hrsg. von Michael Prinz und Rainer Zitelmann, Darmstadt 1991; Nationalsozialismus und Moderne, hrsg. von Harald Welzer, Tübingen 1993; Modernität und Barbarei. Soziologische Zeitdiagnose am Ende des 20. Jahrhunderts, hrsg. von Max Miller und Hans-Georg Soeffner, Frankfurt a.M. 1996; Terroristische Diktaturen im 20. Jahrhundert. Strukturelemente der nationalsozialistischen und stalinistischen Herrschaft, hrsg. von Matthias Vetter, Opladen 1996.

Bandes zunächst eine Bestandsaufnahme wagen über Schwerpunktparadigmen in der Diskussion des Nationalsozialismus und der Shoah, um dann Perspektiven nachzuzeichnen und zu problematisieren, die von der gegenwärtigen Einbeziehung einer Idee Moderne oder der Berücksichtigung von Strukturen und Strukturelementen von Modernisierungsprozessen geprägt sind. Im Rahmen dieser Auseinandersetzung suchen auch die Beiträge einer vergleichenden Genozidforschung, in diesem Band zum ersten Mal in deutscher Sprache veröffentlicht, nach Ergänzungen der bisher in Deutschland vor allem im Rahmen der Geschichtswissenschaften verbliebenen Analysen. Besonders hervorzuheben ist der Artikel von Otto Luchterhandt, der über die Prüfung der völkerrechtlichen Bestimmungen hinaus interdisziplinäre Analysefragen an eine Genozidforschung formuliert, während die Einzelbeiträge zur Conquista, zum Völkermord an den Armeniern, zum nationalsozialistischen Völkermord und zum System GULag in den ihnen eigenen Sprachen und interpretativen Schwerpunkten sowohl andere Aufmerksamkeiten einfordern als auch Erweiterungen einzubringen vermögen.

1.

Eine Diskussion der Moderne vor dem Hintergrund von Gewalt und Völkermord zu suchen oder auch einen »modernen Völkermord« als spezifische Ausprägung von Modernisierungsprozessen zu beschreiben, unter diesen Annäherungen sind zunächst doch zumeist eindimensionale, vermeintlich eindeutige Erklärungsmuster festzustellen, die sich, wie man auch vermuten mag und womit sich im besonderen Michael Schäfer in seinem Beitrag auseinandersetzt, um das Moment einer Rationalitätskritik zentriert zeigen.

Rationalität und Technologie - auf das Verfolgungs-, Ausgrenzungs- und Vernichtungshandeln der nationalsozialistischen Täter bezogen dienen beide Kategorien dazu, sowohl die Gewissensüberwindung der Täter zu erklären, als auch die Shoah von anderen, vorhergehenden wie nachfolgenden »barbarischen«, weil weniger technologisierten oder rationalen Mordaktionen und Massakern abzugrenzen. Während offensichtlich die Beschreibung von Eigenschaften das Verstehen der Verlaufsprozesse in den Hintergrund gedrängt hat, scheint darüber hinaus die Überlegung der Art und Weise des Fortschreibens der Zivilisationsgeschichte jede fokussierende Einzelanalyse zu überwältigen. Zeigt sich hier eine Begleiterscheinung des problematischen Umgangs der Wissenschaften mit dem »Phänomen« der Gewalt, die lange Zeit in evolutionistischen Mustern gedacht wurde? »Das klassische Sozialdenken«, so hält Michel Wieviorka für die Sozialwissenschaften fest, »bleibt von der Furcht vor Anomie, vor der Zunahme innerer Gefahren durchdrungen, es ist auf Ordnung und Integration bedacht und fragt unentwegt nach möglichen Destabilisierungen, die die Moderne und die Entzauberung der Welt mit sich bringen könnten.«[9] Kann ein Völkermord »in der« Moderne tatsächlich nur über eine Entscheidung zwischen zwei Motiven gedacht werden, dem Motiv des Rückfalls in vormoderne, barbarische Zeiten oder eben der formvollendeten Nutzung aller modernen Institutionen und Handlungsstrukturen zur Gestaltung eines »modernen Völkermords«?

Unzweifelhaft sind die Vernichtungslager, wie Wolfgang Benz in seinem Beitrag vorangestellt hat, als »zentrale Denkfigur des 20. Jahrhunderts« zu sehen. Denn die Tatsächlichkeit des Ereignisses fordert nach wie vor jede Generation zur Selbstdefinition heraus, zur Definition der eigenen Stellung im Generationenprozeß wie im historischen Prozeß der Entwicklungen des 20. Jahrhunderts. Es gibt kein Wohlfühlen mehr, kein gleichmütiges Sonnen in der Beruhigung eines technischen Fortschritts, weil wir um jene Kehrseite der Moderne wissen - oder ist es nicht ihre Kehrseite, sondern einer der ihr zugehörigen, unüberwindbaren Charakterzüge? Sind jene Ideen der Moderne »nicht mitschuldig geworden? War der 'Verwaltungsmassenmord' am Ende sogar ein 'legitimes Kind im Haus der Moderne'? Hat die Moderne selbst einer Genozidalität Raum gegeben? Oder hat sie sich nur mißbrauchen lassen? War sie nur blind für den geschichtlichen Nährboden verbrecherischer Projekte, die *ihr* nicht zur Last gelegt werden können?« fragt Burkhard Liebsch.

Illusion und Bewußtsein jener Epoche, die wir als Moderne bezeichnen, sie hatten versprochen, »das Tier im Menschen, das Barbarische im Zivilisierten auszulöschen«, so Zygmunt Bauman im vorliegenden Band. Doch dieses Versprechen hatte sich nicht erfüllt; der Bruch dieses Versprechens wurde, wie Burkhard Liebsch überlegt, als Versagen interpretiert, er wurde zurückgeführt auf gültig gebliebene prämoderne Traditionen wie auf der Moderne inhärente Problemlagen - oder auch auf eine Unfähigkeit des Menschen, die Moderne zu »handhaben«, in den modernisierten Strukturen »sozialkompetent« zu handeln. Jenes Versagen aber begleitet auch das gegenwärtige Weiterdenken des modernen Projekts; ein Fortdenken, das sich nicht allein durch eine Vielzahl offener Fragen auszeichnet, sondern

9 Wieviorka, Michel: Gewalt, Gesellschaft und Identität. Eine europäische Perspektive, in: Das zivilisierte Tier. Zur historischen Anthropologie der Gewalt, hrsg. von Michael Wimmer, Christoph Wulf und Bernhard Dieckmann, Frankfurt a.M. 1996, S. 164-178, hier S. 167.

das in seiner Bewegung ebenso Überwindung ist, wie wir für die europäische Geschichte stets gewohnt waren, »Überwindungsmodelle«[10] zu konzipieren (Feudalherrschaft durch Aufklärung, Biologismus durch soziale Determinierungen, Nationalismen durch Globalisierung...). Auffällig ist die bereits erwähnte Latenz entwicklungsorientierter, geschichtsphilosophischer Motive. Wird mit dem Einwilligen in den Begriff einer Postmoderne jene Vision Moderne auch nicht als prinzipiell beendet angesehen, so doch durch die Betonung eines Epochensinns als prinzipiell weiterzuentwickeln und prinzipiell beendbar? Sind Epochen - und so auch die Moderne - stets weiterzudenkende Modelle? Welches Versprechen wird das gebrochene, welche Epoche jene ablösen, die nicht allein nach der Überwindung des Vorherigen fragte, sondern nach einer für immer gültigen und alles hinter sich lassenden Überwindung? »So ist auch das Versprechen endlich in dem Sinne, daß die Gefahr erneuten Versagens es wie ein Schatten begleitet, der schon jetzt an einen künftigen Bruch denken läßt. Doch ist es der Kern allen 'sozialen' Lebens. Und insofern dieser Kern angegriffen wurde, gehört Auschwitz nicht allein in eine 'historisierbare' deutsche Geschichte, sondern zur Geschichte aller«, so Liebsch.

Daß wir nach Auschwitz in ein neues Denken eingetreten und jede Kategorie neu zu denken aufgefordert sind - folglich auch die Kategorie der Moderne -, diese Setzung Adornos ist ein untrennbar mit der ausgesprochenen Herausforderung *Genozid und Moderne* verbundener Gedanke. Geht mit der Erfahrung der Shoah daher die Erfahrung eines »Sinnbruchs« einher? Ist ein solcher aus den Forderungen Adornos tatsächlich ableitbar oder zweifelte Adorno nicht gerade den Horizont an, unter dem Wertungen (ob sinn»haft«, sinn»fern« oder sinn»entfremdet«) vorgenommen werden? Von einem Kategorienbruch oder auch sogar jener »Sinnkrise« und der Notwendigkeit einer Neudefinition von Identitäts- und Geschichtsbildern auszugehen, erfüllt dabei zwei Funktionen: sie scheint zunächst eine Analysemöglichkeit zu eröffnen, die die eigene Verwicklung in den geschichtlichen Prozeß nicht als Ausgangspunkt denkt, andererseits sucht sie aus der Gefahr zu entkommen, sich unbewußt weiterhin in der Kontinuität von Täterbildern, -zielen und -projektionen zu bewegen. Der Gedanke eines Sinnbruchs, der Neudefinition und Neubestimmung wurde zweifelsohne ein zentrales Element der politischen Kulturen Europas nach 1945, die sich ja gerade über diese Motivlage zu konstituieren anstrebten.

10 Um einen Begriff von Mihran Dabag zu »entlehnen«, der »Überwindungsmodelle« dieses Jahrhunderts versus »Ergänzungsmodelle« diskutiert.

Kann eine von der Vernichtung der europäischen Juden ausgehende Frage nach dem Sinn, eine kritische Frage an die Art und Weise des Fortschreibens von Geschichte, im Anschluß an die von Karl Löwith ausgehenden Einsicht in das Heilsmotiv der Geschichtsschreibung gestellt werden? Ist diese Frage Einsicht in ein gebrochenes Erlösungsverständnis oder doch der Versuch, sich selbst aus der Geschichte der Kontinuitäten in die Definition eines Endes der Geschichte und des Sinns zu flüchten? Haben wir es mit dem Erkennen der selektiven Aspekte verallgemeinernder Prozesse in der Geschichte und einer von diesem Erkennen ausgehenden Konstruktion von Gegenentwürfen zu tun, möglicherweise mit dem Gegenentwurf einer Geschichte als »Erinnerungskultur«, wie es Lucian Hölscher überlegt, die dem der Geschichte immanenten »Charakter einer Raum und Zeit transzendierenden Totalität, welche gleichermaßen die Gesamtheit der vergangenen Ereignisse und die ihrer historiographischen Deutungen umschließt«[11] entgegensteht? Ein solcher Entwurf wäre jedoch nicht allein als »Gegenentwurf« zu verstehen, er würde vielmehr ein Erkennen der Erfahrungszentriertheit auch der Geschichtsschreibung fördern und Einsichten in »topographische«[12] Bedingtheiten, kulturelle Manifestationen, Bedingungen temporaler wie interpretativer Topoi aufdecken.

Während die Diskussion *Genozid und Moderne* zunächst Fragen nach Repräsentations- und Deutungsmustern der Idee Moderne selbst und ihrem Fortbestehen aufwirft, wie sie hier auch kurz angedeutet wurden, scheint sie in bezug auf eine engere Gewalt- und Genozidforschung bisher vor allem Analysen angeregt zu haben, die die Rationalität des Täterhandelns erfragen.

Unter den Beiträgen dieses Bandes ist es insbesondere Michael Schäfer, der den Versuch unternimmt, den Voraussetzungen des in der Völkermord-Diskussion doch eher allgemeinen Rationalitätsbegriffs zu begegnen, um in Konfrontation zu Horkheimer und Bauman eine von Max Weber ausgehende Analyse zu verschiedenrationalen Handlungsorientierungen zu überlegen und diese kritisch am Völkermordparadigma zu prüfen. Schäfer kommt es dabei darauf an, zu zeigen, daß Genozid »*sowohl* die Prinzipien Weberscher Zweckrationalität *als auch* die Prinzipien einer an den Zweck egoistischer Selbsterhaltung gekoppelten instrumentellen Vernunft widerlegt«, um zunächst für eine differenziertere Rationalitäts- und Vernunftskritik zu plädieren.

11 Hölscher, Lucian: Geschichte als »Erinnerungskultur«, in: Generation und Gedächtnis, hrsg. von Kristin Platt und Mihran Dabag, Opladen 1995, S. 146-168, hier S. 157f.

12 Ebd., S. 160ff.

Harald Welzer konzentriert seine Analyse des Täterhandelns unter der spätestens seit dem Eichmann-Prozeß immer wieder aktualisierten Überlegung, daß eine »Überwindung« von Gewissen nötig sei, um das »Böse« im Menschen hervorzubringen und über Gewissen und Moralität siegen zu lassen. Widersprechen die Handlungsmuster jener Täter tatsächlich den Mustern, die wir mit Elias und Kohlberg als moderne, zivilisierte Standards annehmen? Erfuhren diese Leitbilder der Moderne eine »Pervertierung«, oder waren jene ideologischen Täter Erfüllungsgehilfen des zivilisatorischen Fortschritts und hier nur ein wenig zu gewaltsam, zu schnell, zu radikal?

Gerhard Armanski entwirft ein Szenario des dichten Netzes des stalinistischen Terrors, in dem der Versuch einer Einschätzung des Täterhandelns, zweck- oder wertrational, pathologisch grausam oder mitleidlos, ausgeschlossen, das strukturell Böse einem ethischen Urteilen unzugänglich erscheint. In eindrucksvoller Weise wird in der von ihm bevorzugten Sprache deutlich, daß Normalität und Außergewöhnlichkeit, soziale Alltagsinteraktion und die Interaktion von Strafe, Benachteiligung und Terror nicht zu trennen waren, daß die Lager nicht als Randerscheinung zu sehen sind, also nicht als jene geheimen Orte des Terror verstanden werden können, sondern daß sie zentral stabilisierende und charakterisierende Funktionen des Systems selbst verdeutlichten: Aufgaben des wirtschaftlichen Profiterwerbs, der geographischen Besiedlung oder der politischen Säuberung erfüllend wie ihnen zugleich widersprechend.

Können wir Analysekategorien für eine Charakterisierung des Täterhandelns in Verfolgung, Terror und Völkermord entwickeln, ohne Oppositionsstrukturen des Normalen und des Bösen, des Guten und des Ausnahmefalls zu setzen?

Eine Anknüpfung findet diese Überlegung gerade auch im Beitrag von Wolfgang Benz. Vernichtung als politische Kategorie im Denken des 20. Jahrhunderts - war die Option einer radikalen Vernichtung, jener ausnahmslosen »Ausmerzung« und »Ausrottung« ein gültiges Repräsentationsmuster kollektiven Handelns? Benz macht deutlich, daß der Gedanke der Vernichtung in der Ideologie des Nationalsozialismus nicht allein angelegt war, sondern daß die Intention zur Vernichtung eine grundlegende Kategorie des politischen Handelns im Nationalsozialismus darstellte. Sucht man den Spuren von Vernichtung sowohl als Metapher wie auch als politische Kategorie zu folgen, steht man zunächst vor den nationalsozialistischen Plänen der »Auslöschung« des »Unwerten«; Benz führt darüber hinaus die Herausforderungen auch anderer systematisch vollzogener Gewaltakte an, vom Völkermord an den Armeniern bis zum Genozid in Ruanda. Wohin leitet uns die Frage nach den »Traditionen des Denkens«, die die Entwicklung von Vernichtungsphantasmen zu akzeptierten politischen Handlungsvorstellungen förderten? Benz diskutiert unterschiedliche Aspekte der weltanschaulichen Grundlegungen durch Antisemitismus und Rassismus, von »Übermensch«-Phantasien und Raumvisionen bis zur ideologischen Erschaffung einer Zwangslage, einer Notwendigkeit zur Vernichtung; seine Darstellungen weisen auf ein dichtes Feld zentraler Analyseaspekte für die Untersuchung von Desensibilisierungen und Durchführungsermöglichungen im Genozid hin.

Anschließend an solche und ähnliche aus der Thematisierung einer Modernität des Genozids erarbeiteten Untersuchungsfragen wie ebenso anknüpfend an die zuvor kurz aufgeworfene Diskussion der Idee und Identität von Moderne finden sich unter der Fragestellung *Genozid und Moderne* des weiteren Überlegungen zum Stellenwert der Vernichtung im Epochenverständnis einer Moderne.

In welchen Zusammenhang historischer Entwicklungen, geschichtlicher, weltanschaulicher und identifikativer Muster ist eine Vernichtung zu stellen? Sind Völkermorde zu sehen in dem »*spezifischen Gesamtzusammenhang eines 'reactionary modernism' der damaligen deutschen Gesellschaft*..., in der die Weltanschauungstäter ihre völkisch-radikale Utopie mit bestimmten Formen von Rationalität auf eigentümliche Weise miteinander verbanden«, wie es Schäfer zur Diskussion stellt?

Der Diskurs über die Moderne, so zersplittert er ist und so vielfältige Theorien und Theorieaspekte er auch aufzeigt, läßt sich möglicherweise doch durch zwei grundlegende Aspekte in seinen Analysen charakterisieren: dem Erkennen einer eigenen, entäußerlichten Handlungs»logik« von Strukturen und Institutionen sowie einem möglichen Widerspruch individueller zu kollektiven, institutionalisierten Handlungsorientierungen. Auch wenn wir einem normativen Verständnis von Moderne die Treue halten, ist es der Widerspruch zwischen dem Einzelnen und der Struktur, der desillusionierenden Erfahrung von Gegenwart und dem Versprechen des Seins, der unsere Auseinandersetzung mit Moderne prägt.

Doch haben wir uns zudem der Frage nach den modernisierenden Transformationsprozessen zu stellen, die die Entscheidung, die weltanschauliche Atmosphäre wie die Ausführungsprozesse des Genozids geprägt haben. Warum diskutieren wir das Konzept eines modernen Völkermords, nicht aber auch die Überlegung eines »modernisierenden Völkermords«, da, wo wir nicht allein, wie Mihran Dabag in seinem Beitrag betont, unmittelbar vor den Ergebnissen der Vernichtungen stehen und Völkermorden eine grundlegende Eingebundenheit in gesellschaftliche Transformationsprozesse zuschreiben müssen, sondern auch da, wo die bisherigen Begründungsversuche allein Motive auffinden - soziale, ideologische oder ökonomische -, und Völkermord auf den Vollzug einer Völkermordhandlung oder gar eine Reaktion reduziert erscheint? Ist die Vernichtung selbst als Absicht und als Ziel zu schwer annehmbar?

Häufig überlesen scheinen die Hinweise Zygmunt Baumans auf den schöpferischen Charakter von Völkermord, auf die Vernichtung als »kreative Vernichtung«, während Baumans Verweise auf das »Wesen« der Ziele, das (moderne) Wesen der Träume und Visionen des Völkermords - in der Tradition der Verfestigung menschlicher Herrschaft über die Natur, dort, wo ein »ästhetisch befriedigendes, transparentes, homogenes Universum im Spiel (ist), frei von quälender Unsicherheit, Ambivalenz und Ungewißheit« - doch stärker in den Mittelpunkt der Diskussion gerieten. Die Suche nach ordnungs- und interpretationsbezogenen Weltentwürfen waren natürlich »nur einer der modernen Träume«, wie Bauman betont, wobei jedoch weder »die nationalsozialistische noch die kommunistische Vision... in deutlichem Gegensatz zu der kühnen Selbstsicherheit und Hybris der Modernität« standen. Zur Erläuterung dieses immer wieder Diskussion herausfordernden Urteils sucht Bauman spezifisch moderne, institutionell gestützte Ursachen festzumachen, wie die moderne »Adiaphorisierung« oder moralische Neutralisation von Handlung. Gerade mit dem Gewicht auf dem Aspekt der modernen Institution stellt Bauman Kategorien vor, die in den Wunsch nach schnellen und einfachen Erklärungsansätzen - Barbarei oder Vernunft, strukturell »logisches«, das heißt »vernünftiges«, oder individuelles Fehlhandeln - wichtige Differenzierungen einbringen. Oder versucht Baumans Bild des hegenden Gärtners, der über den Völkermord eine Gestaltungstätigkeit verfolgt, doch vor allem auf jene scheinbar unvermeidbare Sinnfrage zu antworten?

Wenn die in dem vorliegenden Band versammelten Beiträge die Frage *Genozid und Moderne* verfolgen, wird in der Problematisierung der Tragfähigkeit einer Analyse von Völkermord unter Berücksichtigung seiner »modernen« Erscheinung auch die Thematisierung seiner Prozeßhaftigkeit im Mittelpunkt stehen. So werden die Ansätze zu einer interdisziplinären und zugleich auch vergleichenden Betrachtung Analysemodelle vorstellen zur Untersuchung der Strukturen sozialen Handelns im Völkermordprozeß sowie der sozioökonomischen und politischen Transformationsprozesse, die mit dem Völkermord einhergehen - Leitfragen, die einen Schwerpunkt unserer eigenen Arbeiten am *Institut für Diaspora- und Genozidforschung* einnehmen. Es geht darum, wie Irving Louis Horowitz formuliert, Genozid nicht als Reflex, als reaktiven Prozeß anzusehen, sondern als eigenständiges soziales Phänomen. Der zentrale Gedanke, den wir als Herausgeber mit dem Begriffskonzept *Genozid und Moderne* verbanden, war daher zunächst schlicht die Untersuchung von Völkermord unter dem Aspekt eines eigenen sozialen Prozeßcharakters sowie die Hinterfragung von Entwicklungen, die Verfolgung, Gewalt und Völkermord in den Tätergesellschaften sowohl bedingen als auch ermöglichen. Darüber hinaus werden wir uns, wie Bernhard Giesen nachdrücklich betont, stets der Frage nach der Weitergabe und der Übertragung der Erfahrungszusammenhänge stellen müssen, wie ebenso der drängenden Einsicht, daß die Shoah weder ein einzeln stehendes »Zivilisationsunglück« war noch daß die bisherigen Genozide Einzelereignisse bleiben werden.

2.

An dieser Stelle möchte ich mir erlauben, einige Bemerkungen zur Frage der Perspektive anzuführen, wie sie in einigen der hier versammelten Beiträge deutlich oder auch angesprochen ist.

Welche Gestalt wird, welche Gestalt kann eine Geschichte aufweisen und annehmen, die unter dem Eindruck der Katastrophe einer Vernichtung geschrieben wurde? Bedingt nicht die Katastrophe selbst eine Verneinung, eine Unmöglichkeit von Geschichte als universeller, festgeschriebener Kategorie wie auch der historischen Erzählung?[13] Denn verwehrt sich eine die Katastrophe integrierende Geschichte nicht jeglichen Synchronisationserfordernissen, jeglichen Versuchen, nein möglicherweise nicht den Beginn und den Verlauf jener Geschichte zu erzählen, aber sehr wohl ihr Ende? Und was ist mit der Geschichte der Katastrophe selbst, der wir, wie Michael Barkun betont,[14] zumeist keine eigene Gestalt zuerkennen und eine solche ebensowenig von der Gesamtgeschichte, jener »Weltgeschichte« unseres Jahrhunderts differenzieren, deren Weg wir nach dem eingeschlagenen Völkermord bis in unsere Gegenwart zu deuten suchen? Jene Geschichte der Katastrophe, die wir vielleicht in ihrem Verlauf zu beschreiben anstreben, zu selten jedoch konsequent in ihrer Signifikanz für Tätergesellschaft und Opfergemeinschaft? Welche Elemente mögen eine solche Geschichte *der* Katastrophe konstituieren?

Der *Begriff* der Katastrophe ist natürlich ebenso ein intellektuelles Konstrukt wie die anderen gebräuchlichen, gesetzten Metaphern, wie der Be-

13 Vgl. dazu im besonderen Hölscher, Lucian: Geschichte als »Erinnerungskultur« (Anm. 11) sowie Mommsen, Wolfgang J.: Die moralische Verantwortlichkeit des Historikers, in: Generation und Gedächtnis (ebd.).
14 Barkun, Michael: Disaster in History, in: Mass Emergencies 2, 1977, S. 219-231.

griff Völkermord, die Begriffe Genozid, Shoah, Aghet[15], Holocaust. Welche ermordeten, zu vernichtenden Kategorien definieren die einzelnen Termini? »Vom Äußersten aber haben wir keinen Begriff«, schreibt Liebsch in Anspielung des Wortes vom Äußersten von Tzvetan Todorov. Die *Perspektive*, die wir zu schreiben und die wir zu wahren haben, ist die Perspektive einer Annahme, einer Akzeptanz des Ereignisses. Der *Sprache*, die wir zu schreiben haben, wird die Authentizität des Ereignis, die Nähe zur Erfahrung abverlangt. Aber auch die Gestalt, die *Form* der Repräsentation als solche hat Charakteristika aufzuweisen, die ein »Verstehen« erkennen lassen.

»Es mag erstaunen, daß eine der häufigsten Gemütsverfassungen im Lager die Neugierde war. Aber es war eben so, daß uns nicht nur Hunger, Angst, Demütigungen und Verzweiflung beherrschten, sondern wir waren auch neugierig: gierig nach Brot und Verstehen«, schreibt Primo Levi.[16] Dieser Versuch, einer Vernichtung »Sinn« zuzuschreiben, als letzter Versuch, der Entwürdigung, vielmehr der Entwertung des Opfers in der Vernichtung entgegenzuwirken, und Identität, eine Selbstgewißheit zu bewahren, dieser Versuch führt zunächst zu den Tätern. »Was die Herren des Bösen betrifft, so ist diese Neugierde, die ich, wie ich gerne einräume, weiterhin hege und die sich nicht auf die Nazi-Größen beschränkt, ungestillt geblieben«, so Levi.[17] Sein Versuch, Antwort auf die Frage nach dem Verstehen zu erhalten - ein Brief an einen Chemiker im ehemaligen Dienste der Buna-Werke in Auschwitz, »gewiß kein Fürst des Bösen, vielleicht nicht einmal ein richtiger Bösewicht, aber auf jeden Fall ein Mitläufer und Zeuge«[18] -, bleibt unbeantwortet.

Das Verstehen, das wir in der Beschäftigung mit der Shoah verlangen, ist ein Verstehen, das auf philosophische wie historiographische Topoi der Sinnzuschreibung verzichten muß und sich auf die Beschreibung, die Analyse, die Erklärung und Einsichtnahme in Strukturen der nationalsozialistischen Gesellschaft wie der Handlungs- und Verhaltensmechanismen der Täter, Zuschauer und Zeugen verlegen muß - nicht beschränken. Denn der Verzicht auf eine Sinnzuschreibung ist nicht eine Einsicht in eine

15 Vgl. zum armenischen Begriff der Katastrophe sowie zu seiner Problematisierung Dabag, Mihran: Katastrophe und Identität. Verfolgung und Erinnerung in der armenischen Gemeinschaft, in: Erlebnis-Gedächtnis-Sinn. Authentische und konstruierte Erinnerung, hrsg. von Hanno Loewy und Bernhard Moltmann, Frankfurt a.M./New York, S. 177-235, hier S. 178f.

16 Levi, Primo: Auschwitz, stille Stadt (1984), in: Die dritte Seite, München 1994, S. 46.

17 Ebd.

18 Ebd.

»Sinnlosigkeit« oder »Sinnentfremdung« der Ereignisse - im Gegenteil: die Frage nach dem Sinn ist eine Frage, die strenggenommen allein aus der Stellung in einem Kontinuum historischer Erzählung zu beantworten ist - versteht man Sinn in »traditioneller« Weise als ein von einem subjektiven Deutungsschema abhängiges Verständnis von Absichten und Zielgerichtetheiten.[19] Doch auch das moderne Denken hat den Glauben an einen sinnhaften Aufbau - oder jedenfalls einen sinnhaft anzustrebenden Aufbau - der Wirklichkeit nicht aufgegeben, ebenso wie die Wissenschaften am Sinnbedürfnis festhalten, wobei wir in der Moderne jenen - historischen wie kulturellen, biographischen wie sozialen - Sinn, wie Zygmunt Bauman stets betont, im besonderen über Institutionen wahrnehmen und konstituieren. Die Frage nach dem Sinn scheint daher allein von dem Täter zu beantworten zu sein, die Frage nach dem Verstehen hingegen ist die Frage des Opfers.

Ist die Perspektive, die wir in die Untersuchung von Völkermord einbringen, tatsächlich von der Ambivalenz eines Verhältnisses bestimmt, das mit dem Täter-Opfer-Bild beschrieben werden kann? Mir scheint dies unumgänglich zuzutreffen, wobei bis heute keine Ausarbeitung einer (auch methodisch erkennbaren) eigenen Perspektive der Täter und ihrer Nachkommen und der Tätergesellschaft und ihrer Rechtsnachfolgegesellschaft erkennbar ist (mit Ausnahme relativierender Perspektiven, wie sie beispielsweise die Auseinandersetzungen um den jungtürkischen Völkermord an den Armeniern kennzeichnen). Vielmehr scheinen Ansätze wie jene Rede vom »Tätertrauma« und seiner Übertragung auf nachfolgende Generationen die Einnahme der Perspektive des Opfers als die einzig mögliche Perspektive zu fürchten und um diese in eine Konkurrenz einzutreten.

Wenn die Repräsentation der Katastrophe allein aus der Sicht des Opfers beschrieben werden kann, können wir dann überhaupt davon sprechen, daß »wir« im 20. Jahrhundert die Erfahrung von Völkermord gemacht haben? Ist die Erfahrung von Völkermord tatsächlich eine gemeinsam geteilte Erfahrung? Können wir von einer »Erinnerungsgemeinschaft« an die Völkermorde des 20. Jahrhunderts sprechen, die gar einer »kulturell-sozialen Integration« einer Weltgemeinschaft Vorschub leisten möge?[20]

19 Vgl. dazu im besonderen Rüsen, Jörn: Was heißt: Sinn der Geschichte? (Mit einem Ausblick auf Vernunft und Widersinn), in: Historische Sinnbildung. Problemstellungen, Zeitkonzepte, Wahrnehmungshorizonte, Darstellungsstrategien, Reinbek 1997, S. 17-47, hier S. 18.

20 Nolte, Helmut: Das Trauma des Genozids und die Institutionalisierung der Erinnerung, in: Bios 5, 1, 1992, S. 83-93.

Warum übernehmen wir diese Erfahrung als »unsere« Erfahrung? Ist die Zuflucht zur Erinnerung der Opfer nicht vor allem als »Deckerinnerung« zu sehen? Kann nicht ausschließlich das Opfer auch das Paradigmatische in der Erfahrung von Völkermord erkennen, arbeitet der Täter nicht viel eher am Ereignis selbst, an der Tatsächlichkeit, und nicht an den Bildern in seinem Gedächtnis, vor denen ihn die Setzung eines Bruchs schützt? Nur für das Opfer ist die Relevanz der Erfahrung konkret. Ist Erfahrung von Völkermord daher immer Erfahrung von Trauma? Verletzung des Leibes und der Seele, jene nicht mehr zu schließende Wunde, die für immer trennt von einer *anderen*, »objektiven«, zu universalisierenden und universalisierbaren Sprache? Kann man überhaupt von einer Perspektive der Opfer sprechen? Ist diese dann die Perspektive der Toten oder die der Überlebenden, der Davongekommenen? Eine Perspektive des verschonten Opfers, dem, wenn es schon, wie Mihran Dabag über die Täter-Opfer-Kategorie problematisiert, »schuldloses« Opfer in seinem Handeln ist, wenigstens noch eine »Überlebensschuld« - mit all ihren mißverständlichen und noch immer mißverstandenen Implikationen - zugeschrieben wird? Oder ist die Perspektive des Opfers nicht viel eher doch die Perspektive des potentiellen Opfers, über dem die Drohung noch lebendig steht, Opfer werden zu können?

Es ist vielleicht zunächst der Begriff der Erfahrung selbst, den wir spezifischer eingrenzen sollten und der als eigenständiges Konzept aus unserem Bewußtsein verbannt scheint. Ist es der Eindruck einer zu komplexen Welt, daß wir der Erfahrung lediglich subjektive und selektive Eigenschaften und Erkenntnisgewinne zugestehen? Macht nicht gerade das Auseinanderbrechen von Erfahrungseinheiten die Moderne aus?[21] Ohne die Betrachtungen zum Erfahrungsbegriff zu sehr vertiefen zu wollen, soll wenigstens betont werden, daß wir von Erfahrungszusammenhängen, Verflechtungen oder Erfahrungsstrukturen reden sollten, in denen wir uns bewegen, von einem komplexen und zuvorderst psychischen Erfahrungsfeld, und daß wir hier von der untrennbaren Einheit ausgehen müssen von Erfahrung, Erinnerung und Erzählung. Erfahrung - ein Konzept, eine Vorstellung, die Gadamer als eine der unaufgeklärtesten der Philosophie überhaupt einschätzte[22] - ist immer abhängig von vorherigen Erfahrungen, um überhaupt als Erfahrung gedeutet zu werden. Eine Erfahrung machen

21 Vgl. im besonderen Proust, Françoise: Die verschlungene Zeit. Der Verlust der Erfahrung, in: Der Sinn des Historischen. Geschichtsphilosophische Debatten, hrsg. von Herta Nagl-Docekal, Frankfurt a.M. 1996, S. 270-301, hier S. 271.

22 Gadamer, Hans-Georg: Wahrheit und Methode. Grundzüge einer philosophischen Hermeneutik, Tübingen [6]1990, S. 352.

heißt, durch ein spezifisches Ereignis hindurchzugehen, das man, im Nachhinein, als Erfahrung kennzeichnet. Gleichzeitig, vielmehr zugleich erkennen wir aber auch ein Ereignis erst dadurch, daß es eine neue Erfahrung hervorbringt. Erfahrung bestätigt die vorherige Erfahrung oder verwirft sie. Erfahrung ist immer fragmenthaft, sie ist eine dialektische Bewegung, sie ist Erfahrung der Negativität, Erfahrung der Nichtigkeit. Erfahrung hat mit Brüchen zu tun und Rissen, mit Wendepunkten und Extremen.[23] Und doch unterscheiden sich Erfahrung und Ereignis gerade durch die Syntheseleistung, die sinnzuschreibende Funktion der Erfahrung, durch die Herstellung von »Erfahrungseinheiten« über jene Fragmente hinweg. Erst das moderne Bewußtsein hat dabei eine Akzeptanz des Fragmenthaften der Erfahrung durchgesetzt und nach Husserl und Benjamin auch die Differenz von Erfahrung und Gegenwart thematisiert. Die Erfahrung ist ahistorisch, und doch wohnt ihr eine innere Geschichtlichkeit bei: denn sie ist gültig, solange sie sich wiederholt oder solange noch ein Erinnerungszugriff zu ihr besteht. Doch hebt die Erfahrung in dem ihr eigenen Prozeß der Präsenz jene gezählte Zeit auf und widerspricht ihr. Die eigentliche Erfahrung ist dabei die Erfahrung der Endlichkeit des Menschen; unter der Erfahrung der Endlichkeit ordnen sich die anderen Erfahrungen als Struktur. Erfahrung ist gebunden an Sprache, an Erzählung und damit an Überlieferung. Es geht hier um Sinngehalte, um die innere Geschichtlichkeit[24] allen Lebens, um ein historisches Bewußtsein, das die eigene Geschichtlichkeit mitdenkt. In der Erzählung, in »Überlieferungen stehen... schränkt nicht die Freiheit des Erkennens ein, sondern macht sie möglich«,[25] so Gadamer.

Dies ist der Ansatzpunkt der philosophisch-hermeneutischen Annäherung an Erfahrung: eine Annäherung an eine spezifische Offenheit, die ihre Verankerung in der Überlieferung hat. Doch was heißt es überhaupt, die Erfahrung von Brüchen wie jenen zu machen, die das 20. Jahrhundert prägten? Die Erfahrung von Verfolgung und Völkermord, von Vernichtung, Krieg, individueller und kollektiver Gewalt? Ist eine solche Erfahrung überhaupt eine mögliche Erfahrung?

Einen wichtigen Gedanken leitete der französisch-armenische Dichter und Literaturwissenschaftler Krikor Beledian aus dem armenischen Begriff der Erfahrung ab: »Der Begriff der Erfahrung, armenisch *porzaruthiun*, verweist auf die Bewegung eines Durchquerens, eines Durchbrechens, eines

23 Ebd., S. 360f.
24 Ebd., S. 365.
25 Ebd., S. 366f.

Hinter-Sich-Lassens. Doch zugleich erinnert dieser Terminus an die Gefahr, an die Bedrohung und an die Schwierigkeiten, die das Durchqueren des Raumes in sich birgt. Eine Erfahrung machen bedeutet dabei, sich diesen Schwierigkeiten entgegenzustellen, sich einer Gefahr auszusetzen. Doch ist es überhaupt möglich, die Erfahrung einer Katastrophe zu machen?... In der Begegnung mit der Katastrophe gibt es nur zwei Wege: entweder man gerät in die Katastrophe und findet kein Entkommen, in diesem Fall ergreift uns die Gefahr, die Katastrophe durchdringt uns und läßt kein 'uns' mehr. Oder es gelingt, sie zu durchqueren, zu streifen, es gelingt ein Überleben, doch hat sich in diesem Fall die Katastrophe noch nicht vollständig vollzogen.«[26]

Der Gedanke, daß Überleben bedeutet, die Katastrophe der Vernichtung nur gestreift zu haben, Zeuge nicht der Katastrophe, sondern allein der *nicht-vollendeten Katastrophe* gewesen zu sein, verlangt hier eine Andersgewichtung des Erfahrungsbegriffs. Ein Verständnis von Erfahrung, das sich allein auf das Wahrgenommene und seine Registrierung bezieht, wird nicht ausreichen, das zu verstehen, was die Überlebenden selbst als ihre Erfahrung kennzeichnen. Erfahrung muß an einen Prozeß der Vervollständigung, der Konstruktion gebunden werden. Die Erfahrung der Katastrophe ist nie Erfahrung der Realität eines Ereignisses in der Vorstellung eines Totalen. Es geht bei der Erfahrung von Verfolgung und Völkermord »um eine 'Erfahrung', die sich nicht im Denken *vergegenwärtigen* und zur *gemachten* Erfahrung verwandeln läßt«,[27] wie sie Elisabeth Weber auch in Levinas' Spur des Anderen sieht.[28] Es geht um eine Erfahrung, die nie vergangen sein kann, sondern die stets aufs neue gemacht wird, in der Erzählung, in der Erinnerung. Die Katastrophe erzählen heißt, sie immer neu zu erzählen und zu erleben. Diese Wiederholung ist nicht als pathologische, zwanghafte Wiederholung des traumatischen, weil noch nicht verarbeiteten Ereignisses zu sehen. Vielmehr geht es um eine Gegenwärtigkeit, die immer neu erlebt werden muß, um eine Annäherung an die Totalität des Verlusts zu versuchen, um dem eigenen Gebot des Nichtvergessens nachzukommen, wie ebenso der Komplexität, der Umfassenheit, der Vielgestaltigkeit, die Völkermord bedeutet. Denn es geht zunächst nicht um Mord, nicht um Tod, sondern um ein langfristiges Einbrechen einer

26 Beledian, Krikor: Die Erfahrung der Katastrophe in der Literatur der Armenier, in: Generation und Gedächtnis (Anm. 11), Opladen 1995, S. 186f.

27 Weber, Elisabeth: Nachdenken als Nach-denken: Anamnesis, in: Parabel Bd. 12: Lévinas. Schriftenreihe des Evangelischen Studienwerks Villigst, Gießen 1990, S. 260.

28 ...dort, wo sich »im Gesicht des Anderen die Spur des Vorübergangs des Unendlichen als Spur einer Abwesenheit eingegraben hat«, (vgl. ebd.).

Situation und die radikale Veränderung aller Lebensbereiche eines Vorher.[29]

An dieser Stelle möchte ich einen Seitenblick wagen und auf das Titelbild zu diesem Band verweisen. Damit soll nicht allein ein besonders herzlicher Dank an Assadour ausgesprochen und seine Arbeit aus der Illustrationsfunktion dieses Bandes herausgehoben werden. Auf eine besondere Weise begleiten seine Arbeiten unseren Alltag wie unsere Arbeiten und auf dieselbe untrennbare Weise haben sie bisher auch unsere Publikationen begleitet.

Das Bild des Überlebenden, dessen Schatten schärfere Konturen aufweist als sie dem Körper selbst eigen sind, dessen Hände, und damit eine Gestaltungsfähigkeit, an oder in den Körper angewinkelt, zurückgezogen wurden, dessen eines Bein, dunkel, noch oder auch schon in der Geschichte des Todes steht, der sich blind und richtungslos einen Weg durch die Fragmente der Zerstörung erstolpert, von dem Blick des Betrachters für einen Moment, einen Augenblick erhellt - dieses Motiv hat Assadour für die Gestaltung des Titelbildes ausgearbeitet.

Das Spiel mit Fragmenten, Überresten und verschlüsselten Zeichen, der radikale Verzicht auf Konstruktion, auf einen Verweis für einen Neuanfang, sie sind den Graphiken dieses ungewöhnlichen Künstlers eigen, der sich immer aufs neue der Unendlichkeit der Zerstörung, vielmehr der Endgültigkeit einer Vernichtung stellt. Die Detailgenauigkeit, mit der er die Schichten der Zerstörung aufmißt, sie steht mit ihrem scheinbaren Versuch der Ordnung, des Auflistens, des Aufmessens der Fragmente, in deutlichem Gegensatz zu der Reduktion von Farbe, dem Fehlen jeglicher orientierender Perspektiven, wiederzuerkennender Raum- oder Zeitorientierungen. Die Absolutheit und jene kalte Rationalität der Vernichtung - es gibt kaum einen Künstler, der dies so intensiv erleben läßt wie Assadour. Und als sei es ein nicht zu überwindender menschlicher Zwang, Sinn zuzuschreiben, auch der entleerenden Vernichtung, suchen wir jene Zeichen zu entschlüsseln, die uns Assadour noch übrigließ: eine Zahl, die für das Datum einer Vernichtung stehen mag, ein Buchstabe, der Überrest eines Namens sein könnte.

Welche Herausforderungen, welche Erinnerungen, welche Anknüpfungen bergen diese Zeichen für unsere Gegenwart?

29 Vgl. Platt, Kristin: Gedächtniselemente in der Generationenübertragung, in: Generation und Gedächtnis (Anm. 11), S. 338-376.

3.

Um die einleitend angeführten Überlegungen noch einmal aufzunehmen, fragen Analysen unter der Herausforderung *Genozid und Moderne* nach dem Fortbestehen der modernen Idee, sie fragen nach spezifischen Charakteristika von Genozid, die als »modern« eingegrenzt werden können, sowie nach Aspekten des Zusammenhangs, der Bedingung oder der Potentialität. Kann die Diskussion auch einen Beitrag zur Durchsetzung einer interdisziplinären und komparativen Genozidforschung leisten?

Der Versuch, Genozid als eigenständiges soziales Phänomen zu untersuchen, als eigenständigen gesellschaftlichen Prozeß, dies verlangt zunächst nach einer Thematisierung der Elemente, die den Genozidprozeß konstituieren. Welche Probleme wären Forschungsgegenstand einer eigenständigen Genozidforschung? Wo würde eine Genozidforschung zwischen der Frage nach dem Begriff und dem Prozeß Genozid, nach kollektiven Mustern und individuellem Handeln, nach geschichtlichen Kontinuitäten und geschichtlichen Brüchen ihren Forschungsgegenstand entwickeln?

Aspekte, die wir bisher in der Analyse von Völkermordprozessen verfolgen, setzen beispielsweise in der Untersuchung von Antisemitismus und Rassismus an - ein ebenso »klassisches« Gebiet der Forschung über den Nationalsozialismus wie auch ein gern beschrittenes Feld komparativer Betrachtungen. *Ist eine Genozidanalyse als Frage nach Rassismus und Antisemitismus zu stellen?*

Der Rassismus wird als zentrales Kriterium für die Differenz der Völkermorde an den Armeniern und Juden von dem System GULag angeführt. Der Rassismus in der Form eines Ordnungsmodells, eines allumfassenden Weltentwurfs, war ein europäisches Phänomen, vielmehr zunächst ein Diskurs, der, wie Bernhard Giesen in seinem Beitrag verfolgt, aus den Umdeutungen im Verhältnis Natur und Gesellschaft entstand und zunächst in der philosophisch-theologischen Kommunikation spezifischer Trägergruppen eine Setzung erfuhr. In seiner Analyse löst Giesen daher die in der Mehrzahl der Arbeiten über Rassismus und Antisemitismus vorzufindende Beschränkung auf die weltanschaulichen Ausprägungen auf. Neben dem Versuch der historischen Typologisierung bezieht Giesen sozialstrukturelle Veränderungen der Gesellschaften in seine Überlegungen ein, um die Entstehung, das heißt die Ursachen und Verlaufsprozesse von Rassismus und Antisemitismus parallel zu lesen - bis hin zu ihrer Funktion als »leidenschaftslose Praxis der Vernichtung«. Die Berücksichtigung sozialpsychologischer Prozesse - Giesen verfolgt hier zum Beispiel Modi der Grenzkonstruktion von Identität unter den Stichworten »Dämonisierung«,

»Reinigung« und »Reduktion« oder soziale Prozesse der Wahrnehmung von Innen und Außen, Fremd und Eigen - kann dabei deutlich machen, welche komplexen Entwicklungen wie jeweils auch spezifischen sozialen Gefüge hinter den jeweiligen Erscheinungsformen von Rassismus wirksam sind.

Mit dem Begriff des Rassismus müssen Prozesse der Ausbildung und der Präsenz von rassischen Kategorien - nicht von Vorurteilen -, von Definitionen des Fremden - und Eigenen! -, von gesellschaftlichen Segregationen und Ideologemen angesprochen werden. Die rassische Kategorie und der Rassismus sind nur als Aspekte in dem komplexen Gefüge des Antisemitismus der Nationalsozialisten zu sehen. Rassische Kategorien waren ebenfalls Aspekte im Völkermord an den Armeniern. Dabei spiegelte sich, wie Mihran Dabag darlegt, in den Ausprägungen der jeweiligen rassischen Elemente der jungtürkischen Staats- und Volksentwürfe auch der Stand der jeweils als europäisch zu kennzeichnenden Wissensdiskurse, die 1915/16 vor allem in Medizin und Anthropologie durchgesetzt waren.

Fraglich aber bleibt zum einen, ob die sicherlich spezifische Rolle von Antisemitismus und Rassismus in nationalsozialistischem Alltag und Ideologie sowie die Anfänge rassischer Entwürfe in den jungtürkischen Herrschaftsvisionen als allgemeine Charakteristika in einer Genozidforschung tauglich wären. Auch die Betonung der »gesellschaftlichen Genese«[30] des modernen Antisemitismus, das heißt hier der Entstehung, Ausgestaltung und Handlungswirksamkeit des Antisemitismus in einem weltanschaulichen wie interaktionistischen Rahmen - hier muß auch auf Shulamit Volkovs Darstellung »kultureller Codes«[31] verwiesen werden -, kann eigentlich nur mit großzügigen Reduktionen in die interdisziplinäre und vergleichende Betrachtung einbezogen werden.

Der Erwägung, Antisemitismus und Rassismus als zentrale Kategorien auch im Rahmen einer komparativen Genozidforschung zu diskutieren, stehen zum anderen nicht zu vernachlässigende Neutralisierungstendenzen gegenüber: im besonderen durch die bereits erwähnte parallele Lesart von Konzepten des Rassismus und Fremdenhasses, der Konstruktion einer Vorurteilsgenese des Rassismus, der Diskussion von Ausländerfeindlichkeit und Rechtsradikalismus. Wie ist es überhaupt zu erklären, daß die Erläuterung des anthropologischen, biomedizinischen Charakters von Rassismus noch immer von der Analyse reaktiver Prozesse auf die Existenz eines

30 Claussen: Grenzen der Aufklärung (Anm. 1).

31 Volkov, Shulamit: Jüdisches Leben und Antisemitismus im 19. und 20. Jahrhundert, München 1990.

Fremden begleitet wird - und auch eine Definition von Antisemitismus in sozialwissenschaftlichen Annäherungen wieder unter Einbeziehung einer jüdischen Gegenwart diskutiert wird? Der Rassegedanke hat sich nicht aus der Begegnung oder Konfrontation mit dem Anderen entwickelt;[32] er ist vielmehr als neue Definition des Selbst zu sehen, auf homogenisierende Forderungen moderner Staaten antwortend und eine Kernideologie des Nationalstrebens um die vergangene Jahrhundertwende bildend.

Wenn Genozid nur schwerlich über eine eher als spezifisch zu betrachtende Zentralität von Rassismus und Antisemitismus anzunähern ist, *ist eine Genozidanalyse dann als Frage nach der Konstruktion eines Anderen, eines Fremden, einer anderen Gruppe oder gar einer »bedrohten Gruppe« zu verfolgen?*

Eine Mehrzahl der Arbeiten zur Vergleichenden Genozidforschung bezieht auch eine Kategorie des Opfers in die Analysen ein; so spricht Yves Ternon von der »Beschaffenheit« dieser »bedrohten Gruppen«, von »Geiselgruppen« oder »starken« und »schwachen« Gruppen.[33] Die Aspekte der Beschreibung der Gruppen»identität« werden häufig nur äußerst unzureichend von den Definitionen der Genozidtäter differenziert, die ja weniger an andersnationalen oder fremdethnischen Merkmalen und Identifikationselementen orientiert waren, sondern an Eingrenzungen von »Volksverrätern« und »Gemeinschaftsfeinden«.

Frank Chalk und Kurt Jonassohn führen in der Entstehung des in den Genoziddiskussionen konkreten Opferbegriffs »praktische Notwendigkeiten« aus der Theorie und Praxis des Völkerrechts an, wobei sie insbesondere die in der Genozidkonvention von 1948 gesetzte Kategorisierung des Opfers problematisieren, die an der Festschreibung nationaler, ethnischer, rassischer oder religiöser Kategorien orientiert ist. Chalk und Jonassohn mahnen die Berücksichtigung der ideologischen Diskurse ein, die die Kennzeichnung von Opfergruppen vorbereiten; doch befreit auch die Berücksichtigung von Definitions- und Segregationsaspekten nicht aus Bildern, die den Begriff einer Opfer»gruppe« fast zwangsläufig hervorrufen oder begleiten: Konstruktionen von Aktion und Reaktion zwischen Tätern und Opfern, die Definition eines Beziehungsgeflechts. Auch wenn der in

32 Vgl. Platt, Kristin: Race und Gender aus sozialpsychologischer Perspektive, wird erscheinen in: Nachdenken über »Race« und »Gender«, hrsg. von Ruth Roach Pierson, Bonn 1999.

33 Ternon, Yves: Der verbrecherische Staat. Völkermord im 20. Jahrhundert, Hamburg 1996 (zuerst Paris 1995), S. 64, vgl. dazu aber auch Grosser, Alfred: Ermordung der Menschheit. Der Genozid im Gedächtnis der Völker, München/Wien 1990 (zuerst Paris 1989).

den Arbeiten der Genozidforscher selbst immer wieder angeführte Verweis Berücksichtigung findet, daß das Opfer im Völkermord nicht als individuelles Opfer, sondern für seine Mitgliedschaft in einer Gruppe getötet wird, können in der Thematisierung einer Opferkategorie Verzerrungen nur unschwer umgangen werden. Nicht zuletzt, dabei kann man an die Verweise Mihran Dabags anknüpfen, da das Arbeiten mit der Opferkategorie verlangt, jede Analyse zurück in die Logik der Vernichtung und die Logik der Täter zu stellen, in der ja die Täter selbst in dem Opferbild, dem Bild des Märtyrers für eine heilige Zukunft, eine Legitimation für ihre Tat fanden.

Ein weiterer Aspekt, der vor allem Arbeiten über den Nationalsozialismus - dies jedoch möglicherweise unbewußt dominant - nach wie vor prägt, ist die Berücksichtigung einer der Problematisierung einer Opfergruppe komplementären Frage nach den Tätern. In Anbetracht eines kulturellen Verständnisses von individueller Handlungsverantwortung und nicht zuletzt einem individuellen Rechtsverständnis nimmt die Täterfrage auch dort einen weiten Raum ein, wo es schwierig wird, aus einem Täterkollektiv, aus der Tätigkeit geheimer Sonderorganisationen einen Einzelnen zu identifizieren. Doch während es einerseits angesichts der Zerstörung oder des Fehlens von Dokumenten, andererseits angesichts der sozialen Eingebundenheiten und Verflochtenheit einzelner genozidaler Morde immer wieder Probleme bereitet, die Handlungsweite individueller Tatverantwortung einzugrenzen, und es ganz eigene Schwierigkeiten bereitet, uns mit den moralischen Vorstellungen und psychischen Zuständen der Täter auseinanderzusetzen, müssen wir doch diesen Personen immer wieder in ihre eigene Handlungslogik folgen, um nicht mit der Einwilligung in die Thematisierung namenloser Täterkollektive auch Entsubjektivierungen, Loslösungen von der Verantwortungsfrage Vorschub zu leisten.

Ist die Analyse von Genozid als Fokussierung der Frage nach den Tätern zu stellen? Die Kategorie des »Genozidtäters« birgt gleich mehrere Differenzen im Vergleich zum individuellen Mörder. Dem oftmals betonten Geflecht von Gewissens- und Entscheidungsverlagerungen zur Tat»erleichterung« oder auch einer grundsätzlicheren Tatermöglichung steht in krassem Gegensatz die Zahl der Toten entgegen, die der Täter zu verantworten hat. Dem Problem, einige wenige Einzeltäter als Verantwortliche herauszuheben, was der gesellschaftlichen Breite und institutionellen Verflechtung der Täter nicht gerecht wird, steht die Problematik der Betonung von Struktureigenschaften und einer entpersonalisierten oder entsubjektivierten Dynamik gegenüber. Durch diese Ambivalenzen werden wir jedoch keineswegs zu analytischen Kompromissen gezwungen - wie sie in vielen Arbeiten immer wieder selbstverteidigend vorangestellt werden -, es sollte vielmehr die gesellschaftliche Komplexität von Genozid deutlich werden und die Vielgestaltigkeit der Entscheidungs- und Durchführungsprozesse. Denn es gibt nicht einen Tod, den die Opfer im Völkermord sterben. Die Metaphorisierung von Auschwitz, die Symbolisierung der Gaskammern darf nicht die Erschlagenen, Gefolterten, Erschossenen, Verhungerten, Verbrannten vergessen lassen. Es gibt nicht einen Mord und einen Mörder, es gibt eine Serie, eine Skala von vielfältigen und unterschiedlichen Mordverantworlichen und *dazu* den individuellen Mörder.

Die Täterfrage, die neben dem Versuch der Aufdeckung personalisierter Verantwortung Fragen zu Sozialisation und Weltanschauung, zu persönlichen Motivlagen oder individuellem Pflichtbewußtsein berücksichtigt, also kulturelle, soziale wie psychologische Aspekte, findet sich als zentrale Perspektive auch in Arbeiten über den GULag oder den Völkermord an den Armeniern. Doch über die Frage selbst hinaus konnte sich bis jetzt keine eigentliche Täterforschung etablieren. Während in beiden Fällen die Archivlage nach wie vor problematisch ist, hat sich in den jeweiligen Opfergruppen das Wissen um die gesellschaftliche Verflechtung der Tätergruppen wie auch ein Ohnmachtsgefühl so stark durchgesetzt, daß die Anonymität der Tätergruppen selten durchbrochen werden konnte.

Angesichts einer zur Zeit zum Nationalsozialismus aktualisierten Auseinandersetzung mit Täterbiographien, Täterfamilien und der Verarbeitung und Übertragung von »Tätererinnerungen« in generationalen Zusammenhängen, drängt sich darüber hinaus noch ein nicht unbedingt beruhigender Gedanke auf: verlangt die Beschäftigung mit dem Täter, die Erklärung der Handlungsmuster eine spezifische Empathie mit dem Täter, insbesondere, wenn wir es nicht mit zeitgenössischen sondern mit aktuellen Dokumenten zu tun haben, Rückblicken, Memoiren oder Interviews, die vom Forscher eine Differenzierung des jeweiligen Bezugssystems zur Deutung der Aussagen erfordert? Auseinandersetzungen, wie die in diesem Band vorliegende von Harald Welzer, machen deutlich, wie aufmerksam eine Nachzeichnung der Worte der Täter erfolgen muß. Sollen die Worte der Täter verständlich gemacht werden? Ihre Entscheidungsprozesse nachvollzogen, ihre psychische Konstituiertheit erklärt werden? Ermöglicht eine solche Erläuterung eines »Täterprofils« überhaupt Erklärungsansätze für die Entscheidungs- und Durchführungsprozesse von Genozid? Ist die Erstellung eines Täterpsychogramms noch möglich, wenn man die Perspektive des Heute nimmt, die Deutungen der Gegenwart berücksichtigt, den Täter also aus dem geschichtlichen Umfeld herausnimmt, oder wird ein solches Psychogramm erst über die Loslösung von der historischen Situation konstruierbar?

Der vorliegende Band möchte auch den Untertitel »Strukturen kollektiver Gewalt« zur Diskussion stellen, wobei mit dem Begriff der Gewalt ebenfalls eine zur Zeit aktuelle Diskussion angesprochen wird.

Wirft Genozid zuvorderst die Frage nach der Gewalt auf? Nach einer spezifischen Form von Gewalt? Nach kollektiver oder »struktureller« Gewalt? Die Frage nach einer Gewalt ist traditionell die Frage nach der Gewalt des Menschen gegen sich selbst, des Menschen gegen einen anderen Menschen, des Staates gegen einen anderen Staat oder eines Staates gegen eine unterworfene Bevölkerung. Traditionelle politische Gewalt geht vom Staat aus, wobei wir Gewalt im allgemeinen als eine »natürliche« Tendenz begreifen, möglicherweise sogar als des Menschen zweite Natur. Haben wir es im Genozid mit politischer Gewalt überhaupt zu tun, ist die Shoah tatsächlich als Gewalt eines Staates zu kennzeichnen? Oder müssen wir von »rassischer«, »ideologischer« oder auch einer spezifisch »sozialen« Gewalt sprechen?

Wenn man versucht, Genozid als eine spezifische Form einer Gewalt zu kennzeichnen und zu analysieren, so würde dies nicht allein die Berücksichtigung einer mehr oder weniger einzugrenzenden Zielgerichtetheit der Genozidhandlung verlangen sowie die bereits oben problematisierte Täter-Opfer-Konfrontation und -Definition, sondern auch die Festschreibung einer Ursache für die Entfesselung der Gewalt - die nicht allein aufgrund der Handlungen und Einstellungen der Täter, aber immer auch unter Berücksichtigung der Gegenwart des Opfers betrachtet werden wird.

Die Frage nach der *Art* der Gewalt wird in diesem Band brisant für die von Horst Gründer verfolgte Auseinandersetzung mit der Conquista: Genozid, »Ethnozid« oder größter, bis heute andauernder Völkermord der Geschichte? Welche Kategorien sind, wie Gründer problematisiert, über den Tod durch Seuchen und Krankheitserreger zu bilden, verursacht durch jenen »Erstkontakt« mit den Europäern? Inwieweit lag den Vernichtungshandlungen ein systematischer, das gesamte »Indianer«problem berücksichtigender »Plan« zugrunde? Widerspricht ein »Indianerschutzgesetz« der Wertung der »Indianer«politik unter dem Ziel der Auslöschung? Muß eine »Totalität« einer Gewalt vorliegen, um die bisher als koloniale »Nebenfolge« definierte Politik als eine Gewaltpolitik unter dem Ziel der Vernichtung zu verstehen? Bilden die Definitionen von kolonialem Krieg, von Deportationen und einem Konflikt aufgrund des Landbesitzes Differenzkategorien zur Kategorie des Genozids? Gründer bezieht in die Berücksichtigung der kolonialen Gewalt die Frage nach der Zerstörung nicht allein des Lebens, sondern auch der soziokulturellen Identität der indigenen Völker ein. Der geläufigen Ansicht, die Conquista habe den größten Völkermord der Geschichte realisiert, hält Gründer unter anderem entgegen, daß sich über die Verwirklichung von Massakern hinaus nur schwer ein systematischer, gewollt gezielter, unterschiedsloser und totaler Charakter der Vernichtung festhalten lasse: für den »Erfolg« des Kolonialismus waren nicht ausschließlich Vernichtungsabsichten der Eroberer ausschlaggebend, sondern auch Kooperationen der Unterworfenen, der Zwang in politische Modelle wie jener der »Entwicklungsdiktatur« oder auch »epidemische« Auswirkungen des Kontakts.

Gerade in der Frage nach der Gewalt haben wir es mit zivilisationsgeschichtlichen Festschreibungen zu tun: die Gewalt, das Böse, das überwunden geglaubt wurde, kam mit aller Macht zurück. Die Moderne begriff ja die Gewalt nicht mehr allein als das Böse, sondern als das pathologisch Böse, ob es als Restübel oder auch als des Menschen zweite Natur verstanden wurde.

Möglicherweise ist Genozid tatsächlich ebensowenig eine Frage nach der zur Anwendung gebrachten Gewalt wie eine Frage nach Tod und Sterben: denn im Genozid stirbt man nicht, der Einzelne wird nicht einmal mehr ermordet, er wird getilgt, vernichtet, ohne Spur, ohne Nachhall, ohne Trauernde wird er aus Gegenwart und Zukunft gelöscht. Wir können der Tat selbst, dem Tod, keine direkte Interaktion zuschreiben, die todbringende Interaktion ist dem endgültigen Tod zeitlich weit vorgelagert.

Und doch haben wir nach Gewalt zu fragen: nicht in der Form des entsubjektivierten Kollektivsingulars, sondern als Verweis auf die Verwirklichungsprozesse, als Verweis auf ein ausdifferenziertes System von Strukturen, Institutionen und Einzelpersonen, die eine gerichtete, menschenverletzende und tötende Gewalt auslösten und durchführten. Gewalt wäre nicht aus der Perspektive der entpersonalisierten Strukturen zu betrachten, sondern ist hier Perspektive des Erleidenden.

Ist Genozid dann vielleicht doch vor allem als Frage nach einer spezifischen Ordnung zu stellen? Wobei eine Analyse unter dem Aspekt einer »Ordnung« die Weltanschauung oder Ideologie der Tätergesellschaft zunächst nur mittelbar im Blick zu haben scheint wie ebenso auch die sozialen Verwirklichungsprozesse der Völkermordhandlungen. Ist Genozid, wenn wir ein Konzept Genozid für eine komparative Analyse nutzbar zu machen wünschen, vor allem unter jenem »gärtnerischen Modell« Zygmunt Baumans zu fokussieren? Doch wie kann ein Modell, eine Vorstellung einer spezifischen Ordnung, die doch als intellektuelle, in Eliten präsente Setzung verstanden werden muß, als Erklärungsmodell auch für das Handeln breiter gesellschaftlicher Schichten dienen?

Die Grundlegung einer politischen, sozialen oder »staatlichen« Ordnung, dem die Genozidhandlungen untergeordnet sind, führt in diesem Band zunächst zur Analyse von Irving Louis Horowitz. Horowitz stellt Differenzkonstrukte vor, die unter der Ausgangsprämisse, die Ursache der kollektiven Gewalt als eine staatliche festzumachen, mit Typisierungen herausfordern, in deren Mittelpunkt die Eingrenzung totalitärer Systeme steht. Einen Schwerpunkt seiner Analyse bildet die Darstellung des modernen Genozids als eine durch spezifische Eigenstrukturen wie unter anderem durch einen spezifisch »artifiziellen«, das heißt »gewollten« Charakter, von anderen Formen kollektiver Gewalt zu unterscheidende Ereigniskonstellation. Es sei im besonderen der »offizielle Charakter«, die kollektive Natur und die Irreversibilität der totalen Auslöschung, die den modernen, staatlich-institutionell ausgeführten Völkermord kennzeichne.

Insbesondere Roger W. Smith diskutiert den von Horowitz gewählten Ausgangspunkt der Analyse der politischen Systeme in kritischer Weise; er zieht es vor, nicht von genozidalen Staaten aber sehr wohl von genozidalen Gesellschaften zu sprechen. Denn Genozid, so auch Dabag, ist immer eine Frage nach einer spezifisch inneren Ordnung, einer Definition des Innen, die an der Gestalt des Volks»körpers« arbeitet, um durch die Erschaffung eines »neuen Menschen« die Visionen für eine »neue Gesellschaft« erfüllen zu können. Im modernen Genozid geht es nicht mittelbar um Macht, aber um eine von der Frage der Repräsentation bedingten Ausschließung.

Das Bild des Gärtners, das Bauman vorstellt, verdeutlicht diese spezifische Politik des Genozids in besonders eindrücklicher Weise: es ist ja nicht eigentlich das Modell des Gartens, das entscheidungsprägend wirkt, sondern es ist das »Gärtnern«; nicht Nation wirkt handlungsprägend, sondern das Nationenstreben selbst, so die Annäherungen in den Ansätzen von Gerhard Armanski, Otto Luchterhandt und Mihran Dabag.

Die Gewalt des Genozids, um auch an Walter Benjamin anzuknüpfen, legt »das Bestehende... in Trümmer, nicht um der Trümmer, sondern um des Weges willen, der sich durch sie hindurchzieht.«[34]

Die Vorstellungen oder Visionen, von denen hier die Rede ist, müssen als über mehrere Generationen gewachsene, kollektive Repräsentationsmodelle gedacht werden. Diese beispielsweise als totalitär zu kennzeichnen

34 Benjamin, Walter: Der destruktive Charakter, hier nach: Gesammelte Schriften 4, 1, Frankfurt a.M. 1972, S. 398.

wäre bei weitem zu eng. Die mit der Aufklärung und der Forderung einer Herrschaft in Identität zum Beherrschten entstandenen Vorstellungen der Volksvertretung, Repräsentationsmodelle, die neben den Homogenisierungen der Wirtschaftszweige, der rechtlichen und erzieherischen Strukturen, der Beziehungen von Kommunen und Staat, als wichtige Elemente in den nationalen Integrationsabsichten wirkten, wären hier zu untersuchen.

Wolfgang Benz zitiert aus dem Jahr 1941 einen Oberdienstleiter in den besetzten Niederlanden, um darauf aufmerksam zu machen, daß sich bei den Funktionsträgern des nationalsozialistischen Apparats eine Notwendigkeit der Vernichtung als Überzeugung gefestigt hatte: »Wenn der Führer solch einen Satz spricht, dann heißt das Vernichtung des Judentums, und das wollen wir und dazu bekennen wir uns«.[35]

Mit der Frage der Ordnung wird auch noch einmal die Hinterfragung des bereits angesprochenen »Zusammenhangs« aufgeworfen, eine Frage, der sich insbesondere Hans Mommsen in seinem Beitrag widmet, der die weltanschauliche wie gesellschaftliche Eingebundenheit zu diskutieren sucht: war der Völkermord Element einer territorialen Raumpolitik? Einer »rassischen Umvolkungspolitik«, wie es Götz Aly darzustellen versuchte? Für die Analyse des gesellschaftlichen »Programms«, das die Grenzziele der Shoah bestimmte, markiert Hans Mommsen zunächst einschneidende Wegmarken der Vernichtung. Über die deutliche Abgrenzung der nationalsozialistischen Rassenpolitik von den antisemitischen und völkischen Strömungen Gesamteuropas, die nicht im ideologischen Gehalt sondern darin zu suchen sei, »daß die Nationalsozialisten in die Wirklichkeit umsetzen, was die völkischen Nationalisten zum Gegenstand lautstarker Agitation machten« skizziert Mommsen eine Entwicklung von »Verlegenheitslösung zu Verlegenheitslösung«, über Reservatspläne und den Madagaskar-Plan bis zum nicht mehr anzuhaltenden (nicht angehaltenen?) Prozeß der radikalen Vernichtung. Ist die Kategorie des unaufhaltsam fortschreitenden, von kleinen Anfängen ausgehenden und eskalierenden Vernichtungsprozesses ein zentrales Motiv unserer Annäherung an die Vernichtung überhaupt?

»Das ist von keinem Lebendigen als Oberflächenphänomen, als Abirrung vom Lauf der Geschichte abzutun, die gegenüber der großen Tendenz des Fortschritts, der Aufklärung, der vermeintlich zunehmenden Humanität nicht in Betracht käme. Daß es sich ereignete, ist selbst Aus-

35 Schmidt, Fritz: Ansprache zum einjährigen Bestehen des Arbeitsbereiches Niederlande der NSDAP, 12.10.1941, Deutsches Rundfunkarchiv Frankfurt a.M., 52.8867, vgl. den Beitrag von Wolfgang Benz in diesem Band.

druck einer überaus mächtigen gesellschaftlichen Tendenz. Ich möchte dabei auf eine Tatsache hinweisen, die sehr charakteristischerweise in Deutschland kaum bekannt zu sein scheint... Schon im ersten Weltkrieg haben die Türken - die sogenannte Jungtürkische Bewegung unter der Führung von Enver Pascha und Talaat Pascha - weit über eine Million Armenier ermorden lassen. ... Der Völkermord hat seine Wurzel in jener Resurrektion des angriffslustigen Nationalismus, die seit dem Ende des neunzehnten Jahrhunderts in vielen Ländern sich zutrug« so Adorno in *Erziehung nach Auschwitz.*[36]

Kann Genozid als Analyseaufgabe eines Vergleichs betrachtet werden? Die Frage, die die Beschäftigung mit Völkermord durchzieht, lautet dabei zunächst nicht eigentlich, ob Vergleiche möglich sind, sondern ob wir es mit Einzelfällen oder mit einem typisierbaren Muster zu tun haben. Unverdrängbares Unwohlsein begleitet den Leser jedoch gleichermaßen bei Versuchen vergleichender Betrachtungen (die ja nicht selten auch als Reduktion auf das »komparative Leichenzählen« erscheinen) wie bei jenen Arbeiten, die über eine Einzelstudie hinausblickende Betrachtungen vehement ablehnen und dabei auch schon mal in die Nähe von Verzerrungen und Leugnungen anderer Gewaltakte reichen. Es scheint, als ob die Frage des Vergleichs bis jetzt eher Fehldeutungen und Desinformationen als Vertiefungen der Analysefragen mit sich bringen konnte. So ist in manchen der komparativen Gesamtdarstellungen fraglich, ob man eher der Belesenheit oder dem Mut der Autoren Bewunderung zollen soll, komplexe Genozidzusammenhänge und fallbezogene »Genozidbeweise« in kurzen Typisierungen abzuhandeln. Die bis jetzt favorisierten Vergleiche des jungtürkischen und des nationalsozialistischen Völkermords oder des stalinistischen und nationalsozialistischen Repressionssystems können jedenfalls nur Fehlbetonungen beinhalten, wenn Stufen der Technologie, der Ideologie oder der Totalität definiert werden.

Frank Chalk und Kurt Jonassohn arbeiten im Beitrag zu diesem Band mit definitorischen Kategorien, die sie erstmals 1990 veröffentlichten: »*Genozid* ist eine Form einseitiger Massentötung, mit welcher ein Staat oder eine andere Autorität versucht, eine Gruppe zu vernichten, nachdem diese Gruppe und die Mitgliedschaft in ihr durch den Täter definiert wur-

36 Adorno, Theodor W.: Erziehung nach Auschwitz (zuerst 1966), hier nach: Gesammelte Schriften Bd. 10. 2, 1977, S. 675.

de.«[37] In der Anwendung der analytischen Konstrukte der Genozidforschung muß vielleicht zunächst - im besonderen vor dem Hintergrund der Darstellungen Otto Luchterhandts - die doch beträchtliche öffentliche wie politische Wirksamkeit der Forschungsansätze angemerkt werden, während hier zudem eine Annäherung an Völkermord erfolgte, die erstmals Forschungsfragen der Soziologie, Philosophie und Sozialpsychologie mit den bisherigen historiographischen Ansätzen konfrontierte. Damit durchbrachen die typisierenden, um Definitionskonstrukte zentrierten Ansätze der komparativen Genozidforschung die Latenz der sozialwissenschaftlichen Beschäftigung mit Völkermord, denn diese hatte sich ja im besonderen angesichts der Furcht vor den begleitenden normativen und »moralischen« Aspekten lange um eine Einmischung gedrückt. Unumstritten ist ferner, daß es den Konzeptionen der Genozidforscher tatsächlich gelang, Spezifika einzelner kollektiver Gewaltprozesse sehr viel deutlicher herauszuarbeiten, als es die einzelfragenbezogenen Ansätze der Geschichtswissenschaft bisher leisten konnten. Ferner wurden gerade für die Betrachtung und Einschätzung anderer kollektiver Gewaltakte, im besonderen für den Vietnamkrieg und den Völkermord an den Armeniern, zentrale Verwirklichungsstrukturen aufgedeckt und wichtige Forschungsfragen angeregt.

Chalk und Jonassohn, die die wechselseitige Entstehung von Genozidforschung und völkerrechtlicher Kategoriensetzung um den Tatbestand des Genozids analysieren, konfrontieren ihre Überlegungen in diesem Band konsequent mit der Forderung einer »Archäologie des Genozids«: dabei geht es ihnen nicht allein darum, Muster aufzudecken, die in »modernen« Genoziden spezifisch »modern« sind oder »historische Muster« für spezifisch »historische« Genozidakte darstellen. Es geht ihnen um eine detailliertere beziehungsweise neue Einschätzung historischer Völkervernichtungen, die es aus der Religionsgeschichte, Ägyptologie oder anderen Einzeldisziplinen für eine interdisziplinäre Perspektive zugänglich zu machen gilt. Dabei formulieren Chalk und Jonassohn für die Moderne einen »ideologischen« Genozid, dessen Grundzüge wie folgt festzuschreiben seien: individualistische Anliegen, eine »der Zweck heiligt die Mittel«-Strategie, rechtsstaatliche Systeme und eine Überschneidung von Glaubenssystemen, Ideologie und Theorie.

37 Vgl. auch Chalk, Frank/Jonassohn, Kurt: The Conceptual Framework, in: The History and Sociology of Genocide: Analyses and Case Studies, hrsg. von dens., New Haven/London 1990, S. 23.

Müssen, wie Horowitz betont, »Stufen des Schreckens« akzeptiert und tatsächlich gedacht werden, um einen analytischen Zugang zu ermöglichen? Wohin führt das Experiment, die Methode des »Leichenzählens« in den einzelnen Fällen zwar hinter sich zu lassen, doch - die »unangreifbaren« Ergebnisse der Empirie des Todes beneidend und eine Pathologie des Genozids ersehnend - Reflexionen zur Unterscheidung natürlicher von sozialen Katastrophen zu verfolgen, zur Differenzierung von Genozid und Krieg, Holocaust und Genozid, »tatsächlichem« und »symbolischem« Völkermord? Ist jeder politischen Ordnung folglich eine ihr eigene Form zugänglicher Gewalt zuzuschreiben - wobei sich erneut die Ausgangsfrage stellt: ob dem Genozid in der Moderne eine spezifische Eigenheit (aber überhaupt auch eine Wesensheit) zugeschrieben werden kann?

Was kann eine über moralische Rückhalte oder Entrüstungen hinaus geführte Rationalität einer Kategorie im Falle der Genozidforschung erreichen? Eine Vorhersagbarkeit, wie es Horowitz sowie Chalk und Jonassohn vorsichtig in Aussicht stellen? Die Schärfung eines Bewußtseins für Genozidakte? Die Ausarbeitung internationaler juristischer Eingreif- und Maßnahmenoptionen? Roger W. Smith warnt wohl zu Recht vor Überschätzungen von Analysen, die über idealtypische Definitionselemente ein soziologisches Konstrukt summieren und mit diesem eher in die Nähe der Meteorologie als einem »Regelungsinstrument« zum Erkennen und zum Eingreifen bei Genozidgefahr geraten.

Und doch: gerade die Auseinandersetzung mit dem Völkerrecht, und insbesondere mit der historischen Entstehung seiner Konventionen und Setzungen, macht deutlich, wie wirksam die - komparative Abstraktionen darstellenden - normativen Muster im Völkerrecht trotz aller Kritik an den politischen und strafrechtlichen Durchsetzungsmöglichkeiten für die Ausbildung eines Bewußtseins für Aspekte des Minderheitenschutzes und die Wahrnehmung von Menschenrechtsverletzungen waren.

Karl Josef Partsch skizziert den mit dem besonderen Engagement von André Mandelstam verbundenden Beginn einer Integration individueller Rechtsgrundsätze auch in das Völkerrecht, und zwar im Rahmen des Minderheitenschutzes. Während Mandelstams Bemühungen an der Erfahrung der Verfolgung der Armenier orientiert waren, stand das Engagement Raphael Lemkins unter dem Eindruck des Zweiten Weltkriegs, insbesondere der deutschen Besetzung Polens.

Es war die historische Erfahrung von Krieg und Verfolgung selbst, die nach den Interventionsmöglichkeiten, nach Formen der frühzeitigen Erkennung, Verhinderung und Bestrafung fragen ließ - deutlich zu unterscheidende Tatbestände, wie es durch Otto Luchterhandts Ausführungen bewußt wird. Während das »'moderne' Völkerrecht... die Perspektive einer friedlichen, humanen Weltgemeinschaft (entwirft), und das heißt: unter der Herrschaft des modernen Völkerrechts und bei seiner Beachtung nach Treu und Glauben ist Völkermord in allen seinen Spielarten ausgeschlossen«, werden in Luchterhandts Ausführungen nicht allein Probleme der Durchsetzung der völkerrechtlichen Bestimmungen deutlich oder Konkurrenzbedingungen von Internationalem Recht und nationaler Politik. Gerade das Völkerrecht vermag in seiner systematischen Hinterfragung der vorliegenden Tatbestände sehr eindeutige und analytisch weitreichende Einschätzungen des vorliegenden Ereignisses ermöglichen.

Gibt es Optionen zur Durchsetzung einer interdisziplinären, komparativ orientierten Genozidforschung in Deutschland? Wenn man das Plädoyer von Roger W. Smith aufnimmt, daß Genozid nicht nur grundsätzlicher Bestandteil und grundsätzlicher Prozeß unserer Gegenwart ist, sondern seine Untersuchung sehr grundsätzliche Aspekte im Spannungsfeld Individuum und Gesellschaft anspricht und hier zu zentralen Kategorieerweiterung beitragen kann, so wird dies insbesondere eine Arbeit am Selbstanspruch vor allem der Sozialwissenschaften verlangen - die in der Rettung ihres positivistischen Selbstbildes die Nähe von Moral und Ethik möglichst weit zu umgehen suchen. Andererseits müssen auch von vornherein analytische Beschränkungen gesetzt werden: denn zum Gegenstand einer Genozidforschung können und dürfen nie die Völkermorde in ihrer Gesamtheit, in einer Abstraktion ihres Verlaufscharakters, ihres Ergebnisses in bezug auf die Tätergesellschaft sowie der verursachten Toten werden. Gegenstand können allein Einzelaspekte sein, jene Strukturen der im Genozid zur Anwendung gebrachten kollektiven Gewalt.

Dabei sollte es nun tatsächlich an der Zeit sein, auch der Opfer kollektiver Gewalt zu gedenken, die keine Möglichkeit haben, ein eigenes Gedenken einzufordern, ohne sich am Paradigma des jüdischen Opfers zu orientieren und diesem damit eine Personalität zu nehmen.

So bleibt zuletzt noch übrig, die Frage zu stellen, warum wir uns gerade zur Zeit so intensiv auf die Suche nach den Orten von Geschichte und Erinnerung begeben. Ist es tatsächlich vor allem das Bewußtsein, nicht allein auf ein neues Jahrhundert, sondern gar auf ein neues Jahrtausend zuzugehen, das uns zu der Frage nach der Erinnerung führt? Wollen wir eine Erinnerung sichern oder wollen wir unsere Vergangenheit geordnet und moralisch korrekt hinterlassen, um jenem neuen Jahrtausend hoffnungsvoll und aufrecht begegnen zu können?

Das Reden von der Moderne scheint in der gegenwärtigen Diskussion von *Genozid und Moderne* auch zu einem weiteren Weg einer Verdrängung, einer Möglichkeit eines Abschiebens aus der Gegenwart in die Welten des Traums, des Mythos, der Flucht geworden zu sein.

Die Frage nach einem zentralen Analyseaspekt, unter dem wir die kollektive Gewalt der Shoah in das einordnen, was wir als Moderne kennzeichnen, in einen historischen Prozeß ebenso wie in unsere Gegenwart und den Entwicklungsprozeß, unter dem wir unser eigenes Werden verstehen, ist nur mit Ambivalenzen zu beantworten.

Dabei geht es für uns heute nicht allein um die Frage nach der Erinnerung, der Historisierbarkeit, den Analyseschwerpunkten, sondern auch um die Folgen der bisherigen Diskurse: um perspektivbestimmende Folgen, die unsere Auseinandersetzung mit Völkermorden beispielsweise im Völkerrecht einnehmen, ebenso wie um Konsequenzen für unsere soziale Gegenwart, so die Auseinandersetzung mit Tradition - die wir überwunden glaubten -, die Auseinandersetzung mit Globalisierung, die Hoffnung auf eine Heilung von allen moralischen Widersprüchen.

Das eherne Drei-Generationengesetz des Vergessens scheint Europa für das nächste Jahrhundert ein Ruhekissen zu gönnen: es hat den Prozessen der Homogenisierung und der Suche nach Normalität, nach Einheitlichkeit und Verwirklichung keinen Abbruch getan. Hielt je ein Tod die Zeit an?

*
**

Danksagung der Herausgeber

Dank gilt der Evangelischen Akademie Tutzing und hier natürlich und sehr herzlich Dr. Susanne Heil - ihr Weg hat sie ja inzwischen von Tutzing weggeführt -, die mit uns gemeinsam die Tagung »Genozid und Moderne« konzipierte, die vom 20. bis 22. Januar 1995 im Tutzinger Schloß veranstaltet wurde und Grundlage für einige der hier versammelten Beiträge war.

Einen besonderen Dank möchten wir natürlich den Autoren selbst aussprechen, die ihre Beiträge für die Veröffentlichung zur Verfügung gestellt haben. Ein weiterer Dank gilt dem Mitarbeiterteam für die Lektoratsarbeit: Heike Johann, Beate Passia, Clemens Sorgenfrey, Dr. Rainer Vowe. Melanie Brüngel erstellte die Übersetzungen aus der englischen in die deutsche Sprache, so gebührt ihr natürlich ein herzlicher Dank für ihre gewissenhafte Arbeit.

Der zweite Band von *Genozid und Moderne* wird sich unter dem Untertitel »Erinnern, Verarbeiten, Weitergeben« Fragen nach der Repräsentation der Erfahrung der Verfolgungen und des Völkermords stellen; wir hoffen, den Band kurzfristig nach dem vorliegenden vorstellen zu können.

Die Gelegenheit dieser aus der Arbeit des Instituts für Diaspora- und Genozidforschung an der Ruhr-Universität Bochum hervorgegangenen Publikation möchten wir ferner nutzen, uns auf diesem Weg sehr persönlich für die Unterstützung zu bedanken, die das Institut in seinen Forschungsaufgaben sowie seinen Institutionalisierungsbemühungen erhielt:

Zolak Ter-Harutunian, Vorsitzender der Stiftung für Armenische Studien, für seine stets anregende wie gestalterisch-kritische Begleitung, und Dr. Hans-Henning Pistor, Stifterverband für die Deutsche Wissenschaft, für seine beratende, engagierte und unterstützende Begleitung gebührt ein besonders herzlicher Dank. Die Entwicklung des Instituts ist ohne diese beiden Personen sicherlich nicht denkbar.

Ebenfalls Dank muß der finanziellen Unterstützung ausgesprochen werden, die das Institut und seine Forschungsarbeiten ermöglicht, darunter insbesondere der Unterstützung der Alfred Freiherr von Oppenheim Stiftung zur Förderung der Wissenschaften und dem Ministerium für Wissenschaft und Forschung des Landes Nordrhein-Westfalen.

Mihran Dabag, Kristin Platt, im Frühjahr 1998

Burkhard Liebsch

Vom Versprechen, das wir sind. Versuch einer Annäherung an das Thema »Genozid und Moderne«

1.

Daß wir es unter dem Titel »Genozid und Moderne« nicht mit einem »Thema« wie jedem anderen zu tun haben, leuchtet ein. Begriff und Wirklichkeit klaffen hier wie nirgends sonst auf skandalöse Weise zu Lasten unseres Begreifens auseinander. Fast scheint es, als habe millionenfacher Mord unserem Denken und Verstehen eine ein für allemal unüberschreitbare und undurchlässige Grenze gezogen. Leichtfertig sollte man gleichwohl nicht von schlechthinniger Unbegreiflichkeit sprechen. Denn die Rede vom Unbegreiflichen rechtfertigt, wie aus der Geschichte der NS-Forschung hierzulande zu ersehen ist, oft genug nur eine erstaunliche Bequemlichkeit in historischen Fragen.[1] Mit Recht erwarten wir insbesondere von der juristischen, soziologischen, psychologischen und historischen Forschung, daß sie sich dieses Themas annimmt. Wir können und wollen uns nicht mit dem nüchternen Befund begnügen, daß das, »was unsere Kinder in der Schule als Weltgeschichte lernen, noch heute im wesentlichen eine Reihe von Völkermorden« ist, wie Freud in *Zeitgemäßes über Krieg und Tod* feststellte.[2] Sollte man von der Forschung nicht erwarten können, daß sie uns über die geschichtlichen Bedingungen und Voraussetzungen der Verbrechen aufklärt, um so zu deren künftiger Vermeidung beizutragen? Oder muß man diese Erwartung als naiv bezeichnen angesichts einer blutigen Naturgeschichte der Gattung, die sich, nach allem, was wir wissen, nicht dauerhaft pazifizieren lassen wird? Ist es nicht bezeichnend und in diesem Sinne Beweis genug, daß gerade unsere Zeit - die im Zeichen der Aufklärung versprach, der Naturgeschichte des natürlichen und des gewaltsamen Todes ein Ende zu setzen, um sie »aufzuheben« in eine menschliche, über ihren finalen Sinn aufgeklärte Geschichte - mögli-

1 Vgl. Frei, Norbert: Auschwitz und Holocaust. Begriff und Historiographie, in: Holocaust: Die Grenzen des Verstehens, hrsg. von Hanno Loewy, Hamburg 1992, S. 101-109.
2 Freud, Sigmund: Studienausgabe Band IX, Frankfurt a.M. 1989, S. 52.

cherweise vor allem als »Zeit der Genozide« (Picht) in Erinnerung bleiben wird[3] - und nicht als »Zeit der Technik« oder des sogenannten *posthistoire*?

Unbestreitbar ist der Befund, daß unsere Zeit Verbrechen ungeahnten Ausmaßes und auch völlig neuen Typs hervorgebracht hat; Verbrechen, die vom Völkermord an den Armeniern über Auschwitz bis hin zum ruandischen Desaster ihr schwarzes Licht auf »unsere Zeit« selbst werfen[4] - so, als ob die Zeit, in der wir leben, hier selbst mitschuldig geworden und gewissermaßen haftbar zu machen sei. Das Thema »Genozid und Moderne« unterstellt ja nicht nur ein gehäuftes Vorkommen der Verbrechen, die wir mit dem zweifelhaften Begriff »Genozid« belegen, *in* der Moderne; es suggeriert auch eine *Ermöglichung* dieser Verbrechen *durch* die Moderne. Diese Zuspitzung des Themas macht sofort augenfällig, daß hier nicht bloß ein »naturgeschichtlicher« Gegenstand - etwa im Sinne einer schlicht berichtenden Historie - verhandelt wird, zu dem wir lediglich ein kognitiv-distanziertes Verhältnis hätten - so wie zur evolutionären Genealogie der Arten. Sofern der Titel »Genozid und Moderne« nicht einen nur äußerlichen Zusammenhang zwischen unserer Zeit und den sie verdunkelnden Verbrechen anspricht, sondern den Verdacht einer »Genozidalität« der Moderne selbst weckt, stehen wir in unserem geschichtlichen Selbstver-

3 Vgl. Picht, Georg: Hier und Jetzt. Philosophieren nach Auschwitz und Hiroshima, Stuttgart 1980, S. 8; Todorov, Tzvetan: Angesichts des Äußersten, München 1993, S. 311.

4 Vgl. Grosser, Alfred: Verbrechen und Erinnerung, München 1990; The History and Sociology of Genocide. Analyses and Case Studies, hrsg. von Frank Chalk und Kurt Jonassohn, New Haven/London 1990; Kren, Georg M./Rappoport, Leon: The Holocaust and the Crisis of Human Behaviour, New York/London 1980; Genocide and the Modern Age, hrsg. von Isidor Wallimann und Michael N. Dobkowski, New York/Westport 1987. - Churchill, Ward: Genocide. Towards a Functional Definition, in: Alternatives 11, 1986, S. 403-430; Huttenbach, Henry R.: Locating the Holocaust on the Genocide Spectrum, in: Holocaust and Genocide Studies 3, 1988, S. 289-303.
Ich muß hier absehen von der nicht zu vernachlässigenden Frage, womit historisch gesehen und dem Sinn nach »unsere« Zeit beginnt, und verweise in diesem Zusammenhang nachdrücklich auf Todorov, Tzvetan: Die Eroberung Amerikas, Frankfurt a.M. 1985, der in den an den Indianern verübten Verbrechen den ersten Völkermord »unserer« Zeit erblickt. Diese Verbrechen »kündigen das Kommen der modernen Zeiten an« - freilich erst rückblickend kann es so erscheinen. *Wir* erst beginnen im Lichte der Desaster des 20., eines »zutiefst dem Krieg verfallenen« (Patočka) Jahrhunderts, den »Anfang« dieser unserer Zeit immer weiter vorzuverlegen. So glaubt Todorov auf der Seite der Conquista bereits eine Propaganda der »Endlösung« zu erkennen, die - wie später Hitler - der Zukunft jeder möglichen Erinnerung vorgreifen zu wollen schien (vgl. S. 242ff., 168, 183). Wenn das ein »modernes« Element ist, so muß Todorov allerdings auch anerkennen, daß die »Verweigerung einer Rechtfertigung des Mordens und der Beginn des Dialogs« mit dem »Anderen« ebenfalls »unserer« Zeit entscheidende Inspiration verdankt.

ständnis hier zugleich mit in Frage, denn dieser Zeit gehören wir noch an - und sei es nur als ihre »Erben«.

Mit Recht bemerkt Walter Benjamin in seiner achten These über den Begriff der Geschichte, daß »das Staunen darüber, daß die Dinge, die wir erleben, im zwanzigsten Jahrhundert 'noch' möglich sind,... kein philosophisches« sein kann. Denn »es steht nicht am Anfang einer Erkenntnis, es sei denn der, daß die Vorstellung von Geschichte, aus der es stammt, nicht zu halten ist«.[5] Von den Erben der Moderne könnte man erwarten, daß sie das beherzigt haben. Benjamins These gibt uns freilich keinen Hinweis darauf, wie sie zu beherzigen wäre. Will sie besagen, daß offenbar »diese Dinge« jetzt ebenso wie in der Vergangenheit möglich sind und möglich bleiben werden? Oder will sie die Naivität eines Fortschrittsdenkens brandmarken, das gar nicht wirklich realisiert hat, wie die Geschichte eine *andere* werden kann? Zweifellos möchte Benjamin einem gegen-geschichtlichen Widerstandspotential zur Geltung verhelfen, das noch einer scheinbar »erledigten Zeit« (Husserl), die in der Faktizität ihres Geschehenseins erstarrt ist, Ansprüche auf unsere Gegenwart einräumt. Nur wer sich als im Schicksal der Untergegangenen »gemeint« realisiert, stellt sich diesen Ansprüchen, die auf diese Weise, vermittels der geschichtlichen *Affizierbarkeit* der Späteren, noch Zukunft haben.[6] Eine Vergangenheit, die so noch durch uns »lebt«, kann nicht schlicht Gegenstand einer »uninteressierten Trauer« (Hegel) sein, die gerade voraussetzt, das Geschehene sei allemal tot genug, um nur noch historisch zu interessieren.[7]

Inwiefern, so müssen wir uns fragen, sind die unter dem Titel »Genozid und Moderne« verhandelten Themen womöglich keine in diesem Sinne bloß »historischen«? Inwiefern haben wir zu ihnen kein bloß kognitives Verhältnis, wie es in bezug auf die Geschichte der Arten, die Naturgeschichte des Lebens und sogar des Todes der Fall sein mag?

Gewiß, so wie das Leben, so hat auch der Tod seine Geschichte - von den steinzeitlichen Grabbeigaben bis hin zur Kultivierung der Bestattungsriten und der persönlichen Trauer um den Anderen,[8] vom schieren

5 Benjamin, Walter: Illuminationen, Frankfurt a.M. ^{2}1980, S. 255.

6 Vgl. dazu ausführlich vom Verf.: Geschichte im Zeichen des Abschieds, München 1996, Kap. I.3/f.

7 Vgl. Hegel, Georg Wilhelm Friedrich: Vorlesungen über die Philosophie der Geschichte, Werke Bd. 12, Frankfurt a.M. 1986, S. 97f.; Ritter, Joachim: Subjektivität, Frankfurt a.M. 1974, S. 127-132; Wittram, Reinhard: Das Interesse an der Geschichte, Göttingen ^{2}1963, Kap. 1.

8 Vgl. Ariès, Philippe: Studien zur Geschichte des Todes im Abendland, München 1981; ders.: Bilder zur Geschichte des Todes, München/Wien 1984.

animalischen Verenden über die mittelalterlichen Epidemien bis hin zum »modernen«, einsamen Tod im Krankenhaus. Neben einer kultur- und mentalitätsgeschichtlichen Forschung nimmt sich auch eine quasi-naturgeschichtliche, demographische Forschung dieser Fragen an. Eine demographische *natural history of death*[9] beziffert die Toten und nennt die Ursachen der unterschiedlichen Frequenzen und Amplituden der Sterblichkeitswellen.[10] Krieg und Massenmord erscheinen ihr - so wie Seuchen, Hungersnöte und die Folgen unzureichender Hygiene - als Aspekte einer generellen Sterblichkeit, deren Bilanz und Rhythmus sie vor allem interessiert. Seuchen, Hungersnöte und auch Kriege rhythmisieren nur eine demographische Sterblichkeit, für die allein »zählt«, warum und binnen welcher Frist die Massen hinweggerafft werden. Die Seuchen, der Hunger, der Krieg temporalisieren vorübergehend den Rhythmus der kollektiven Mortalität, die immer wieder in ihre normale Trägheit zurückfallen wird, sich wieder verlangsamt und zwischenzeitlich abebbt, um alsbald von neuem reiche Ernte zu halten. Als Faktor, der dieses Auf und Ab reguliert, unterscheidet sich der tausendfache Mord »im Endeffekt« nicht vom heimlichen Triumph der Bakterien, die im Handstreich das Immunsystem kolonialisierter außereuropäischer Völker außer Kraft setzten. Historisch-demographisch, vom Effekt her gesehen, sind der Krieg und der Massenmord nur Aspekte einer universalen Naturgeschichte des Todes, und die sogenannte Weltgeschichte erscheint so nur als *deren* jüngster Trieb.

Versprach aber die Moderne nicht, den Tod zu humanisieren? Versprach sie nicht, auch dem geschichtlichen Naturzustand zwischen den Völkern und Nationen ein Ende zu setzen, um ihn in einem »weltbürgerlichen« Zustand endgültig zu befrieden?

2.

Die Vergangenheitsform dieser Fragen kann uns nicht davon dispensieren, unseren eigenen Standort angesichts dieser Zeit zu bestimmen, die ein Versprechen war. Muß man das Versprechen als verjährt oder als veraltet und uneinlösbar bezeichnen? Wird es für keine kommende Zeit mehr ein quasi-testamentarisches, unverjährbares Vermächtnis sein, weil man über eine bereits vergangene Moderne längst hinaus ist und sich ihren Präten-

9 »Genocide... has its own natural history«, heißt es bei Irving Louis Horowitz: Taking Lives. Genocide and State Power, New Brunswick/London 1976, S. 11.

10 Vgl. Burguière, André: Historische Anthropologie, in: Die Rückeroberung des historischen Denkens: Grundlagen der Neuen Geschichtswissenschaft, hrsg. von Jacques LeGoff, Roger Chartier und Jacques Revel, Frankfurt a.M. 1990, S. 80ff.

tionen nicht mehr verpflichtet glaubt? Wollen wir überhaupt Erben eines solchen Vermächtnisses sein, wenn die Zeit, die es uns hinterläßt, selbst im Verdacht einer spezifischen Genozidalität steht und am Ende nur als ein weiteres Kapitel in der Naturgeschichte des Todes betrachtet werden kann, die sich nirgends »aufgehoben« findet? Können wir das Erbe einer Zeit annehmen, die unerhörte Destruktionspotentiale freigesetzt und im Sinne einer »Modernisierung« nutzbar gemacht hat?

Im Zeichen einer unterstellten generellen »genocidal destructiveness of our era«[11] wird Anklage erhoben gegen die Moderne selbst - als ob eine neue Zeit bereits angebrochen wäre, die über die alte Zeit, die Moderne, ihr Urteil zu fällen hätte. Andere sprechen von einer »Krankheit« oder »Krise« der Moderne - was weniger an einen fälligen Abschied von dieser Zeit als vielmehr an ihre mögliche Heilung denken läßt. Wieder andere beklagen »Regressionen«, die »unsere Zeit« hinter ihren eigentlichen ethischen Sinn hätten zurückfallen lassen, der die spezifisch moderne Erwartung eines integralen Zusammenhangs von Vernunft und Geschichte begründete.[12] Gerade deshalb wird gefordert, man müsse »frustrationsresistent« an den kosmopolitischen Ideen festhalten.[13] Sind diese Ideen aber nicht mitschuldig geworden? War der »Verwaltungsmassenmord« am Ende sogar ein »legitimes Kind im Haus der Moderne«?[14] Hat die Moderne selbst einer Genozidalität Raum gegeben? Oder hat sie sich nur mißbrauchen lassen? War sie nur blind für den geschichtlichen Nährboden verbrecherischer Projekte, die *ihr* nicht zur Last gelegt werden können? Wenn nun die Moderne »angesichts des Äußersten« (Todorov), das in ihr und vielleicht auch durch sie möglich geworden ist, zur Rechenschaft gezogen

11 Vgl. Rubenstein, Richard L.: Afterword. Genocide and Civilization, in: Genocide and the Modern Age (Anm. 4), S. 283. Der Begriff der »Genozidalität« hat sich als äußerst dehnbar erwiesen. Er findet auf tödliche Folgen, die die gesellschaftliche Reproduktion der Länder der »Ersten Welt« für die der »Dritten Welt« hat, ebenso Anwendung wie auf die »in Kauf genommenen« oder sogar beabsichtigten Wirkungen der sogenannten Massenvernichtungswaffen. Vgl. Adorno, Theodor W.: Erziehung zur Mündigkeit, Frankfurt a.M. ⁴1975, S. 89; sowie Lifton, Robert J./Markusen, Eric: Die Psychologie des Völkermords, Stuttgart 1992. Zur Frage der intendierten bzw. nicht-intendierten »genozidalen« Folgen vgl. die in Anm. 4 angegebene Arbeit von Churchill.

12 Vgl. Bauman, Zygmunt: Modernity and the Holocaust, Ithaka/N.Y. 1989, S. xii.; Toward the Understanding and Prevention of Genocide, hrsg. von Israel W. Charny, London 1984, S. xviii.

13 Apel, Karl-Otto: Zurück zur Normalität, in: Zerstörung des moralischen Selbstbewußtseins. Chance oder Gefährdung? Praktische Philosophie in Deutschland nach dem Nationalsozialismus, hrsg. vom Forum für Philosophie, Frankfurt a.M. 1988, S. 91-142, hier S. 123.

14 ... wie Zygmunt Bauman vermutet: Modernity and the Holocaust (Anm. 12), S. 17.

wird, wie vielfach suggeriert wird, so stellt sich zugleich die Frage, welches Ausmaß an »Blindheit« einer neuen Zeit, die die Moderne zu verabschieden gedenkt, noch erlaubt sein wird angesichts der fortan unabwendbaren Drohung, daß das Äußerste sich wiederholen könnte. Hat die »neue Zeit« bereits am Äußersten ihr Maß gefunden? Definiert sie sich bereits im Zeichen eines Maß-gebenden, das selbst weder gemessen noch ermessen werden kann? Ist die »Legitimität der Neuzeit« hier bereits an ihre Grenze gestoßen, um der Legitimität einer neuen Zeit Raum zu geben?

Wie auch immer man diese Frage entscheiden wird - zu jener Drohung hat »unsere Zeit« weder als *Noch*-Neuzeit noch als *schon* neue Zeit, die nicht wiederum eine bloße Verlängerung der Neuzeit wäre, kein bloß »naturgeschichtliches« Verhältnis, wie man es unterstellt, wo man nüchtern konstatiert, daß die Genozide des 20. Jahrhunderts weder die ersten noch die letzten waren,[15] und daß auch für die Gattungsgeschichte die lapidare physikalische Erkenntnis gilt, die besagt, daß was (wieder) geschehen kann auch (wieder) geschehen wird. Ist angesichts dessen aus dem Zusammenhang von Genozid und Moderne für die Zukunft nichts zu lernen? Oder bewährt sich auch hier noch die alte Formel »Aus Leiden lernen« - vorausgesetzt, auch uns seien die Verbrechen in gewisser Weise unwiderruflich widerfahren - nicht nur den Opfern, die ihre Stimme nicht mehr erheben können?

Jede mögliche Antwort auf diese Fragen hängt davon ab, daß wir uns dessen vergewissern, wie uns das Geschehene noch heute, über den geschichtlichen Abstand hinweg affiziert und wie dies für unsere Zeit maßgebend wird. In den Beiträgen zum Thema »Genozid und Moderne« wird das Problem unserer geschichtlichen Affizierbarkeit allerdings kaum je aufgeworfen. Zur Diskussion gestellt wird lediglich der Zusammenhang des Genozid-Phänomens mit Modernisierungsprozessen (seltener: mit der Modernität oder mit der Moderne).[16] Dabei wird die Moderne explizit oder implizit häufig mit Prozessen der Modernisierung gleichgesetzt und dann daraufhin befragt, wie diese Prozesse real-geschichtlich etwa zum Völkermord an den Armeniern oder zur Vernichtung »lebensunwerten« Lebens, zur massenhaften »Liquidierung« politischer Gegner oder »Andersartiger« überhaupt sowie zum Verbrechen an den europäischen Juden »beitragen« konnten. Daß diese Prozesse nur in bestimmten Ländern (in Deutschland, aber nicht im Nachbarland Dänemark) in einer Konstellation auftraten,

15 Vgl. »Historikerstreit«, München ^{8}1991, S. 186, 358.

16 Vgl. die Differenzierung der Begriffe bei Habermas, Jürgen: Der Philosophische Diskurs der Moderne, Frankfurt a.M. ^{2}1985, S. 10ff.

die die bekannten Folgen zeitigte, zeigt schon, daß man auf der Ebene der real-historischen Erklärung einen generellen Zusammenhang von Genozid und Moderne bzw. Modernisierung gar nicht zur Sprache bringen kann.[17] Staatlich »autorisierter Terror« im Zeichen der »modernen« Nationalstaatsidee[18] etwa kann, muß aber nicht »genozidale« Folgen haben. Eine andere Frage ist, ob man diesen Terror, seinem Sinn nach, unabhängig von seinen empirischen Folgen bereits als »genozidal« begreifen muß, sobald er Mittel staatlicher Politik wird. Und wieder eine andere Frage ist, ob man dem Staat hinsichtlich seiner Bereitschaft, sich dieses Mittels zu bedienen, selbst eine »Genozidalität« bescheinigen muß, die die Nationalstaatsidee durch die Verbrechen, die in ihrem Namen oder Gefolge verübt wurden, kompromittiert. Unstreitig ist gewiß, daß modernes, nationalstaatliches Denken totalitäre Wünsche genährt hat und daß es sich totalitärer Mittel bedienen konnte. Die technische Modernisierung hat dem alten Wunsch, den Anderen zu vernichten, ungeahnte Mittel an die Hand gegeben. Eine »engineered dehumanization«, bei der die Täter sich selbst kaum die Hände schmutzig machen, ist erst in unseren Tagen möglich geworden. Sicherlich haben wir es hier aber nicht bloß mit einer »technischen Innovation«, mit neuartigen Mitteln und neuartigen Größenordnungen der Vernichtung zu tun.[19] Die Frage der Mittel und der Durchführung macht die *Signifikanz* des Geschehenen nicht verständlich.

Gewiß kann die Bedeutung der Verbrechen nicht aus einer retrospektiven Fatalität abgeleitet werden,[20] die zu besagen scheint, daß sich etwa in Auschwitz die »endlich enthüllte Wahrheit« Europas oder der Moderne

17 Vgl. die entsprechenden Einwände bei Schulze, Hagen: Die »deutsche Katastrophe« erklären. Vom Nutzen und Nachteil historischer Erklärungsmodelle, in: Ist der Nationalsozialismus Geschichte?, hrsg. von Dan Diner, Frankfurt a.M. 1987, S. 89-102, besonders S. 93f.; Diner, Dan: Rationalisierung und Methode, in: Vierteljahreshefte für Zeitgeschichte 40, 1992, S. 359-382, besonders S. 382.

18 Vgl. Horowitz: Taking Lives (Anm. 9), S. 2, 84. »Der Völkermord hat seine Wurzel in jener Resurrektion des angriffslustigen Nationalismus, die seit dem Ende des neunzehnten Jahrhunderts in vielen Ländern sich zutrug«, heißt es hierzu bei Adorno: Erziehung zur Mündigkeit (Anm. 11), S. 89.

19 Vgl. Habermas, Jürgen: Eine Art Schadensabwicklung, Frankfurt a.M. 1987, S. 147.

20 »Wohl sieht retrospektiv alles so aus, als hätte es so kommen müssen und nicht anders sein können«; doch indem man »die Fatalität des Geschehens im Begriff nochmals wiederholt, macht man sie in gewissem Sinne sich selbst zu eigen«, schreiben mit Recht Horkheimer und Adorno; zitiert nach Massing, Paul W.: Vorgeschichte des politischen Antisemitismus, Frankfurt a.M. 1986, S. VII; vgl. auch Claussen, Detlev: Grenzen der Aufklärung, Frankfurt a.M. 1994, S. 43f., 76.

gezeigt habe.[21] Wer Geschichte nachträglich auf diese Weise schicksalhaft begreift, löst sie in den Mythos auf und kann keine vergangene Zukunft mehr denken, in der auf für uns Nachkommende verbindliche Weise anderes möglich gewesen wäre. Retrodiktionen dürfen, nach allen Regeln der historischen Interpretation, nicht im Sinne einer Teleologie der realen geschichtlichen Zusammenhänge mißverstanden werden.[22] Wer das Ende kennt, kann nur um den Preis einer unhistorischen »retrospektiven Fatalitätsillusion« (R. Aron) dem Geschehenen eine Zwangsläufigkeit oder Finalität unterschieben. Der Historiker will keine teleologische Geschichtsphilosophie oder Metaphysik der Moderne schreiben. Deshalb bescheidet man sich mit Fragen wie diesen: Welche Modernisierungsprozesse konnten ohne weiteres in den Dienst rassistischer, nationalistischer und schließlich staatsterroristischer Programme treten? Hatten diese Programme ihrerseits beabsichtigte oder unbeabsichtigte Modernisierungseffekte? Haben sich etwa antimodernistische Strömungen auf *parasitäre* oder *ironische* Weise gewisser Modernisierungsprozesse bedient? Muß man in diesem Zusammenhang von einer »Doppelgesichtigkeit« oder Ambivalenz technischer und gesellschaftlicher Modernisierungsprozesse sprechen und in bezug auf das »Dritte Reich« etwa den Schluß ziehen, daß es nur zwiespältig zu beurteilen ist, denkt man an die nationalsozialistischen Verbrechen einerseits und an die »anerkennenswerte Seite der Modernisierung, der Autobahnen, des Volkswagens und der Massenunterhaltung« andererseits?[23] (Was für ein Trost für die Opfer, daß die Modernisierung über die

21 Dennoch hat Auschwitz eine rückwirkende, *aposteriori*-Verantwortlichkeit der Zeit vor 1933 nach sich gezogen; wie weit diese Verantwortlichkeit zurückreicht, bedarf der Klärung. Den vielleicht extremsten Standpunkt in dieser Hinsicht vertritt Philippe Lacoue-Labarthe, der meint, es sei »das Wesen des Abendlandes..., was sich in der Apokalypse von Auschwitz enthüllt« habe (vgl. Le Nouvel Observateur, 22.1.1988). Hier geht es freilich nicht um die Behauptung einer kausalen Notwendigkeit oder Fatalität, sondern darum, daß sich gezeigt habe, daß die abendländische Kultur, seit den Griechen, nicht dem zur Geltung verholfen habe, was sich dem Äußersten (Todorov) im Sinne einer absoluten Verantwortung für den Anderen widersetzt; vgl. Lyotard, Jean-François: Vor dem Gesetz, nach dem Gesetz, in: Jüdisches Denken in Frankreich, hrsg. von Pierre Vidal-Naquet, Frankfurt a.M. 1994, S. 168f.

22 Vgl. die Arbeit von Schulze: Die »deutsche Katastrophe« erklären (Anm. 17), S. 100, sowie die Bemerkungen hierzu von Saul Friedländer im Briefwechsel mit Martin Broszat: Um die »Historisierung des Nationalsozialismus«, in: Vierteljahreshefte für Zeitgeschichte 36, 1988, S. 339-372, hier S. 356.

23 Vgl. Peukert, Detlev J. K.: Alltag und Barbarei, in: Ist der Nationalsozialismus Geschichte?, hrsg. von Dan Diner, Frankfurt a.M. 1987, S. 51-61, hier S. 53; Matzerath, Horst/ Volkmann, Hans-Erich: Modernisierungstheorie und Nationalsozialismus, in: Theorien

Leichen hinweg immerhin die allgemeine Mobilität auf den neuesten Stand gebracht und kollektiver Langeweile entgegengewirkt hat! Darf man so Verbrechen als »nachteilige« Begleiterscheinungen der Modernisierung in einer Bilanz verrechnen, die auch »Vorteile« zu verzeichnen hat, deren Nutznießer man später geworden ist?) Wer von »anerkennenswerten Seiten« der Modernisierung spricht, wird sich zu einem normativen Begriff der Moderne bekennen müssen. Andernfalls riskiert man, in bloßen historisch-soziologischen Prozeßbeschreibungen steckenzubleiben, die eine historistische Position implizieren.[24] Der Vorschlag, auf einen normativen Begriff der Moderne überhaupt zu verzichten, zeigt dies deutlich genug, denn er läuft darauf hinaus, jegliche normative Differenz zwischen dem vergangenen Geschehen, das man rekonstruieren möchte, einerseits und einem Sinn andererseits, an dem dieses Geschehen sich messen lassen müßte, einzuziehen - und das sowohl auf der Beschreibungsebene selbst als auch in unserem Verhältnis zum Geschehenen.[25]

Das kann, wie die neuere Diskussion hinreichend gezeigt hat, dahin führen, daß man zu »modern« anmutendem Denken in der Logik der Täter am Ende keine theoretisch begründbare Distanz mehr einnehmen kann. (Das betrifft etwa die Frage der ökonomischen Rationalität und der bevölkerungspolitischen Funktionalität der Deportationen und der Massenvernichtung im »Dritten Reich«.) Dieser Vorwurf ist nicht ohne Berechtigung gegen die Methode von Aly und Heim vorgebracht worden, die das ökonomische, bevölkerungsstrategische Kalkül der Täter betonen und damit Hannah Arendt widersprechen, die gerade im Fehlen jeglicher Nützlichkeitsabwägung auf der Seite der Täter das eigentlich Besondere der NS-Verbrechen sah.[26] Wenn vor allem eine genozidale »negative Bevölkerungspolitik« *den* womöglich endogenen Zusammenhang zwischen einer Politik der Modernisierung und einer Politik der Vernichtung offenlegt, dann fragt es sich, wie man noch einen dieser Politik abzulesenden »praxis-

in der Praxis des Historikers, hrsg. von Jürgen Kocka, Göttingen 1977, S. 86ff., besonders S. 91, 107.

24 Vgl. ebd., S. 95.

25 Vgl. Diner: Rationalisierung und Methode (Anm. 17), sowie Aly, G.: Erwiderung auf Dan Diner, in: Vierteljahreshefte für Zeitgeschichte 41, 1993, S. 621-635, besonders S. 625. Das angesprochene Problem betrifft in einschneidender Weise das von Prinz und Zitelmann propagierte Vorgehen, vgl. Nationalsozialismus und Modernisierung, hrsg. von Michael Prinz und Rainer Zitelmann, Darmstadt 1991.

26 Vgl. Herbert, Ulrich: Arbeit und Vernichtung, in: Ist der Nationalsozialismus Geschichte? (Anm. 17), S. 198-236, besonders S. 211, 221; sowie »Vernichtungspolitik«, hrsg. von Wolfgang Scheider, Hamburg 1991; Aly, Götz/Heim, Susanne: Vordenker der Vernichtung, Frankfurt a.M. 1993, S. 11.

orientierten Rationalismus« kritisieren will, (»der von sich aus dazu tendiert, moralische Bindungen abzuschütteln«), ohne von der Moderne einen Begriff zu haben, der nicht in den von den Tätern funktionalisierten Modernisierungsprozessen aufgeht.[27] Zweifellos war die Politik der Vernichtung, soweit sie sich als demographische Rationalisierung verstand, auch biologisch inspiriert und stützte sich damit auf ein Denken, das erst im Rahmen einer spezifisch modernen Episteme möglich wurde.[28] Das biologische Paradigma, das es nahegelegt hat, Geschichte und Gesellschaft nach dem Vorbild der Gesetzlichkeiten des »Lebens« zu deuten, stand keiner früheren Zeit zur Verfügung. Die biologische Inspiration des genozidalen Programms der Nationalsozialisten kann man nicht bestreiten, auch wenn man dieses Programm nicht schlicht als »angewandte Biologie« verstehen will, wie es einer der Verantwortlichen seinerzeit vorgeschlagen hat.[29] Dafür, daß die »wissenschaftliche« Biologie bereits damals der nationalsozialistischen Biopolitik widersprach, gibt es - aus heutiger Sicht - gute Gründe. Diese Politik war weder auf das Konzept der Polygenie noch auf Weismanns Hypostasierung einer »Allmacht der Naturzüchtung« zu gründen. Sie war hinsichtlich der durch de Vries wiederentdeckten Vererbungsgesetzmäßigkeiten und hinsichtlich Thomas H. Morgans Erkenntnissen über die Interaktion von Gengruppen ebenso ahnungslos wie hinsichtlich der Bedeutung des Hardy-Weinberg-Gesetzes für die Populationsgenetik - vom Anachronismus eines Rassebegriffs ganz abgesehen, der deduktiv unbrauchbar und induktiv nicht verifizierbar war.[30] Gleich, ob es sich hier um eine falsche Politisierung an sich »guter« Wissenschaft oder um eine »pseudowissenschaftliche« Rationalisierung einer verfehlten Politik handelte, fest steht, daß die Biologie sich biopolitisch instrumentalisieren ließ und darüber hinaus, als »Anthropobiologie« etwa, eine aktive Rolle spiel-

27 Ebd., S. 9, 19. Allzu leicht übersieht man allerdings, daß die Autoren ausdrücklich feststellen, daß »der Begriff der 'Bevölkerungsfrage'... kein objektives Faktum (beschreibt); es handelt sich vielmehr um einen wissenschaftlich aufgewerteten politischen Kampfbegriff...«, vgl. ebd., S. 76, 114. Dennoch hat die ausführliche Rekonstruktion einer immanenten Rationalität der Binnenlogik der »Vordenker der Vernichtung« auf den Leser eine suggestive Wirkung.

28 Vgl. Foucault, Michel: Die Ordnung der Dinge, Frankfurt a.M. 1974; sowie: Der Tod des Menschen im Denken des Lebens: Georges Canguilhem über Michel Foucault. Michel Foucault über Georges Canguilhem, hrsg. von Marcelo Marques, Tübingen 1988.

29 Vgl. Lifton/Markusen: Psychologie des Völkermords (Anm. 11), S. 66ff.

30 Vgl. die ausführliche Analyse von Weingart, Peter/Kroll, Jürgen/Bayertz, Kurt: Rasse, Blut und Gene. Geschichte der Eugenik und Rassenhygiene in Deutschland, Frankfurt a.M. 1992; sowie, zum anachronistischen Rassebegriff, Voegelin, Eric: Rasse und Staat, Tübingen 1933.

te.[31] Wenn man in diesem Zusammenhang von der »Scheinobjektivität« eines Denkens spricht, »das den einzelnen Menschen zum bloßen Träger von Erbmasse degradiert«, so genügt es offensichtlich nicht, sich auf eine bloße Beschreibung von Modernisierungsprozessen (hier im Sinne der Instrumentalisierung einer »Scheinobjektivität«, für deren Legitimation die Biologie herhalten muß) zu beschränken.[32] Im Rahmen einer bloßen Beschreibung kann von Degradierung gar nicht die Rede sein. Die bloße Beschreibung droht vielmehr der Binnenlogik der Täter selbst verhaftet zu bleiben, die etwa besagte, daß der Faschismus »keinen Eigenwert des Individuums« anerkennen könne, denn »sein eigentliches Ziel (sei) das dauernde Leben, das sich durch die Kette der Generationen zieht, das heißt aber die Rasse«.[33] Im Rahmen eines Denkens, das alles ökonomisiert und allem einen (relativen) Wert zu- oder abspricht, kann dagegen nicht Widerspruch angemeldet werden.[34] Und wer die Übernahme biologischen Gedankenguts im Vorfeld der Entstehung genozidaler Ideologien im Sinne einer »Rationalisierung der Politik« beschreiben möchte, kann seine - unterstellte - Distanz zum Sinn dieser Rationalisierung nicht *allein* mit einem angeblichen »Mißbrauch« der Wissenschaft begründen, der hier stattgefunden haben soll. Denn auch eine »gute« Biologie, die uns versichert, daß »jeder Biologe, der die Menschheit behandelt, als sei sie nichts anderes als eine Tierspezies, ... nur seine Wissenschaft (diskreditiert)«, kann von der Differenz selbst, auf die hier angespielt wird, nicht Rechenschaft ablegen.[35]

Zweifellos ist es ein spezifisch moderner Gedanke, um beim Beispiel zu bleiben, daß der Mensch ein Lebewesen ist, das einer universalen, unbarmherzigen Logik des Überlebens unterworfen zu sein scheint, die alle Wesen auf Gedeih und Verderb gegeneinander existieren läßt. Unter dem Einfluß des evolutionären Modells der Genealogie der Arten konnte der Eindruck entstehen, als habe man hier tatsächlich ein Gesetz gefunden, dem auch die Geschichte der menschlichen Gattung unterworfen sei. Die evolutionäre Reinterpretation der Gattungsgeschichte ließ diese als einen dauernden Kampf der Rassen, zoologischer Völker, unter der Herrschaft eines Gesetzes erscheinen, dessen unnachsichtige Logik offenbar fordert,

31 Vgl. Weingart et. al.: Rasse, Blut und Gene (ebd.), S. 365, 355, 459, 533.
32 Ebd., S. 563.
33 Vgl. Aly/Heim: Vordenker der Vernichtung (Anm. 26), S. 290, 297, 488.
34 Vgl. die Kritik einer »Ökonomisierung« selbst der Philosophie (des 19. Jahrhunderts), die nur noch relative Werte gelten lassen zu wollen schien, bei Picht: Hier und Jetzt (Anm. 3), S. 159.
35 Vgl. Weingart et. al.: Rasse, Blut und Gene (Anm. 30), S. 171, 652.

daß die Einzelnen und die schwächeren Völker dem Überleben überlegenen Lebens dienen und zum Opfer fallen müssen.[36] Endlich weiß man um den Sinn dieser Verschwendung. Die Preisgabe des Einzelnen und Schwächeren ist ja gerade das Prinzip der evolutionären Selbststeigerung des Lebens, das das Erbe einer Geschichte des »Geistes« antritt, der sich seinerseits noch hatte »unbeschädigt im Hintergrund halten« sollen. Die »Realisten« unter den Vollstreckern des evolutionären Gesetzes sehen ihre Rasse, die sich ihnen als Spitze des Lebens darstellt, wie einen Phönix aus einem allgemeinen Untergang erstehen, dem die anderen geweiht sind und der sie selbst bedroht.[37] Keine Rasse genießt demnach eine privilegierte, erhabene Position außerhalb des evolutionären Prozesses, dessen antizipiertes Urteil man am besten präventiv an den anderen vollstreckt, um ihm nicht selbst zum Opfer zu fallen.

Die paranoide Antizipation, die uns im Naturzustand (wenn Hobbes recht hat) den Anderen als unseren potentiellen Mörder erwarten läßt, findet so, im Verhältnis der Völker untereinander, neue Nahrung: Derjenige wird überleben, der am Anderen zuerst die Untat vollstreckt, die er selbst von ihm befürchtet. So hat die evolutionäre Reinterpretation der Gattungsgeschichte scheinbar denen recht gegeben, die in ihr ohnehin nur den hobbesianischen Naturzustand sich diachron erstrecken sehen.

Während Hobbes den Einzelnen, dem seine Selbsterhaltung oberstes Gebot ist, als von der Furcht vor dem Anderen als seinem potentiellen Mörder beunruhigt beschreibt, dem gegenüber das Mißtrauen gegebenenfalls auch präventive Gewalt rechtfertigt, konnte man aus der Evolutionstheorie den Schluß ziehen, die Geschichte der Völker sei ganz analog zu verstehen. Die Geschichte mußte, so schien es, einem Gesetz gehorchen, demzufolge die Völker zuerst am eigenen Überleben interessiert sind, im Zeichen der Furcht davor, anderen Völkern zu unterliegen. In dem Maße, wie die Evolutionstheorie ein »natürliches Gesetz« entdeckt zu haben schien, das auch die Geschichte der Gattung durchherrscht, konnte man auch an eine eigenmächtige, präventive Vollstreckung dieses Gesetzes an anderen denken, ohne erst das Urteil der Geschichte abzuwarten. Am Ende wird man einen Terror rechtfertigen, der die »Todesurteile, welche die Natur angeblich über 'minderwertige' Rassen und 'lebensunfähige Individuen' oder die Geschichte über 'absterbende Klassen' und 'dekadente Völker' gesprochen

36 Vgl. Arendt, Hannah: Elemente und Ursprünge totaler Herrschaft, München ^{3}1993, S. 376ff., 286, 533, 709-712.

37 Ebd., S. 268ff.

hat, auf der Stelle vollstreckt, ohne den langsameren und unsicheren Vernichtungsprozeß von Natur und Geschichte selbst abzuwarten«.[38]

Der genozidale Terror scheidet »die Individuen aus um der Gattung willen, opfert Menschen um der Menschheit willen«; allerdings nicht nur jene, die schließlich wirklich seine Opfer werden, »sondern grundsätzlich alle, insofern der Geschichts- und Naturprozeß von dem neuen Beginnen und dem individuellen Ende, welches das Leben jedes Menschen ist, nur gehindert werden kann«.[39]

Das Gesetz wird schließlich konsequent auch nach innen vollstreckt werden - im Dienste einer auf evolutionären Vorteil abzielenden Bevölkerungspolitik, von der man sich »Kontrolle über die eigene Evolution« versprach. (Noch heute spricht man in eugenischer Perspektive von »bewußter Evolution«. Eugenik, die sich heute in einer »voraussagenden Medizin« der elterlichen Sorge um die Nachkommen andient und insofern die unpopuläre »negative Selektion« tendenziell überflüssig zu machen scheint, wurde noch in den 50er Jahren als »Selbststeuerung der menschlichen Evolution« definiert.)[40]

Man gedachte es nicht bei »natürlicher Selektion« bewenden zu lassen, sondern ihr durch »Absterbenmachen« und Rationalisierung der Fortpflanzung nachzuhelfen; und zwar im Namen des Überlebens einer Gesellschaft, die den »Sinn ihrer Erhaltungs-Notwendigkeit von dem letzten und höchsten Begriff des Lebens empfängt, von der Rasse als der Erhaltungs- und Entwicklungseinheit des dauernden Lebens«.[41]

Im Namen dieses Überlebens werden bevölkerungsökonomische Planungen entworfen, die einer caritativen Kontraselektion eine rigorose Absage erteilen. Denn »wenn der Mensch aus der Natur hervorgegangen und die menschliche Gesellschaft denselben Naturgesetzen unterworfen ist wie jede andere biologische Spezies; wenn darüber hinaus der geschichtliche Fortschritt ein Resultat des 'Kampfes ums Dasein' ist, dann kann und darf die natürliche (bzw. die sie rationeller vollstreckende »bewußte«) Selektion nicht abgemildert oder gar außer Kraft gesetzt werden. Im Gegenteil, das Naturgesetz der Selektion macht den Untergang des 'Untüchtigen' ebenso notwendig wie gerecht.«[42]

38 Ebd., S. 714.
39 Ebd., S. 712.
40 Vgl. Weingart et. al.: Rasse, Blut und Gene (Anm. 30), S. 36, 634, 647.
41 Ebd., S. 32f., 70, 163; sowie Aly/Heim: Vordenker der Vernichtung (Anm. 26), S. 98.
42 Zitiert nach Weingart et. al.: Rasse, Blut und Gene (Anm. 30), S. 141, 126f. (vgl. auch S. 128).

Das gilt nach innen wie nach außen gleichermaßen: Da man unter der Herrschaft des evolutionären Gesetzes befürchtet, anderen Völkern zu unterliegen, empfiehlt sich präventive, genozidale Kriegsführung, um den evolutionären Konkurrenten ums Überleben zuvorzukommen und um sich selbst evolutionäre Vorteile zu verschaffen. Hier braucht man den *Leviathan,* wie gesagt, nur evolutionär zu reinterpretieren. Die politische Ontologie des Naturzustandes besagt ja, daß jeder sein (Über-)Leben als vom Leben der anderen bedroht »weiß« und daß jeder infolgedessen zur Gewalt bereit ist, um der Bedrohung seines Lebens durch andere zuvorzukommen.

Die Furcht, schreibt Hobbes, »von einem anderen Schaden zu erleiden, spornt uns an, dem zuvorzukommen oder sich Anhang zu verschaffen; denn ein anderes Mittel, sich Leben und Freiheit zu sichern, gibt es nicht«.[43] Wer nur den *status quo* verteidigt, wird verlieren. Am Leben bleibt nur derjenige, der rechtzeitig die tödliche Bedrohung antizipiert, die vom Anderen ausgeht. Ein fatales Gesetz, denn wer es befolgt, verstrickt sich in eine sich selbst erfüllende Prophezeiung: er setzt den Anderen als potentiellen Mörder, der vielleicht erst daraufhin seinerseits jene Furcht zu empfinden beginnt - vor demjenigen nämlich, der gerade *vor ihm* sich glaubte fürchten zu müssen. Der in der Furcht vor dem Anderen begründete Verdacht *gegen jeden anderen* fällt auf jeden selbst zurück, der diesen Verdacht hegt. Im Naturzustand herrscht darum das Mißtrauen unumschränkt.

Hinweise auf ein entsprechendes, regelrecht paranoides Verständnis der evolutionären Logik des Überlebens gibt es reichlich. »Man muß die polnische Frage ohne Gefühl sehen, rein biologisch«, heißt es etwa im Tagebuch eines NS-Anatomen an der Reichsuniversität Posen. »Wir müssen sie vernichten, andernfalls vernichten sie uns.« Hier tritt wieder »an die Seite der angeblichen 'Erbarmungslosigkeit' von Natur und Geschichte die (wie Hitler zu sagen liebte) 'Eiskälte' der menschlichen Logik«, die sich ihrerseits durch ein »natürliches Gesetz« rechtfertigt.[44]

3.

43 Vgl. Hobbes, Thomas: Leviathan, Stuttgart 1980, S. 93, 114.

44 Vgl. Broszat, Martin: Nach Hitler, München 1988, S. 75; Kommandant in Auschwitz. Autobiographische Aufzeichnungen des Rudolf Höß, hrsg. von Martin Broszat, München [14]1994, S. 237f.; Lifton/Markusen: Psychologie des Völkermords (Anm. 11), S. 67. Zitiert wurde nach Aly/Heim: Vordenker der Vernichtung (Anm. 26), S. 205, und Arendt: Elemente und Ursprünge (Anm. 36), S. 720.
Das paranoide Moment wird auch im Vergleich »Fremdrassiger« mit »Bazillen« sichtbar; ein Vergleich, der den Rassebegriff bereits sprengen mußte; vgl. Friedländer, Saul: On the Possibility of the Holocaust, in: The Holocaust as Historical Experience, hrsg. von Yehuda Bauer und Nathan Rotenstreich, New York u.a. 1980, S. 8f.

Eine genozidale »Weltpolitik des Todes« wurde tatsächlich erst in der Moderne möglich, im Rahmen einer Episteme, die erst das »Leben« im Sinne der Herrschaft einer evolutionären Logik des Überlebens zu denken erlaubte. Gewiß, die Praxis der Ausrottung ist älter - ebenso wie der Wunsch, den Anderen zu vernichten. Jetzt aber behauptete man, nur die Vernichtung an anderen zu vollstrecken, die das »Leben« den Unterlegenen ohnehin androht. So wurde es möglich, auch den Wunsch zu rationalisieren.

Das »Leben« *ist* die absolute Indifferenz gegenüber der Sterblichkeit; es kapitalisiert ja nur den Tod der Individuen, indem es sich evolutionär steigert. Wer sich also mit dem natürlichen Gesetz identifiziert, steht auf der Seite der Unsterblichkeit des »Lebens« und muß die »Gleichgültigkeit« der Logik des Überlebens gegen alles, was ihr zum Opfer fällt, verinnerlichen. Der alte Wunsch, den Anderen zu vernichten, fand hier eine ausgezeichnete Möglichkeit, sich zu maskieren. Die »Rationalisierung« des Wunsches vollzog sich in einer Maskerade der Modernisierung.[45]

Doch darf man nicht übersehen, daß sich gerade der Protest gegen eine Reduktion des »Menschen« auf eine animalische Gattung seinerseits auf die Moderne berief und damit einer »biologischen« Modernisierung widersprach.[46] Die Verteidiger des »Projekts der Moderne« berufen sich in diesem Sinne darauf, daß *sie* erst den Normen zum Durchbruch verholfen habe, gegen welche die »Verbrechen gegen die Menschheit« verstoßen haben.[47] Energisch nehmen sie die Moderne als eine ethische Idealität mit ihrem »menschheitlichen« Sinn in Schutz gegen eine verfehlte, regressive oder verkürzte faktische Modernität und gegen eine wild gewordene technische Modernisierung. Wer die Moderne als ethisches Projekt nicht von der realen Moderne unterscheidet, läuft der nicht tatsächlich Gefahr, auch die Verbrechen nicht mehr als »Verbrechen gegen die Menschheit« denken zu können? Muß man andererseits aber nicht zugeben, daß dieses Projekt nicht in der Lage war, hinreichendes Widerstandspotential zu entwickeln

45 ... was nicht den Umkehrschluß erlaubt, der besagen würde, die Modernisierung sei am Ende »nichts als« eine solche Rationalisierung dieses Wunsches.

46 ...welche den kosmopolitischen Gattungsbegriff, die Idee eines Wesens des Menschen als einer regulativen Idee der Politik bereits biologistisch verkürzt hatte. Im Sinne des kosmopolitischen Gattungsbegriffs ist »Mensch« gerade kein Kollektivbegriff, unter den sich eine Anzahl vom Exemplaren subsumieren läßt. Vgl. Jonas, Hans: Technik, Medizin und Ethik, Frankfurt a.M. 1987, S. 73f.; Picht: Hier und Jetzt (Anm. 3), S. 132; Arendt, Hannah: Eichmann in Jerusalem, Leipzig 1990, S. 401; dies.: Elemente und Ursprünge (Anm. 36), S. 366, 376ff.

47 Vgl. Arendt: Eichmann (ebd.), S. 307, 401, 416.

gegen Verbrechen, die inmitten der Moderne geplant, propagiert und durchgeführt worden sind?

Hätte sich die Kraft des Widerstands nicht aus einer für jegliches soziale Leben unverzichtbaren, allerdings der sozialisatorischen und politischen Unterstützung bedürftigen Nicht-Gleichgültigkeit speisen müssen? Einhellig ist man der Meinung, daß ohne eine unheimliche »Kälte« und »Indifferenz« in der weit überwiegenden Mehrheit der Bevölkerung »Auschwitz nicht möglich gewesen wäre«.[48] Die Indifferenz der Mehrheit gestattet wenigen alles. Das war vielleicht schon immer so. Daß aber auch die aufklärerische Moderne dagegen nichts vermocht hat, ja, daß darüber hinaus der Verdacht besteht, sie habe *selbst* kein wirkliches Verhältnis zu einer unverzichtbaren, radikalen Nicht-Indifferenz, erlaubt es uns nicht, an ihrem Selbstverständnis einfach »frustrationsresistent« festzuhalten. Denn eine erneuerte Kultur, die nicht auch eine Kultur der Nicht-Indifferenz wäre, verspräche wiederum nicht, das entscheidende Widerstandspotential gegen eine Wiederholung des Äußersten zu wecken und zu fördern. Das Versagen, das wir zu denken haben, fällt insofern auch auf das »Projekt« einer Aufklärung zurück, die sich doch einer universalistischen Brüderlichkeit verschrieben zu haben schien. Das Versagen fällt auf jegliches moralische Denken vor 1933 zurück. Es verlangt uns das Denken eines ethischen Minimalismus ab, in dessen Zentrum gerade das Widerstandspotential gegen das stehen müßte, was auf keinen Fall, nirgends und niemals (wieder) geschehen darf. Alle Ideale guten Lebens und gerechten Zusammenlebens sind wenig wert, versprechen sie nicht auch dem Rechnung zu tragen, was sich dem Äußersten widersetzt.

Vom Äußersten aber haben wir keinen Begriff.

Die Bezeichnung »Massenmord« hebt nur auf eine additive und quantitative Dimension ab, so wie Lemkins »Genozid« auf ein Genus, unter das eine Anzahl von ethnisch, kulturell, politisch zugehörigen Individuen zu subsumieren wäre.[49] Der Verwaltungsmassenmord hierzulande war aber

48 Ich verweise nur beispielhaft auf Claussen: Grenzen der Aufklärung (Anm. 20), Frankfurt a.M. 1994, ein Buch, das das Problem der (Nicht-)Indifferenz immer wieder streift (S. 49, 53, 69, 79, 214), ohne ihm aber auf den Grund zu gehen. Führt denn der »Ort, an dem Aufklärung, im Wissen ihrer Grenzen« (angesichts der »Kälte der Indifferenz«) »einsetzen kann« (S. 193), auf die Spur einer unhintergehbaren Nicht-Indifferenz? Hat das aufklärerische Denken einer Gattungsgeschichte denn je eine nicht-indifferente Verantwortlichkeit für den Anderen bedacht? Entschiedene Zweifel sind hier angebracht.

49 Das Präfix kann sowohl von »gens« als auch von »genus« abgeleitet werden. Als Gens bezeichnet man frühe Formen von Agrarsiedlungen bzw. die aus mehreren Familien sich zusammensetzenden, zum Geschlecht sich zusammenschließenden Einwohner solcher

nicht ein Mord in vielen Fällen, verübt an den Angehörigen einer bestimmten »Kategorie Mensch«.[50] Und die Humanität, gegen die er verstieß, ist keine Gattung wie die Animalität.[51] Es handelte sich um den einzigartigen Versuch zu beweisen, daß die »Menschheit« in keinem einzigen Fall - und alle »Fälle« waren »einzigartige« - den Tätern in den Arm fallen würde. Das Experiment schien in x-beliebigen Fällen beweisen zu können, daß in keinem einzigen Fall so etwas wie »Menschheit« auch nur verleugnet werden müsse.[52] Behauptete man doch, nur eine abzählbare Menge liquidierbarer Objekte vor sich zu haben, die sich in keiner Weise ihrer Reduktion auf etwas anderes als »Menschen« würden widersetzen können.

Der millionenfache Mord schien das Unmögliche vordemonstriert zu haben: daß angesichts jedes einzelnen, jedes einzigen, dem man an der Rampe ins Gesicht sehen mußte, das Programm der Liquidierung ungehindert fortgesetzt werden konnte. Das heißt man schien beweisen zu wollen, daß man Menschen gewissermaßen »rückstandslos« in etwas anderes verwandeln kann, das aus sich heraus keine Kraft mehr haben sollte,

Siedlungen. Der Begriff des Genozids stünde in dieser Perspektive für die Ausrottung eines Geschlechts.

Demgegenüber ist »genus« der abstraktere Begriff; er bezieht sich auf eine wie auch immer (nicht notwendigerweise »ethnisch« definierte) »Kategorie« von Individuen, die untereinander nicht in einer Beziehung der Abstammung bzw. leiblicher Verwandtschaft stehen müssen. Die Subsumption nicht miteinander verwandter Individuen unter eine Kategorie entspricht vielfach gerade nicht einer »naturwüchsigen« Tatsächlichkeit bzw. einem kulturgeschichtlichen Faktum, sondern allein einer Logik der Täter. Noch heute hinterlassen Täter tiefe Spuren in unserem Denken, wo es sich ihrer Kategorisierungen bedient. Erst allmählich beginnt man hinter den Juden, die die Nazis in ihrem Sinne ohne jede Rücksicht auf deren wirkliche Identität als »Juden« behandelten, das historische, das religiöse und philosophische Judentum wiederzuentdecken, das uns seinerseits daran erinnert, daß nur einzigartige Menschen kategorisiert und verglichen werden. Verglichen wird das in letzter Instanz Unvergleichbare, kategorisiert wird das schlechterdings Nicht-Kategorisierbare! Genozid-Forscher, die sich unbekümmert einem positivistischen *death measurement* und *body counting* hingeben, lassen dies in Vergessenheit geraten. Vgl. Jankélévitch, Vladimir.: L'imprescriptible, Paris 1986, S. 84.

50 Vgl. Grosser: Verbrechen und Erinnerung (Anm. 4), S. 52ff. Der Völkermord, heißt es in der UNO-Konvention von 1958, habe »der Menschheit in allen Zeiten der Geschichte große (!) Verluste zugefügt«. Bei welcher Zahl Getöteter oder in ihrer Unversehrtheit bedrohter Menschen aber wird die Schwelle zum Völkermord überschritten? Man muß die Frage nur formulieren, um zu sehen, daß die Spezifität dieses Verbrechens überhaupt nicht in seiner schieren quantitativen Dimension liegen kann!

51 Vgl. Levinas, Emmanuel: Humanismus des anderen Menschen, Hamburg 1989, S. 7, 141.

52 Ob dies überhaupt gelingen kann, hat schon Adorno zielsicher infrage gestellt: Minima Moralia, Frankfurt a.M. 1978, Nr. 68, S. 133.

wirksam an eine gemeinsame Zugehörigkeit zu einem Genus bzw. zu einer Gattung zu appellieren.[53]

Dem ging die Reduktion der »Menschheit« auf eine Spezies voraus, deren Merkmalsgrenzen man offenbar glaubte, willkürlich definieren zu können; mit dem Effekt, daß die als unzugehörig Ausgegrenzten scheinbar von jeder möglichen moralischen Beziehung ausgeschlossen wurden. Hannah Arendt spricht in diesem Zusammenhang von dem »ungeheuerlichen Experiment«, »Menschen in ein Ding zu verwandeln«.[54] Die Frage, die uns dieses Experiment stellt, läuft darauf hinaus, ob wir denken können, was sich dieser Willkür in Wahrheit widersetzt.

Robert Antelme hat uns auf diese Frage eine bemerkenswerte Antwort gegeben. Die Opfer, schreibt er, gaben der sie »verachtenden Menschheit die Möglichkeit, sich völlig zu entlarven«.[55] Gerade deshalb konnten sie uns auf die Spur einer letzten Widerstandskraft gegen das Projekt einer radikalen Dehumanisierung führen. Die Dehumanisierung mündete infolge ausgrenzender Diskriminierungen, gegen die auch die *bystander* nichts unternahmen, in eine Vernichtung, die bereits vor dem Tod der Opfer ihr Ziel erreicht zu haben schien. Schon vor dem Tod wurden sie so behandelt, »als ob sie nicht mehr existierten, als ob das, was mit ihnen geschehe, nicht mehr und für niemanden mehr zähle, als seien sie bereits gestorben und als amüsiere sich nun, bevor sie zur ewigen Ruhe zugelassen werden, noch irgendein verrückt gewordener böser Geist damit, sie zwischen Leben und Tod eben ein wenig aufzuhalten«.[56]

Tatsächlich schien den Tätern die Vernichtung erst der juristischen, dann auch der moralischen Person und schließlich auch der physischen Existenz und sogar der Erinnerung an sie gelingen zu wollen, so daß sie sich beim Anblick der Asche am Gedanken befriedigen konnten, »wie wenig übrig bleibt«, nachdem alles Organische verbrannt ist.[57] Und doch kommt die Vernichtung an kein Ende, wie Ricœur mit recht sagte. Sie müßte, um ganz zu gelingen, nicht nur jeder möglichen Erinnerung der Überlebenden vorgreifen, um in der Zukunft ihr Werk zu vollenden. Sie müßte zuvor auch den Anderen *als Anderen* vernichten können.

Zwar kamen die Opfer diesem Willen, der auf die Vernichtung des Anderen als des Anderen abzielte, paradoxerweise zum eigenen Schutz gleichsam auf halbem Wege entgegen, indem sie ihr Gesicht verleugneten:

53 Vgl. Todorov: Angesichts des Äußersten (Anm. 3), S. 171, 197.
54 Arendt: Elemente und Ursprünge (Anm. 36), S. 676.
55 Antelme, Robert: Das Menschengeschlecht, München 1987, S. 73.
56 Arendt: Elemente und Ursprünge (Anm. 36), S. 669ff., 681, 685, 693, 701.
57 Vgl. Aly/Heim: Vordenker der Vernichtung (Anm. 26), S. 206.

»Niemand hatte durch sein Gesicht der SS gegenüber ewas auszudrükken, das der Beginn eines Dialogs hätte sein können und auf dem Gesicht des jeweiligen SS-Mannes etwas anderes hätte hervorrufen können als diese ständige und für alle gleiche Ablehnung. Da also ein Gesicht in unseren Beziehungen zur SS nicht nur unnötig war, sondern ungewollt sogar gefährlich werden konnte, war jeder von uns bemüht, von sich aus sein eigenes Gesicht zu verleugnen, womit wir uns in Übereinstimmung mit der SS befanden. Verleugnet, zweimal verleugnet, oder aber so lächerlich und provozierend wie eine Maske - etwas von unserem alten Gesicht, der Maske des Menschen, auf unseren Schultern zu tragen, hieße in der Tat, einen Skandal hervorzurufen - hatte sich unser Gesicht schließlich auch für uns selbst aus unserem Leben entfernt.«[58]

Aber »immer wieder geleugnet, sind wir dennoch da«, schreibt Antelme, stellvertretend für die Opfer. Nicht freilich deren schiere Vorhandenheit beschwört er, sondern einen »fast biologischen Anspruch auf Zugehörigkeit zur Gattung Mensch«.[59] Dieser Anspruch, den die Täter nicht aus der Welt schaffen konnten, besagt vielleicht nur, »*daß wir nur als Menschen enden*« und daß die »Entfernung, die uns von einer anderen Gattung trennt, erhalten bleibt, sie ist nicht historisch«. Dieses Wissen, das Antelme bereits ein Beweis für die Einheit der Gattung ist, schließt noch im Äußersten die Täter mit ein:

»'Die SS-Leute sind Menschen wie wir'; wenn wir zwischen den SS-Leuten und uns - das heißt im Augenblick der größten Distanz zwischen den Menschen, im Augenblick, in dem die Grenzen der Unterwerfung der einen und die Grenzen der Macht der anderen in einer übernatürlichen Beziehung erstarrt zu sein scheinen - im Angesicht der Natur und im Angesicht des Todes keinen wesentlichen Unterschied sehen können, müssen wir sagen, daß es nur eine menschliche Gattung gibt. Daß alles, was diese Einheit in der Welt verstellt, alles das, was die Menschen in die Situation von Ausgebeuteten, von Unterjochten bringt und gerade dadurch das Vorhandensein verschiedener Gattungen implizieren würde, falsch und wahnsinnig ist; und daß wir hier den Beweis dafür haben, und zwar den unwiderlegbarsten Beweis, denn selbst das ärmste Opfer kann nichts anderes tun als festzustellen, daß die Macht des Henkers selbst bei seinem schlimm-

58 Antelme: Das Menschengeschlecht (Anm. 55), S. 12, 74. Aber was ist das »Gesicht«? Das »Antlitz« - wenn schon nicht die physiognomische Fassade? Oder kann es sich bereits in einer Geste wie in der hingestreckten Hand offenbaren? Vgl. Levinas, Emmanuel: Zwischen uns, München 1995, S. 276.

59 Antelme: Das Menschengeschlecht (Anm. 55), S. 12.

sten Tun immer nur die eines Menschen sein kann: die Mordmacht. *Er kann zwar einen Menschen töten, aber er kann ihn nicht in etwas anderes verwandeln.*«[60]

Antelme spricht hier zweifellos nicht von einer realen Unmöglichkeit der Vernichtung, sondern von der Unmöglichkeit einer radikalen Dehumanisierung. Diese Unmöglichkeit schließt die »moralische Unmöglichkeit zu töten« (Levinas) mit ein.[61] Was sich noch im Äußersten der radikalen Vernichtung widersetzte, war gewiß nicht das »biologische« Leben, sondern die Wurzel einer älteren »Zugehörigkeit«, die tiefer noch reicht und älter noch ist als das Projekt einer alle Menschen »als Brüder« einschließenden Gattungsgeschichte. Älter, ja das ethisch Älteste überhaupt, ist genau das, was das Gelingen des Experiments vereitelte, das darauf abzielte, Menschen schon zu Lebzeiten so in Dinge zu verwandeln, daß am Ende nicht einmal ein Mord mehr erforderlich sein sollte. Das Ereignis Auschwitz steht - abgesehen von der Technik des Mordens und von seiner Größenordnung - für die einzigartige, beispiellose Radikalität dieser Zielsetzung[62] *ebenso* wie für den harten Kern ihres Scheiterns an dem, was die Opfer trotz aller Vernichtungsanstrengungen »immer noch da sein« ließ - als Augenzeugen des äußersten Verbrechens. Angesichts des Anderen kann der Täter es nicht begehen, um es als etwas anderes zu deklarieren. Angesichts des Anderen, nicht erst kraft positiven Gesetzes, ist es untersagt, das Verbrechen einer absoluten Vernichtung zu begehen. Selbst in einem Naturzustand, wo Recht und Gesetz aufgehoben wären,[63] müßte der Versuch einer Vernichtung des Anderen sich noch immer über die in sein Gesicht geschriebene »moralische Unmöglichkeit« zu töten hinwegzusetzen versuchen; und dieser Versuch würde noch immer an der Unmöglichkeit schei-

60 Ebd., S. 308f., 135f., kursive Hervorhebungen durch den Verf.

61 Vgl. Levinas, Emmanuel: Schwierige Freiheit, Frankfurt a.M. 1992, S. 20.

62 Ich spreche von einem Projekt und Experiment ganz bewußt, um die Aufmerksamkeit auf die völlig neue Art und Weise des Zu-Tode-Bringens in Auschwitz zu lenken, wo die Dehumanisierung in der Tat so weit getrieben wurde, daß die Täter, gemäß den institutionellen Vorgaben eines quasi-industriellen Dispositivs, nur mehr tote Körper zu produzieren hatten; in ihrem (!) Universum schien gar kein Mord erforderlich zu sein (auch wenn das Gewissen im Einzelfall sich noch regte). Die Bezeichnung »Massenmord« für dieses Geschehen ohne historisches Beispiel verdeckt, daß man in gewisser Weise den Mord selbst leugnete. Von einem Projekt würde ich auch dann noch sprechen, wenn es sich bestätigen sollte, daß die Vernichtungspraxis, wie die neuere Forschung zeigt, zu einem nicht unerheblichen Teil das Ergebnis einer gescheiterten Auswanderungspolitik und eines nachfolgenden Dilettantismus der Deportationsbürokratie (Hans Mommsen) gewesen ist.

63 ... nach Hobbes; vgl. im Leviathan (Anm. 43) das Kap. 14f.

tern, den Anderen in etwas anderes zu verwandeln, sei es durch Mord, sei es durch Gleichgültigkeit seinem Leben gegenüber. Keine Vernichtungsanstrengung kann umhin, gegen etwas zu verstoßen, was sie selbst in einem solchen Naturzustand als ein Verbrechen qualifiziert. Vordergründig allerdings schien das Experiment bewiesen zu haben, daß es gegen nichts verstößt, daß da kein Widerstand war, über den sich die Vernichtung noch hinwegzusetzen hatte, nachdem man die Grenzen der Gattungszugehörigkeit eng gezogen hatte. Und nach dem Krieg berief man sich darauf, daß kein positives Recht damals die Vernichtung als ein Unrecht zu erkennen veranlaßte. Man berief sich auf das sogenannte Rückwirkungsverbot und bestritt die Strafbarkeit der Verbrechen mit dem hobbesianischen Argument, wo kein Recht und Gesetz sei, da könne auch von einem Gebot oder Verbot, gegen das man angeblich verstoßen habe, nicht die Rede sein.

Die Schwierigkeiten der juristischen Beweisführung im sog. Auschwitz-Prozeß sind in dieser Hinsicht lehrreich. Sie offenbarten die Absurdität selbst der Todesstrafe, insofern man »es nicht mit Mördern zu tun« zu haben schien, sondern »mit Bevölkerungspolitikern, die den Millionenmord so organisier(t)en, daß alle Beteiligten subjektiv unschuldig« waren.[64] Und sie offenbarten die Absurdität, die darin lag, daß man Täter als Mörder zur Rechenschaft ziehen wollte, die weit Radikaleres versucht hatten als »nur« vielfachen Mord. Die Täter gedachten nicht, wie die Verbrecher früherer Zeiten, in Blut zu waten und sich mehr als unbedingt nötig oder unvermeidlich war, die Hände schmutzig zu machen.[65] Man gedachte nicht einmal, sich besonderer Grausamkeit zu befleißigen - von einigen »übertriebenen« Ausnahmen abgesehen, die das rassistische Kalkül als eine Einladung zu »privaten« Exzessen mißverstanden. Es ging um »Höheres«: um den Erfolg des Experiments, das einen Beweis erbringen sollte, den kein bis dahin bekannter Genozid angetreten hatte.

Gegen diesen versuchten Beweis, daß die Dehumanisierung rückstandslos gelingen kann, stand kein Paragraph geschrieben. (Deshalb mußten sich die Richter auf zweifelhafte Weise auf einen »gewissen Kernbereich des Rechts« berufen, »der nach allgemeiner Rechtsüberzeugung von keinem Gesetz und keiner obrigkeitlichen Maßnahme verletzt werden darf«; deshalb mußten die Richter zugleich zugeben, daß dieser Kernbereich des

64 Arendt: Elemente und Ursprünge (Anm. 36), S. 256.

65 Vgl. Smith, Roger W.: Human Destructiveness and Politics, in: Genocide and the Modern Age (Anm. 4), S. 22; sowie Waite, Robert G. L.: The Holocaust and Historical Explanation, in: Genocide and the Modern Age (Anm. 4), S. 171.

Rechtes selbst kein positives Recht oder Gesetz war und daß die Rechtlichkeit des Rechtes ihm womöglich von woanders her zukommt.)[66]

Kein Opfer oder Überlebender konnte damals für sich ein »Recht auf Leben« reklamieren. Allein die Existenz, *das jenseits von Recht und Gesetz richtende Leben der Opfer selbst* konnte in der Ordnung des Terrors noch »sagen«, daß hier ein Verbrechen stattfand; ein Verbrechen, das niemals hätte geschehen dürfen, weil es allein durch seine ein für allemal in die Welt gesetzte Drohung, sich zu wiederholen, künftigen, dauerhaften Frieden unmöglich zu machen scheint (Kant).

So schließen wir - *face à l'extrème* (Todorov) - auf das Älteste, das die Täter radikal zu negieren trachteten und das sich ihnen doch widersetzte: daß nämlich aus dem Gesicht des Anderen, unabhängig von Recht und Gesetz, selbst in einem vermeintlichen Naturzustand uns ein stummes Sagen anspricht, das uns bereits die Verantwortung für den Tod des Anderen gibt, bevor wir überhaupt die Entscheidung treffen können, ob wir den Anderen als Anderen »gelten« lassen wollen.

Die Macht des Terrors endet, wie es scheint, genau hier: an der Unmöglichkeit, die Gabe der Verantwortung für den Anderen zurückzuweisen; eine Gabe, die uns zur Nicht-Indifferenz seinem Tod gegenüber bestimmt.

In der Nicht-Indifferenz aber liegt ein Versprechen angesichts der Sterblichkeit des Anderen: das Versprechen, sich gegenüber dem Tod des Anderen nicht gleichgültig zu verhalten, mehr noch: in die Nicht-Gleichgültigkeit einzuwilligen und Ja zu sagen dazu, den Anderen in seinem Tod nicht allein zu lassen.[67] Wäre nicht unser Leben angesichts des Anderen zu einem solchen Versprechen, das heißt zu einem Leben in der Verantwortung für den Anderen bestimmt, dann wäre in der Tat, wie Hobbes im *Leviathan* schrieb, der eine zunächst als der potentielle Mörder des anderen bestimmt; mehr noch: wir würden im Naturzustand, wo dies zuallererst zu gelten scheint, nicht einmal von einem »Mord« überhaupt spre-

66 Vgl. Werle, Gerhard/ Wandres, Thomas: Auschwitz vor Gericht, München 1995, S. 139.

67 Man muß den Begriff der Nicht-Indifferenz, den ich hier im Sinne von Levinas verwende, in dieser Weise anreichern, andernfalls würde er nicht mehr besagen, als daß man dem gegenüber, zu dem man sich nicht indifferent verhalten kann, nur in irgendeiner Weise »Stellung nehmen« muß - und sei es auch in der Weise der Ablehnung oder des Hasses. Die Nicht-Indifferenz wird bei Levinas aber niemals in dieser neutralen und formalen Weise beschworen, sondern als etwas, was die positive Einwilligung in die Verantwortung für den Anderen verlangt und gleichsam induziert, ohne sie freilich erzwingen zu können. Im übrigen darf man den Begriff der Nicht-Indifferenz nicht psychologisch verkürzen, wie es Zygmunt Bauman tut, vgl. Modernity and the Holocaust (Anm. 12), S. 183, 214.

chen können, denn im recht- und gesetzlosen Naturzustand kann es kein Verbot oder Gebot geben, über das sich ein »Mörder« noch hinwegzusetzen hätte. Das ist tatsächlich die Option, die in der Ordnung des Terrors gegenüber den Opfern eröffnet werden sollte. Man verteidigt sich gegen diese Option freilich nicht, indem man für eine andere plädiert, denn die bloße Unterstellung einer Wahlmöglichkeit, die man hier hätte, genügte den Tätern der Vergangenheit und den Tätern der Zukunft bereits, um einer radikalen Dehumanisierung beste Chancen einzuräumen. Man muß vielmehr bestreiten, daß hier überhaupt eine *Option*, eine Wahlmöglichkeit vorliegt; man muß bestreiten, daß man aus dem verantwortlichen Leben angesichts des Anderen austreten kann wie aus einem gemeinnützigen Verein. Man muß daran festhalten, daß der Täter angesichts des Anderen immer haftbar bleiben wird, weil der Terror, den er ausübt, angesichts des Anderen nur als ein Verbrechen gegen das zu erfahren und zu denken ist, was uns das mörderische Tun verbietet.

Auschwitz war der Versuch, jene Nicht-Indifferenz aus der Welt zu schaffen; der Versuch, zu beweisen, daß absolute Indifferenz möglich ist, das heißt daß die Sterblichkeit des Anderen den Täter »nichts angeht«. Wird aber das Versprechen, das wir sind, durch die Sterblichkeit des Anderen ins Leben gerufen, so handelte es sich zugleich um den Versuch, radikal zu bestreiten, daß wir ein solches Versprechen sind.

4.

Vordergründig ist das Experiment gelungen. Hat es nicht gezeigt, daß man im Grunde, und erst recht wenn es »drauf ankommt«, in der »Wüste der Nachbarlosigkeit« leben und sterben muß?[68] Jeder Unbehelligte kann sich fortan, so scheint es, nur noch als glückliche Ausnahme von der massenhaft vorgeführten Vergleichgültigung der einzelnen begreifen, die jederzeit wieder möglich wäre. Wird diese Erkenntnis das letzte Wort behalten? Wird das Leben und Sterben von Nachkommenden nur in der Weise affiziert, daß sie sich fortan aufgeklärt wissen über die unbeschränkte Terrorisierbarkeit jedes einzelnen?

Dient nur solcher Aufklärung der Versuch, den Mechanismen auf die Spur zu kommen, durch die sich die Potentiale des Terrors bereits in moralischer Normalität mit destruktiver sozialer und politischer Energie auf-

68 Vgl. Lyotard, Jean-François: Der Widerstreit, München ²1987, S. 153; Arendt: Elemente und Ursprünge (Anm. 36), S. 713; Bauman: Modernity and the Holocaust (Anm. 12), S. 123.

laden - angefangen bei der moralischen Paralyse einer Öffentlichkeit, die bereits den Anfängen nicht wehrt?[69]

Lehrt uns also das Experiment, daß die Menschen einander »im Grunde« gleichgültig *sind* - und daß man einen anderen Eindruck nur solange haben kann, wie unsere moralische Normalität den Beweis ihrer Tragfähigkeit nicht antreten muß? Beweist das Experiment, in dem man die Menschen auf den Kampf ums nackte Überleben reduzieren wollte, daß untergründig auch bei uns, die wir den Beweis glücklicherweise nicht anzutreten brauchen, die Gesetze des hobbesianischen Naturzustandes weiterhin uneingeschränkt gelten?[70] Beschönigt also unsere moralische Normalität nur, daß nach wie vor unter dem Primat der Selbsterhaltung einer der potentielle Mörder des anderen ist?

Ich meine, wir sollten Analysen, die solches besagen, nicht vorschnell folgen. Immerhin zeigt Todorovs *Angesichts des Äußersten*, daß die Indifferenz angesichts der Opfer nur durch Strategien ihrer Vergleichgültigung aufrechterhalten werden konnte. Die Indifferenz ist das Produkt einer Vergleichgültigung dessen, der nicht an sich gleichgültig *ist*. Die Täter sprachen von »Beschickung« und »Stückzahl«, »Ladung«, »Abgang«; man gab vor, es nur mit »Stücken« von Materie zu tun zu haben.[71] Konsequent wurde alles getan, um ein Von-Auge-zu-Auge zu vermeiden und zu verhindern, daß der Blick des Anderen sich auf den Täter richten konnte. Wenn wir dem Blick des Anderen ausweichen, »können wir um so leichter seine Person ignorieren. Andernfalls sind selbst die Abgehärtetsten nicht vor einer Schwäche geschützt«, die die Mauer der Indifferenz durchbrechen könnte.[72]

Techniken der Entpersönlichung sollten freilich beweisen, daß man Menschen in etwas anderes verwandeln kann. Tatsächlich scheint »der

69 Zygmunt Bauman spricht geradezu von einer »social production of indifference«, vgl. auch Adorno: Erziehung zur Mündigkeit (Anm. 11), S. 88ff.

70 ... wie Adorno zu unterstellen scheint, ebd., S. 101. Vgl. dagegen Todorov: Angesichts des Äußersten (Anm. 3), S. 38, 286; Bauman: Modernity and the Holocaust (Anm. 12), S. 13, 95.

71 Vgl. Giordano, Ralph: Die zweite Schuld, Hamburg 1987, S. 290; Meier, Christian: Vierzig Jahre nach Auschwitz, München 1990, S. 40.

72 Vgl. Todorov: Angesichts des Äußersten (Anm. 3), S. 199f., 333. Solche Schwäche (Übelkeit!) versteht Günther Anders als »letzte Tabu-Rudimente«. Selbst diese Tabus suchte man auszulöschen; man versuchte die »Gefahr eines physiologischen Einbruchs der Moral« in die mörderische Programmdurchführung abzuwehren; dennoch schien hin und wieder, wie selbst ein Himmler einmal zugeben mußte, »der Magen zum letzten Asyl der Gesittung und des Erbarmens« zu werden; Anders, Günther: Wir Eichmannsöhne: Offener Brief an Klaus Eichmann, München ^{2}1988, S. 39.

totalitäre Glaube, daß alles möglich ist, bewiesen zu haben, daß alles zerstörbar ist, auch das Wesen des Menschen«. Gerade daß sich wirklich alles als zerstörbar erwiesen hat, muß man aber in Zweifel ziehen. Man kann die Freiheit oder, wie Hannah Arendt sich ausgedrückt hat, die Gebürtigkeit des Anderen zerstören; man kann sogar dem einzelnen seinen Tod rauben: »Indem die Konzentrationslager den Tod selbst anonym machten..., nahmen sie dem Sterben den Sinn, den es immer hatte haben können. Sie schlugen gewissermaßen dem einzelnen seinen eigenen Tod aus der Hand, zum Beweise, daß ihm nichts mehr und er niemandem mehr gehörte. Sein Tod war nur die Besiegelung dessen, *daß es ihn niemals gegeben hatte.*«[73]

Noch dieser radikalste Versuch einer Vernichtung für immer, noch dieses äußerste Verbrechen kann aber nicht umhin, selbst *in* der hermetisch abgeriegelten Ordnung des Terrors zu bestätigen, wogegen es verstößt: Angesichts des Anderen sind wir bereits kraft unserer bloßen Anwesenheit ein leibhaftiges Versprechen, ihn nicht zu töten und ihn nicht preiszugeben.

Unsere Kultur, die am Verhältnis von Genozid und Moderne ihre eigene Tragfähigkeit für Gegenwart und Zukunft zu ermitteln sucht, hat ihre Geschichte im Zeichen des Traumas, daß man dieses Versprechen nicht nur gebrochen hat, sondern daß man es auch aus der Welt zu schaffen versucht hat. »Indem die SS uns als Menschen verneinte, hatte sie uns zu historischen Objekten gemacht«, schreibt Antelme, »die unter keinen Umständen die Objekte einfacher menschlicher Beziehungen sein konnten«.[74] Doch selbst die unumschränkte Macht der Täter konnte nicht beweisen, daß da nichts war, wogegen sie verstieß. Selbst die Gleichgültigkeit der Täter gegen ihre »Objekte« verrät noch die Spur einer tieferen Nicht-Indifferenz, die sie verleugnet. Diese Nicht-Indifferenz verdankt sich nicht einer kosmopolitischen Verpflichtung auf den geschichtlichen Sinn der Gattung. Und niemand kann sich darauf berufen, im Zeichen der Nicht-Indifferenz schließlich niemals ein Versprechen »gegeben« zu haben, denn einem Leben in der Verantwortung für den Anderen ist es unabweislich gegeben, ein Versprechen zu sein. Dieses Leben *ist* angesichts der Sterblichkeit des Anderen ein Versprechen und verlangt uns ab, daß wir es halten.[75]

73 Vgl. Arendt: Elemente und Ursprünge (Anm. 36), S. 701, 697, 713, 732, 692f.; Adorno, Theodor W.: Negative Dialektik, Frankfurt a.M. 1975, S. 362f.

74 Antelme: Das Menschengeschlecht (Anm. 55), S. 106.

75 Ist nicht bereits die leibhaftige Anwesenheit des einen ein Versprechen angesichts des anderen, der der Hilfe bedarf? Bereits die bloße Anwesenheit einer zweiten Person mutet ihr zu, dem Versprechen gerecht zu werden, das sie gegenüber dem Anderen ist. Die Philosophie des Versprechens - von Nietzsche über A. Reinach, Hannah Arendt(Vita

Das Versprechen, das damals gebrochen wurde, ist das gleiche, kraft dessen wir heute überhaupt ein nicht-gleichgültiges, nicht-hobbesianisches Verhältnis zum Anderen haben. Dank des Anderen, der uns dieses Versprechen *sein* läßt, kommen wir nicht in der Wüste der Nachbarlosigkeit zur Welt. Dank der nicht übertragbaren, nicht-indifferenten Verantwortung für den Anderen können wir auch vom künstlich arrangierten Naturzustand der Lager noch sagen, wogegen hier verstoßen wurde, obgleich kein Recht und Gesetz sich hier noch hat behaupten können.

Unser Versprechen, auf das der Schatten des damaligen Versagens fällt, hat aber nur Zukunft im Lichte der Gefahr erneuten Versagens. Kein Versprechen kann eine Garantie geben. So wie die Rettung des Gedächtnisses keine Versicherung gegen das Vergessen sein kann. »Man kann und darf das Risiko des Vergessens nicht vermeiden, wenn man sich erinnern will. Gedächtnis ohne Risiko des Vergessens ist kein Gedächtnis mehr. Das mag schrecklich sein, aber das ist die Endlichkeit selbst...«[76]

So ist auch das Versprechen endlich in dem Sinne, daß die Gefahr erneuten Versagens es wie ein Schatten begleitet, der schon jetzt an einen künftigen Bruch denken läßt. Doch ist es der Kern allen »sozialen« Lebens. Und insofern dieser Kern angegriffen wurde, gehört Auschwitz nicht allein in eine »historisierbare« deutsche Geschichte, sondern zur Geschichte aller. Weil man diesen Kern angegriffen und - für immer - in Zweifel gezogen hat, hat sich für die Opfer und für uns das Dach unserer Kultur nicht als Schutzdach erwiesen. Dennoch zwingt sich uns diese Konsequenz auf:

Entweder Kultur verspricht, dem Versprechen, das wir angesichts des Anderen je schon sind, jede Unterstützung zu gewähren, oder aber sie

Activa) und die Sprachanalytische Philosophie bis hin zum späten Ricœur - greift zu kurz, indem sie das Versprechen lediglich als einen freiwilligen (Sprech-)Akt thematisiert, der jederzeit auch unterlassen werden könnte - wie etwa auch ein Vertragsabschluß, in dem man sich gegenseitig etwas verspricht, wenn man der politischen Philosophie der frühen Neuzeit Glauben schenken will. Der Anspruch, den der Hilfsbedürftige auf uns erheben kann, ohne überhaupt ein Wort zu sagen, mutet uns dagegen unfreiwillig und sogar wider unseren Willen ein Versprechen zu, das sich unser Sein angesichts des Anderen ohne vorherige Einwilligung »zuzieht«. Dieser weitere Sinn des Versprechens ist freilich zu unterscheiden vom Akt als einer freiwilligen Handlung. Ich spreche vom leibhaftigen Anspruch, den der Andere auf uns erhebt, nicht von einem »Quasi-Versprechen«, das wir lediglich als argumentierende Teilnehmer am Diskurs aller - auf der Ebene bloßer Geltungsansprüche - gegeben zu haben scheinen. Vgl. Böhler, Dietrich: Die deutsche Zerstörung des politisch-ethischen Universalismus, in: Zerstörung des moralischen Selbstbewußtseins (Anm. 13), S. 166-216, hier S. 204.

76 Vgl. Derrida, Jacques: Zeugnis, Gabe, in: Jüdisches Denken in Frankreich (Anm. 21), S. 79.

verdient ihren Namen nicht. Daran ändert die faktische Ambivalenz nichts, daß Kultur immer auch das mit hervorbringt, was sie negiert.[77]

Auf das gebrochene Versprechen muß der Entschluß folgen, es zu erneuern, andernfalls droht es sich selbst zu zerstören.[78] Eine solche Erneuerung könnte man sich als einen Akt, sogar als einen öffentlichen Akt kollektiven Gedenkens vorstellen. Aber das Versprechen, das wir je schon sind, ist kein Akt, in dem man aus freien Stücken eine Verpflichtung eingeht wie bei einem Vertrag.[79] Die Nicht-Indifferenz, die das Versprechen ins Leben ruft, bestimmt schon unser Sein angesichts des Anderen. Hier kann man in Anlehnung an Kants *Kritik der praktischen Vernunft* vom Faktum einer nicht-indifferenten Vernunft bzw. einer Vernunft der Nicht-Indifferenz sprechen, das uns aber nicht wie die Stimme des Gewissens vor dem Gesetz, sondern angesichts der Sterblichkeit des Anderen verantwortlich macht und zur Nicht-Gleichgültigkeit bestimmt.

Nach Maßgabe dieser Vernunft ist in der Tat jeder Tod ein »neuer erster Skandal«, wie Levinas mit Jankelevitch sagt.[80] *Deshalb* empfinden wir ein Unbehagen wegen demographischer *body counts* und positivistischen *death measurements*, in deren Bilanzen der betrauerte Tod des Anderen und ungezählter Einziger nicht eingeht. Deshalb werfen wir noch heute ein besonders kritisches Augenmerk auf die Rede von »Bevölkerungsüberschüssen« und »-explosionen«, auf die Geschichte der Humanwissenschaften, die sich die Rolle eines Sachwalters einer gesunden Normalität gesellschaftlicher Reproduktion anmaßen, auf die Karriere sozialhygienischen und -technologischen Denkens und auf ein philosophierendes, apologetisches Evolutionsdenken.

Nicht umsonst soll uns die Forschung auf vielfältige geschichtliche Ursachen aufmerksam gemacht haben, die zu einer Vergleichgültigung der Sterblichkeit des Anderen beigetragen haben. In geschichtsphilosophischer Perspektive hat der tschechische Dissident und Phänomenologe Jan Pa-

77 Freilich liegt, wie schon Adorno bemerkt hat, in dieser Problemstellung etwas Desparates. Bedeutet das (fehlbare) Versprechen nicht, daß die Kultur (statt an einer bornierten Gesundheit, die man uns einreden möchte) an einer unheilbaren Krankheit leidet, insofern uns in unserem kulturellen Sein nichts gegen die Wiederholung des Äußersten »versichern« kann? Vgl. Adorno: Erziehung zur Mündigkeit (Anm. 11), S. 88, 90.

78 Das »Ende« der Ermordeten, ihre in alle Winde zerstreute Asche, der Rauch... verspricht nichts; ein »Versprechen (dieses) Endes an uns«, an das H. Arendt glaubte, gibt es nur von uns Überlebenden und Nicht-Überlebenden her, sofern wir »realisieren«, daß unsere »Gebürtigkeit« oder »Natalität«, unser Neu-anfangen-können, in der Tat nur angesichts dieses Endes ein wahres wird sein können.

79 Vgl. Levinas: Zwischen uns (Anm. 58), S. 128f.

80 Levinas: Humanismus des anderen Menschen (Anm. 51), S. 7.

točka darauf aufmerksam gemacht, wie sehr man der Faszination durch ein geschichtliches Über-Leben erlegen ist, das das Sterben der Anderen rechtfertigt, sobald man sich identifiziert mit diesem Leben, für das der Tod »nichts Positives« sein kann, nur eine Unterbrechung, ein kurzer Stillstand, eine Lücke, die durch neues Leben ausgefüllt werden wird.[81]

Patočka hat auch die Frage aufgeworfen, ob das moderne Europa - nicht als Erbe oder als Wirklichkeit, sondern als die auf eine universale Vernunft verpflichtete Idee »Europa« - in seiner Geschichte auf die Spur der Stiftung einer nicht-indifferenten Vernunft führt, auf die man sich im Rückblick aufs 20. Jahrhundert zurückbeziehen könnte, um sie gegebenenfalls im Sinne einer »Nachstiftung« (Husserl) zu erneuern.[82] Genau hier haben Autoren wie Levinas, Lacoue-Labarthe, Lyotard und Derrida ihre Einwände geltend gemacht. Derrida etwa spricht in seiner Auseinandersetzung mit Patočka von einer »Nivellierung« und »Neutralisierung« der Einzigkeit des Verantwortlichen, die sich in der technischen Modernität bemerkbar gemacht habe.[83] Das verantwortliche Ich ist nicht ein »einzelnes«, das sich als solches unter einem Genus subsumieren lassen würde, sondern es ist ein »einziges«, singulär. Es ist am Ende »unaussprechlich, eben weil es *par excellence* Sprechendes ist; antwortend, verantwortlich« angesichts des Anderen. Der »einzige« Mensch geht nicht in seiner begrifflichen Wirklichkeit auf; wenn diese Wirklichkeit »sein ganzes Sein erschöpfte, unterschiede sich der lebendige nicht vom toten Menschen. Die Verallgemeinerung ist der Tod. Er nimmt das Ich in die Allgemeinheit seines Werkes auf und löst es darin auf. Die unersetzliche Singularität des Ich (dagegen) hält am Leben fest.«[84] Paradox gesagt ist jeder x-beliebige Tod nur dann ein

81 Patočka, Jan: Ketzerische Essays zur Philosophie der Geschichte, Stuttgart 1988, S. 146ff. Vollends tragisch ist es, wenn auch die vorläufig Unterlegenen, die Besiegten in der Perspektive ihrer jeweiligen nationalen Geschichte nur auf ein geschichtliches Über-Leben ihres Volkes sinnen, wenn so wiederum die »gegenüber der Sterblichkeit indifferenten Ideen« perpetuiert werden, die Patočka brandmarken wollte (vgl. S. 157, sowie die warnenden Hinweise von Wolfgang J. Mommsen und Lucian Hölscher in: Generation und Gedächtnis, hrsg. von Kristin Platt und Mihran Dabag, Opladen 1995, S. 138, 151ff.).

82 Vgl. Patočkas Ketzerische Essays zur Philosophie der Geschichte (ebd.).

83 Derrida, Jacques: Den Tod geben, in: Gewalt und Gerechtigkeit, hrsg. von Anselm Haverkamp, Frankfurt a.M. 1994, S. 331-445, hier S. 364.

84 Levinas: Zwischen uns (Anm. 58), S. 40f. Das »sprechende« Ich ist im Sinne von Levinas das »sagende«, wobei das »Sagen« das der Verantwortlichkeit für den Anderen ist, also das, was die eigentliche Bewegtheit dieses Ich im Sinne eines von Grund auf »ethischen« Lebens ausmacht.

neuer erster Skandal, wenn man ihn nicht unter eine »Sterblichkeit im allgemeinen« subsumiert.

Hier ist im übrigen ausdrücklich nicht bloß negativ von einem »Scheitern der Objektivierung« die Rede, die das Schema Genus/Einzelnes voraussetzt, »in dem von einem Einzelnen zum anderen die Anderheit austauschbar bleibt und die Vorstellung vom einzelnen Menschen sich an der Objektivierung irgend eines Einzelnen des Genus festmacht, wobei jeder der Andere des anderen ist«. Die Rede ist vielmehr vom »*Recht*, das der Differenz des Anderen eingeräumt wird, des Anderen, der in dieser Nicht-In-Differenz keine formale und austauschbare Anderheit darstellt, sondern die Anderheit des *Einzigen*, außerhalb jedes Genus, jedes Genus transzendierend«.[85]

Levinas bestreitet, daß eine einfache Rückbesinnung auf die Geschichte der »europäischen« Vernunft, wie sie Husserl in der *Krisis*-Abhandlung exemplarisch vorgeführt hat, auf die Spur der unhintergehbaren, aus der Nicht-Indifferenz sich speisenden Verantwortung führen kann. Hat man nicht dieser Vernunft, die sich trotz ihrer »Krise« und eines drohenden »Sinnverlusts« »unbeschädigt im Hintergrund« der realen Geschichte hält, stets ein der Sterblichkeit der einzelnen gegenüber indifferentes Über-Leben attestiert? Wenn diese Vernunft selbst kein nicht-indifferentes Verhältnis zur Sterblichkeit und zur Verantwortung angesichts der Sterblichkeit des Anderen hat, mußte sie dann nicht blind und *insofern* mitschuldig werden an einem Experiment, in dem man die Möglichkeit der Indifferenz gegenüber den Opfern zu beweisen schien? Kann man dann noch ohne weiteres einer legitimen »Europäisierung aller fremden Menschheiten« im Namen der Vernunft das Wort reden, sofern sie sich nicht vom äußersten Verbrechen vorgeben läßt, was für eine geschichtliche Vernunft fortan wird maß-gebend sein müssen?[86]

Auch eine Vernunft der Nicht-Indifferenz, die diese Lehre beherzigt hätte, kann freilich nicht die Wiederholbarkeit von Verbrechen unmöglich machen, die wir mit dem zweifelhaften Begriff »Genozid« bezeichnen. Ein für allemal bleibt auch Auschwitz möglich.

85 Ebd., S. 234f.

86 Zur »Europäisierung« vgl. Husserl, Edmund: Die Krisis der europäischen Wissenschaften und die transzendentale Phänomenologie, Hamburg 1982, §6. Der Verdacht besteht, daß eine Philosophie und eine Zeit, die den Gedanken einer radikal nicht-indifferenten Vernunft nicht gewagt hat, allem Anschein zum Trotz, sich vom Äußersten eben doch nicht hat »belehren« lassen, wie es Habermas fordert: Eine Art Schadensabwicklung (Anm. 19), S. 142; vgl. auch Diner, Dan: Zwischen Aporie und Apologie, in: Ist der Nationalsozialismus Geschichte? (Anm. 17), S. 73.

Deshalb darf man nicht aufhören, die realen, historischen, soziologischen, kollektiv-psychologischen Voraussetzungen des Verbrechens im Hinblick auf die Zukunft derer zu analysieren, die nach uns kommen; und man muß zu verstehen versuchen, wie die Gleichgültigkeit, die am Ende für alles sich einspannen läßt, über das Faktum einer nicht-indifferenten Vernunft die Oberhand gewinnt, die sich angesichts des Anderen ausspricht. Man muß das problematische Erbe des Darwinismus, das Gewicht bestimmter abgespaltener Rationalitätstypen, bürokratischer Organisationsformen und einer generalisierten Pathologie des Gehorsams und der Staatsgewalt bis hin zum Phänomen einer moralischen Paralyse der Öffentlichkeit analysieren usw. Aber alle Faktoren, die man in einer Archäologie der Moderne ansetzen wird, dürfen nicht die Gabe der Nicht-Indifferenz übersehen lassen, mit der auch wir Normalsterblichen begabt sind und die allein uns auf die Spur dessen führen wird, wogegen das Verbrechen sich eigentlich richtete.

Zwar bemühen sich die Historiker um eine »Historisierung« des Geschehenen, um es nicht, in einem »Niemandsland des Verstehens«, bei der bloßen Beschwörung einer außer-geschichtlichen negativen Offenbarung bewenden zu lassen, die eigentlich nur eingeweihten Opfern, bald also niemandem mehr ihre geschichtliche Signifikanz mitteilen würde. Doch die Vergangenheit des Verbrechens wird niemals eine Vergangenheit unter anderen Vergangenheiten werden können. Denn in ihm liegt eine unverjährbare Wahrheit, die nicht im gleichen Maße verblaßt wie die Aktualität der »historischen« Ereignisse.[87] Dies wird in den seit Jahren anhaltenden Verhandlungen über die Zukunft der Vergangenheit hierzulande nicht selten übersehen.

5.

Normalerweise vergeht jede Vergangenheit, *diese* jedoch nicht, so wurde im sogenannten »Historikerstreit« mehrfach beklagt. Diese Vergangenheit »will nicht vergehen«, um fortan »nur noch Geschichte« zu sein, wie es sich offenbar für jede Vergangenheit gehört.[88]

87 Hier geht es nicht um einen juristischen Begriff der Verjährung einer Strafbarkeit, sondern um die Frage, ob zunehmende geschichtliche Distanz zum Geschehenen allein auch den Sinn unseres Verhältnisses zum Verbrechen einem allgemeinen »Vergehen« des Vergangenen überantworten kann und darf. Der berechtigte Hinweis, daß im kollektiven Gedächtnis zunehmende Distanz nach und nach die Aktualität des Vergangenen verblassen lassen wird, ist kein Argument. Vgl. Mommsen, Hans: Subkutanes Selbstverständnis, in: Die Tageszeitung (TAZ) vom 8.4.1993, S. 16.

88 Vgl. »Historikerstreit« (Anm. 15), S. 39, 223.

Keine Vergangenheit, so wird behauptet, sollte unserer Gegenwart das Recht auf ihre eigene, unbelastete Zukunft streitig machen. Und dieses Recht verlange, daß das Vergangene zurücktritt, um sich möglichst widerstandslos einer »Selbstvergewisserung« und »Zukunftsfähigkeit« unserer Gegenwart zu unterstellen.[89]

Wenn man beschwörend fordert, diese Vergangenheit solle vergehen, um unsere Gegenwart wieder zu sich selbst kommen zu lassen, so will man offenbar nicht darauf hinaus, daß diese Vergangenheit einer kollektiven Vergessenheit anheimfallen soll. Auch die vergangene Vergangenheit wird erinnerbar bleiben. Sie wird »Teil unserer Geschichte« sein - als ein »Kapitel« unter anderen, weniger »dunklen«. Aber die Virulenz dieses Kapitels soll sich nicht länger einem Hinschwinden, einer Entkräftigung widersetzen, der jegliche Vergangenheit unterliegen muß, um wirklich »vergangen« zu *werden*, das heißt um die Gegenwart zu sich selbst zu befreien. Historisch Interessierte werden sich weiter mit dieser bald *vergangenen Vergangenheit* befassen. Aber man wird dieses Kapitel nachlesen müssen. Die Erinnerung der Späteren wird es eigens vergegenwärtigen müssen, weil dieser »Teil« unserer Vergangenheit die Kraft nicht mehr hat, die Gegenwart zu bedrängen, um sich in gewisser Weise selbst als Gegenwart zu etablieren.[90]

Unterliegt nicht wirklich alles Vergangene mit zunehmender historischer Distanz zu ihm von selbst einer fortschreitenden Depotenzierung, die seine gegenwärtige Kraft erlahmen und sein Bild verblassen läßt? Läßt nicht wirklich erst solches Erlahmen und Verblassen die Vergangenheit vergehen? Gerinnt nicht wirklich Vergangenes zu geschichtlicher Faktizität erst, wo es aus eigener Kraft nichts mehr vermag? Oder müssen wir demgegenüber den Schluß ziehen, daß eine Vergangenheit, die sich scheinbar »gegen ihr eigenes Wesen sperrt, Vergangenheit und eben nicht Gegenwart zu sein«, in einem gewissen Sinne *nicht* »Geschichte« ist und vielleicht auch nicht sein kann?

»Wer glaubte, (alle) historische(n) Ereignisse hätten gleichsam eine Art Halbwertszeit, in der die Erinnerung von selbst verblaßt, sieht sich getäuscht.«[91] Getäuscht sieht man sich in der Annahme, zunehmende historische Distanz lasse von allein das Vergangene vergehen. Getäuscht sieht man sich auch in der Annahme, das allgemeine Vergehen des Vergangenen werde auch Auschwitz allmählich als ein Ereignis unter vielen anderen,

89 Ebd., S. 36ff., 194.
90 Ebd., S. 39.
91 Ebd., S. 223, 362.

mehr oder weniger vergleichbaren Ereignissen erscheinen lassen, als einen Genozid, der »gewiß nicht der erste und gewiß nicht der letzte war«.[92]

Wir gehen offensichtlich fehl in der Meinung, unsere Erinnerung beziehe sich auch in diesem Fall auf Vergangenes, das als Vergangenes »Geschichte« und nichts als das sei.

Die Reaktionen auf diese doppelte Täuschung fallen zwiespältig aus. Viele fordern, dem Vergehen der Vergangenheit nachzuhelfen, um endlich ihrer »negativen Lebendigkeit« den Garaus zu machen.[93] Wenn ein »Leben« der Vergangenheit in der Gegenwart diese am Vergangenen, das heißt am Schicksal der Toten leiden läßt, so muß man die Toten noch einmal töten, hatte schon Freud gelehrt. Und Elie Wiesel läßt Gyulas Freund im Schlußdialog von *Die Nacht zu begraben, Elischa* sagen: »Wenn es die Toten sind, die dir (dein Leiden an der Vergangenheit) aufhalsen, so töte sie von neuem und so oft, wie es nötig ist, um ihnen das Handwerk zu legen.«[94]

Bedroht nicht eine Vergangenheit, die nicht vergehen will, selbst das Leben der Überlebenden, zumal wenn sie sich identifizieren mit dem Schicksal der Toten, um im morbiden Schatten, der infolgedessen auf ihre Gegenwart fällt, sogleich selbst infiziert zu werden mit der Schuld, *noch* am Leben zu sein angesichts *dieses* Sterbens?

Man hat sich angewöhnt, die Beschreibung der Folgen einer solchen moralischen Infektion einem klinischen Diskurs zu überlassen. Wie das sogenannte »Überlebenden-Syndrom« (Niederland), so wird auch die sogenannte Überlebens-Schuld meist als psychische Folge davon beschrieben, daß Überlebende dem Schicksal der Untergegangenen zu nahe gekommen seien. Nur wer selbst anstelle anderer dem Untergang mit knapper Not entkommen ist, leidet, so scheint es, an einer Überlebens-Schuld, die viele, die die Toten nicht noch einmal töten mochten, nur dadurch glaubten begleichen zu können, daß sie Hand an sich legten. Nachgeborenen hingegen, die sich ab der dritten Generation keiner Mit-Verantwortung oder Schuld mehr bewußt sind, wird ihrer historischen Distanz wegen nur mehr ein epistemisches, kognitives Verhältnis zum Vergangenen zugeschrieben.[95]

92 Ebd., S. 186, 358.

93 Ebd., S. 13.

94 Wiesel, Elie: Die Nacht zu begraben, Elischa, Frankfurt a.M. u.a. 1992, S. 397; vgl. vom Verf.: Geschichte im Zeichen des Abschieds, München 1996, Kap. III, 1/2.

95 Vgl. Niethammer, Lutz: Erinnerungsgebot und Erfahrungsgeschichte, in: Holocaust (Anm. 1), S. 21-34, hier S. 25.

Nur aus Texten werden die meisten von uns Spätgeborenen in der Regel noch wissen, was damals geschah. Und die Autoren dieser Texte nehmen sich vielfach die Freiheit, »die Gegenwart aus Scheinwerfern beliebig rekonstruierter Vorgeschichten anzustrahlen und aus diesen Optionen ein besonders geeignetes Geschichtsbild auszuwählen« (wobei »beliebig« sich nur auf die Fragestellung beziehen soll).[96] Energisch sucht sich diese Freiheit gegen die »negative Lebendigkeit« einer Vergangenheit zu behaupten, die nicht vergehen will, und setzt demonstrativ gegen diese Vergangenheit eine andere Vergangenheit. Diese andere Vergangenheit distanziert Auschwitz zum Ereignis unter anderen, das selbst nur ein Schnittfeld einer Vielzahl von Serien ist, die sich ihrerseits auch unabhängig von Auschwitz vielfach überkreuzen und verknoten. Jedes Ereignis ist, epistemologisch gesprochen, selbst nur ein Teil eines Ereignisfeldes, und »der Historiker kann sich den Weg aussuchen, den er zur Beschreibung des Ereignis-Feldes einschlagen will; alle Wege sind gleich legitim«, behauptet Paul Veyne, wenn auch nicht gleich interessant: »Keiner dieser Wege ist der wahre, keiner ist 'die' Geschichte.«[97]

Der »Historikerstreit« hat uns vorübergehend glauben gemacht, die Debatte beträfe *zwei* Vergangenheiten, eine im Zeichen eines einzigartigen Verbrechens, das sich nicht auf eine »nur noch geschichtliche« Bedeutung reduzieren läßt, und eine andere Vergangenheit, die die Gegenwart moralisch vom Verbrechen entbindet, dem man den Namen Auschwitz gab.[98]

Die »Vergangenheit« dieses Verbrechens müsse, so wurde behauptet, früher oder später zu einer Vergangenheit unter anderen Vergangenheiten werden. Sie verdiene unter vergleichbaren Verbrechen nicht apriori einen hervorragenden Platz. Und alle Verbrechen zusammengenommen dürften uns nicht dazu zwingen, unsere Geschichte vor allem als *deren* Vorgeschichte zu verstehen. Man bestreitet energisch, daß unsere Zeit, wie Todorov sagt, vor allem als die Zeit von Auschwitz und als die Zeit zahlloser Völkermorde in Erinnerung bleiben wird und bleiben muß.[99]

Betrachtet man das Vergangene als ein unermeßliches Ereignis-Feld, so erscheint ohnehin eine Vielzahl im nachhinein sich abzeichnender Vergangenheiten als denkbar, deren Darstellungen sich lediglich der üblichen geschichtswissenschaftlichen Kritik unterwerfen müssen. Entscheidet nicht

96 »Historikerstreit« (Anm. 15), S. 148.

97 Vgl. Veyne, Paul: Geschichtsschreibung - Und was sie nicht ist, Frankfurt a.M. 1990, S. 19, 26, 39.

98 Zimmermann, Michael: Negativer Fixpunkt und Suche nach positiver Identität, in: Holocaust (Anm. 1), S. 128-143.

99 Vgl. Anmerkung 3.

längst die geschriebene Geschichte über unsere Vergangenheit? Führt sie nicht immer wieder auf die Spur von Neo-Vergangenheiten, zwischen denen man wird »wählen« können, wenn am Ende keine Vergangenheit mehr von sich aus ihren geschichtlichen Sinn den Späteren vorschreibt, wie immer öfter unterstellt wird?

So kann ein bestimmtes epistemologisches *laissez-faire,* das die Rede von einer Vielzahl möglicher Vergangenheiten legitimiert, einem Standpunkt in die Hände spielen, der keiner Vergangenheit mehr zugestehen möchte, daß sie uns mit Recht auf nicht hintergehbare Weise moralisch in Anspruch nimmt. Wir wählen unsere Vorfahren, sagte schon Raymond Aron. Ihr Leben, ihr Sterben und ihr Zeugnis zwingt uns scheinbar keine »Geschichte« mehr auf, die wir unbedingt fortzusetzen hätten. Weder ihr Leben noch ihr Sterben, noch auch ihre Zeugnisse sprechen für sich. Wir sind es, die im Lichte unserer Zukunft die Geschichte des Vergangenen schreiben. Und rufen *wir* nicht das Vergangene in Erinnerung, das von sich aus nichts dagegen auszurichten vermag, daß es am Ende »nur noch Geschichte« sein wird? Dieser selbstsichere Präsentismus hat Risse bekommen, denn gerade das Wissen von einer »an sich toten« Vergangenheit, die uns aus eigener Kraft nicht mehr affiziert, steht im Verdacht, sich in ein schuldhaftes Vergessen zu verstricken. Man befindet sich gewiß in großer historischer Distanz, wenn man etwa nüchtern konstatiert, »Auschwitz war ein Vernichtungslager«; aber man unterläuft diese Distanz zugleich, wenn man sich die Bedeutung dieses Satzes in dem Gefühl vergegenwärtigt, daß er ein Zeichen dafür ist, daß über diesen Satz hinaus etwas Ungeäußertes, Unbestimmtes, vielleicht letztlich Unsagbares zu sagen bleibt. »Die Schatten all derer, denen durch die Endlösung nicht nur das Leben, sondern auch der Ausdruck des ihnen zugefügten Unrechts verweigert worden war«, sagt Lyotard, »irren weiter umher, als unbestimmte Schemen«. Niemand kann im Ernst glauben wollen, dieses Unrecht sei je wieder gut zu machen. Auch die Geschichtswissenschaft, die nur die Ausmaße der Verbrechen ermittelt, muß angesichts dieses Unrechts schweigen. Und dieses Schweigen, das das Verbrechen von Auschwitz dem Historiker abverlangt, ist selbst ein Zeichen dafür, daß etwas, was eigentlich gesagt zu werden verlangt, »in den geltenden Idiomen nicht artikuliert werden kann«.[100] Unser Wissen wird gerade von diesem Schweigen aufgerufen, die Wahrheit zu sagen, um nicht allein von der vergangenen Realität Bericht zu erstatten, sondern Zeugnis davon abzulegen, daß etwas noch Wirklicheres, etwas Sur-Reales im Spiel ist, über die beweisbare historische Realität hinaus.

100 Vgl. Lyotard: Der Widerstreit (Anm. 68), S. 104ff.

In Auschwitz, so wurde des öfteren gesagt, sei die Erfahrung selbst zerstört worden, und mit ihr die Erinnerung. An den Opfern hatte ein einzigartig futurisiertes Verbrechen verübt werden sollen, das Verbrechen einer Vernichtung für immer, für jede mögliche Zukunft. Man hat auch unserer Erinnerung vorgreifen wollen, um ihr jede Grundlage zu entziehen durch ein absolutes Verschwinden.

Der Terror galt auch uns; er sollte jedem möglichen Nachgeborenen die Chance nehmen, kraft der Erinnerung die Spur dieser Vergangenheit zu entziffern[101] oder sich selbst als Spur dieser Vergangenheit zu realisieren, für die uns die Begriffe fehlen.

Eine appellative Rhetorik des Gedenkens kann kaum darüber hinwegtäuschen, daß wir uns dieser Vergangenheit nicht erinnern können. Keine Erinnerung vermag diese Zerstörung erinnerbarer Realität zu vergegenwärtigen, um auf diese Weise die Zeit die Wunden heilen zu lassen. Nicht weil sie nicht vergehen will, lebt durch uns die Zeit dieser Zerstörung, sondern weil sie eigentlich niemals einer späteren Gegenwart kommensurabel werden kann. Diese Inkommensurabilität ist der Stachel im Fleisch des Wissens, der es - vielleicht vergeblich - dazu aufruft, mehr als bloß Wissen zu sein, nämlich Zeugnis angesichts jenes Schweigens.

Unausgesprochen wird der Historiker, der dies erkennt, nach der Einschätzung Lyotards das Gefühl haben, daß man »mit dem Monopol, das dem kognitiven Regelsystem von Sätzen über die Geschichte eingeräumt wird, brechen und das Wagnis auf sich nehmen muß, auch dem Gehör zu schenken, was im Rahmen der Regeln der Erkenntnis nicht darstellbar ist«.[102]

101 Vgl. Smith: Human Destructiveness and Politics (Anm. 65), S. 30; Arendt: Elemente und Ursprünge (Anm. 36), S. 669, 681; Lyotard, Jean-François: Heidegger und »die Juden«, Wien 1988. Freilich plante man ein bizarres Museum, das an eine ausgestorbene Rasse hätte erinnern sollen. (In Prag sind Teile davon noch heute zu besichtigen.) Diese Erinnerung hätte aber wiederum nur den »Erfolg« der Vernichtung nachträglich bestätigen sollen: man gedachte nicht, sich jüdischer »Menschen« zu erinnern...
Man müßte in diesem Zusammenhang genauer der Frage nachgehen, warum die Täter so intensiv bestrebt waren, die Spuren ihrer Taten zu verwischen (nicht erst angesichts der vorrückenden Truppen der Alliierten), wo sie doch von ihrer welthistorischen Sendung so überzeugt waren (wenn man in diesem Punkt Himmler glauben will). Schlägt im Verbergen der Verbrechen am Ende doch ein Gewissen, das sich mit dem Ansinnen einer totalen Dehumanisierung der Opfer insofern nicht vereinbaren läßt, als es gegenwärtig hält, wogegen das Verbrechen verstößt?

102 Lyotard: Der Widerstreit (Anm. 68), S. 107. Das »schlechte Gewissen« gestattet keine Ausflucht in eine Emanzipationsgeschichte der Schuld, wie sie offenbar Herbert Marcuse vorschwebte. Vgl. Tauber, Zvi: Herbert Marcuse: Auschwitz oder My Lai?, in:

Nur ein Wissen, das um diese Nichtdarstellbarkeit weiß, bezeugt wenigstens negativ, wovon Zeugnis abzulegen wäre - jenseits des Beweises und der Berichte von Augenzeugen und Überlebenden. Diese Aporetik des Zeugnisgebens führt uns über die Fakten, derer wir uns zu erinnern haben, hinaus zu der Wahrheit, die in ihnen liegt.

»Ihr Tod«, der Tod der Untergegangenen, »ist die Wahrheit unseres Lebens«,[103] sagte in diesem Sinne Horkheimer und sperrte sich damit gegen die Apologie einer Verjährung, die mit dem Vergehen des Vergangenen »guten Gewissens« auch den Sinn unseres geschichtlichen Verhältnisses zu ihm verjähren lassen möchte. Doch was soll diese Wahrheit bedeuten?

6.

Todorov hat auf diese Frage kürzlich eine bemerkenswerte Antwort gegeben. Todorovs Überlegungen zielen auf die Wahrheit unserer moralischen Normalität, insofern sie von der Extremsituation in den Lagern her verstanden werden muß, in denen so viele physisch oder moralisch dem Terror zum Opfer fielen. Nur was in dieser Situation dem Terror standhielt, macht auch unser gegenwärtiges moralisches Leben wirklich verläßlich. Nur vom Extrem her, das moralisches Leben selbst zu negieren droht, ist zu erkennen, was sich dieser Negation widersetzt.[104] Eine neoaristotelische Berufung auf eine angeblich funktionierende sittliche Normalität eines *common sense* etwa scheidet hier aus, denn die Normalität hat ein zu gutes Gewissen, als daß sie um ihre eigene, nach 1933 erwiesene Pervertierbarkeit wüßte. Die Taten waren monströs, nicht die Täter. Selbst im Fall Eichmanns war »ein halbes Dutzend Psychiater zu dem Ergebnis gekommen, er sei 'normal' - 'normaler jedenfalls, als ich es bin, nachdem ich ihn untersucht habe', soll einer von ihnen gesagt haben...«[105] Das muß jeden, der sich guten Gewissens für »normal« hält, an sich selbst zweifeln lassen.

Das Staunen darüber, daß diese Dinge »noch möglich« waren, so muß man wiederum Walter Benjamin variierend sagen, ist in der Tat ein naives, denn wer so staunt, hat nicht begriffen, daß die drohende Negation morali-

Zivilisationsbruch. Denken nach Auschwitz, hrsg. von Dan Diner, Frankfurt a.M. 1988, S. 88-98, hier S. 94. Vgl. auch Anm. 106.

103 Horkheimer, Max: Notizen 1950 bis 1969 und Dämmerung: Notizen in Deutschland, hrsg. von Werner Brede, Frankfurt a.M. 1974, S. 213.

104 Vgl. vom Verf.: Von der Wahrheit moralischer Normalität, in: Deutsche Zeitschrift für Philosophie 43, 1, 1995, S. 173ff.

105 Zitiert nach Arendt: Eichmann (Anm. 46), S. 102.

schen Lebens in der Normalität selbst ihren Ansatzpunkt hat.[106] Deshalb ist uns unser Vertrauen in ein »vortheoretisches Moralbewußtsein... zerstört« worden. »Das aber bedeutet: Man kann dem, was traditionell als unser Innerstes gilt, als der wertvollste und verläßlichste Teil, dem moralischen Sinn, der Stimme des Gewissens, dem, was Kant als das 'Faktum der Vernunft' auszeichnet, nicht mehr ohne weiteres vertrauen. Es gibt hier keine Sicherheit mehr.«[107]

Im Haus der Normalität ist niemand Herr.

Normal ist es, sich abzuwenden, sich indifferent zu geben, wo immer dies eine arbeitsteilige, bürokratische, alle Verantwortung fragmentierende Organisation der Gesellschaft gestattet. Normal ist das entlastende Gefühl der Unzuständigkeit, der Nährboden einer moralischen Indifferenz, die wie ein Flächenbrand um sich greifen wird, wenn der Wind der totalitären Zwänge wieder einmal von der richtigen Seite angreifen wird. In der indifferenten Normalität selbst glimmt der Funke, der unter bestimmten Bedingungen das Feuer des Terrors auflodern lassen kann.[108]

Wer möchte sich da noch bescheinigen lassen, »normal« zu sein?

Auschwitz ist gewiß eine schlechte Nachricht über die Verläßlichkeit unserer Institutionen, wie Zygmunt Bauman gesagt hat. Vor allem aber hat man Grund, sich vor sich selbst zu fürchten. Die Täter waren überwiegend nichts als »schrecklich normal« (Hannah Arendt).

106 Und solange dies nicht begriffen wurde, gibt man sich einer Naivität hin, die selbst zum Komplizen der Verbrechen werden kann. Es ist die Naivität des »guten Gewissens«, das »solche Dinge« für unmöglich hält und sich nicht der geringsten Mitschuld verdächtigt - nicht einmal nachdem eindeutig erwiesen ist, welche Schuld seinerzeit diejenigen auf sich geladen haben, die den ersten massiven Beweisen einfach keinen Glauben geschenkt haben.
Weil er um diese Naivität weiß, »macht sich der totale Machthaber verhältnismäßig wenig Sorge um die Aufdeckung der totalitären Massenverbrechen. Er weiß, daß der beste Schutz für ihn in der Normalität der normalen Welt liegt, die solche Dinge, wie sie sich in seinem Herrschaftsbereich ereignen, doch selbst dann für schlechthin unmöglich hält, wenn ihr Dokumente, Filme und andere Beweise unleugbar vor Augen stehen«; Arendt: Elemente und Ursprünge (Anm. 36), S. 674.
In diesem Zusammenhang müßte man auch über die Aussage neu nachdenken, »daß Menschen in der Lage sein sollten, technische Perfektion dauerhaft mit vollkommener moralischer Indifferenz gegenüber den Zwecken zu verbinden, denen sie faktisch dienen, (sei) eine Unterstellung von großer anthropologischer und kultureller Unwahrscheinlichkeit«; Lübbe, Hermann: Politischer Moralismus, Berlin ^{2}1989, S. 9.

107 Kuhlmann, Wolfgang: Einleitung, in: Zerstörung des moralischen Selbstbewußtseins (Anm. 13), S. 11f., 14.

108 Vgl. Todorov: Angesichts des Äußersten (Anm. 3), S. 164f., 174, 180/8, 326.

Vielleicht liegt darin, daß die moralische Normalität eines *common sense* und selbst das *factum humanum* keine Berufungsinstanz mehr sein kann, auch ein Gutes, wenn uns unsere Verstörung zur Bestandsaufnahme im Sinne eines ethischen Minimalismus zwingt. Adorno war der Auffassung, daß die dokumentierte Äußerung von Sadisten in den Lagern: »morgen wirst du als Rauch aus diesem Schornstein in den Himmel dich schlängeln,... die Gleichgültigkeit des Leben jedes Einzelnen (anzeigt), auf welche Geschichte sich hinbewegt«.[109] Demgegenüber müßte eine solche Bestandsaufnahme zeigen können, was sich dieser vermuteten Tendenz widersetzt.

Den Beweis, daß die Geschichte sich im Zeichen einer solchen negativen Teleologie vollzieht, bleibt man uns bislang schuldig. Dieser Beweis wird wohl niemals geführt werden können.

Noch die begangenen Untaten verraten die Spur einer Nicht-Indifferenz, die die Täter mit Gewalt, mit Gewalt auch gegen sich selbst, zu überwinden versuchen mußten, um ihre »Arbeit« verrichten zu können. »Angesichts« des Anderen, gegen den man die Hand erhebt, spricht sich diese Nicht-Indifferenz aus,[110] denn sie gebietet ohne Widerspruchsmöglichkeit die Verantwortung für den Anderen. Kein Verbrechen kann umhin, dieses Gute als das, wogegen es verstößt, von neuem zu bestätigen. Die Frage ist, ob Geschichte fortan im Zeichen dieser Verantwortung möglich sein wird oder ob eine Geschichte, die auch zukünftig über Leichen gehen wird, gerade das Vergessen der absoluten Nicht-Indifferenz gegenüber der Sterblichkeit des Anderen ist.[111]

Sich im Lichte dieser Frage die historische Wahrheit zu vergegenwärtigen, kann nicht heißen, sich nur historische Fakten in Erinnerung zu rufen, sondern sich in der Geschichte jenes gebrochenen Versprechens zu situieren, das nicht verjährt. Die vom gebrochenen Versprechen aufgerufene Erinnerung ist das Maß, das es gestattet, das bloße Abrufen geschichtlicher Fakten, die man einer vergangenen Vergangenheit zuschreibt, als ein Vergessen zu qualifizieren, das nicht erkennt, wie »ihr Tod die Wahrheit unseres Lebens« sein kann. Diese Wahrheit stellt sich nur dem Leben Späterer dar, die ihr Leben als ein Überleben in unhintergehbarer Nicht-Indifferenz angesichts des gebrochenen Versprechens realisieren, indem sie sich als im Vergangenen gemeint erkennen. Nur vermittels dieser Nicht-

109 Adorno: Negative Dialektik (Anm. 73), S. 355.

110 Vgl. Adorno: Minima Moralia (Anm. 52), S. 133 (Nr. 68).

111 Vgl. Levinas: Zwischen uns (Anm. 58), S. 193; sowie vom Verf.: Geschichte und Überleben angesichts des Anderen. Levinas' Kritik der Geschichte, Deutsche Zeitschrift für Philosophie 44, 1996, S. 389-406.

Indifferenz der Späteren, die das Versprechen erneuert, hat selbst dieses apokalyptische Ende noch Zukunft und verspricht, nicht in einem fatalen, insgeheim präformierten oder teleologisch vorausbestimmten Lauf der Dinge zu gerinnen, der uns im Sinne der alten *historia* in der Tat nur einen Bericht vom Vorgefallenen zu schreiben ließe.

In dem Maße, wie uns das im Namen eines »Herrenmenschen« verübte Verbrechen an das fehlbare Versprechen erinnert, das wir angesichts des Anderen je schon sind, wird die Vergangenheit dieses Verbrechens niemals zur Vergangenheit unter vielen anderen denkbaren Vergangenheiten werden, denn in ihr liegt die Wahrheit der Geschichtlichkeit unseres Lebens.

Wie man es auch dreht und wendet, es gibt, wie Todorov sagt, keine guten Nachrichten von der SHOAH, außer vielleicht der, daß das Verbrechen auch den Blick dafür geschärft hat, wie noch durch uns geschichtlich Entfernte eben das lebendig bleiben kann, was dieses Verbrechen in einem einzigartigen Vorgriff selbst auf unsere mögliche Erinnerung einer absoluten Vernichtung hat preisgeben wollen.

Die »Erfahrung«, die uns lehrt, was der Versuch der Vernichtung für uns - und vielleicht für die Geschichte aller - bedeutet, vererbt sich freilich nicht. Jeder späteren Generation wird sie vielmehr von neuem widerfahren müssen; und jedesmal wird sie den Widerstand unseres Welt-Glaubens überwinden müssen, der uns von Geburt an eine »menschliche« Welt erwarten und darum für unmöglich halten läßt, was damals geschehen ist.[112] Andererseits hat unsere zunehmende geschichtliche Distanz vielleicht auch ihr Gutes, wenn sie uns die Annäherung an die Signifikanz eines Geschehens ermöglicht, dem wir unweigerlich selbst zum Opfer gefallen wären, wenn wir ihm zu nahe gekommen wären. Während die Opfer, die den Punkt des Abgrunds wirklich berührt haben, nicht zurückgekehrt sind und während die Überlebenden vielfach seelisch erstarrt, verstummt und erblindet sind, können die überlieferten Zeugnisse auf den Registern unserer Affizierbarkeit spielen. Könnten wir auf eine solche Affizierbarkeit, die über ein bloßes Wissen vom Geschehenen am Ende entschieden hinausgeht, nicht setzen, könnten wir nicht darauf bauen, daß uns über die geschichtliche Distanz zum Geschehenen hinweg unsere eigene Verwundbarkeit seine Bedeutung aufschließt, so würde noch das detaillierteste Wissen in gewisser Weise ahnungslos bleiben müssen. Wissende, denen nach Maßgabe ihrer eigenen Traumatisierbarkeit sich er-

112 Vgl. vom Verf.: Opfer, Überlebende und Nicht-Überlebende, in: Scheidewege 25, 1995, S. 126-140; sowie: Wahrnehmende Geschichtlichkeit, kollektives Gedächtnis und historisches Wissen, in: Generation und Gedächtnis (Anm. 81), S. 255-283.

schließt, was damals geschah, berichten nicht nur vom Vorgefallenen, sondern realisieren, daß sie durch die Zeugnisse selbst zu Zeugen für etwas gemacht werden, was sich »schwarz auf weiß« nicht fassen läßt. Der historische Diskurs berichtet nicht nur, er bezeugt auch, stellvertretend für die, die ihre Stimme nicht mehr erheben können.

Die Zeugnisse lehren mehr, als man »positiv« in Erfahrung bringen kann, indem sie auf die Spur einer Nicht-Indifferenz führen und uns an das leibhaftige Versprechen erinnern, das uns angesichts des Anderen konkrete Verantwortung für ihn abverlangt. Der erfolgte Anschlag auf dieses Versprechen selbst ist ein Trauma für eine Vernunft, die eine Pazifizierung der Geschichte in Aussicht stellte und sich nun mit dem Vorwurf konfrontiert sieht, selbst eine Rückbesinnung auf ihre »europäischen« bzw. »aufklärerischen« Ursprünge werde nicht der radikalen Nicht-Gleichgültigkeit gerecht, die zu denken uns das Äußerste abverlangt.

Wer die »Moderne« oder »Europa« auf eine faktische Modernisierung bzw. Europäisierung reduziert, unterläuft diese Problemstellung und übersieht, daß die europäische Moderne von einer »Leidenschaft für das Mögliche« (Kierkegaard) besessen war, die erst die Erwartung einer pazifizierbaren und humanisierbaren Geschichte im Sinne einer regulativen Idee begründete. Infrage steht nicht nur die »Mitschuld« realer Modernisierungsprozesse an einer genozidalen Destruktivität; infrage steht auch, ob die Rückbesinnung auf den Kosmopolitismus der Aufklärung und den Universalismus »Europas« genügt, um uns denken zu lassen, was uns das Äußerste zu denken abverlangt: eine Vernunft der Nicht-Indifferenz.

Im übrigen hat auch Auschwitz sich in einer längst dezentrierten Geschichte ereignet. Geschichte als Kollektivsingular - zumal als »europäische« Geschichte im Zeichen der Aufklärung - besagt zwar, daß jene Erwartung »eine Hoffnung für die ganze Menschheit sein muß, daß die Menschheit nur durch ihre Geschichte eine Gattung ist; daß es Geschichte umgekehrt nur gibt, sofern die als Kollektivsingular verstandene Menschheit als ganze deren Subjekt ist«.[113] Doch scheint, wie Lucian Hölscher feststellt, das Konzept *einer* Geschichte gegenüber dem Phänomen des Völkermords zu versagen. Denn die jeweils »Überlebenden (können) nicht umhin..., den an ihrem Volk begangenen Völkermord als die Stunde Null ihrer Nationalgeschichte schlechthin zu betrachten. Sie vermögen sich nicht in den Geschichtsentwurf derjenigen einzuzeichnen, die ihnen kein politisches Existenzrecht zubilligen. So bleibt ihnen nichts anderes übrig, als einen eigenen Geschichtsentwurf zu entwickeln, der die Geschichts-

113 Ricœur, Paul: Zeit und Erzählung III, München 1991, S. 348.

konzeption ihrer Gegner konterkariert. Die Geschichte - nicht nur ihre eigene nationale, sondern auch die Weltgeschichte im Ganzen - hat für sie einen anderen Inhalt, eine andere Struktur, einen anderen Anfang und ein anderes Ziel. Nichts ist vergleichbar; eine übergeordnete Einheit der Geschichte, die ihre Geschichte mit der ihrer Todfeinde vereint, gibt es nicht.«

Zwar widerlegt das nicht Kants Entwurf einer »allgemeinen Geschichte« als regulative Idee einer künftigen Weltgesellschaft, doch es ist in der Tat denkbar, daß »ebenso wie das jüdische Geschichtsbild seinen Mittelpunkt heute in der Schoa... findet,... die Geschichtsbilder auch anderer Völker, etwa der Armenier, zukünftig (sich) jeweils um ihre Stunde Null konzentrieren«.[114] Zahllose Brüche infolge von Verbrechen, die ganze Völker beinahe ausgelöscht haben, durchziehen ja wirklich die Geschichte und fragmentieren sie, ohne daß sich die Geschichten, in denen die Überlebenden hier und dort ihr Trauma zur Sprache bringen, zu einer Geschichte zusammenschließen ließen. Die zerstreute Geschichte, deren Weg von zahllosen Verbrechen gesäumt ist, hat viele Herde - erloschene, über denen noch der Rauch liegt, schwelende, die jederzeit wieder aufflackern können, und Brandherde, die um sich greifen... Über die Bedeutung des hier und dort Geschehenen können wir uns nur lateral, von Herd zu Herd verständigen. Und was »die Geschichte« aus dieser Verständigung erwachsen lassen wird, zeichnet uns keine Teleologie und kein »menschheitliches« Subjekt vor, das in der Erinnerung aufzuheben vermöchte, was jedes die Verbrechen vergegenwärtigende Sein versehrt.

Über Europa hat sich der Rauch verzogen, doch die Bedeutung der in deutschem Namen verübten Verbrechen vagabundiert im Unsichtbaren. Sie bedrängt uns, ohne sich fassen zu lassen in den sie bezeugenden Texten. Deren negative Poetik bezeugt die Unmöglichkeit, die Signifikanz des Geschehenen umstandslos auszusagen; längst ent-sagt sie der Hoffnung, das Wort und der Begriff seien dieser Wirklichkeit noch mächtig. Nur eine Sprache, der es die Sprache verschlägt, kann sagen - nicht aber aussagen -, was geschehen ist. In der überlieferten Symbolik des Bösen steht uns kein Archetypus und kein Paradigma zur Verfügung, mit dessen Hilfe wir das Geschehene geschichtlich einordnen könnten. Insofern behauptet es sich als außer-ordentlich und unvergleichlich.

Gerade deshalb aber konnte der »Holocaust« im Vergleich zu »anderen Genoziden« zum vielleicht wirkungsmächtigsten Mythos des 20. Jahrhun-

114 Hölscher, Lucian: Geschichte als »Erinnerungskultur«, in: Generation und Gedächtnis (Anm. 81), S. 146-168, hier S. 148ff.

derts aufsteigen, um bisweilen äußerst fragwürdige Analogien zu ermöglichen. Das historisch »Beispiellose» wird paradoxerweise zum Vorbild und Paradigma, das man nun auch anderswo - im Zuge einer »Metaphorisierung gegenwärtigen Lebens« - wiedererkennt.[115] Das »Beispiellose« zersetzt die älteren geschichtlichen Schemata und wird selbst zum Beispiel für andere Verbrechen, die andere Ursachen, Ausmaße und Folgen hatten und insofern die »Vergleichbarkeit« sogleich wieder infrage stellen und sich im Vergleich ihrerseits als »unvergleichlich« erweisen. Es gilt, die Kraft dieser Paradoxie sich entfalten zu lassen, die auch den Genozidbegriff von innen unterwandert: Jeder Tod ist ein »einzigartiger«; der Tod eines »einzigen«, der sich nicht addieren läßt in einer statistischen Bilanz. Aber jeder Andere ist auch ein Anderer wie viele Andere, die das gleiche Schicksal teilen. Der Massenmord ist gewiß ein Verbrechen an vielen, manchmal an »zahllosen« Menschen; er ist aber auch ein Verbrechen an *nicht zählbaren*, nicht bezifferbaren und nicht vergleichbaren Einzigen. Dieselbe Paradoxie unterhöhlt den Vergleich der Verbrechen. Abgesehen davon, daß der Vergleich - etwa in präventiver Perspektive - notwendig ist, liegt sein Wert vielleicht gerade darin, daß er den Sinn für das absolut Unvergleichbare schärft. Einer skandalösen Hierarchisierung der Opfer, die sie, wie es auch der Genozidbegriff nahelegt, lediglich als bezifferbare Größen nimmt, entgeht nur, wer kraft des Vergleichs sich der erschütternden Einsicht stellt: auch anderswo ist Unvergleichliches geschehen.

115 Vgl. Young, James E.: Beschreiben des Holocaust. Darstellung und Folgen der Interpretation, Frankfurt a.M. 1992, S. 140.

Zygmunt Bauman

Das Jahrhundert der Lager?

Nach allgemeiner Übereinkunft wird das 17. Jahrhundert in den Geschichtsbüchern als »Jahrhundert der Vernunft« dargestellt. Sein unmittelbarer Nachfolger ist, wie vorauszusehen, als Jahrhundert der »sprechenden Vernunft« beschrieben - als Aufklärung. Ebenso häufig wird das 19. Jahrhundert als »Jahrhundert der Revolution« benannt, womit angedeutet wird, daß das Wort nun Fleisch geworden sei. Heute befinden wir uns im letzten Jahrzehnt des 20. Jahrhunderts, und in der Atmosphäre des *fin-de-siècle* nimmt die Versuchung, einen Schlußstrich zu ziehen und eine Balance auszuwägen, unwiderstehlich überhand (genau deshalb riet uns ja Jean Baudrillard - nur halb spaßend -, dieses letzte Jahrzehnt zu überspringen, das ohnehin dazu bestimmt sei, an das Schreiben von Nachrufen verschwendet zu werden, und statt dessen geradeaus ins nächste Jahrhundert zu gehen). Wie wird unser Jahrhundert in die Geschichte eingehen? Wird es den Namen des »Jahrhunderts der Lager« tragen, in dem sich das Fleisch krebsartig veränderte?

Natürlich ist es nicht an uns, dies zu entscheiden - die kommenden Generationen werden nicht an unsere Ansichten gebunden sein, ebenso wie wir uns frei fühlen, die Sichtweisen unserer Vorfahren umzustoßen. An ihren Früchten sollt Ihr sie erkennen - und wir erkennen nicht und können nicht erkennen, als was sich das bleibende Vermächtnis unserer Prüfungen und unseres Leids erweisen wird und in welcher Weise unsere Kinder und Kindeskinder das Fruchtbare von dem Unfruchtbaren, das Dauerhafte von dem Episodischen, das Erinnerungswürdige von dem zu Vergessenden trennen werden in dieser Spanne der Geschichte, die durch unsere Biographien gefüllt und geprägt worden ist. Schwerlich werden wir ihr Urteil erahnen, geschweige denn ihm zuvorkommen können; letztlich ist den Zeitgenossen der Inquisition, der Hexenjagd, der blutigen Bauernaufstände und der Vagabundenfurcht zu verzeihen, daß sie nicht ahnten, daß ihre Epoche lange nach ihrem Tod als Zeitalter der Vernunft benannt werden würde.

Dennoch können wir es nicht unterlassen, unser eigenes Denken anzustrengen; wir können nicht unserem menschlichen, allzu menschlichen Bedürfnis entsagen, Sinn zuzuschreiben, eine Form im Formlosen erkennen zu wollen, Ordnung im Chaos zu erahnen, eine Methode in dem zu vermuten, was sonst als ungebrochene Tollheit empfunden würde. So, wie wir uns bewußt sind, daß alle Ansichten dazu bestimmt sind, vorläufig zu sein, daß unsere Gegenwart die Vergangenheit der Zukunft ist und die Zukunft ihre Vergangenheit mehrfach umschichten und neuordnen wird, können wir doch nicht umhin, unsere eigenen Maßstäbe anzulegen und unsere eigenen Urteile zu fällen. Und wenn wir dies im letzten Jahrzehnt des 20. Jahrhunderts tun, scheinen die Schatten von Auschwitz und Gulag die bei weitem längsten zu sein und wohl jedes Bild zu beherrschen, das wir zeichnen. Vieles hat sich in unserem Jahrhundert ereignet, und alles Bedeutsame, alles wirklich Folgenreiche schien unangekündigt eingetreten zu sein, ohne Vorwarnung, ohne vernehmliche Vorzeichen. Doch nichts, was sich in diesem Jahrhundert abgezeichnet hatte, war unerwarteter als Auschwitz und Gulag, nichts hätte erschütternder, bestürzender und traumatischer für die Menschen sein können, die ihre Vergangenheit, so wie wir es ja alle gewohnt waren, als geradliniges und sich aufhellendes Voranschreiten der Jahrhunderte der Vernunft, der Aufklärung und der emanzipierenden, befreienden Revolutionen sahen.

Doch es ist nicht allein der Name unseres eigenen Jahrhunderts, um den es hier geht. Wie ist die Entwicklung einzuschätzen, die uns hierher brachte - wenn wir schon hier sind und wissen, wie das »hier« ist und wozu es fähig war? Dieser Entwicklung folgend, ihrem Voranschreiten wie ihren nachweislichen Ergebnissen, muß unser Jahrhundert auch - wenn es als »Jahrhundert der Lager« geschrieben werden soll -, und dies kann anders nicht sein, als Jahrhundert der *Neu-Bewertung* gesehen werden: als Neubewertung der Vergangenheit, ihrer inhärenten Tendenzen und verborgenen Potentiale, als Neubewertung der Bedeutung der vergangenen letzten Jahrhunderte unserer gemeinsamen Geschichte wie der »Modernität«, die diese Geschichte hervorgebracht hat und hinter sich zurückließ.

Was wir in diesem Jahrhundert gelernt haben, ist, daß Modernität nicht allein bedeutet, mehr zu produzieren und schneller zu reisen, reicher zu werden und sich freier zu bewegen. Modernität besteht ebenso - und bestand - in der hochtechnisierten, schnellen und effizienten Art des Mordens, im wissenschaftlich geplanten und verwalteten Genozid; in einer Kunst, die die Modernität großzügig für ihre eigenen, modernen Zwecke genutzt hat, während sie diese zudem in den Dienst jeglicher beliebiger Heterophobie gestellt hat - stammes- oder klassenbezogener, ethnischer, rassischer oder irgend einer anderen -, welche als »prämodern« und veraltet angesehen war.

So, wie die Geschichte der Menschheit verlief, waren Grausamkeit und Massenmord nicht gerade etwas Neues; die Moderne könnte durchaus davon freigesprochen werden, daß es ihr in der kurzen Zeitspanne von nur dreihundert Jahren nicht gelungen ist, Haß und Aggression mit ihren tausend Jahre alten Wurzeln auszulöschen und die Begierden zu unterdrükken, die durch die Evolution der menschlichen Spezies über die Millionen von Jahren entstanden sind. Einige von uns trösten sich tatsächlich in dieser Weise: wir, die Modernen und Zivilisierten, haben nicht *genug* getan, aber was wir getan haben, war *richtig*; wir sind nicht weit genug geschritten, aber wir sind fortwährend in die richtige Richtung gegangen. Was wir nötig haben, ist allein ein Mehr desselben, ausgeführt mit größerem Nachdruck und eindeutigerer Entschiedenheit. Da ist nichts Falsches an unserer Zivilisation; ihr einziges - zeitweiliges - Versagen ist darauf zurückzuführen, daß es trotz Einsatz aller Kräfte länger als erwartet dauern sollte, das Tier im Menschen, das Barbarische im Zivilisierten auszulöschen, so, wie es versprochen war. Dies ist ein wohltuender, ein beruhigender Gedanke. Wenn er nur auch glaubhaft wäre.

Das Problem besteht nun darin, daß er eben nicht glaubhaft ist. Nicht der heftigste Ausbruch bösartigster Instinkte, der nur aufflackerndes, kurzes Ereignis ist, hätte die Langzeit*institution* der Lager und das gewaltige Netzwerk koordinierter Kräfte, das für ihr Funktionieren nötig war, aufrechterhalten. Drei Tage nach der *Kristallnacht* [i.O. deutsch], der spektakulärsten Explosion der Gewalt der Straße, die vom NS-Regime in Deutschland entzündet war, versammelte Hermann Göring hundert der prominentesten Mitglieder deutscher Eliten um sich und verkündete, daß »das Problem in der Hauptsache ein umfangreiches wirtschaftliches Problem ist... Denn, meine Herren, diese Demonstrationen habe ich satt.«[1] Sporadische Ausbrüche von spontanem oder geleitetem Haß würden nicht genügen; allein die gründliche, moderne, instrumentelle Vernunft, kalt und unemotional, die die Ausführung einer Aufgabe *unabhängig* von Gefühlen und Idealen der Ausführenden macht, könne hier zum Ziel führen. Die Lager waren nicht einfach jene alte menschliche Grausamkeit, die aus dem Verlies entkommen konnte, in das sie eingesperrt war, oder aus dem Exil zurückkehrte, in dem sie bis ans Ende aller Tage hätte bleiben sollen. Die Lager sind eine moderne Erfindung; eine Erfindung, die nur möglich war dank jener Errungenschaften, auf die die Moderne stolzer ist als auf

1 Dokument 1816-PS, in: Der Prozeß gegen die Hauptkriegsverbrecher vor dem Internationalen Militärgerichtshof. Nürnberg 14. November 1945-1. Oktober 1946: Bd. 28, Nürnberg 1948, S. 499f.

alles andere: Rationalität, Technologie, Wissenschaft, ihre liebsten und bevorzugtesten Kinder - eine Erfindung, die ihre Notwendigkeit, Nützlichkeit und Funktionsfähigkeit eben jenen erklärten Ambitionen der modernen Gesellschaft verdankt; eine Gesellschaft, deren Anschauungen eben solche Ambitionen als wichtigste Zeichen ihrer Überlegenheit aufweist.

Ich glaube, daß die bestürzendste und tatsächlich erschreckendste Lehre der spezifischen Erscheinung des Genozids im 20. Jahrhundert darin besteht, daß es *nicht mehr möglich ist*, den massiven Zusammenbruch der Humanität durch Messen einer Intensität bösartiger Züge im individuellen Charakter, durch Bestimmung des Anteils von Individuen mit soziopathischen Auffälligkeiten oder der Häufigkeit heterophober Einstellungen im voraus zu ahnen oder zu fühlen (und noch weniger, ihn mit auch nur irgendeinem Grad an Wahrscheinlichkeit vorherzusagen). Auch die gewissenhafteste Prüfung der täglichen Zivilität menschlichen Verhaltens wäre hier wenig hilfreich. Die angesehenste und respektierteste Presse der zivilisierten Welt, die anerkannten Stimmen der aufgeklärten Meinung waren Lob und Bewunderung, wenn sie vom täglichen Leben in Deutschland unter der NS-Herrschaft berichteten: *The Times* und *The New York Times* wie gleicherweise *Le Figaro* widmeten sich in lyrischen Beschreibungen den Straßen, die vor Sauberkeit und Recht und Gesetz glänzten - da waren kein Zwiespalt, keine Massendemonstrationen, keine Protestmärsche, keine terroristischen Anschläge, da waren nur friedliche, gastfreundliche, satte und lächelnde Menschen. Und ein bekannter amerikanischer Soziologe »bewies wissenschaftlich«, jenseits eines begründeten Zweifels unter breiter öffentlicher Anerkennung, daß die Jugend im Sowjet-Regime sozialer gesinnt sei und ein besseres Verhalten aufweise als die Jugend im Westen sowie außerdem - besser geschützt vor den nur allzu bekannten Pathologien, die westliche Heranwachsende heimsuchten - weniger zu Abhängigkeiten und zu Verbrechen neige. Und doch waren es diese gesetzestreuen, friedlichen Menschen, diese disziplinierten Arbeiter, diese vorbildlichen Ehemänner und Familienväter, die übereinkamen, jenes Verbrechen, das nicht seinesgleichen in der Geschichte hat, gemeinschaftlich zu begehen, oder zu dulden, daß es begangen wird. Und es waren jene disziplinierten und wohlerzogenen Jugendlichen, die bereit waren, an den Wachtürmen des Archipels Gulag Wache zu stehen.

Daher schlage ich vor, daß, wer immer sich fragt, *wie* die Lager möglich waren, nicht auf Statistiken über offensichtliche und Krypto-Sadisten, Psychopathen und Perverse sehen möge - sondern woandershin: auf jene merkwürdige und erschreckende, gesellschaftlich ersonnene moderne Vorrichtung, die es erlaubt, Handeln und Ethik, was Menschen tun und was sie fühlen oder glauben, das Wesen der kollektiven Handlung von den Motiven des individuell Handelnden zu trennen.

Diese Vorrichtung ist die Errungenschaft unserer modernen Zivilisation und hier im besonderen dreier Eigenschaften, die *gleicherweise ihren Glanz wie ihr Elend zeichnen: die Fähigkeit, aus einer Distanz heraus zu handeln, die Ausschaltung moralischer Zwänge des Handelns und jenes »gärtnerische Handlungsmuster« - das Streben nach einer künstlichen, rational gestalteten Ordnung.*

Daß es heute möglich ist zu töten, ohne dem Opfer jemals ins Gesicht gesehen zu haben, ist eine banale Beobachtung. Ist erst einmal das Versenken eines Messers in einen Körper, das Erdrosseln oder Erschießen aus nächster Nähe durch die Bewegung von Punkten auf einem Computerbildschirm ersetzt worden - so wie man es in den Spielhallen oder auf dem Bildschirm des tragbaren Gameboy zu tun gewohnt ist - braucht der Mörder nicht mitleidlos zu sein; er hat gar nicht die *Möglichkeit*, Mitleid zu empfinden. Dies ist vielleicht der offensichtlichste und trivialste, wenn auch der dramatischste Aspekt der »Tat aus der Distanz«. Die weniger dramatischen und spektakulären Manifestationen unserer neuen, modernen Fertigkeit des distanzierten Handelns sind dabei noch weit folgenreicher - besonders, da sie nicht so offensichtlich sind. Sie bestehen darin, eine Distanz zwischen den Handelnden und den Zielen ihrer Handlungen herzustellen, die man als *soziale* und *psychologische* bezeichnen kann und die weniger eine physische oder optische ist. Eine solche soziale und psychologische, allgegenwärtig gewordene Distanz wird durch das moderne Handlungsmanagement in seinen drei unterschiedlichen, aber sich gegenseitig ergänzenden Aspekten täglich produziert und reproduziert:

Zunächst ist in einer modernen Organisation jede persönlich ausgeführte Handlung eine mittelbare Aktion; jeder Handelnde ist, nach Stanley Milgram, einem »Handlungsstadium«, *agentic state*, konfrontiert: nahezu kein Handelnder wird jemals die Chance haben, den Impuls seiner »Urheberschaft« bis zum letztlichen Ausgang des Vorgangs zu entwickeln, da jeder Handelnde nur Ausführender eines Befehls und Ausführungsfordernder eines anderen ist; er ist nicht Autor, sondern Übersetzer der Intentionen eines anderen. Zwischen der Idee, die den Vorgang auslöst, und ihrem endgültigen Ergebnis steht eine lange Folge von Ausführenden; keinen von diesen wird man in eindeutiger Weise als hinreichende, maßgebende Verbindung zwischen Entwurf und Produkt bestimmen können.

Zum zweiten gibt es die horizontale, funktionale Aufteilung der Gesamtaufgabe: jeder Handelnde hat allein eine spezifische, in sich geschlossene Arbeit zu verrichten und produziert ein Objekt ohne festgeschriebene

Bestimmung, ein Hinweis, der für verschiedene Betrachtungen wichtig wird; kein Einzelbeitrag scheint das letztliche Ergebnis des Vorgangs zu »bestimmen«, und die meisten weisen nur andeutungsweise eine logische Verbindung mit dem endgültigen Ausgang auf - eine Verbindung, von der die Beteiligten mit gutem Gewissen behaupten, daß sie erst im nachhinein sichtbar werde.

Drittens erscheinen die »Ziele« des Handlungsvorgangs, die Menschen, die von dem Handlungsentwurf selbst oder durch Zufall von ihm betroffen sind, den Handelnden selten als eindeutig »menschliche Wesen«, als Objekte einer moralischen Verantwortung oder selbst als ethische Subjekte. Wie Michael Schluter und David Lee geistreich und doch passend bemerkten, ist es notwendig, »um einem höheren Niveau anzugehören, in kleine Teile gebrochen zu werden und das meiste dieses Selbst wegzuwerfen«.[2] Und hinsichtlich der Tendenz der *Gleichschaltung* [i.O. deutsch], die einer solchen Fragmentierung unausweichlich folgt, überlegten sie: »die Institutionen der Mega-Gemeinschaft handeln wesentlich gewandter mit Kapazitäten, die allen Menschen gleich sind, als mit jenen, die den Einzelnen als Individuum und als in seiner Art einzig kennzeichnen.«[3] Als Folge läßt sich festhalten, daß die Mehrzahl der Handelnden in Organisationen nicht mit menschlichen Wesen zu tun hat, sondern mit Facetten, Eigenschaften, statistisch repräsentierten Merkmalen; während allein ausschließlich menschliche Personen Träger moralischer Gültigkeiten sein können.

Den globalen Einfluß all dieser Aspekte der modernen Organisation möchte ich mit dem beschreiben, was ich (einen Terminus aus dem Vokabular der Kirche des Mittelalters entlehnend) die moralische *Adiaphorisierung* von Handlung genannt habe: in bezug auf alle »praktischen«, anwendungsorientierten Zwecke wird die moralische Bedeutung des letztlichen und in sich zusammenschließenden Ergebnisses individueller Handlung von den Kriterien ausgenommen, mit denen individuelle Handlungen an sich gemessen werden; auf diese Weise werden letztere als *moralisch neutral* erkannt und erfahren (etwas genauer, aber mit demselben Ergebnis: die Wertung moralischer Bedeutung wird von der Auswirkung der Handlung auf ihre erklärten Ziele verschoben, zu Motiven wie Loyalität zur Organisation, kollegialer Solidarität, einem Wohlbefinden der Untergebenen oder der Verfahrensdisziplin).

2 Schluter, Michael/Lee, David: The R Factor, London 1993, S. 22f.
3 Ebd.

Die Fragmentierung der Objekte der Handlung wird begleitet von der Fragmentierung der Handelnden. Die vertikale wie horizontale Unterteilung des globalen Handlungsverfahrens in partielle Aufgaben macht jeden Akteur zu einem *Rollen-Handelnden.* Ungleich einer »Person« ist der Rollen-Handelnde ein höchst ersetzbarer und *auswechselbarer* Positionsinhaber innerhalb des komplexen Netzwerks von Aufgaben - da ist immer eine gewisse Unpersönlichkeit, eine Distanz, da ist keine Verursacher-Beziehung zwischen dem Rollen-Handelnden und der ausgeführten Rolle. In keiner der Rollen ist der Rollen-Handelnde ganz und gar Person, da jede Ausführung einer Rolle nur eine bestimmte Selektion der Fähigkeiten des Handelnden sowie seiner Persönlichkeitsmerkmale beansprucht; die unberücksichtigt gebliebenen Anteile sollten im Prinzip niemals mit in die Handlungsausführung einbezogen werden, noch sollte die Handlung auf diese übergreifen und damit den Rest der Persönlichkeit des Handelnden beeinflussen. Dies macht eben das Rollenhandeln ethisch adiaphorisch: nur die *totale* Person, nur die in ihrer Art *einzige* Person (einzig im Sinne der Unersetzbarkeit ebenso wie in dem Verständnis, daß die Handlung nicht ohne sie ausgeführt worden wäre) kann moralisches Subjekt sein, Träger moralischer Verantwortung - die moderne Organisation aber schöpft ihre Kraft aus der unheimlichen Fähigkeit zur Zersplitterung und Fragmentierung, während es andererseits niemals die Stärke der modernen Organisation war, Gelegenheiten für eine Vereinigung der Fragmente bereitzustellen. Moderne Organisation ist *rule of nobody,* sie ist Niemandes Ordnung. Sie ist eine Vorrichtung, *um Verantwortungen zu überwinden* - am deutlichsten wird dies in bezug auf die moralische Verantwortung.

Dank all dieser Schöpfungen, die häufig unter dem Begriff des »Scientific Management« diskutiert werden, ist das moderne Handeln von den Begrenzungen ethischer Empfindungen befreit worden. *Moderne Handlungsweisen fragen nicht nach der Mobilisierung von Gefühlen und Einstellungen.* Im Gegenteil, das zum Schweigen Bringen und Erkalten der Gefühle ist Voraussetzung und ausschlaggebende Bedingung für ihre erstaunliche Effektivität. Moralische Impulse und Bedenken sind hier weniger ausgelöscht, sondern vielmehr neutralisiert und somit *irrelevant* geworden. Männern und Frauen ist die Möglichkeit eröffnet worden, unmenschliche Taten zu begehen, ohne sich auch nur im geringsten selbst als unmenschlich zu empfinden. Als »diese spontane Vertiertheit in den deutschen Lagern mehr und mehr zurücktrat, nachdem die SS ihre Verwaltung übernommen hatte, und von einer absolut kalten, absolut berechneten und systematischen Zerstörung der menschlichen Körper zum Zwecke der Zerstörung der menschlichen Würde abgelöst wurde«,[4] wurden die Lager »zu Exerzierplätzen, auf denen vollkommen normale Menschen zu vollgültigen Mitgliedern der SS erzogen wurden«[5]; es war jener »Vernichtungsapparat ohne Opposition« entstanden. *Modernität macht die Menschen nicht grausamer; sie erfand nur einen Weg, über den Grausames von nicht-grausamen Menschen getan werden konnte.* Unter dem Zeichen der Modernität benötigt das Böse nicht mehr den bösartigen Menschen. Der rational handelnde Mensch, Männer und Frauen, die im unpersönlichen, adiaphorisierenden Netzwerk der modernen Organisation fest verankert sind, werden zu perfekten Ausführungsträgern.

Anders als so viele andere Akte der Gewalt einer Masse, die die Geschichte der Menschheit bestimmen, stellten die Lager eine mit einem *Zweck* verbundene Grausamkeit dar. Sie waren Weg zu einem Ziel. Cynthia Ozick schrieb in bezug auf den jüdischen Holocaust über die Geste des Künstlers, der einen Schmutzfleck von einem ansonsten perfekten Bild entfernte. Dieser Schmutzfleck war zufällig ein bestimmtes Volk, das sich nicht einfügen ließ in das Modell eines perfekten Universums. Seine Vernichtung war eine *kreative* Vernichtung, ebenso wie die Vernichtung von Unkraut ein kreativer Akt der Sorge für die gestalterische Schönheit eines Gartens ist. Im Falle Hitlers ging es um die Gestaltung einer rassereinen, im Falle Lenins um die Gestaltung einer klassenfreien Gesellschaft. In beiden Fällen war ein ästhetisch befriedigendes, transparentes, homogenes Universum im Spiel, frei von quälender Unsicherheit, Ambivalenz und Ungewißheit - und folglich auch frei von den Trägern geringerer Werte, den Zurückgebliebenen, den Unbelehrbaren und den Unbeeindruckbaren. Aber war dies nicht genau die Art von Universum, die von den Philosophen der Aufklärung erträumt und versprochen worden war, um dann von den Despoten verfolgt zu werden, die sie selbst hatten aufklären wollen? Ein Königreich der Vernunft, die letzte Aufgabe menschlicher Macht über die Natur, das letzte Spielfeld eines unbegrenzten menschlichen Potentials...

Wie Götz Aly und Susanne Heim in ihrer überaus gewissenhaften und eindringlichen Studie gezeigt haben, kann der Mord an den europäischen Juden nur wirklich verstanden werden, wenn man ihn als integralen Bestandteil eines umfassenden Versuchs begreift, ein neues Europa zu erschaffen, ein besser strukturiertes und besser organisiertes als zuvor; diese

4 Arendt, Hannah: The Origins of Totalitarianism, New York 1966 (zuerst 1951), S. 454, siehe zu dem hier wiedergegebenen Wortlaut: Elemente und Ursprünge totaler Herrschaft, München 1986 (zuerst 1958), S. 695.

5 Ebd., wobei der Wortlaut der deutschen Fassung vom Englischen abweicht.

Vision verlangte eine massive Umsiedlung der Bevölkerung, die immer zufällig da wohnte, wo sie nicht sollte und wo sie »unerwünscht« [i.O. deutsch] war, seit es keine Verwendung mehr für sie gab... Dies war, so heben die Autoren nachdrücklich hervor, eine grundlegend *modernisierende* Anstrengung, da ihr letzter Zweck darin bestand, »die prämoderne Verschiedenheit« zu zerstören und die »Neue Ordnung« einzuführen[6] - eine Aufgabe, die in gleichem Maße nach *Umsiedlung, Homogenisierung* und *Mobilisierung* [i.O. deutsch] rief. Es ist leicht, aber dennoch unverzeihlich, zu vergessen, daß das berüchtigte, von Eichmann geführte Dezernat IV D 4 im Dezember 1939 errichtet worden war, um nicht allein die »Umsiedlung« der Juden, sondern auch die der Polen, Franzosen, Luxemburger, Serben, Kroaten und Slowenen zu verfolgen.

Der Traum des modernen Zeitgeistes ist der einer perfekten Gesellschaft, einer Gesellschaft, die von vorhandenen menschlichen Schwächen gereinigt ist - und mit diesen Schwächen sind zuvorderst »schwache« Menschen gemeint, die nicht an die vorgegebenen Richtmarken heranreichen, wenn sie an jenem Standard menschlichen Potentials gemessen werden, das von der Vernunft und ihren Sprechern aufgezeigt und erklärt wird (so folgte die Massenvernichtung der Juden, Sinti und Roma einer wissenschaftlich konzipierten Strategie, ausgearbeitet von einer, wie Aly und Heim es bezeichnen, »Expertokratie«[7] in erster Linie der Wissenschaftseliten, die zunächst an psychisch Kranken und anderen »Unpassenden« in der berüchtigten Kampagne des »Gnadentods« [i.O. deutsch] erprobt wurde). Das *Bestreben* war, den Traum durch den fortgesetzt, entschieden und radikal verfolgten Versuch der »Problemlösung« wahr werden zu lassen, durch das Entfernen von einem Hindernis nach dem anderen, die auf dem Weg zu dem Traum stehen - und dies schließt auch die Männer und Frauen ein, die die Probleme machen, diejenigen also, die das Problem *sind.* Das moderne Bewußtsein behandelt den menschlichen Lebensraum wie einen Garten, dessen ideale Umrisse durch sorgsam geplantes und übergenau ausgeführtes Design vorherbestimmt sind, vollendet durch das begünstigte Wachstum von Büschen und Blumen, die der Plan vorsieht - und das Vergiften und Herausreißen des gesamten Rests, des Ungewollten und des Ungeplanten, des Unkrauts. Osteuropa, so Aly und Heim, erschien den Erbauern der »Neuen Ordnung« wie »ein einziges Brachland, das nach 'Bereinigung' und 'Neuaufbau' verlangte.«[8]

6 Vgl. Aly, Götz/Heim, Susanne: Vordenker der Vernichtung. Auschwitz und die deutschen Pläne für eine neue europäische Ordnung, Hamburg 1991, vgl. u.a. S. 125ff., 276ff., 481ff.

7 Ebd., u.a. S. 109, 286, 488.

8 Ebd., S. 14.

Die extremsten und am besten dokumentierten Fälle des »Social Engineering« in der modernen Geschichte (jene, deren Vorsitz Hitler und Stalin einnahmen) waren ungeachtet der sie begleitenden Greueltaten weder Ausbrüche einer prämodernen Barbarei, die die neue, rationale, zivilisierte Ordnung nicht hatte tilgen können, noch der Preis, der für Utopien gezahlt wird, die dem Geist der Modernität fremd sind; sie waren, entgegen häufig geäußerter Meinungen, nicht einmal ein anderes Kapitel in der langen und noch nicht beendeten Geschichte der »Heterophobie« - jener spontanen und irrationalen Zurückweisung von allem Ungewohnten, Fremden, Unbekannten und daher Ängstigenden. Im Gegenteil, sie waren die legitimen Nachkommen des modernen Zeitgeistes, Ergebnis des Verlangens, den Fortschritt der Menschheit bis zur Vollendung zu unterstützen und zu fördern, ein Fortschritt, der das wichtigste Kennzeichen des modernen Zeitalters war; sie waren Nachkommen der optimistischen Einstellung, daß der wissenschaftliche und industrielle Fortschritt sämtliche Beschränkungen einer möglichen Anwendung von Planung, Erziehung und sozialer Reform auf das alltägliche Leben aufheben könne, und Nachkommen des Vertrauens, daß alle sozialen Probleme letztlich gelöst und die Welt nach dem Maß der menschlichen Vernunft noch einmal erschaffen werden könne. Die nationalsozialistischen wie kommunistischen Förderer der geordneten, unfallfreien und abweichungsfreien Gesellschaft hielten sich für Abkömmlinge und Ritter der modernen Wissenschaft und für die wahren Soldaten des Fortschritts; ihre atemberaubenden Visionen bezogen Legitimität (wobei man niemals den befremdend breiten Grad an intellektueller Sympathie unter den prominentesten Mitgliedern der »aufgeklärten Klassen« Europas vergessen darf) aus Ansichten und Einstellungen, die sich in der öffentlichen Meinung über die eineinhalb Jahrhunderte der Geschichte der nachaufklärerischen Zeit bereits festgesetzt hatten, geprägt von wissenschaftlicher Propaganda und der visuellen Demonstration der erstaunlichen Möglichkeiten moderner Technologie. Um Aly und Heim noch einmal zu zitieren, in »ihrer Abstraktheit stehen diese Denkmodelle in einem scheinbaren Gegensatz zum Wüten der Schergen. ... Und doch verfügte das nationalsozialistische Deutschland... zugleich über bis ins Detail durchdachte Theorien, wie ganze gesellschaftliche Klassen, Minoritäten und Völker 'umgeschichtet' und dezimiert werden sollten.«[9]

9 Ebd., S. 10. So hatte sich ein ursprünglich kleines Büro, das am 6. Oktober 1939 gegründet worden war, um die »Umsiedlung der Nationalitäten« in Europa zu überwachen (Reichskommissar für die Festigung deutschen Volkstums), bald zu einer weitverzweigten, mächtigen Institution entwickelt, die neben »Büroangestellten« Tausende von Wirtschaftsfachleuten, Architekten, Agrarwissenschaftlern, Buchhaltern und verschiede-

Weder die nationalsozialistische noch die kommunistische Vision stand in deutlichem Gegensatz zu der kühnen Selbstsicherheit und Hybris der Modernität; sie hatten allein eröffnet, besser, vielleicht ein wenig unbarmherziger (aber dafür schneller im Ergebnis) das durchzusetzen, von dem andere moderne Mächte träumten oder was diese vielleicht auch versucht hatten, doch dabei waren die letzteren entweder gescheitert oder sie hatten nicht genügend Durchsetzungkraft für die Vollendung besessen: »aber wir dürfen nicht vergessen, daß der faschistische Rassismus ein Modell für die Neuordnung der Gesellschaft, ihre innere Neuausrichtung, anbot. Es beruhte auf der rassistisch begründeten Aussonderung aller aus der Norm herausfallenden Elemente, von aufsässigen Jugendlichen, von Arbeitsbummlern, von Asozialen, von Prostituierten, von Homosexuellen, von beruflich Erfolglosen und Leistungsuntüchtigen, von Behinderten. Die nationalsozialistische Eugenik (also die Auslese nach dem »Wert« des Erbguts) beschränkte sich nicht nur auf die Sterilisation und Euthanasie bei angeblich wertlosem und die Nachwuchsförderung bei angeblich wertvollem Leben, sie stellte zudem Beurteilungskriterien zur Verfügung, die auf die Einpassung, Einordnung und Normierung des Leistungsverhaltens auch der übrigen Bevölkerung ausgerichtet waren.«[10] Tatsächlich muß man nicht allein dieser Beobachtung von Detlev Peukert zustimmen, sondern auch seiner Folgerung: daß der Nationalsozialismus nur »den utopischen Glauben an die Allfälligkeit 'wissenschaftlicher' Total-Lösungen für gesellschaftliche Probleme bis zu ihrer radikalsten Konsequenz«[11] führte. Die Vorbestimmtheit und die Freiheit, den »ganzen Weg« zu gehen und das Äußerste zu erreichen, waren Hitlers oder Stalins Devise, und obwohl ihre Logik ein Konstrukt war, war sie dennoch legitimiert und unterstützt durch Geist und Praxis der Moderne.

Die entsetzlichsten und abstoßendsten Verbrechen unseres Jahrhunderts sind im Namen menschlicher Herrschaft über die Natur begangen worden, damit aber ebenso auch über die *menschliche* Natur, menschliche Bedürfnisse, Sehnsüchte, Träume. Wenn der Aufgabe der Beherrschung

nen anderen wissenschaftlichen Experten beschäftigte; ebd. S. 125f. Vgl. auch: Diner, Dan: Rationalisierung und Methode. Zu einem neuen Erklärungsversuch der »Endlösung«, in: Vierteljahreshefte für Zeitgeschichte 40, 3, 1992, S. 359-382; Aly, Götz: Erwiderung auf Dan Diner, in: Vierteljahreshefte für Zeitgeschichte 41, 4, 1993, S. 621-635.

10 Peukert, Detlev: Volksgenossen und Gemeinschaftsfremde. Anpassung, Ausmerze und Aufbegehren unter dem Nationalsozialismus, Köln 1982, S. 246 (am. Übers.: Inside Nazi Germany: Conformity, Opposition, & Racism in Everyday Life, New Haven ^{2}1989).

11 Ebd. S. 295.

unangefochtene Priorität über alle anderen Belange gegeben wird, werden die Menschen selbst überflüssig werden - und die totalitären Staaten, die dieser Aufgabe eine solche Priorität einräumten, strebten danach, Menschen überflüssig zu *machen*. In diesem Zusammenhang kam den Lagern - sinnfremd jeder anderen Hinsicht - eine eigene, finstere *Rationalität* zu. Die Lager waren Werkzeuge dieser Aufgabe, zweckdienliche Mittel zum uneingeschränkten Ziel, deren Sinn darin lag, drei notwendige Arbeiten zu verrichten: sie waren Laboratorien, in denen die neuen, unerhörten Ausmaße von Herrschaft und Kontrolle erforscht und getestet wurden. Sie waren Schulen, in denen die unerhörte Bereitschaft, Grausamkeiten zu begehen, bisher »gewöhnlichen« Menschen antrainiert wurde. Und sie waren Schwerter, über die Köpfe derjenigen gehalten, die auf der anderen Seite des Stacheldrahtzaunes noch verblieben waren, auf daß sie lernen sollten, daß nicht allein ihre Abweichung nicht toleriert werden würde, sondern daß auch ihre Zustimmung nicht mehr gefragt war und nur noch sehr wenig von einer Wahl zwischen Protest und Einwilligung abhänge. Die Lager waren Destillat einer anderswo verdünnt auftretenden Essenz, Kondensat einer totalitären Herrschaft und seiner Folgeerscheinung, der Überflüssigkeit des Menschen; Kondensat einer Herrschaft, die in der reinen Form anderswo schwierig oder unmöglich zu erreichen gewesen wäre. Die Lager waren Muster und Vorlagen für die totalitäre Gesellschaft; der moderne Traum von totaler Ordnung, Herrschaft und Beherrschung konnte sich hier unkontrolliert entfalten, frei von den letzten Überresten jener eigensinnigen und unberechenbaren menschlichen Freiheit, Spontaneität und Unvorhersagbarkeit, die hier hinderlich gewesen wäre. Die Lager waren Übungsgelände für Gesellschaften, die als Konzentrationslager geführt wurden.

Ryszard Kapuścinski, der wohl unermüdlichste und wachsamste unter den Kriegsberichterstattern, die von den zeitgenössischen Schlachtfeldern der Unterdrückung und Unfreiheit schreiben, erzählte in seinem jüngsten Buch *Imperium* von den Erfahrungen seiner Einreise in die Sowjetunion mit der Transsibirischen Eisenbahn: »Stacheldraht, Stacheldraht - das ist das erste, was man sieht... Auf den ersten Blick erscheint diese stachelbesetzte, raubgierige Grenze sinnlos und surreal; wer würde versuchen, sie zu überschreiten, angesichts der verschneiten Wüste, die sich ausbreitet, so weit das Auge reicht, keine Spuren, keine Menschen, der Schnee liegt zwei Meter hoch, man kann keinen Schritt tun - und doch will uns dieser Draht etwas erzählen, uns eine Nachricht überbringen. Er sagt: merke auf, du überschreitest die Grenze zu einer anderen Welt. Von hier wirst du nicht entkommen können. Dies ist eine Welt todbringenden Ernstes, eine Welt von Befehl und Gehorsam. Lerne zuzuhören, lerne Demut, lerne, so wenig Raum wie möglich zu beanspruchen. Am besten ist es, das zu tun, was für dich zu tun ist. Am besten ist es, ruhig zu sein. Am besten ist es, keine Fragen zu stellen.«[12]

Dieser spezifische Stacheldraht, über den Kapuścinski schrieb, ist mittlerweile niedergerissen worden - ebenso wie der totalitäre Staat, der ihn errichtet hatte. Aber noch spricht er, weiterhin gibt er an alle, die zuhören wollen, eine Nachricht weiter. Und diese Nachricht ist folgende: es gibt keine geordnete Gesellschaft ohne Angst und Erniedrigung, es gibt keine menschliche Beherrschung der Welt, die die menschliche Würde nicht mit Füßen tritt und menschliche Freiheit vernichtet, es gibt keinen Kampf gegen die widerspenstige Kontingenz menschlichen Daseins, die den Menschen nicht letzten Endes überflüssig werden läßt. In den Lagern wurde nicht allein menschliche Leidensfähigkeit getestet. Hier ging es auch um die Durchführbarkeit des großen modernen Projektes der letzten menschlichen Ordnung, die, wie der Test unausweichlich aufzeigte, eine *unmenschliche* Ordnung ist. In den Lagern hat dieses Projekt seine *reductio ad absurdum* gefunden, aber ebenso sein *experimentum crucis.*

Sicherlich war eine transparente, geordnete, kontrollierte Welt, frei von Überraschungen und Zufällen, nur einer der modernen Träume. Ein anderer war der Traum von der menschlichen Freiheit - nicht der Freiheit der menschlichen Spezies, die erlaubt hätte, über die Natur in ihren Zwängen und den individuellen Menschen in seinen Bedürfnissen zu spotten, sondern die Freiheit von Mann und Frau, so zu sein, wie sie sind und wie sie sein wollen und sein würden, wenn sie die Chance dazu bekämen. Wie viele schon lange *vermutet* haben, aber die meisten von uns heute *wissen,* gibt es es keinen Weg, beide Träume gleichzeitig wahr werden zu lassen. Heute gibt es nicht mehr viele Enthusiasten, die von dem Traum einer technisierten, staatlich-verwalteten Ordnung geprägt sind. Wir scheinen mit der unverbesserlichen Unordnung der Welt versöhnt zu sein; oder wir sind zu sehr damit beschäftigt, den verführerischen Lockungen der Konsumgesellschaft nachzujagen und haben daher keine Zeit, über ihre Gefahren nachzudenken; oder auch keinen Mut oder keine Ausdauer, sie zu bekämpfen, selbst wenn wir gewillt oder fähig wären, sie wahrzunehmen.

Dies bedeutet nicht notwendigerweise, daß sich ein Ende des Jahrhunderts der Lager und des Genozids abzeichnen wird. 1975 hatte die indonesische Armee das benachbarte Gebiet von Ost-Timor besetzt. Seitdem wurde »ein Drittel der Bevölkerung abgeschlachtet. Ganze Dörfer wurden

12 Kapuścinski, Ryszard: Imperium, Warschau 1993.

von Truppen niedergemetzelt, unterschiedslos Vergewaltigung, Folterung und Verstümmelung ausgesetzt.«[13] Und die Antwort der westlichen, zivilisierten Welt? *Unsere* Antwort? »Die USA verurteilte die Invasion nicht und fragte nur, ob man nicht bis nach dem offiziellen Besuch des Präsidenten hätte warten können; Australien unterzeichnete Handelsvereinbarungen mit dem Regime von Djakarta, um Ost-Timors Ölfelder auszubeuten, und Großbritannien versorgte Indonesiens Militärdiktatur mit einer Vielzahl von Waffen, einschließlich Flugzeugen, die für die Bombardierung ziviler Gemeinden benötigt wurden. Nach der britischen Position befragt, antwortete der damalige Verteidigungsminister Alan Clark: 'Ich mache mir wirklich nicht viele Gedanken darüber, was eine ausländische Gruppe einer anderen antut.'«[14]

Wir können dies in *The Guardian* vom 22. Februar 1994 lesen - zwanzig Jahre nach dem Beginn des Genozids an der Bevölkerung Ost-Timors. Wir wissen nicht, ob die Truppen, die folterten und verstümmelten und töteten, dies aus tiefem Haß taten, den sie gegen das eroberte Volk empfanden, oder ob es sich hier um das Kommando des Kommandanten und das Soldatsein des Soldaten handelte. Was wir wissen, ist, daß der Minister des Landes, welches die Flugzeuge an die Truppen verkauft hat, damit die Aufgabe der Vernichtung durchgeführt werden konnte, keinerlei Emotionen irgendeiner Art verspürte, mit Ausnahme vielleicht der Befriedigung, ein gutes Geschäft gemacht zu haben. Und seit der betreffende Minister der Partei angehört, die die britischen Wähler, nachdem die Flugzeuge geliefert und eingesetzt wurden, dreimal wieder an die Macht gewählt haben, können wir vermuten, daß eben diese Wähler, ähnlich dem von ihnen wiedergewählten Minister, sich nicht viele Gedanken darum machen, was eine Gruppe im Ausland einer anderen antut. Was wir ebenso als sicher ansehen können, ist, daß die Bewohner Ost-Timors vernichtet wurden, weil die Welt, die die Machthaber Indonesiens erbauen wollten, keinen Platz für sie vorsah, und daß diese Welt nur erschaffen werden konnte, wenn die Bewohner Ost-Timors vernichtet würden; wir können sagen, daß die Vernichtung der Bevölkerung Ost-Timors - für die indonesischen Machthaber - ein Akt der Schöpfung war.

»Zwischen 1960 und 1979«, so Helen Fein in ihrer umfassenden Studie über zeitgenössischen Genozid, »gab es wenigstens ein Dutzend Genozide und genozidale Massaker - Fälle, zu denen die Kurden im Irak gezählt werden müssen, die südlichen Bewohner des Sudan, die Tutsi in Ruanda,

13 *The Guardian* vom 22. Februar 1994.
14 Ebd.

die Hutu in Burundi, die Chinesen... in Indonesien, Hindu und andere Bengalen in Ost-Pakistan, die Ache in Paraguay, viele Völker in Uganda...«[15] Seither gab es viele Genozide mehr - und noch mehr werden vollzogen, während ich diese Worte schreibe. Von einigen Genoziden haben ein paar von uns Kenntnis genommen, von einigen anderen haben die meisten von uns niemals gehört (nur bestimmte Fälle von Massenhinrichtungen, ethnischen Säuberungen oder ähnlichem werden von den vereinten Bemühungen der Massenmedien und der Politiker öffentlich gemacht und der menschlichen Aufmerksamkeit aufgezwungen). Wenige von uns haben auch nur irgendetwas dazu beigetragen, die Genozide zu beenden, oder diejenigen, die sie ausführten, vor Gericht zu bringen. Worin wir uns ferner alle ziemlich sicher sein können, ist, wenn wir darüber nachdenken, daß unsere Regierungen für unser Wohl - um unsere Fabriken offen zu halten und *unsere Arbeit* zu sichern - die Waffen, die Munition und das Giftgas lieferten, um den Mördern *ihre Arbeit* zu ermöglichen.

Jeder Genozid tötet die Opfer nicht für etwas, was sie getan haben, sondern für das, was sie sind; oder, um genauer zu sein, für das, was sie werden könnten, da sie sind, wie sie sind, oder für das, was sie aus demselben Grund nicht sein werden. Nichts, was die auserwählten Opfer tun oder nicht tun, wird das Todesurteil beeinflussen - dies schließt auch ihre Wahl zwischen Unterwerfung und Kampf, Aufgabe und Widerstand ein. Wer das Opfer ist und was die Opfer sind, obliegt der Entscheidung der ausführenden Täter. In einer prägnanten Definition fassen Chalk und Jonassohn zusammen: »Genozid ist eine Form einseitiger Massentötung, in welcher ein Staat oder eine Autorität eine Gruppe zu zerstören beabsichtigt, nachdem diese Gruppe und die Mitgliedschaft in ihr durch den Täter definiert wurde.«[16] Noch bevor sich die Täter des Genozids Macht über das *Leben* ihrer Opfer aneignen, müssen sie sich Macht über ihre *Definition* angeeignet haben. Es ist diese erste, wesentliche Macht, die alles, was die bereits als unwertes Leben definierten Opfer tun oder lassen, *a priori* irrelevant erscheinen läßt. Genozid beginnt mit einer *Klassifikation* und findet seine Vollendung als *kategoriales* Töten. Die Opfer des Genozids haben im Gegensatz zu Kriegsfeinden kein Selbst und sind keine Subjekte, die durch ihre Taten beurteilt werden müßten. Sie besitzen nicht einmal Identität in dem Sinne, daß sie Träger von Schuld oder Sünde sein würden. Ihr einziges und hinreichendes Verbrechen besteht darin, in eine Kategorie klassi-

15 Fein, Helen: Genocide: A Sociological Perspective, London u.a. 1993, S. 6.

16 Chalk, Frank/Jonassohn, Kurt: The History and Sociology of Genocide. Analyses and Case Studies, New Haven/London 1990, S. 23.

fiziert worden zu sein, die als kriminell oder hoffnungslos krank definiert ist. Im letzten Sinne sind sie schuldig aufgrund der Anklage.

Dieser streng monologische Charakter von Genozid, dieses entschlossene Verhindern jedes möglichen Dialoges, diese vorgefertigte Asymmetrie der Beziehungen, diese Deckungsgleichheit von Gedanke und Tat ist - meiner Meinung nach - das entscheidendste konstitutive Merkmal jeden Genozids. Umgekehrt kann Genozid nicht gedacht, geschweige denn ausgeführt werden, wenn ein monologischer Charakter der Beziehungsstrukturen über den einen oder anderen Weg verhindert wird.

Dies gilt auch für unseren relativ kleinen, postmodernen Teil des Globus, in dem Staaten ihre vergangenen totalitären Visionen nicht erreichen konnten und die Hoffnung aufgaben, oder zur Aufgabe gezwungen waren, noch einmal zu einem monologischen Zustand zurückkehren zu können, in dem die ordnungsschaffenden und ordnungsbewahrenden Kräfte sowie die Zwänge, die sie begleiten - einst gebündelt und beherrscht durch den souveränen Staat und seine ernannten Vertreter -, nun in steigendem Maße dereguliert, privatisiert, zerstreut und vermindert erscheinen. »Totalitarian solutions«, so warnte uns Hannah Arendt, »may well survive the fall of totalitarian regimes in the form of strong temptations which will come up whenever it seems impossible to alleviate political, social, or economic misery in a manner worthy of man.«[17] Und heute gibt es tatsächlich viel Elend, und noch mehr Not wird auf uns zukommen durch die überbevölkerte und durch Umweltverschmutzung belastete Welt, in der die Ressourcen ebenso knapp sind wie die Nachfrage nach Händen und Geschick der als Produzenten tätigen Männer und Frauen. Wenigstens jeder zehnte Erwachsene in dem reichen Teil der Welt (einige Beobachter sagen, jeder dritte; wir lebten, so ihre Einstellung, bereits in einer »Zwei-Drittel-Gesellschaft«, und wenn sich die gegenwärtigen Entwicklungen fortsetzen, werden wir in ungefähr dreißig Jahren die »Ein-Drittel-Gesellschaft« erreichen) ist im Moment »überflüssig« - er ist weder Träger einer potentiell nützlichen Arbeit noch ein potentieller Kunde der Einkaufszentren. Dort, wo der klassische Nationalstaat gewohnt ist, die Gesellschaft zwischen vollwertigen Mitgliedern der nationalen und/oder politischen Gemeinschaft einerseits und den ihrer Bürgerrechte beraubten Fremden andererseits zu polarisieren, wird der Markt, der die Aufgabe der Integration über-

17 Vgl. Arendt: The Origins of Totalitarianism (Anm. 4), S. 459, die deutsche Fassung weicht hier ab: »So wie in der heutigen Welt totalitäre Tendenzen überall und nicht nur in totalitär regierten Ländern zu finden sind, so könnte diese zentrale Institution der totalen Herrschaft leicht den Sturz aller uns bekannten totalitären Regime überleben«, vgl. Arendt (Anm. 4): Elemente und Ursprünge, S. 702.

nommen hat, die Gesellschaft teilen zwischen vollwertigen Konsumenten, die für seine verführerischen Kräfte zugänglich sind, eingeschränkten Konsumenten und Nicht-Konsumenten, also jenen, die nicht in der Lage sind, auf seine Lockungen zu reagieren und daher aus der Sicht des Marktes eindeutig nutzlos und überflüssig sind. Um es kurz zu sagen: die Benachteiligten von gestern waren die Nicht-Produzenten, die Benachteiligten von heute sind die Nicht-Konsumenten. Die »Unterschicht«, die die »industrielle Reserve-Armee« vertrat, jene Arbeitslosen und Armen von gestern, wird nicht durch ihre beeinträchtigte Position unter den Produzierenden marginalisiert, sondern durch ihre Verbannung aus der Kategorie der Konsumenten. Diese Menschen, die unfähig sind, auf die Stimuli des Marktes in der beabsichtigten Weise zu reagieren, können so durch die Kräfte des Marktes auch nicht in Schach gehalten werden. Hier setzt der Staat dann seine Funktion als Wächter von »Recht und Ordnung« ein und greift auf die altbewährten und erprobten Methoden der Zwangsmaßnahmen und Kriminalisierung zurück.

Es wäre unter diesen Bedingungen töricht und unverantwortlich, die Neigung zu »totalitären Lösungen« herunterzuspielen, die immer dann stark werden, wenn bestimmte Menschengruppen als »überflüssig« erklärt oder in eine Situation der »Überflüssigkeit« gebracht werden - obwohl sich aller Wahrscheinlichkeit nach Lösungen im totalitären Stil unter anderen, genehmeren Namen verbergen werden. Ebenso naiv wäre die Annahme, daß die demokratische Neigung einer Mehrheit eine ausreichende Garantie dafür darstellen wird, daß die Versuchung totalitärer Lösungen abgelehnt würde.

In den Zeiten, in denen große Mehrheiten von Männern und Frauen der wohlhabenden Länder sich eher durch Verlockungen, Exerzitien der Public Relations-Abteilungen und Werbestrategien zusammenschließen lassen als durch gültige Normen, Überwachung und Übung, wird die Unterdrückung der Randgruppen, die dem Netz der Versuchungen entkommen oder unfähig sind, in dieses Netz hineinzuklettern, zu einer unvermeidlichen Nebenfolge der Verführung: als erprobter Weg des Handelns mit denjenigen, mit denen man über Verführung nicht handelseinig werden kann, und eine unerbittliche Mahnung an all diejenigen, die durch die Wechselfälle des Komsumspiels ausgeschaltet wurden, ist der Preis, der für das Schuldigbleiben der Teilnahme an der Qual des Marktgeschehens gezahlt werden muß, die Preisgabe der persönlichen Freiheit.

In einer kürzlich veröffentlichten Studie, die den signifikanten Untertitel *Towards Gulags, Western Style?*[18] trägt, zeigt der norwegische Kriminologe Nils Christie überzeugend auf, daß sich »die Kapazität der modernen industriellen Gesellschaft, große Segmente der Bevölkerung zu institutionalisieren«, unter anderem in dem ständigen Wachstum der Zahl der Gefängnisinsassen manifestiere. So waren im Jahr 1986 in den USA 26% der schwarzen Schulabbrecher im Gefängnis; die Zahlen sind seitdem gestiegen und wachsen noch immer stetig. Natürlich sind die Gefängnisse liberal-demokratischer Gesellschaften nicht identisch mit den Lagern der totalitären Staaten. Aber die Tendenz, das zu kriminalisieren, was als »soziale Abweichung« oder »soziale Pathologie« definiert ist, samt den dazugehörigen Begleiterscheinungen der Trennung, Einkerkerung, politischer und sozialer Entmündigung und Verlust der Bürgerrechte für den tatsächlichen oder vermeintlichen Träger der Pathologie, ist zu weiten Teilen eine »totalitäre Lösung ohne einen totalitären Staat« - und der Stil des »Problemlösens«, den der Staat hier unterstützt, hat mehr, als wir zugeben möchten, mit »totalitärer Neigung« oder den totalitären Versuchungen zu tun, die offensichtlich in der Moderne heimisch sind.

Um es an dieser Stelle zu wiederholen, es wäre verfrüht, einen Nachruf auf die »klassischen« Lager Himmlers und Stalins zu schreiben. Diese Lager waren eine moderne Erfindung, auch wenn sie im Dienste antimoderner Bewegungen standen. Zusammen mit elektronisch gelenkten Waffen, benzinfressenden Autos, Videokameras und Aufzeichnungsgeräten werden die Lager aller Wahrscheinlichkeit nach mit der modernen Ausstattung bestehen bleiben, nach der Gesellschaften unter Modernisierungsdruck am lautstarksten verlangen und am gierigsten greifen - wobei allerdings auch solche darunter sind, die sich gegen andere moderne Errungenschaften, so die Prinzipien des *habeas corpus*, der Redefreiheit oder parlamentarischer Kontrolle, gewehrt und individuelle Freiheit und Toleranz des Anderen als Symptome von Gottlosigkeit und Degeneration verspottet haben. Trotz all unserer postmodernen retrospektiven Weisheit leben wir, und so werden wir auch noch für einige Zeit leben, in einer grundlegend modernen und sich modernisierenden Welt, deren erschreckende und oft unheilvolle Fähigkeiten vielleicht sichtbarer und verstehbarer geworden sind, doch die aus diesen Gründen nicht verschwunden sind. Die Lager sind Teil dieser modernen Welt. Es bleibt zu prüfen, ob es sich um einen integralen oder einen entfernbaren Bestandteil handelt.

18 Vgl. Christie, Nils: Crime Control as Industry: Towards Gulags, Western Style?, London 1993.

Muß daher unser Jahrhundert von den Historikern als »Jahrhundert der Lager« gebrandmarkt werden? Die Zeit wird uns zeigen, welche die bleibendste Konsequenz von Auschwitz und Gulag sein wird. Wird es die Versuchung sein, zu dieser Erfahrung zurückkehren zu können, wann immer es unmöglich wird, wachsendes menschliches Elend zu lindern, oder wann immer das Bild zukünftiger Glückseligkeit so verlockend wird, daß es zur Mißachtung der Lebenden der Gegenwart führt, die als ein vernünftiger, zu zahlender Preis erscheint? Oder ist es im Gegenteil die Rolle, die diese Erfahrung in unserer Ernüchterung über die dunkle Seite des modernen Fortschritts spielte, angesichts unserer Entdeckung der Geburtsfehler der Moderne, angesichts unserer neuen Bereitschaft, über die menschlichen Kosten sozialer Verbesserung nachzudenken? Wenn die erste Möglichkeit überwiegt, dann wird das Jahrhundert der Lager tatsächlich der wahre und legitime Erbe der Jahrhunderte der Vernunft, der Aufklärung und der Revolutionen sein. Wenn der zweiten Möglichkeit Vorrang gegeben wird, dann kann unser Jahrhundert noch als Jahrhundert des Erwachens in die Geschichte eingehen. Wir können nicht sicher sein, daß dies unsere Wahl sein wird. Aber wir werden nicht sagen können, daß wir nicht wußten, daß es eine Wahl gab.

Michael Schäfer

Die Rationalität, *die* Moderne und der Holocaust

A political society... has a way of formulating its plans, of putting its ends in an order of priority and of making its decisions accordingly. The way a political society does this is its reason; its ability to do these things is also its reason, though in a different sense: it is an intellectual and moral power, rooted in the capacities of its human members.
John Rawls[1]

Die Geschichte des Genozids an den europäischen Juden ist ein zu wichtiges Thema, als daß wir uns vermeintlich eindeutigen Erklärungsmustern hingeben sollten. Den millionenfachen Opfern, aber auch einer in Deutschland erst am Anfang stehenden *Vergleichenden Genozidforschung*[2] ist wenig geholfen, wenn wir uns übergroßer Begriffe und Konzeptionen bedienen, um diesen ungeheuerlichen Vorgang auch nur annähernd zu erklären versuchen. Dieser Vorwurf dürfte vor allem für viele Philosophen gelten, denen die allgemeine und eindeutige Rede vom »nazistischen Rationalismus«[3] zur beliebten, weithin anerkannten Tatsache geworden ist, die zudem bei einigen eine über den Gegenstand hinausweisende umfassende zivilisations-, modernitäts- oder liberalismuskritische[4] und darüber hinaus nicht selten auch eine geschichtsphilosophische[5] Bedeutung erhält. So wird der Nationalsozialismus, dessen »blutige Macht« man in »der Ver-

1 Rawls, John: Political Liberalism, New York 1993, S. 212f.

2 Der Begriff »Genozid« wurde von Raphael Lemkin erstmals 1944 im Zusammenhang mit den Verbrechen der Nationalsozialisten verwendet, in der Folge aber auch, da ja das Phänomen des Völkermords nicht neu ist, vor allem im Zusammenhang mit dem Massenmord an den Armeniern im Osmanischen Reich, siehe: Axis Rule in Occupied Europe, Washington: Carnegie Endowment for International Peace, 1944, S. 75-95.

3 Horkheimer, Max: Zur Kritik der instrumentellen Vernunft, Frankfurt a.M. 1985, S. 119.

4 Vgl. Schäfer, Michael: Die »Rationalität« des Nationalsozialismus. Zur Kritik philosophischer Faschismustheorien am Beispiel der Kritischen Theorie, Weinheim 1994, insbesondere S. 35ff. Zur allgemeinen Gleichsetzung von Rationalitäts- und Liberalismuskritik bei nichtmarxistischen Autoren vgl. Holmes, Stephen: Anatomy of Antiliberalism, Cambridge/Mass. 1993; ders.: Passions and Constraint. On the Theory of Liberal Democracy, Chicago 1995.

5 Vgl. hierzu: Schäfer, Michael: Die Hegelsche Geschichtsphilosophie und die vernunftkritischen Faschismustheorien der Kritischen Theorie, in: Hegel-Jahrbuch 1995, Berlin 1996, S. 244ff.

nunft« und ihrer »Folter«[6] verkörpert sieht und mithin als »rationale(n) Terror«[7] begreift, im wesentlichen als die Ausprägung einer »seit Jahrhunderten verherrlichte(n) Vernunft«[8] und damit als ein Ergebnis der einseitig die »mathematisch-technische Vernunft« begünstigenden »europäischen Aufklärung«[9] verstanden. Aber auch unter namhaften Historikern und Soziologen gibt es einige, die glauben, ihre durchaus wertvollen und umfassenden empirischen Untersuchungen über die nationalsozialistischen Vernichtungslager mit einer generalisierenden Verurteilung der Aufklärung, der Moderne und ihrer Rationalität untermauern zu müssen.[10] Für die erneuten Bestrebungen, der Vernichtung der Juden im Dritten Reich vornehmlich rationale Motive zuzuschreiben, so daß Auschwitz als die Ausprägung eines für den »Geist der Moderne«[11] typischen »instrumentellen Rationalismus«[12] erscheint, sind vor allem die Schriften von Zygmunt Bauman symptomatisch - ein Autor, der sich implizit zu einer Rationalitätskritik, wie sie von Horkheimer und Adorno betrieben worden ist, bekennt,[13] und dessen Thesen vom Zusammenhang von *Genozid und Moderne* zum Leitthema der Tutzinger Tagung wurden.

Im folgenden will ich mich daher mit der Frage befassen, ob solche pauschale Rationalitätskritik, mit der dann Struktur und Entwicklungsverlauf der Moderne im ganzen thematisiert wird, einen relevanten Beitrag zum besseren Verständnis des Holocaust liefern kann. Oder anders gefragt: läßt

6 Foucault, Michel: »Die Folter, das ist die Vernunft.« Ein Gespräch Knut Boesers mit Michel Foucault, in: Literaturmagazin 8, 1977, S. 64f.

7 Lyotard, Jean-François: Der Widerstreit, München 1987, S. 177; vgl. ferner ders.: Histoire universelle et differences culturelles, in: Critique 456, XLI, 1985, S. 563.

8 Heidegger, Martin: Holzwege, Frankfurt a.M. 1950, S. 247.

9 Lorenzen, Paul: Die Aufgabe politisch-ethischer Bildung, in: Zerstörung des moralischen Selbstbewußtseins: Chance oder Gefährdung? Praktische Philosophie in Deutschland nach dem Nationalsozialismus, hrsg. Forum für Philosophie, Frankfurt a.M. 1988, S. 143.

10 So zum Beispiel Kogon, Eugen: Der SS-Staat. Das System der deutschen Konzentrationslager, München 1989, S. 23; Mosse, George L.: Towards the Final Solution. A History of European Racism, New York 1978; Aly, Götz/Heim, Susanne: Vordenker der Vernichtung. Auschwitz und die deutschen Pläne für eine europäische Ordnung, Hamburg 1991; dies.: Sozialplanung und Völkermord. Thesen zur Herrschaftsrationalität der nationalsozialistischen Vernichtungspolitik, in: Vernichtungspolitik. Eine Debatte über den Zusammenhang von Sozialpolitik und Genozid im nationalsozialistischen Deutschland, hrsg. von Wolfgang Schneider, Hamburg 1991.

11 Bauman, Zygmunt: Dialektik der Ordnung. Die Moderne und der Holocaust, Hamburg 1992, S. 108.

12 Ebd., S. 32, auch S. 130.

13 Bauman, Zygmunt: Moderne und Ambivalenz. Das Ende der Eindeutigkeit, Hamburg 1992, S. 32.

sich der Genozid an den europäischen Juden wirklich so glatt aus den komplexen rationalen Strukturen der Moderne ableiten? Um diese Frage zu beantworten, will ich mich hierbei stellvertretend auf die philosophischen Vertreter der Kritischen Theorie, und zwar auf Horkheimer und Adorno, konzentrieren, die sich am nachhaltigsten und systematischsten dafür eingesetzt haben, Kritik am Nationalsozialismus als Vernunftkritik zu betreiben. Ihre von der *Kritik der instrumentellen Vernunft* geprägten Schriften führte sie - wie zu zeigen sein wird - zu einer durchaus nicht notwendigen Totalisierung der Kritik, deren wesentliches Motiv der Nachweis bildet, daß zwischen aufklärender Vernunft und nationalsozialistischer Herrschaft ein innerer und zwingender Zusammenhang besteht. Dieser vermeintliche Zusammenhang rechtfertigt in ihren und Baumans Augen sodann eine umfassende Kritik der »modernen Gesellschaft« und ihrer »Institutionen«,[14] weil der »Holocaust« als »gesetzmäßige Folge des Zivilisationsprozesses... genuin rationalistischen Überlegungen« entsprang und damit als »ein legitimer Bewohner im Haus der Moderne«[15] zu betrachten sei.

Allerdings nehmen nun die rationalitätskritischen Theorien, die das polykratische nationalsozialistische Terrorregime eindeutig auf dem Konto des modernen rationalen Staates und seiner Bürokratie verbuchen, in Anspruch, sich gegen die vereinfachenden Gegenüberstellungen von aufgeklärter Außenwelt und unaufgeklärtem nationalsozialistischen Deutschland zu richten. So verkörpert zum Beispiel für Talcott Parsons der Nationalsozialismus »den fundamentalistischen Aufstand gegen die rationalistische Tendenz in der westlichen Welt« schlechthin.[16] Für Georg Lukács, der den Nationalsozialismus als die »Zerstörung der Vernunft« betrachtet,

14 Horkheimer, Max: Die Juden und Europa, in: Zeitschrift für Sozialforschung/Studies in Philosophy and Social Science 8, 1939/40, S. 116; Horkheimer, Max/Adorno, Theodor W.: Dialektik der Aufklärung. Philosophische Fragmente, Frankfurt a.M. 1986, S.IX u. 3. Vgl. hierzu auch Bauman, für den feststeht, daß die modernen »Normen und Institutionen... den Holocaust erst durchführbar« gemacht haben, in: Dialektik der Ordnung (Anm. 11), S. 102. Daß er dabei die politischen und rechtlichen Bereiche, die liberalen Elemente, die der Idee der Moderne auch innewohnen, ebenso wie Horkheimer und Adorno ausklammert, darauf kann ich hier nicht weiter eingehen, vgl. dazu meine Ausführungen in: Schäfer: Die »Rationalität« des Nationalsozialismus (Anm. 4), und insbesondere auch: Mommsen, Hans: Nationalsozialismus als vorgetäuschte Modernisierung, in: Der historische Ort des Nationalsozialismus, hrsg. von Werner Pehle, Frankfurt a.M. 1990, S. 31ff.; ders.: Der Nationalsozialismus und die Auflösung des normativen Staatsgefüges, in: Verfassungsstaat, Souveränität, Pluralismus, hrsg. von Wolfgang Luthardt und Alfons Söllner, Opladen 1989, S. 67ff.

15 Bauman: Dialektik der Ordnung (Anm. 11), S. 31 und 43, auch S. 108.

16 Parsons, Talcott: Demokratie und Sozialstruktur in Deutschland vor der Zeit des Nationalsozialismus, in: ders.: Beiträge zur soziologischen Theorie, Darmstadt 1964.

ist der Maßstab der Vernunft lediglich die idealistische Parteinahme für die politisch organisierte Bewegung des Sozialismus.[17] Das von verschiedenen Seiten hervorgehobene Verdienst der rationalitätskritischen Theorien besteht dann vor allem darin, dem Vorurteil entgegengewirkt zu haben, daß es sich bei dem Nationalsozialismus aus der »Perspektive eines ins Negative gekehrten Deutschland-Mythos« um das schlechthin Dämonische, also um den Einbruch des nicht erklärbaren Irrationalen handele, dem im übrigen eine vernünftige Welt gegenübergestanden habe.[18] Und Bauman behauptet schließlich, daß »die Betonung und Erklärung des Holocaust« als ausschließlich »deutsches Verbrechen« verhängnisvoll sei, denn sie führe »nur zu ungerechtfertigter moralischer Selbstzufriedenheit« und mithin dazu, »daß alle anderen und insbesondere *alles andere* entlastet sind«.[19] Letztendlich entfalte sich dahinter nur eine »Strategie der Selbstverteidigung der Moderne (sic!)«.[20]

Auch wenn man der Kritik an den zugegebenermaßen allzu idealistischen Erklärungsmodellen Rechnung trägt, lassen sich gegen pauschale Rationalitäts- und Modernitätskritiken, die im Zusammenhang mit den nationalsozialistischen Verbrechen vorwiegend im Lichte einer vermeintlich neuzeitlichen Logik der instrumentellen Rationalität rekonstruiert werden, vielerlei Einwände erheben. Einige Bedenken will ich hier nicht gegen den empirischen, sondern gegen den systematischen Gehalt einer von der *Kritik der instrumentellen Vernunft* geprägten Theorie vorbringen, insofern diese nämlich beansprucht, nicht nur die instrumentelle Vernunft und deren Implikationen kritisch zu reflektieren, sondern - zudem unter vorschneller und auch heute noch weitverbreiteter impliziter *Gleichsetzung* mit dem ursprünglich von Max Weber in die philosophisch-soziologische Diskussion eingebrachten Begriff der »Zweckrationalität« - gleichsam als umfassende Kritik neuzeitlicher Rationalität zu gelten. Das impliziert eben auch eine systematische Kritik an Baumans allgemeinem Rationalitätsbegriff, obwohl er seine Arbeit als den durchaus interessanten Ver-

17 Lukács, Georg: Die Zerstörung der Vernunft. Der Weg des Irrationalismus von Schelling zu Hitler, Berlin 1955.

18 Wellmer, Albrecht: Die Bedeutung der Frankfurter Schule heute, in: Die Frankfurter Schule und die Folgen, hrsg. von Axel Honneth und Albrecht Wellmer, Berlin u.a. 1986, S. 27; vgl. auch Fetscher, Iring: Aufklärung und Gegenaufklärung in der Bundesrepublik, in: Aufklärung und Gegenaufklärung in der europäischen Literatur, Philosophie und Politik von der Antike bis zur Gegenwart, hrsg. von Jochen Schmidt, Darmstadt 1989, S. 522-547.

19 Bauman: Dialektik der Ordnung (Anm. 4), S. 11. Vgl. auch seinen Beitrag »Der Holocaust ist nicht einmalig«. Ein Gespräch, in: Die Zeit vom 23.4.1993.

20 Bauman: Moderne und Ambivalenz (Anm. 13), S. 34.

such versteht, »historisches und soziologisches Fleisch um das Skelett der 'Dialektik der Aufklärung' zu hüllen«, indem er sich auf den theoretischen Nutzen der »Weberschen Begrifflichkeit« und dessen »Befunde über die Tendenzen der modernen Gesellschaft« ausdrücklich bezieht.[21]

Ich möchte daher vor dem Hintergrund der Weberschen Rationalitätsauffassungen zeigen, daß das Erklärungsmodell, das die Vernichtung der europäischen Juden im Zusammenhang mit einer Kritik instrumenteller Vernunft als Resultat »der Rationalität«[22] schlechthin interpretiert und das gleichzeitig mit der Überzeugung verbunden ist, Rationalität gebe es heute nur noch als Zweckrationalität, problematisch ist. Die Frage nach der »Rationalität« der Vernichtung der europäischen Juden, die von einem nationalsozialistischen System betrieben wurde, das im Laufe der Zeit eine immer destruktivere Dynamik entwickelte, muß auf einer komplexeren Ebene der Handlungsrationalität reflektiert werden. Die in diesem Zusammenhang geradezu klassische Unterstellung einer begrifflichen Gleichsetzung von Mittelrationalität, formaler Rationalität[23] und instrumenteller Vernunft als Rationalität bzw. Zweckrationalität geht nicht so einfach auf, wie weithin angenommen wird.[24] Dabei werde ich auch auf die Folgen eingehen, die sich aus dieser Gleichsetzung und damit für eine generalisierende Einschätzung der Moderne ergeben.[25]

1.

Die Webersche Handlungstypologie bezieht sich zunächst einmal auf universelle menschliche Handlungsmöglichkeiten. Abhängig von gesellschaftlichen, kulturellen und historischen Bedingungen nimmt diese Handlungstypologie allerdings spezifische Formen an. Die Handlungstypologie beruht auf *vier* verschiedenen Handlungsorientierungen. Dabei wird die Frage nach dem rationalen Gehalt von Handlungen bei Weber »mit Hilfe der Gesichtspunkte Mittel, Zweck, Werte und Folge« beantwortet. Ein Handeln ist demnach »um so rationaler, je mehr der unterschiedenen Handlungsaspekte es kontrolliert. Je mehr Aspekte es kontrolliert, desto größer sind zugleich seine Freiheitsgrade. Denn im Übergang vom Mittel zum Zweck werden die Mittel, im Übergang vom Zweck zum Wert die

21 Bauman: Dialektik der Ordnung (Anm. 11), S. 32, 24 und 43.

22 Ebd., S. 31.

23 Siehe hierzu Schäfer: Die »Rationalität« des Nationalsozialismus (Anm. 4), S. 110ff., 152ff., 163ff.

24 Ebd., S. 22, Anm. 18.

25 Ich beziehe mich hierbei im wesentlichen auf die Ausführungen in »Die 'Rationalität' des Nationalsozialismus« (Anm 4).

Zwecke, im Übergang vom Wert zur Folge aber die Werte selber zur Disposition gestellt«.[26] Wir werden im folgenden sehen, daß darum dem affektuellen und traditionellen Handeln, *einzelnen Elementen* des zweckrationalen, aber auch einem spezifisch wertrationalen Handeln, vom »Standpunkt der Zweckrationalität aus«,[27] die Rationalität aus unterschiedlichen Gründen abgesprochen werden kann.

Webers Paradigma der Rationalität und der möglichen Rationalisierung von Handeln beruht auf dem Begriff der »Zweckrationalität«. Alle anderen Typen des Handelns verstehen sich als schrittweise Verengung oder Abweichung vom zweckrationalen Handeln. Dieses liegt idealtypisch dann vor, wenn es - so Weber - »nach Zweck, Mittel und Nebenfolgen orientiert (ist) und dabei sowohl die Mittel gegen die Zwecke, wie die Zwecke gegen die Nebenfolgen, wie endlich auch die verschiedenen möglichen Zwecke gegeneinander rational« abgewogen werden, also: jedenfalls weder affektuell oder emotional noch traditional gehandelt wird. Die Entscheidung zwischen konkurrierenden Zwecken und Folgen kann dabei ihrerseits wertrational orientiert sein - wie überhaupt die *wertrationale Orientierung des Handelns* »zur zweckrationalen in verschiedenartigen Beziehungen stehen« kann.[28]

Beim wertrationalen Handeln werden dagegen die möglichen Zwecke und Werte nicht mehr rational gegeneinander abgewogen. Im Verhältnis von Zweck- und Wertrationalität ist daher von einem Rationalitätsgefälle auszugehen, da der reflexive Charakter des zweckrationalen Handelns, der sich nicht nur auf die Zwecke und Werte, sondern auch auf die Mittel und Nebenfolgen erstreckt, beim wertrationalen Handeln wegfällt. Die »Wertrationalität« stellt darum nur die zweithöchste Stufe der Rationalisierung dar. Sie liegt dann vor, wenn jemand zwar *bewußt*, aber - so Weber - »ohne Rücksicht auf die vorauszusehenden Folgen handelt im Dienst seiner Überzeugung von dem, was Pflicht... oder die Wichtigkeit einer *Sache* gleichviel welcher Art ihm zu gebieten scheinen. Stets ist... wertrationales Handeln ein Handeln nach *Geboten* oder gemäß *Forderungen*, die der Handelnde an sich gestellt glaubt.«[29] So ist auch für Weber vom Standpunkt der Zweckrationalität aus Wertrationalität immer dann irrational,

26 Schluchter, Wolfgang: Die Entwicklung des okzidentalen Rationalismus. Eine Analyse von Max Webers Gesellschaftsgeschichte, Tübingen 1979, S. 191 und 193.

27 Weber, Max: Wirtschaft und Gesellschaft. Grundriß der verstehenden Soziologie, Tübingen 1985, S. 13.

28 Ebd.

29 Ebd., S. 12.

»und zwar je mehr sie den Wert, an dem das Handeln orientiert wird, zum absoluten Wert steigert«.[30]

Affektuelle Orientierung des Handelns, als dritter Handlungstyp, hat bei Weber zunächst mit dem wertrationalen Handeln gemeinsam, daß »für sie der Sinn des Handelns nicht in dem jenseits seiner liegenden Erfolg, sondern in dem bestimmt gearteten Handeln als solchen liegt«. An der Grenze zu bewußtem Handeln unterscheidet sich affektuelles Handeln vom wertrationalen Handeln aber insbesondere emotional: durch aktuelle Affekte und Gefühlslagen kann es »hemmungsloses Reagieren auf einen außeralltäglichen Reiz sein«. Der Wert und die Folgen des Handelns sind dabei nicht mehr Gegenstand rationaler Kontrolle, so daß das Zweck-Mittel-Verhältnis als ein durch Affekte verursachtes Handeln bestimmt ist, bei dem der Handelnde zum Beispiel »sein Bedürfnis nach aktueller Rache... befriedigt«.[31]

Hier liegt auch für Weber der entscheidende Unterschied zum wertrationalen Handeln, das in Abgrenzung zum affektuellen Handeln durch »konsequente planvolle Orientierung« charakterisiert ist.[32] Das bedeutet, daß im Unterschied zum affektuellen Handeln immerhin »die möglichen Folgen, die dieses rein prinzipiengeleitete Handeln gegebenenfalls mit sich bringt, prinzipiell bewußt sein müssen«. Allerdings läßt sich der wertrational Handelnde von dem Hinweis auf die Folgen, die sein Handeln für ihn haben können, nicht beeindrucken. Es spielt dann auch keine Rolle, ob »die Folgen richtig oder unrichtig eingeschätzt werden,... entscheidend ist die Voraussetzung der prinzipiellen Bewußtseinsfähigkeit von Folgen überhaupt«.[33]

An vierter und letzter Stelle seiner Handlungstypologie steht für Weber schließlich das »traditionelle Handeln«, das im Sinne der rational reflektierten Elemente des Handlungsrahmens allein nach Mitteln ausgerichtet ist. Es ist nicht mehr an Zwecken, Werten und Folgen, sondern nur noch motivlos »durch eingelebte Gewohnheit« orientiert.[34]

Bei der Aufstellung seiner Handlungstypologie hat Weber dabei allerdings ausdrücklich darauf hingewiesen, daß die Klassifikation seiner idealtypischen Begriffsbildung nicht als erschöpfend anzusehen ist. Zudem können konkrete Handlungen selten einem Typus begrifflich zugeordnet

30 Ebd., S. 13.
31 Ebd., S. 12.
32 Ebd.
33 Thyen, Anke: Negative Dialektik und Erfahrung. Zur Rationalität des Nichtidentischen bei Adorno, Frankfurt a.M. 1989, S. 56.
34 Weber: Wirtschaft und Gesellschaft (Anm. 27), S. 12.

werden. Immer werden in konkreten Handlungen mehrere Grundtypen, allerdings in unterschiedlicher Gewichtung, vertreten sein. Handlungen und Handlungszusammenhänge kommen also real meistens als Mischform von Handlungstypen vor.

Gleichwohl schien für Weber die Tendenz des okzidentalen Rationalisierungsprozesses darin zu liegen, daß die zweckrationale Orientierung sich in allen Bereichen der Kultur und des sozialen Lebens immer stärker durchsetzt, während die traditionellen Weltbildvoraussetzungen sich insofern auflösen, als die wertrationale Orientierung immer mehr zu einer Sache der subjektiven Entscheidung des Einzelnen werde. Diese Art von Orientierung nannte Weber »Entzauberung der Welt«, die mit dem okzidentalen »Rationalisierungsprozeß« notwendigerweise verbunden ist.

Ähnlich wie Weber sahen auch Horkheimer und Adorno aus ihrer Perspektive einer unwiderruflich obsoleten Idee objektiver Vernunft die Verselbständigung des subjektiven Vernunftbegriffs als eine wichtige Konsequenz der Entzauberung. Der diagnostizierte Umschlag von Aufklärung in erneuerte Mythologie, der sich durchaus als Reprise der Weberschen These von der Wiederkehr der »alten vielen Götter«[35] lesen läßt, wurde allerdings zu einem dialektischen Grundmuster, das nur noch den irreversiblen Zerstörungsprozeß neuzeitlicher Vernunft herausstellen konnte. Dieses Grundmuster diente nicht mehr einer - wie noch bei Weber - differenzierteren Rekonstruktion des Prozesses abendländischer Rationalisierung, mit der die Ausdifferenzierung kognitiver Wertsphären betont wurde, um gleichsam einer breiteren Handlungstheorie Raum zu bieten.

Für meine Auseinandersetzung mit dem Rationalitätsbegriff, der den rationalitätskritischen Theorien *paradigmatisch* zugrunde liegt, ist nun nicht Webers gesamte Handlungstypologie und Rationalisierungstheorie von Interesse, sondern im wesentlichen nur die beiden handlungsleitenden Orientierungen, die Weber explizit als rationale bestimmt hat: zweck- und wertrational orientiertes Handeln. Entsprechend sind die folgenden Ausführungen auf diese beiden Rationalitätsbegriffe beschränkt, obwohl dem affektuellen und traditionellen Handeln als Erklärungsmodell für die Handlungsweise der Nationalsozialisten durchaus eine konstitutive Bedeutung zukommt, insbesondere dann, wenn reiner »Haß« oder obrigkeitsstaatliche Pflichterfüllung als Selbstzweck »die treibende Kraft war«.[36]

35 Weber, Max: Wissenschaft als Beruf, in: ders.: Gesammelte Aufsätze zur Wissenschaftslehre, Tübingen 1973, S. 605.

36 Friedländer, Saul: Haß war die treibende Kraft. Die Vernichtung der europäischen Juden, in: »Juden und Deutsche«, Spiegel-Spezial 2, 1992, S. 37. Daß reiner Haß bei einigen nationalsozialistischen Führungskräften durchaus die treibende Kraft war und die anti-

Legitim scheint mir die Beschränkung auf diese Rationalitätsbegriffe aber insofern, als ich beide vornehmlich unter dem Aspekt einer systematisch angelegten Reduktion von Rationalität bzw. Zweckrationalität auf instrumentelle Vernunft betrachten möchte.

Instrumentelle Vernunft habe »es wesentlich«, so Horkheimer 1947 in seinem Buch *Zur Kritik der instrumentellen Vernunft*, »mit Mitteln und Zwecken zu tun, mit der Angemessenheit von Verfahrensweisen an Ziele... Befaßt sie sich überhaupt mit Zwecken, dann hält sie es für ausgemacht, daß auch sie vernünftig im subjektiven Sinne sind, das heißt, daß sie dem Interesse des Subjekts im Hinblick auf seine Selbsterhaltung dienen - sei es die des einzelnen Individuums oder die der Gemeinschaft, von deren Fortbestand der des Individuums abhängt«. Daß subjektive Vernunft außer über den unter einem rein instrumentellen Gesichtspunkt betrachteten Wert der »Selbsterhaltung« auch auf andere Weise wertrational bestimmt sein könnte, schließt Horkheimer dabei aus. Denn der »Gedanke, daß ein Ziel um seiner selbst Willen vernünftig sein kann - auf Grund von Vorzügen, von denen Einsicht zeigt, daß das Ziel sie enthält -, ohne auf irgendeine Art subjektiven Gewinnes oder Vorteils sich zu beziehen, ist der subjektiven Vernunft zutiefst fremd, selbst wo sie sich über die Rücksicht auf unmittelbar nützliche Werte erhebt und sich Reflexionen über die Gesellschaftsordnung, betrachtet als ein Ganzes, widmet«.[37]

Weiter schreibt Horkheimer dann: »Wenn die Vernunft für außerstande erklärt wird, die obersten Zwecke des Lebens zu bestimmen, und sich damit begnügen muß, alles, dem sie begegnet, auf ein bloßes Werkzeug zu reduzieren, ist ihr einziges verbleibendes Ziel die bloße Perpetuierung ihrer gleichschaltenden Tätigkeit. ... Solcher Verzicht bringt hinsichtlich der Mittel Rationalität und hinsichtlich des menschlichen Daseins Irrationalität hervor.«[38] Diese programmatische Beschreibung von neuzeitlicher subjektiver Vernunft als ausschließlich instrumentelle zeigt einerseits deutlich die Inkonsistenzen des Horkheimerschen Vernunftbegriffs, denn nun ist nicht mehr von »vernünftiger Selbsterhaltung« die Rede, sondern von einem Zweck, der sich in einer Tätigkeit der Mittel erschöpft. Andererseits

semitische Theorie nur die äußere Ausdrucksform, belegt Friedländer mit mehreren Zitaten. Hier sei nur die frühe Äußerung des jungen Goebbels wiedergegeben, der am 2. Juli 1924 in sein Tagebuch schrieb: »Wenn ich in Deutschland zu sagen hätte, dann würden Sie (Maximilian Harden) heute noch im Verein mit Herrn Warburg, Herrn Louis Hagen, Herrn Nathan und etlichen anderen gelben Lümmeln im Viehwagen über irgendeine Grenze geschoben.«

37 Horkheimer: Zur Kritik der instrumentellen Vernunft (Anm. 3), S. 15.

38 Ebd., S. 93f.

aber machen die Horkheimerschen Definitionen auch deutlich, worin die wesentlichen Unterschiede im Hinblick auf den Weberschen Begriff der Zweckrationalität liegen. So zeigt Horkheimers Umschreibung zunächst einmal, wie die zum Selbstzweck gewordene Mittelrationalität mit Zwecksetzungen überhaupt identifiziert wird: ist zum einen die Zwecksetzung der Selbsterhaltung im Sinne von Horkheimers instrumenteller Vernunft gar nicht möglich, »wenn der Zweck auf die verabsolutierte Rationalität der Mittel reduziert wird«[39] - weil jenseits der Eigendynamik der Mittel der Zweck nicht mehr reflektiert werden kann -, so ist es dann andererseits auch nicht gerechtfertigt, den einzigen Zweck, dessen man - wie Horkheimer sagt - den modernen Menschen nicht »beraubt« hat, nämlich den der Selbsterhaltung, mit Zwecksetzung überhaupt zu identifizieren.[40] Die Reduktion von Zwecken auf Mittel zieht mithin die Konsequenz nach sich, daß im Hinblick auf die Rede von instrumenteller Vernunft, die mit dem Zweck der Selbsterhaltung begrifflich verbunden ist, nur von einer reinen Mittelrationalität gesprochen werden kann. Instrumentelle Vernunft hieße also »verabsolutierte Rationalität der Mittel, und zwar in dem Sinne, daß nicht die Zweck-Mittel-Relation *symmetrisch* rational bedacht würde, sondern lediglich der Werkzeugcharakter, das heißt der den Gegenständen eigene Zug, Mittel sein zu können, nicht mehr *Mittel für* (ein rational zweckhaft entworfenes Dasein), sondern Mittel *ontologisch*, das heißt Mittel mit einem eigenen Charakter, demgegenüber das Dasein als irrational erscheint, weil nicht mehr unter diesem Aspekt diskutierbar«.[41]

In einem Weber folgenden Verständnis von Zweckrationalität ist diese Mittelrationalität aber eben nur »ein Segment aus dem Bereich der Zweckrationalität«[42] und damit von Rationalität überhaupt. In diesem Sinne hat Christoph Hubig auch völlig zu Recht von lediglich »reduzierte(r) Zweckrationalität«[43] gesprochen, weil nur ein Aspekt der Zweckrationalität, nämlich die Mittelsuche, verabsolutiert wird. Ferner ist beim zweckrationalen Handeln »die Reduktion des Zwecks Selbsterhaltung... als reine Instrumentalität des Handelns« schlechthin unmöglich, »weil neben der rationa-

39 Thyen: Negative Dialektik und Erfahrung (Anm. 33), S. 230.

40 Horkheimer: Zur Kritik der instrumentellen Vernunft (Anm. 3), S. 101.

41 Hubig, Christoph: Instrumentelle Vernunft und Wertrationalität. Von der Unterscheidung Praxis-Poiesis zur falschen Alternative in der Gegenwart, in: Naturverständnis und Naturbeherrschung. Philosophiegeschichtliche Entwicklung und gegenwärtiger Kontext, hrsg. von Friedrich Rapp, München 1981, S. 165f.

42 Ebd., S. 166.

43 Ebd.; vgl. dazu auch insbesondere: Rescher, Nicholas: Rationalität. Eine philosophische Untersuchung über das Wesen und die Begründung der Vernunft, Würzburg 1993, S. 116.

len Wahl der Mittel«, das heißt ihrer Folgenabwägung, »auch die spezifische Sinnhaftigkeit, das Wie der Selbsterhaltung«,[44] also *die rationale Abwägung der Zwecksetzung selbst*, im Sinne wertrationaler Orientierung, in der handlungsleitenden Motivation enthalten sein muß. Zweckrationales Handeln r*eflektiert* also durchaus Werte, und darüber hinaus *auch* die Mittel und Nebenwirkungen. Wir können nicht zweckrational vorgehen, ohne den Wert unserer Mittel im Verhältnis zu den Zwecken zu betrachten. Der schwedische Ökonom Gunnar Myrdal schrieb dann auch folgerichtig: »Nun ist es jedoch offenbar, daß nicht nur 'Zwecke' Gegenstand von Wertsetzungen sind, sondern auch 'Mittel'. Die Mittel sind nicht wertmäßig indifferent. Die Wertsetzung bezieht sich jeweils auf einen ganzen Verlauf und nicht nur auf sein antizipiertes Schlußresultat. Das Werturteil hat zu vergleichen und auszuwählen zwischen verschiedenen Verlaufsalternativen. ... Wertprämisse... wird jede einzelne Kombination von Zwecken, Mitteln und Nebenwirkungen, d.h. *jede Verlaufsalternative selbst.*«[45] Das Problem der Bewertung von Zwecken, Mitteln und Folgen ist für Rationalität mithin absolut entscheidend, und zweckrationales Handeln muß sich gerade nicht »blinden Gefühlseinstellungen und Dezisionen« überlassen, wie dies von verschiedensten Seiten immer wieder hervorgehoben wird.[46] Es impliziert darüber hinaus auch nicht, daß der zweckrationale Akteur einzig an der Realisierung seines isolierten Handlungszwecks orientiert sein muß und dabei lediglich einem »egozentrische(n) Erfolgskalkül«[47] folgt, um seine Gegenüber entweder strategisch als Gegen-

44 Thyen: Negative Dialektik und Erfahrung (Anm. 33), S. 230.

45 Myrdal, Gunnar: Das Zweck-Mittel-Denken in der Nationalökonomie, in: Zeitschrift für Nationalökonomie 4, 1933, S. 310-312.

46 Siehe dazu: Habermas, Jürgen: Moralbewußtsein und kommunikatives Handeln, Frankfurt a.M. 1983, S. 53, der sich hier auf MacIntyres Studie »After Virtue, Study in Moral Theory« bezieht, worin es heißt: »Reason is calculative; it can assess truths of fact and mathematical relations but nothing more. In the realm of practice it can speak only of means. About ends it must be silent.« Eine andere typische Formulierung findet man bei Fritz Loos: »Die Wertrationalität wird entwertet, die Zweckrationalität in der Weise verselbständigt, daß ihre Angewiesenheit auf die Wertgebung nicht mehr deutlich ist«, in: Zur Wert- und Rechtslehre Max Webers, Tübingen 1970, 117ff. und S. 124.

47 Habermas, Jürgen: Theorie des kommunikativen Handelns, Bd. 1, Frankfurt a.M. 1981, S. 385. Daß Zwecke ausschließlich egoistisch sein müßten, darüber findet man bei Weber nichts: *Zweckrational* ist ein soziales Handeln, das seinem »gemeinten Sinn nach auf das Verhalten *anderer* bezogen wird und daran in seinem Ablauf orientiert ist«, wenn es bestimmt ist »durch Erwartungen des Verhaltens von Gegenständen der Außenwelt und von anderen Menschen und unter Benutzung dieser Erwartungen als 'Bedingungen' oder als 'Mittel' für rational, als Erfolg, erstrebte und abgewogene eigene Zwecke«. Inhalte einer »(s)oziale(n) Beziehung«, einem »seinem Sinngehalt nach aufeinander gegenseitig

spieler zu betrachten oder aber instrumentell als bloße Objekte zu behandeln. Zwar mag (und hat) es Handelnde (ge)geben, für die diese Art des Handelns die bestmögliche Wahl darstellt - dafür sollte man dann aber lieber ihre Ziele oder Werte verantwortlich machen als ihre zweckrationale Einstellung. Unsinnig ist daher auch eine generelle Ablehnung des zweckrationalen Handelns, welches als soziales Handeln bereits das Reflexionsniveau verständigungsorientierten Handelns voraussetzt und als strategisches Handeln unter Umständen natürlich auch moralisch gerechtfertigt sein kann: »*Rationalität* im Sinne einer umfassenden Reflexion der *Handlungsfolgen* kann zum Beispiel gerade einer der wichtigsten Gründe sein, um strategisches Handeln zu begrenzen.«[48] Insofern ist die häufig anzutreffende These, die auch jüngst wieder von dem Philosophen Vittorio Hösle vertreten wird, der sich im Anschluß an Apels Diskurstheorie der Begründung eines objektiven Idealismus verpflichtet fühlt, unzureichend. Er geht nämlich davon aus, daß das Sich-Ausbreiten der Überzeugung, Rationalität gebe es heute nur noch als Zweckrationalität, »die Ausführung der unserem Jahrhundert eigentümlichen Verbrechen erst ermöglicht hat«. Hösle, der sich aber der pauschalen Rationalitätskritik durchaus bewußt ist, schränkt dann allerdings ein, daß »natürlich die Verabsolutierung der Zweckrationalität keineswegs eine Option für verbrecherische Ziele (bedeute): Sie bedeutet allerdings, daß, wenn die Entscheidung für solche Ziele gefallen ist, ihnen nichts entgegenzusetzen, sondern nur an ihrer technisch vollkommenen Verwirklichung zu arbeiten ist. Das Phänomen des Dritten Reiches läßt sich ohne die Verbindung von nihilistischem Irrationalismus und funktionaler Zweckrationalität nicht erklären.«[49]

Wenn wir uns nunmehr aber der Frage nach der sogenannten Irrationalität von nationalsozialistischen *Werten* zuwenden, so hat Hilary Putnam darauf hingewiesen,[50] daß wir zunächst einmal keine Möglichkeit haben, zu behaupten, daß die Zweck- oder Wertsetzungen der Nationalsozialisten

eingestelltes und dadurch orientiertes Sichverhalten mehrerer« können die »allerverschiedenste(n) sein: Kampf, Feindschaft, Geschlechtsliebe, Freundschaft, Pietät, Marktaustausch, 'Erfüllung' oder 'Umgehung' oder 'Bruch' einer Vereinbarung... «, in: Wirtschaft und Gesellschaft (Anm. 27), S. 12f.

48 Bader, Veit-Michael: Kollektives Handeln. Protheorie sozialer Ungleichheit und kollektiven Handelns, Teil 2, Opladen 1991, S. 65 und 77, Anmerkung 37. Vgl. Hösle, Vittorio: Zur Dialektik von strategischer und kommunikativer Rationalität, in: ders.: Praktische Philosophie in der modernen Welt, München 1992.

49 Hösle, Vittorio: Die Krise der Gegenwart und die Verantwortung der Philosophie. Transzendentalpragmatik, Letztbegründung, Ethik, München 1990, S. 80; ders.: Zur Dialektik von strategischer und kommunikativer Rationalität (Anm. 48), S. 68.

50 Putnam, Hilary: Vernunft, Wahrheit und Geschichte, Frankfurt a.M. 1990, S. 279ff.

irrational waren. Die Nationalsozialisten waren nur in bezug auf die Werte anderer Meinung als wir, und deshalb seien sie noch lange nicht als irrational zu betrachten. Wir könnten zwar sagen, daß die Zielvorstellungen der Nationalsozialisten moralisch abscheulich, nicht aber, daß sie irrational waren.[51] Dies würde Horkheimers Behauptung - der sich ja damit der bekannten Auffassung von David Hume anschließt, die Vernunft sei bloße »Sklavin der Leidenschaften«[52] - zunächst einmal bestätigen, nämlich daß es sinnlos ist, »den Vorrang eines Zieles gegenüber anderen unter dem Aspekt der Vernunft zu diskutieren«.[53]

Das Problem der Frage aber, ob es sinnvoll ist, die Entscheidung für einen moralisch schlechten Zweck irrational zu nennen, könnte man zunächst einmal darin sehen, daß die Frage nach der Rationalität der Nationalsozialisten zu unvermittelt mit der Frage nach der Rationalität der Zwecke gleichgesetzt wird. Putnam schlägt daher vor, vielmehr die Frage der Irrationalität faschistischer *Überzeugungen* und *Argumente* - und nicht nur die ihrer Ziele - zu untersuchen. Wenn man nämlich auf diese Weise argumentiert, kann man auch die weltanschaulichen Ziele der Nationalsozialisten irrational nennen, weil sie derart sind, daß sie, wenn man sie akzeptiert und verfolgt, entweder *erstens* dazu führen, daß man augenscheinlich völlig verfehlte - dabei durchaus überprüfbare - inhaltliche Überzeugungen und Argumente für sie vorbringt (zum Beispiel wird der Nationalsozialist alle möglichen Geschichtsklitterungen vorbringen, die jeglichen Wahrheitsanspruchs entbehren, u.a. die, daß die westlichen De-

51 Rescher vertritt hier allerdings zu Recht eine andere Meinung, insofern, als er meint, daß es ein schwerwiegender Fehler sei, zu behaupten, »daß man über Werte nicht streiten kann - daß Werte einfach eine Seite des Geschmacks sind und deshalb jenseits des Bereichs der Vernunft... Die Tatsache, daß gültige Werte auf unsere Bedürfnisse und unsere angemessenen Interessen abzielen und diese beinhalten, bedeutet, daß eine rationale Kritik von Werten nicht nur möglich, sondern notwendig ist. ... Rationales Verhalten verlangt nicht nur die Befriedigung, es verlangt ebensowohl das Management von Wünschen. Entscheidend ist die Frage der *Angemessenheit*. Und bezüglich dieses Problems können die Menschen irrational sein - und sind es oft auch; nicht nur gedankenlos, sondern sogar pervers und verrrückt«, in: Rationalität (Anm. 43), S. 117f.

52 Hume, David: A Treatise on Human Nature, Buch II, Teil III, Abt. 3. Auch unter Ökonomen ist diese These populär. Herbert A. Simon, dem für seine Arbeiten über Entscheidungsprozesse in ökonomischen Organisationen der Nobelpreis zuerkannt wurde, schreibt: »Während die Vernunft uns also sehr gut helfen kann, Mittel zum Erreichen unserer Ziele zu finden, kann sie über die Ziele selbst wenig aussagen. ... Wir sehen, daß die Vernunft im ganzen nur ein Werkzeug ist. ... Sie ist ein Söldner, der sich in den Dienst jedweder Sache stellt, ob gut oder böse«, in: Homo rationalis. Die Vernunft im menschlichen Leben, Frankfurt a.M. u.a. 1993, S. 15f.

53 Horkheimer: Zur Kritik der instrumentellen Vernunft (Anm. 3), S. 17.

mokratien von einer »jüdischen Verschwörung« dirigiert werden), oder weil sie *zweitens* dazu führen, daß die Nationalsozialisten sich ein von allen gewohnten Maßstäben abweichendes Alternativschema zur Darstellung moralisch-deskriptiver Fakten zu eigen machen (zum Beispiel daß man, wenn man sogenannter »Arier« ist, die Pflicht hat, die nichtarischen Rassen der »Herrenrasse« zu unterwerfen oder zu vernichten), oder weil man schließlich *drittens* schlechthin willkürlich handelt (zum Beispiel wenn ein Nationalsozialist keinen anderen Grund für sein Handeln ins Feld führt, als daß ihm einfach der Sinn danach steht).

Wenn man also »von allen gewohnten Maßstäben abstrahiert und nur die wahnwitzigen ideologischen Behauptungen des Rassismus« berücksichtigt, dann, und nur dann, macht die Vernichtungspolitik der Nationalsozialisten einen Sinn; allerdings einen Sinn, der mit unangemessenen ideologischen Behauptungen gestützt ist, von denen die Nationalsozialisten, da sie ja gezwungen sind, jeglichen rationalen Rechtfertigungszusammenhang einfach abzubrechen, nur glauben können, sie seien durch die Wissenschaften bewiesen.[54] Im Hinblick auf die zentrale Zwecksetzung der Nationalsozialisten - um hier wieder auf Weber zurückzukommen - kann man also nicht mehr von einem wechselseitigen Implikationsverhältnis zweckrationaler und wertrationaler Orientierung sprechen - zumal einer

54 Hannah Arendt: Die vollendete Sinnlosigkeit, in: Nach Auschwitz, Essays & Kommentare 1, Berlin 1989, S. 8 und 27; dies.: Elemente und Ursprünge totaler Herrschaft, München 1986, S. 673; vgl. auch Rescher: Rationalität (Anm. 43), S. 119.
Baumans Auffassung von Modernität und seine Beispiele für eine sogenannte rationale Beweisführung, die die Wissenschaftlichkeit des Rassismus begründen, sind zum Teil fragwürdig. So beruft er sich zum Beispiel auf zwei »Wissenschaftler«, nämlich auf Linné und Gobineau, mit folgenden Bemerkungen: »Aus der *sine ira et studio* betriebenen Beobachtung der Wirklichkeit erschloß sich notwendig die materiell greifbare, unzweifelhaft und *objektiv* festzustellende abendländische Überlegenheit über alle anderen Kulturen und Erdteile. Linné... notierte die Unterschiede zwischen den Bewohnern Europas und Afrikas mit derselben gewissenhaften Akribie, die er auf die systematische Unterscheidung der Krustentiere und Fische verwandte. Wie hätte er die weiße Rasse wohl anders beschreiben können denn als 'intelligent, voller Erfindungsgeist, gesittet und durch Gesetze gelenkt... Und im Gegensatz dazu die Afrikaner als Negativfolie: faul, verschlagen und unfähig zur Selbstbestimmung.' Gobineau, der Vater des 'wissenschaftlichen Rassismus', mußte somit nur durchschnittliche Originalität aufbringen, um der schwarzen Rasse geringe Intelligenz zu bescheinigen, überentwickelte Triebhaftigkeit und verbunden damit eine primitive furchteinflößende Gewalt (ähnlich dem ungezügelten Mob), während er bei den Weißen eine ausgeprägte Neigung zur Freiheit, Moral und allem Geistigen sah«, in: Dialektik der Ordnung (Anm. 11), S. 84f. Hier erübrigt sich jeder weitere Kommentar, angesichts der Blindheit gegenüber der Tatsache, daß solche »Wissenschaft« zum Objekt eines weltanschaulichen Dezisionismus verkam.

rationalen Orientierung, die im Hinblick auf die Selbsterhaltung des nationalsozialistischen Regimes fähig wäre, auch die Folgen und die Geeignetheit der Mittel in Augenschein zu nehmen.

Wenn man von einem derartigen Rationalitätsbegriff ausgeht, hatte die Vernichtungspolitik, die von Horkheimer und Adorno durchaus als »autonomer Selbstzweck«[55] erkannt wurde, dann auch längst ihre *rationale Orientierung* verloren, wobei eben »sowohl die Mittel gegen die Zwecke, wie die Zwecke gegen die Nebenfolgen, wie endlich auch die verschiedenen möglichen Zwecke gegeneinander rational« abgewogen werden.

2.

Sehen wir uns nun die heutigen - für unser Problem relevanten - Interpretationen in der historischen Forschung zum Thema der nationalsozialistischen Massenvernichtung an, so sind sie vor allem von intentionalistischen und funktionalistischen Paradigmen bestimmt.[56] Das *intentionalistische* Erklärungsmodell geht dabei von der Annahme aus, daß man einen direkten kausalen Zusammenhang zwischen Ideologie und Tat herstellen könne. Dieser Interpretation zufolge müsse die »Endlösung der Judenfrage« als zentrales Ziel eines von langer Hand entworfenen und wohldurchdachten Vernichtungsplans gesehen werden, dessen Verwirklichung von Hitler von Beginn an erstrebt und letztlich seinen Befehlen und ideologischen Vorstellungen entsprechend durchgeführt wurde. Für die Intentionalisten besteht also eine direkte Beziehung zwischen Ideologie, Planung und praktischer Umsetzung.

Im Gegensatz dazu stellt der *funktionalistische* oder *strukturalistische* Ansatz die improvisierende und sich verselbständigende Entwicklung der nationalsozialistischen Judenpolitik heraus, ohne dabei jedoch - wie häufig aufgrund des Befundes eines nicht eindeutigen Vernichtungsbefehls Hitlers unterstellt wird - Hitler die ideologische Urheberschaft der »Endlösung« abzusprechen. Dieser Ansatz besagt lediglich, daß die Rolle der vermeintlich obersten Entscheidungsinstanz durch die fortwährende Interaktion verschiedener halbautonomer Handlungsträger recht beschränkt war und daß die nationalsozialistische Judenpolitik vornehmlich als eine Serie von ineinander verschränkten Reaktionen dieser verschiedenen halbautonomen Handlungsträger innerhalb eines polykratischen Systems gesehen werden muß. Obwohl dadurch eine systemimmanente »kumulative Radi-

55 Horkheimer/Adorno: Dialektik der Aufklärung (Anm. 14), S. 181.
56 Vgl. hierzu die gute Übersicht bei Kershaw, Ian: The Nazi Dictatorship. Problems and Perspectives of Interpretation, London 1985.

kalisierung« erzeugt wurde, sei die Vernichtung der Juden nicht von vornherein geplant worden, denn sie habe sich erst während des Krieges gegen die Sowjetunion sozusagen im Selbstlauf als »Lösung der Judenfrage« für die selbstverursachten Probleme des nationalsozialistischen Regimes ergeben.[57]

Beide heute in der historischen Forschung für *möglich* gehaltenen Interpretationsmodelle, und es kommt mir hier zunächst nicht darauf an, welches der beiden den Kern der Sache konkreter trifft, scheinen mir - und das ist das Wichtige - in *jeweils unterschiedlicher Weise gegen jenen Rationalitätsbegriff zu sprechen,* den Adorno und Horkheimer und mit ihnen eben auch viele andere zur Erklärung der nationalsozialistischen Massenvernichtung in Anspruch genommen haben. Gehen wir vom intentionalistischen Erklärungsmodell aus, so müßte dieser Interpretation zufolge die »Endlösung« als zentrales, gleichsam *wertrationales* Ziel eines von langer Hand entworfenen Vernichtungsplans gesehen werden, der dem Willen unterlag, eine dem nationalsozialistischen Weltbild entsprechende »vollkommene Welt zu schaffen«.[58] Gehen wir dagegen vom strukturalistischen oder funktionalistischen Ansatz aus, so hätte sich die Vernichtung der Juden sozusagen im Selbstlauf als »Lösung«, mithin *unabhängig von zweckrationalen Kalkülen,* für die selbstverursachten Probleme eines durch innere Antagonismen zunehmend blockierten Regimes ergeben.

Ich gehe daher auch davon aus, daß der Genozid an den europäischen Juden *sowohl* die Prinzipien Weberscher Zweckrationalität *als auch* die Prinzipien einer an den Zweck egoistischer Selbsterhaltung gekoppelten instrumentellen Vernunft widerlegt. Es zeigt sich nämlich, daß der so oft zitierte vermeintliche »Antisemitismus der Vernunft«, den Hitler (gegenüber dem des bloßen Gefühls) bereits 1919 programmatisch für den Nationalsozialismus entwickelt hatte, dem instrumentellen Vernunftbegriff,

57 Mommsen, Hans: Kumulative Radikalisierung und Selbstzerstörung des Regimes, in: Meyers Lexikon Bd. 16, Mannheim 1976, S. 785ff.; neuerdings auch Aly, Götz: »Endlösung«. Völkerverschiebung und der Mord an den europäischen Juden, Frankfurt a.M. 1995.

58 Der generalisierende Vorwurf Baumans, »die Moderne« als solche habe *immer* »die Ambition... eine vollkommene Welt zu schaffen« ist gelinde gesagt eine Kurzsichtigkeit, siehe: »Der Holocaust ist nicht einmalig« (Anm. 19). Er übersieht - indem er das nationalsozialistische Projekt einer sogenannten »perfekten Gesellschaft« durchweg als »modernes politisches Programm« darstellt (in: Dialektik der Ordnung (Anm. 11), S. 81-83) - eine rechtliche und politische Tradition der Moderne, deren »theory of liberal democracy... a simple pychological premise and a complex institutional strategy« hat. »Its psychological premise is the fragility of reason«, aus: Holmes: Passions and Constraint (Anm. 4), S. 267.

wie ihn Horkheimer paradigmatisch entfaltete, nur auf den ersten Blick, bei näherer Betrachtung aber schwerlich entsprechen kann. Diese für die nationalsozialistische Ideologie letztendlich bestimmende Programmatik, deren - so Hitler - »letztes Ziel... unverrückbar die Entfernung der Juden überhaupt sein«[59] sollte, enthüllt vielmehr eine der instrumentellen Vernunft geradezu entgegengesetzte Funktion. Die Vernichtung der Juden erfüllte nämlich die wesentliche Funktion - und ich zitiere hier noch einmal Horkheimers Worte -, sich als »Ziel um ihrer selbst willen« als *vernünftig* darzustellen, »ohne auf irgendeinen Vorteil sich zu beziehen«. Ein Gedanke also, der, wie Horkheimer an anderer Stelle zugibt, der neuzeitlichen »subjektiven Vernunft zutiefst fremd« ist.[60] Aber auch die Annahme einer auf Ausbeutung gerichteten ökonomischen Interessenpolitik, die Horkheimer von Anfang an in diesem Zusammenhang vertreten hatte, hebt sich von der radikalen Massenvernichtung, die sich schließlich nur noch selbst Zweck war, in einer derart extremen Weise ab, daß auf utilitaristische Motive und Selbsterhaltung bezogene Erklärungsmodelle durch die nationalsozialistische Handlungsweise in Frage gestellt werden müssen: »Das Ereignis Auschwitz rührt an Schichten zivilisatorischer Gewißheit, die zu den Grundvoraussetzungen zwischenmenschlichen Verhaltens gehören. ... Die... Massenvernichtung bedeutet so etwas wie die Widerlegung einer Zivilisation, deren Denken und Handeln einer Rationalität folgt, die ein Mindestmaß antizipatorischen Vertrauens voraussetzt.«[61] Aus der Handlungsweise der Nationalsozialisten kann also schwerlich generell eine zivilisatorische Logik des *Homo oeconomicus* oder eine machtpolitische Selbsterhaltung des Regimes erkannt werden. Wie wäre auch anders - um nur einige Beispiele zu nennen - die Tatsache zu erklären, daß einige Monate vor Kriegsende noch mehr als 2000 Juden von Rhodos aus Tausende Kilometer weit nach Auschwitz geschafft wurden, und dies um den Preis des Zurücklassens schweren militärischen Geräts. Oder aber, daß rumänische und ungarische Juden aus Gebieten, die wenige Kilometer von der Ostfront lagen, von der deutschen Wehrmacht entfernt wurden, nur um auch noch den letzten Winkel Europas zu »säubern« und für eine deutsche Besiedlung vorzubereiten, die allerdings zu diesem Zeitpunkt keineswegs

59 Zitat aus: Deuerlein, Ernst: Hitlers Eintritt in die Politik und die Reichswehr, in: Vierteljahrshefte für Zeitgeschichte 7, 1959, S. 177.

60 Horkheimer: Zur Kritik der instrumentellen Vernunft (Anm. 3), S. 15; ders.: Zum Begriff der Vernunft, in: Gesammelte Schriften, Band 7, hrsg. von Gunzelin Schmid Noerr, Frankfurt a.M. 1985, S. 23.

61 Diner, Dan: Vorwort des Herausgebers, in: Zivilisationsbruch. Denken nach Auschwitz, hrsg. von dems., Frankfurt a.M. 1988, S. 7.

mehr realistisch war: schon deshalb, weil die Aktion dem deutschen Militär wertvolles Material und Personal für die Kriegsführung entzog. Himmler hatte ja auch nie ein Hehl daraus gemacht, daß für ihn die Vernichtung der Juden selbst gegenüber der militärischen Rüstungsproduktion Vorrang habe, und auch das *Ministerium für die besetzten Ostgebiete* hatte den Befehl erteilt, daß prinzipiell die Berücksichtigung »nützlicher« Faktoren hinsichtlich der »Endlösung der Judenfrage« unzulässig sei.[62] Auch am Schicksal des Warschauer Ghettos läßt sich schließlich nachweisen, daß »es liquidiert (wurde) trotz steigender Nachfrage nach jüdischen Arbeitskräften und obwohl die Produktivität des Ghettos rasch zunahm«.[63] Die Vernichtung der europäischen Juden war also in bezug auf die ökonomischen Bedürfnisse, den Erfolg der Kriegsmaschinerie und damit in bezug auf die Selbsterhaltung des nationalsozialistischen Regimes, das sich von einer vermeintlichen »Vision einer besseren... Gesellschaft«[64] leiten ließ, strategisch eindeutig destruktiv. Denn der *selbstzerstörende* Rassismus der Nationalsozialisten »war kein Täuschungsmanöver, kein Mythos, hinter dem sich reale wirtschaftliche Interessen verbargen«, er war vielmehr »der Fixpunkt des Systems«.[65]

Hinsichtlich der Logik einer »Vernichtung um der Vernichtung willen«,[66] die sich vorwiegend jeglichem Nützlichkeitskriterium entzog, kann daher der Mord an den europäischen Juden in den nationalsozialistischen Vernichtungslagern nur mit zwei Begriffen von Rationalität bzw. ihres Umschlags in Irrationalität angemessen erklärt werden: Entweder (1) mit einem Begriff von *Mittelrationalität* - also einem sehr reduzierten Begriff von Zweckrationalität -, der qua Anpassung an die Systemzwänge im strukturalistischen oder funktionalistischen Ansatz seinen Ausdruck findet, oder

62 Diese Beispiele sind entnommen aus: Diner, Dan: Historisierung und Rationalität. Bausteine zu einer Theorie über die »Endlösung«, in: Politische Formierung und soziale Erziehung im Nationalsozialismus, hrsg. von Hans-Uwe Otto und Heinz Sünker, Frankfurt a.M. 1991, S. 369, und aus: Bauman: Dialektik der Ordnung (Anm. 11), S. 121 und 153; siehe auch Hilberg, Raul: Täter, Opfer, Zuschauer. Die Vernichtung der Juden 1933-1945, Frankfurt a.M. 1992, S. 26.

63 Browning, Christopher R.: Vernichtung und Arbeit. Zur Fraktionierung der planenden deutschen Intelligenz im besetzten Polen, in: Vernichtungspolitik. Eine Debatte über den Zusammenhang von Sozialpolitik und Genozid im nationalsozialistischen Deutschland, hrsg. von Wolfgang Schneider, Hamburg 1991, S. 49.

64 Bauman: Dialektik der Ordnung (Anm. 11), S. 10; vgl. ferner S. 107, wo es heißt, daß der »Massenmord... kein Werk der Zerstörung, sondern ein schöpferisches Werk« war, weil die Juden nicht in das Bild einer »harmonischen, konfliktfreien Welt« paßten.

65 Browning: Vernichtung und Arbeit (Anm. 63), S. 49.

66 Diner, Dan: Ist der Nationalsozialismus Geschichte? Zu Historisierung und Historikerstreit, Frankfurt a.M. 1987, S. 71.

aber (2) mit dem Begriff *der Wertrationalität*, der im Zusammenhang mit dem intentionalistischen Erklärungsmodell durch »konsequente planvolle Orientierung... ohne Rücksicht auf die vorauszusehenden Folgen«[67] für das nationalsozialistische Regime charakterisiert ist.

3.

Zusammenfassend läßt sich daher sagen, daß die Begriffe »Zweckrationalität« und eine an den Zweck der Selbsterhaltung gekoppelte »instrumentelle Vernunft« sich als ungeeignete Rationalitätsbegriffe für die Beschreibung des Vernichtungsprozesses erweisen. Darüber hinaus wird deutlich, daß *Zweckrationalität* und die Rede von *instrumenteller Vernunft* - sowohl im Zusammenhang mit dem Zweck der Selbsterhaltung als auch im Zusammenhang mit Horkheimers zweiter Definition als *reine* Mittelrationalität, die, im Sinne einer rationalisierten Eigenlogik der Mittel (zum Beispiel alles »technisch Machbare« zu realisieren), über ihre eigenen Hervorbringungen nicht mehr rational verfügen kann[68] - vollkommen gegensätzliche Rationalitätsbegriffe darstellen.[69]

Eine der - auf Zwecke, Werte, Mittel und Folgen - *reflektierenden* Zweckrationalität geradezu entgegengesetzte eigentümliche *Strukturgleichheit* ergibt sich dann aber zwischen wertrationalem und mittelrationalem Handeln. Diese Handlungsformen sind in unserem Fall jeweils entweder durch den »unbedingten Eigenwert«[70] einer *Ideologie* oder durch die *Eigenlogik der Mittel* bestimmt, die sich zum Beispiel in blinder Befehlstreue und mechanischer obrigkeitsstaatlicher Pflichterfüllung oder im Sinne traditionellen Handelns motivlos »durch eingelebte Gewohnheit«[71] ausdrücken kann. Diese Strukturgleichheit drückt sich in der gleichsam rechtsstaatlich enthobenen,[72] unkontrollierten und ungehemmten nationalsozialistischen Herrschaft dann auch darin aus, daß sowohl Instrumentalität als auch

67 Weber: Wirtschaft und Gesellschaft (Anm. 27), S. 12.

68 Das gibt Bauman selbst an einer Stelle zu, wenn er schreibt, daß angesichts der oben angeführten Beispiele nationalsozialistischer Vernichtungspolitik die »morbide(n) Tendenz, Mittel und Zweck zu vertauschen« sich nicht drastischer veranschaulichen läßt, in: Dialektik der Ordnung (Anm. 11), S. 121.

69 Nur eine - im Sinne der zweiten Definition Horkheimers - Mittelrationalität, Weber verwendete hierfür auch den Begriff »technische Rationalität« (in: Wirtschaft und Gesellschaft (Anm. 27), S. 33), wäre als rationalitätstheoretischer Erklärungsansatz für den Vernichtungsprozeß geeignet.

70 Weber: Wirtschaft und Gesellschaft (Anm. 27), S. 12.

71 Ebd.

72 Vgl. hierzu Schäfer: Die »Rationalität« des Nationalsozialismus (Anm. 4), S. 135ff.

Wertrationalität dort *irrational* werden, wo sie *ohne berechnende* Rücksicht auf die Folgen und in der Blockade gegenüber anderen Möglichkeiten in der *Verabsolutierung* ihrer Mittel bzw. Eigenwerte - wenn auch effizient[73] - verharren.[74]

Erst die *Differenzierung unterschiedlicher Typen von Rationalität* erlaubt es uns also, Vernunft- und Rationalitätskritik *angemessen* zur Geltung zu bringen. Dies sollte man sich vergegenwärtigen, wenn man - wie Bauman in Anlehnung an Horkheimers und Adornos Gleichsetzung der

73 Bauman schließt Rationalität sehr häufig mit Effizienz kurz: »In keiner Phase kollidierte die 'Endlösung' mit dem rationalistischen Credo effizienter, optimaler Zielverwirklichung«, in: Dialektik der Ordnung (Anm. 11), S. 31.
Rescher hat hingegen mit Recht darauf hingewiesen, daß die »im Auffinden wirksamer Mittel für ausgewählte Zwecke relevante instrumentelle Rationalität... nur ein Teil der Rationalität insgesamt (ist). Denn Mittel können sich sehr wohl auf *unangemesssene* Zwecke richten. ... Ein Betrüger oder ein selbstdestruktiv neurotischer Mensch kann ziemlich effizient sein, wenn es darum geht, die Mittel für seine Ziele herauszubekommen. Aber diese partielle Art von Rationaliät macht solche Handlungen nicht *insgesamt* rational«, in: Rationalität (Anm. 43), S. 116.

74 Siehe dazu Thyen: Negative Dialektik und Erfahrung (Anm. 33), S. 235.
Leszek Kolakowski hat völlig recht, wenn er behauptet, daß wir Irrationalität nicht vordergründig mittels selbstzerstörerischer oder uns selbst schadender Folgen unserer Handlungen definieren können, da ja eine Selbstzerstörung durchaus *intendiert* sein kann. Es wäre etwa töricht zu sagen, daß Selbstmord per definitionem irrational sei. Irrational wäre eine Handlung vielmehr nur dann zu nennen, »deren Ergebnis der Handelnde berechnen kann, ohne es aber zu tun (und nicht eine solche, die im faktischen Ergebnis verheerend, selbstzerstörerisch, moralisch unannehmbar usw. ist)«, in: Die Moderne auf der Anklagebank, Zürich 1991, S. 98-100. Unrecht hat er aber dann, wenn er in der Folge bemerkt, daß die Behauptung falsch sei, die Vernichtung der Juden sei für das Dritte Reich im Hinblick auf die Kriegsführung schädlich und damit irrational gewesen. Die Behauptung wäre nur dann richtig, so Kolakowski, wenn die Nationalsozialisten in der Vernichtung ein Mittel gesehen hätten, um den Krieg zu gewinnen. Da die Vernichtung der Juden aber ein eigenständiges Ziel darstellte, konnte die Vernichtung mit anderen Zielen kollidieren, ohne deshalb irrational zu sein. Diese Betrachtungsweise läßt aber außer Betracht, daß die Nationalsozialisten neben dem Ziel der Vernichtung durchaus daran interessiert waren, den Krieg noch zu gewinnen, wenn auch die Vernichtung der Juden sich erst während des Krieges gegen die Sowjetunion als eine aber bereits vorhandene wertrationale »Lösung« für die selbstverursachten Kriegsprobleme des Regimes ergeben hatte. *Irrational war also die Vernichtung der Juden deshalb, weil die Nationalsozialisten die Konsequenzen der Vernichtung während des Krieges, den sie gewinnen wollten, durchaus berechnen konnten, ohne es aber zu tun!* Wie Kolakowski ein paar Seiten weiter ja selbst behauptet (S. 110), kennen wir »die Stereotype von Herrschern, die aus krankhaftem Haß, aus Neid, Rachsucht und Machtgier gehandelt haben - von Tiberius und Kaiserin Theodora bis zu Stalin und Hitler -, doch es versteht sich keineswegs von selbst, daß solche Psychopathen durchweg unfähig waren, die Wirkungen ihres Handelns zu berechnen.«

instrumentellen Vernunft mit Vernunft überhaupt - erneut behauptet, daß »der Holocaust... inmitten der modernen, rationalen Gesellschaft konzipiert und durchgeführt«[75] wurde, weil »(z)u keinem Zeitpunkt... die Endlösung in Widerspruch zu den Grundsätzen der Rationalität« geriet.[76] Ohne Differenzierung verschiedener Formen von Rationalität, die eben schon Weber einforderte und die es möglich macht, eine pauschale Verurteilung von Rationalität zu vermeiden, kann man über unsere unmittelbare Vergangenheit und Gegenwart nicht mehr kompetent sprechen. Das gilt im übrigen auch dann, wenn Bauman von *der* »bürokratischen Rationalität«[77] spricht und die »spezifisch modernen, technisch-bürokratischen Handlungsmuster und der sie bedingenden Mentalität«[78] als »wichtigsten kausalen Faktor für den Holocaust« betrachtet und seine Auffassung schließlich dahingehend verallgemeinert, daß die »Entmenschlichung... unlösbar mit der rationalistischen Tendenz der Bürokratie verknüpft« sei.[79] Auch hier ist der an einer von Horkheimer und Adorno bestimmten Aufklärungskritik geschulte Blick des Soziologen so dominant, daß er die nützliche Unterscheidung Max Webers übersieht, daß die Folgen und unterschiedlichen Mechanismen einer bürokratischen Kultur immer auf den »einzelne(n) historische(n) Fall... hin zu betrachten« sind; das heißt »in welcher speziellen Richtung... die Bürokratisierung verlief«.[80] Bürokratie, reduziert auf eine

75 Bauman: Dialektik der Ordnung (Anm. 11), S. 10.
76 Ebd., S. 31.
77 Ebd., S. 29.
78 Ebd. S. 110.
79 Ebd., S. 118; vgl. ferner S. 31, wo es heißt, daß der Holocaust »von einer Bürokratie in Reinkultur produziert« wurde. Siehe dazu meine ausführliche Kritik, in: Schäfer: Die Rationalität des Nationalsozialismus (Anm. 4), Kapitel V.
80 Weber: Wirtschaft und Gesellschaft (Anm. 27), S. 572.
Auch M. Rainer Lepsius hat klar herausgearbeitet, wie eine Bürokratie - statt für eine verantwortungsbewußte Politik als Mittel zu dienen - über jene Eigengesetzlichkeit verfügen kann, wenn sie in ein *Spannungsverhältnis zur Rationalität legaler Herrschaftsbeziehungen* tritt: »Natürlich bestanden auch unter dem Nationalsozialismus Bürokratien und Betriebe, die nach den Kriterien verfahrensmäßig kontrollierter Handlungsorientierung weiter funktionierten. Entscheidend war aber nicht das Weiterfunktionieren von einzelnen Apparaten, sondern die Entinstitutionalisierung der Rationalitätskriterien im politischen System, in der Rechtsordnung und im volkswirtschaftlichen Steuerungssystem. Der Nationalsozialismus ist ein eindrucksvolles Beispiel dafür, wie durch die Veränderung des Rationalitätsgrades in einzelnen institutionellen Komplexen und durch die damit einhergehende Veränderung der Konstellation von Institutionen und ihrer Beziehungen untereinander, das Kultur- und Sozialsystem einer ganzen Gesellschaft innerhalb kurzer Zeit seinen Charakter ändert«, in: Interessen, Ideen und Institutionen, Opladen 1990, S. 49.

»sklavisch-selbstläuferische Vollstreckungsmaschine«,[81] *kann*, wie im Dritten Reich, unter rücksichtsloser Ausnutzung des Machtpotentials effektiver Organisation, eine Umsetzung des Vernichtungsprozesses ermöglichen; insbesondere dann, wenn die Handlungsträger, enthoben von jeglicher rechtsstaatlichen und moralischen Kontrolle, »sich so sehr auf die Mittel« konzentrieren, »daß diese schließlich als Zweck selbst erscheinen«.[82]

Es dürfte mithin schwerlich einzusehen sein, *warum* die nationalsozialistischen Verbrechen der spezifische Ausdruck »der Vernunft« oder »der Rationalität« sein sollen, außer man wolle - um einer eindeutigen Erklärung willen - sie »für alle Übel in der Welt verantwortlich... machen«.[83] Eine mangelnde begriffliche Unterscheidung, die die Rationalität und damit die Moderne mißverständlich oder aber ausdrücklich gewollt nur als Ganzes treffen kann,[84] läuft gewissermaßen auch auf eine Einebnung der genuin nationalsozialistischen Verbrechen hinaus. Diese sollten vielmehr in den *spezifischen Gesamtzusammenhang eines »reactionary modernism«*[85] *der damaligen deutschen Gesellschaft* gestellt werden, in der die Weltanschauungstäter ihre völkisch-radikale Utopie mit bestimmten Formen von Rationalität auf eigentümliche Weise miteinander verbanden.[86] Letztendlich aber waren nicht mehr rationale Überlegungen, sondern - in ihrer unheilvollen Verschränkung - bloßes (auch pseudowissenschaftliches) Vorurteil, rücksichtslose Brutalität, ein traditionelles Ethos von Pflichterfüllung und unbedingtem oder vorauseilendem Gehorsam der übrigen

81 Mommsen, Hans: Modernität und Barbarei, Anmerkungen aus zeithistorischer Sicht, in: Modernität und Barbarei, Soziologische Zeitdiagnose am Ende des 20. Jahrhunderts, hrsg. von Max Miller und Hans-Georg Soeffner, Frankfurt a.M. 1996, S. 152.

82 Bauman: Dialektik der Ordnung (Anm. 11), S. 120.

83 Schnädelbach, Herbert: Rationalität und Normativität, in: Zur Rekonstruktion der praktischen Philosophie, hrsg. von Karl-Otto Apel u.a., Stuttgart 1990, S. 124.

84 Nur an einigen wenigen Stellen relativiert Bauman seine allgemeine Anklage, siehe dazu in: Dialektik der Ordnung (Anm. 11), S. 31, 103, 108, 110.

85 Herf, Jeffrey: Reactionary Modernism, Technology, Culture, and Politics in Weimar and the Third Reich, Cambridge 1984.

86 Diese Gesellschaft kann man wohl nicht ohne weiteres - obwohl sich in ihr eine Reihe von Modernisierungsschüben, insbesondere im Bereich der industriellen Rationalisierung, fortsetzte - als »hochentwickelte Zivilisation« oder als ein »Umfeld außergewöhnlicher kultureller Leistungen« betrachten, wie Bauman behauptet, siehe: Dialektik der Ordnung (Anm. 11), S. 10. Inwieweit hingegen die deutsche Kultur und Wissenschaft durch die nationalsozialistische Rassenideologie in ganzer Breite qualitativ getroffen wurde, dazu vgl. insbesondere Lepsius, M. Rainer: Kultur und Wissenschaft in Deutschland unter der Herrschaft des Nationalsozialismus, in: ders.: Demokratie in Deutschland, Göttingen 1993.

Täter und darüber hinaus die bequeme Gleichgültigkeit und mangelnde Widerstandskraft der zahlreichen *Zuschauer* die wohl ausschlaggebenden Faktoren für den Holocaust.

Wolfgang Benz

Vernichtung als politische Kategorie im Denken des 20. Jahrhunderts

Vernichtung als literarische Metapher, als Kategorie politischer Planung, als Realisierung ideologisch begründeten Anspruchs wurde zu einer zentralen Denkfigur im 20. Jahrhundert. In sozialdarwinistischen, rassistischen Formulierungen zur »Lösung« der »Judenfrage« ins vorige Saeculum zurückreichend, im Ersten Weltkrieg exzessiv gelebt und im Nationalsozialismus zu Staatsdoktrin und Massenrausch gesteigert, kulminierten die Vorstellungen von Vernichtung im Rassenkrieg gegen Juden, »Zigeuner«, Slawen, gegen soziale und ethnische Gruppen und ganze Völker, die als »lebensunwert« definiert wurden.

Der Völkermord an den Juden beherrscht als die zentrale Katastrophe des 20. Jahrhunderts den politischen Diskurs, ungeachtet anderer Genozide, die erst allmählich zum Gegenstand komparatistischer Betrachtung werden.[1] Die Vergleichbarkeit der Völkermorde nach ideologischen Kriterien und phänomenologischen Kategorien ist umstritten, nicht zuletzt aus Gründen einer politischen Ethik, deren Angelpunkte Schuldbewußtsein und daraus resultierende Empathie gegenüber den Opfern sind. Für die politische Kultur der Bundesrepublik Deutschland bedeutet die Einzigartigkeit des Judenmords ein konstitutives Element, was freilich (abgesehen von der einzigartigen Methode und planmäßigen Organisation) keine generelle Einschränkung des Blicks auf diesen durch Deutsche zu verantwortenden Völkermord bedeuten kann. Zur Erforschung der Ursachen und Motive - wobei die besondere Vergleichbarkeit zwischen dem Genozid an den Armeniern im Ersten und dem an den Juden im Zweiten Weltkrieg konstatiert werden muß - gibt es nach dem zunächst geführten Diskurs über Schuld, Opfer und Täter noch viele Desiderate. Nur auf ein Moment sei hier hingewiesen, auf den Zusammenhang von Genozid und Moderni-

1 Vgl. Ternon, Yves: Der verbrecherische Staat. Völkermord im 20. Jahrhundert, Hamburg 1996; und, viel weiter ausgreifend: Katz, Steven T.: The Holocaust in Historical Context, Bd. 1, New York 1994; siehe auch Bauer, Yehuda: On the Place of the Holocaust in History, in: Holocaust and Genocide Studies 2, 2, 1987, S. 209-220; Kuper, Leo: Genocide. Its political use in the twentieth century, New Haven u.a. 1981.

sierung, bei dem der Völkermord als Funktion politischer, sozialer oder ökonomischer Erwägungen als instrumentalisierte, quasi-zwangsläufige Vernichtungsnotwendigkeit im Zuge gesellschaftlicher Modernisierungsprojekte zutage tritt.[2]

Der deutsche Anteil an der Entfesselung und Durchsetzung der Vernichtungsträume ist so erheblich, daß die Betrachtung des Holocaust ohne vergleichenden Blick auf Stalins Exzesse, auf das mörderische Pol Pot-Regime in Kambodscha, auf die »ethnischen Säuberungen« im zerschlagenen Jugoslawien, auf den Genozid in Ruanda oder die anderen Vernichtungsorgien der Welt lohnt. Der Rückblick auf Traditionen des Denkens und Handelns, die in Vernichtungswünschen und in vernichtender Realität kulminierten, erscheint dagegen am Exempel des nationalsozialistischen Völkermords an den Juden hilfreich und angezeigt.

»Der ungeheure Vernichtungswille, der über der Walstatt lastete, verdichtete sich in den Gehirnen und tauchte sie in rote Nebel ein. Wir riefen uns schluchzend und stammelnd abgerissene Sätze zu, und ein unbeteiligter Zuschauer hätte vielleicht glauben können, daß wir von einem Übermaß an Glück ergriffen wären.« Was der Schlachtenmaler Ernst Jünger in seinem Kultbuch *In Stahlgewittern* als kollektiven blutigen Rausch beschreibt und zum Heldengesang stilisiert,[3] als romantisches »Kriegserlebnis« ästhetisiert, war Bestandteil allgemeinen Bewußtseins, und die Verklärung deutschen Heldentums sollte über Niederlage und Ohnmacht nach dem militärischen und politischen Zusammenbruch 1918 hinwegtrösten. Die Selbstbeschwichtigung wurde Element einer Ideologie, in der die Vernichtung - von Andersdenkenden, Andersartigen, »Minderwertigen«, Unerwünschten, »Fremdrassigen«, weltanschaulichen Gegnern, »Artfremden«, Behinderten - als zentrale Kategorie auftrat.

Nicht der Sieg über Feinde, vielmehr die Vernichtung, das »Ausmerzen« und Ausrotten aller Gegner wurde als nationalsozialistisches Prinzip propagiert. In der Ideologie des Nationalsozialismus, in der sich aus dem postulierten Recht des Stärkeren das Bekenntnis zum Herrenmenschentum mit sich dann selbst rechtfertigenden Ansprüchen gegenüber der Welt ableitete, war die Vernichtung als politische Kategorie, als Intention des Völkermords angelegt, auch wenn dies erst nach einiger Zeit, erst als das Herrschaftssystem etabliert war, zutage trat.

2 Vgl. dazu insbesondere Bauman, Zygmunt: Dialektik der Ordnung. Die Moderne und der Holocaust, Hamburg 1992.

3 Jünger, Ernst: In Stahlgewittern, Berlin [14]1934, S. 254.

Zur Phänomenologie des Völkermords gehört seine Öffentlichkeit und die gleichzeitige Teilnahmslosigkeit der Nicht-Betroffenen. Der Genozid an den Armeniern geschah, wie nur zweieinhalb Jahrzehnte danach der Holocaust, unter den Augen der Welt. Der amerikanische Konsul im ostanatolischen Harput (Kharpert) berichtete nach Washington, was er bei Inspektionsreisen in seinem Amtsbezirk im Herbst 1915 beobachtet hatte: »Wir schätzen, daß wir während unserer Rundreise um den Göljuk-See binnen 24 Stunden die sterblichen Überreste von mehr als 10.000 ermordeten Armeniern gesehen haben. Dabei handelt es sich natürlich um Schätzungen, denn von manchen waren nur noch Skelette übrig, in anderen Fällen fanden wir aufgeblähte, stinkende Körper von Menschen, die wohl erst vor einigen Tagen getötet worden waren... Immer entdeckte ich bei meinen Reisen im Gebiet des Göljuk-Sees Skelette oder Knochen - erst kürzlich wieder, einige Wochen vor meiner Abreise aus Harput.«[4]

Und Hitler, der am 22. August 1939 die militärischen Befehlshaber auf den Obersalzberg befohlen hatte, um ihnen in langer Rede die Ziele des unmittelbar bevorstehenden Krieges zu entwickeln, propagierte seine Strategie als Ideologie der Vernichtung, als er erklärte, Ziel der Vernichtung Polens sei die »Beseitigung der lebendigen Kräfte«, nicht die Erreichung einer bestimmten strategischen Linie. Hitlers Ansprache an die Generale enthielt verräterische Sätze über die Absichten des bevorstehenden Krieges, bei denen die Teilnahms- und Gedächtnislosigkeit der Weltöffentlichkeit bereits einkalkuliert war: »Dschingis Chan hat Millionen Frauen und Kinder in den Tod gejagt« und »Wer redet heute noch von der Vernichtung der Armenier?«[5]

Auf einer anderen als der politischen Ebene war der erste Genozid des Jahrhunderts freilich noch aktuell, nämlich in der Literatur. Mitte 1933 war Franz Werfels Roman *Die vierzig Tage des Musa Dagh*[6] erschienen, geschrieben mit der im Vorwort geäußerten Absicht, »das unfaßbare Schicksal des armenischen Volkes dem Totenreich alles Geschehenen zu entreißen«. Das Buch, das Werfels Weltruhm begründete, während der Autor Emigrant wurde, war Helden- und Widerstandsepos für die Armeni-

4 Davies, Leslie A.: The Slaughterhouse Province. An American diplomat's report on the Armenian Genocide (1915-1917), hrsg. von Susan Blair, New Rochelle 1989.

5 Text der Hitlerrede vom 22.8.1939: Nürnberger Dokumente PS 798, PS 1014; vgl. auch Baumgart, Winfried: Zur Ansprache Hitlers vor den Führern der Wehrmacht am 22. August 1939. Eine quellenkritische Untersuchung, in: Vierteljahrshefte für Zeitgeschichte 16, 2, 1968, S. 139.

6 Werfel, Franz: Die vierzig Tage des Musa Dagh, Wien/Berlin 1933.

er und Menetekel für die Deutschen, soweit sie es noch zur Kenntnis nehmen wollten und konnten.

Aktuell war im Deutschland unter nationalsozialistischer Herrschaft aber die Verdrängung der jüdischen Minderheit aus dem öffentlichen Leben, die Ausgrenzung aus allen sozialen und ökonomischen Zusammenhängen. Die antisemitischen Komponenten der NS-Ideologie wurden in den Jahren vor dem Zweiten Weltkrieg mit den formalen Mitteln der Legislative und der Exekutive realisiert. Die direkte physische Vernichtung war nicht als Programm öffentlich proklamiert (und möglicherweise auch noch gar nicht als Absicht der Machthaber artikuliert), und darum bedurfte es nicht nur eines irgendwie konstruierten Anlasses, sondern vor allem des Hintergrunds, vor dem sie sich einigermaßen lautlos und zumindest für die Ausführenden plausibel durchführen ließ. Solch einen Hintergrund konnte nur der Krieg gegen äußere Gegner bilden.

In der Reichstagssitzung am 30. Januar 1939 stieß Hitler dann die berühmte Drohung öffentlich aus (die tatsächlich eine Absichtserklärung war): »Wenn es dem internationalen Finanzjudentum gelingen sollte, die Völker noch einmal in einen Weltkrieg zu stürzen, dann wird das Ergebnis nicht die Bolschewisierung der Erde und damit der Sieg des Judentums sein, sondern die Vernichtung der jüdischen Rasse in Europa.«[7] Das war nicht dahingesagt, das hat Hitler unter dem Jubel vieler Zuhörer in den folgenden Jahren mehrmals wiederholt, er wollte es als Prophezeiung und Programm gewertet wissen und wurde verstanden.[8]

Die »Lösung der Judenfrage« war als Metapher im öffentlichen Diskurs durch Traktate und Pamphlete seit den 40er Jahren des 19. Jahrhunderts präsent, der Begriff wurde zunächst nicht ausschließlich von Antisemiten propagiert. Unter »Lösung der Judenfrage« waren ursprünglich auch Assimilations- und Siedlungsprojekte und emanzipatorische philosemitische Bestrebungen verstanden worden. Im Zeichen eines neuen, rassebiologisch argumentierenden Antisemitismus diente der Begriff dann der Propagie-

7 Verhandlungen des Reichstags, Sten. Ber., 4. WP 1939-1942, Bd. 460, S. 16; vgl. auch Wilhelm, Hans-Heinrich: Wie geheim war die »Endlösung«?, in: Miscellanea, Festschrift für Helmut Krausnick zum 75. Geburtstag, hrsg. v. Wolfgang Benz u.a., Stuttgart 1980, S. 131-148.

8 Am 8.11.1942 erwähnte Hitler z.B. bei der Traditionsfeier zum Hitlerputsch im Münchner Löwenbräukeller vor den »Alten Kämpfern« seine Prophezeiung vom Januar 1939: »Sie werden sich noch erinnern an die Reichstagssitzung, in der ich erklärte: 'Wenn das Judentum sich etwa einbildet, einen internationalen Weltkrieg zur Ausrottung der europäischen Rassen herbeiführen zu können, dann wird das Ergebnis nicht die Ausrottung der europäischen Rassen, sondern die Ausrottung des Judentums in Europa sein!' (Beifall)«. Deutsches Rundfunkarchiv Frankfurt a.M., C 1370.

rung von ausgrenzenden und diskriminierenden Maßnahmen wie der Nichtzulassung von Juden zum öffentlichen Dienst, der »Entjudung« der Presse und des öffentlichen Lebens, der gesellschaftlichen Ächtung von »Mischehen«, dem Zurückdrängen des angeblich ökonomischen Einflusses der Juden. Ab 1933 radikalisierte sich die Metapher bis hin zur »Endlösung der Judenfrage«. Die Formulierung wird spätestens ab Frühjahr 1941 auch im amtlichen Schriftverkehr verwendet und am 31.7.1941 im »Bestellungsschreiben« des Reichsmarschalls Göring an den Chef des Reichssicherheitshauptamts Heydrich als Organisator der Vernichtung gebraucht: »Ich beauftrage Sie, mir in Bälde einen Gesamtentwurf über die organisatorischen, sachlichen und materiellen Vorausmaßnahmen zur Durchführung der angestrebten Endlösung der Judenfrage vorzulegen.«[9]

Im Einladungsschreiben und in der Tagesordnung der Wannsee-Konferenz ist der Begriff »Endlösung« dann bereits als feststehender Terminus etabliert.[10] Als sich die Staatssekretäre und SS-Offiziere am 20. Januar 1942 in der Villa am Großen Wannsee 56-58 in Berlin zur Erörterung organisatorischer Details der längst beschlossenen und im Gange befindlichen »Endlösung« trafen, wußten sie, daß die Vernichtung von elf Millionen Menschenleben zur Debatte stand, und sie wußten selbstverständlich, daß man dies bei der Erörterung umschreiben mußte. Die entsprechenden Passagen des Protokolls lesen sich trotzdem als Klartext, jedenfalls für alle, die mit der Sprache des SS-Staats vertraut waren. Im Protokoll der Staatssekretärs-Besprechung wird das Geschick, das den Juden Europas zugedacht war, unmißverständlich prognostiziert. Die zentrale Stelle lautet: »Unter entsprechender Leitung sollen nun im Zuge der Endlösung die Juden in geeigneter Weise im Osten zum Arbeitseinsatz kommen. In großen Arbeitskolonnen, unter Trennung der Geschlechter, werden die arbeitsfähigen Juden straßenbauend in diese Gebiete geführt, wobei zweifellos ein Großteil durch natürliche Verminderung ausfallen wird. Der allfällig endlich verbleibende Restbestand wird, da es sich bei diesem zweifellos um den widerstandsfähigsten Teil handelt, entsprechend behandelt werden müssen, da dieser, eine natürliche Auslese darstellend, bei Freilassung als Keimzelle eines neuen jüdischen Aufbaues anzusprechen ist.«[11]

9 Wortlaut in: Pätzold, Kurt/Schwarz, Erika: Tagesordnung: Judenmord. Die Wannsee-Konferenz am 20. Januar 1942. Eine Dokumentation zur Organisation der »Endlösung«, Berlin 1992, S. 79.

10 Ebd., S. 100.

11 Besprechungsprotokoll, ebd., S. 102-112, hier zitiert S. 107.

Die restlose Ausrottung, die Vernichtung aller Juden in ganz Europa war also als längst beschlossene Sache angekündigt, und mindestens die Hälfte der Besprechungsteilnehmer hatte auch ganz konkrete Vorstellungen, wie die Massenmorde verübt wurden oder noch begangen werden sollten. Natürlich mußten sie nicht die Vokabeln Totschlagen, Vergasen, Erschießen benützen (für Mord hielten sie die beabsichtigte Ausrottung der Juden ohnehin nicht), sie waren ja gebildete und wohlerzogene Leute, oder doch wenigstens Männer von Rang und Status, zusammengekommen zur Erledigung von Staatsgeschäften.

Über den Vollzug der vernichtenden Rassenpolitik berichtete der Reichsführer SS Heinrich Himmler, als der bürokratisch in letzter Instanz für den nationalsozialistischen Völkermord Verantwortliche, im Frühjahr 1944 vor Wehrmacht-Generalen, sie sei »nach Befehl und verstandesmäßiger Erkenntnis kompromißlos gelöst«[12], und vier Wochen später erklärte er: »Es ist gut, daß wir die Härte hatten, die Juden in unserem Bereich auszurotten«[13]. Das sind eindrucksvolle Beweise dafür, daß der Judenmord nicht eine Serie orgiastischer Taten durch fanatisierte Einzelne war, daß vielmehr bei allen pogromartigen Formen des Mordens der Genozid an Juden (wie an Sinti und Roma) nicht auf exzessivem und irrationalem Handeln beruhte, sondern Ergebnis planvollen Vernichtungswillens war.

Von der Vernichtung von Menschen als einer Notwendigkeit zeigten sich über den Kreis der oberen Funktionäre des NS-Regimes hinaus viele überzeugt, und sie ernteten Beifall, wenn sie es öffentlich machten, wie der Repräsentant der NSDAP in den besetzten Niederlanden, ein Oberdienstleiter Fritz Schmidt, der im Oktober 1941 die Drohung Hitlers gegen die Juden zitierte und sprach: »Wenn der Führer solch einen Satz spricht, dann heißt das Vernichtung des Judentums, und das wollen wir und dazu bekennen wir uns«.[14]

Daß dies nicht Propagandaphrasen waren, die zwar gehört und bejubelt, aber nicht vollzogen wurden, geht nicht nur aus der Realisierung des Vernichtungsprogramms hervor - das könnte allenfalls Aufgabe einer fanatischen Minderheit gewesen sein, und so wollten es viele später glauben; die Überzeugung, daß der physische Untergang der Angegriffenen notwendig sei, war weit verbreitet. Im Feldpostbrief eines Sanitätsunteroffiziers, ge-

12 Himmler-Rede vor Generalen in Sonthofen, 24. Mai 1944, Institut für Zeitgeschichte München, Archiv, Mikrofilm MA 316, S. 4609-4656.

13 Himmler-Rede vor Generalen in Sonthofen, 21. Juni 1944, ebd., Mikrofilm MA 315, S. 3945-4000.

14 Schmidt, Fritz: Ansprache zum einjährigen Bestehen des Arbeitsbereiches Niederlande der NSDAP, 12.10.1941, Deutsches Rundfunkarchiv Frankfurt a.M., 52.8867.

schrieben am 18. Juli 1942 an der Ostfront, ist zu lesen: »Die große Aufgabe, die uns im Kampf gegen den Bolschewismus gestellt ist, liegt in der Vernichtung des ewigen Judentums«.[15] Und ein anderer, ebenfalls Unteroffizier der Wehrmacht, schrieb nach Hause, es müsse und werde gelingen, die Welt von der jüdischen Pest zu befreien, dies garantiere der deutsche Soldat an der Ostfront: »Und wir wollen nicht eher zurück, als hier die Wurzel allen Übels ausgerissen und die Zentrale der jüdisch-bolschewistischen 'Weltbeglücker' vernichtet ist«.[16]

Der Krieg gegen die Sowjetunion war als Weltanschauungs-, Rassen- und Vernichtungskrieg geplant, und so wurde er auch geführt: gegen den Bolschewismus als Ideologie, gegen die Völker der Sowjetunion als Angehörige vermeintlich minderwertiger Rassen, gegen die jedes Mittel bis zur vollkommenen Vernichtung als erlaubt galt. Die Deutschen - und es war ziemlich gleich, ob sie Nationalsozialisten waren oder dem Regime kritisch gegenüberstanden - folgten, ohne zu zögern. Vielen genügte als Antrieb blinder Glaube und vollkommene Hingabe an die nationalsozialistische Führung, die meisten handelten im Einklang antikommunistischer Überzeugung mit dem Gefühl kultureller Überlegenheit und dem Bewußtsein, ihrem Vaterland zu dienen und ihre Pflicht zu tun, wenn sie nach Osten marschierten.

Durch militärischen Befehl waren auf Anordnung der politischen Spitze elementare Gesetze der Kriegführung im Feldzug gegen die Sowjetunion außer Kraft gesetzt worden. Gefangene genossen nicht den Schutz der Genfer Konvention und der Haager Landkriegsordnung, politische Kommissare, Juden und »fanatische Kommunisten« wurden sofort getötet, unter dem Deckmantel der Partisanenbekämpfung war die Zivilbevölkerung jeder Willkür preisgegeben und wurde Objekt endloser Repressalien.[17]

Im Ersten Weltkrieg waren 1,4 Millionen russische Soldaten in deutsche Kriegsgefangenschaft geraten. Die Sterblichkeitsrate betrug damals 5,4 Prozent. Im Zweiten Weltkrieg kamen 5,7 Millionen Angehörige der Roten Armee in deutschen Gewahrsam; 1945 waren von ihnen 3,3 Millionen nicht mehr am Leben. Sie waren verhungert, systematisch der Verwahrlosung, Krankheit und Erschöpfung preisgegeben, dienten - im September

15 Das andere Gesicht des Krieges. Deutsche Feldpostbriefe 1939-1945, hrsg. v. Ortwin Buchbender und Reinhold Sterz, München 1982, S. 171.

16 Ebd., S. 172 (14.8.1942).

17 Erobern und Vernichten. Der Krieg gegen die Sowjetunion 1941-1945, hrsg. von Peter Jahn und Reinhard Rürup, Berlin 1991; Der Krieg gegen die Sowjetunion 1941-1945. Eine Dokumentation, hrsg. von Reinhard Rürup, Berlin 1991.

1941 - in Auschwitz als Versuchsobjekt zur Tötung von Menschen mit Zyklon B, wurden erschossen.[18]

Ein Pamphlet, verantwortet vom SS-Hauptamt, unterstützte propagandistisch die Mordbefehle aus Berlin. *Der Untermensch* lautete der Titel der Broschüre, die 1942 an der Ostfront verteilt wurde und den Zweck hatte, die zur Vernichtung bestimmten Personengruppen zu stigmatisieren. Das geschah wirkungsvoll durch die Identifizierung von Bolschewismus und Judentum.[19] Dies hatte eine längere Vorgeschichte, und die Broschüre war nicht Ausfluß einer Sonderideologie der SS, sondern Ergebnis der auf Verknüpfung verschiedener Feindbilder basierenden (und Nietzsches »Übermensch«-Phantasie bis in ihr Gegenteil strapazierenden) Ausgrenzungsstrategie, die im Appell zur Ausrottung bestimmter Gruppen von Unerwünschten - Juden, Slawen, »Zigeuner« - mündete. Am 30. März 1941 hatte Hitler das militärische Personal, das zweieinhalb Monate später den Ostfeldzug als Vernichtungskrieg gegen die Sowjetunion führen sollte, auf die Aufgabe vorbereitet. Den 230 versammelten Generalen der Wehrmacht machte Hitler klar, daß ein »Vernichtungskampf« zu führen sei, der die »Vernichtung der bolschewistischen Kommissare und der kommunistischen Intelligenz« gebiete.[20] In den *Mitteilungen für die Truppe* war im Juni/Juli 1941 folgerichtig zu lesen, es gehe darum, »das rote Untermenschentum, welches in den Moskauer Machthabern verkörpert ist, auszulöschen.«[21] Und rechtzeitig war den Soldaten und Offizieren der deutschen Wehrmacht auch mitgeteilt worden, daß sie vom »Standpunkt des soldatischen Kameradentums abrücken« müßten.[22] Mit Befehlen und Richtlinien wurden Regeln der Kriegführung für die deutschen Aggressoren außer Kraft gesetzt, im Sinne einer Vernichtungsidee, die jedes Vorgehen rechtfertigte, wenn es zum Erfolg führte.

Ausführende der Vernichtung waren zunächst die »Einsatzgruppen der Sicherheitspolizei und des SD«, Mordkommandos, die hinter der Front operierten, die aus Polizei- und Waffen-SS-Einheiten rekrutiert waren. Dreitausend Mann waren es, denen zwischen Juni 1941 und April 1942

18 Streit, Christian: Keine Kameraden. Die Wehrmacht und die sowjetischen Kriegsgefangenen 1941-1945, Stuttgart 1978.

19 Der Untermensch, hrsg. Reichsführer SS/SS-Hauptamt, Wortlaut Nürnberger Dokument NO 1805.

20 Wortlaut in: Der deutsche Überfall auf die Sowjetunion. »Unternehmen Barbarossa« 1941, hrsg. von Gerd R. Ueberschär und Wolfram Wette, Frankfurt a.M. 1991, S. 248f.

21 Zit. nach Wette, Wolfram: Erobern, zerstören, auslöschen, in: Gehorsam bis zum Mord? Der verschwiegene Krieg der deutschen Wehrmacht - Fakten, Analyse, Debatte, hrsg. von Theo Sommer, Hamburg 1995, S. 16.

22 Vgl. Streit: Keine Kameraden (Anm. 18).

mehr als 550.000 Menschen zum Opfer fielen. Eine Formation der Einsatzgruppen, das Sonderkommando 4a, ermordete in zwei Tagen in der Schlucht von Babij Jar, am Stadtrand von Kiew, 33.771 Juden. Die Zahl ist verbürgt, sie wurde mit dem Zusatz, von der Wehrmacht seien »die durchgeführten Maßnahmen« gutgeheißen worden, im Erfolgsbericht nach Berlin gemeldet.[23]

Und die planmäßige Vernichtung von Menschenleben war keineswegs der SS als der weltanschaulichen Elitetruppe des Nationalsozialismus vorbehalten gewesen. Am 13. Juli 1942 ermordeten Angehörige des Reservepolizei-Batallions 101 in Jozefow in Polen befehlsgemäß 1.500 Juden - Männer, Frauen, Kinder - durch Genickschuß. Der Batallions-Kommandeur war verzweifelt über den Befehl, die Ausführenden waren erbittert und deprimiert; aber wer nicht mitmachen wollte, wurde ausdrücklich von der »Aktion« suspendiert. In weiteren Massakern im Distrikt Lublin, als Begleit- und Wachpersonal bei Deportationen nach Treblinka, bei Ghettoräumungen oder beim Aufspüren und Töten versteckter Juden gewöhnten sich die Männer an den Vernichtungsauftrag. Die knapp 500 Mann waren schließlich an mindestens 83.500 Morden im besetzten Polen beteiligt. Im bürgerlichen Leben, in das sie nach den Vernichtungsorgien zurückkehrten, wurden sie dann wieder Polizisten, die in Hamburg den Verkehr regelten, für Ruhe und Ordnung sorgten, staatstragender Beschäftigung nachgingen.[24]

Der Prozeß der Desensibilisierung unter Gruppendruck und des wachsenden Anpassungswillens läßt sich vielleicht erklären durch die Arbeitsteiligkeit des Mordens, durch die Entpersönlichung des Mordvorgangs, durch die Wirkung der propagierten Feindbilder, durch das Bewußtsein, eine Pflicht zu tun. Die Folgerung liegt jedenfalls nahe, daß autonome Moral als Position eher die Ausnahme bildete, daß Menschen in Extremsituationen zu jeder Aufgabe disponibel sind, wenn sie durch die Ideologie der Ausgrenzung, durch Feindbilder, zum Vernichten von Leben disponiert werden.

Das zeigt auch das folgende Beispiel: in Jugoslawien führte die deutsche Wehrmacht - nicht die SS - in den Jahren 1941 und 1942 unter der selbstbeschwichtigenden Formel »Partisanenkrieg« einen Ausrottungsfeldzug gegen die Minderheiten der Juden und Roma. 1941 lebten 17.000 Juden in Serbien unter deutscher Herrschaft, ein Jahr später wurde das unter Mili-

23 Krausnick, Helmut/Wilhelm, Hans-Heinrich: Die Truppe des Weltanschauungskrieges. Die Einsatzgruppen der Sicherheitspolizei und des SD 1938-1942, Stuttgart 1981.

24 Vgl. Browning, Christopher R.: Ganz normale Männer. Das Reserve-Polizeibataillon 101 und die »Endlösung« in Polen, Reinbek 1993.

tärverwaltung stehende Gebiet »judenfrei« gemeldet. Unter dem Vorwand der Partisanenbekämpfung wurden Juden und Roma als Geiseln genommen und im Zuge militärischer »Strafexpeditionen« erschossen. Im Zusammenwirken von Wehrmacht, Militärverwaltung und Auswärtigem Amt wurde so in zahlreichen »Aktionen« das Leben von Menschen vernichtet. Die zentrale Rolle der Wehrmacht bei den Verbrechen in Serbien ist evident, und viele Berichte, Briefe und andere Dokumente belegen, daß die Ermordung der durch die Rassen- und Herrenmenschen-Ideologie ausgegrenzten Juden, Roma und Kommunisten dem Bewußtseinsstand der Truppe entsprach.[25] Vernichtung jenseits aller Kriegsregeln war denkbar geworden und wurde millionenfach praktiziert.

Eingeübt worden war die Zerstörung menschlicher Existenz an Behinderten. Unter Geheimhaltung, aber öffentlich propagiert als Beseitigung »lebensunwerten Lebens«, verstanden als notwendige »Ausmerze«, wurden ab Herbst 1939 die Heil- und Pflegeanstalten systematisch leergemordet. Über 100.000 geistig Behinderte fielen der »Euthanasie«, die durch einen Hitlerbefehl scheinbar legalisiert war, zum Opfer.[26] Dann kamen invalide Häftlinge aus den Konzentrationslagern an die Reihe. Und wieder waren es nicht Einzelfälle oder Auswüchse: »Hinsichtlich der Vernichtung asozialen Lebens steht Dr. Goebbels auf dem Standpunkt, daß Juden und Zigeuner schlechthin... vernichtet werden sollen. Der Gedanke der Vernichtung durch Arbeit sei der beste«, heißt es im Protokoll eines Gesprächs am 14. September 1942 zwischen dem Reichsjustizminister Thierack und dem Chef des nationalsozialistischen Propagandaapparats, eines von vielen Zeichen der Barbarisierung politischer Entscheidungsträger.[27] Die »Vernichtung durch Arbeit« wurde in den Konzentrationslagern, Zwangsarbeitslagern und anderen Haftstätten von Anbeginn des NS-Regimes praktiziert.

An den Schreibtischen des Imperiums des Reichsführers SS Himmler wurden derweilen Projekte wie der »Generalplan Ost« ausgeheckt, in denen von der »Verschrottung« ganzer Völker die Rede war. In Fortführung seiner Ende 1939 verfaßten Gedanken »über die Behandlung der Fremdvölki-

25 Vgl. Manoschek, Walter: »Serbien ist judenfrei!«. Militärische Besatzungspolitik und Judenvernichtung in Serbien 1941/42, München 1993.

26 Vgl. Aly, Götz u.a.: Aussonderung und Tod. Die klinische Hinrichtung der Unbrauchbaren, Berlin 1985; Klee, Ernst: »Euthanasie« im NS-Staat. Die »Vernichtung lebensunwerten Lebens«, Frankfurt a.M. 1983.

27 Nürnberger Dokument PS 682, auszugsweise abgedruckt in: Der nationalsozialistische Völkermord an den Sinti und Roma, hrsg. von Romani Rose, Heidelberg 1995, S. 162.

schen im Osten«[28] gab Himmler als Reichskommissar für die Festigung deutschen Volkstums (RKF) den Befehl zur Ausarbeitung einer Gesamtkonzeption zur Germanisierungspolitik in den besetzten und noch zu erobernden Ostgebieten. Das Ergebnis war der »Generalplan Ost«, der in Form einer Denkschrift im Mai 1942 vorgelegt wurde. Das Dokument trug den Untertitel »Rechtliche, wirtschaftliche und räumliche Grundlagen des Ostaufbaus« und sah als Voraussetzung für dessen Realisierung ein neues Bodenrecht vor, mit dem Ziel der »Eindeutschung« durch Bevölkerungstransfer. Vier Millionen Germanen sollten die Hegemonie über die verbleibende autochthone Bevölkerung in den Siedlungsmarken »Ingermanland« (um Petersburg), »Gotengau« (Krim und Chersongebiet), im Memel-Narew-Gebiet haben. Beteiligt an den Planungen waren das Reichsministerium für die besetzten Ostgebiete und das Rassenpolitische Amt der NSDAP. Der Plan, unerwünschte Völker nach Sibirien umzusiedeln bzw. sie zu versklaven oder zu vernichten, hatte wegen der militärischen Situation zwar keine Chance zur Realisierung, bestimmte aber die Intentionen der Besatzungspolitik.[29] Aber die »Endlösung der Judenfrage« war perfektioniert und seit 1941 als planmäßige Vernichtung praktiziert. In Erschießungsgruben, in Gaswagen, in den Gaskammern der Vernichtungslager wurde der Mord an sechs Millionen Juden und an hunderttausenden Sinti und Roma in organisierter Form vollzogen.[30]

Himmler brüstete sich im weinerlichen Pathos des zum Staatsmann geblähten Buchhalters vor SS-Offizieren, vor Generalen der Wehrmacht und vor Funktionären der NSDAP wiederholt mit der schweren Last des Mordens: »Der Satz, die Juden müssen ausgerottet werden«, sei leicht ausgesprochen, aber für den, der den Auftrag durchführen müsse, sei es »das Allerhärteste und Schwerste, was es gibt«. Für das deutsche Volk hätten die Männer der SS die Verantwortung auf sich genommen, und bei der Durchführung hätten sie keinen Schaden an Geist und Seele erlitten: »Es mußte der schwere Entschluß gefaßt werden, dieses Volk von der Erde verschwinden zu lassen«.[31]

28 Denkschrift Himmlers über die Behandlung der Fremdvölkischen im Osten (Mai 1940), in: Vierteljahrshefte für Zeitgeschichte 5, 1957, S. 194-198.

29 Der »Generalplan Ost«. Hauptlinien der nationalsozialistischen Planungs- und Vernichtungspolitik, hrsg. von Mechtild Rössler und Sabine Schleiermacher, Berlin 1993.

30 Benz, Wolfgang: Der Holocaust, München 1995.

31 Rede vor den Reichs- und Gauleitern in Posen am 6.10.1943, in: Heinrich Himmler, Geheimreden 1933-1945 und andere Ansprachen, hrsg. v. Bradley F. Smith und Agnes Peterson, Frankfurt a.M. 1974, S. 169.

Was Himmler im Oktober 1943 als geheime Staatsaktion vor den Eliten des Landes feierte, hatte Robert Ley als Führer der Massenorganisation »Deutsche Arbeitsfront« längst in alle Öffentlichkeit hinausgeplärrt. Bei einem Betriebsappell in einer Berliner Rüstungsfabrik verkündete er am 3. Mai 1943: »Wir schwören, wir werden nicht eher den Kampf aufgeben, bis der letzte Jude in Europa vernichtet ist und gestorben ist.«[32]

Die Rede wurde vom Rundfunk in alle Betriebe des Deutschen Reiches übertragen, und zu vernehmen war sie auch an den häuslichen Volksempfängern. Auch diese Ankündigung der Vernichtung war von Beifall umtost. Dann, nach dem Zusammenbruch des Hitlerstaats, wurde die Behauptung, von den Verbrechen, von der organisierten Vernichtung von Menschen nichts gewußt, nichts bemerkt zu haben, zur Lebenslüge einer Generation. Die damalige Zustimmung, die zähneknirschende Loyalität zum nationalsozialistischen Regime ebenso wie die untätig-ablehnende Haltung gegenüber dem Nationalsozialismus sind längst Gegenstand der Geschichtswissenschaft, und die Reflexion darüber ist Bestandteil der politischen Kultur der Bundesrepublik Deutschland. Natürlich haben die Historiker dem Widerstand gegen den verbrecherischen Staat eher und bereitwilliger Aufmerksamkeit gewidmet als den Manifestationen der Zustimmung und der verbreiteten freiwilligen Gefolgschaft. Juristische Konsequenzen mit politischer Wirkung aus den Staatsverbrechen des NS-Regimes - Angriffskrieg, Völkermord, Versklavung und Vernichtung - wurden schon vor der deutschen Niederlage unter den Alliierten der Antihitlerkoalition verabredet und in den Kriegsverbrecherprozessen durchgeführt. Das Nürnberger Internationale Militärtribunal 1945/46 und die vielen Nachfolgeprozesse waren entgegen beliebter rechtsradikaler Denunziation keine Siegerjustiz, sondern Versuche zur irdischen Gerechtigkeit auf dem Wege zu einer besseren Gesellschaft. Das Nürnberger Internationale Tribunal sollte über seinen Anlaß hinaus - die Bestrafung der Eliten des NS-Staats - vorbildliche und präventive Wirkung haben, es sollte neues Völkerrecht setzen. Die Erfolge sind - wenn man etwa an die Verfahren wegen der Verbrechen in Bosnien oder nach dem Genozid in Ruanda denkt - noch bescheiden, trotz der im Dezember 1948 von den Vereinten Nationen verabschiedeten Konvention zur Verhütung und Bestrafung des Genozids.

32 Ley, Robert: Ansprache in einem Berliner Rüstungsbetrieb zum 10. Jahrestag der Deutschen Arbeitsfront, Deutsches Rundfunkarchiv Frankfurt a.M., 25.8918.

Horst Gründer

Genozid oder Zwangsmodernisierung? - Der moderne Kolonialismus in universalgeschichtlicher Perspektive

Heinz Gollwitzer zum 80. Geburtstag

Abgesehen vom Zeitalter der totalitären Ideologien im 20. Jahrhundert hat vielleicht keine andere weltgeschichtliche Epoche so sehr den Vorwurf des perpetuierten »Völkermordes« auf sich gezogen wie der moderne Kolonialismus. Der gesamte europäische Expansionismus erscheint als eine Serie von barbarischen Exzessen, so daß er sich geradezu als Beispielsammlung für eine Geschichte und Typologie des »Genozids« und »Ethnozids« anzubieten scheint. Ein letztes markantes Beispiel lieferten große Teile der Geschichtsdarstellungen und vor allem die Presseberichterstattung zum »Kolumbus-Jahr« 1992. Die Vokabeln Genozid, Ethnozid und neuerdings Ökozid fanden eine geradezu inflationäre Verwendung. Selbst an einer Gleichsetzung des Vorgehens der Spanier mit dem Nationalsozialismus hat es nicht gefehlt, und gelegentlich wurde sogar von einem »kolonialen Holocaust« gesprochen.[1]

1 Hermanns, Johannes: Gott und Gold, Macht und Mission, in: Rheinischer Merkur Nr. 41 vom 11.10.1991; Dourados, Romeo Rey: Kein Platz für wilde Menschen, in: Frankfurter Rundschau Nr. 172 vom 27.7.1992; Mires, Fernando: Im Namen des Kreuzes. Der Genozid an den Indianern während der spanischen Eroberung: theologische und politische Diskussionen, Fribourg/Brig 1989; Stannard, David E.: American Holocaust. Columbus and the Conquest of the New World, New York/Oxford 1992; siehe auch u.a. Todorov, Tzvetan: Die Eroberung Amerikas. Das Problem des Anderen, Frankfurt a.M. 1985 (S. 13: »des größten Völkermordes in der Geschichte der Menschheit«); Kohl, Karl-Heinz: Entzauberter Blick. Das Bild vom Guten Wilden und die Erfahrung der Zivilisation, Frankfurt a.M. 1986, (S. 13: »dieses ersten namhaft gewordenen Genocids der europäischen Kolonialgeschichte«).
Selbst Wolfgang J. Mommsen, der eine Verallgemeinerung des Genozid-Vorwurfs gegenüber dem europäischen Kolonialismus ablehnt, sieht einen Völkermord »am spektakulärsten« im Fall der spanischen *Conquista* realisiert (Europa und die außereuropäische Welt, in: Historische Zeitschrift 258, 1994, S. 671).
Vgl. dagegen Ockenfels, Wolfgang: Kolonialethik. Von der Kolonial- zur Entwicklungspolitik, Paderborn 1992; Pietschmann, Horst: 500 Jahre Entdeckung Amerikas. Die spanische Eroberung und Kolonisation 1492 bis ca. 1580, Köln 1992; Görgen, Hermann M.: 500 Jahre Lateinamerika. Licht und Schatten, Münster-Hamburg [3]1993; Langhorst, Peter: Völkermord im alten Amerika? Die neue Ordnung 48, 1994, S. 305-309. - Aus historisch-

Geht man von den bloßen Zahlen aus, so scheinen diese die These von der *Conquista* als dem »größten Völkermord der Geschichte« zu bestätigen. Nach heutigem Stand der Forschung ging die Anzahl der indigenen Einwohner Amerikas zwischen 1500 und 1600 von etwa 70 Millionen auf etwa 10 Millionen zurück, in Mexiko, Mittelamerika und Peru verringerte sie sich um über 90 Prozent. Die Bewohner der karibischen Inseln waren schon nach wenigen Jahren nahezu ausgestorben. Die genannten Zahlen schwanken allerdings beträchtlich. Als unterste Schätzung - die erste Bevölkerungsstatistik stammt aus dem Jahre 1574 - gilt jedoch ein Rückgang der Indianerbevölkerung um mindestens zwei Drittel gegenüber dem Stand vor dem Kontakt.[2]

Sind diese Indianer nun alle durch die Hände der Spanier umgekommen? War das Handeln der Konquistadoren ausschließlich auf die Abschlachtung der Indianer ausgerichtet? Vor allem: zielte die Politik der Krone eindeutig auf eine Ausrottung der Indianer? Mit anderen Worten: war die Conquista ein Genozid von ungeheurer Dimension?

Die zumindest anfängliche Versklavung der Indianer, die im großen Stile durchgeführten Zwangsumsiedlungen sowie die rücksichtslose Behandlung im *Encomienda-* und *Mita*-System haben unzweifelhaft die physischen Kräfte vieler Indianer überbeansprucht. Hinzu kamen körperliche Züchtigungen mit Todesfolge und kollektive Strafaktionen, die zahlreiche Opfer forderten. Vor allem die Conquista-Züge waren von kaum vorstellbarer Brutalität. Das in der Anfangsphase der Conquista zutagetretende Übermaß an destruktiver Gewalt war freilich bis zu einem gewissen Grade »situationsbedingt«, nirgends geplant oder auf Dauer angelegt und endete beinahe abrupt mit der Rückkehr der Konquistadoren in das zivile Leben. Eine Handvoll Europäer war in einer als bedrohlich empfundenen fremden Umwelt und angesichts einer überwältigenden Gegenmacht zu Erfolg oder Untergang verdammt. Aufgrund dieses psychologisch erklärbaren »moralischen Ausnahmezustandes« (Joachim Bergmann) schien nur

systematischer Perspektive grundlegend zum Thema: The History and Sociology of Genocide. Analyses and Case Studies, hrsg. von Frank Chalk und Kurt Jonassohn, New Haven/London 1990.

2 Zu den Zahlen vgl. den Überblick (auf der Basis der Forschungen von A. Rosenblat, A. L. Kroeber, H. F. Dobyns, W. Denevan, u.a.) bei McAlister, Lyle N.: Spain and Portugal in the New World 1492-1700, Minneapolis 1984, S. 83ff., 118-121; zuletzt Newson, Linda A.: The Demographic Collaps of Native Peoples of the Americas, 1492-1650, in: The Meeting of Two Worlds. Europe and the Americas, 1492-1650, hrsg. von Warwick Bray, Oxford 1993, S. 247-288.

die Flucht nach vorn zu bleiben, in das Massaker und den Terror.[3] So schreibt der Chronist des Mexikozuges des Hernán Cortés, Bernal Diaz del Castillo, über das Massaker von Cholula, an dem er selbst beteiligt war, angesichts der tatsächlichen oder vorgestellten Gefahr: »Hätten wir diese Bestrafung nicht ausgeführt, unser aller Leben wäre in Gefahr gewesen«.[4]

Entscheidender für den Bevölkerungsrückgang als die brutale Unterwerfung und anschließende rigide Behandlung der Indianer waren jedoch - wie wir heute wissen - die epidemischen Auswirkungen des Erstkontaktes zwischen Europäern und amerikanischen Ureinwohnern. Die Isolation der Neuen Welt hatte die indigene Bevölkerung besonders empfänglich für die Krankheitserreger aus der Alten Welt gemacht. Zu den »importierten« Infektionskrankheiten gehörten: Pocken, Diphtherie, Beulenpest, Cholera, Amöbenruhr, Masern, Windpocken, Scharlach, Keuchhusten, ja selbst grippale Infekte. 1518/19 brach die erste Epidemie auf Hispaniola aus, der wahrscheinlich zwischen einem Drittel und der Hälfte der Aruaks zum Opfer fiel. Auch Cortés konnte die Aztekenhauptstadt Tenochtitlán erst erobern, als eine Pockenepidemie die indigene Bevölkerung um über die Hälfte dezimiert und ihre Widerstandskraft gebrochen hatte. Mit seiner Ankunft in Mexiko begann mithin die »mikropathogene Invasion« Amerikas. So erreichten die Pocken bereits fünf Jahre vor Pizarro das Inkareich. Zu ihren Opfern gehörten Huayna Capac und dessen Nachfolger, wodurch ein Thronfolgekrieg ausbrach, der wiederum Pizarro den Weg nach Cuzco ebnete. In den folgenden Jahren breiteten sich die Pocken und andere Seuchen weiter aus. Nach Alfred W. Crosby war bereits 1540 der gesamte amerikanische Raum verseucht.[5] In dieser Frühphase liegt nach neuester Erkenntnis auch der Höhepunkt des indianischen Bevölkerungsschwundes. Nebenbei bemerkt: in Europa raffte der »Schwarze Tod« von 1348, die aus Indien und China eingeschleppte Pestepidemie, innerhalb von drei Jahren in einzelnen Regionen zwischen 60 und 90 Prozent der Bevölkerung dahin; im Schnitt kamen mindestens 30 Prozent der Gesamtbevölkerung Mitteleuropas um.[6]

3 Bergmann, Joachim: Die Dynamik der Conquista, in: Entdeckungen und frühe Kolonisation, hrsg. von Christof Dipper und Martin Vogt, Darmstadt 1993, S. 211-239, Zitat S. 230.

4 Zitiert nach: Greenblatt, Stephen: Wunderbare Besitztümer. Die Erfindung des Fremden: Reisende und Entdecker, Berlin 1994, S. 198.

5 Crosby, Alfred W.: Die Früchte des weißen Mannes. Ökologischer Imperialismus 900-1900, Frankfurt a.M./New York 1991; siehe auch Whitmore, Thomas M.: Disease and Death in Early Colonial Mexico. Simulating Amerindian Depopulation, Boulder/Col. 1992.

6 Vgl. Rahe, Thomas: Demographische und geistig-soziale Auswirkungen der Pest von 1348-1350, in: Geschichte in Wissenschaft und Unterricht 35, 1984, S. 125-144.

Von den »mikroskopischen Alliierten« (McAlister) der Europäer blieben alle bis dahin isoliert lebenden Ethnien der außereuropäischen Welt nicht verschont. Überall, wo die Europäer »jungfräulichen Boden« betraten, war die Folge Krankheit und Tod. Die Huronen in Neu-Frankreich, deren friedliche Missionierung die Jesuiten 1625 begonnen hatten, waren infolge des Kontakts mit den Europäern bald so durch Krankheiten und Seuchen geschwächt, daß um 1640 nur noch etwa die Hälfte der einstigen vier Nationen dieser Ethnie lebte. Der so dezimierte Rest des Volkes wurde neun Jahre später von den Irokesen vernichtet beziehungsweise assimiliert. Von den Jesuiten starben hingegen nur zwei am Marterpfahl.[7] Die 1769 auf über 100.000 Maori geschätzte Bevölkerung Neuseelands war bis 1890 auf gerade wenig mehr als 40.000 gesunken. Die seit 1845 immer wieder ausbrechenden Maori-Kriege hingegen hatten an dem Bevölkerungsverlust einen eher geringen Anteil.[8] Auf Tahiti sank die Bevölkerungszahl durch die von Briten und Franzosen eingeschleppten Seuchen und Geschlechtskrankheiten von 32.000 auf 7.200.[9] Auch hier waren die Verluste in kriegerischen Auseinandersetzungen mit den Europäern eher gering. Die Ureinwohner Sibiriens sind als Folge der russischen Besiedlung dieses weiten Raumes zwar nicht ausgestorben. »Aber sie sind ihrer Ausrottung nur knapp entgangen« (A.W. Crosby).[10] Auch ohne Konflikte ging nach dem Erstkontakt der Grönländer mit den Europäern, den Dänen, in der ersten Hälfte des 18. Jahrhunderts die Bevölkerungszahl um fast die Hälfte zurück.[11] Bestbelegtes Beispiel aus neuester Zeit für die Wirkung der »virgin soil«-Epidemien sind die Cayapos in Südamerika: 1903 kam ein einzelner, friedlicher Missionar zu ihnen. Zu diesem Zeitpunkt lebten circa 6- bis 8.000 Angehörige dieser Ethnie. 1918 waren es nur noch 500, 1927 gar 27, 1950 nur noch drei.[12] So schreibt auch Alfred W. Crosby: »Denn trotz ihrer

7 Vgl. Heidenreich, Conrad: Huronia. A History and Geography of the Huron Indians, 1600-1650, Toronto 1971, S. 91-103; Triggar, Bruce G.: The Children of Aataentsic. A History of the Huron People to 1660, Kingston/Montreal ²1987, S. 588-602, besonders S. 589.

8 Sorrenson, M.P.K.: Land Purchase Methods and the Effect on Maori Population, 1865-1901, in: The Journal of the Polynesian Society 65, 1956, S. 183-199; Sinclair, Keith: Kinds of Peace. Maori People after the Wars, 1870-85, Auckland 1991, S. 28; Pool, Ian: Te Iwi Maori. A New Zealand Population. Past, Present & Projected, Auckland 1991, besonders S. 58, 83, 234, 237f.

9 Kohl: Entzauberter Blick (Anm. 1), S. 202.

10 Crosby: Die Früchte des weißen Mannes (Anm. 5), S. 40-43, Zitat S. 43.

11 Jenness, Diamond: Eskimo-Administration, Bd. 4: Greenland, Montreal 1967, S. 22.

12 McNeill, William H.: Seuchen machen Geschichte. Geißeln der Völker, München 1978, S. 230.

ganzen Brutalität und Härte waren es keineswegs die Imperialisten selbst, sondern ihre Krankheitskeime, die vor allem dafür sorgten, daß die neoeuropäischen Gebiete von Eingeborenen 'gesäubert' und durch die weißen Invasoren demographisch 'erschlossen' werden konnten.«[13]

Im Fall der iberischen Eroberung der Neuen Welt kommt ein weiterer Gesichtspunkt hinzu, der mir im Hinblick auf den Völkermord-Vorwurf von zentraler Bedeutung scheint. Es existiert keine einzige Anordung oder auch nur eine Verlautbarung von seiten der Krone oder der zentralen Verwaltung, in der die Ausrottung der Indianer dekretiert oder auch nur billigend in Kauf genommen würde - im Gegenteil: Es gibt zahlreiche - zugegebenermaßen meist wirkungslose - Indianerschutzgesetze. Das Verbot der Indianersklaverei, wenn auch später in Ausnahmefällen gestattet, und die Anerkennung der Indios als freie und gleichwertige Untertanen der Krone Kastiliens in den *Leyes Nuevas* von 1542 sprechen nicht für genozidale Absichten. Ohnedies waren der Krone schon aus politisch-fiskalischen Gründen Steuern zahlende Untertanen wertvoller als Menschen, die als »Eigentum« der *Encomenderos* ihrem Zugriff entzogen waren. In der gesamten frühen Kolonialgesetzgebung findet sich kein den »Neuen Gesetzen« von 1542 vergleichbares Dokument, ebenso wie nirgends in der Kolonialgeschichte die kolonialethische Diskussion so engagiert geführt worden ist wie im Zusammenhang der spanischen Eroberung Amerikas. Die Conquista - mit all ihren Grausamkeiten - ist somit zugleich die Geburtsstunde des modernen Völkerrechts geworden.[14]

Immerhin haben die Spanier den Indios einen Platz in ihrem Kolonialreich zugewiesen, während die landhungrigen englischen Siedler das »Indianerproblem« radikal lösen wollten. Bereits in der Adresse eines puritanischen Politikers an die *Pilgrim Society* findet sich eine Bemerkung, die treffend die Situation kennzeichnet, in der die erste Begegnung zwischen den Siedlern Neuenglands und den Ureinwohnern Nordamerikas stattfand. Dort heißt es: »Das erste, was unsere Vorväter taten, als sie an diesen Ufern landeten, war, daß sie auf ihre Knie fielen und Gott dankten; das zweite war, daß sie über die Indianer herfielen.«[15]

Der Wechsel der Politik von der anfangs proklamierten friedlichen »Domestizierung« der Indianer durch Europäisierung und Christianisierung zu

13 Crosby: Die Früchte des weißen Mannes (Anm. 5), S. 193.

14 Vgl. Ockenfels: Kolonialethik (Anm. 1); Gründer, Horst: Geschichte und Humanität, in: Geschichte und Humanität, hrsg. von dems., Münster/Hamburg ^{2}1994, S. 3-16.

15 Zitiert nach Wade, Mason: The French and the Indians, in: Attitudes of Colonial Powers toward the American Indian, hrsg. von Howard Peckham und Charles Gibson, Salt Lake City 1969, S. 61.

ihrer Abdrängung und Vernichtung hatte sich bereits nach dem Jamestown-Massaker von 1622 abgezeichnet. Nach diesem Rachefeldzug der Indianer für erlittenes Unrecht war deren »Exstirpation« zum Programm der neuenglischen Siedler geworden. Ideologisch ausdrücklich untermauert haben ihren Landanspruch die Puritaner, die ja ohnehin in erster Linie ihre eigenen religiös-politischen Idealvorstellungen von einem »Neuen Jerusalem« in der Neuen Welt verwirklichen wollten. Wie sie sich selbst als das »Neue Israel« sahen, erblickten sie nach dem Auszug aus »Ägypten« in dem vorgefundenen Indianerland das ihnen von Gott geschenkte »Neue Kanaan«. Es den »Kanaanitern« und »Edomitern«, den Indianern, fortzunehmen und sie mit Feuer und Schwert auszurotten, entsprach nach ihrem alttestamentlichen Bibelverständnis dem »offenbaren« Willen Gottes und seinem Heilsplan. Unter den realen Bedingungen des Siedlungskolonialismus kristallisierte sich folglich die in Neuengland vorherrschende puritanische Ideologie von den Indianern als »Kindern Satans« heraus, denen ihr Land rechtmäßig fortgenommen werden durfte und die ruhigen Gewissens ausgerottet werden konnten.[16]

In ihrem dichotomisch-manichäischen Modell von Gott und Teufel, von Verdammten und Auserwählten, fanden die Puritaner mithin den Interpretationsrahmen für die Indianerkriege, in denen sie die Hemmnisse ihres Siedlungskolonialismus beseitigten. Gleich in dem ersten dieser Kriege, dem *Pequot War* von 1637, vernichteten sie mit Hilfe von verbündeten Indianern (Narragansetts und Mohegans) eine ganze Siedlung bei Fort Mystic in Connecticut. 500 bis 600 Männer, Frauen und Kinder wurden in weniger als einer Stunde - bei zwei Toten auf englischer Seite - in einem Massaker niedergemacht. Die Überlebenden des Pequot-Krieges wurden versklavt, das heißt Frauen und Kinder zu Sklaven von Puritanern und Indianern gemacht, die Männer in die Karibik verkauft. Ein Jahr später wurde die Pequot-Nation für aufgelöst erklärt.

Das »Heidentum« der »Wilden« auszumerzen hieß aber nicht notwendigerweise, auch die »wilden Heiden« auszumerzen. Folgt man den Proklamationen und Schriften der Puritaner, scheint es, als ob sie die »Zivilisierung« und »Missionierung« der Indianer vorgezogen hätten. Bis auf die friedliche Missionierung auf Martha's Vineyard durch die Mayhews und John Eliots Experiment der »Praying Indians« - circa 1.000 Indianer waren von diesem Missionierungsversuch in »betenden Dörfern« in der Nähe von Boston betroffen - blieb davon nicht viel. Der *King Philip's War*

16 Vgl., auch für das Folgende, Gründer, Horst: Welteroberung und Christentum. Ein Handbuch zur Geschichte der Neuzeit, Gütersloh 1992, S. 175-209.

1675 zerstörte selbst diese friedlichen Versuche einer Akkulturation, hinter denen jedoch nichts weniger als ein Ethnozid stand.

Einen göttlichen »Bundesgenossen« in ihrer Auseinandersetzung mit den Indianern erblickten die Puritaner gleichzeitig in den verheerenden Seuchen, die auch in Nordamerika tatsächlich mehr Indianer dahingerafft haben als die kriegerischen Auseinandersetzungen zwischen »Weißen« und »Rothäuten«. So hatten bereits vor Ankunft der »Pilgerväter« vermutlich von englischen Sklavenhändlern eingeschleppte Epidemien die auf dem späteren Siedlungsgebiet der Puritaner lebenden Wampanoag-Indianer um zwei Drittel, die Massachusetts gar zu 90 Prozent vernichtet. Das gesamte Gebiet an der atlantischen Küste hatte so schon vor der Ankunft der Puritaner beträchtliche demographische Rückgänge zu verzeichnen. Optimistische Schätzungen gehen von etwa 25.000 Indianern in den Neu-England-Kolonien aus, wobei sich die Zahl auf die Zeit vor der großen Epidemie von 1616/17 bezieht, der bereits ein Drittel der Bevölkerung zum Opfer gefallen sein soll.[17] Einer der ersten Plymouth-Kolonisten, Robert Cushman, schrieb mit Blick auf die Epidemie von 1616 sogar: »...the twentieth person is scarce felt alive«.[18] Auch moderne Untersuchungen gehen bereits für die Anfangsphase von einem dramatischen Bevölkerungsrückgang zwischen 75 und 90 Prozent aus, so daß schon die Ankömmlinge nach der großen puritanischen Einwanderung von 1630 die eingeborenen Amerikaner in diesem Raum an Zahl übertrafen.[19] Selbst als die Puritaner in Harvard auch ein *Indian College* einrichteten, war die Mortalitätsrate fürchterlich hoch: nur ein Student durchlief die volle vierjährige Ausbildungszeit, starb jedoch kurz nach deren Beendigung.[20]

Gleich mit dem ersten Kontakt zwischen den Ureinwohnern und den europäischen Neuankömmlingen wurde so eine zerstörerische Kettenreaktion mit verhängnisvollen Folgen in Gang gesetzt: bereits die erste Kontaktaufnahme verursachte den Ausbruch bisher unbekannter Krankheiten unter den Indianern; dies führte zur Dezimierung der Bevölkerung, zur

17 Vaughan, Alden T.: New England Frontier. Puritans and Indians: 1620-1675, Boston [2]1979, S. 28; Breen, T. H.: Creative Adaptions: Peoples and Cultures, in: Colonial British America. Essays in the New History of the Early Modern Era, hrsg. von Jack P. Greene und J. R. Pole, Baltimore/London 1984, S. 195-232, hier S. 212.

18 Cushman, Robert: A Sermon Preached in Plimoth in New England, London 1622, S. A 3.

19 Zitiert nach Kupperman, Karen O.: Settling with the Indians. The Meeting of English and Indian Cultures in America, 1580-1640, Totowa 1980, S. 6 (S. 5: »...it was really European diseases and not superior European technology which defeated the Indians in the early years.«).

20 Leach, Douglas Edward: Flintlock and Tomahawk: New England in King Philip's War, New York 1958, S. 30-33.

Schwächung der Stammes- und Sippenverbände, damit zur Schwächung des indianischen Selbst(wert)bewußtseins und schließlich zu apathischer Resignation.

Der pathogene Zusammenhang von Erstkontakt und Sterbehäufigkeit sollte bis in die zweite Hälfte des 19. Jahrhunderts unbekannt bleiben. Die Puritaner interpretierten das Massensterben der Indianer als ein Einwirken der göttlichen Vorsehung. So schrieb John Winthrop, erster Gouverneur in der Massachusetts Bay-Kolonie: »Was die Eingeborenen betrifft, so sind sie nunmehr sämtlich den Pocken erlegen, so daß der HERR unsere Ansprüche klargestellt hat auf das, was wir besitzen.«[21] Im *Pontiac War* von 1763 stellte man gleichwohl Überlegungen an, ob und wie man die Indianer im Sinne einer bakteriologischen Kriegführung mit Pocken infizieren könne. Lord Jeffrey Amhurst, der die englischen Streitkräfte in Nordamerika befehligte, schrieb einem seiner Unterführer, Colonel Bouquet: »You will do well to try to inoculate the Indians by means of blankets, as well as to try every other method that can serve to extirpate this execrable race.«[22] In Ausführung dieses Genozid-Befehls wurden Delawaren-Häuptlingen, die zu Verhandlungen in das englische Fort Pitt gekommen waren, Decken und Taschentücher aus dem Hospital des Forts überreicht. Tatsächlich brach wenig später eine Epidemie unter den Delawaren, Mingos und Shawnees aus, ohne daß sich allerdings ein direkter Zusammenhang heute noch nachweisen ließe. Gerüchte über den Einsatz bakteriologischer Kriegsmittel an der »frontier« hat es dann im 19. Jahrhundert immer wieder gegeben. Nach den Forschungen von Francis Jennings ist jedoch kein so offensichtlicher Fall wie der von Fort Pitt nachweisbar.[23] Eindeutig ist dagegen, daß in der zweiten Hälfte des 19. Jahrhunderts australische Siedler zahlreiche Aborigines durch vergiftete Lebensmittel töteten.[24]

Die Puritaner haben auch den Alkohol als ein probates und von Gott gegebenes Mittel zur Auslöschung der Indianer betrachtet. 1749 sinnierte Benjamin Franklin während eines Rumgelages nach Abschluß von Handelsbesprechungen mit Indianern in Pennsylvania: »Und in der Tat, wenn es die Absicht der Vorsehung ist, diese Wilden auszurotten, um Platz für

21 Winthrop Papers, 1423-1649, hrsg. von Allyn B. Forbes, 5 Bde, Boston 1929-1947, hier Bd. 3, S. 167.

22 Parkman, Francis: The Conspiracy of Pontiac, Bd. 2, Washington 1870, S. 45.

23 Jennings, Francis: Empires of Fortune: Crown, Colonies and Tribes in the Seven Years War in America, New York/London 1988, S. 447.

24 Nance, Beverly: The Level of Violence. Europeans and Aborigines in Port Philip, 1835-1850, Australian Historical Studies 19, 1980/81, S. 532-552, hier S. 533; Pilger, John: A Secret Country, London 1989, S. 33.

die (wirklichen) Kultivatoren der Erde zu machen, scheint es nicht ausgeschlossen, daß der Rum das auserwählte Mittel ist. Er hat bereits alle vormals an der (Ost-)Küste lebenden Stämme vernichtet.«[25] Charles Dilke wird später in seinem *Greater Britain* (1867) den Satz eines Amerikaners zitieren: »Wir können sie durch Krieg zerstören oder sie durch Whiskey immer weiter ausdünnen; der Ausdünnungsprozeß ist allerdings widerlich langsam.«[26] Skalpprämien auf getötete Indianer, selbst bei Frauen und Kindern, haben fast alle amerikanischen Kolonien zeitweilig ausgesetzt.

In der Tat räumten die Engländer, anders als ihre hauptsächlichen Rivalen in der Neuen Welt, Spanier und Franzosen, den Indianern in ihrer Kolonialpolitik nie einen Platz oder eine Zukunft ein. Die sich nach 1763 unter dem Druck der Siedler über die Appalachen immer weiter nach Westen vorschiebende frontier ließ dann auch nach der Unabhängigkeit keinen Raum für die Indianer. Die offizielle amerikanische Indianerpolitik fluktuierte zwar zwischen dem Integrations- und dem Segregationsmodell, das heißt zwischen der Unterdrückung der indianischen Identität, also dem Ethnozid, und rassischer Diskriminierung; eine Auslöschung des »roten Mannes« stand somit *expressis verbis* nicht auf dem Programm. Die Wirklichkeit sah indessen so aus, daß verantwortliche staatliche Stellen, sei es des Bundesstaates, sei es der föderalen Organe, die Ausrottung der Indianer schweigend oder sogar akklamativ zuließen.

Die Gründe für die *radikale* Lösung des »Indianerproblems« lagen folglich in der Landfrage, zumal dort, wo die Aufsicht der Krone beziehungsweise des Kolonialstaates nur minimal war wie in Neu-England. *New England* war - weit mehr als *Nueva España* - eine ausgesprochene Siedlungskolonie. Siedlungskolonien evozierten jedoch eine besonders aggressive Form des Kolonialexpansionismus. Entweder wurden die ursprünglichen Bewohner versklavt, verdrängt oder vernichtet, je nachdem, ob man ihrer bedurfte oder nicht. Weitere Beispiele für das klassische Siedler-Eingeborenen-»Syndrom« sind Australien, Tasmanien und Sibirien. Unzweifelhaft ist allerdings auch hier der größere Teil der Eingeborenen durch Epidemien umgekommen. So ist bereits ein Jahr nach der Ankunft der *First Fleet* in der Botany Bay (1788) nahezu die Hälfte der im Gebiet des heutigen Sydney lebenden Aborigines der ersten Pockenepidemie zum Opfer gefallen. Verheerende Wirkung hatten überdies Geschlechtskrankheiten und der Alkohol. Darüber hinaus machten jedoch in beiden englischen Kolonien

25 Zitiert nach Galinsky, Hans: Benjamin Franklin im Spiegel der Einleitung zur »Autobiography«. Eine Textinterpretation, in: Die neueren Sprachen 56, 1957, S. 201-217, hier S. 216.

26 Dilke, Charles: Greater Britain, London 1868, S. 85.

Siedler, freigelassene Strafgefangene und selbst Soldaten geradezu Jagd auf die Einheimischen - »just for fun«. 1830 ordnete der englische Gouverneur von Tasmanien, Colonel George Arthur, eine Art Treibjagd auf die Eingeborenen an, die hinter einen 120 km langen »cordon sanitaire« - *the Black Line* - abgedrängt werden sollten. Der Erfolg dieser »vielleicht lächerlichsten Kampagne in der britischen Militärgeschichte« (James Morris) war indessen gleich Null: vier britische Soldaten des 25.000 Mann starken Aufgebotes kamen durch Unfälle um, zwei Tasmanier wurden gefangengenommen. Was dem militanten Gouverneur und brutaler Gewalt der Siedler jedoch nicht gelang, sollten eine zeitweilige Umsiedlung der Tasmanier (1832-1847), Geschlechts- und andere Krankheiten, der Alkohol und eine bigotte Mission bewerkstelligen. Es geschah, was der britische Kolonialstaatssekretär George Murray in einer »weichen« Antwortnote an den Gouverneur auf die Aktion Black Line quasi als politisch verträglichere Lösung empfohlen hatte: Es ist »nicht abwegig vorauszusehen, daß dieser gesamte Menschenschlag [race of these people] in gar nicht so entfernter Zeit ausgelöscht sein wird«.[27] Er sollte recht behalten: Der letzte tasmanische Mann starb 1869, die letzte tasmanische Frau 1876. Mit vergleichbarer Brutalität sind die Russen in Sibirien vorgegangen. Einige Ethnien wie beispielsweise die Jukagiren, die in den Gebieten zwischen der unteren Lena und der Andyr-Mündung im Osten lebten, wurden beinahe ausgelöscht. Andere wie die Tschuktschen und Korjaken in Nordostsibirien haben den Russen einen so erbitterten, immer wieder aufflammenden Widerstand entgegengesetzt, daß der Senat der Zarin Elisabeth II. im Jahre 1742 anordnete, beide Völker »vollständig auszurotten« (»iskorenit vovse«).[28]

Krasse Beispiele für den *furor colonialis* liefern in der frühen Neuzeit aber auch die mit weitreichenden hoheitlichen Rechten ausgestatteten großen Handelskompanien. So ging die holländische *Vereenigde Ostindische Compagnie* im Zusammenhang mit der Durchsetzung des Muskatmonopols auf den Banda-Inseln (1621) mit brutaler Härte gegen die einheimische Bevölkerung vor. Deren fortgesetzter Widerstand nach bereits erfolgter Kapitulation wurde von der Kompanie-Leitung unter Jan Pieterszoon Coen als Rebellion definiert, die mit dem Tode zu bestrafen war. Daraufhin wurden 47 im Kastell »Nassau« auf Lontor, der größten der Banda-Inseln, gefangengehaltene Anführer von eigens dafür angeheuerten Japanern geköpft und gevierteilt. Die übrige Bevölkerung, soweit sie nicht

27 Morris, James: The Final Solution, Down Under, in: The History and Sociology of Genocide (Anm. 1), S. 205-222, hier S. 214.

28 Forsyth, James: A History of the Peoples of Siberia. Russia's North Asian Colony 1581-1990, Cambridge 1992, S. 146.

bei der Flucht in die Berge verhungert oder erfroren war, wurde deportiert und in die Sklaverei verkauft.[29]

Auch in Indien setzten Konquistadoren wie Robert Clive und Warren Hastings auf militärische Gewaltanwendung und Repression der Bevölkerung. Daß der britische Imperialismus in Indien dennoch keine »schwarze Legende« provozierte, hing mit dem Umstand zusammen, daß sich der »Mikrobenschock« hier - wie überall in der Alten Welt - so gut wie nicht bemerkbar machte (die »großen Zahlen« fehlen also) und zum anderen die Briten »solch genozidähnliche Greueltaten, wie ihre eigene Propaganda sie den Spaniern gerne vorwarf« (J.Osterhammel), vermieden.[30] Überdies wurde in Indien die einheimische Kollaboration - von der noch zu sprechen sein wird - geradezu entscheidend.

Noch im imperialistischen Zeitalter, als der Staat in der Regel die Verantwortung für die Kolonialgebiete trug, kam es immer wieder zu barbarischen Exzessen. An erster Stelle stehen sicherlich die um die Wende zum 20. Jahrhundert bekanntgewordenen »Kongogreuel«. Sie gehören unzweifelhaft zu den größten Verbrechen der modernen Kolonialgeschichte. Mit der Verstümmelung - durch das Abtrennen von Händen und Füßen bei Nichterfüllung der geforderten Kautschukquoten - und der Tötung von Hunderttausenden von Afrikanern waren sie Ausdruck eines besonders eingeborenenfeindlichen Ausbeutungssystems, das der belgische König Léopold II. am Kongo errichtet hatte.[31]

Überaus weitgezogen waren die Grenzen des kolonialen Freiraumes in den *Kolonialkriegen*. Hier dauerte es oft sehr lange, bis die Aufsicht und Verantwortung der Metropole sich gegenüber allzu eigenmächtigen Kolonialoffizieren oder Kolonialbeamten »on the spot« durchsetzen konnte. In diesem Zusammenhang ist auch in bezug auf die kurze deutsche Kolonialphase wiederholt die Auffassung vertreten worden, daß im Krieg gegen die aufständischen Herero und Nama von 1904/07 zum ersten Mal die »Methoden des Genozids« angewandt worden seien.[32] Hier sind es eben-

29 Jan Pieterszoon Coen. Bescheiden omtrent zijn bedrijf in Indië, 7 Bde in 8 Teilen, hrsg. von H. T. Colenbrander und W. P. Coolhaas, Den Haag 1919-1953, hier Bd. 1, S. 630f., 642ff., 705f., 708f., 729f.

30 Osterhammel, Jürgen: Entdeckung und Eroberung, Neugier und Gewalt, in: Entdeckung und frühe Kolonisation (Anm. 3), S. 399-429, hier S. 409.

31 Vgl. u.a. Casement, Roger: Der Kongo-Bericht, in: König Léopolds Kongo. Dokumente und Pamphlete von Mark Twain, Edmund D. Morel, Roger Casement, hrsg. von Rolf Italiaander, München 1964, S. 198-267.

32 Zuletzt Melber, Henning: Kontinuitäten totaler Herrschaft: Völkermord und Apartheid in »Deutsch-Südwestafrika«. Zur kolonialen Herrschaftspraxis im Deutschen Kaiserreich, in: Jahrbuch für Antisemitismusforschung 1, 1992, S. 91-114. Gegen die Genozid-These

falls zunächst die Zahlen, die diese These zu bestätigen scheinen. Von den geschätzten 60- bis 80.000 Herero lebten nach der Volkszählung von 1911 nur noch 15.130, zwischen 75 und 80 Prozent dieser Ethnie waren umgekommen. Von den etwa 20.000 Angehörigen der verschiedenen Nama-Stämme lebten noch knapp die Hälfte (9.781). Daß beinahe die Hälfte der Verluste auf die Behandlung in den Gefangenenlagern, die Deportationen und die dem Aufstand folgenden Hungerkatastrophen zurückzuführen sind, bestätigt die obige Behauptung eher. Allerdings sind die Zahlen für die Herero und Nama vor dem Aufstand äußerst unsicher. Für dessen Bewertung als Völkermord sind jedoch andere Faktoren mit in Betracht zu ziehen.

Zunächst ist darauf hinzuweisen, daß vor der Schlacht am Waterberg (11.8.1904) Aufnahmelager für 8.000 Gefangene vorbereitet worden waren. Das entsprach der Strategie des verantwortlichen Gouverneurs Leutwein, den Aufständischen die Aussichtslosigkeit von Widerstand durch eine Kesselschlacht vor Augen zu führen und sie zur Aufgabe zu zwingen. An Vernichtung war nicht gedacht. Leutweins Vorbereitung der Entscheidungsschlacht am Waterberg zielte nicht auf die physische Vernichtung des Feindes, sondern nur auf das Ende seiner organisierten Kampffähigkeit. Mit der Einsetzung General von Trothas, eines rein militärisch denkenden Mannes, die eine Folge der Erklärung des Kriegszustandes über Deutsch-Südwestafrika (19.5.1904) war, ging allerdings - im Sinne des Artikels 68 der Reichsverfassung - die »oberste vollziehende Gewalt« auf den General über. Seine »militärischen« Absichten stehen außer Zweifel, und sein berüchtigter Schießbefehl vom 2. Oktober 1904 ist ebenso wie die Anweisungen Coens auf den Banda-Inseln oder Lord Amhursts in Neu-England als Genozid-Befehl zu definieren. Am 8. Dezember 1904 wurde er allerdings von Wilhelm II. aufgehoben. Das gleiche geschah kurz darauf mit dem sogenannten Ketten-Befehl Trothas, der besagte, daß Gefangene Arbeit an der Kette zu leisten hatten oder auch mit Ketten zusammengebunden wurden, der von Reichskanzler Bülow aufgehoben wurde. General von Trotha wurde abgelöst und durch einen Zivilgouverneur ersetzt, der den Herero bei Niederlegung der Waffen eine faire Behandlung zusicherte. Die Handlungsweise der verantwortlichen Regierung in Berlin weist also keineswegs auf die Absicht hin, die Herero zu »vernichten«. Darauf hinzu-

siehe vor allem Spraul, Gunther: Der »Völkermord« an den Herero. Untersuchungen zu einer neuen Kontinuitätsthese, in: Geschichte in Wissenschaft und Unterricht 12, 1988, S. 713-739. Zur Kontroverse ferner: Dedering, Tilman: The German-Herero War of 1904: Revisionism of Genocide or Imaginary Historiography?, in: Journal of Southern African Studies 19, 1993, S. 80-88.

weisen ist auch, daß in Deutschland nach dem Ausbruch des Aufstandes zunächst der Eindruck von Notwehr und Schutzmaßnahmen herrschte, so daß selbst die kolonialkritischen Sozialdemokraten die Mittel für die Truppenverstärkungen bewilligten. Als dann die Hintergründe des Aufstandes und vor allem die Kriegführung Trothas in Deutschland bekannt wurden, kam es sogar zur Auflösung und Neukonstituierung des Reichstages (»Hottentottenwahlen«) und zu einer Reformierung des Kolonialwesens.

Ein entscheidender Grund, warum die Kolonialkriege oft so verheerend für die unterworfenen Völker endeten, lag allerdings auch in der zum Ende des 19. Jahrhunderts so enorm angewachsenen Feuerkraft der Europäer. Bereits einzelne Afrikaforscher wie Henry Morton Stanley verdankten ihren Erfolg dem Demonstrationsobjekt »Waffe«. In den neunziger Jahren machten die Maschinen- und Schnellfeuergewehre die europäisch-afrikanischen Zusammenstöße nicht selten zu einem einzigen Massaker. Im Matabelekrieg 1893 standen 50 Weiße mit 4 *Maxim Guns* gegen 5.000 Schwarzafrikaner. Nach fünfeinhalb Stunden waren von letzteren 3.000 tot. Vielleicht die in ihrer Zeit berühmteste aller kolonialen Kampagnen war die des Generals Kitchener im Sudan 1898. 1885 hatte General Gordon vor Khartum noch eine vernichtende Niederlage gegen den Mahdi erlitten, die in ganz Europa Aufmerksamkeit erregte. Kitchener war daher 1898 mit den neuesten Waffen ausgerüstet: Hinterlader und Schnellfeuergewehre, Maxim Guns, Feldartillerie und sechs Kanonenboote, die hochexplosive Granaten feuerten. In Omdurman trafen sie auf die Mahdisten-Armee, die sich aus 40.000 Kriegern zusammensetzte. Nach vier Stunden war der Kampf beendet. 40 Briten waren tot, 20 von ihren ägyptischen Verbündeten und 11.000 Mahdisten.[33] Mussolinis Überfall auf Äthiopien 1935, bei dem es zum Einsatz von Giftgas und Bombenteppichen kam, stellt in dieser Hinsicht sicherlich den unrühmlichen Höhepunkt des europäischen Imperialismus dar und war andererseits aber auch das brutale Nachhutgefecht eines kolonial zu kurz Gekommenen.[34] Völkermord war jedenfalls auch in den Kolonialkriegen nicht beabsichtigt - er wäre dysfunktional gewesen -, sondern »nur« die definitive Brechung des Widerstandes.

Unabdingbar verbunden mit der Frage nach dem kolonialen Völkermord ist schließlich noch ein letzter, meines Erachtens zentraler Aspekt: die

33 Vgl. Headrick, Daniel R.: The Tools of Empire: Technology and European Imperialism in the Nineteenth Century, New York/Oxford 1981.

34 Vgl. Kacza, Thomas: Äthiopiens Kampf gegen die italienischen Kolonisten 1935-1941, Pfaffenweiler 1993.

Zusammenarbeit von Teilen der kolonial penetrierten Völker mit den Kolonialeroberern. Dieser Komplex hängt wiederum aufs engste mit der »Opferkategorie« in der Kolonialgeschichtsschreibung zusammen, die den vom europäischen Expansionismus überwältigten Völkern grundsätzlich jede Initiative und Gestaltungsmöglichkeit abspricht.

Die »Kollaboration« begann in der Regel schon mit der militärischen Kooperation. Bereits Cortés' zweiter Eroberungszug gegen Tenochtitlán-Mexico im Frühjahr 1521 umfaßte knapp tausend gut bewaffnete Spanier und rund 24.000 Mann indianische Hilfstruppen, wobei letztere schon aufgrund ihrer Zahl den Ausschlag für den Sieg gegeben haben dürften. Immer wieder sind den Spaniern große, bis zu 30.000 Mann starke und fanatisch kämpfende indianische Kontingente zu Hilfe gekommen, die die Neuankömmlinge als »Befreier« vom Joch der Azteken oder Inka begrüßten und freiwillig Hilfs- und Kriegsdienste leisteten. »Letzten Endes«, schreibt Eberhard Schmitt zu recht, »haben erst einheimische Ethnien, die untereinander heftige Feindschaften pflogen und die Spanier als Instrumente bei der Verwirklichung ihrer eigenen Zielsetzung zu benutzen versuchten, die spanische Konquista Süd- und Mittelamerikas ermöglicht.«[35]

Auch die Puritaner verdankten ihren Erfolg im Pequot War nicht zuletzt der vorerwähnten Allianz mit indianischen Kräften. Die Narragansetts fürchteten offenbar die als besonders kriegerisch geltenden Pequot (einheimischer Name: »Zerstörer von Menschen«) mehr als die fremden Eindringlinge, während der Mohikanerhäuptling Uncas den Krieg als Chance für sich und seinen Stamm begriff, die Pequot zu »beerben«.[36] Das unterschiedlich überlieferte Bild von Huronen und Irokesen in Frankreich beziehungsweise den angelsächsischen Ländern geht auf die Allianzen zurück, die beide Ethnien im 17. und 18. Jahrhundert mit den Europäern eingingen: die Huronen mit den Franzosen, die Irokesen mit den Engländern (und Holländern).

In Asien war der europäische Expansionismus, der ohnehin erst nach 1750 in größerem Umfang einsetzte und der nur in Ausnahmefällen zum Siedlungskolonialismus überging, schon deshalb nur bedingt erfolgreich, weil es an größeren kollaborierenden Gruppen fehlte, und dort, wo kollaborierende Eliten ganz ausfielen - wie in Japan -, war er sogar erfolglos;

35 Dokumente zur Geschichte der europäischen Expansion, Bd. 2: Die großen Entdeckungen, hrsg. von Eberhard Schmitt, München 1984, S. 364.

36 Vgl. Mason, John: A Brief History of the Pequot War, Nachdruck: Ann Arbor 1966, siehe hier: Introduction.

vielmehr gingen die Japaner ihrerseits zum Imperialismus über.[37] In China gelangen nur Teileinbrüche; aber es kann weder von kolonialer Herrschaft noch von Völkermord - trotz gelegentlichen europäischen »Berserkertums« - die Rede sein. In der Südsee erfolgte auf die lange, dreihundertjährige Entdeckungsphase erst im 19. Jahrhundert eine fast exakt hundertjährige Penetrationsphase. Auch hier - etwa auf Hawaii, Tonga und Samoa - agierten die einheimischen Eliten äußerst geschickt, so daß es zu wenig Gewaltanwendung kam; eher stritten sich die Europäer untereinander um die Verteilung der Beute. Hier wie anderswo war es nicht zuletzt das überlegene europäische Know-how, das die Einheimischen faszinierte und sie nach Kooperation streben ließ. Selbst der transatlantische Sklavenhandel, in dessen Verlauf an die zehn Millionen Afrikaner in die Neue Welt verschleppt wurden und den der englische Historiker Reginald Coupland einmal »the greatest crime in history« genannt hat, ist ohne die afrikanische Mitarbeit nicht hinreichend erklärbar; denn der interkontinentale Sklavenhandel setzte den innerafrikanischen Sklavenhandel und die innerafrikanische Sklaverei voraus; mit anderen Worten: »Die eigentliche Versklavung war das Werk von Afrikanern« (A. Wirz).[38] Bis zum »scramble for Africa«, also bis um 1880, als der transatlantische Sklavenhandel zu Ende ging, blieben sie Herren ihres Landes und bestimmten das Angebot.

Die europäische Expansion ist mithin nicht nur als eine einseitige Einflußnahme zu verstehen. Selbst gegenüber der Übermacht des weißen Mannes haben die vom Kolonisierungsprozeß erfaßten Völker auf verschiedene Weise - durch Widerstand oder Kollaboration - reagiert und versucht, sich der neuen Situation nach ihren Vorstellungen und Interessen anzupassen. Außerdem machten die indigenen Gesellschaften höchst unterschiedliche Erfahrungen mit dem europäischen Kolonialismus. So reichten die Herrschaftsstrukturen von der formell-direkten Territorialherrschaft bis zur - die einheimischen Strukturen nur wenig berührenden - indirekten Herrschaft, die Wirtschaftsstrukturen von (fast) partnerschaftlichem Handel über ausbeuterische Plantagen bis zu rassistischen Siedlungskolonien. Die Folge war, daß auch die Kolonisierten koloniale Herr-

37 Vgl. hierzu auch den vorgenannten Aufsatz von Osterhammel: Entdeckung und Eroberung, Neugier und Gewalt (Anm. 30); zur »Kollaborations-Theorie« grundlegend Robinson, Ronald: Non-European Foundations of European Imperialism: Sketch for a Theory of Collaboration, in: Studies in the Theory of Imperialism, hrsg. von Roger Owen-Bob Sutcliffe, London 1972, S. 117-142.

38 Coupland, Reginald: The British Anti-Slavery Movement, with new introduction by J.-D. Fage, London 1964, erstmals Oxford 1933, S. 35; Wirz, Albert: Sklaverei und kapitalistisches Weltsystem, Frankfurt a.M. 1984, S. 50.

schaft jeweils unterschiedlich erfahren haben (und bis heute eine unterschiedliche Erinnerung an diese Zeit überliefern).

Nach der politischen Entmachtung der traditionellen Herrschaftsgruppen kam zudem die koloniale Landfriedenspolitik der »neuen Herren«, die *pax colonialis*, breiteren Schichten zugute, so daß sich das festgefügte präkoloniale System einer »offeneren« Gesellschaft nähern konnte: nicht an der traditionellen Macht partizipierende Gruppen erhielten Chancen des sozialen Aufstiegs und der politischen Emanzipation. Gleichzeitig wußten die Kolonisierten den zwangsläufigen sozialen und ökonomischen Wandel teilweise zu ihrem Vorteil zu nutzen, so daß sich europäische Kultur mit traditionellen Wert- und Glaubensvorstellungen vermischte, wodurch sich neue kulturelle Identitäten bildeten.

Daher erscheint es nicht angemessen, von einer *totalen* Zerstörung der soziokulturellen Identität der kolonisierten Völker zu reden und den Kolonialismus einseitig als »Faschismus an der Peripherie« (P. Schmitt-Egner) zu charakterisieren.[39] Unzweifelhaft enthielt er, wo er auf einer rassenideologischen Axiomatik oder auf einer »völkischen« Siedlungsagitation beruhte oder zu einer anonymen Kolonialbürokratie degenerierte, »Elemente totaler Herrschaft«, um mit Hannah Arendt zu reden. So lassen sich etwa für den deutschen Kolonialismus auch Verbindungslinien zum Nationalsozialismus finden, etwa in den rassistischen und geopolitischen Äußerungen im Umfeld des Herero-Nama-Aufstandes. Andererseits entwickelte auch die deutsche Kolonialherrschaft nach der machtpolitischen »Klärung« der Herrschaftsbeziehungen, nach der es für die kolonisierten Völker kein Zurück mehr gab, bereits Ansätze einer von außen aufgezwungenen »Entwicklungsdiktatur«.[40]

Diese koloniale »Entwicklungsdiktatur« ging naturgemäß - und das gilt für den gesamten europäischen Kolonialismus - von den Interessen der Metropolen aus und orientierte sich zweifelsohne einseitig am westlichen »Modernisierungsmodell«. Die besondere »Dialektik des Kolonialismus«, von der David K. Fieldhouse gesprochen hat,[41] lag freilich darin begründet, daß das koloniale Entwicklungs- und Schulungsprogramm zwar den präkolonialen Entwicklungsprozeß - so es ihn denn gab - radikal unterbrach, zugleich aber die Voraussetzungen und Instrumente für den späteren Emanzipationskampf sowie für die kulturelle und politische Reintegration

39 Schmitt-Egner, Peter: Kolonialismus und Faschismus. Eine Studie zur historischen und begrifflichen Genesis faschistischer Bewußtseinsformen am deutschen Beispiel, Gießen-Lollar 1975.

40 Vgl. Gründer, Horst: Geschichte der deutschen Kolonien, Paderborn ^{3}1995.

41 Fieldhouse, David K.: Colonialism 1870-1945. An Introduction, London 1981, S. 49.

in eine größere Gemeinschaft schuf und damit das formell-direkte koloniale System aufhob. Dieser Dekolonisationsprozeß ist - aufs Ganze gesehen - erstaunlich unblutig verlaufen.

So betrachtet stellt der moderne Kolonialismus - nachdem sein Ende definitiv und seine historische Einordnung zwangsläufig ist - letztlich einen unumkehrbaren Prozeß der weltweiten Integration und wechselseitigen Verflechtung dar. Deshalb könnte er in universalgeschichtlicher Perspektive sinnvoller als ein wichtiger Anstoß zu einer globalen Modernisierung verstanden werden.[42] Jedenfalls gehörte Völkermord, verstanden als von höchster politischer Autorität angeordnete oder zugelassene, ideologisch untermauerte, systematisch organisierte und konsequent durchgeführte Ausrottung einer Volksgruppe oder eines ganzen Volkes, nicht zu seinem Programm oder seinem Wesen, wenn es auch in bestimmten Situationen zu Genozid-Befehlen, genozidalen Massakern oder genozidartigen Folgen gekommen ist.

42 Vgl. auch Geiss, Imanuel: Die welthistorische Stellung der europäischen Kolonialherrschaft, in: Rassendiskriminierung, Kolonialpolitik und ethnisch-nationale Identität, hrsg. von Wilfried Wagner, Münster/Hamburg 1992, S. 21-41.

Mihran Dabag

Jungtürkische Visionen und der Völkermord an den Armeniern

Einleitendes

Über den Völkermord an den Armeniern zu reden, bedeutet zunächst, gerade nicht über ihn zu reden.

So wird das Ereignis selbst wie das bisherige Wissen über die Ereignisstrukturen von Zweifeln und Leugnung begleitet. Im besonderen, da dieses Wissen nicht auf den Quellen der Täter fußt, sondern auf den Quellen der Zeugen und den Erzählungen der Überlebenden. Noch immer wird kein allgemein öffentlicher Zugang zu den Dokumenten in osmanisch-türkischen Archiven gewährt. Noch immer dominieren Gesamtdarstellungen die Publikationen, die von der Mentalität eines wohlmeinenden Eintretens für »verfolgte Völker« geprägt sind und über Jahrzehnte spezifische mythische Muster im Forschungsdiskurs institutionalisierten und überliefern. Eines dieser Muster ist das Bild der Armenier als städtischer Elite, als sozial und ökonomisch herausragender Bevölkerung, deren gesellschaftliche Stellung mit Vorurteilen belegt war, welche die Armenier zur Opfergruppe von Massaker und Völkermord prädisponiert hätten. Doch wie sind die historischen Prozesse einzuschätzen und zu begründen in der Entwicklung von traditioneller Verfolgung zur Struktur einer modernen Massenvernichtung? Welche Rolle spielen Vorurteile, traditionelle Fremd- und Selbstbilder überhaupt noch in den Zielvorstellungen einer turkistischen Ideologie? Was ist unter dem Aufbruch in eine Moderne zu verstehen, den die türkisch-osmanischen Intellektuellen Ende des 19. Jahrhunderts forderten? Der Forschung über den Völkermord der Jungtürken zwischen 1915 und 1916 sind solche Fragen fremd.

Daß die Beschäftigung mit diesem frühen Völkermord des 20. Jahrhunderts zunächst von weitreichenden Analyseproblemen begleitet wird und grundsätzliche Fragen an die wissenschaftliche Arbeit über Formen von Verfolgung, Terror und Völkermord stellt, darf aber nicht allein als Hindernis eingeschätzt werden.

Denn ungeachtet der nie zu gering einzuschätzenden Gefahr, sich in Relativierungsargumenten zu verlieren - oder diese auch bereitzustellen -, kann die Beschäftigung mit anderen Formen kollektiver Gewalt neben den nationalsozialistischen Verfolgungs- und Vernichtungspraktiken möglicherweise sehr prinzipielle Brüche und Widersprüche in der wissenschaftlichen Annäherung an Völkermord verdeutlichen. Diesen letzten Gedanken hoffe ich in den folgenden Ausführungen darlegen zu können.

Die spezifische Problematik der Analyse von Planungs- und Durchführungsprozessen im Völkermord an den Armeniern ist zunächst von der *Beweisfrage* bestimmt: was bedeutet es, über einen Völkermord zu reden, für den man zunächst beweisen muß, daß die Tat erfolgt ist, und darüber hinaus noch den Gegenbeweis erbringen muß, daß die Opfer nicht schuldig waren?

Auch ohne Berücksichtigung der türkischen Verleugnungsstrategien, die sich insbesondere aufgrund ihrer Präsenz in den Wissenschaften als so erfolgreich erwiesen haben, verlangt eine an die Notwendigkeit einer Beweiserbringung gebundene Analyse nach Diskussionen, die eine präzise Charakterisierung der Genozidprozesse doch eher verzerren.

Welche »objektiven« Kategorien sollen die Tat beweisen? Die Zahl der Toten - in die die Zahl der Überlebenden, der nur davongekommenen aber potentiellen Opfer nicht miteingerechnet wird -, ist unumgänglich Diskussionen um ihre Richtigkeit ausgesetzt; sie kann und darf stets nur Symbol sein.

Welche Auswirkungen hat ferner die Einbeziehung von Status und Handlung des Opfers in die Beweisanalyse?

Denn Beweiserbringung bedeutet ja nicht zuletzt, zurückzugehen zu der Sprache, den Bildern, den Projektionen, den politischen Zielen wie Visionen der Täter, um zu zeigen, daß es einen »Grund« gab, die Opfergemeinschaft zu töten, daß aber trotz dieses »Grundes« die Opfer »unschuldig« waren. Die Beweiserbringung muß zurückgehen zu einer bestimmten »Logik« der Vernichtung, sie muß Handlungsmotive rekonstruieren und erklären - um auf diese Weise die Diskurszusammenhänge der Täter auch nach der Vernichtung als gültig zu bestätigen.

Eine Analyse von Völkermord kann keine Frage nach Schuld und Unschuld aufwerfen, nicht nach dem Verhältnis von Aktion und Reaktion fragen. Ist Völkermord überhaupt eine Frage nach einer vollzogenen Handlung zwischen Opfern und Tätern? Zeichnet sich die kollektive Vernichtung im Genozid nicht vielmehr dadurch aus, daß es gerade nicht mehr um Schuld und Unschuld, um Opfer und Täter geht, sondern um die Vernichtung eines zur Vernichtung Bestimmten? Bis heute finden wir uns in den Argumenten, den Visionen und Zielen der Tätergesellschaften gefangen, wenn wir versuchen, das System der Vernichtung erklärend nachzuvollziehen.

Auch angesichts der Ausweitung der Betrachtungen auf andere Opfergruppen kollektiver Verfolgung müssen wir uns heute verstärkt den Voraussetzungen und Vorbehalten wissenschaftlicher Kategoriendefinitionen stellen. Denn die Probleme, die durch vergleichende Betrachtungen zum Beispiel im Gefolge einer vergleichenden Diktaturforschung entstehen, sind mit einer Mahnung an sowohl Historisierungs- wie dann auch Relativierungstendenzen der Shoah allein keineswegs zu lösen. Wenn sich eine komparative Genozidforschung als solche durchsetzen will, glaube ich nicht, daß sie sich als eine gegenwärtig in Ansätzen deutlich werdende »Fall«-Forschung entwickeln kann.[1] Ob über die Analyse von Gesamtstrukturen, über typisierte Leitlinien von Genozidprozessen wesentliche Vertiefungen in der Untersuchung der Planungs- und Durchführungsprozesse im Völkermord erreicht werden können, scheint mir zweifelhaft.

Notwendige Abgrenzungen ebenso wie notwendige Fokussierungen innerhalb einer komparativen Diskussion führen beispielsweise in bezug auf den Völkermord an den Armeniern zu problematischen Fehlbetonungen, die auf ihre Weise die Verleugnungen der türkischen Historiographie unterstützen. So werden die Deportationen im Völkermord an den Armeniern, die einen zentralen Schritt im Eliminationsplan darstellten, als wichtiges Differenzkriterium gegenüber den nationalsozialistischen Arbeits- und Vernichtungslagern angeführt, um eine Skala der Genozide zu bestätigen; diese wird definiert beispielsweise über Grade des im Genozid zur Ausführung gebrachten Technologiepotentials.[2]

1 Vgl. dazu die kurze Skizze zur vergleichenden Genozidforschung in: Dabag, Mihran: Katastrophe und Identität. Verfolgung und Erinnerung in der armenischen Gemeinschaft, in: Erlebnis - Gedächtnis - Sinn. Authentische und konstruierte Erinnerung, hrsg. von Hanno Loewy und Bernhard Moltmann, Frankfurt a.M./New York 1996, S. 182ff.

2 Siehe zum Beispiel Goldhagen, Daniel Jonah: Hitlers willige Vollstrecker. Ganz gewöhnliche Deutsche und der Holocaust, Berlin 1996, der eine Abstufung über eine Totalität des Schreckens zu konstruieren sucht, daß die »Türken... viele armenische Kinder am Leben (ließen), wenn sie jung genug waren, ihre Herkunft zu vergessen, und man sie ohne Risiko als Türken und Muslime aufziehen konnte«, hier S. 484.
Oder Geiss, Imanuel: Massaker in der Weltgeschichte. Ein Versuch über die Menschlichkeit, in: Die Schatten der Vergangenheit. Impulse zur Historisierung des Nationalsozialismus, hrsg. von U. Backes, E. Jesse und R. Zitelmann, Frankfurt a.M. 1992, S. 110-135, der eine Differenzierung zwischen Genozid (Völkermord an den europäischen Juden), genozidalem Massaker (Völkermord an den Armeniern im Osmanischen Reich) und Massakern vorstellt und somit den Völkermord an den Armeniern als eine Art »Zwischenstufe« definiert.

Eine ernsthafte Analyse des tatsächlichen Charakters der Deportationen, der einzelnen Stufen des Völkermords an den Armeniern oder der Gründe, warum deutsche Beobachter für die Lager in der syrischen Wüste den Begriff des »Konzentrationslagers« gebrauchten, bleibt in solchen Arbeiten aus.

Wie also über den Völkermord an den Armeniern reden, ohne sich zu verlieren in *a priori* zu setzende Erklärungen: daß natürlich keine Nähe zu dem alles überschattenden Völkermord an den europäischen Juden beansprucht wird, daß aber sämtliche Verwirklichungsstrukturen von allen anderen Formen kollektiver Gewalt und Massenvernichtung der Geschichte noch weit deutlicher unterschieden werden müssen? Was bedeutet es, für sämtliche Überlegungen zunächst eine Freistellung von Voreingenommenheiten (die dem Opfer, nicht aber dem Angehörigen der Tätergesellschaft zugeschrieben werden) zu erbitten? Was bedeutet es, über einen Völkermord reden zu wollen, der sich inmitten und an einem Schlüsselpunkt der Entwicklung eines modernen europäischen Bewußtseins vollzog und doch aus diesem heute beinahe fragmentlos getilgt wurde?

In den nachfolgenden Überlegungen möchte ich mich auf die Nachzeichnung der Entstehung eines visionären Staatskonzepts für eine türkische Nation beschränken - ein intellektueller Diskursrahmen für ein politisches Handlungsfeld, das hier auch vor dem Hintergrund des Eliminationsgedankens, den es voraussetzte, entwickelte und zur Durchsetzung vorbereitete, gelesen werden soll.

Die Spurensuche in der Analyse des Genozids an den Armeniern selbst steht dabei bis heute vor allem vor scheinbar unüberwindbaren methodischen Fragen. Die Quellen und Dokumente, die uns als Zeugenberichte beispielsweise der deutschen und englischen Seite zur Verfügung stehen, sind vorwiegend diplomatischen Charakters - Berichte, die ja zudem angesichts der Kriegssituation um gewichtende Urteile bemüht sind, Konkurrenzen der Mächte ebenso wie politisches Eigeninteresse stets im Auge behalten. Armenische Quellen als zweite Dokumentengruppe, vor allem Zeitungen, zeitgenössische Briefwechsel, Patriarchatsberichte oder biographische Schriften, sind nicht allein von dem Problem gezeichnet, daß sie als parteilich beurteilt oder als übertriebene Greuelberichte gebrandmarkt wurden und werden. Im besonderen wird die Unvollständigkeit, die Problematik der örtlichen und zeitlichen Verankerung, die die Zeugenberichte und Überlebendenerzählungen charakterisiert, gegen ihre Zuverlässigkeit gewertet. Die dritte Gruppe möglicher Dokumente betrifft die Täter selber: Entschlußprotokolle, Notizen von »Tischgesprächen«, Befehlstelegramme. Auch wenn die größten Anstrengungen der Aufdeckung dieser letzteren Dokumentengruppe gilt, muß man sich bewußt machen, daß diese Dokumente weder den Beweis für die Tat selbst noch ihr Fehlen einen Gegenbeweis für die Tat erbringen. Das, was die Dokumente der Täter »beweisen«, ist die Logik der Tat: daß die Juden »minderwertig« und dem deutschen Volkskörper »artfremd«, daß die Armenier »volksfremd«, dem türkischen Volkskörper »nicht integrierbar« und zudem »Verräter des Westens« waren. Die Dokumente der Tat allein, auch wenn irgendwann einmal über sie die Abstimmung und Tätigkeit der Ausführungsorgane untersucht werden kann, befreien nicht von den mythischen und ideologischen Bildern, die die Thematisierung des Völkermords an den Armeniern noch immer begleiten.

Die nachfolgenden Ausführungen stützen sich insbesondere auf die literarischen Arbeiten der reformorientierten Intellektuellen des Osmanischen Reichs an der Wende zum 20. Jahrhundert sowie ihre Erinnerungs- und Memoirenliteratur. Diese Literatur muß angesichts des Ergebnisses des Völkermords gelesen und gewichtet werden, auch wenn sie bisher unter der Prämisse des Verschweigens des Völkermords behandelt worden ist.

Theoretisch gehe ich bei der Auswertung der literarischen Zeugnisse davon aus, daß sie nicht nur die jungtürkische Gegenwart zu deuten gestatten, sondern daß sie es selbst übernehmen, die Gegenwart zu deuten, also Selbstprädikationen sind.

1. Aufbruch in eine Moderne: Zur Entwicklung einer türkischen Nationalbewegung

1.1 Der Entwurf des Türkentums

Die türkische Historiographie ebenso wie die übergreifenden Gesamtdarstellungen der internationalen Orientalistik durchzieht ein Bild, dessen Gültigkeit in der Apologetik nach wie vor unangefochten ist und das gerade in der historischen Forschung weiterhin bestätigt wird: es ist das Bild des »multi-religiösen« oder »multi-ethnischen« Osmanischen Reichs, das zur Zeit seiner ökonomischen und politischen Krise im 19. Jahrhundert Objekt des imperialistischen Strebens der europäischen Mächte wurde und durch »westliche« und »anti-islamische« Kräfte einer »inneren« Zersetzung ausgesetzt war,[3] die als »Reaktion« die Bewegung der Jungtürken hervorge-

3 Siehe dazu zum Beispiel im Bereich der »klassischen« Forschungsliteratur: Davison, Roderic H.: Foreign and Environmental Contributions to the Political Modernization of Turkey, in: Political Modernization in Japan and Turkey, hrsg. von Dankwart A. Rustow und

bracht habe, welche nun zur Rückbesinnung auf eigene türkische Werte führen sollte. Zum Träger dieser inneren Zersetzung wurden die nichtmuslimischen Gemeinschaften des Reichs bestimmt: Armenier, Griechen und Juden, die über ihre »Profitstellung« in Wirtschaft und Handel zu einer »inneren« Bedrohung werden sollten.

So schreibt Kemal Karpat: »Dieser multi-ethnische und multi-religiöse Osmanische Staat bezog seinen inneren Zusammenhalt aus einer sozioethnischen Balance, deren Bestand auf der Ebene des Staates und der Regierung noch verstärkt wurde durch das Fehlen einer nationalen Ideologie. Schließlich veränderten neue soziale, ökonomische und politische Kräfte das existierende gemeinschaftliche und religiöse Übereinkommen und bereiteten den Boden für das Entstehen eines ethnischen Nationalismus, der als Prinzip staatlicher Organisation der selbstbalancierenden multi-ethnischen und multi-religiösen Organisation, welche das grundlegende Fundament des klassischen Osmanischen Staats bildete, diametral entgegengesetzt war. Der Staat, unfähig, diesen Veränderungen zu begegnen, zerfiel stufenweise, doch nicht, bevor er vergeblich versuchte, sich selbst zu verändern, zunächst in einen universellen muslimischen sowie dann in einen türkischen Nationalstaat.«[4]

Die Suche nach den Ursprüngen eines solchen Deutungsmusters führt nicht allein zurück zu den turkistischen Setzungen und turanistischen Visionen an der Wende zum 20. Jahrhundert, sondern sie verlangt nach einer Betrachtung der wesentlich früher anzusetzenden Konzeptionen eines türkischen Volkskörpers - wobei ich zur Charakterisierung der Bewegung der Jungtürken den Begriff des Nationalismus nur ungern verwenden würde. Handelte es sich doch um eine Bewegung mit Visionen und Ideologemen, die über die Grenzen einer türkischen Nation hinausreichten; strenggenommen wurden »nationale« Konzeptionen erst in der Begrenzung - im Sinne des Wortes - eines türkischen Herrschaftsanspruchs mit Mustafa Kemal (Atatürk) durchgesetzt.

Überlegungen zur Entstehung des hier skizzierten und so verbreiteten Bildes des reaktiven (und »verspäteten«[5]) Charakters einer türkischen Na-

Robert E. Ward, Princeton 1964, S. 9-116; siehe auch ders.: Essays in Ottoman and Turkish History 1774-1923. The Impact of the West, Texas UP 1990.

4 Karpat, Kemal H.: Introduction, in: The Ottoman State and its Place in World History, hrsg. von Kemal H. Karpat, Leiden 1974, S. 2f.

5 So findet man in jüngeren Arbeiten eine Übernahme des Schlagwortes der »verspäteten Nation« auf die türkischen Verhältnisse, vgl. zum Beispiel Akçam, Taner: Türk Ulusal Kimliği ve Ermeni Sorunu, Istanbul 1992.

tionenbildung sollten jedoch auch die Frage nach den Entwicklungswegen einer Gesellschaft einbeziehen, die unter dem Druck, sich der Täterschaft der Ermordung einer gesamten Gemeinschaft stellen zu müssen, bis heute eine erstaunlich einträchtige, militante Verteidigung ihrer nationalen Bilder aufrecht erhält.[6]

So möchte ich zunächst die politischen Strömungen, die hinter den von Karpat angesprochenen sozialen, ökonomischen und politischen Kräften der Zersetzung jenes osmanischen »Balance«-Systems standen, vor dem Hintergrund zweier Forderungen beschreiben: der Forderung *Emanzipation* der nicht-muslimischen Gemeinschaften des Osmanischen Reichs und der Forderung *Freiheit* der muslimisch-türkischen, politikbestimmenden Gemeinschaft.

Freiheit, *Hürriyet*, dies beinhaltete für die türkischen Intellektuellen seit dem Beginn des 19. Jahrhunderts die Suche nach »Rettungskonzeptionen« für den zerfallenden und rückständigen osmanischen Staat. Beeinflußt von der französischen Aufklärung diskutierten die türkischen Reformer die europäischen Konzepte individueller Freiheit als Forderung nach einer Modernisierung des Militärs und des osmanischen Wirtschaftssystems sowie nach »Wiederherstellung« eines türkisch-osmanischen Ansehens in der Welt. Zunehmend wurden die politischen Zieldiskussionen um Forderungen bürokratischer und sozialer Reformen ergänzt.

Die Idee der Freiheit, die sich in einem islamischen System nie für den Einzelnen, sondern allein für die Gesellschaft verwirklichen, nur als Einbindung in die Gemeinschaft gedacht werden konnte, wurde in der Entwicklung der türkischen Nationalbewegung zur Idee der Freiheit des Staates selber, die eine vollkommene Einbindung und Unterordnung des Einzelnen in das Ganze der Aufgabe verlangte. Freiheit im Sinne einer Befreiung von alten Zwängen und alter Herrschaft sowie im Sinne eines modernen Individualisierungsprozesses kam hier allein als Befreiung von äußeren wie inneren Mächten Geltung zu, die der politischen Verwirklichung des visionären modernen türkischen Reichs noch entgegenstanden. Im turkistischen Modell bedeutet Freiheit die Befreiung und freie Verwirklichung türkischer »Volksseele« und eines türkischen Volkswillens. Gerade am Ver-

Vom selben Autor siehe in deutscher Sprache eine Veröffentlichung zu den Prozessen des Jahres 1919 gegen jungtürkische Verantwortliche: Armenien und der Völkermord. Die Istanbuler Prozesse und die türkische Nationalbewegung, Hamburg 1996.

6 Vgl. dazu vielleicht zunächst: Smith, Roger W./Markusen, Eric/Lifton, Robert J.: Professional Ethics and the Denial of the Armenian Genocide, in: Holocaust and Genocide Studies 9, 1, 1995, S. 1-22.

ständnis des Freiheitsbegriffs sowie auch der parallel diskutierten Ordnungsvorstellungen wird die Entwicklung türkischen Nationenverständnisses deutlich: »Wenn wir Wissenschaft, Philosophie und Technologie unseres Zeitalters zusammengeführt und vereinigt haben mit unseren nationalen und religiösen Traditionen..., werden wir in der Lage sein, eine zeitgemäße türkisch-islamische Zivilisation zu erschaffen. Und erst wenn wir das versprochene Land erreicht haben, das der Geist des Volkes 'Roter Apfel' (Kızıl Elma) nennt, werden wir in wahrem Sinne in der Kultur frei und in der Zivilisation unabhängig sein«, schrieb Ziya Gökalp, auf dessen Person und Wirken ich - ebenso wie auf jenes Kızılelma - später ausführlicher eingehen werde, im Jahr 1913.[7]

Emanzipation hingegen, oder vielmehr *Sartonk*, »Erwachen«, mit dieser Forderung waren für die Westarmenier, die auf ihrem historischen Siedlungsgebiet Ost-Anatolien sowie in den städtischen Zentren des Osmanischen Reichs lebten, Hoffnungen auf Gleichstellung vor dem Gesetz verbunden. Mit der Wende zum 19. Jahrhundert zeichnete sich für die nichtmuslimischen Gemeinschaften des Landes vor allem eine kulturelle und intellektuelle Entwicklung ab, die ebenso mit dem unübersehbaren ökonomischen Aufbruch der Armenier in den Städten wie mit der zunehmenden Repression und ihren Folgen gegen die Armenier in den Provinzen einherging.

Die »Armenische Frage«, die sich Mitte des 19. Jahrhunderts ausgebildet hatte, kann dabei nicht als Frage verstanden werden, die sich an der im Osmanischen Reich lebenden armenischen Gemeinschaft selbst entfesselte: sie war eine spezifische Herausforderung an das Gesellschaftssystem des Osmanischen Reichs und seiner Transformation. In der »Armenischen Frage« ging es um die Veränderung des islamischen Toleranzprinzips gegenüber Andersgläubigen, das Kern des osmanischen Rechtssystems gewesen war und sich bis zur Bildung der modernen Türkei zu einem Staatsbürgerprinzip umwandeln mußte.

Die Geschichte Armeniens war seit ihrem Beginn[8] von Teilungen wie ebenso von Verfolgungen und Zerstreuungen gekennzeichnet. Spätestens

7 Gökalp, Ziya: An'ane ve Kaide (»Tradition und Regel«), in: Türk Yurdu IV, 39, Istanbul 1913; vgl. aber die Übersetzung in die englische Sprache in: Turkish Nationalism and Western Civilization. Selected Essays of Ziya Gökalp, hrsg. und übersetzt von Niyazi Berkes, London 1959, S. 92-96, hier S. 96.

8 Mit dem Jahr 301 n.Chr., als sich Armenien als erstes Staatsgebilde der Welt zum Christentum bekannte, ging im besonderen die Entstehung einer christlich-armenischen Kultur einher, die zum Teil radikale Brüche mit ihrer Vergangenheit vollzog. Doch im beson-

seit dem Jahr 1064, dem Fall und der Zerstörung der alten armenischen Königsstadt Ani durch die turkstämmigen Seldschukken, werden die Entwicklungen von einer vor allem kulturell zunehmend auseinanderstrebenden Zweiteilung in ein Ost- sowie ein Westarmenien bestimmt: Ostarmenien als Geschichte eines armenischen Territoriums unter zunächst persischer, dann russischer Herrschaft; Westarmenien als Geschichte der armenischen Siedlungsgebiete westlich des Ararats (unter osmanischen Herrschern) und einer weit zerstreuten Diaspora, deren Zentren von der Krim über Lemberg, Amsterdam, Venedig, Rom, Marseille bis Madras und Kalkutta lagen - entlang der Routen der Kaufleute und Händler. Im Osmanischen Reich war die westarmenische Gemeinschaft seit dem 15. Jahrhundert unter jenes *Duldungsprinzip*[9] gezwungen, das ja auch der während der Inquisition geflohenen jüdischen Gemeinschaft ein Bestehen gesichert hatte.

Innerhalb des an der *Şerîat*, dem islamischen Gesetz orientierten *Millet*-Systems war den nicht-muslimischen Millets[10] der »Religionen des Buches«, das heißt den Christen und Juden, eine kollektive Existenzmöglichkeit gewährt worden. Als System eines Gruppenrechts hätte das Osmanische Reich aufgrund seiner »ethno-religiösen« Gesellschaftsstruktur, in dem kollektive Bestimmungen gegenüber individuellen Rechtsansprüchen vorrangig waren, beispielhaft sein können. Jedoch realisierte sich das Millet-System als ein System *beschränkender* und nicht *gewährender* Gruppenrechte allein aufgrund eines unangefochtenen muslimischen Herrschaftsverständnisses.[11] Das Osmanische Reich war ein System der Überlegenheit, das die eingebundenen Völker auf eine religiöse Selbstdefinition und religiöse Handlungen beschränkt hatte. Entscheidungstragende Funktionen für den Staat standen allein dem *millet-i islâmiye* zu. Die Eliten des Militärs und der Verwaltung waren ausschließlich muslimische Eliten.

ren begann mit dem christlichen Armenien eine Geschichtsschreibung, die bis heute als »traditionelle Geschichte« gültig blieb.
Siehe zu den ersten Chronisten seit dem 5. Jahrhundert: Beledian, Krikor: Die Erfahrung der Katastrophe in der Literatur der Armenier, in: Generation und Gedächtnis, hrsg. von Kristin Platt und Mihran Dabag, Opladen 1995, S. 86ff., sowie Dabag, Mihran: Traditionelles Erinnern und historische Verantwortung (ebd.), S. 76-106.

9 Wobei ich mit dem Begriff der »Duldung« den Charakter des in der Literatur stets als »Toleranzsystem« beschriebenen Osmanische Reichs betont umgewichten möchte.

10 Der Begriff Millet ist abgeleitet vom arabischen *milla*, »Religion«, und bedeutet in der heutigen türkischen Sprache »Nation«.

11 Vgl. auch zum nachfolgenden insbesondere Dabag: Katastrophe und Identität (Anm. 1), S. 190ff.

Besonders deutlich wurde die radikale gesellschaftliche Zweiteilung[12] in Bereichen des Steuer-, Straf- oder Zivilrechts. So steht die Nichtanerkennung der Zeugenschaft eines Nicht-Muslimen gegen einen Muslimen für eine bedrückende Rechtsunsicherheit. Unzählige stigmatisierende Bestimmungen, darunter Wohn- oder Kleidungsvorschriften, kennzeichneten neben den sogenannten Schutzsteuern einen Alltag der Minderwertigkeit des *Gavur*, des Ungläubigen.[13]

Zwar hatte die sogenannte *Tânzîmat*-Periode - das umfangreiche Reformgesetzeswerk, das zwischen 1839 und 1876 erlassen wurde - nach der Lockerung der festen Gruppenschranken durch den sultanischen Erlaß des Jahres 1839, dem *Hatt-ı Şerîf*, und seinem Durchsetzungsversuch im Jahr 1856, dem *Hatt-ı Hümâyûn*, die Gleichstellungshoffnungen der nichtmuslimischen Gemeinschaften geschürt, deren partizipatorische Illusionen in der Literatur einen Ausdruck fanden. Das Tanzimat, das die Gleichstellung aller Untertanen vor dem Gesetz versprach, die Unverletzlichkeit der Person, des Eigentums, des Erbrechts und der Würde, stellte sich jedoch zu deutlich in Widerspruch zur Şeriat, dem islamischen Gesetz. »Du sollst zu dem Gavur nicht mehr Gavur sagen«,[14] mit diesen Worten waren die Dekrete verkündet worden. Die drohende Gleichstellung hätte bedeutet, innerhalb des islamischen Staates das heilige Volk selbst in Frage zu stellen - eine für die Muslime, das *millet-i hâkime*, das »herrschende Millet«, nicht denkbare, eine unannehmbare Konstellation. Mit der Verweigerung, die Toleranzdefinition mit den Aufbrüchen des 19. Jahrhunderts zu Gleichheitsprinzipien weiterzuentwickeln, wurde das wahre Gesicht des Millet-Systems deutlich. Die Massaker an den Armeniern während der 90er Jahre unter Sultan Abdülhamid, dem »Roten Sultan«, denen ca. 200.000 Menschen zum Opfer fielen,[15] waren ein deutlicher Vorbote der mit der Transformation des imperialen osmanischen Systems in einen modernen türkisch-islamischen Staat eigentlich einhergehenden Veränderungen.

Aber war »Modernisierung«, eine modernisierende Transformation überhaupt ein gültiges Konzept dieses von seinem Selbstverständnis bis zu seinen sozialen Strukturen islamisch orientierten Gesellschaftssystems des Osmanischen Reichs?

12 Als politische Kategorie ebenso wie als Repräsentationsmuster für das allgemein und grundsätzlich Fremde ist auch in der heutigen Türkei diese Zweiteilung in der Formel von *Muslim* und *Gayri-Muslim* bewahrt.

13 Siehe dazu vor allem: Bat Ye'or: The Dhimmi. Jews and Christians under Islam, London/Toronto 1985.

14 Türk.: »Gâvura gâvur demiyeceksin«.

15 Auch diese Zahl ist eine gesetzte Zahl, vgl. dazu die Ausführungen in Anmerkung 113.

Zunächst darf man natürlich nicht hinter Kontinuitätslinien, die analytisch aufgezeigt werden, auch kontinuierlich-stetige Entwicklungen sehen. Die Reformbewegung im Osmanischen Reich zwischen den westorientierten, islamisch und turkistisch orientierten Strömungen war zunächst ebenso heterogen, wie die politischen Konzepte vom 18. bis Anfang des 20. Jahrhunderts unterschiedliche Perspektiven aufzeigten. Der Ausgang war offen und möglicherweise hätte das Osmanische Reich tatsächlich ein Modell liefern können für ein Gesellschaftssystem, das auch partikularen Gemeinschaften Raum gibt.

Die entscheidende Entwicklung ist jedoch in der Wandlung der noch unter dem Ziel der *terakkiyât-ı cedide,* des »neuen Fortschritts«, stehenden Reformbewegungen zu den Ende des 19. Jahrhunderts durchgesetzten Visionen eines *yeni hayat,* eines »neuen Lebens« wie einer »neuen Ordnung« zu sehen, die der Verwirklichung von *milli hayat* unterstanden, des »nationalen Lebens«.

Während im allgemeinen als Ursache für das Erwachen eines Reformstrebens die kriegerischen und diplomatischen Niederlagen des »Kranken Manns am Bosporus« geltend gemacht werden - ein Niedergang, der auf die Rückständigkeit des Heeres sowie die noch an der Expansionspolitik ausgerichteten feudalen Wirtschaftsstrukturen zurückgeführt wurde -, waren die mit der Wende zum 19. Jahrhundert entstandenen Leitgedanken zur Stabilisierung des Osmanischen Reichs keineswegs bei der Forderung nach einer Sicherung der Grenzen stehengeblieben. Die Reform des Heeres ist hier nur als ein Anfang zu sehen, wenn auch als Anfang auf der wichtigsten gesellschaftlichen Ebene des osmanischen Systems. Die Auseinandersetzung mit den Ideen der westeuropäischen Aufklärung und die Einsicht in eine eigene Rückständigkeit, die von dem außenpolitischen Machtverlust ausgelöst war und an ihm orientiert blieb, sollte vielmehr zur Frage nach der »inneren« Wesenheit des Osmanischen Reichs führen, einer zum ersten Mal diskutierten Frage nach dem osmanischen Staats*wesen* und - angesichts der sich ankündigenden Partizipationsmöglichkeit der Nicht-Muslime - nach dem Staats*volk,* seinen Loyalitäten und seiner Herrschaftsrepräsentanz.

Vor diesem Hintergrund sind auch die Veränderungen jenes immer wieder deklarierten osmanischen Toleranzdenkens nur sekundär auf einen europäisch beeinflußten Säkularisierungsprozeß zurückzuführen, wie er als Ursache für die Auflösung der islamischen Duldungsdefinition des Ungläubigen in der Literatur häufig beschrieben wird. Eine Definition von Mehrheiten und Minderheiten aus einer gesellschaftlichen Situation heraus, die einer solchen Eingrenzung in ihrer geschichtlichen Form grundsätzlich widerspricht, verweist vielmehr auf die gesellschaftlichen Transformationsprozesse des islamisch-theokratischen und zudem auch in einer Ungleichzeitigkeit zu den Entwicklungen Europas stehenden Machtsystems in eine moderne Herrschafts- und Gesellschaftsform: der Traum der Verwirklichung einer grundsätzlich *anderen* Gesellschaftsstruktur, grundsätzlich *anderer* politischer, sozialer und ökonomischer Gesetzmäßigkeiten und Definitionen, die nicht ohne Konflikte und Brüche hätten verwirklicht werden können.

Die angedeuteten Entwicklungen vorbereitend hatte sich mit dem Beginn des 19. Jahrhunderts eine an der Philosophie der Aufklärung orientierte »Geisteshaltung«[16] entwickelt, die zumeist schlicht als *batıya yöneliş,* als Westorientierung charakterisiert wird.

Die osmanisch-türkischen Reformer selbst - und ihnen folgende wissenschaftliche Untersuchungen - verweisen in der Wertung dieser neuen, um die Idee der »Wieder«-Geburt der türkischen Nation zentrierten Geisteshaltung auf die in Europa erwachte *Turkologie:* eine Begeisterung für Land und Kultur des Türken - der militärisch keine Bedrohung mehr war. Tatsächlich war die erste moderne »Geschichte« der Türken in französischer, die erste Grammatik eines modernen Osmanisch-Türkisch in englischer Sprache erschienen.[17]

Die ersten Zirkel[18] der intellektuellen Reformer, die die Leitideale für eine türkische Gesellschaft ausarbeiteten - Ideale, die später die Program-

16 Türk.: Zihniyet; siehe dazu Hanioğlu, M. Şükrü: Osmanlı İttihad ve Terakki Cemiyeti ve Jön Türklük, Bd. 1: 1889-1902, Istanbul 1985, S. 9ff.

17 Davids, Arthur Lumley: A Grammar of the Turkish Language, London 1832; Guignes, Joseph de: Histoire générale des Huns, des Turcs, des Mongols et des autres Tartare occidenteaux avant et depuis Jesus-Christ jusqu'à présent, Paris 1756-58; in diesem Zusammenhang müssen in besonderer Weise die Arbeiten von Arminius Vambéry und Léon Cahun erwähnt werden.
Vgl. zum Thema vor allem: Kushner, David: Türk Milliyetçiliğinin Doğuşu 1876-1908, Istanbul 1979; engl.: The Rise of Turkish Nationalism 1876-1908, London 1977, S. 9f.

18 Es war im besonderen auf die Initiative von Mustafa Reşit Paşa (1800-1858) zurückzuführen, daß türkische Studenten nach Paris, London, Genf und an andere Universitäten Europas gesandt wurden. Diese junge Gruppe begann in ihren späteren, vor allem publizistischen Arbeiten eine Konfrontation des westeuropäischen Gedankenguts mit den muslimischen Traditionen und der gesellschaftlichen Realität des Osmanischen Reichs. Anspruch war neben den politischen Reformzielen ein Streben nach Wissenschaft: nach türkischer Wissenschaft in türkischer Sprache.
Die Reformpolitik selbst, die unter der Herrschaft der Sultane Selim III. (1789-1807) und Mahmud II. (1807-1839) ihre Konturen angenommen hatte, erstreckte sich neben dem Militär auf die Bereiche Recht, Verwaltung, Erziehung, Sprache und Soziales. Europäische Offiziere waren als Berater zur Hohen Pforte gebeten worden, und unter den

matik einer Vernichtung integrieren sollten -, zeichneten sich noch durch Befürwortungen der Tanzimatreformen aus: durch einen Glauben an die »Heilsame Neuordnung«, jene *Tanzimât-ı Hayriyye*, wie ebenso durch islamkritische Haltungen. Doch während die Tanzimatzeit die Hoffnungen auf eine Modernisierung der osmanischen Gesellschaftsstrukturen und den Wiedergewinn einer weltpolitischen Machtstellung geweckt hatte, dokumentierte sie gleichermaßen, von dem Einfluß der europäischen Mächte gezeichnet, gerade den Machtverlust und den Zerfall des imperialen Reichs wie die Krise seines Selbstverständnisses. Eine Diskussion um Reformen des Wirtschafts- und Verwaltungssystems kam erst verhältnismäßig spät zustande, die ersten Überlegungen waren vielmehr zentriert um ein Element, das als wichtigstes Element zur Stärkung und Rettung des Osmanischen Reichs proklamiert wurde: eine türkische Kultur. Es sind die Aufforderungen zur Gestaltung und Durchsetzung einer türkischen Sprache, die neben den Forderungen nach einer neuen türkischen Historiographie als zentrale Charakteristika auffallen: Sprache als Zeichen der Ursprünglichkeit, Eigenheit und Spontaneität, als Expression des »Volksgeistes«.

Eine *Erste Generation* der ideengeschichtlichen Entwicklung - die der im nachfolgenden ebenfalls kurz skizzierten politischen Entwicklung der Reformbewegung nicht unbedingt parallel verlief - läßt sich mit dem Wirken von Intellektuellen beschreiben, die noch nicht an konkreten politischen Modellen arbeiteten, aber mit ihren Ansätzen die Diskursgrundlage für die Bewegung vor allem der »Jungosmanen« schufen sowie diese Bewegung organisatorisch und institutionell auch zum Teil vorbereiteten und begleiteten.[19]

zahlreichen neu errichteten und an das Militär angeschlossenen Akademien wurde in besonderer Weise mit der Gründung einer militärmedizinischen Hochschule, der *Mekteb-i Tıbbiyye-i Şahâne*, im Jahr 1827 eine Ausbildungsakademie geschaffen, die für die weiteren Entwicklungen herausragende Bedeutung gewann, da sich an ihr eine einflußreiche politische Generation finden und ausbilden sollte. Die Errichtung der *Mekteb-i Ulûm-ı Harbiyye*, einer Schule für Kriegswissenschaften im Jahr 1834, die Gründung der Akademie *Encümen-i Dâniş* (1851) und der Universität *Dâr-ül-fünûn* (1863) vervollständigten diese Entwicklung. 1847 war ein Erziehungsministerium installiert worden, unter dem ein Bildungsprogramm ausgearbeitet wurde, das von der Grundschule bis zur Hochschule reichte und erste grundlegende Schritte zur Türkisierung des Erziehungswesens einleitete. Das gesamte administrative System veränderte um die Mitte des Jahrhunderts bereits sein Gesicht.

19 Entsprechend ihrem Eintreten in den Diskurs, hier unabhängig von dem tatsächlichen Lebensalter wie von ihren auseinanderstrebenden Lebenszielen, möchte ich als Vertreter dieser *Ersten Generation* u.a. nennen (in alphabetischer Folge): Ahmed Cevdet Paşa

Zu diesen ersten richtungsweisenden Reformstreitern gehört Ahmed Cevdet, der nicht allein historisch über den türkischen Charakter des Osmanischen Reichs gearbeitet hatte, sondern 1854 auch eine Grammatik vorstellte, gemeinsam mit Fuad Paşa verfaßt und inspiriert von der Grammatik Arthur Lumley Davids, die für die Reform der türkischen Sprache von großer Bedeutung wurde.[20] Erwähnung finden muß insbesondere Ahmed Vefik Paşa, bei dem die Vielfalt der Begabungen der intellektuellen Reformer in seiner Arbeit als Schriftsteller und Journalist, Philosoph, Historiker, Linguist, Politiker und Staatsmann deutlich wird, und der mit seiner *Genealogie des Türkentums*, die er aus einer Schriftfassung des 17. Jahrhunderts übersetzt hatte, eine erste Konstruktion einer vorislamischen Geschichte der Türken vorstellte.[21] Ziya Gökalp, der zentrale Programmatiker der Jungtürkenbewegung nach 1908, wird Ahmed Vefik - der in seinem Leben durch den fanatisch verfolgten Versuch auffiel, sich nur mit türkischer Lebensweise und türkischen Waren zu umgeben - einen der »Väter« des Turkismus nennen.[22] Beispielhaft stehen ferner Ibrahim Şinasi oder Ziya Paşa, die über die von ihnen herausgegebenen Zeitschriften und ihre engagierten Leitartikel die Dichte der Perspektivdiskussion förderten.

Während mit dieser ersten Generation Grundlagen des späteren ideologischen Diskurses bereitgestellt wurden, hatte die Hatt-ı Hümâyûn von 1856 - bekannt als *Islahat Fermanı* - selbst der zentralen Frage innerhalb dieser Auseinandersetzungen einen Weg bereitet: denn sie hatte Muslime und »Hıristiyan vesâ'ir teba'a-i gayr-i Müslime«, also Christen und anderen nicht-muslimische Untertanen, gemeinsam unter eine Gesetzgebung gestellt. Die eindeutige Zweiteilung zwischen *ümmet*, der Gemeinschaft aller Muslime, und den Millets, den jeweiligen nicht-muslimischen Gruppen, wurde im tanzimatischen *osmanlılık*, dem Osmanentum und Osmane-Sein, nicht aufgehoben: in die Konzeption Osmane wurden die Nicht-Muslime eingeschlossen.

Standen sich im übrigen in diesen ersten Richtungsdiskussionen tatsächlich vor allem Befürworter eines islamisch-theokratischen Staates und

(1822-1884), Ahmed Vefik Paşa (1823-1891), Ibrahim Şinasi (1828-1871), Ziya Paşa (1825-1880) sowie Ali Paşa (1815-1871) und Fuad Paşa (1815-1869).

20 Ahmed Cevdet/Mehmed Fuad: Kavâid-i Osmaniye, Istanbul 1852.

21 (Ebulgazi Bahadır Han): Şecere-i Türkî, hrsg. und übersetzt von Ahmed Vefik, Istanbul 1864; siehe ferner Ahmed Vefik: Fezlek-i Tarih-i Osmanî, Istanbul 1870; ders.: Lehce-i Osmanî, Istanbul 1877.

22 Gökalp, Ziya: Türkçülüğün Esasları (zuerst 1923), hier: Istanbul 1978, S. 6f.; siehe dazu auch eine englische Ausgabe: The Principles of Turkism, übersetzt und bearbeitet von Robert Devereux, Leiden 1968, S. 5.

Befürworter einer Säkularisierung gegenüber? Befürworter islamischer Traditionsverbundenheit gegenüber Befürwortern einer europäischen Moderne, die osmanische Macht und osmanisch-türkische Werte in eine riskante Gefährdung brachten? Begann mit dem Tanzimat die Verbreitung westlichen und »verwestlichenden« Gedankenguts und ein Konflikt dieser neuen Orientierung mit traditions- und insbesondere islamgebundenen Einflüssen? Im Gegensatz zu vielen Arbeiten aus der türkischen Historiographie, die eine solche Auseinandersetzung ansatzweise sehen wollen, möchte ich behaupten, daß eine andere Diskussion den Schwerpunkt der Auseinandersetzung bildete: es ging zunächst nicht um die *Gestalt* des Staates, sondern um die *Definition* und die *Identität* des Staates und seines Staatsvolks selber.

Der hier skizzierte Beginn eines turkistischen Diskurses sollte nach dem Eintreten der für die Entwicklung der Jungtürken entscheidenden politisch handelnden Kräfte zwischen 1895 und 1905 eine Anknüpfung und Weiterentwicklung in einem geschlossenen ideologischen System finden.

Im Jahr 1865 fand sich eine Gruppe junger Intellektueller zur *İttifâk-î Hamiyyet,* der »Patriotischen Allianz«, zusammen, die eine erste organisierte Opposition darstellte, orientiert insbesondere an den Strukturen und Zielen der italienischen *Carboneria.* Diese einflußreiche Geheimvereinigung läßt eine Betrachtung einer *Zweiten Generation* zu, deren Konzeptionen von einer stärkeren Konfrontation mit der sozialen Wirklichkeit des Osmanischen Reichs gekennzeichnet waren.[23]

Die schillernde Figur der sich um die İttifak-i Hamiyyet zusammenschließenden Bewegung der *Yeni Osmanlı,* der »Neu-« oder »Jungosmanen«, wie sie in der folgenden Zeit genannt werden sollten, war sicherlich Namık Kemal, der vermutlich auch zu den Gründern der »Patriotischen Allianz« gehört hatte.[24] Die Bedeutung seines Wirkens lag, abgesehen von

23 Zu den Repräsentanten dieser *Zweiten Generation,* die zum Teil der Gruppe der Jungosmanen angehörten, möchte ich hier u.a. zählen (in alphabetischer Folge): Ahmed Cevdet (1862-1935), Ahmed Mithat (1855-1912), Mehmed Bey (1843-1874), Mehmed Emin (1869-1944), Mizancı Mehmed Murad (1853-1912) und Namık Kemal (1840-1888), aber auch Ali Suavî (1838-1878) und Hüseyinzade Ali Bey (1864-1941).
Einflüsse können geltend gemacht aus dem Sozialdarwinismus, doch sollten die manchmal zu lesenden Definitionen von »positivistischen« oder »biologistisch-materialistischen« Gruppierungen eher vorsichtig verwandt werden.

24 Angesichts des geheimen Charakters der Organisation ist eher unklar, wer zu den Gründern zu zählen ist. Siehe hierzu Mardin, Şerif: The Genesis of Young Ottoman Thought. A Study in the Modernization of Turkish Political Ideas, Princeton/N.J. 1962, S. 12f.: Mardin gibt Mehmed Bey, Nuri Bey, Reşad Bey, Namık Kemal Bey, Ayetullah Bey und Refik Bey an und verweist auf die wegbereitende Funktion von Ali und Fuad Paşa.

seinem öffentlichen Eintreten für eine konstitutionelle Monarchie, in der Stärkung der Bedeutungsveränderung des Millet-Verständnisses von der Anwendung auf religiöse Gruppen (als Komplementärbegriff zu ümmet) zu einer modernen Nationen-Vorstellung. Zur Förderung eines solchen modernen Staats- sowie zugleich Identifizierungskonzepts hatte Kemal den Begriff *vatan* [25], »Vaterland«, aufgenommen - der noch eine primär territoriale Identifizierung ansprach - und ihn in Anlehnung an die französische Vorstellung von *patrie* aktualisiert: für ein türkisches Heimatland in osmanischen Grenzen. Namık Kemals 1873 aufgeführtes Theaterstück *Vatan Yâhûd Silistre*, »Vatan oder Silistre«, das von der Verteidigung von Silistre im Krimkrieg gegen die Russen handelte, war ein Höhepunkt seines im besonderen schriftstellerischen und journalistischen Eintretens gegen die sultanische Herrschaft. Die Erstaufführung, aufgrund derer Namık Kemal für drei Jahre nach Zypern verbannt wurde, hatte bereits solche Aufmerksamkeit und Wirkung hervorgerufen, daß er nach der Vorstellung von einer Menschenmenge mit den Rufen »Lang lebe Vatan, lang lebe die Freiheit« nach Hause geleitet wurde. Namık Kemal, der während seiner Jahre in London, Paris und Wien vor allem von Rousseau und Montesquieu beeindruckt war - und Arbeiten Montesquieus in die türkische Sprache übersetzte -, verdeutlichte mit seinen Ideen jene zentrale Wende zu den für das Wesen und die Zukunft einer Gesellschaft ausgearbeiteten Programmen zur Stärkung türkischer Kultur, Sprache und Wissenschaften oder der Türkisierung des Erwerbssystems.

War das Grundmotiv noch die »Sicherung« des Reiches? Zeigten sich die Reformversuche tatsächlich als adaptierte Ideen und Konzepte des »Westens«? Oder ist nicht vielmehr eine mit den westeuropäischen Entwicklungen durchaus »gleichzeitige« Entstehung und Durchsetzung nationaler Leitbilder festzumachen?

Das vereinigende politische Ziel der Reformer läßt sich zunächst als Eintreten für eine konstitutionelle Monarchie (*Meşrûtiyyet*)[26] festhalten. Und nachdem am 23. Dezember 1876 die erste Verfassung des Osmani-

Siehe dazu ferner Berkes, Niyazi: The Development of Secularism in Turkey, Montreal 1964, S. 204f., sowie Petrosyan, Yuriy Aşatoviç: Sovyet Gözüyle Jöntürkler, Ankara 1974, S. 56. Eine der zentralen Quellen zum Thema ist eine Artikelserie von Ebuzziya Tevfik, »Yeni Osmanlıların Sebeb-i Zuhûru«, die vom 31.05.1909 bis zum 29.02.1910 in der Zeitschrift *Yeni Tâsvir-i Efkâr* erschien: Tevfik, Ebbuzziya: Yeni Osmanlılar Tarihi, bearbeitet und übersetzt von Şemsettin Kutlu, Istanbul 1973, S. 60ff.

25 Publiziert worden war der Begriff bereits bei Mustafa Sami: Avrupa Risâlesi, Istanbul 1840.

26 Wobei unter der Meşrûtiyyet-Konzeption eine sowohl am islamischen Gesetz wie an eine Herrschaft gebundene, parlamentarische Verwaltung gedacht wurde.

schen Reichs verkündet worden war, wurde 1877 das erste Parlament eingesetzt, in dem 71 Muslime und 48 Nicht-Muslime saßen. Dieses Parlament wurde jedoch bereits am 14. Februar 1878 wieder ausgesetzt und sollte im Rückblick von den einen als »romantischer Irrläufer« eines Modernisierungsversuchs, von den anderen als Verrat am türkischen Volksgedanken gedeutet werden.

Besonderes Gewicht gewann zunächst für die Weiterentwicklung der Reformperspektiven nach dem Scheitern der ersten parlamentarischen Verfassung Ahmed Mithat, der Journalist, Publizist und Politiker, als dessen wichtigstes Erbe wohl das zweibändige Werk *Üss-i İnkılâb,* »Die Basis der Revolution«, angeführt werden kann, erschienen 1878/79. Auch Ahmed Mithat hatte natürlich den in der Diskussion stehenden Begriff Millet aufgenommen und ihn bereits in Abgrenzung zu Religion wie ebenso zu *osmanlılık,* dem proklamierten Integrationsangebots, gebraucht. Dabei wandte er ihn für Muslime wie für Nicht-Muslime gleichermaßen an und versuchte mit dem Verweis *kavîm,* »Stamm« oder »Volk«, eine »Zwischenlösung« zur Kennzeichnung von Eigentlichkeit - auch noch als Angebot an die Nicht-Muslime. Ähnliche Einstellungen sind in den politischen Schriften von Mizancı Mehmed Murad zu finden, der in der Auseinandersetzung mit den Konzepten millet, kavîm und vatan die Allgemeingültigkeit des Konzepts »Nation« erkannte und die Möglichkeit der Inanspruchnahme durch Nicht-Muslime als Problem setzte. Mehmed Murad, der ebenfalls eine »Türkische Geschichte«[27] verfaßt hatte und in dieser die Größe der türkischen Nation beschwor, sollte sich mit den Diskussionen in der von ihm gegründeten Zeitschrift *Mızan* in zunehmenden Widerspruch zu Ahmed Riza stellen - auf dessen Wirken später eingegangen wird.

Erwähnung finden müssen hier aber insbesondere Ali Suavî und Hüseyinzade Ali. So hatte Suavî (1838-1878), der für *lisân-ı Osmanî,* die osmanische Sprache, die Bezeichnung *lisân-ı Türkî* durchsetzte und über eine Beschäftigung mit den türkisch sprechenden Völkern innerhalb der islamischen Zivilisation stets auf die führende Rolle der türkischen Kultur in der Welt aufmerksam machte, bereits die Rasseidee als ein zentrales Konzept seiner Überlegungen eingeführt.[28] Der aserbaidschanische Arzt und Schriftsteller Hüseyinzade Ali (1864-1941), dessen Gedicht *Turan* die erste Manifestation des Ideals des Turanismus war,[29] sollte in persönlichen

27 Vgl unter anderem Mehmed Murad: Muhtasar Tarih-i Umumî, Istanbul 1886.

28 Siehe dazu als Einführung Çelik, Hüseyin: Ali Suavî ve Dönemi, Istanbul 1994.

29 Gökalp: Türkçülüğün Esasları (Anm. 22), S. 7; engl. S. 5.
Das Gedicht wurde ca. 1889 geschrieben; siehe dazu auch: Kushner: Türk Milliyetçiliğinin Doğuşu (Anm. 17) S. 18, engl. S. 12.

Begegnungen einen wichtigen Einfluß auf Ziya Gökalp haben.[30] Ihm ist in seiner Tätigkeit als Lehrender für Geschichte ein zentraler Einfluß auf die heranwachsende politisch handelnde Generation der Jungtürken zuzuschreiben. Hüseyinzade, der bei einem entschiedenen Eintreten für einen säkularen Staat einen biologistischen Materialismus in der Diskussion stärkte, war neben Ali Suavî der wichtigste Wegbereiter für eine Abkehr von osmanistischen Denkmodellen und die Weiterentwicklung der reformerischen Ideen zu einem weltanschaulichen Gesamtentwurf - einem Entwurf, der eine unüberhörbare Absage an die »versöhnende« Politik des Tanzimats beabsichtigte.

Mit der Konzeption einer *Dritten Generation*, die von Personen um Ahmed Riza (1859-1930) und Prinz Sabahattin (1877-1948) geprägt ist, möchte ich einen Schritt in das politische Handeln darstellen, dem jedoch im Rückblick eher die Funktion einer öffentlichen Scheinbühne zukommen sollte, den tatsächlichen Stand der ideologischen Entwicklung noch verdeckend. Zum ersten Mal wurden konkret soziale und ökonomische Reformen diskutiert, in enger Anknüpfung einerseits an die Orientierung der ersten Wegbereiter der türkischen Reformbewegung und andererseits einen türkischen »Kulturnationalismus«, *kültür türkçülüğü.*[31]

Ahmed Riza hatte Comtes Begriffe von »Ordnung« und »Fortschritt« in den Mittelpunkt seiner Arbeiten gestellt. Prinz Sabahattin, der der zunehmenden Bedeutung der Comte-Schule für die türkischen Reformer entgegenzuwirken suchte, vertrat Ansätze von Frederic Le Play und Vorstellungen des englischen Liberalismus und dezentraler Selbstverwaltungen. Im Diskurs der beiden Gruppen stand der Mahnung zu reformerischer Behutsamkeit, um nicht zum Schaden des Türkentums die loyalen Oberschichten zu schwächen, die Bereitwilligkeit Prinz Sabahattins gegenüber, im Rahmen der Loslösung von zentralistischen Strukturen eine Berücksichtigung der Nicht-Muslime in Verwaltung und Regierung als Möglichkeit zu erwägen. Doch zeigte sich mit beiden einflußreichen Personen noch eine weitere Differenz innerhalb der Reformbewegung: die Differenz zwischen reformbereiten Angehörigen der alten sultanischen Führungseliten gegen-

30 Gökalp: Türkçülüğün Esasları (Anm. 22), S. 11; engl. S. 9.

31 Gerade in dieser Phase der Auseinandersetzung ist eine den Argumenten des entstehenden Turkismus und Turanismus entgegengesetzte und konkurrierende Diskussion im Umfeld der Pan-Islamisten festzustellen. Obwohl der Pan-Islamismus eine zentrale politische wie ideologische - und ebenfalls bis heute wirksame - Kraft war, muß andieser Stelle angesichts der Komplexität des Themas auf die Darstellung pan-islamistischer Strömungen und Zielvorstellungen verzichtet werden.

über einer in die politische Verantwortung drängenden Schicht kleinerer und mittlerer Offiziere, Angestellter und Intellektueller.

Die Suche nach einem Integrationsmodell für die heterogene muslimische und nicht-muslimische Bevölkerung war zur zentralen Überlegung der reformistischen Entwürfe geworden - am Rande bemerkt ist die Entscheidung, wer integrierbar ist und wer nicht, eine Entscheidung des Herrschenden und nicht des Beherrschten, des potentiellen Täters und nicht des Opfers. Die multi-ethnische Konzeption, die sich das imperiale Osmanische Reich hatte leisten können und mit dem es seine Stabilität begründete, war mit der Wende zum 20. Jahrhundert als unvereinbar erkannt worden mit dem Versuch, eine moderne türkische Nation zu gründen. Das bereits oben erwähnte Angebot des Osmanismus, das als Integrationskonzept für Muslime und Nicht-Muslime den Rahmen der Diskussion vorgab, stand dabei in Differenz nicht allein zu den Anfängen turkistischer Staatsmodelle, sondern auch zum Pan-Islamismus von Sultan Abdülhamid, dem Streben nach einer Vereinigung aller islamischen Völker.[32]

Das im Angebot des Osmanismus angesprochene Konstrukt »Osmane« blieb dabei merkwürdig ungenau und undurchsichtig. Seine synonyme Verwendung mit der Identität »Türke« verweist zudem auf eine »Künstlichkeit« und den von Beginn an immanenten Übergangscharakter, den die nicht-muslimischen Gemeinschaften in ihren Partizipationshoffnungen lange verkennen sollten.

Jene politischen Vorstellungen, die sich bei Ahmed Riza und Prinz Sabahattin noch als »Ordnungs«-Vorstellungen zeigten, wurden dann in einem nächsten Entwicklungsschritt, der über das Wirken einer *Vierten Generation* charakterisiert werden kann, zur Vorstellung einer radikalen Umgestaltung; diese war auch zu einem revolutionären Bruch bereit. Allein Yusuf Akçura, der das Rassekonzept in den Mittelpunkt seiner Arbeit stellte, und Ziya Gökalp, der auch in seinen zahlreichen literarischen Arbeiten die Verbreitung und wissenschaftliche Legitimierung seines Turanismus-Konzepts suchte, als die herausragenden programmatisch wirkenden Personen zu nennen, wird der Breite der gesellschaftspolitischen Relevanz, die die turkistische Ideologie gewann, keineswegs gerecht.

32 Wobei der Pan-Islamismus auch während der nachfolgenden Entwicklungen immer eine Option bleiben sollte.

1.2 Zur Entwicklung der Reformbewegung von den ersten jungosmanischen Vereinigungen bis zum Jahr 1908

Im Juni 1889 hatte İbrahim Temo (1865-1939), Student an der militärmedizinischen Hochschule, mit Gleichgesinnten eine geheime Verbindung errichtet, die zunächst *İttihâd-ı Osmanî*, »Osmanische Union«,[33] genannt wurde und in der weiteren Entwicklung in der Vereinigung *İttihâd ve Terakki*[34], »Einheit und Fortschritt«, aufgehen sollte. Als die Vereinigung am 30. September 1895 zum ersten Mal mit einem Manifest an die Öffentlichkeit trat, richtete sich ihre Erklärung an die »Muslime und die lieben türkischen Landsleute« (*Müslümanlar ve ey sevgili vatandaşlarımiz Türkler*),[35] und verdeutlichte damit, daß sich die nationalen Differenzierungen bereits in der Diskussion etabliert hatten. Der Aufruf, »Hand in Hand« für die Freiheit und die Beseitigung des despotischen Regimes Sultan Hamids einzustehen, führte zur Zerschlagung der Organisation in Konstantinopel. Eine Mehrzahl der Mitglieder suchte im Ausland Zuflucht, oppositionelle Zirkel entstanden in Kairo, Genf, London, im besonderen aber in Paris. In den im Ausland herausgegebenen Zeitungen und Monographien wurden die Diskussionen weitergeführt.

Unter den gemeinsamen Zielen, daß die Verfassung von 1876 wiedereingesetzt werden müsse und eine liberale Verwaltung zur Überwindung der ökonomischen Rückständigkeit des Reiches errichtet werden solle, wurde in einem Erhalt der herrschenden Dynastie noch die wichtigste Garantie zur Bewahrung einer türkischen Vorherrschaft gesehen. Während jeglicher Separatismus entschieden abgelehnt wurde, waren die Meinungen im Hinblick auf die Stellung der nicht-türkischen Völker angesichts der Sorge um den Zusammenbruch des Osmanischen Reichs geteilt.

Mit dem ersten »jungtürkischen« Kongreß vom 4. bis 9. Februar 1902 in Paris wurde durch einen Schritt in die Öffentlichkeit, mit dem sich die Bewegung als bereits weitverzweigte und vielfältig organisierte Struktur er-

33 Auch über die Errichtung der İttihâd-ı Osmanî gibt es nur wenig detaillierte Angaben. Zu den Gründern werden neben İbrahim Temo fast übereinstimmend Abdullah Cevdet, İshak Sükûti und Mehmed Reşid gezählt, in diesem Zusammenhang finden zudem Hüseyinzade Ali, Hikmet Emin und İsmail İbrahim Erwähnung; siehe dazu: Hanioğlu, M. Şükrü: Bir Siyasal Düşünur Olarak, Doktor Abdullah Cevdet ve Dönemi, Ankara 1981, S. 25; Tunaya, Tarik Zafer: Türkiye'de Siyasal Partiler, Bd. 1: İkinci Meşrutiyet Dönemi, Istanbul [2]1988 (zuerst 1952), S. 19; Kuran, Ahmed Bedevi: İnkılâp Tarihimiz ve İttihad ve Terakki, Istanbul 1948, S. 61.

34 In der modernen türkischen Sprache zumeist transliteriert als: *İttihat ve Terakki.*

35 Siehe zu der Erklärung der İttihâd-ı Osmanî: İbrahim Temo: İttihad ve Terakki Anıları, Istanbul 1987 (zuerst 1939), S. 42.

wies, ein Einigungsversuch der unterschiedlichen politischen Zielrichtungen unternommen, der jedoch zunächst zur Vertiefung der Spaltung führte.[36]

In engem Austausch der Verbündeten in Konstantinopel und dem Kreis um Ahmed Riza in Paris, dessen Zeitung *Meşveret* noch den Untertitel *İntizâm ve Terakki, »Ordnung* und Fortschritt«, getragen hatte, wurde der Leitgedanke der Vereinigung zu İttihâd ve Terakki, *Einheit* und Fortschritt, weiterentwickelt und die *Osmanlı İttihâd ve Terakki Cemiyyeti* konzipiert. Die sich 1902 gegen die Gruppe um Ahmed Riza zusammenschließende Vereinigung *Teşebüs-ü Şahsi ve Ademi Merkeziyet Cemiyyeti*, oder mit ihrem französischen Titel »Ligue de décentralisation administrative et d'initiative privée«, um Prinz Sabahattin war dabei bereits in eine Randstellung gedrängt. Nach dem Putsch von 1908 sollten sich die Mitglieder dieser letzteren Gruppe im November 1911 in einer Opposition der Konservativen und Liberalen wiederfinden, die die Bezeichnung *İtilâf ve Hürriyet, »Einigkeit* und Freiheit«, zu einem Programm zu entwickeln versuchte.

Was mit jenem Jahr 1902 begann, war neben der Spaltung der reformerischen Bewegung selbst vor allem eine Stärkung der organisatorischen Basis sowie eine Vereinheitlichung des ideologischen Programms in der İttihâd ve Terakki Cemiyyeti, die sich auch mit dem Handeln zweier Personen des Hintergrunds kennzeichnen läßt: Dr. Mehmed Nazım und Dr. Bahaeddin Şakir.[37] Die beiden Ärzte[38] gewannen dabei nicht allein großen

36 Vgl. Hanioğlu, Şükrü M.: Der Jungtürkenkongreß von Paris (1902) und seine Ergebnisse, in: Die Welt des Islams 33, 1993, S. 23-65.

37 Obwohl beide als wichtige Planer der jungtürkischen Machtstrukturen und im besonderen als zentrale Organisatoren des Völkermords an den Armeniern gelten, ist in der Literatur über ihre Lebenswege verhältnismäßig wenig zu finden. Nachdem beide in den Prozessen des Jahres 1919 - in Abwesenheit - zum Tode verurteilt worden waren, wurde Bahaeddin Şakir am 17.4.1922 in Berlin durch ein Attentat eines Armeniers umgebracht. Nazım, der nach dem Ende des Ersten Weltkriegs ebenfalls nach Berlin geflüchtet war, wurde im Verlauf der Prozesse des Jahres 1926 gegen die »Verschwörergruppe«, die ein Attentat auf Mustafa Kemal Atatürk geplant haben sollte, hingerichtet.

38 Der hohe Anteil an Ärzten in der intellektuellen Führungsschicht der Jungtürken läßt sich als ein auffallendes Kennzeichen festhalten, das für die Bemühungen der Reformer um ein Bündnis mit den Wissenschaften steht, für die Bemühungen um moderne Methoden und Strukturen, wie auch den programmatischen »Heilungsgedanken«, eine Radikalität und einen Totalanspruch ihrer Ideale; zudem war es gerade die Gruppe der Medizinstudenten und Ärzte, die die biologistischen Konzepte der Jahrhundertwende in die Diskussion eingebracht hatten. Siehe hierzu auch Dadrian, Vahakn N.: The Role of Turkish Physicians in the World War I Genocide of Ottoman Armenians, in: Holocaust and Genocide Studies 1, 2, 1986, S. 169-192; sowie Mardin, Şerif: Jön Türklerin Siyasi Fikirleri 1895-1908, Istanbul 1983 (1964), Vorwort zur 2. Auflage, S. 16f.

Einfluß im Vorsitz der Vereinigung, sondern prägten als Verantwortliche für »innere Angelegenheiten und Aufsicht« die Strukturen und Verbindungen der unterschiedlichen Zirkel und Zweigstellen der Bewegung. In ihren Händen lag ferner die Intensivierung sowohl der Kontakte als auch der Verbreitung der ideologischen Ziele bei den Turkvölkern des Russischen Reiches und insbesondere im Kaukasus.

Der Zeitzeuge und Historiker Ahmed Bedevi Kuran weist auf die sogenannte Geheimkorrespondenz der İttihâd ve Terakki hin, die die Wichtigkeit gerade dieser beiden Personen für die Bestrebungen verdeutlicht, ein handlungsfähiges türkisches Netzwerk zu errichten, und darüber hinaus die zu diesem Datum bereits in die Politik eintretenden turanistischen Ziele aufdeckt, die in der vollzogenen Abkehr vom Osmanismus offenes Handlungsziel spätestens nach 1908 werden sollte.[39] So findet sich in einem Schreiben vom 6. August 1906 aus Paris, unterzeichnet von Dr. Nazım und Dr. Şakir, »der heilige Wunsch, vom adriatischen Meer bis China eine 'türkische Einheit' zu verwirklichen«[40] formuliert. Und in einem Schreiben vom 22. September 1906, ebenfalls aus Paris, ebenfalls unterzeichnet von Nazım und Şakir und ebenfalls im Charakter eines instruierenden Aufrufs an die »Brüder im Kaukasus« verfaßt, heißt es: »Nordafrika wird von einer Ecke bis zur anderen von Muslimen bewohnt. In den Ländern vom adriatischen Meer bis zu den Grenzen Chinas, von einer Ecke bis zur anderen, leben Angehörige nicht nur einer Religion, sondern auch einer Sprache und einer Art (*cins*). Ohne Berücksichtigung Afrikas und Indiens, wenn allein diejenigen, die türkischer Art sind, sich vereinigen, werden sie in der Lage sein, den größten und prächtigsten Staat der Welt zu erschaffen. Wenn dies so ist, aus welchem Grund ist die Einheit bis jetzt nicht zustande gekommen?«[41]

Im September 1906 wurde in Saloniki mit der *Osmanlı Hürriyet Cemiyyeti,* der »Vereinigung zur Osmanischen Freiheit«,[42] die sicherlich wichtigste und für die weitere Entwicklung entscheidende Gruppe unter den Zusammenschlüssen oppositioneller Offiziere gegründet. Zu ihren Mitgliedern gehörte auch Talat Paşa, Innenminister des jungtürkischen Trium-

39 Vgl. Kuran Ahmed Bedevi: Osmanlı İmparatorluğunda İnkılâp Hareketleri ve Milli Mücadele, Istanbul 1959, S. 410-432.

40 Kuran: Osmanlı İmparatorluğunda, ebd., S. 417; vgl. auch die Ausgabe aus dem Jahr 1948: İnkılâp Tarihimiz (Anm. 33), S. 206.

41 Kuran: İnkılâp Tarihimiz (ebd.), S. 209f.; Osmanlı İmparatorluğunda (ebd.), S. 419f.

42 Zu den Gründern der Osmanlı Hürriyet Cemiyyeti im September 1906 gehörten nach Tunaya 10 Personen: sieben Offiziere der 3. Armee und drei Zivilisten, siehe: Türkiye'de Siyasal Partiler Bd. 1 (Anm. 33), S. 21f.

virats nach 1913 und einer der späteren Hauptverantwortlichen für die Vernichtung der Armenier.[43] Der Charakter eines geheimen, »heiligen« Bundes, ausgeprägte Treueverpflichtungs-Zeremonien und die Erwägung gewaltvoller Umsturzpläne kennzeichneten diese Verbündeten.

1906 nahm die Osmanlı Hürriyet Cemiyyeti Verbindung zur Gruppe um Ahmed Riza in Paris auf, um eine Zusammenarbeit zu erreichen. Wichtigste Differenz zu Ahmed Riza war die Bereitschaft zu Mitteln der Gewalt, wobei Riza der Richtungsveränderung nachgeben mußte. Aufgrund des persönlichen Einsatzes von Dr. Nazım wurde am 27. September 1907 eine Übereinkunft unterzeichnet, die unter dem Namen *Terakki ve İttihâd Cemiyyeti* die neue Ausrichtung besiegelte und die Kompetenzen für die Aktivitäten im Ausland und innerhalb des Landes zwischen den beiden Gruppierungen regelte.[44]

Die Bedeutung der Wende wurde offenbar mit dem zweiten jungtürkischen Kongreß vom 27. bis 29. September 1907 in Paris, der ausgerechnet auf die Initiative der *Hay Heghapokhakan Daschnakzutiun, der* »Armenischen Revolutionären Föderation«,[45] zusammengerufen worden war.[46] Mit diesem Kongreß wurde eine Übereinkunft auch mit den nicht-türkischen Oppositionellen gesucht, die von einem Sturz des Sultans grundlegende Veränderungen ihrer Lebensbedingungen erhofften. Angesichts des aufrechterhaltenen Emanzipationsglaubens, den die armenische Gemeinschaft im Osmanischen Reich mit der jungtürkischen Bewegung verband, wird die Differenz zwischen innerer ideologischer Ausrichtung und dem strategischen Spiel, das die Jungtürken mit den nicht-türkischen Gemeinschaften führten, besonders deutlich. Die mit dem Schlußtext des Kongresses verabschiedete »Aktionsgemeinschaft« zum Sturz des sultanischen Regimes wurde von den unterschiedlichen Gruppierungen in Vertretung

43 Aber auch İsmail Canbolat (1880-1926), unter der jungtürkischen Regierungsgewalt Leiter des dem Innenministerium zugeordneten Sicherheitsdienstes *Emniyet-i Umûmiye Müdürlüğu*, einer der planenden Täter des jungtürkischen Völkermords, und Mithat Şükrü (Bleda, 1874-1956), später Generalsekretär der İttihâd ve Terakki und überwiegend Mitglied des Zentralkomitees, gehörten diesem Zusammenschluß an.

44 Zum Text der Erklärung vgl. Tunaya: Türkiye'de Siyasal Partiler Bd. 1 (Anm. 33), S. 49ff.

45 1890 in Tiflis gegründet war die Daschnakzuthiun die einflußreichste und im übrigen bis heute bestehende Partei der Armenier neben der 1887 in Genf errichteten und sozialdemokratisch orientierten *Hnschtakian Kussakzuthiun*. Nach der Machtübernahme der Jungtürken bestand in der parlamentarischen Arbeit zunächst eine enge Bindung zur Daschnakzuthiun, deren Kandidaten über die Liste der İttihâd ve Terakki gewählt wurden.

46 Siehe zum Kongreß Kuran, Ahmed Bedevi: İnkilâp Tarihimiz ve Jön Türkler, Istanbul 1945, S. 334ff.

ihrer Publikationsorgane unterzeichnet: dem Osmanlı Terakki ve İttihâd Cemiyyeti (über die Zeitungen *Şûrayi* und *Meşveret*), der Daschnakzuthiun (im Namen ihrer Publikationsorgane *Droschak* und *Hayrenik*), der Liga Prinz Sabahattins *Teşebbüs-ü Şahsi, Ademi Merkeziyet ve Meşrûtiyyet Osmanlı Birliği* sowie Vertretern des Balkans oder auch Ägyptens.[47]

Die einschneidende Wende der Jahre 1905 bis 1907 hatte sich auch in der Führungsgruppe der Jungtürken gezeigt: nicht mehr intellektuelle Debatten wiesen die Orientierung, es hatte sich eine Gruppe von gewaltbereiten Verbündeten zusammengefunden, ein Komitee studierter Angehöriger der Mittelschicht und mittlerer Offiziere, das neben einer zunehmenden Breitenbewegung um gesamtgesellschaftliche Macht rang.

Mit dem 23. Juni 1908 wurde der Sultan zur Wiedereinsetzung der Verfassung gezwungen. Die Zeit des *Zweiten Meşrûtiyyet* begann, die von allen Völkern des Osmanischen Reichs mit Begeisterung aufgenommen wurde.

Ein Netz paramilitärischer Unterorganisationen, die sogenannten *Icrat-i Hususiye,* oder auch die Gründung von Frauen- und Berufsverbänden sollten die Veränderungen der Reformbewegung zu einer hierarchisch gegliederten Volks»partei« mit fester Führungselite, einer streng organisierten Basis und eindeutigem Herrschaftsanspruch vervollständigen. Eine wichtige Funktion kam auch weiterhin den intellektuellen Organen zu, darunter der *Türk Derneği,* gegründet 1908, den literarischen Zirkeln *Genç Kalemler,* »Junge Federn«, oder *Türk Yurdu,* »Türkisches Heimatland«, Periodika, in denen der propagierte »Weg zum Volk«, *halka doğru,* verfolgt wurde.[48]

Besonderes Gewicht sollte der Arbeit der am 3. Juli 1911 gegründeten Gesellschaft *Türk Ocağı,* »Türkischer Herd«,[49] zukommen. Die regelmäßigen Lesungen und Vorführungen in den Salons des Ocağı, die sozialen wie kulturellen Aktivitäten waren ein hervorragendes propagandistisches Instrument, eine Vereinigung der Einzelstimmen zu erreichen. Die Tätigkeit des Ocağı verdeutlicht dabei den Doppelcharakter der İttihâd ve Terakki als Partei und als Bewegung, die die Organisation der Diskurse um die

47 Zum Text der Erklärung vgl. Tunaya: Türkiye'de Siyasal Partiler Bd. 1 (Anm. 33), S. 49-58; sowie Kuran: Osmanlı İmparatorluğunda (Anm. 39), S. 448f.

48 Genç Kalemler, erschienen 1910?-12, Türk Yurdu, erschienen 1911-18. Unter vielen anderen - so ja auch vor allem die hier nicht behandelten islamorientierten Periodika - wurde von 1913-14 eine Wochenzeitung unter dem Titel *Halka Doğru* publiziert.

49 Die *Türk Ocağı* war von Mitgliedern der militärmedizinischen Hochschule in Istanbul errichtet worden. Zum Vorstand gehörten die prominentesten Jungtürken, darunter neben Yusuf Akçura auch Ziya Gökalp, Tevfik Fikret, Mehmed Emin oder Fuat Sabit.

nationale Renaissance zu bündeln wußte und eine entfesselte *Atmosphäre* der Zeit verdeutlichte.[50]

Diese Atmosphäre nationaler Wiedergeburt hatte die schnelle Verbreitung der Ideologie des Turkismus unterstützt: des neuen Lebens, jenes *yeni hayat*, das in zwei Phasen verwirklicht werden sollte, zunächst über die Türkisierung des Osmanischen Reichs, daran anschließend die Erschaffung einer neuen Welt, der Welt *Turans*. Der Osmanismus der jungtürkischen Bewegung hatte sich als Maske erwiesen, als »Deckmantel«.[51]

Die Idee des homogenen Staates hatte an Konturen gewonnen, eines Staates, der die politische Verwirklichung der Einheit aller Türken, jene vielbeschworene *tevhîd-i etrâk* unter einer territorialen Vision zu erreichen suchte: der Vision Turan; auf die Bereitstellung eines Integrationskonzepts für die Nicht-Muslime konnte schlicht verzichtet werden.

50 »Während einiger Monate bildete das Wiedererwachen und die Rückkehr zum Turanismus das öffentliche Gesprächsthema. Professoren, Gelehrte, Schriftsteller und alle, die Drang und Eignung hatten, zum Volke zu sprechen, fanden Gelegenheit, über dieses Thema in Vorträgen und Versammlungen, die ein- bis zweimal wöchentlich in der Universität und im Lokale der 'Türk Odschagi' abgehalten wurden, wie auch täglich in den Theatern usw. zu reden. Fast alle in dieser Zeit herausgegebenen Bücher handelten über denselben Stoff. Eine ganze von Begeisterung getragene Literatur rüttelte die nationalen Gefühle des Volkes wach. Von Zeit zu Zeit sah man ungeheure Umzüge, gebildet aus den Angehörigen aller Stände, mit dem Ausdruck einer unbeschreiblichen Freude durch die Straßen der Hauptstadt ziehen. ... Die Menge lebte unter dem Eindruck, als wäre Konstantinopel zum zweiten Male erobert worden(!). Nie hatte sie Gelegenheit gehabt, sich der Namen ihrer Helden wie Fatih, Sultan Suleiman Kanoni usw. zu erinnern. Erst jetzt fing man an, mit Stolz auf diese Helden zurückzugreifen, sie zu feiern, weil sich die Türken eben erst jetzt richtig erkannt hatten«, Tekin Alp: Türkismus und Pantürkismus, Weimar 1915, S. 18f.

51 So schrieb Ziya Gökalp in seinen unter dem Titel *Türkleşmek, İslamlaşmak, Çağdaşlaşmak ve Doğru Yol,* »Türkisierung, Islamisierung, Modernisierung und der Richtige Weg«, zusammengefaßten Schriften, die zuerst in Türk Yurdu erschienen waren und dann als Einzelpublikation noch einmal 1918 veröffentlicht wurden: »Die Generation des Tanzimats wollte über das Türkentum einen trügerischen Mantel ziehen. ... An diese Lüge hat keine Untertanengemeinschaft geglaubt. Nachdem mit dem II. Meşrûtiyyet [der Einführung der 2. konstitutionellen Monarchie am 24. Juli 1908] diesem Deckmantel noch mehr Gewicht zugemessen wurde, haben die Untertanengemeinschaften angefangen zu schreien: 'Sie wollen uns türkisieren!' In Wirklichkeit war diese Osmanisierungspolitik nichts anderes als ein geheimer Weg zur Türkisierung«, Gökalp, Ziya: Türkleşmek, Islamlaşmak, Cağdaşlaşmak ve Doğru Yol, hier: Istanbul 1976, S. 53.

1.3 Turkismus und Turanismus

»Sie werden tatsächlich sagen, was für ein ferner Traum...«, schreibt Ömer Seyfettin, »Aber vergiß nicht und erinnere Dich, daß alle Wirklichkeiten zunächst eine Phase des Traums und der Vorstellung hatten.«[52]

Nachdem bereits Ali Suavî - der den Türken eine höhere Führungsqualität gegenüber den anderen Völkern des Osmanischen Reichs zugesprochen hatte, die türkische Sprache als die höchstentwickelte, die türkische Nation als politisch, militärisch und kulturell überlegen ansah[53] - in seinen Arbeiten einen wichtigen Keim für die Entwicklung des sogenannten Turanismus gelegt hatte, nahm durch das Wirken von Yusuf Akçura und Ziya Gökalp die um den türkischen Gedanken zentrierten Perspektiven pogrammatische Gestalt an. In ihren Analysen findet sich die Gleichsetzung von Ursprung und Boden mit dem Ursprung der Sprache und der wesenhaften Entwicklung des diesem Boden und seiner Sprache verhafteten Volkes; ein neuer, völkischer (*halkçı*) Charakter des turkistischen Gedankens setzt sich durch. Dieser turkistische Gedanke vermochte über die Setzung der Wesenseinheit aller kulturellen Elemente, weil sie alle derselben primordialen Bestimmung Volk unterlagen, sogar den in den jungosmanischen Vorstellungen noch offenen, ungelösten Konflikt zwischen Islam und Modernisierungswunsch zu lösen. Der Islam wurde nun einer nationalen Gesamtentwicklung untergeordnet. Nicht mehr allein die Rettung des Osmanischen Reichs, sondern vor allem eine Erneuerung würde über das Zusammenwirken aller Kräfte des Volkscharakters, über eine Stärkung »von innen« möglich werden. Aus der Geschichte wurde ein Volkstum als wesenhafte, gestalthafte Einheit herausgemeißelt, welches Träger der neuen Wege werden sollte. Die Suche nach Elementen der Stabilisierung des Osmanischen Reichs war zu einer Forderung nach einer Neugeburt des Ursprünglichen, des Eigenen umgeschlagen. Dies geschah in Anbindung an westeuropäische Wissensperspektiven, so unter anderem Gustave LeBon, Henri Bergson, Emile Durkheim, Arthur de Gobineau, Friedrich Nietzsche oder Albert Sorel. Besonderer Einfluß ist neben Friedrich List - in dessen Zollvereinsgedanken sich mit der Idee einer ständischen Wirtschaft auch eine neue (deutsche) Gemeinschaftskonzeption widerspiegelte, mit der sich insbesondere Ziya Gökalp und Tekin Alp beschäftigten - dann aber auch Ludwig Büchner und Ernst Haeckel zuzuschreiben. »Wir müssen wir selbst sein, d.h. wir müssen unsere Kultur

52 Seyfettin, Ömer: Yarınki Tûran Devleti (»Der Turanstaat von morgen«), Istanbul 1914, hier nach einer Ausgabe Istanbul 1971, hrsg. von Sakin Öner, S. 88f.

53 Vgl. Çelik: Ali Suavî ve Dönemi (Anm. 28), S. 618ff.

nach unserer Tradition gestalten und unseren eigenen Fähigkeiten anpassen. Von Europa dürfen wir nur die Methode und Technik entlehnen«, faßte Tekin Alp die Art der Forderung nach moderner Wissenschaft zusammen.[54]

Zu dem häufig betonten Aspekt einer westlichen oder europäischen Beeinflussung zwei kurze Anmerkungen: die türkische Historiographie setzt eine sogenannte »Verwestlichung«, um damit der Jungtürkenbewegung ein ursprünglich nicht türkisches Gedankengut zuzuschreiben. Ist die Jungtürkenbewegung tatsächlich ein irregeleiteter Versuch *allafranga* gewesen? Es bleibt hier unbeantwortet, warum diese »Beeinflussung« derart selektiv erfolgt ist, warum im besonderen romantisches und sozialdarwinistisches Gedankengut so intensiv diskutiert wurde. Es waren vor allem die autoritären Elemente, die aus den europäischen Strömungen rezipiert wurden, neben den ganzheitlichen Volkskonzepten, den Ideen einer Einheit von Gesellschaft und Nation sowie Staat und Nation und schließlich die Abstammungs- und Rassetheorien.

Die zweite, häufig geäußerte These stellt als treibende Kraft des türkischen Nationenstrebens die aus den russischen Provinzen stammenden Türken vor: die herausragenden waren Ahmed Ağaoğlu, Hüseyinzade Ali und Yusuf Akçura. Im allgemeinen wird man den aus Rußland stammenden Reformdenkern tatsächlich ein größeres Interesse an einer politischen Vereinigung aller türkischen Völker zuschreiben können. Da sie aus der Erfahrung einer Unterdrückung kamen, konnten sie ferner sowohl die Forderungen der Nicht-Türken besser verstehen wie auch die politische Zwangslage einer möglichen Partizipation schärfer erkennen, so daß gerade aus ihrem Kreis zentrale Beiträge für die Diskussion um Volkskonzepte und insbesondere um die Thematisierung des Rassegedankens eingebracht wurden.

Die Verwendung des persischen Begriffs *Turan,* ursprünglich eine Bezeichnung für die Region des iranischen Nordostens, verweist zunächst selbst bereits auf die Orientierungsveränderung, die mit ihm impliziert wird: die Abwendung von den arabischen Kultur- und Geschichtselementen sowie die Hinwendung zum Türkentum und zu einer territorialen Nord-Ost-Orientierung. Die Verbindung von Turan und dem Land des Volkes Tür oder Türk soll zwar zu den Sassaniden zurückführen, sie ist aber bis heute ebenso ungeklärt wie jene Grenzen Turans zwischen Ungarn und China. Mit der Kennzeichnung der Sprachfamilie der sogenannten turanischen Sprachen in der europäischen Orientliteratur um 1850 war Turan zurück

54 Alp: Türkismus und Pantürkismus (Anm. 50), S. 7.

in die osmanisch-türkische Begriffswelt gelangt und prägte in den Bezeichnungen Turanismus oder Pan-Turanismus die türkische Nationenbildung.[55]

Zur Zeit der Entdeckung, man könnte auch sagen: Erfindung türkischer Geschichte schrieb Hermann Vámbéry, dem ein nicht unwichtiger Anteil in der Formulierung turkistischer und turanistischer Ideale zukam, im Jahr 1873: »Als türkische Dynastie hätte das Haus Osman aus den türkischen Elementen, mit denen es durch Sprache, Religion und Geschichte verbunden ist, von dem Ufer der Adria bis weit hinein in China ein mächtigeres Reich gründen können als jenes, das der große Romanow aus heterogenen Elementen durch Gewalt und List zusammenzustückeln wußte. Anatolier, Aserbydschaner, Turkomanen, Oesbegen, Kirgisen und Tataren sind einzelne Glieder, aus denen ein großer türkischer Koloß hätte entstehen können, der sich mit seinem nordischen Gegner gewiß besser hätte messen können als die heutige Türkei.«[56]

Die Literatur wurde zum ersten Träger der »Kulturbesinnung«. Dichtungen, wie jene zugleich literarische und politische Suche İbrahim Şinasis oder Namık Kemals, sollten den Gedanken des Türkentums entwickeln und weitertragen. Bis um 1897 der immer wieder tradierte Satz Mehmed Emins datiert wird: »Ich bin Türke, meine Religion und meine Rasse sind groß«.[57]

Die politischen Kräfte zu sammeln und ideologische Wegmarken auszuarbeiten, mit diesem Ziel waren vor allem im Umkreis der vorerwähnten jungtürkischen Zirkel wie der Türk Ocağı um das Jahr 1914 maßgebliche Arbeiten zum Turanismus entstanden: Hâlide Edibs Novelle *Yeni Turan*, »Das neue Turan«, die Gedichte von Mehmed Emin, darunter »Der Gesang meiner Rasse«, Ali Canibs »Der Weg nach Turan«, »Turan« von Tekin Alp oder Ömer Seyfettins »Der Turanstaat von morgen«. In besonderer Weise jedoch charakterisiert das Lehrgedicht *Kızılelma* von Ziya Gökalp die Bewegung.

Im allgemeinen (und fälschlicherweise) wird der Titel Kızılelma als »Roter Apfel« übersetzt. Während kızıl eigentlich »gold, golden« bedeutet, sprach der Begriff kızılelma in der Überlieferung ein ideales, zu eroberndes

55 Siehe Minorsky, V.: Turan, in: İslâm Ansiklopedisi, Istanbul ^{2}1988, S. 107-114; dt. Fassung in: Enzyklopädie des Islam, Bd. 4, S. 951-957.

56 Vámbéry, Hermann: Reise in Mittelasien, Leipzig 1873, S. 378.

57 Ein Satz, der in europäischsprachigen Darstellungen auch schon mal geglättet wird: »Ich bin ein Türke, meine Religion und meine Seele sind türkisch«.

Land an. In diesem Sinn war der Begriff auch von Evlija Celebi gebraucht worden.[58]

Mit dem Bild des türkischen Mädchens Ay Hanım, einem Sproß »aus edlem Stamme« und reichem Hause mit »hellem« Haar, läßt Gökalp das als Geschichtsepos konzipierte Gedicht in Baku beginnen. In Verpflichtung und Liebe zu ihrem Volk studiert das Mädchen in Paris und widmet sich später, zurück in Baku, der Gründung von Schulen, die den Namen »Weg zur Zukunft« tragen - und in denen ein neues Volk »gezüchtet« wird.

> ...'Das Volk ist wie ein Garten,
> wir sollen seine Gärtner sein!
> Man schneide erst die schlechten Triebe
> und propfe dann das Edelreis!'...[59]

so läßt Gökalp die junge Frau sprechen, die eines schönen Frühlingstages einen Jüngling beobachtet, Turgud, ein Maler, schön, mit »trunknem Auge«, wirrem Haar: ein irrender Suchender, der mit einem Ziel befreit werden muß. Diesem jungen Mann war eine Fee erschienen, die ihn im Traum zu Kızılelma führte. Ratlos und rastlos fragt der junge Mann den alten Weisen, den Geistlichen Sahdeddin, nach dem Weg zum irdischen Kizilelma. Sahdeddin spricht:

> '... Die türkischen
> Eroberer hatten nur ein Ziel:
> Das Paradies. Das Türkentum,
> und dieses süße Land zu finden,
> hat hundertfach schon aufgewallt.
> Erst China und dann Indien,
> sodann Ägypten und Byzanz

58 Siehe dazu Hartmann, Martin: Zu »Aus der neueren Osmanischen Dichtung I.«, Versuch einer Synthese und Nachträge, in: Westasiatische Studien. Mitteilungen des Seminars für Orientalische Sprachen zu Berlin, Berlin 1918, S. 60, wobei Hartmann auch darauf hinweist, daß Gökalps Gedicht Kızıl Elma sowie die gleichnamige Gedichtsammlung in keinem Zusammenhang stehen mit einer tatarischen Gedichtsammlung von Mir Aziz al-Okmasi: Aldanma kızıl almagha (»Laß Dich nicht täuschen durch den roten Apfel«), Kasan 1910, siehe dazu Hartmann, Martin: Aus der neueren Osmanischen Dichtung II, in: Westasiatische Studien. Mitteilungen des Seminars für Orientalische Sprachen zu Berlin, Berlin 1917, S. 91.
Das Gedicht Gökalps erschien zuerst in: Türk Yurdu III, 7, 1913.

59 Vgl. für eine Übersetzung die Nachdichtung von Tekin Alp in die deutsche Sprache in: Österreichische Rundschau 46, 6, 1916, S. 284-297, hier S. 285; siehe aber auch die Zusammenfassung in Hartmann: Aus der neueren Osmanischen Dichtung II (ebd.), S. 107-110.

und wie die Länder alle heißen,
sie fielen alle unter ihrem
geübten Schwert. Doch haben Sie
sich nicht dem heißersehnten Land
genähert. Dieses gelobte Land
war keine Wirklichkeit.'
'So gibt es kein Kizilelma?'
'O ja!
Doch liegt es anderswo. Sein Grund,
sein Boden ist das Ideal,
sein Himmel ist die Illusion...'[60]

In dieser zentralen Rede des Geistlichen heißt es weiter: »Ein soziales Vaterland / und eine völkische Geschichte / wird einst das Türkentum erlösen...«[61]

Ay Hanım wird die Worte, vor der Tür stehend und lauschend, vernehmen. Und in ihrem ratlosen Herzen, verwirrt durch die bisher ungekannte Liebe zu einem Mann angesichts ihrer bisher ausschließlichen Liebe und Hingabe zu ihrem Volk, hinterlassen die Worte eine prägende Wirkung. Sie versteht die Weisung und wird fortan ihr Vermögen und ihr Handeln für dieses Kızılelma opfern, um schließlich in Lausanne eine Art Kolonie unter dem verheißenen Namen zu errichten. Nach Wegen vergeblichen Suchens kommt schließlich auch Turgud in diesem Kızılelma an, so daß nach den letzen Liebesirrungen eine glückliche Vereinigung das Gedicht erfüllt.

In Gökalps vielzitiertem Gedicht *Turan* ist das türkische Herz Instanz von Geschichte und Geschichtsschreibung:

Die Gefühle, die in meinen Pulsen schlagen, sind der Geschichte
tiefe Stimme, nicht in den Büchern,
meine Rasse, auserwählt, ruhmreich, rein, die Ferne und Nähe
aller Siege, in meinem Herzen Schall,
in meinem Pulsschlag lese ich, verstehe, ehre.

Nicht in den Büchern; denn Attila, Dschingis,
diese Männer, die mit Siegen meine Rasse krönten,
auf diesem staubigen Grund verleumdet,
in diesem Rahmen beschmutzt, beschämt;
doch mit Ehre sind zu sehen, wie Cäsar und Alexander.

60 Vgl. die Übersetzung Tekin Alps (ebd.), S. 288.
61 Ebd. S. 290.

In meinem Pulsschlag, ja, denn für die Wissenschaft
unbekannt, Oğuz Han, mein Herz kennt ihn gut,
in meinen Adern, mit Ruhm und Pracht lebt
Oğuz Han, das ist es, was mein Herz bewegt.

Das Vaterland ist weder die Türkei für die Türken noch Türkistan;
das Vaterland ist ein großes, unendliches Land: Turan.[62]

Unter den vielleicht überraschend zahlreichen Nachdichtungen in die deutsche Sprache gibt es von dem Gedicht *Vatan*, »Vaterland«, eine Veröffentlichung aus der Zeit des Nationalsozialismus: »Für uns Deutsche«, schreibt der Publizist Erich Pritsch 1941 in der *Welt des Islams*, »ist die Beschäfigung mit dieser Gedankenwelt heute auch deshalb besonders reizvoll, weil sie so merkwürdige Anklänge an nationalsozialistisches Gedankengut aufweist.«[63]

Ein Land, deß' Wirtschaftskapital der Hand des Türken anvertraut,
Die Führung auch der Industrie durch Technik und durch Wissenschaft,
Wo unter den Gewerben stets das eine auf das andre baut,
Wo Werften, Dampfer, Eisenbahn, Fabriken künden Türkenkraft:
O wisse es, du Türkensproß, dies Land, es ist dein Vaterland![64]

In überaus deutlicher Sprache widmeten sich die zeitgenössischen Gedichte nicht allein dem Gedanken des Zusammenschlusses, sondern auch der tatkräftigen Durchsetzung der Territorialvision:

Verruchter Stamm, der du zu Füßen uns gelegen bist, ...

Nun wisse, daß nicht Eiter wohl der Adern Feuersglut;
Ich lösche dich, und wärst du selbst die Hölle jetzt, mit Blut.
Tod ihm, der eines Türken Stolz zu kränken sich vermißt.

schrieb Mehmed Emin in dem Gedicht *Den Tod ihm!*.[65]

62 Das Gedicht erschien in mehreren Zeitschriften, so in Genç Kalemler Nr. 4 vom 23. Mai 1911; Wiederabdruck in der Sammlung Kızıl Elma, Istanbul 1914.
Die deutsche Übersetzung erfolgte hier nach einer jüngeren Ausgabe der Gesamtwerke: Şiirler ve Halk Masalları. Ziya Gökalp Külliyatı 1, hrsg. von Fevziye Abdullah Tansel, Ankara ^{3}1989 (zuerst 1952), S. 5.
Zu deutschen Nachdichtungen siehe u.a. Hartmann, Richard: Zija Gök Alp's Grundlagen des türkischen Nationalismus, in: Orientalistische Literaturzeitung 9/19, 1925, S. 585; Pritsch, Erich: Dichtungen Ziya Gökalps, in: Die Welt des Islams. Sonderband 1941, S. 119-128, hier S. 120f.; doch weichen diese Nachdichtungen von Inhalt, Stil und Aufbau des Originals ab.

63 Pritsch: Dichtungen Ziya Gökalps (ebd.), S. 119.

64 Ebd., S. 127f.; das Gedicht erschien zuerst 1918 in der Sammlung Yeni Hayat.

Und Ziya Gökalp formulierte über jene Idee des Landes Turan, das die türkisch-sprechenden Völker Mittelasiens, des Irans, Afghanistans bis zu den Grenzen Chinas - ein Land von Thrakien bis Mittelasien - umfaßte, im Untertitel zu seinem *Kızıl Destan,* dem »Roten Epos«, das er zu Beginn des Ersten Weltkriegs verfaßt hatte: »Das Land des Feindes wird zerstört / die Türkei wird ein großes Turan werden«.[66]

Während die Gedichte der Durchsetzung der ideologischen Bilder, der Emotionalisierung und Solidarisierung der Volksmassen galten, findet sich in den Zeitschriften- und Zeitungsartikeln der jungtürkischen Zirkel eine Richtungsdiskussion,[67] die der Durchsetzung der neuen Identitäts- und Nationenbilder gewidmet war.

Um die oben skizzierte Begriffsentwicklung noch einmal aufzunehmen, hatte sich ja zunächst ein Schwerpunkt der Auseinandersetzungen in der Konfrontation der traditionellen Konzepte ümmet (für die Gemeinschaft der Muslime) und millet (für die nicht-muslimischen Gruppen) mit dem politischen Konstrukt Osmane und einem grundsätzlich veränderten, man könnte auch sagen modernisierten Verständnis von millet abgezeichnet, während es insbesondere nach Namık Kemal darum ging, unter den Begriffskonzepten *halk,* »Volk«, *kavîm,* »Stamm, Volk«, *vatan,* »*Vaterland*« und *millet,* »Nation«, eine Programmatik zu entwickeln. Diese Konzeptdiskussion war jedoch nur Diskursgrundlage für den ideologischen Entwurf des Turkismus, in dem die einzelnen Typisierungen zunehmend gleichgesetzt wurden und an Differenzierung verloren.

In den Entwürfen für eine moderne politische Gemeinschaft der Türken fanden sich daher zunächst unterschiedliche Gewichtungen: der Vorstellung eines türkischen Millet, das - durchaus in osmanischer Tradition - auf Religion und Geschichte aufgebaut sein sollte, wie es in islamistischen Perspektiven zu finden war, standen in zunehmend durchsetzungsfähigerer Weise die auf Sprache und Religion sowie dann Rasse und Sprache gründenden Setzungen gegenüber. Treibender Gedanke der Diskussionen war dabei insbesondere der Gedanke des Entwurfs, des Neuen und der Modernität selbst!

65 Zu dieser deutschen Fassung siehe: Das Neue Turán. Ein Gruß an das erwachende Morgendlande!, hrsg. von Arthur v. Wurzbach, Laibach 1915, S. 16.

66 Das Gedicht erschien in der Sammlung Kızıl Elma, Istanbul 1914; vgl. hier auch Şiirler ve Halk Masalları. Ziya Gökalp Külliyatı 1 (Anm. 62), S. 90ff.

67 Angemerkt werden muß an dieser Stelle noch einmal, daß eine detaillierte Betrachtung der islamorientierten und oppositionellen Zirkel hier nicht geleistet werden kann.

Ahmed Ağaoğlu verwandte beispielsweise die Begriffe *milliyet* und *kavmiyet* (Nationalität und Volkstum) noch synonym, wobei er aber stets drängend auf die erst noch zu bildende Nation aufmerksam machte: zwar könne man von türkischer Nationalität, noch nicht aber von einer türkischen Nation sprechen.

Grundlage für die Weiterentwicklung der Konzepte kavîm, millet, *soy* (Ursprung) und *ırk* (Rasse) waren insbesondere Überlegungen, die den Charakter der Ursprünglichkeit und Wesenhaftigkeit von Sprache betonten: »Kavîm bedeutet für uns nichts anderes als eine sprachliche Gemeinschaft... Um ein kavîm zu bilden, brauchen die Einzelnen (*fert)* nicht aus einer Rasse (*ırk)* abzustammen«, überlegte Ali Canip.[68] »Heute betrachtet die türkische Jugend von Rumeli und Anatolien das Wort Türke als Synonym für den neuen Menschen oder Übermenschen (*vefkal insan)*. Die Türken sind das tapferste kavîm der Vergangenheit. Und sie werden das entwickelndste millet der Zukunft werden...«[69] Canip sprach aber auch von *vicdan*, jenem »kollektiven Gewissen«, das eine Nation auszeichne, und neben der Sprache die Identität einer Nation ausmache. Andere Schriften dieses Kreises nutzten Bilder wie die einer »Geistigen Heimat«, *mânevî yurt*, die der Türke in seiner Kultur fände und die die eigentliche Nationalität des Türken sei.[70]

»Aber ich habe gesehen, daß die Sprache allein nicht ausreichend ist. Ich fühlte, daß Turkismus in allen seinen Prinzipien und seinem gesamten Programm entworfen werden mußte«,[71] schrieb Ziya Gökalp.

Über die Setzung der Sprache als wesenhafte und soziale Identitätsbestimmung wurden die Konzeptionen weitergeführt: »Die Grundlage einer Nation bilden unserer Meinung nach zunächst die Sprache und alle Erscheinungsformen der Sprache, die Literatur, Künste, Musik... , zweitens die Religion und ihre unterschiedlichen Erscheinungen sowie drittens die Spuren, die die Rasse hinterlassen hat«,[72] schrieb Ahmed Ağaoğlu noch im Versuch einer vermittelnden Weise von Kultur, Religion und Ursprungsidee.

68 Yekta Bahir (Pseudonym, im allg. Ali Canip zuerkannt): Gençlik Kavgası: Millî daha doğrusu kavmî edebiyat ne demektir?, in: Genç Kalemler II, 4, 1911; vgl. dazu auch Arai, Massami: Jön Türk Dönemi Türk Milliyetçiliği, Istanbul 1994, S. 70ff.; engl.: Turkish Nationalism in the Young Turk Era, Leiden 1992, S. 41.

69 Ebd.

70 Vgl. Mehmed Ali Tevfik: Yeni Hayat: Mânevî Yurt, in: Genç Kalemler III, 8, 1913, S. 177-189.

71 Gökalp, Türkçülüğün Esasları (Anm. 22), S. 11; engl. S. 9.

72 Ağaoğlu, Ahmed: Millî Cereyan, in: Türk Yurdu VIII, 2, 1918, S. 2529.

Um noch einmal die beiden einflußreichen Personen der Jungtürkenbewegung auf dem Wege zur politischen Handlungsmächtigkeit herauszuheben:

Yusuf Akçura (1876-1935), geboren in Simbirsk/Wolga, war bereits als Kind nach Konstantinopel gekommen und hatte nach seiner Verbannung durch Sultan Abdülhamid II. an der *Ecole des Sciences Politiques* in Paris unter anderem bei Albert Sorel, Théophile Funk-Brentano und Lucien Levy-Bruhl studiert. Während er zunächst von Ismail Bey Gasprinski (1851-1914) beeindruckt war, einer der zentralen Personen in der Entstehung einer Emanzipationsbewegung der Turkvölker im Russischen Reich, begann Akçura über seine Beschäftigung mit der französischen Sozialphilosophie nach Konzepten zu suchen, die die bereits von Gasprinski herausgestellte Idee einer Einheit von Sprache, Denken und Handeln - nun jedoch ohne Grundlegung durch den Islam - für das Volk der Türken definieren und politisch verwirklichen könnten. Akçuras Lösungsvorschlag war der aus dem Arabischen abgeleitete Terminus *ırk,* Rasse, den er über die Elemente *soy,* also Ursprung, Art, und *kavîm,* Volk, definiert. »In ferner Zukunft wird zwischen der weißen und gelben Welt eine türkische Welt entstehen und in der Mitte dieser Welt wird das Osmanische Reich die Aufgabe übernehmen, die die Japaner in der Welt der Gelben erreichen wollten.«[73]

1904 hatte Akçura in seiner Arbeit *Üç Tarz-ı Siyaset,* »Drei Arten der Politik«, die im April/Mai in der in Kairo erscheinenden Zeitschrift *Türk* abgedruckt wurde, die Konzepte des Osmanismus und Pan-Islamismus diskutiert und diese dem Entwurf des Turkismus gegenübergestellt. Seine Arbeit, die vielfach als zentrales Manifest des Panturkismus angesehen wird,[74] zeigte zum ersten Mal eine systematische Aufarbeitung der unter den reformerischen Intellektuellen diskutierten Konzepte; geleitet von der bereits früh in Akçuras Denken ausgepägten Einsicht, daß das Konstrukt einer osmanischen Identität eine »vergebliche Mühe«[75] sei, daß »aus verschiedenen Nationen... eine Nation zu bilden nicht möglich ist.«[76]

So erklärte Akçura in einem Artikel aus dem Jahr 1911 die Frage der Assimilation der Nicht-Türken als abgeschlossen beziehungsweise als zu

73 Nach Georgeon, François: Türk Milliyetçiliğinin Kökenler. Yusuf Akçura (1876-1935), Ankara 1986, S. 118, vgl. aber auch eine Fassung in frz. Sprache: Aux origines du nationalisme turc Yusuf Akçura (1876-1935), Paris 1980.

74 Georgeon, François: Türk Milliyetçiliğinin Kökenler (ebd.), S. 37.

75 Ebd., S. 38.

76 Ebd., S. 35.

jenem Zeitpunkt nicht mehr möglich,[77] um sich mit der Erledigung dieses Problems den Weg zu öffnen für den Raumgedanken seiner Nationenidee: der Vereinigung aller türkischen Völker. Das Rassekonzept, das Akçura in die Diskussion brachte, wird Basis zur Erreichung der *tevhîd-i etrâk*, jener oben erwähnten »Einheit der Türken«,[78] wobei das Rasseelement eine Begrenzung auf das ethnische Element vorsieht. Der Faktor Rasse gewinnt in Akçuras Arbeit neben einer geopolitischen zum ersten Mal zudem auch eine ökonomische Dimension, die vor allem auf den Einfluß Funk-Brentanos zurückzuführen ist.

Ziya Gökalp (1875/76-1924) - der Schriftsteller Yahia Kemal wird ihn später in seinen Erinnerungen als »Apostel des Turkismus« bezeichnen[79] -, geboren in Diyarbakır, war nach den ersten Ausarbeitungen einer politischen Konzeption türkischer Realität durch Ali Suavî und Yusuf Akçura von der Frage der Realisationsmöglichkeiten bewegt. Gökalps Einfluß läßt sich damit erklären, daß es ihm gelungen war, die Visionen und Machtansprüche der Jungtürken in ein Herrschaftsprogramm mit zugleich auch »wissenschaftlichen« Legitimationsoptionen weiterzuentwickeln; ein Programm, daß den Beweis antreten wollte, daß die Visionen eine Realisierungschance haben.

Für Gökalp wurde die Vorstellung eines Kollektivs, abstrahiert aus den Fähigkeiten und Funktionen der Einzelindividuen, und die Überlegung eines schöpferischen Kollektivbewußtseins, erfahrbar in einer sozialen Tatsächlichkeit, zur Grundlage seiner aus den konstruktivistisch-philosophischen Überlegungen abgeleiteten Setzungen für ein gesamtgesellschaftliches Programm. In dieses Programm waren die Forderung nach einer Stärkung türkischer Sprache und Schrift ebenso eingeschlossen wie die Forderung nach Erschaffung einer türkischen Erziehung, einer türkischen Moral, Literatur, Musik, Ästhetik, Philosophie, Politik oder eines türkischen Rechts. Gerade die Betonung des Ästhetischen sollte als Bestätigung von Kraft und Eigentlichkeit jene Identität des Volkes und seine Einheit stärken. Das säkulare Turkisierungsprogramm war ebenso an alten Mythen und alten, überlieferten Traditionen vergangener türkischer Kulturen orientiert wie auch an den natur- und geisteswissenschaftlichen Errungenschaften westlicher Zivilisation.

77 Akçura, Yusuf: Ittihad-i anasır meselesi, in: Sırat-ı Müstakim 5, 121, 1911, S. 280-281, siehe dazu auch Georgeon: Türk Milliyetçiliğinin Kökenler (Anm. 73), S. 45.

78 Akçura, Yusuf: Yeni Türk Devletinini Öncüleri. 1928 Yılı Yazıları, hrsg. von Nejat Sefercioğlu, Ankara 1981, S. 148.

79 In Şapolyo, Enver Behnan: Ziya Gökalp. İttihadı Terakki ve Meşrutiyet Tarihi, Istanbul 1974, S. 140.

Die ideologischen Elemente der Jungtürkenbewegung lassen sich wie folgt zusammenfassen:

a. *Turkismus*
Ziya Gökalp schreibt, daß Turkismus »keine politische Partei, sondern eine wissenschaftliche, philosophische und ästhetische Schule des Denkens« sei, oder, »um es anders auszudrücken, ist er ein Kurs kultureller Leistung und Erneuerung.«[80] Turkismus ist eine »moderne Bewegung«, die in der Situation einer Gefährdung durch die »Vereinigung von Schwert und Feder« eine Gesellschaft hervorzubringen habe, »deren Name die türkische Nation« ist.[81] Turkismus und Turanismus sind zugleich Wege, die das Schicksal, die eine Vorbestimmung für die Zukunft gezeichnet hat und denen zu folgen das türkische Volk auserwählt wurde.

Turkismus ist gleicherweise Bewegung, Kursrichtung und Programm wie Konzept, Ideal, Heiligtum und soziales Phänomen.[82] Dabei ist *Türk* »der Name einer Nation, und eine Nation kann definiert werden als Gruppe, die eine ihr eigene Kultur besitzt. Daher kann ein Türke nur eine Sprache, nur eine einzige Kultur haben.«[83] Diese Einheit zu erreichen, eine Einheit in Kultur und Sprache, die sich auf den geographischen Grenzen und im Staatswesen widerspiegelt, ist Ziel, Aufgabe und Verpflichtung. Grundlage dieser Einheit, die gleichzeitig Entdeckung, Wiederbelebung und Weiterentwicklung ist, ist der Stammesbund des *Oghuz*-Türkentums.

»Das weiterreichende Ideal von Turkismus ist Turan, das nicht meint, wie einige denken, ein Amalgam von Völkern«; Turan ist ein »sozialer Terminus, der allein Türken einschließt«[84], »Turan ist das große Vaterland aller Türken, das in der Vergangenheit Realität war und dies auch noch einmal in der Zukunft sein wird. Turaner (*turanlılar*) sind nur türkisch sprechende Nationen.«[85]

Zur Lösung der Integrationsaufgabe von Islam, Turkismus und Modernisierung sowie für die Argumentation, daß sich alle drei Elemente in einem harmonischen Verhältnis zueinander entwickeln könnten, stellte Gökalp eine Unterscheidung zwischen Kultur und Zivilisation vor: Kultur als

80 Gökalp: The Principles of Turkism (Anm. 22), S. 125. Zum leichteren Nachlesen der zentralen Zitate habe ich in den nachfolgenden Angaben, angesichts auch der unterschiedlichen Ausgaben der Arbeiten Gökalps in türkischer Sprache, zum Teil zunächst die englische Übersetzung bevorzugt.

81 Ebd., S. 125f.

82 Ebd., zum Beispiel S. 12, 53, 55, 105, 125.

83 Ebd., S. 17.

84 Ebd., S. 19.

85 Ebd., S. 20, türk. Ausgabe S. 24.

das System aus »ursprünglichen« Werten, Einsichten und Ausprägungen, Zivilisation als die übergreifenden wissenschaftlichen Errungenschaften verschiedener Kulturen, die mit den jeweiligen Kulturen in einer gegenseitigen Einflußbeziehung stehen.

Die Ausbreitung und Entwicklung des Turkismus wird mit dem Bild des Keimens einer Pflanze veranschaulicht, die, ausgesät und zum Wachstum gebracht, Freiheit, Unabhängigkeit und Größe der Nation erreichen wird.[86] Das Ideal Turan beinhaltet die ausgesprochene Absage an Perspektiven eines Osmanismus der 90er Jahre; es geht nun nicht mehr um den Osmanischen Staat, sondern um Heim und Heimat, um ein »heiliges Land«, geheiligt durch türkisches Blut,[87] es geht um die Zukunft als Ganzes.

b. *Raumgedanke*

Im Unterschied zum imperialen Eroberungsstreben des Osmanischen Reichs als einer Beherrschung des Fremden ist hier ein Raumgedanke festzuhalten, der die Befreiung und Vereinigung »ursprünglich türkischer« Gebiete zum Ziel hat. Der unter diesem nationalen Gedanken erhobenen Gebietsanspruch wird völkisch legitimiert. Der Weg in den Ersten Weltkrieg zeigt sich vor diesem Hintergrund als erfüllender, als unvermeidbarer Schritt. Tarik Zafer Tunaya bezeichnete dann auch die Kaukasusfront als eine »ideologische Front«: »Die Hauptkennzeichen des Kriegsplans verweisen offen auf eine ideologische Expansion und die Vereinigung mit den Abstammungsgleichen.«[88]

c. *Führungsanspruch und Rasseideal*

Einer zentralen Frage für die Einschätzung der jungtürkischen Ideologie, ob diese Ideologie ein Rassekonzept zentral beinhaltete, muß man zunächst mit einer möglicherweise überraschenden Antwort begegnen: tatsächlich hätten die Jungtürken wohl gern ein solches in die Realität umgesetzt, doch erschien dies im besonderen angesichts der nicht-türkischen Muslime des Reichs problematisch.

86 Gökalp, Ziya: Mefkûre (»Ideal«), in: Türk Yurdu V, 32, Istanbul 1913; wieder veröffentlicht in: Türkleşmek, Islâmlasmak, Muasirlasmak, Istanbul 1918 (Anm. 51); vgl. aber auch die engl. Übersetzung: Turkish Nationalism and Western Civilization (Anm. 7), S. 66f.

87 Vgl. hier ebenfalls Gökalp, Ziya: Millet ve Vatan, zuerst in: Türk Yurdu 6, 66, Istanbul 1914; wieder veröffentlicht in: Türkleşmek, Islâmlaşmak, Muasirlaşmak, Istanbul 1918; vgl. aber auch die engl. Übersetzung: Turkish Nationalism and Western Civilization (Anm. 7), S. 78.

88 Tunaya, Tarik Zafer: Türkiye'de Siyasal Partiler, Bd. 3: İttihat ve Terakki, Istanbul 1989, S. 509 sowie S. 512ff.; siehe außerdem: Kabacalı, Alpay: Bir İhtilâlcinin Serüvenleri Dogmayan Hürriyet ve Yarıda Kalan İhtilal, Istanbul 1989, S. 197.

Während vor allem Yusuf Akçura das Konzept einer türkischen Rasse als zentrale Identitätsgrundlage herauszustellen suchte (»Eine Nation ist eine Rasse, eine Sprache, eine Tradition«[89]), stellte Ziya Gökalp in seiner Suche nach einer »realisierbaren« Konzeption über das Volkskonzept *Turk* eine mögliche Vermittlung vor. »Nation ist nicht eine rassische oder ethnische oder geographische oder politische oder willensmäßige Gruppe, sondern eine, die aus Individuen besteht, die eine gemeinsame Sprache, Religion, Moralität und Ästhetik teilen«,[90] urteilte Gökalp, zwar nach dem Ende des jungtürkischen Regimes, doch mit dem wachgehaltenen Ziel der Erschaffung und Stärkung einer türkischen Nation, die nicht als »künstliches« Gebilde existieren könne und ebensowenig als Amalgam - ein auch bereits angeführter und bei Gökalp häufiger Terminus - verschiedener Völker.

Auch wenn eine häufiger geäußerte Einsicht, zwar nicht in die Problematik der Anwendung des Rassebegriffs selbst, aber in die Problematik seiner Anwendung für die türkische Nation bestand, so wurden doch für das als einzig möglich erkannte Element der türkischen Kultur ähnliche Kriterien des »Natürlichen« und »Angeborenen« sowie Ausschließungscharakteristika gesetzt. Integriert wurden in die Konzeptionen türkischer Kulturmächtigkeit zudem der Gedanke von superioren und inferioren Kulturen sowie die Idee des natürlichen Sieges des Stärkeren.

So ist die Skepsis gegen das Rassekonzept als Skepsis gegenüber der damaligen Anwendungsmöglichkeit und nicht gegen das Konzept als solches zu verstehen. Mit der jungtürkischen Revolution und der Durchsetzung des jungtürkischen Programms sollte gerade die Anwendung des Rassegedankens möglich werden. Ziel war die Erschaffung eines Volkes der wiedererstarkten »echten« und »reinen« Türken, der Herkunft und des Lebens nach - eine Aufgabe, die Kemal Atatürk über vulgarisierende anthropologische und sprachwissenschaftliche Ansätze zu vollenden versuchte, um dabei an der kurdischen Frage zu scheitern.

Das »nationale Ideal der Türken kann nicht das Rassenprinzip sein, weil dieses vorderhand noch eine Utopie ist«,[91] schrieb Tekin Alp zum Rassekonzept.

89 Akçura, Yusuf: 1329 senesinde Türk dünyası, in: Türk Yurdu 6, 3, 1914, S. 2098; siehe dazu auch Georgeon: Türk Milliyetçiliğinin Kökenler (Anm. 73), S. 40.

90 Gökalp: The Principles of Turkism (Anm. 22), S. 15.

91 Alp: Türkismus und Pantürkismus (Anm. 50), S. 73.

d. *Rolle des Islam*
Interessant ist, daß die Quelle zur Neuschaffung des Türkentums nicht vom Islam erhofft wurde. Die jungtürkischen Führer und das jungtürkische Programm sind zwar nur zum Teil als säkularisiert zu kennzeichnen, doch bestand eine deutliche Opposition zwischen Jungtürken und Islamisten. Dem Islam war in der Bewegung der Jungtürken die Funktion der Bereitstellung von Legitimationsmustern zugekommen. Innerhalb des ideologischen Konzepts Gökalps ist Religion nur eines der Elemente einer nationalen Kultur, das somit auch der Sprache und den nicht-religiösen kulturellen Artikulationen verbunden war. Akçura betont des häufigeren die Notwendigkeit zur »Nationalisierung« des Islam, womit nicht allein eine Aufforderung zur Übersetzung des Khorans in die türkische Sprache oder zu einer türkischen liturgischen Praxis verbunden ist. Akçura bezog sich auf das Beispiel Luthers, dessen Wirken eine nationale wie auch völkische (halkçı) Bewegung verursacht habe.[92] Festzustellen ist im jungtürkischen Programm ferner die betonte Hinwendung zu vorislamischen Mythen und Traditionen.

e. *Pseudoreligiöse Einbindungen und Erwähltheitsanspruch*
In den Veröffentlichungen der Jungtürkenorgane sind dennoch Begriffe wie »heilig« und »ewig«, »Sünde«, »Weihe«, »Gnade« oder »Erwähltheit« äußerst häufig anzutreffen. Der Erwähltheitsgedanke, der die Bewegung der Jungtürken, das *Cemiyyet-i Mukaddes,* die »Heilige Vereinigung«, stärkte, ist ein so zentrales Element, das in seiner Anknüpfung an religiöse Muster die Breite der Bevölkerungsbasis erklärt - der Islam ist ja allgemein eine stark vom Erlösungsgedanken geprägte Lehre -, wenn man zudem bedenkt, daß vor allem analphabetische Massen zu vereinigen waren. Daß İttihâd »eine solche Kraft bildete, kam dadurch zustande, daß sie eine Art Religion, Konfession, und eigentlich gerade den Charakter eines Ordens angenommen hat«, schrieb Hüseyin Cahid Yalçin, prominentes Mitglied der İttihâd ve Terraki. »Es hat sich in dem Land ein Geist von İttihâd gebildet, dieser war eine mystische Autorität.«[93]

f. *Trägergruppe: Halka Doğru*
Die Formel *Halka Doğru,* »Weg zum Volk«, ist neben dem schon mythischen Versprechen des Yeni hayat als eine der Grundformeln zum Verständnis des intellektuellen Diskurses und der politischen Bewegung, der

92 Georgeon: Türk Milliyetçiliğinin Kökenler (Anm. 73), S. 89.
93 Yalçin, Hüseyin Cahid: 'Ittihadi Terakki' Cemiyetine Nasil Girdin?, in: Yakin Tarihimiz Bd. 1, Istanbul 1962, S. 24.

Hoffnungen und Atmosphäre der Zeit zu sehen. Innerhalb des kulturzentrierten turkistischen Programms kam dem Volk die Kraft und Reinheit des Ursprünglichen und Eigenen zu: während in der Zeit der osmanischen Herrscher ein Großteil der türkischen Kultureigenschaften vergessen waren, galt es nun, sie im Volk wiederzuentdecken, vom Volk zu lernen und dafür dem Volk Bildung und Fortschritt zu bringen.[94]

Die Beziehung zwischen Elite (*güzide*) und Volk (*halk*) ist eine für Gökalp grundlegende, die den Charakter der Nation prägt.[95]

Das Programm des Turkismus sah nach der Wegbereitung durch die intellektuellen Reformer die Pflicht des Weitertragens und eine Wahrheit der Sprache, des Denkens und Fühlens, der Moral und Schönheit im »Volk«; im besonderen wurde die türkische Jugend entdeckt.[96] »Die türkische Jugend hatte eingesehen, daß unter den verschiedenen ottomanischen Elementen, die für die Entwicklung ihrer Nation kämpften, nur die Türken verlassen und ohne Führer dastanden, und so begann sie ihrerseits daran zu arbeiten, um auch ihrem Volke eine Wiederaufrichtung in Wissen, Bildung und Tugend zu sichern.«[97]

Nation ist dabei nicht einfach die Gesamtheit ihrer Mitglieder, sie hat mit der Identität Volk eine eigene Wesenhaftigkeit: »Wenn sich eine Nation einer Gefahr gegenübersieht, können nicht Einzelne sie retten. Die Nation selbst wird zu ihrem eigenen Retter.«[98]

g. *Gesamtgesellschaftliche Verwirklichung und soziale Idee*

Ebenfalls wichtige Punkte des Programms waren die Forderungen nach einer Verwirklichung des türkischen Gedankens in allen Bereichen der Gesellschaft: Religion, Recht, Wirtschaft, Erziehungswesen. Mit der gesamtgesellschaftlichen Verwirklichungsvorstellung war das Argument des Sozialen verbunden: den ökonomischen Aufstieg für jeden Türken zu ermöglichen (die Wirtschaftsstellungen der Nicht-Muslime zu schwächen), jedem Türken gleiche Erziehung und gleiche Chancen gewähren zu können.

Hier nur angedeutet werden kann der Entwurf des Programms einer nationalen Ökonomie, der sogenannten *Millî İktisat,* die ebenso die Schaf-

94 Vgl. das Kapitel Halka Doğru in: Gökalp: Türkçülüğün Esasları (Anm. 22), S. 40-45, engl. S. 34-36.

95 Vgl. dazu Gökalp, Ziya: Halk ve Güzideler (»Volk und Elite«), in: Tamamlanmamiş Eserler (»Nicht abgeschlossene Werke«) Bd. 1, Ankara 1985, S. 175-181.

96 Gökalp: Türkçülüğün Esasları (Anm. 22), S. 40f.; engl. S. 34.

97 Ahmed Djemal Pascha: Erinnerungen eines türkischen Staatsmannes, München 1922, S. 324.

98 Gökalp: Mefkûre (Anm. 86); engl. S. 68.

fung einer arbeitenden Mittelschicht, die Förderung von Technik und Industrie wie die Türkisierung von Kapital und Besitz (im besonderen aus den Händen der Griechen und Armenier) anstrebte.[99]

h. *Türkische Werte und »Moral«*

»Moral ist ursprünglich nicht individuell, aber sozial«,[100] heißt es in einem der als Lehrsätze formulierten Thesen Gökalps, oder: »Das Ziel der Moral ist nicht das Selbst...«[101] Doch nicht allein in seinen Überlegungen nimmt ein überindividuelles Konzept von Moral einen wichtigen Raum ein. Die Vorstellung eines überindividuellen, das heißt hier zunächst »allgemeinen«, volkscharakterisierten Werte- und Normsystems ist ein Gedanke, den man bis heute im politischen Denken der Türkei findet. Ein solches Denken glaubt nicht allein an die Identität türkischer Werte, sondern auch an ihre Höherrangigkeit.

In einem der Lehrgedichte Gökalps mit dem Titel *Âhlak*, »Moral«, aus dem Jahr 1915 heißt es (gekürzt):

Sag ja nicht, daß das Recht Dein ist,
es gibt kein Recht, nur die Pflicht.

Das Recht ist der Nation und auch der Ruhm ist ihr eigen,
Dein ist ein Körper, ihr ist die Seele,
stirb Du, damit sie lebt,
das Blut, das fließt, gehört ihr.

Es gibt nicht ich noch du nur ein Wir...

Gib Dein Leben der Nation
Dein Heim und Deinen Ruhm...[102]

In seinen Lehrsätzen formuliert Gökalp: »Sozialisiert zu sein, dies bezieht die Existenz eines sozialen Bewußtseins ein, das im Gegensatz steht zu unseren individuellen Instinkten... Es ist die Gesellschaft, welcher wir zugehören und welche eingeht in unsere Seele und uns über moralische Regeln an sich bindet. ... Das Bewußtsein der Gesellschaft, zu der wir gehören, zeigt uns, welche Regeln wir als Pflicht zu befolgen haben und welche

99 Vgl. Toprak, Zafer: Türkiye'de »Milli İktisat« (1908-1918), Ankara 1982; ders.: İttihat-Terakki ve Devletçilik. Türkiye'de Ekonomi ve toplum (1908-1950), Istanbul 1995.

100 Gökalp, Ziya: Ahlâk İçtimaî Midir?, in: İçtimaiyat Mecmuasi 1, 3, Istanbul 1914; vgl. engl. Übersetzung: Turkish Nationalism and Western Civilization (Anm. 7), S. 150.

101 Ebd., engl. S. 151.

102 Gökalp, Ziya: Âhlak, hier nach der Gesamtausgabe: Ziya Gökalp Külliyatı Bd. 1 (Anm. 62), S. 102.

gut sind. Es ist das soziale Bewußtsein, das moralische Werte kennzeichnet und festsetzt. ... So kann nicht das Individuum Ziel der Moral sein... So ist das Objekt der Moral die Gesellschaft, die nichts anderes ist als überindividuell. Moralische Opfer des Einzelnen sind für das Heil der Gesellschaft. ... das Objekt der Moral ist nicht das 'Individuelle' sondern das 'Soziale'. Als Auswirkung dieser Tatsache meint das Wort 'Persönlichkeit' nicht Individualität, sondern es bedeutet 'Gesellschaft' wie sie im Individuellen existiert. Kultur, als Gesamtsumme der Einflüsse in der individuellen Seele, ist nicht individuell sondern sozial.«[103]

Die Idee Moral ist natürlich nicht fremd in einem Gedankengebäude, dessen Utopien territoriale Mythen und kulturelle Auserwähltheitsansprüche mit autoritären Herrschaftsstrukturen vereinen. Gesellschaft und Nation werden gleichgesetzt, das Freiheitsgelübde der Moderne soll von der Nation verwirklicht werden. Das Versprechen »neuer Kraft« aus den als Wiederentdeckung deklarierten »traditionellen« Werten hat den Einzelnen in die Realisierung des einen, großen Traumes der Verwirklichung einer türkischen Welt unverrückbar eingebunden - eine Einbindung, eine Vision, die noch immer Kraft beweist, denkt man an die zur Zeit des Zusammenbruchs der Sowjetunion wieder auflebenden Hoffnungen auf einen Zusammenschluß mit den Turkrepubliken.

2. Die Jungtürkenbewegung in der politischen Verantwortung nach 1908

Um wenigstens skizzenhaft dem Schritt der Jungtürken in die politische Verantwortung zu folgen, muß man einige charakteristische Merkmale ihrer Handlungsmuster betrachten: so insbesondere einen stets bewahrten dualistischen Charakter zwischen einer öffentlichen und einer geheimen, nach innen gerichteten Struktur; das erst schrittweise Deutlichwerden ihres Handlungseinflusses in Verwaltung, Militär und Politik; ein Streben zur Macht, das sich über Methoden der Unterwanderung und Ausschaltung einen Weg bahnte; den Charakter einer Volkspartei, die sich vor allem Sonder- und Spezialorganisationen zur Festigung ihrer Macht und Durchsetzung ihrer Ziele bediente.

Als nach dem jungtürkischen Umsturz vom 24. Juli 1908 ein Parlament wiedereingesetzt wurde, zeigte sich, wie groß bereits der Einfluß der Jungtürken in der regionalen Verwaltung der Vilayets war und wie weit Verwaltung und Militär bereits in »treuen« jungtürkischen Händen lagen.

103 Gökalp: Ahlâk Içtimaî Midir? (Anm. 100), engl. S. 150ff.

Das Militär war stets eine der wichtigsten Säulen der osmanischen Gesellschaft gewesen. Auch die Reformen gesellschaftlicher Modernisierung hatten seit dem 18. Jahrhundert zunächst das Militär betroffen. Die Auflösung des Janitscharenkorps, die Proklamation der *Nizâm-i Cedid* (»Neue Armee«) im Jahr 1792 und die Gründung der Militärakademien unter englischer, französischer oder deutscher Leitung hatten den Modernisierungswillen der Reformer verdeutlicht. Aus diesen militärischen Schulen war die Generation hervorgegangen, die zu einem der wichtigsten Träger der Jungtürkenbewegung selbst geworden war. Aber auch Sultan Abdülhamid II. hatte sich in seiner despotischen Herrschaft im besonderen noch auf das ihm loyale Militär gestützt und hohe Offiziere in politische Ränge erhoben. Das auf diese Art zunehmend in die politische Diskussion gedrängte Militär hatte seinerseits lange die Zweiteilung gespiegelt, die die Oppositionsbewegung insgesamt bewegte: auch innerhalb des Militärs war eine konservativ-liberale Gruppierung gegenüber den Offizieren der Befürwortung der radikaleren jungtürkischen Perspektiven festzustellen. In den sich nach 1908 um die Macht im Parlament abzeichnenden Auseinandersetzungen sollte das Militär stets eine mitbestimmende Rolle spielen - dessen Offiziere mit einem Treueschwur auf die İttihâd ve Terakki verpflichtet wurden.

Nach der Wiedereinsetzung eines Parlaments, das im November 1908 erstmals zusammentrat und in dem die jungtürkische Partei[104] über eine klare Zweidrittelmehrheit verfügte, verfolgte die jungtürkische Vereinigung, das *Cemiyyet,* ihre Taktik der Eroberung zentraler gesellschaftlicher Positionen in verstärkter Weise. Während die Ministerämter noch älteren und erfahrenen Politikern übergeben wurden und sogar Sultan Abdülhamid noch nicht abgesetzt war, konzentrierte sich das jungtürkische Komitee der aufstrebenden Mittdreißiger auf eine Kontrollpolitik, wobei jungtürkische Regimenter in Makedonien auf Abruf bereitstanden. Die deutliche Trennung - institutionell wie in ihrem politischen Handeln - von Partei, *Fırka,* und der jungtürkischen Vereinigung, *Cemiyyet,* beziehungsweise ihrem exekutiven Zentralkomitee, *Merkez-i Umumi,* sollte sich dabei als wichtiges Charakteristikum jungtürkischer Politik während der Vorbereitungsphase der Jahre 1908 bis 1913 zur absoluten Machtkontrolle über den Staat erweisen. Zugleich macht die Ablehnung des jungtürkischen Ce-

104 Die Mitglieder im Parlament waren von 1908 bis 1913 unter dem Namen »İttihâd ve Terakki Fırka-i Siyasiye« organisiert. Tatsächlich aber waren sie nur eine parlamentarische Vertretung der jungtürkischen Vereinigung und als solche allein ein öffentliches Instrument.

miyyets, sich zunächst selbst als Partei zu organisieren oder auch zu verstehen, den übergreifenden Anspruch der Bewegung deutlich.

Als der Großwesir Kâmil Paşa, der nichts als Verachtung für die Jungtürken übrig hatte, im Februar 1909 die Minister des Kriegs- und Marineministeriums entließ und seine eigenen Leute auf die Posten setzte, überzeugt davon, die Macht der Jungtürken brechen zu können, verunglimpften diese letzteren seine Aktion als schweren Verstoß gegen konstitutionelle Prinzipien. Im Mißtrauensantrag gegen Kâmil Paşa, mit dem er schließlich gestürzt wurde, stimmten nur acht Abgeordnete bei 198 Gegenstimmen für ihn.

Auch der Aufstand der Istanbuler Garnison vom 13. April 1909, besser bekannt als »31. März-Vorfall«, konnte die Entfaltung der jungtürkischen Macht nicht aufhalten. Die von konservativ-islamistischen Kräften angeführte Opposition hatte sich unter dem Motto »Şeriat isteriz« zusammengefunden, um die Wiedereinsetzung der Şeriat zu fordern; sie reagierten auf den zunehmend spürbaren Machtverlust des Parlaments, die erste Welle politischer Säuberungsmorde und die drohende Entmachtung traditioneller Führungsgruppen im Militär. Bereits am 26. April wurde der Aufstand von jungtürkischen Regimentern niedergeschlagen, die aus Makedonien unverzüglich in die Hauptstadt beordert worden waren. Mahmud Şevket Paşa, General der 3. Armee, die ja Heimat vieler junger Offiziere der Jungtürken war, hatte die Führung über die jungtürkischen Truppenteile übernommen. Mahmud Şevket sollte im Kabinett für die nächsten drei Jahre als Kriegsminister eine maßgebliche Rolle spielen.

Am 27. April wurde Sultan Abdülhamid abgesetzt. An die Stelle des »Roten« Sultans rückte sein Bruder Mehmed V. Reşat, der, seine Position bis 1918 besetzend, der jungtürkischen Politik völlig widerstandslos gegenüberstand.

Die Massaker vom 14.-16. und 27./28. April 1909 in Adana, denen circa 25.000 Armenier zum Opfer fielen, in Zusammenhang mit dem Putschversuch der Opposition vom 13. April zu bringen, wie es die türkische Historiographie bis heute zu beweisen sucht, ist angesichts der problematischen Quellenlage und der vielfachen, auf den jungtürkischen Hintergrund der Täter verweisenden Augenzeugenberichte nicht nachvollziehbar belegt. Die beiden Pogrome lassen sich allerdings als Zusammenwirken jungtürkischer »Clubs«[105], Gendarmerie, Militär und aufgehetzter Bevölkerung dokumentieren.

105 Als lokale Unterorganisationen der İttihat ve Terakki, die sowohl ein hervorragendes Sammlungs- wie Propagandainstrument darstellten.

Nach der Niederschlagung des 31. März-Aufstandes war der Ausnahmezustand verhängt worden. Die sich nun entwickelnde, militärisch gestützte Regierungsgewalt der Jungtürken erwies sich zunehmend als System des Terrors. Attentate auf Journalisten oder politische Repräsentanten im besonderen außerhalb der Hauptstadt und andere Einschüchterungsmaßnahmen begleiteten nach 1909 den Alltag, der von vielen bereits als grausamer empfunden wurde als die Massaker unter Sultan Abdülhamid während der 1890er Jahre. Die Politik der *Resmî Tabanca,* der »offiziellen Pistole«, hatte auch die Auseinandersetzungen im Parlament beendet - so waren von der Einsetzung des Parlaments bis Ende 1909 allein sechs Kabinette unter verschiedenen Großwesiren gebildet worden - und sollte bis 1911 die Machtkonzentration in den Händen des jungtürkischen Cemiyyet stabilisieren. Spätestens mit diesem Jahr 1911 war auch der Einfluß Ziya Gökalps, der 1912 in das Merkez-i Umumi gewählt wurde, in der engeren Führungsgruppe des Cemiyyets deutlich geworden.

Doch standen die Jungtürken Ende 1911, angesichts wachsender Anzeichen im Parlament, daß sich noch einmal eine entschlossene Opposition formierte, erneut einer Bedrohung ihres Herrschaftsanspruches gegenüber. Die sich am 21. November 1911 bildende *Hürriyet ve İtilâf* (mit ihrem französischen Titel *Entente Libérale*) war eine Vereinigung aller oppositioneller Gruppen, die das Angebot İtilâf, »Einigkeit«, gegen den Terminus İttihâd, »Einheit«, stellte. Und als die Jungtürken am 11. Dezember 1911 in einer Nachwahl um ein neu zu besetzendes Mandat in Konstantinopel ihre Mehrheit durch eine einzige Stimme an die Opposition Hürriyet ve İtilâf verloren, schien sich eine neue Situation anzukündigen. Zunächst reagierten die Jungtürken im Januar 1912 mit einer Auflösung des Parlaments. In der von ihnen mit gezieltem Terror vorbereiteten Parlamentswahl vom April 1912, als *Sopalı Seçim,* »Wahl der Stöcke« bekannt, erreichte die Opposition von 270 Sitzen nur 15 Mandate.[106] Erst nach dieser eindeutigen Entscheidung verlegte İttihâd ve Terakki den Sitz ihres Zentralkomitees von Saloniki nach Konstantinopel.

Ein letztes Mal versuchte die Opposition mit der Hilfe des Militärs einen Umschwung zu erreichen. Die Offiziere, die sich unter der Bezeichnung der »Errettenden Offiziere«, *Halâskâr Zâbitân,* zusammenschlossen, wollten eine Regierungsneubildung sowie eine neue, freie Wahl erzwingen, die Einhaltung der Verfassung garantiert sehen, aber auch eine Verdrängung des Militärs aus der Politik erreichen. Ziel war der Sturz der »illegalen« Regierung, um nach erfolgtem Putsch »in die Kasernen zurück-

106 Tunaya: Türkiye'de Siyasal Partiler Bd. 3 (Anm. 88), S. 164.

zukehren«. Am 14. Juli 1912 trat Mahmud Şevket zurück. Unter dem aufrechterhaltenen Druck stellte die Regierung am 16. Juli die Vertrauensfrage, die aber mit nur vier Gegenstimmen noch einmal ausgesprochen wurde. Doch als sich daraufhin die Halâskâr Zâbitân in Bewegung setzte, trat mit dem 17. Juli das amtierende Kabinett unter Mehmed Sait Paşa zurück. Am 21. Juli 1912 wurde ein neues Kabinett unter Gazi Ahmed Mukhtar Paşa eröffnet. Der Ausnahmezustand, der dem Cemiyyet das Umgehen der Legalität ermöglicht hatte, wurde am 4. August 1912 aufgehoben; das von der İttihâd ve Terraki bestimmte Parlament wurde am 5. August 1912 aufgelöst. Die Oppositionsregierung sollte jedoch ab Oktober 1912 vor allem mit dem Balkankrieg beschäftigt werden.

Obwohl İttihâd ve Terakki vorübergehend aus der Regierung gedrängt war, hatte die Vereinigung ihre Macht nicht verloren. Im Gegenteil, zu Ende des Jahres 1912 wurde deutlich, daß sämtliche gesellschaftlichen Institutionen, vor allem Verwaltung und Militär, von Mitgliedern des Cemiyyet unterwandert, besetzt und für die Vereinigung unter eine autoritäre Struktur vorbereitet waren.

Als die Regierung am 23. Januar 1913 die Bereitschaft zeigte, Edirne den Bulgaren zu überlassen, stürmte eine jungtürkische Einheit unter der Führung Envers die Hohe Pforte und tötete den Verteidigungsminister Nâzım Paşa. Mit diesem Streich des Januars 1913 und der Neubildung eines Kabinetts unter Mahmud Şevket setzten sich die Jungtürken wieder an die Spitze auch der offiziellen Macht. Die Ermordung Şevkets im Juni 1913 und die Einsetzung Prinz Sâid Halîms als Großwesir eröffnete den Weg für die unumschränkte Regierungsgewalt eines jungtürkischen Regimes.[107] Die im Winter 1913/14 stattfindende Parlamentswahl, in der nach dem Verbot von İtilâf allein Kandidaten der İttihâd zugelassen waren, und die Ausnutzung der Ausnahmezustandsregelungen, die von 1909 bis 1918 nur selten außer Kraft gesetzt wurden, ließen das am 14. Mai 1914 eingesetzte Parlament zu einem »Rosengarten ohne Stacheln« werden.[108]

Die Machtkonzentration, die mit dem Jahr 1913 erreicht war, ist dabei bei weitem nicht auf das stets angeführte sogenannte Triumvirat Talat, Enver und Cemâl Paşa zu personalisieren.[109] Die Regierungsgewalt, die sich

107 Im nach dem jährlichen Kongreß verabschiedeten Programm der İttihâd ve Terakki kommen 1913 zum ersten Mal die Begriffe vatan und Millî İktisat vor, siehe die Sammlung von Tunaya (ebd.), S. 235.

108 Tunaya: Türkiye'de Siyasal Partiler Bd. 1 (Anm. 33), S. 27.

109 Talat als Innenminister, Enver als Kriegsminister und Cemâl als Marineminister und Kommandant der 4. Armee in Syrien; wobei die mythischen Rollen, die insbesondere Talat - als weiser, abwägender Staatsmann - und Enver - als jugendlicher Kriegsheld -

ab 1913 entfaltete, zeigte sich neben dem gelungenen Anschluß von Militär und Regionalverwaltungen vor allem in der Dichte der zusammengeschlossenen gesellschaftlichen Institutionen. So existierte nach Verlautbarungen des Staatssicherheitsdienstes *Emniyet-i Umûmiye Müdürlüğu* im Jahr 1913 keine einzige Berufs- oder Kulturvereinigung mehr, die nicht der İttihâd ve Terakki zugehörte oder angeschlossen war.[110]

Dieser Weg, neben der Besetzung der entscheidungstragenden Positionen in Verwaltung und Militär über ein dichtes Netz örtlicher Niederlassungen, den bereits erwähnten Clubs, wie die Aktivität kultureller und sozialer Organisationen sich eine beständige Präsenz in der Gesellschaft zu sichern, war ja bereits seit 1908 beschritten worden.

Mit dem Jahr 1908 hatten sich die turkistischen Vereinigungen von geheimen Zellen verschworener Mitglieder zu Instrumenten der Mobilisierung größerer Menschengruppen entwickelt. Die Vereinigungen nutzten dabei eine Doppelstrategie. Während ihre interne Struktur und die strukturelle Einbindung in das jungtürkische Cemiyyet geheim blieb, erzeugten sie nach außen eine gespielte Offenheit, in der bis 1913 auch Nicht-Muslime berücksichtigt waren. Die Türk Derneği, errichtet im Januar 1908, und das Türk Yurdu Cemiyyeti, errichtet im August 1911, die beide die Verbreitung der turkistischen Ideale zur Aufgabe hatten, wurden jeweils von prominenten intellektuellen Jungtürken im Vorstand geleitet. Die Türk Ocağı, die im Juli 1911 errichtet worden war und ihre Tätigkeit offiziell 1912 aufnahm, sollte diese Vorgängerinstitutionen in sich vereinen. Mit der ausschließlichen Stellung, die die Türk Ocağı mit ihren zahlreichen über das Land verteilten Niederlassungen nach 1913 einnahm, wurde dann auch die Entwicklung deutlich von den intellektuellen Sammlungsorten zu einem zentral in die Jungtürkenvereinigung eingebundenen Propagandainstrument. Besondere Bedeutung kam ferner den ökonomischen Vereinigungen zu, zentrale Wichtigkeit gewannen darüber hinaus die paramilitärischen Vereinigungen. Hier ist vor allem die *Müdâfaa-i Milliye Cemiyyeti* zu nennen, die im Februar 1914 als »Nationaler Verteidigungsverein« auf den Krieg vorbereiten sollte und eine ausführende Hand der İttihâd ve Terakki wurde. Diesem Verteidigungsverein war sowohl eine Jugend- wie auch eine Frauenorganisation, die *Müdâfaa-i Milliye Osmanlı Hanımlar Cemiyyeti,* angegliedert. Unter den paramilitärischen Jugendvereinigungen ist die im Juni 1913 gegründete *Türk Gücü Cemiyyeti,*

verkörperten, nicht wenig Einfluß für ihre zentrale Stellung in der Bewegung gehabt haben dürften.

110 Tunaya: Türkiye'de Siyasal Partiler Bd. 3 (Anm. 88), S. 401f.

»Vereinigung zur türkischen Kraft«, zu nennen sowie die im Mai 1914 errichtete *Osmanlı Güç Dernekleri,* die sich der Vorbereitung der Jugend auf den Krieg widmete. Im April 1916 wurde diese Vereinigung als *Genç Dernekler* unmittelbar dem Kriegsministerium unterstellt.

Die wichtigsten Kennzeichen der İttihâd ve Terakki Cemiyyeti waren seit 1908, wie kurz skizziert, der bewahrte Charakter einer geheimen Verbindung, die Doppelstruktur als Bewegung und Partei sowie das dichte Netz paramilitärischer, kultureller, ökonomischer und sozialer Unterorganisationen.

Bis 1913 war die Trennung von Vereinigung, Cemiyyet, und einer jungtürkischen Partei, Fırka, die ja eigentlich nur parlamentarischen Fraktionscharakter hatte, auch in der äußeren Struktur der İttihâd ve Terraki noch deutlich gewesen. Die Fırka hatte dabei nie eine eigene Handlungsfreiheit gegenüber dem Zentralkomitee, Merkez-i Umumiye, entwickeln können. Im übrigen waren die jährlichen[111] Kongresse des Cemiyyets auch zum überwiegenden Teil geheim abgehalten worden. Als sich das Cemiyyet 1913 selbst zur Partei erklärte, wurde die Trennung zwischen Zentralkomitee und parlamentarischer Vertretung allein nach innen verlagert, in seiner Deutlichkeit jedoch beibehalten. Die Notwendigkeit einer solchen Trennung lag in dem noch nicht überwundenen Osmanismus begründet, der nach außen propagiert bleiben mußte. So war die Fırka auch Nicht-Türken zugänglich gewesen. Und während sich nach 1913 unter den Aufnahmevoraussetzungen in die İttihâd ve Terakki die Bedingungen eines jungen Eintrittsalters, eines höheren Schulabschlusses sowie einer Tätigkeit innerhalb der Staatsverwaltung für Einzelfälle lockerten, blieb die Bedingung einer türkischen Identität stets bestehen. Die Fırka, ein Körper ohne jegliche Unterorganisationen, hatte sich mit drei Delegierten allein an der Erörterung des politischen Programms während der Generalversammlungen der İttihâd ve Terakki beteiligen können. Ihre Abgeordneten waren stets der Kontrolle der örtlichen Niederlassungen des Cemiyyets sowie der Sonderorganisationen ausgesetzt.

Als Sonderorganisation ist neben dem Staatssicherheitsdienst, der Emniyet-i Umûmiye Müdürlüğü, vor allem die *Teşkilât-ı Mahsûsa* zu nennen. Über die Gründung der Teşkilât-ı Mahsûsa ist bisher ebensowenig bekannt, wie ihre Struktur und Handlungsfelder noch nahezu unerforscht sind.[112] Doch sind bereits 1911 Anzeichen ihrer Tätigkeit in der Innenpoli-

111 Allein im Jahr 1915 hatte kein Kongreß stattgefunden.

112 Mit Sonderaufgaben waren auch andere »Spezialorganisationen« betraut, unter anderem eine Abteilung (*Istihbârât*) des umgestalteten Kriegsministeriums, vgl. Dadrian, Vahakn: The Role of the Turkish Military in the Destruction of Ottoman Armenians.

tik zu erkennen. Zudem war im Balkankrieg eine Einsatzgruppe tätig geworden, zusammengesetzt aus über 5000 Zuchthaussträflingen und begnadigten Straftätern, die als »Glaubenskämpfer«, *Mücâhidler Fırkası,* sowie in »Arbeitskolonnen«, jenen *Amelle Taburu,* vor allem im Straßenbau eingesetzt wurden und der Teşkilât-ı Mahsûsa unterstanden haben sollen. Auch die Ausbildung einer speziellen Einheit der 4. Armee für den Einsatz im Kaukasus soll in der Verantwortung dieser Sonderorganisation gelegen haben. Die Aufgaben der Teşkilât-ı Mahsûsa waren dabei vier Einsatzbereichen zugeordnet: Rumeli, Kaukasus, Afrika und Trablusgarp sowie den Bereich der östlichen Vilayets, dessen Leiter Dr. Şakir mit Sitz in Erzurum war. Die Teşkilât-ı Mahsûsa auf eine Einsatzgruppe der Gewalt oder des Terrors zu reduzieren, wäre falsch. Ihre Eingebundenheit in das ideologische Ziel des Turkismus macht die Aufgabenbreite und die zentrale Stellung der Organisation im Herrschaftsapparat der Jungtürken erst wirklich deutlich.

3. Völkermord als modernisierender Transformationsprozeß. Abschließende Anmerkungen zum Völkermord an den Armeniern

Läßt sich der Völkermord an den Armeniern, lassen sich Völkermorde allgemein in gesamtgesellschaftliche Entwicklungslinien einordnen? Ich möchte diese Frage mit einem entschiedenen Ja beantworten.

Für die wissenschaftliche Auseinandersetzung mit der Vernichtung der 1,5 Millionen[113] Armenier während der Jahre 1915/16 gilt es auch heute nicht

A Study in Historical Continuities, in: Journal of Political and Military Sociology 20, 2, 1992, hier S. 276f.

113 Die hier angeführte Zahl von 1,5 Millionen Ermordeten ist, ähnlich der Zahl der Sechs Millionen jüdischer Opfer, eine *gesetzte,* Symbol gewordene und trotzdem zugleich den Schätzungen entsprechende Zahl. Diese ist unter anderem an Angaben des armenischen Patriarchats in Istanbul orientiert, die die Zahl der Armenier auf dem Gesamtgebiet des Osmanischen Reichs für das Jahr 1913 mit 2,1 Millionen angibt und die auch Krikor Zohrap, armenischer Abgeordneter im osmanischen Parlament, in einer Veröffentlichung aus dem Jahr 1913 anführte (Léart, Marcel [Pseudonym]: La Question arménienne à la lumière des documents, Paris 1913, S. 59-63). Siehe dazu auch: Beylerian, Arthur: Les Grandes Puissances. L'Empire Ottoman et les Arméniens dans les Archives Françaises, 1914-1918, Paris 1983, Einleitung S. XXIII. Die offiziellen osmanischen Statistiken zählen für 1914 rund 1.230.000 Armenier in Istanbul und den Provinzen. Siehe auch: Karpat, Kemal: Ottoman Population 1830-1914. Demographic and Social Characteristics, London 1985, S. 44f.
Es ist ein spezifisches Charakteristikum der Beschäftigung mit dem Völkermord an den Armeniern, daß die Verleugnungs- und Rechtfertigungsthesen der türkischen Historio-

allein, einen Diskurs der Anerkennung zu fördern, sondern auch wissenschaftlichen Einstellungen wie den so verbreiteten »Ja, aber«-Haltungen zu begegnen, die Darstellungen gerade im Bereich der Orientalistik prägen - der die armenische Geschichte ja leider schicksalhaft verbunden ist: jenes wesentlich schwieriger als die strikte Verleugnung einzuschätzende *Ja*, es seien Armenier umgebracht worden, doch sei dies ein unvorhersehbares »Mißgeschick« während der Deportation aus Kriegsgebieten gewesen - jener »Verschickung«, wie es in den zeitgenössischen Quellen heißt -, zudem hätte eine gegenseitige Aggression vorgelegen, ein für das Spannungsverhältnis von Mehrheits- und Minderheitengruppierung nicht untypischer Zustand.

Unter den gängigen Rechtfertigungsthesen möchte ich daher diejenigen kurz hervorheben, für die ich an anderer Stelle den Begriff der *Reaktionsthese* verwandt habe: die Setzung nicht allein einer Gegenseitigkeit gewaltvoller Übergriffe, sondern die Umdeutung des Völkermords überhaupt in ein Kriegsereignis, die Konstruktion armenischer Aufstände, die Ausnutzung der jahrhundertealten Trennung der armenischen Lebensbereiche in ein West- und ein seit Anfang des 19. Jahrhunderts unter russischer Herrschaft stehendes Ostarmenien zur Behauptung pro-russisch agierender armenischer Organisationen oder die Darstellung der Deportationen der armenischen Bevölkerung aus der »Kampfzone« als »Schutz-«Maßnahme. Diese Argumente haben sich seit dem Kongreß der Jungtürken von 1916[114] bis heute nicht allein in der türkischen Literatur erhalten.

graphie in eine Diskussion um die Zahl der Opfer zu verwickeln suchen. In der Logik dieser Ansätze wird denn auch »Entgegenkommen« über die Opferzahlen angeboten: auch wenn man es Völkermord nennen könne, müsse man doch von nur 300.000 Toten ausgegehen, oder, um die andere Variante anzuführen, auch wenn man es nicht Völkermord nennen könne, könne man sich doch der allgemeinen Schätzung der Opferzahlen nähern.

114 Der Bericht des Zentralkomitees zum Kongreß der İttihâd ve Terakki vom 28. September bis 5. Oktober 1916 berücksichtigte auch die Deportationen der armenischen Bevölkerung, die während der Kongreßtage allgemein diskutiert wurden. Dieser Bericht sollte den Argumentationsrahmen vorgeben, in dem sich noch heute die türkische Historiographie, türkische Politik und Öffentlichkeit bewegen. In 16 Punkten wurde dabei über Einzelbeispiele eine Rebellion zu begründen versucht und eine »Zwangslage«, eine »Notwendigkeit« der Maßnahmen gesetzt. Um eines dieser Beispiel anzuführen: »4. Im Laufe des Februar platzte im Marktflecken Develi bei Kaisari eine Bombe im Hause des Kevork Hamparsumian, der gerade aus Amerika zurückgekommen war. ... 5. Im Februar 1331 verbanden sich 500 Räuber im Kloster Tekke bei Zeitun...«, hier aus: Entwicklung und Fortschritt der Türkei. Bericht des Generalrates der Partei »Einheit und Fortschritt« auf dem Parteikongreß in Istanbul vom 28. September bis 5. Oktober 1916, in: Korrespondenzblatt der Nachrichtenstelle für den Orient 3, 2, 1916, S. 68.

Aspekte der Vorbereitung und Durchführung des jungtürkischen Völkermords lassen sich wie folgt zusammenfassen: während die Atmosphäre in diesen letzten Jahren des Osmanischen Reichs von einer Aufbruchstimmung gezeichnet war und ein über Generationen entstandener ideologischer Konsens den Entschluß zum Versuch der Verwirklichung der turkistischen und turanistischen Visionen förderte, zeigt sich im Rückblick auf die letztliche Eliminierung der armenischen Gemeinschaft aus der osmanisch-türkischen Gesellschaft ein stufen- oder phasenweises Vorgehen.

Tatsächlich hatten sich in der Hoffnung der Armenier, unter Anrufung internationaler Mächte Aufmerksamkeit auf die Repressionen lenken und eine Verbesserung ihres Gemeinschaftsstatus durch zum Beispiel regionale Selbstverwaltungsmöglichkeiten erreichen zu können, und in den nationalen Plänen der jungtürkischen Gesellschaft zwei grundsätzlich unterschiedliche Staats- und Identitätsmodelle gegenübergestanden.

Unterdrückung, Nicht-Gleichberechtigung und Massaker hatten die armenische Gegenwart von je her begleitet. Mit dem Jahr 1908, auf das die Armenier so viele Hoffnungen gesetzt hatten, begann jedoch die Durchsetzung eines Programms, durch das sie zunehmend aus den sozialen wie ökonomischen Bereichen der Gesellschaft gedrängt wurden: neue Erb-, Besitz-, Boden- und Stiftungsrechte, Erlasse für das Erziehungssystem, Vereinigungsrechte etc., die - ausschließlich und ausschließend - der Türkisierung gewidmet waren. Nach Wellen gezielter politischer Morde, Entlassungen oder auch über zum Beispiel Entwaffnungsaktionen (insbesondere 1909 sowie 1913/14) wurde in den Vilayets eine gezielte Segregation der Armenier aus dem repräsentativen politischen Leben wie aus führenden Positionen in Verwaltung und Militär (Ausnahme waren soziale Bereiche, insbesondere die medizinische Versorgung) vorbereitet. Der Eintritt des Osmanischen Reichs in den Ersten Weltkrieg bereitete mit dem Einzug aller wehrfähigen armenischen Männer einer nächsten Phase den Weg: den Deportationen, die die armenischen Familien, beginnend im Februar 1915 mit den Deportationen aus Zeitun, in großen Gruppen, zu bestimmten Zeiten und auf vorbestimmten Wegen, bis zu den letzten Lagern in die syrischen Wüsten führen sollten. Begleitet waren diese Deportationen von einer vollständigen Liquidation aller armenischen Besitztümer. Die Todesmärsche waren nur möglich angesichts einer hohen gesellschaftlichen Breite der ausführenden und planenden Täter - Bevölkerung, Militär, Regionalverwaltungen, Sonderorganisationen - und sie waren geprägt von einem Willen zur restlosen und endgültigen Erledigung des armenischen Problems.

Der Genozid an den Armeniern war nicht allein ein spezifischer Teilprozeß der Entwicklung vom Osmanischen Reich zu einem modernen türkischen Nationalstaat. Der Völkermord selbst stellt einen eigenen, in sich geschlossenen gesellschaftlichen Transformationsprozeß dar, der langandauernde, generationenübergreifende Veränderungen hinterließ. Es handelte sich dabei um keine beliebige gesellschaftliche Transformation, sondern um eine Entwicklung, deren Ausgangspunkt die Visionen von Gleichheit, Freiheit, Partizipation und Fortschritt waren. Mit der Verwirklichung dieser Vision ging eine Neudefinition von Geschichte und Identität einher, eine Neudefinition, die auf Setzungen und Brüchen beruhte und sich spezifischer Ideologeme und Diskurse bediente.

Zunächst allein auf den Genozid an den Armeniern bezogen läßt sich darlegen, daß die vernichtende, so radikal mordende Gewalt keineswegs als Nebeneffekt, als Zwangslage eines gesellschaftspolitischen Moments, ja auch nicht einmal ursächlich als Handlung eines spezifischen politischen Regimes ausgelöst wurde. Die Gewalt des Völkermords zeigt sich - ebenso wie dann auch die politische Gestalt der Jungtürkenbewegung sowie ihr politisches Handeln - als untrennbar in die visionären Konzeptionen eingebunden, beziehungsweise diesen Konzeptionen gewidmet, die innerhalb einer Generation die Verwirklichung der Vision von Fortschritt, Nation und Moderne für die Zukunft der türkischen Gesellschaft suchten.

Genozid als gesellschaftlicher Transformationsprozeß: dies verlangt die Berücksichtigung, daß sich mit den Definitions-, Selektions- und Vernichtungsprozessen Veränderungen der Klassen- und Wirtschaftsstrukturen, Reformen von Sprache und Schrift, Veränderungen des Rechts- und Erziehungssystems, Veränderungen der Produktionsweisen, Ablösungen alter durch neue Eliten, die Entstehung einer Mittelschicht, Emanzipation der Frauen, ein technologischer Entwicklungssprung abzeichneten.

Mit der Eingrenzung eines »modernisierenden« Völkermords würde im Mittelpunkt der Analyse die Beschreibung einer Gesellschaft in einer Phase der Verwirklichung von modernen Strukturen des Politischen, Wirtschaftlichen und Sozialen stehen. Zentralisierungen und Homogenisierungen stellen Schlüsselbegriffe der modernisierenden Prozesse dar; sie sind die bisher möglicherweise zu wenig berücksichtigten Ergebnisse von Völkermord, ebenso wie das Modell des Nationalstaats selbst als modernes Repräsentationsmodell, als Modell einer modernen legislativen und judikativen Ordnung. Im besonderen die Analyse des ideologischen Diskurses, in dem die erwähnten Visionen als handlungsleitende Repräsentationsmodelle über mehrere Generationen integriert wurden, kann zur Erläuterung der

Durchsetzung und der Handlungsnähe der modernen Ideale wichtige Untersuchungsfragen aufwerfen.

Mit der grundsätzlichen Akzeptanz eines solchen Ausgangspunkts würde vor allem ein notwendiger Abstand gewonnen von der bisherigen Behandlung hier zunächst erst einmal des Völkermords an den Armeniern: der Fixierung auf Dokumente eines Beweises. Erst unter Einbeziehung der ideologischen Grundlagen, der notwendigen gesamtgesellschaftlichen Lesart wird das eigentliche Bild des Genozids als Umgestaltungsprozeß deutlich.

Während die Analysen der vergleichenden Genozidforschung möglicherweise die Gefahr in sich bergen, Genozid als internationales Verbrechen, als Phänomen einzugrenzen, ist zu berücksichtigen, daß Genozid immer eine Frage eines spezifisch nationalen Verbrechens ist: Genozid ist immer eine Frage der inneren Ordnung. Er verwirklicht sich nicht als Lösung eines Konflikts, sondern als Streben nach höchsten Zielen heiliger Visionen, einer generationenübergreifenden Konzeption, eines »nationalen Staatsbildungsprozesses in kürzester Frist«.[115]

Das letzte Wort des jungtürkischen Genozids sprechen jedoch stets die *Protokollanten des Todes*, insbesondere die deutschen Zeugen. So urteilte Freiherr von Wangenheim in einem Bericht an Reichskanzler von Bethmann Hollweg vom 7. Juli 1915: »Dieser Umstand und die Art, wie die Umsiedlung durchgeführt wird, zeigen, daß die Regierung tatsächlich den Zweck verfolgt, die armenische Rasse im türkischen Reich zu vernichten«.[116]

Und Hâlide Edib Adivar, die türkische Schriftstellerin und Frauenrechtlerin, berichtet in ihren Memoiren, hin- und hergerissen zwischen der Rechtfertigung jungtürkischer Ideale und dem Versuch, die an vielen Stellen drängenden Gedanken über die Verfolgung der Armenier nicht ausformulieren zu müssen, von einer Begegnung mit Talat Paşa: »Ich sah Talat nach den Deportationen äußerst selten. Ich erinnere mich gut an einen Tag, als er nahe daran war, in der Diskussion der Frage in Wut zu geraten und in einem unnachgiebigen Ton sagte: 'Sieh, Halidé Hanum. Ich habe ein Herz so gut wie das Eure, und bei Nacht hält es mich wach, an das menschliche Leiden zu denken. Aber dies ist eine persönliche Angelegenheit, und ich bin hier auf der Welt, um an mein Volk zu denken und nicht an meine Empfindlichkeiten. ... Ich habe die Überzeugung, daß eine Nation, solange sie das Beste für ihre eigenen Interessen tut und erfolg-

115 Vgl. Dabag: Katastrophe und Identität (Anm. 1), S. 221.
116 Politisches Archiv des Auswärtigen Amtes, Bonn, Türkei Nr. 183, Bd. 37, C 2889.

reich ist, von der Welt bewundert und als moralisch beurteilt wird. Ich bin bereit zu sterben für das, was ich getan habe, und ich weiß, daß ich dafür sterben werde.'«[117]

Am 15. März 1921 wurde Talat Pascha, nach Berlin geflüchtet, von dem armenischen Studenten Soghomon Teilirian ermordet. Als Sachverständiger zu der sich anschließenden Gerichtsverhandlung[118] gegen den Attentäter - der frei gesprochen wurde - sollte auch Walter Rößler geladen werden, von 1910 bis 1918 Konsul in Aleppo. In der Erklärung zur Anfrage an das Auswärtige Amt um Genehmigung der Zeugenaussage, schreibt Konsul Rößler: »Wird die Genehmigung des Auswärtigen Amtes zu meiner Vernehmung als Zeuge in dem Prozess gegen den Mörder von Talaat Pascha erteilt, so müsste ich von der Amtsverschwiegenheit entbunden werden... Ich würde dabei nicht umhin können, meiner Ueberzeugung Ausdruck zu geben, dass Talaat Pascha in der Tat einer derjenigen türkischen Staatsmänner ist, welche die Vernichtung der Armenier gewollt und planmäßig durchgeführt haben. ... Ich würde meine Aussage dahin abgeben müssen, dass diese (vorgelegten) Dokumente die innere Wahrscheinlichkeit der Echtheit für sich habe(n). Ich würde auch eine Aeusserung als echt bekunden müssen, die mir gegenüber der von Konstantinopel nach Aleppo entsandte Verschickungskommissar gemacht hat 'Vous ne comprenez pas ce que nous voulons, nous voulons une Arménie sans Arméniens.'«[119]

117 Memoirs of Halidé Edip, London 1926, S. 387.

118 Siehe dazu: Der Prozeß Talaat Pascha. Stenographischer Bericht über die Verhandlung..., Berlin 1921; Reprint: Der Völkermord an den Armeniern vor Gericht. Der Prozeß Talaat Pascha, hrsg. Tessa Hofmann, Göttingen 1980.

119 Politisches Archiv des Auswärtigen Amtes, Bonn, Nachlaß Konsul W. Rößler, Erklärung vom Mai 1921. Das Auswärtige Amt sollte eine Ermächtigung zur Aussage Rößlers als Sachverständiger ablehnen.

Bernhard Giesen

Antisemitismus und Rassismus[1]

Einleitung

Die deutsche Vereinigung hat eine neue Diskussion um die nationale Identität der Deutschen und den Antisemitismus und Rassismus in ihrer Geschichte hervorgerufen. Fragen nach einer Erklärung des Holocaust durch eine besondere Mentalität der Deutschen werden neu gestellt und häufig im Rahmen einer kulturalistischen Perspektive behandelt, die eine historisch konstante antisemitische Struktur in der deutschen Identität hervorhebt. Die folgenden Überlegungen nehmen dieses Thema auf, wenden es aber auf eine besondere Weise: sie fragen nach den ideen- und sozialgeschichtlichen Kontexten, unter denen Vorstellungen, die später zum äußersten Schrecken des Genozids führten, als harmlos und selbstverständlich erscheinen konnten. Unter welchen Bedingungen war es möglich, daß die Unterscheidung zwischen Rassen, die wir unausweichlich mit dem Holocaust in Verbindung bringen, zum geläufigen Repertoire nicht nur der deutschen, sondern der europäischen Intellektuellen werden konnte, und daß selbst Juden sich in den Reihen der Antisemiten fanden? Gewiß macht die Tatsache, daß der Holocaust geschehen ist und daß wir um ihn wissen, einen entscheidenden Unterschied; aber die radikale Veränderung der Perspektive nach der Katastrophe stellt nur die Frage in verschärfter Form, sie gibt jedoch noch keine Antwort: sie erklärt noch nicht, warum Antisemitismus und Rassismus für die Intellektuellen und das Bürgertum des 19. Jahrhunderts als attraktive und wissenschaftlich wohlbegründete Weltdeutung erschienen.

Bei der Suche nach einer Antwort auf die verbleibende Frage nehmen wir an, daß sich Ideen, Codes oder Semantiken relativ leicht von einem Verwendungszusammenhang auf einen anderen übertragen lassen, und daß eine solche Übertragung zwischen ähnlichen sozialen Lagen besonders leicht fällt; innerhalb des neuzeitlichen Europas sind daher die nationalen Unterschiede zwischen dem Diskurs der Gebildeten in Frankreich, Deutschland und Britannien zwar vorhanden, aber zumeist geringer als die Unterschiede zwischen

1 Vorabdruck eines Kapitels aus: Giesen, Bernhard: Kollektive Identität, wird 1998 erscheinen.

Epochen oder zwischen verschiedenen sozialen Schichten. In einem europäischen Resonanzraum werden Themen und Ideen relativ schnell übernommen und weitergegeben. Die Bedeutung und der Sinn dieser Ideen werden hingegen von Kommunikationsform und Kontext, von Erinnerung und Lebenswelt einer Trägerschicht nachdrücklich verändert. Vorstellungen, die etwa in einem lockeren Gesprächszusammenhang als harmlose Übertreibung oder individuelle Geschmacksbekundung erscheinen, können als politisches Programm oder als Grundlage eines Gesetzes zu furchtbaren Konsequenzen führen. Wir werden weiterhin zu zeigen versuchen, daß der Rassismus als unpersönliches Interpretationsmuster eines gebildeten Publikums für einen ausgeweiteten Horizont entstand, während sich der Antisemitismus aus dem persönlichen Ressentiment gegen Fremde ergab, die scheinbar zu nahe gerückt waren. Beide durchliefen unabhängig voneinander mehrere Transformationen und verbanden sich erst relativ spät zu jenem radikalen und scheinbar wissenschaftlich begründeten Exklusionsprojekt, das einige Jahrzehnte später mit erbarmungsloser Brutalität in die Praxis der Vernichtung umgesetzt wurde.

Der Versuch, eine historische Typologie der unterschiedlichen Erscheinungsformen von Rassismus und Antisemitismus zu entwerfen, kann jedoch nicht über die strukturellen Gemeinsamkeiten aller primordialen Grenzkonstruktionen hinwegsehen. Sie lassen sich in drei unterschiedlichen Verfahren zusammenfassen: es geht um die Dämonisierung eines Außenstehenden, um interne Reinigungsrituale oder um die Reduktion von Kultur auf Natur. Wir haben an anderer Stelle ausführlich auf die Logik primordialer Grenzkonstruktionen hingewiesen und beschränken uns hier auf den Hinweis, daß diese Formen der Grenzkonstruktion Distanz zwischen Innen und Außen schaffen und im Gegenzug zu scheinbaren oder tatsächlichen Verwischungen der Grenzen, zu sozialer Mobilität und Unübersichtlichkeit entstehen: Primordialisierung kompensiert Strukturverlust.[2] Die drei Modi der Grenzkonstruktion - Dämonisierung, Reinigung und Reduktion - werden je nach Kommunikationsform unterschiedlich gewichtet. Während wissenschaftliche Konstruktionen von Primordialität eher reduktiv verfahren, geht es in xenophobischen Unruhen zumeist um Dämonisierungen.

2 Vgl. Giesen, Bernhard: Die Intellektuellen und die Nation. Eine deutsche Achsenzeit, Frankfurt a.M. 1993; ders.: Kollektive Identität, im Erscheinen.

1. Rassismus

1.1 Naturalistische Reduktion: Rassismus als Wissenschaft

In der Moderne erfuhr die Unterscheidung zwischen Natur und Gesellschaft ebenso wie die zwischen Vergangenheit und Zukunft eine folgenreiche axiale Umwertung: die Vergangenheit war nicht mehr die Zeit der guten alten Ordnung, sondern die Zeit des Aberglaubens und der Unvernunft; die Natur erschien nicht mehr als bedrohliche und unzivilisierte Wildnis, die zu zähmen, zu erlösen und zu vergesellschaften war, sondern galt als elementare richtige Ordnung, als ein irdisches Jenseits, das die Stelle der göttlichen Schöpfungsordnung einnahm und an dem sich die Geschichte auszurichten hatte. So ersetzte das Buch der Natur zunehmend die Heilige Schrift: die Natur bot der Wissenschaft den Gegenstand der Erfahrung, der Rechtswissenschaft eine überzeitliche Begründung der Gleichheit von Rechten, der Erkenntnistheorie eine Basis für die Vergleichbarkeit von Wissen, der Kunst einen Bezugspunkt für die Darstellung von Wirklichkeit und der Politik ein Motiv für Veränderung und Mobilisation. Spätestens seit dem 18. Jahrhundert setzte sich die Vorstellung durch, daß die gesellschaftliche Ordnung wandelbar und verbesserungsfähig sei und die Natur als Orientierung dieser gesellschaftlichen Veränderungen dienen solle.

Dabei diente die Natur sowohl als Grundlage für die Behauptung von Gleichheit wie von Differenz: in der Behauptung natürlicher Freiheiten, natürlicher Rechte, natürlicher Vernunft oder einer natürlichen Unschuld begründete sie die Gleichartigkeit und Gleichheit aller Menschen, in der Entdeckung der klimatischen und geographischen Ursachen der Vielfalt der Völker erklärte sie Unterschiede der Sitten, des Charakters und der Tugenden.

Relativ früh erschien in diesem Zusammenhang auch die Vorstellung unterschiedlicher Rassen. Mit ihr konnte das Klassifikationsmuster der biologischen Arten auf den Menschen übertragen und auf diese Weise eine naturwissenschaftliche Perspektive auf die menschliche Geschichte gewonnen werden. Die Vielfalt der menschlichen Charaktere und Sozialformen sollte so auf ihre natürlichen Ursprünge zurückgeführt und damit erklärt werden. Linné unterschied zur Mitte des 18. Jahrhunderts vier Menschenrassen, Blumenbach ein Vierteljahrhundert später fünf Rassen (Kaukasier, Mongolen, Äthiopier, Amerikaner und Malayen). Dieses Modell der rassischen Reduktion ist in der Aufklärungsphilosophie zwar nicht programmatisch prominent, aber die Unterscheidung verschiedener Rassen findet sich keineswegs nur bei zweitklassigen Autoren, sondern auch bei Voltaire, Hume und Kant -

sie gehörte in der Mitte des 18. Jahrhunderts zum geläufigen und unproblematischen Wissensbestand der Philosophie.

Im 19. Jahrhundert wurde die Unterscheidung zwischen menschlichen Rassen kaum ernsthaft in Frage gestellt und gewann weiter an Gewicht. Sie war zunächst nur ein Klassifikationsmuster, das von der wissenschaftlichen Bewegung, den Gelehrten und Intellektuellen benutzt wurde. In Frankreich verband sich das rassische Paradigma vor allem mit der Bewegung des Positivismus und Materialismus, die von den wissenschaftlichen Gesellschaften, den Akademien und den privaten Forschungsaktivitäten des nachrevolutionären Bürgertums getragen wurde. Die Faszination des frühen 19. Jahrhunderts - und hier besonders Frankreichs - von materialistischen Vorstellungen der Wirklichkeit läßt sich nicht nur in der Karriere des rassischen Paradigmas in der Geschichtsschreibung ablesen, sondern zeigt sich auch in der materialistischen Religionskritik, in der Karriere der Leiblichkeit als Thema der Literatur, in dem allgemeinen Interesse an Fragen der Technik und Physiologie. Dem Sensualismus und Materialismus der Enzyklopädisten folgend, sah die neue französische Wissenschaft Natur als wissenschaftlich erforschbare Materie an, die Anthropologie trat als naturwissenschaftliche Disziplin auf, die Gesellschaftstheorie bezog soziale Institutionen auf materielle Produktionsweisen, die Physiognomie wurde in Verbindung mit der Erforschung des Charakters gebracht, Denken und Bewußtsein wurden als Produkte des Gehirns gesehen und die Erforschung der Anatomie des Gehirns schien den Schlüssel zur Erklärung von Charakter und Persönlichkeit zu bieten.

Die Wissenschaft der lebenden Organismen war vor allem Physiologie und morphologische Klassifikation. Entsprechend suchte man die Unterschiede zwischen Rassen über anatomische Forschungen, insbesondere über Kopfformen und hier über Schädelmessungen zu erfassen. Dieses Projekt der Schädelforschung wurde zwar stark von amerikanischen Rassisten (Morton, Giddon und Nott) beeinflußt, nahm jedoch bald internationale Dimensionen an: Carus in Deutschland und Quatrefages in Frankreich interessierten sich dafür. Noch in der zweiten Hälfte des Jahrhunderts beschäftigten sich renommierte deutsche Forscher wie Rudolf Virchow über umfangreiche Schädelmessungen und Schädelvergleiche mit der Unterscheidung zwischen arischen und nichtarischen Formen, die man etwa in Ungarn oder Finnland zu finden hoffte. Die Ergebnisse der seriösen Forschungen waren nicht besonders ermunternd: Virchow etwa konnte keinen klaren Unterschied zwischen ungarischen und deutschen Schädelformen feststellen. Dennoch hielt sich die Unterscheidung zwischen Kurzschädel- und Langschädelformen als eine erklärungskräftige Klassifikation im anthropologisch-medizinischen Diskurs; die Rassenanthropologie Günthers konnte später darauf zurückgreifen.

Ein weiteres Forschungsprogramm, das dem rassischen Paradigma folgte, entstand in den Sprachwissenschaften. Obwohl schon im 18. Jahrhundert die Idee eines indischen Ursprungs der europäischen Sprachen von englischen und französischen Autoren vertreten wurde, waren es vor allem deutsche Gelehrte, die im Anschluß an Schlegel und Grimm den Nachweis einer arischen Sprachfamilie zu erbringen suchten, welche die Mehrheit der europäischen Sprachen mit der persischen und bestimmten indischen Sprachen verband und sich klar von der semitischen Sprachfamilie unterschied. In Frankreich fand diese Idee schnelle Verbreitung (Gobineau, Courtet de l'Isle, Renan), während britische Gelehrte der Idee einer indischen Abstammung eher reserviert gegenüberstanden - vermutlich wegen der besonderen kolonialen Interessen Großbritanniens.

Der britische Beitrag zum Rassenparadigma bestand zunächst vor allem im sogenannten Sozialdarwinismus, der weniger auf Charles Darwin als auf Herbert Spencer zurückgeht. Seine Ideen des »Struggle for existence« und des »Survival of the fittest« ließen sich nicht nur zur Stützung von Marktkonkurrenzen und imperialistischen Kolonialpolitiken nutzen, sondern fügten sich auch vorzüglich in den Rahmen rassischer Unterscheidungen. Ähnlich wie die französischen Materialisten vertraten auch die Sozialdarwinisten ein starkes Programm der naturalistischen Reduktion: Menschen sind Teil der Natur und aufgrund vererbter Eigenschaften natürlich ungleich; diese natürliche Ungleichheit findet ihren Ausdruck in sozialer Ungleichheit; eine staatliche Intervention in diese natürlichen Prozesse der Schichtung wird als schädlich betrachtet. Auch der Sozialdarwinismus wurde schnell von amerikanischen (Sumner, Giddings) und kontinentaleuropäischen Wissenschaftlern übernommen und innerhalb weniger Jahrzehnte zum Allgemeingut fortschrittsbewußter und naturwissenschaftlich orientierter Kreise; in Deutschland verbreitete Haeckel das neue wissenschaftliche Glaubensbekenntnis.

Wenn auch nur ein Teil der gebildeten Öffentlichkeit rassistisch im engeren Sinne war, das heißt die Idee der Rasse zum Kern einer neuen Welterklärung machte, so bezweifelten im 19. Jahrhundert doch nur wenige Gelehrte, daß die Unterscheidung zwischen Rassen wissenschaftlich sinnvoll wäre. Diskussionen ergaben sich in diesem Zusammenhang allein im Hinblick auf die Klassifikationslinien selbst, die beobachtbaren typischen Merkmale und die Bewertung der verschiedenen Rassen. Nicht wenige Rassentheoretiker waren durchaus unsicher über Bewertungen und enthielten sich politischer Empfehlungen, die sie als vulgär und gefährlich einschätzten.

Insbesondere die Verbindung zwischen Rassenparadigma und Antisemitismus war keineswegs zwangsläufig und von Anfang an gegeben; die Einordnung des jüdischen Volkes im Rassenparadigma war unklar und uneinheitlich: obwohl häufig als eigene Rasse behandelt, wurde es gelegentlich auch der weißen Rasse zugeschlagen, manchmal als Mischrasse beschrieben, andererseits aber auch als besonders reine, anpassungsfähige und überlegene Rasse eingestuft, so etwa bei Gobineau und Disraeli. Wie der Fall Schlegels zeigt, vertrug sich Engagement für die Emanzipation der Juden offensichtlich durchaus mit rassistischen Überlegungen. Auch die Intellektuellen waren keineswegs frei von antisemitischen Vorurteilen, aber die Verbindung von Rassismus und Antisemitismus, die den gebildeten Diskurs gegen Ende des 19. Jahrhunderts bestimmte, war noch nicht geknüpft.

Einmütig war die europäische Aufklärungsgesellschaft nur im Hinblick auf die niedrige Einschätzung der Schwarzen. Zwar war die Sklaverei umstritten und wurde schließlich abgeschafft, zwar wurde die Erziehung und die bürgerrechtliche Gleichstellung der Schwarzen von den revolutionär-republikanischen Kräften angestrebt, aber die These einer Gleichwertigkeit der schwarzen und der weißen Rasse im Hinblick auf Intelligenz und kulturelle Kreativität vertrat niemand. Saint-Simon kritisierte sogar noch 1803 die Gleichstellung der Schwarzen durch die Revolutionäre, da sie organisch-physiologisch nicht gerechtfertigt sei. Andere, wie Quatrefages, waren zwar Gegner der Sklaverei, aber gleichzeitig auch Rassisten: die Behauptung einer nichtexistenten Gleichartigkeit würde nur den Befürwortern der Sklaverei nützen. Noch zur Jahrhundertmitte konnte Herbert Spencer unwidersprochen den Schwarzen die Fähigkeit zur Liebe und Zärtlichkeit zwischen Eheleuten absprechen und mit einem solchen Mangel an Gefühlskultur auch die Gleichrangigkeit zwischen Schwarzen und anderen Rassen in Frage stellen.

Auch die Forderung nach der Reinhaltung der Rassen ergab sich nicht zwangsläufig aus der Rassenklassifikation selbst. Gelegentlich wurde auch die Vermischung der Rassen als besonders überlebenstüchtige Höherentwicklung eingeschätzt. Der materialistische Physiologe Cabanis forderte 1798 ganz im Geiste der Revolution die Mischung der Rassen zu einer höherentwickelten neuen Art, die ähnlich wie die Rechtsgleichheit eine Schöpfung der Aufklärung und Vernunft wäre.

Träger des rassischen Paradigmas waren im 18. und 19. Jahrhundert nicht Bauern und Kleinbürger, sondern Intellektuelle und ihr gebildetes Publikum, die traditionellen Schichten der europäischen Aufklärung. Der Ausbau des absolutistischen Staates hatte in Frankreich die *Noblesse de robe*, in Deutschland ein neues selbstbewußtes Bürgertum geschaffen, beides Schichten, die sich über Bildung konstituierten und mit dem Projekt der Aufklärung identifizierten. Diese Aufklärungsgesellschaft lebte mit überlokalen Horizonten und pflegte schriftliche Kommunikation; man las die europäische Aufklärungsliteratur und nahm über Zeitungen Anteil am öffentlichen Geschehen, man kannte ferne Länder aus Reisebeschreibungen und argumentierte im Hinblick auf ein weites, unbekanntes und tendenziell unbegrenztes Publikum. Gleichzeitig begriff sich diese europäische Aufklärungsbewegung im Gegensatz zu Aberglauben, traditionellen und persönlichen Vorurteilen, ständischen und konfessionellen Schranken. Sie entwertete traditionelle Klassifikationen und setzte neue an ihre Stelle.

Die Unterscheidung zwischen Rassen konnte mit einem antitraditionellen und unpersönlichen, wissenschaftlichen, ja aufklärerischen Anspruch auftreten: sie bezog ihre Plausibilität nicht aus der Tradition oder aus alltäglichen Begegnungen mit den Angehörigen anderer Rassen, aus persönlichen Erfahrungen und Ressentiments, aus Abwehrinteressen oder sozialen Konflikten. Die Chance, einem Afrikaner, Inder oder Chinesen persönlich zu begegnen, war für einen Durchschnittsbürger im Europa des beginnenden 19. Jahrhunderts außerordentlich gering. Vielmehr bot die Unterscheidung zwischen Rassen einen Rahmen für die Ordnung öffentlich verfügbaren und schriftlich verbreiteten, unpersönlichen Wissens. Sie ordnete die anerkannten und unpersönlich gehaltenen Erfahrungen anderer und wurde in einem Diskurszusammenhang gebraucht, der weitgehend entlastet war von eigenen praktischen Erfahrungen mit dem Gegenstand, über den gesprochen wurde. Das Rassenparadigma bezog sich auf Fernes und Ungefährliches und ordnete das Ferne und Unzivilisierte in einen allgemeinen kognitiven Rahmen ein. Zugleich aber stellte es die implizite Begrenzung des aufgeklärten Diskurses auf die europäische Welt in Rechnung: diejenigen, welche wie die Afrikaner nicht am schriftlich vermittelten Austausch der Ideen teilnehmen konnten, wurden auch nicht als gleichwertige Rasse behandelt. Das Rassenparadigma eröffnete so eine allgemeine Perspektive auf empirische Unterschiede. Dieser Perspektive ging es nicht um die Reinigung der eigenen Gemeinschaft oder um die Verteidigung eines primordialen Binnenraums gegen eine Gefahr, die zu nahe rückt, sondern um die Vergemeinschaftung eines kosmopolitischen Publikums und einen affektiv neutralen empirischen Blick auf den Horizont.

Eine solche Situation fördert in der Regel universalistische Codierungen von Gemeinschaftlichkeit und steht primordialen Grenzkonstruktionen entgegen. Im vorliegenden Falle wird Primordialität auch nicht für die Abgrenzung der gebildeten Gesellschaft selbst in Anspruch genommen, sondern als naturalistische Reduktion für den Gegenstand der Betrachtung beansprucht. Die wissenschaftliche Bewegung des Materialismus, der Aufklärung, des Positivismus oder des Darwinismus begreift sich selbst nach dem Muster einer universalistischen Gemeinschaft, die kein primordiales Erkenntnisprivileg beansprucht, sondern Außenstehende zu überzeugen versucht. Für den

Gegenstandsbereich der wissenschaftlichen Betrachtung wird hingegen angenommen, daß emergente Phänomene wie Persönlichkeit oder Kultur auf natürliche Merkmale zurückgeführt werden können.

Diese Trennung zwischen dem Universalismus der Erkenntnissubjekte und der naturalistischen Reduktion im Gegenstandsbereich wird in wissenschaftlichen Abhandlungen des 19. Jahrhunderts gepflegt und findet sich um die Jahrhundertwende auch in den Arbeiten der Sozialdarwinisten wie Gumblowicz und Ratzenhofer, der Rassehygieniker um Ploetz und Schallmeyer und der eugenischen Bewegung um Galton. Rassehygieniker und Eugeniker zeigten einerseits missionarischen Überzeugungsdrang und adressierten sich an ein prinzipiell unbegrenztes Publikum wie andere wissenschaftliche Bewegungen auch. Andererseits waren sich diese wissenschaftlichen Rassisten einig im Hinblick auf die Annahme einer weitgehenden Vererbung von Persönlichkeit, Intelligenz und Sozialverhalten und der Möglichkeit zur planmäßigen Verbesserung der Erbmasse. Sie unterschieden sich allerdings durchaus in der Art ihrer praktischen Empfehlungen: während Woltmann, Schemann und Ammon von der Überlegenheit einer sogenannten nordischen Rasse überzeugt waren und öffentlich eine entsprechende Rassenpolitik vertraten, wandte sich Schallmeyer gegen den nordischen Rassedünkel, der die rassehygienische Bewegung in Mißkredit zu bringen drohte.

1.2 Vielfalt der Kulturen und Reinheit der Gemeinschaft: Primordiale Identität in der Romantik

Mit der revolutionären Beschleunigung der Geschichte und dem Zusammenbruch der alteuropäischen Ordnung in der Französischen Revolution wurden im Gegenzug Sehnsüchte nach einem fraglos gegebenen, unbezweifelbaren Fundament der Vergemeinschaftung hervorgerufen. Nicht die Ausweitung des Horizonts und die Klassifikation des Fernen waren nun das Problem, sondern die Konstruktion neuer Grenzen und einer neuen, reinen Form von Gemeinschaftlichkeit und Identität. Die ständische Ordnung war trotz ihrer institutionellen Restauration als Grundlage von Selbstverständnis und kollektiver Identität nicht mehr glaubwürdig. Die romantische Sehnsucht nach einem neuen Mythos, einer neuen Religion, einem neuen Fundament der Identität wurde gefördert durch die sozial entwurzelte und ökonomisch ungesicherte Lage der meisten Mitglieder der romantischen Bewegung. Die akademischen Karrieren waren um die Jahrhundertwende in Deutschland versperrt, und viele, die sich der romantischen Bewegung zurechneten und an den kulturellen Heroen von Weimar orientierten, mußten ihr Auskommen als Hofmeister in adeligen oder als

Hauslehrer in wohlhabenden bürgerlichen Haushalten suchen. Der hohe intellektuelle Anspruch der Romantiker geriet auf diese Weise in scharfen Gegensatz zu ihrer beruflichen Stellung, und dieser Gegensatz spiegelte sich in ihrer Ästhetik, ihrer Philosophie und in ihrer Konstruktion nationaler Identität: diese reine Identität des Volkes wurde in Gegensatz zur Welt der Macht und des Geldes, zu vordergründigen und diesseitigen Interessen gebracht und in einem sakralen Jenseits verortet, das nur durch die Kunst, die Musik und die Dichtung erreichbar war. Geist und Macht, Gemeinschaft und Gesellschaft, Volk und Staat traten hier auseinander und waren doch auf Versöhnung angelegt.

Der romantische Diskurs setzte auf subversive Kommunikationsformen, auf Ironie und Unbenennbares, das sich jeder allgemeinen äußeren Perspektive versperrte. Primordiale Codierungen sind einer solchen Lage weitaus angemessener als universalistische Erweiterungen des Horizontes. Es erstaunt daher nicht, wenn bei der romantischen Konstruktion völkischer Identität Bezug auf Natur genommen wurde. Allerdings prägte diese primordiale Wendung auch den Naturbegriff der deutschen Romantik; er unterscheidet sich ganz deutlich vom Materialismus der französischen Positivisten. Natur galt der romantischen Bewegung nicht mehr als experimentell erfahrbarer, materieller Gegenstand, sondern als transzendenter Grund von Identität, dem man sich nicht durch die wissenschaftliche Analyse, sondern durch Kunst und Gefühl nähern konnte. Diese Identität ermöglichte Verständigung, aber sie begrenzte sie auch. Im Unterschied zur naturalistischen Reduktion des wissenschaftlichen Rassismus trennt die romantische Bewegung nicht mehr zwischen einer universalistischen Erkenntnisgemeinschaft und einer primordialen Konstitution der untersuchten Gemeinschaften; beide fallen vielmehr in Eins. Das erkennende Subjekt kann nur insofern seinen Gegenstand verstehen, als es über eine gemeinsame Identität mit ihm verfügt. Diese Verständigung ermöglichende primordiale Identität wird allerdings zunächst nicht auf die Rasse, sondern auf das Volk und die Nation bezogen. Das Volk und nicht die Rasse gelten als unübersteigbarer und natürlicher Horizont von Verständigung und Gemeinschaftlichkeit; sie sind nicht mehr nur Gegenstand vergleichender Betrachtung, sondern geschichtliche Akteure, die Solidarität und Seitenwahl einfordern.

Das Rassenparadigma bezog aus der deutschen Romantik zunächst nur eine gewisse allgemeine Unterstützung durch die Suche nach einem ursprünglichen Grund des gesellschaftlichen Daseins und durch die Vorstellung einer polyzentrischen Welt sowie einer nicht kopierbaren Identität. Mit dem Abschied vom Rationalismus der Aufklärer entdeckten die Romantiker die Vielfalt von primordialen Identitäten, die untereinander unvergleichbar sind und deren Besonderheiten sich der allgemeinen Beschreibung versperren. Eine solch polyzentrische Vorstellung der Welt verträgt sich nur schwer mit der Idee eines einzigen Ursprungs des Menschengeschlechts; sie legt viel eher die Vorstellung mehrerer untereinander unvergleichlicher und unverschmelzbarer Arten von Menschen nahe und ist in dieser Hinsicht dem Rassenparadigma wahlverwandt.

Allerdings stellte sich gerade der romantische Polyzentrismus jedem Vergleich entgegen: Identitäten und Individualitäten werden durch ihre Besonderheit gekennzeichnet und sind untereinander unvergleichlich. Folglich lassen sie sich auch nicht in eine Rangfolge bringen; die Rede von der Überlegenheit und Unterlegenheit einer Rasse ist daher im Zusammenhang mit dem romantischen Polyzentrismus wenig sinnvoll. Auch die Vorstellung eines Kampfes der verschiedenen Identitäten ist in der Romantik noch nicht angelegt. Sie wendet sich entschieden gegen eine missionarisch-imperiale Inklusion und zielt auf eine Vielfalt lokal gebundener Lebenswelten und ein Nebeneinander verschiedener Völker oder Nationen. Damit wird nicht mehr eine naturalistische Reduktion von Kultur, sondern ihre Reinhaltung und Konservierung gefordert. Mit der Philosophie der deutschen Romantik tritt so neben das universalistische Projekt des wissenschaftlichen Vergleichs ein anspruchsvoller Versuch, primordiale Identität als kulturelle Reinheit zu konstruieren und zwischen dem Eigenen und dem Fremden grundlegende Grenzen der Verständigung zu behaupten. Die romantische Idee der kulturellen Reinheit bleibt zumeist eingebunden in eine allgemeine, die eigene Gemeinschaft übergreifende Perspektive: die Primordialisierung von kollektiver Identität und Vielfalt in der deutschen Romantik konnte ihren intellektuellen Anspruch nur im Rahmen einer allgemeinen Programmatik aufrechterhalten, die jeder Gemeinschaft die Entdeckung ihrer primordialen Eigenart empfahl. Grimm etwa sammelte nicht nur die Märchen der Deutschen, sondern entwarf ein fast europaweites Programm zur Rekonstruktion der bretonischen, baltischen und anderer Volksmärchen. Der Universalismus der Romantiker war sicherlich schwächer als der der Aufklärung, er forderte eine wechselseitige Anerkennung von Fremdheit und suchte das Allgemeine nur als Allgemeinheit von Besonderheit. »Deutschsein ist wahre Universalität«, schreibt noch Novalis.

Erst in dem Augenblick, in dem die Intellektuellen unter dem Eindruck der allgemeinen Mobilisierung gegen Napoleon eine kurzschlüssige Verbindung zur Praxis suchten und den Befreiungskrieg zum heiligen Krieg stilisierten, nahm die Primordialisierung den Charakter eines haßgeladenen Ressentiments an (Arndt etc.). Die französische Besatzung in Deutschland hatte bei den Intellektuellen und ihrem Publikum eine nachdrückliche Wende gegen die Fremdherrschaft und für die unentfremdbare Identität des deutschen Volkes bewirkt. Erst in den Befreiungskriegen gegen Napoleon wurde die Abwehr des Fremden, das zu nahe gerückt war, und die Behauptung eines unentfremdbaren Binnenraums zum zentralen Motiv der Konstruktion nationaler Identität.

1.3 Rassismus als Geschichtstheorie

Zur Mitte des 19. Jahrhunderts setzte sich die Unterscheidung zwischen Rassen nicht nur als eine zentrale Achse der naturwissenschaftlichen Anthropologie durch, sondern sie gewann auch Einfluß auf die Geschichtsschreibung. Das Rassenparadigma wurde nun nicht nur wie im wissenschaftlichen Rassismus in rein deskriptiver Absicht als eine Klassifikation verschiedener Menschenarten benutzt, sondern temporalisiert und dynamisiert: die zeitlichen Horizonte der Vergangenheit und Zukunft weiteten sich im 19. Jahrhundert deutlich; das Wissen um die Vergangenheit nahm zu, die historischen Wissenschaften differenzierten sich aus, Museen wurden gegründet und Denkmäler eingeweiht, Baustile zitierten die Vergangenheit - aber auch die Planungshorizonte, die Utopien, der Fortschrittsoptimismus nahmen zu. In diesen aufgespannten Zeithorizonten ging es nicht mehr um die Bewältigung des räumlich Fernen, sondern um die geschärfte Wahrnehmung der Gegenwart als Moment geschichtlicher Krise und Entscheidung. In der Gegenwart stoßen Vergangenheit und Zukunft unvermittelt zusammen und verlangen Entscheidung. Vor diesem Hintergrund wurde der Begriff der Rasse zunehmend in Verbindung mit Kampf- und Untergangsmetaphern gebraucht. Es geht nicht mehr nur - wie noch in der Romantik - um die Wahrnehmung von unvermittelbaren, aber nebeneinander existierenden Identitäten, sondern um ihre absolute Unverträglichkeit, die allein den Kampf als Lösung übrigläßt. Die Idee des Rassenkampfes verschärft damit die Vorstellungen von Reinheit und Unverträglichkeit, die in der Romantik schon angelegt waren, und bezieht sie explizit auf die Beziehungen zwischen Rassen.

Die Verbindung des Rassenparadigmas mit der Kampfmetapher wurde gefördert durch Veränderungen in der sozialstrukturellen Lage des gebildeten bürgerlichen Publikums, an das auch der geschichtstheoretisch gewendete Rassismus zunächst adressiert war: die Revolutionen von 1848 hatten einerseits die Macht des Volkes auf der Barrikade und die Durchschlagskraft des nationalen und demokratischen Projektes in vielen Teilen Europas vorgeführt, sie waren andererseits aber auch fast überall schließlich gescheitert; Risse in der Verbindung zwischen liberalem Bürgertum und dem radikalen Kleinbürgertum wurden sichtbar, die Trennung zwischen bildungsbürgerlichem Publikum und den Intellektuellen wurde schärfer, die koloniale Ausweitung der europäischen Mächte und ihr Wettstreit rükkten die ehemals weit entfernten nichteuropäischen Rassen näher in den Bereich möglicher Begegnungen und praktischer Konflikte. Ein weitaus größerer Anteil der Bevölkerung war alphabetisiert, über öffentliche Kommunikationsmedien an überlokalen Themen interessiert und in politischen Bewegungen engagiert. Hieraus ergab sich ein gesteigerter Bedarf an globalen Deutungen gerade bei den neuen Schichten des Lesepublikums, die nicht über eine vertiefte klassische Bildung verfügten. Geschichtsschreibung entwickelte sich in Deutschland, aber auch in Frankreich und Britannien zu einer deutungsmächtigen Disziplin, die von aktuellen politischen Perspektiven ausging und mit einer breiten Resonanz rechnen konnte.

Aus der Sicht der neuen Historiker erhielt politisches Handeln seinen geschichtlichen Bezug nun nicht mehr als Verwirklichung des göttlichen Willens, der Vernunft oder des Fortschritts, sondern als ewiger Kampf geschichtlicher Mächte oder Kräfte um ihre Selbstfindung. Je nach Interessenlage oder Wissenshintergrund konnten hier ganz unterschiedliche agonale Akteure eingesetzt werden: soziale Klassen - die Besitzenden und die Besitzlosen, die Bauern und die Krieger, die Helden und die Händler; Kulturkreise - das christliche Abendland und die »asiatischen Horden« -, Völker und Nationen oder aber Rassen. Wenngleich auch die nationale Orientierung in der Geschichtsschreibung bei weitem überwog, finden sich doch schon um die Jahrhundertmitte Geschichtstheorien, welche die Rasse in den Mittelpunkt stellen. Gobineau ist der bedeutendste dieser geschichtstheoretischen Rassisten, die zunächst in der akademischen Geschichtsschreibung kaum Anerkennung fanden und aus dieser randständigen Position in ihrem Bemühen um eine radikale neue Perspektive bestärkt wurden. Die Idee des Rassenkampfes konnte dabei beanspruchen, mehr als nationalhistorische Interpretationen jenseits der geschichtlich gewordenen Einheiten in Europa auf eine elementare und weltumspannende Ebene zurückzugreifen und damit gleichsam den Platz des christlichen oder aufklärerischen Verständnisses von Weltgeschichte einzunehmen.

Selbst diese Vorstellungen eines Rassenkampfes blieben zunächst noch öffentlich verbreitete schriftliche Erzeugnisse ohne direkten politischen Handlungsdruck. Sie wurden zwar von Außenseitern, aber im akademischen Zusammenhang und mit gelehrter Ambition entwickelt und wurden durchaus kontrovers diskutiert (vgl. etwa den Briefwechsel zwischen Gobineau und Tocqueville). Ebenso entsprachen sie der Perspektive eines neuen lesenden Publikums, das die politischen Konflikte zwischen Klassen oder Nationen mit

Interesse beobachtete und kommentierte, zwar Partei nahm, aber nicht direkt eingreifen konnte. Dic Vorstellung eines zufälligen Machtkampfes erscheint aus dieser interessierten, aber ohnmächtigen Lage kaum annehmbar zu sein; statt dessen wird Politik weltanschaulich vergrößert und geschichtlich aufgeladen. Gerade weil das neue lesende Publikum der Jahrhundertmitte nicht den traditionellen politischen Klassen angehörte, fanden heterodoxe Perspektiven, die hinter den Erscheinungen die wahren Triebkräfte der Geschichte freizulegen versprachen, hier besondere Resonanz.

Auch in diesem kommunikativen Rahmen wurde die Idee der Rasse noch nicht von persönlichem Ressentiment getragen. Rassische Andersartigkeit hatte in der zweiten Hälfte des 19. Jahrhunderts mit der Ausweitung der kolonialen Eroberung zwar ihre exotische Ferne eingebüßt, war aber dem gebildeten Publikum noch nicht lebensweltlich vertraut oder alltäglich geläufig. Es gab zwar gelegentlich nichteuropäische Dienstboten oder Matrosen in den westeuropäischen Metropolen, aber zumeist waren die Kenntnisse über andere Rassen durch Reisebeschreibungen und Völkerschauen vermittelt.

Der Rassenbegriff, der diesen Geschichtstheorien zugrunde lag und hier - im Unterschied zur Romantik - eine zentrale Stellung einnahm, war nicht sehr eindeutig. Er legt zwar naturale Konstitutionsformen nah, aber er läßt sich kaum auf einen Katalog körperlicher Merkmale reduzieren, sondern zielt auf primordiale und über den Geschichtsverlauf hinweg stabile Großgruppen, die eher über ihre kulturellen und zivilisatorischen Merkmale als über anatomische Eigenheiten definiert werden. Die Vorstellung eines Kampfes setzt voraus, daß unterschiedliche Rassen einander doch immer noch als Akteure wahrnehmen. Gegenüber dem romantischen Polyzentrismus, in dem schon Erkenntnissubjekt und Erkenntnisgegenstand durch primordiale Identität verbunden werden, wird nun nicht mehr bloße Verschiedenheit, sondern Unverträglichkeit der Rassen behauptet.

Gerade weil dieser kulturalistische Rassenbegriff der Historiker in der Nachfolge Gobineaus so diffus und unklar war, eignete er sich zur populären Verkürzung und Verbindung mit naturwissenschaftlichen Ideen. Obwohl sich Wissenschaftler von Rang - etwa Max Müller, der in seiner Antrittsrede 1872 in Straßburg eine Trennung von anatomischer Schädelklassifikation und linguistischer Analyse forderte - für eine differenzierte Betrachtungsweise einsetzten und gegen eine Vulgarisierung und Politisierung des Rassenparadigmas wandten, wurden die rassistischen Geschichtstheorien gegen Ende des Jahrhunderts relativ schnell popularisiert und einerseits mit der darwinistischen Idee der natürlichen Auslese, andererseits mit einer bewertenden Metaphorik aufgeladen. Chamberlains Popularisierung des Rassenparadigmas, die im Unterschied zu Gobineau ein breites Publikum erreichte, zeigt deutlich, wie Rasse als kulturelles Bewußtsein einerseits und Rasse als Natur andererseits miteinander vermischt und politisch aufgeladen werden. Am Ende dieser populären Darstellungen stehen sich eine aktive, männliche Rasse des Lichtes und eine passive, weibliche Rasse des Dunkels gegenüber. In dieser vulgarisierten Fassung wurde die Idee des Rassenkampfes ähnlich wie die des Klassenkampfes selbst zum Kampfbegriff, der seine Verbreitung schließlich nicht mehr wissenschaftlicher, sondern politischer Trennschärfe und Mobilisierungsfähigkeit verdankte. Hier begann sich auch das rassistische Paradigma der naturalistischen Reduktion auf systematische Weise mit dem Antisemitismus zu verbinden und dessen xenophobische und dämonisierende Stoßkraft zu übernehmen. Persönliche Ressentiments erleichterten diese Verbindung zwischen Rassismus und Antisemitismus; der erfolglose und verbitterte Privatdozent Dühring bietet ein bekanntes Beispiel für diese haßgeladene Stoßrichtung des Rassismus.

2. Antisemitismus und Rassismus

2.1 Antisemitismus als Dämonisierung des lokalen Fremden und als christliche Tradition

Zu Beginn des 19. Jahrhunderts war das Rassenparadigma noch keineswegs eng mit einer antisemitischen Ausrichtung verbunden. Der Antisemitismus selbst lebte vor allem auf der Ebene mündlich überlieferter populärer Vorurteile bei Bauern und Handwerkern und äußerte sich in einer Vielzahl von alltäglichen Diskriminierungen, nicht selten auch in gewalttätigen Pogromen und Verfolgungen. Die sogenannten *Hep-Hep-Krawalle* 1819 in ganz Mitteleuropa oder die Pogrome von 1834 im Rheinland und von 1848 in Südwestdeutschland verdeutlichen die Bindung des Antisemitismus an Ressentiments und Gerüchte einerseits und wirtschaftlichen Neid andererseits. Gegen Ende des 18. Jahrhunderts waren zwar einige Juden als Bankiers zu außerordentlichem Reichtum gekommen, aber der weitaus größte Teil gehörte den marginalisierten Unterschichten an und lebte in wirtschaftlich ungesicherten Verhältnissen. Die Spannung zwischen dem legendären schnellen Aufstieg einzelner Hofjuden und der gewohnten Verachtung für die lokale jüdische Bevölkerung verschärfte traditionelle Ressentiments insbesondere dann, wenn die eigene wirtschaftliche Lage krisenhafte Formen annahm und in Gegensatz zu dem vermeintlichen schnellen Reichtum der Juden und ihrer Emanzipation gebracht werden konnte. Im Unterschied zum Rassismus der Gebildeten lebte dieser ressentimentgeladene vulgäre Antisemitismus von mündlicher Kommunikation und der lokalen Erfahrung von Andersartigkeit. Juden unterschieden sich häufig durch Kleidung und Redeweise von der übrigen Bevölkerung, lebten in besonderen abgeschiedenen Vierteln, heirateten vorwiegend untereinander und begegneten den Ortsansässigen auf dem Lande häufig als Geldverleiher oder wandernde Händler. Einerseits waren sie durchaus am Horizont persönlicher Erfahrung präsent, andererseits jedoch weniger nachbarschaftlich eingebunden und integriert als die lokalen Christen. Sie wurden nicht als Fremde empfunden, die heute kommen und morgen gehen, um nie wiederzukommen, sondern sie galten als Fremde, die immer wieder auftauchten und damit nicht mehr als Gäste aufgefaßt wurden. Dies ließ sie als besonders geeigneter Gegenstand mündlichen Klatsches erscheinen: man redet in herabsetzender Weise über Nichtanwesende, die gleichwohl den meisten persönlich bekannt sind. Klatsch und Gerüchte schließen Zweifel, Begründung und Kritik zwischen den Anwesenden aus; sie leben von der wechselseitigen Bestätigung und Steigerung des Vorurteils unter den Anwesenden. Zu dieser besonderen Kommunikationsstruktur kamen Spannungen zwischen jüdischen Händlern oder Geldverleihern und ihren nichtjüdischen Kunden. Bauern, die nach den Preußischen Reformen stärker in die Geldökonomie eingebunden waren, verbanden ihre monetären Probleme mit der Person des Geldverleihers, der seinen Kredit zurückforderte. Das Auftauchen des jüdischen Hausierers, Viehhändlers oder Geldverleihers wurde daher zumeist negativ assoziiert. Das gemeinsame religiöse Bekenntnis, das üblicherweise derartige Spannungen milderte und ein elementares Vertrauen auch jenseits von Verwandtschaft und Nachbarschaft schuf, fehlte hier; vor dem Hintergrund des traditionellen christlichen Glaubens verstärkten sich Mißtrauen und Vorurteile gegenüber denjenigen, die sich nicht nur weigerten, den lokalen Glauben zu übernehmen, sondern die auch für die Kreuzigung des Erlösers verantwortlich gemacht wurden. Die sogenannten Gottesmörder mußten von einer Gesellschaft, die nach den konfessionellen Kämpfen der frühen Neuzeit Gemeinschaftlichkeit und kollektive Identität immer noch vor allem religiös begründete, als feindliche Außenseiter wahrgenommen werden. Da der christliche Missionsauftrag an den Juden exemplarisch scheiterte, wurde die religiöse Identität hier primordialisiert: zwischen den ortsansässigen Christen und den Fremden, die sich nicht assimilieren, aber auch nicht verschwinden wollten, war Distanz zu schaffen - durch Verachtung und gehässige Witze oder aber durch Dämonisierung und gewalttätige Vertreibung. Eine solche Neigung zu einem primordialen Antisemitismus wurde noch verstärkt durch die Gewöhnung an konfessionell homogene Lebenswelten, die sich in ländlichen Regionen bis ins neunzehnte Jahrhundert gehalten hatten, und die zentrale Bedeutung der religiösen Konfession als Kern einer überlokalen kollektiven Identität. Gerade in der ländlichen Bevölkerung, die sich am christlichen Volksglauben orientierte, führte die Emanzipation der Juden zu Beginn des 19. Jahrhunderts zu einer Verstärkung des immer schon vorhandenen Antisemitismus. Hinzu kam eine Teuerungs- und Hungerkrise, die besonders vor der Revolution von 1848 die kleinen Bauern in eine Lage äußerster Not brachte; zu den alten Lasten der Feudalaristokratie traten nun die neuen Zinslasten der Geldverleiher. Die so verschärfte traditionelle Judenfeindschaft der Bauern entlud sich in gewalttätigen Verfolgungen, Zerstörungen jüdischer Geschäfte und Synagogen und persönlichen Bedrohungen jüdischer Bürger. Spontane hexenjagdähnliche Gewalttätigkeiten waren durchaus gewohnte Kommunikationsformen der unterbürgerlichen Volksschichten; man rottete sich zusammen, ein Gerücht über eine Bedrohung verbreitete sich schnell, und die nächste Person, die den emotional aufgeladenen Volksmassen verfügbar war und mit der Bedrohung in Verbindung gebracht werden konnte, wurde zum Opfer.

Gegenüber dieser Gewalttätigkeit des ländlichen und städtischen Volkes setzte sich das gehobene gewerbliche Bürgertum ebenso wie das Bildungsbürgertum ab; das ständische Bürgertum betrachtete die Gewalttätigkeit als sittenlos und gefährlich, dem Bildungsbürgertum erschien die Roheit des Volkes als Aufforderung zur Erziehung und Zivilisierung durch Polizei und Aufklärung. Der traditionelle christlich begründete Antisemitismus widersprach darüber hinaus dem Toleranzgedanken der deutschen Aufklärung, deren wichtigster Träger das Bildungsbürgertum war. Juden waren in ihm in führender Position vertreten; die Emanzipation der Juden war gerade in Deutschland ein wichtiger Teil der aufklärerischen Bewegung und wurde von Juden wie Mendelssohn und Nichtjuden wie Dohm gegen den Widerstand von christlichen und jüdischen Traditionalisten gefordert. Gerade religiöse Bindungen und traditionelle Vorurteile erschienen der Aufklärungsbewegung als wichtigste Hindernisse auf dem Weg zur Herrschaft der Vernunft und Tugend. Das deutsche Bildungsbürgertum, der soziale Träger des aufgeklärten Fürstenstaates, mußte sich daher von dem traditionellen Antisemitismus der ländlichen Regionen absetzen und wurde so zu einem der nachdrücklichsten Verfechter des Emanzipationsgedankens in Europa. Auch nach der Jahrhundertwende suchten und fanden zumeist auch die bedrängten und verfolgten Juden den Schutz von Gesetz und Polizei gegen den gewalttätigen Mob der Straße; nicht immer, aber doch häufig ergab sich so ein Gegensatz zwischen dem Projekt der Aufklärung, der Emanzipation und der öffentlichen Ordnung einerseits und dem vulgären Antisemitismus, dem gewalttätigen Aufruhr des Volkes und dem traditionellen Aberglauben andererseits. Das Bildungsbürgertum der Aufklärung und die moderne Wissenschaft waren auf diese Weise zwar Träger des Rassenparadigmas, aber nur vereinzelt in den Reihen der Antisemiten zu finden. Gewiß gab es auch unter den Aufklärern und im Bildungsbürgertum antisemitische Äußerungen, aber diese hatten eher persönlichen als programmatischen Charakter oder aber sie richteten sich gegen den religiösen Traditionalismus, den manche Aufklärer im Judentum noch stärker als im Christentum verankert sahen und nachdrücklich bekämpften. Das Befürworten der Emanzipation der Juden und die Ablehnung des Judentums als Religion standen hier keineswegs im Widerspruch. Entscheidend aber war die Verbindung von aufklärerischem Bildungsbürgertum, Toleranzidee und Emanzipationsbewegung. Ohne die Unterstützung des nichtjüdischen deutschen Bildungsbürgertums und ohne die aufklärerische Idee der religiösen Toleranz wären die Erfolge der Emanzipationsbewegung und die Gleichstellungsedikte von 1812 nicht möglich gewesen.

Diese Lage verschob sich freilich unter dem Einfluß der nationalen Bewegung und der politischen Romantik. Der Versuch, gegen die napoleonische Besatzung eine kollektive Identität der Deutschen zu behaupten, hatte gerade bei Intellektuellen zur Abwehr alles Fremden geführt und Erinnerungen an das christliche Mittelalter wiederbelebt. Im Unterschied zur politisch ohnmächtigen Lage der deutschen Nation in der Gegenwart erschien das Heilige Reich des Mittelalters als glanzvolle Vergangenheit, deren Grundlage, der christliche Glaube, auch in der Gegenwart eine kulturelle Identität bieten konnte. Vor dieser romantischen Wiederbelebung des christlichen Mittelalters konnten auch antisemitische Einstellungen im deutschen Bürgertum ein neues Gewicht erhalten. Wenn nicht mehr die aufklärerische Überwindung der konfessionellen Spaltungen, sondern die Wiederentdeckung eines verschütteten religiösen Erbes zur Konstruktion nationaler Identität diente, dann mußten gerade auch nichtchristliche Religionsgemeinschaften als Verkörperung des äußersten Fremden erscheinen.

Hinzu kam, daß der schnelle wirtschaftliche Aufstieg vieler Juden und die Emanzipationsbewegung die herkömmlichen Rangbeziehungen in Frage stellte. In den ersten Jahrzehnten des 19. Jahrhunderts bewegten sich die Juden in großer Zahl aus ihren traditionellen unterständischen Stellungen auf dem Lande in den Handel der Städte, wo sie erfolgreich ihre neuen Chancen nutzten und zu einer sehr ernsthaften Konkurrenz für das traditionelle gewerbliche Bürgertum heranwuchsen. Dieses altständische Bürgertum hatte sich im Unterschied zum Bildungsbürgertum nur zurückhaltend an der Aufklärungsbewegung beteiligt und war traditionell auf die Schließung von Märkten und die Abwehr neuer lokaler Konkurrenten bedacht. Man dachte lokal, erwartete eine Fortsetzung des alten Auskommens und mißtraute dem Neuen und Ungewohnten. Nicht aus genuin antisemitischen Gründen, sondern aus dem ständischen Interesse an der Sicherung des gewohnten und gerechten Einkommens gegen neue und überlegene Konkurrenten beobachteten manche Vertreter des traditionellen gewerblichen Bürgertums sogar die antisemitischen Ausschreitungen des Pöbels mit offener Sympathie. Sie beteiligten sich zwar nicht an den Gewalttätigkeiten - dies wäre als unehrenhaft und ungesetzlich empfunden worden -, aber sie betrachteten wohlwollend den sogenannten gerechten Zorn des Volkes. Auch unter den romantischen Intellektuellen fanden sich zunehmend antisemitische Äußerungen, die sich um die Nähe zum Volk, dem neuen Grund von Gemeinschaftlichkeit und Identität bemühten. Mit der Französischen Revolution und den Befreiungskriegen hatte die Gewalttätigkeit des Volkes auf der Barrikade eine romantische Umwertung erfahren: sie erschien nun nicht mehr als erziehungsbedürftige Roheit, sondern als geschichtsträchtiger Akt der Befreiung, der die Gebildeten zur Identifikation einlud. Dennoch wäre es übertrieben, wollte man in der romantischen Bewegung schon eine intellektuelle Kehrtwende des Bildungsbürgertums zum Antisemitismus sehen. Der von der Romantik inspirierte Antisemitismus hatte keine besondere soziale Form gefunden und trat eher als persönliches Vorurteil mit begrenzter Verbreitung auf. Das deutsche Bildungsbürgertum fand sich eben auch in den Salons von Henriette Herz und Rahel Varnhagen ein, las Heinrich Heine und Ludwig Börne und betonte die Distanz zu dem gewalttätigen Pöbel der Straße einerseits und den Geldinteressen des gewerblichen Bürgertums andererseits.

2.2 Antisemitismus als intellektuelle Kompensation der Moderne

In der zweiten Hälfte des Jahrhunderts betrat jedoch ein neuer Antisemitismus die Bühne. Er rückte auf von der Ebene mündlich überlieferter Ressentiments mit traditionalem christlichen Hintergrund zum Konstrukt von Intellektuellen und ihrem bildungsbürgerlichen Publikum, die in Deutschland zwischen der gescheiterten Revolution von 1848 und der Reichsgründung die Dämonisierung des Judentums zur Konstruktion nationaler Identität nutzten und so das Fehlen des Nationalstaates und einer nationalstaatlichen Tradition kompensierten.

Anders als im Falle Frankreichs, Britanniens, Spaniens oder Schwedens konnte sich das deutsche Bürgertum nicht über eine staatliche Kontinuität national erinnern und selbst die genauen Konturen des angestrebten Nationalstaates waren noch umstritten. Die Konstruktion der nationalen Identität durch Tradition und Territorium war daher hier nur schwerlich möglich. Statt dessen wurden das Volk und seine Tugenden als Konstruktionskern nationaler Identität benutzt. Eine solche ethnische Vorstellung der deutschen Nation konnte in der zweiten Hälfte des Jahrhunderts sogar den Vorzug einer besonderen Modernität in Anspruch nehmen: im Unterschied zu frühneuzeitlichen Modellen, die kollektive Identität an die territoriale Reichweite fürstenstaatlicher Herrschaft gebunden hatten, stand hier das Volk im Mittelpunkt - Wahlverwandtschaften zwischen ethnischen Identitätskonstruktionen und demokratischen Souveränitätsvorstellungen konnten bemüht werden. Weder der Fürst noch das Gesetz, weder das Territorium noch die Vergangenheit, sondern die natürliche Zugehörigkeit zu einem Volk sollten die Grundlage von Staat und Nation bilden.

Die politische Gemeinschaft wurde dabei allerdings tendenziell enthistorisiert und naturalisiert: das Volk konstituierte sich nicht in der politischen Aktion, sondern als Abstammungsgemeinschaft, die in einem vorhistorischen, zeitlosen Raum angesiedelt war und sich gerade deshalb als Bezugspunkt politischen Handelns in einer unübersichtlichen Lage anbot. Zentral für diese primordiale Codierung der nationalen Identität war hier die Reduktion von Gemeinschaftlichkeit auf Natur. Die natürliche Eigenart der Nation bot eine Grundlage, die sich nicht entfremden und verflüssigen ließ und die nicht auf historische Tradition und Kontinuität angewiesen war. Sie existierte selbst dann, wenn es ihren Angehörigen an nationalem Bewußtsein mangelte und die staatliche Form noch fehlte. Zum Gegensatz der natürlichen Gemeinschaft wird dabei die künstliche Gesellschaft, in der bindungslose Individuen private Interessen verfolgen. Mit diesem Gegensatz ist ein Feld abgesteckt, in dem sich nicht nur der nationale Diskurs, sondern auch eine neue Form des Antisemitismus bewegen konnte.

Wie auch schon zuvor in Aufklärung und Romantik übernahmen Intellektuelle und ihr bildungsbürgerliches Publikum die Aufgabe der Konstruktion nationaler Identität. Da die Nation noch nicht über eine gefestigte staatliche Form verfügte, mußte sie als kulturelle Gemeinschaft geschaffen werden, und die Intellektuellen und ihr Publikum erschienen als die berufenen Baumeister dieser Kulturnation. Eine starke kulturelle Konstruktion nationaler Identität sollte nicht nur das Fehlen des Nationalstaates auffangen, sondern antwortete auch auf die zunehmende Mobilisierung und den strukturellen Wandel der deutschen Gesellschaft, die die soziale Lage des Bildungsbürgertums in Bewegung brachte und sein Selbstverständnis in Frage stellte. In der zweiten Jahrhunderthälfte, insbesondere aber nach der Reichsgründung hatten umfangreiche Migrationsbewegungen eingesetzt, in deren Verlauf fast die Hälfte der deutschen Bevölkerung ihren Wohnsitz über größere Entfernung veränderte und die Bevölkerung der großen Städte - allen voran Berlin und Wien - sehr schnell anwuchs. Lokale Bindungen und Bodenständigkeit verloren als Grundlage kollektiver Identität an Bedeutung; in den verflüssigten Sozialbeziehungen der großen Städte erschienen Bindungen nicht mehr als Hindernis für ein bewegliches Selbstverständnis, sondern als knappes Gut, das verloren zu gehen drohte. Die Rede von Entwurzelung und Entfremdung, Bindungslosigkeit und Glaubenskrise formulierte dieses Verlustgefühl aus der Sicht der Bildungsbürger, die zwar selbst hiervon kaum betroffen waren, aber sich berufen glaubten, stellvertretend für das Volk die Diagnose der Geschichte stellen zu müssen. Dabei war die geschichtliche Position des Bildungsbürgertums selbst schon in Frage gestellt. Der Aufstieg eines neuen Wirtschaftsbürgertums und das unübersehbare Selbstbewußtsein der Arbeiterklasse, das schnelle Wachstum der Städte und die Industrialisierung hatten nicht nur das staatsnahe Bildungsbürgertum in seinem Selbstverständnis als Fortschrittspionier und Träger des Modernisierungsprozesses erschüttert, sondern auch alte Frontstellungen zwischen der Welt des Geldes und des privaten Interesses einerseits und der Welt des Geistes, der Kunst und der Moral andererseits wiederbelebt, die das Bildungsbürgertum von jeher zur kulturellen Abgrenzung gegen Gewerbe und Handel einsetzte. Allerdings drohten die Fronten sich nun zu verkehren: der Modernisierungsprozeß hatte seinen Träger gewechselt, und das Bildungsbürgertum mußte sein Verhältnis zum Projekt der Moderne neu definieren. Es ging nun auf Distanz zu der Moderne, der Industrialisierung, Kapitalisierung und Urbanisierung, die von neuen Klassen getragen und bewegt wurden. Aus der Perspektive des Bildungsbürgertums erschien diese neue Moderne der Banken und der Städte, des Profits und der Käuflichkeit als seelenlos, dekadent, parasitär, unnatürlich und krisenhaft und wurde der Verantwortung für das Ganze, dem schöpferischen Geist und der natürlichen Wahrheit entgegengesetzt. Aus dieser Perspektive geriet auch jene Gruppe, die ihre allgemeine Lage in dem Prozeß der Modernisierung und Mobilisierung besonders hatte verbessern können, in ein ungewisses Licht. In der Tat waren die Juden unter den Bankiers und Warenhausbesitzern besonders stark vertreten und drängten erfolgreich in die akademischen Professionen der Ärzte und Rechtsanwälte, da ihnen viele Beamtenpositionen noch nicht offen standen. Ihr Aufstieg kontrastierte deutlich mit der Verunsicherung des

Bildungsbürgertums und begünstigte so das Ressentiment: die seelenlose und unruhige Moderne wurde mit dem Judentum identifiziert.

Allerdings war die Art, in der dieses Ressentiment verbreitet wurde, eine Form der Intellektuellen und ganz verschieden von den gewalttätigen Pogromen der vulgären Judenfeindlichkeit. Es ging um schriftliche und öffentlich verbreitete Darstellungen, um unpersönliche und allgemeine Angriffe, denen auch ein unbekanntes Publikum zustimmen konnte. Der Antisemitismus der Intellektuellen tritt zunächst als Roman auf. In den völkischen Romanen von Raabe, Freytag, Lienhart oder Löns wird die populäre Figur des gierigen, unruhigen und seelenlosen Juden ausgearbeitet und den hart arbeitenden, bodenständigen, germanischen Bauern entgegengestellt. Mit dem völkischen Roman fand der Antisemitismus nicht nur eine anspruchsvolle schriftliche Form, sondern auch ein neues Motiv, das von traditionellem christlichen Antisemitismus unabhängig war. Es ging um die kulturelle Konstruktion nationaler Identität über die literarische Fiktion einer dämonischen Bedrohung, welche die Unübersichtlichkeit der eigenen Lage zu ordnen half. Die literarische Karriere der Figur des Juden einerseits und des heimattreuen deutschen Bauern andererseits verläuft dabei nicht nur im Gegenzug zu den tatsächlichen Prozessen der Mobilisierung, sozialen Verflüssigung und Verstädterung, sondern auch zu der weitgehenden Assimilation und Emanzipation der deutschen Juden in den letzten Jahrzehnten des 19. Jahrhunderts. In dem Ausmaß, in welchem Bodenständigkeit bedroht schien, mußte sie literarisch gepriesen werden; in dem Ausmaß, in welchem die alltägliche Unterscheidung zwischen Christen und Juden sich im Alltag der Städte auflöste, mußte sie mit intellektuell-literarischen Mitteln neu erzeugt werden.

Der Antisemitismus in der Literatur reagierte damit auf die erfolgreichen Bemühungen vieler Juden um Assimilation: die dämonische Bedrohung durch einen äußeren Feind wird gerade dadurch gesteigert, daß dieser unsichtbar geworden ist und sich hinter der Maske des normalen Deutschen verbirgt. Er ist damit nicht nur nahe gerückt, sondern sogar in die Gemeinschaft selbst eingedrungen, und die Aufgabe des Dichters und Schriftstellers ist es, die wirkliche Gefahr hinter der Verstellung herauszuarbeiten. Die völkische Literatur schuf so einen stereotypen Gegensatz, in dem wirtschaftliche, religiöse, psychologische und anatomische Merkmale zusammenflossen: der rastlose, unruhige, gierige, seelenlose und geschwätzige Geldverleiher und der bodenständige, ruhig-ernste, selbstgenügsame, naturverbundene und gläubige Bauer. Im deutschen Bildungsbürgertum, dessen Lebenswelt von der der Geldverleiher ebenso entfernt war wie von jener der Bauern, fanden derartige Gegensätze eine gute Resonanz - wie die hohen Auflagen der völkischen Romane zeigen. Solange bäuerlicher Aberglauben und dumpfe Bodenständigkeit noch als Hemmnis von Aufklärung, Fortschritt und Beweglichkeit auftraten, solange Juden als Juden noch sichtbar waren und als Zielscheibe pöbelhafter Xenophobie dienten, konnte das deutsche Bildungsbürgertum noch Distinktion gewinnen, indem es sich von traditionellen Vorurteilen absetzte. Sobald jedoch die Assimilation der Juden fortschritt, die traditionellen Grenzen verflüssigt wurden und das Volk in Bewegung geriet, konnte in einer kompensatorischen Bewegung das Außenseitertum der Juden und die Bodenständigkeit der Bauern virtualisiert und diskursiv verfügbar gemacht werden. Man benutzte die Figur des Bauern als Chiffre eines verlorenen natürlichen Paradieses und das Judentum als Versatzstück einer kritischen Perspektive auf die künstliche Moderne, wie man auch den Kapitalismus oder den Sozialismus hierfür einsetzen konnte. Hinzu kam, daß die Juden ebenso wie die Katholiken, die Sozialisten oder zuvor die Aristokraten im Ruf nationaler Unzuverlässigkeit standen, da ihre Loyalitäten über die nationalen Grenzen hinausreichten.

Der neue Antisemitismus der Intellektuellen zeigt sich nicht nur in den völkischen Romanen, sondern verbindet sich auch mit den vielfachen Versuchen, nach dem Niedergang der alten Muster religiöser Identität eine neue unbedingte Form der religiösen Bindung und des Glaubens zu erfinden. Vor allem in der zweiten Hälfte des Jahrhunderts ging es vielen Intellektuellen nicht mehr um eine Fortsetzung der Kritik und argumentativen Verflüssigung der bestehenden Verhältnisse, um Ironie, Zweifel und Individualisierung, sondern um eine neue Bindung, eine neue unbedingte Gemeinschaftlichkeit und einen neuen Glauben. Man konnte diese Bindung in einer neuen Form des Christentums suchen, wie Lagarde dies versuchte, oder in besonderen Formen einer mit Erlösungsmotiven aufgeladenen neuen Musik, wie Wagner sie schuf, oder in einer um die deutsche Seele bemühten Kunst, wie Langbehn dies vorschlug. Bei aller Verschiedenartigkeit der Inhalte ähneln sich diese Versuche zur Konstruktion einer neuen Gemeinschaft doch in ihrem Bemühen um eine rituelle Form, die jenseits von Zweifel und Kritik eine als tiefer empfundene Bindung an das Heilige und Erhabene schaffen und Distanz zur Welt der bloßen materiellen Interessen, der Technik und der oberflächlichen Wissenschaft herstellen sollte. Kunst und Musik sollten über Erlebnis, Gefühl und Rausch eine Identifikation schaffen, die über Verstand und Rationalität hinausging. Als Widersacher dieser neuen Bindung wurde - darin waren sich die völkischen Intellektuellen einig - die sogenannte zersetzende jüdische Mentalität der modernen Welt gesehen. Das Judentum wurde dabei nicht nur mit radikaler Diesseitigkeit materieller Interessen, sondern auch mit der vermeintlich oberflächlichen Kritik, dem

Gerede und der Geschwätzigkeit des Kulturbetriebes gleichgesetzt. Auch der neue Antisemitismus der Wagnerianer, der Anhänger Lagardes und Langbehns war damit weit weniger durch rassistische Ideen bestimmt (Lagarde hielt bekanntlich den Rassismus für eine Form des Materialismus), als von einem Ressentiment der heterodoxen kulturellen Neuerer gegen das erfolgreiche Kulturestablishment gespeist. Dies läßt sich bis in die Lebensläufe der führenden kulturellen Antisemiten verfolgen: Langbehn blieb während seines ganzen Lebens ein stellungsloser Prophet mit psychopathischen Zügen, Lagarde war trotz hohen wissenschaftlichen Ansehens mit seiner Zunft zerfallen, und Wagners Antisemitismus entstand aus der Rivalität mit Meyerbeer in Paris.

So heftig die völkische Literatur auch das antisemitische Ressentiment schürte und die nationale Ausgrenzung der Juden mit intellektuellen Mitteln betrieb, so blieb dieser Antisemitismus doch unpersönlich und allgemein; er richtete sich an ein unbegrenztes Publikum, das einerseits nur zu kleineren Teilen über alltägliche Beziehungen zu Juden verfügte und daher kein persönliches Ressentiment beziehen konnte, andererseits aber auch gelegentlich gerade gute persönliche Beziehungen zu Personen jüdischer Abstammung pflegte. Vor allem aber konnten Juden selbst nicht aus diesem bildungsbürgerlichen Publikum ausgeschlossen werden. Sie waren sogar unverhältnismäßig stark im Kreis der literarisch Gebildeten und Interessierten vertreten. In einer solchen Situation der öffentlichen Kommunikation mit einem unbekannten Publikum durfte es dem Antisemitismus der völkischen Intellektuellen und des Bildungsbürgertums daher nicht um persönlichen Haß und den Ausschluß der Juden aus der Leserschaft gegangen sein - selbst wenn einzelne Intellektuelle privat eine starke Abneigung gegen den gesellschaftlichen Verkehr mit Juden hegten. Die Kommunikationsbeziehung zwischen Schriftsteller und öffentlicher Leserschaft verträgt keine persönliche Beleidigung der Leser - auch wenn der Affront nur eine kleine Gruppe von ihnen trifft. Darüber hinaus waren Dichter und Schriftsteller wie Lessing und Heine, deren Rang im deutschen Bildungsbürgertum unbestritten war, offenkundig jüdischer Abstammung. Schließlich traf ein persönlicher und rüder Antisemitismus auch auf den Widerstand eines keineswegs kleinen Teils der Gebildeten, wie der Berliner Antisemitismusstreit deutlich zeigt.

Der öffentlich verbreitete antisemitische Diskurs der Intellektuellen trug diesem Problem durch eine besondere Wendung Rechnung: Jüdischsein wurde zu einer kulturellen Haltung umstilisiert und von der leiblichen Abstammung und dem religiösen Bekenntnis abgelöst. Der Antisemitismus wurde damit eine kulturelle Bewegung, die gute persönliche Beziehungen mit Juden keineswegs ausschloß und an der im Grenzfall sogar Juden selbst teilnehmen konnten. Jüdischsein wurde als eine existentielle Einstellung, eine Weltanschauung, eine Ästhetik, vor allem als eine Orientierung am individuellen geldwerten Vorteil gesehen und an die Unterscheidungen von rein und unrein, Nutzen und Moral, privat und öffentlich, natürlich und dekadent, gesund und krankhaft, Oberfläche und Wesen gekoppelt. Wagner konnte so einerseits Schriften gegen das Judentum in der Musik verfassen, andererseits aber Herman Cohn zu seinem Lieblingsdirigenten erklären, Treitschke konnte das Judentum als Antipoden der deutschen Identität schildern, aber dennoch bewundernde Worte für Heine finden, Lagarde konnte sein neues Christentum im Gegensatz zum Judentum definieren und doch mit Natorp engen intellektuellen Austausch pflegen etc. Dabei entstand eine besondere Verbindung von primordialen und universalistischen Codierungen: man glaubte, den traditionellen jüdischen Geist bekämpfen zu können und warb für diesen Kreuzzug in der Öffentlichkeit mit Argumenten, die allerdings das Vokabular primordialer Ausgrenzung benutzten. Juden konnten sich in ihrem Bemühen, richtige Deutsche zu werden, davon durchaus angesprochen fühlen. Es ist daher keineswegs als sogenannter jüdischer Selbsthaß zu verstehen, wenn Juden ihre Emanzipation nicht nur als Bewegung gegen den traditionellen christlichen Antisemitismus, sondern auch als Überwindung eines traditionellen konfessionellen Judentums verstanden.

2.3 Der Antisemitismus als politische Partei

Der kulturelle Antisemitismus verschärfte sich mit der krisenhaften Lage des traditionellen deutschen Bildungsbürgertums nach der Reichsgründung: der Aufstieg der Arbeiterschaft, aber auch der naturwissenschaftlich-technischen Intelligenz erzeugte diffuse Deklassierungsängste; der Einfluß des Bildungsbürgertums in der zunehmend professionalisierten Politik des neuen deutschen Reiches nahm ab; mit der Gründung des Nationalstaates verloren die Intellektuellen ihre Bedeutung als Architekten der Nation und differenzierten sich aus; die Kluft zwischen anerkannten Großschriftstellern und dem Heer der Namenlosen wurde größer. Seit der Jahrhundertmitte konnte das Bildungsbürgertum seine Abgrenzungsbedürfnisse in einer Lage zunehmender sozialer Verflüssigung und Mobilisierung nicht mehr gegen Adel und altes ständisches Bürgertum richten; diese galten in ihrer sozialen Lage als ebenso bedroht wie das klassische Bildungsbürgertum selbst. Der Kern der bildungsbürgerlichen Distinktion erschien bedroht: die Hochschulreformen hatten einerseits den klassischen Bildungskanon erodiert, andererseits aber war die Bildung in neue Schichten diffundiert. Das Kleinbürgertum, ja selbst mancher Arbeiter gehörte nun zum

Lesepublikum und suchte den Anschluß an die höhere Schulbildung. In dieser Situation der schwindenden Distinktion und sozialstrukturellen Unübersichtlichkeit suchte man Abgrenzung nach Außen und einen neuen Feind; man fand ihn in denjenigen, die mit dem neuen Reichtum der Banken und Warenhäuser identifiziert werden konnten.

Hinzu kam der schnelle Aufstieg von Juden in den akademischen Professionen nach den Emanzipationsgesetzen um 1870. Nicht nur im Bereich des städtischen Kleingewerbes, sondern auch unter den Ärzten, Rechtsanwälten, Journalisten und Künstlern fühlten sich Nichtjuden von dem wachsenden Anteil erfolgreicher jüdischer Konkurrenten be- und verdrängt. Während der Anteil der Juden an der Gesamtbevölkerung des deutschen Reiches relativ stabil war (ca. 1%), konzentrierte sich die jüdische Bevölkerung zunehmend in den Städten, vor allem in Berlin und Wien, und war dort vor allem unter den Gewerbetreibenden, den freien Berufen und unter den Angestellten zu finden. Die Ressentiments gegenüber der aufwärtsmobilen jüdischen Bevölkerung verstärkten sich noch durch die Wirtschaftskrisen nach der Gründung des Deutschen Reiches. Zwar hatte sich nun der alte Traum des Bürgertums von einem deutschen Nationalstaat verwirklicht, aber die Aussichten für das traditionelle gewerbliche Bürgertum waren eher noch düsterer als die des Bildungsbürgertums. Die tiefgreifende wirtschaftliche Krise nach der Reichsgründung hatte eine Welle von Konkursen und Arbeitslosigkeit nach sich gezogen und das Vertrauen des gewerbetreibenden Bürgertums nachhaltig erschüttert.

In dieser Lage wechselte der Antisemitismus nochmals die Bühne: er trat als politische Bewegung auf, welche die Modernisierungsängste vor allem des Kleinbürgertums mit dem nachdrücklichen Engagement für eine primordial codierte Identität der deutschen Nation verband und diese Identität über die Abwehr einer jüdischen Unterwanderung zu begründen suchte. Der Wechsel von der kulturnationalen Bewegung zum deutschen Nationalstaat fand so sein Gegenstück in der Kommunikationsform des Antisemitismus. Insbesondere zwischen 1880 und 1895 wurden eine Vielzahl von antisemitischen Parteien und Wahlvereinen gegründet und ihre Vertreter in den Reichstag oder in lokale Parlamente gewählt, antisemitische Petitionen auf den Weg gebracht, Antisemitentage organisiert und der Ausschluß von Juden aus Studentenverbindungen und anderen Organisationen wie Bauernbünden, Angestelltenverbänden und Handwerkerinnungen verstärkt. Sammelbecken der antisemitischen Gruppierungen wurde der von Heinrich Claß geleitete Alldeutsche Verband, der ursprünglich kolonialpolitische Ziele verfolgte und über eine große Anzahl von - nicht immer antisemitischen - Mitgliedern verfügte.

Die Kommunikationsformen des Antisemitismus änderten sich damit nachdrücklich: es ging nicht mehr um spontane und lokale Hexenjagden oder um persönliches Ressentiment, auch nicht mehr um informelle Kreise und Diskurse der Intellektuellen, sondern um rechtsförmige Organisationen mit öffentlich zugänglichen Zielsetzungen und Mitgliedschaftsregelungen. Antisemitismus wurde damit von der Ebene des intellektuell gepflegten oder groben Vorurteils auf die der öffentlich sichtbaren und rechtlich einklagbaren Zielsetzungen von politischen Parteien und mächtigen Verbänden gebracht: Antisemitismus beanspruchte den Gemeinwohlcharakter und erhielt hierin eine gewisse demokratische Legitimation in den Reichstagswahlen. Formale Organisationen wie Parteien und Verbände pflegen nicht nur den internen Austausch von noch so radikalen Meinungen - sie sind auf Machthandeln und dauerhafte Zielverfolgung angelegt, sie sind dabei an bestimmte rechtsförmige Regeln gebunden und werben öffentlich mit ihren Zielsetzungen um Mitglieder. Sobald diese Zielsetzungen öffentlich die rechtliche Exklusion einer bestimmten Gruppe von Bürgern fordern, erhält der daraus resultierende Konflikt eine barbarische Kompromißlosigkeit und Schärfe. Anders als beim intellektuellen Diskurs sind vermittelnde Positionen, abmildernde Unklarheiten oder einfaches Ignorieren hier kaum mehr möglich. Mitgliedschaft in antisemitischen Vereinigungen und gute persönliche Beziehungen zu Personen jüdischer Abstammung sind unmöglich. Radikale Steigerungen haben in formalen Organisationen unerbittliche rechtliche Folgen. Gerade diese Unerbittlichkeit und Unpersönlichkeit sollten die völkische Grenzziehung in einer unübersichtlichen und verflüssigten Lage sichern - keine persönliche Rücksichtnahme war erlaubt, Ausnahmen wurden nicht gemacht. Primordialisierung und Verrechtlichung verstärkten sich hier auf unheilvolle Weise. Hinzu kam, daß die antisemitischen Organisationen zwar einflußreich waren und in den Jahren um 1880 durchaus begrenzte Wahlerfolge verbuchen konnten, aber nur selten in Regierungen vertreten waren, in denen die Notwendigkeit des Machterhalts Kompromisse erzwingt und die Radikalität der politischen Forderungen mildert. Dennoch waren die kleinen antisemitischen Parteien untereinander außerordentlich zerstritten und fanden kaum zu gemeinsamer Aktion in den Parlamenten, in denen sie vertreten waren.

Die wichtigste Kommunikationsform des politischen Antisemitismus war weder die parlamentarische Debatte noch die schriftliche Darstellung für ein nicht anwesendes anonymes Publikum, sondern die Rede des Politikers zur Mobilisierung von Gleichgesinnten. Die demagogischen Auftritte des Hofpredigers Stoecker in den Versammlungen seiner Christlichsozialen Arbeiterpartei und später des sogenannten hessischen Bauernkönigs Böckel bilden hier das Modell. In solchen Versammlungen geht es nicht mehr um die Herstellung eines Konsenses innerhalb eines unbekannten Publikums oder mit einem fremden Gegenüber - der Konsens ist längst garantiert, und die Öffentlichkeit ist ausgeschlossen oder kann ignoriert werden. Entscheidend ist die Mobilisierung der Anhänger durch die Imagination eigener Stärke einerseits und die Konstruktion eines Augenblicks andererseits, der entschlossenes und starkes Handeln verlangt. Beides gelang der antisemitischen Demagogie vorzüglich. Die Beschwörung der jüdischen Gefahr und die rauschhafte Selbstversicherung der deutschen Stärke in der Rede des politischen Führers an seine Anhänger konstruieren jene scharfe Grenze zwischen Innen und Außen und jenen zugespitzten Handlungsdruck, welche die politische Mobilisierung in einer Lage allgemeiner Unübersichtlichkeit erfordert. Die durch demagogische Agitation mobilisierten Anhänger entluden ihre Erregung nach den Versammlungen nicht selten in gewalttätigen oder beleidigenden Ausschreitungen gegen jüdische Bürger; gelegentlich distanzierten die Agitatoren sich von diesen Krawallen, beschuldigten jedoch zumeist die Juden der Provokation. Die Trennungslinie zwischen politischer Mobilisierung in Versammlungen und unmittelbarer Gewalttätigkeit war nur schwer zu halten.

Sozialer Träger des politischen Antisemitismus war vor allem das gewerbetreibende Kleinbürgertum, die neue und wachsende Gruppe der Angestellten und die ländliche Bevölkerung; in diesen Schichten waren die Ressentiments gegen erfolgreiche jüdische Konkurrenten besonders ausgeprägt. Diesem Ressentiment ging es nicht mehr um eine allgemeine Distanz zur modernen Gesellschaft, sondern um die radikale rechtliche Ausgrenzung von beruflichen Konkurrenten, deren wirtschaftliche Erfolge man mit Neid beobachtete. Aber der politische Antisemitismus war keineswegs auf das verunsicherte und zur Radikalität neigende Kleinbürgertum und die Angestellten begrenzt, sondern schloß nun Teile des Bildungsbürgertums, aber auch Arbeiter mit ein. Ähnlich wie die sozialistische Bewegung richtete sich der politische Antisemitismus gegen kapitalistisches Gewinnstreben, Zinsgewinne und Großunternehmer und setzte diesen die wertschaffende Arbeit des Volkes entgegen; er fand damit gelegentlich auch Resonanz bei sozialistischen Führern wie Bebel und wurde später sogar zu Agitationszwecken eingesetzt. Im Unterschied zum Sozialismus führte der Antisemitismus die Pathologien der Modernisierung jedoch nicht auf die Form der Besitzverhältnisse, sondern auf das Eindringen fremder und nicht assimilierbarer Elemente in eine homogene Volksgemeinschaft zurück. Das Judentum galt ihm als eine schleichende und verborgene Bedrohung, deren Gefährlichkeit mit ihrer Unsichtbarkeit wachse. Die Erfolge der Assimilation und die zahlreichen Übertritte von Juden zum christlichen Glauben galten den militanten Antisemiten nur als ein Verschleierungsmanöver. Der politische Antisemitismus entwarf ein entkonfessionalisiertes Bild des Judentums: die Juden seien Juden nicht wegen ihres Glaubens, sondern wegen ihrer Glaubenslosigkeit. Judentum ergäbe sich schließlich aus Abstammung und Leiblichkeit; jeder Versuch zur Konversion verschlimmere das Problem, da die äußeren Stigmata des Außenseitertums verschwänden - das Fremde würde unsichtbar wie eine schleichende Krankheit. Diese Konstruktion eines primordialen Feindes entsprach dem ethnisch-völkischen Verständnis der Nation und ließ sich leicht mit Ideen rassischer Reinheit begründen; sobald antisemitische Ideen im Bildungsbürgertum auftauchten, verbanden sie sich häufig mit dem Rassenparadigma, das vom anspruchsvollen Diskurs der Intellektuellen in den allgemeinen öffentlichen Wissensbestand gedrungen war. Erst in den letzten Jahrzehnten des Jahrhunderts entwickelte sich jene wechselseitige Steigerung von antisemitischem Ressentiment und rassistisch-wissenschaftlicher oder geschichtsphilosophischer Begründung, die uns so geläufig ist und die später so verhängnisvolle Folgen hatte.

2.4 Rassismus und Antisemitismus als asketische Utopie

Die Erfolge des politischen Antisemitismus im engeren Sinne waren in Deutschland vor allem auf die beiden Jahrzehnte nach der Reichsgründung, die zeitgleich mit der Emanzipation der Juden erfolgte, begrenzt. Mit dem Aufstieg des Kaiserreiches zur wirtschaftlichen Großmacht verschwand nach der Jahrhundertwende der Antisemitismus als eine breitenwirksame und mobilisationskräftige Bewegung bis zum Ende des Weltkrieges von der politischen Bühne; statt dessen radikalisierte er sich und zog sich in kleine Gruppen, Bünde und Vereinigungen zurück, die um esoterische Zeitschriften und konfuse Germanenkulte entstanden. Lanz von Liebenfels' Ostarahefte oder Hentschels Midgardbewegung sind Beispiele solcher radikalen Heterodoxien, in denen sich Antisemitismus und Rassismus untrennbar miteinander verbanden. Diese asketischen Sekten und Bünde lebten von der radikalen Distanz zu einer als dekadent, krank und unrein beschriebenen Gesellschaft und proklamierten eine neue asketische Gemeinschaft der reinen nordischen Rasse, die in Harmonie mit der Natur und im Bewußtsein ihrer Körperlichkeit als Bauern und Krieger leben sollte. Rassismus und Antisemitismus gingen hier eine enge Verbindung mit Lebensreformideen, Vegetarismus und ökologischen Ideen ein, die in der Gesellschaft der Jahrhundertwende einer neuen Jugendbewegung Distanz zur alten und verderbten Welt des Wilhelminischen Systems oder des Habsburgerreiches verschaffen sollten.

Die einzelnen Vorstellungen dieses asketisch-utopischen Rassismus waren durchaus schon bekannt, neu war hingegen die sektiererische Kompromißlosigkeit, mit der diese Vorstellungen verwirklicht werden sollten. Ganz im Gegensatz zum politischen Antisemitismus spielten hier rechtliche Formen und öffentliche Darstellung eine vergleichsweise geringe Rolle; auch intellektuelle Argumentation und akademische Formen traten zurück. An ihre Stelle trat die unbedingte Gewißheit der asketischen Sekte, Erwählte einer reinen Gemeinschaft zu sein. Diese Gemeinschaft berief sich nicht auf flüchtige und wohlfeile Worte, sondern auf Körperlichkeit und tieferes Erleben, das durch besondere Rituale und die Bindung an einen charismatischen Führer gesteigert wurde. Körperliche Übungen, Sonnenfeiern und Nudismus, Wanderungen und Weihespiele schufen eine starke Identifikation mit einer erwählten Gemeinschaft, welche die Distanz zu allen äußerlichen, rechtlichen Formen unterstrich und Individualität, Debatte und Reflexion ausschaltete. Die Trennung zwischen der sakralen Innenwelt und der profanen Außenwelt wurde in diesen völkischen Sekten auf das Äußerste gesteigert; die exozentrische Orientierung der Moderne wurde invertiert. Das Fremde und Exotische galt nicht mehr als verlockend, sondern als schmutzig und häßlich. Die Ausrichtung an einem charismatischen Führer, einem Seher oder Propheten schuf eine neue starke Bindung, die sich ähnlich wie Verwandtschaft nicht einfach aufkündigen ließ; sie galt als unverbrüchlich, und ihre Auflösung wurde als Verrat angesehen. Führerschaft wurde dabei nicht durch politische Wahl bestimmt, sondern ästhetisch begründet: körperliche Schönheit galt als Zeichen der Berufung zur Führerschaft. Die Berufung zur Gestaltung der Welt geht so jedem gesellschaftlichen Prozeß voraus und wird durch Geburt gestiftet. Nicht selten wird in der Selbstbeschreibung des asketischen Rassismus auch eine Aristokratisierung der nordischen Rasse betrieben: sie gilt als edel und erhaben, sie lebt in einer Welt, in der Geld und Geschwätz, Gier und Gewöhnlichkeit - die Attribute der Bürgerlichkeit - ihre Reinheit bedrohen. Die starke Distanzierung von der breiten Masse ermöglichte auch den einfachen Mitgliedern der völkischen Sekten, sich edel und erhaben zu fühlen und die Asymmetrie zwischen Führer und Gefolgschaft in der Gemeinschaft zu ertragen. Die Sekten und Bünde des asketischen Rassismus trafen vor allem bei desorientierten und marginalisierten Personen auf Resonanz. Auch wer im Betrieb der modernen Wirtschaft, Kultur oder Politik in eine randständige Lage, in Arbeitslosigkeit und Obdachlosigkeit geraten war, konnte sich durch die Zugehörigkeit zu einer rassistischen Sekte überlegen fühlen: man gehörte nicht nur durch Geburt und Körperlichkeit, sondern auch durch ein entsprechendes Bewußtsein einer asketischen Gemeinschaft der reinen Rasse an. Das meiste Schrifttum dieser rassistischen Sekten und Bünde wendet sich weniger an ein gebildetes Publikum als an diejenigen, welche in randständigen Lagen Orientierung suchen; es bietet starke kolportagehafte Bilder des Guten und Bösen, des Reinen und Schmutzigen. Aus der Vorstellung primordialer Reinheit ergibt sich hier auch die strukturelle Neigung, Missionsversuche zu begrenzen. Esoterische Geheimsprachen und komplexe Rituale sichern Distinktion und festigen die Gemeinschaft nach innen. Die Rhetorik der natürlichen Reinheit wird in den asketisch-rassistischen Sekten und Bünden auf das Äußerste gesteigert. Das Natürliche gilt auch als rein, schön, gesund und erhaben; die körperliche Kraft wird kultisch gepriesen und der Einsatz körperlicher Gewalt erscheint als gesunde Tat.

2.5 Rassismus und Antisemitismus als leidenschaftslose Praxis der Vernichtung

Mit den gewalttätigen Ausschreitungen der unteren Volksschichten, dem modernitätskompensatorischen Diskurs der Intellektuellen, dem demagogischen Mobilisieren der politischen Versammlungen und den Reinigungsritualen der asketischen Sekten hatten sich schon vor dem Weltkrieg kommunikative Grundformen der antisemitischen Ausgrenzung herausgebildet, die alle in der nationalsozialistischen Judenverfolgung wieder aufgenommen, verschärft und gesteigert wurden. Weder die rhetorische Agitation Hitlers, Goebbels oder Streichers in Massenversammlungen, weder die wüsten Gewalttätigkeiten der SA noch die Angriffe der Naziintellektuellen gegen »verjudete« Kunst und Musik oder der in Jugendlagern und Ordensburgen gepflegte Körperkult der nordischen Rasse waren eigentlich neu; sie standen als ein europaweit verfügbares Repertoire primordialer Exklusion schon lange bereit. Allerdings - und dies ist ein entscheidender Unterschied - wurden diese Kommunikationsformen zuvor nur von relativ kleinen Gruppen mit antisemitischer Stoßrichtung benutzt. Gewalttätige Krawalle des Volkes, demagogische Hetze in politischen Versammlungen oder heterodoxe Verschwörungstheorien der Intellektuellen können sich gegen ganz unterschiedliche Feinde und Übel richten - Aristokraten, Katholiken, Kapitalisten, Sozialisten oder Ausländer. Mit der nationalsozialistischen Judenverfolgung wurden diese institutionalisierten Formen primordialer Ausgrenzung nun gesellschaftsweit auf einen Hauptfeind gerichtet: das Judentum. Das historisch Neue dieser Dämonisierung bestand jedoch nicht in seiner außerordentlichen Konzentration, sondern - darin stimmen viele Analytiker des nationalsozialistischen Genozids überein - in der bürokratischen Durchführung von Verfolgung und Vernichtung. Der Ausschluß der Juden aus dem öffentlichen Leben und der bürgerlichen Rechtsordnung, die Nürnberger Rassengesetze, die Verfolgungs- und Deportationsbeschlüsse und schließlich die systematische Ermordung von Millionen europäischer Juden geschahen nicht als Akt spontaner Willkür des Volkes oder in blindem Haß der Mörder, sondern aufgrund von Gesetzen und Verwaltungsregeln, bürokratischen Anordnungen und genauen Ausführungsbestimmungen, aktenmäßig und kompetenzgebunden. Der moderne, legal-bürokratische Staat setzte die Verfolgung und Vernichtung der Juden mit behördlichen Mitteln durch: Ministerien entwarfen die Durchführungsbestimmungen, Beamte und Polizei setzten die Erfassung, Verhaftung und Deportation durch, Richter verurteilten die Delinquenten nach dem geltenden Gesetz, Soldaten bewachten befehlsgemäß die Deportationszüge und Lager, beamtete Ärzte entschieden nach fachmedizinischen Gesichtspunkten über Zwangsarbeit oder sofortige Vernichtung, Buchhalter berichteten genau über die täglichen Mordleistungen. Das Ungeheuerliche der bürokratischen Vernichtungspraxis ist vor allem ihre Leidenschaftslosigkeit. Nicht aus persönlichem Ressentiment gegen die Opfer, sondern in Erfüllung einer funktional spezifischen Aufgabe, mit den im Kompetenzbereich liegenden Mitteln und ohne persönliche Grausamkeit (die als unarisch galt) sollte der Vernichtungsauftrag durchgeführt werden; man nahm unpersönliche schriftliche Befehle entgegen, gab genaue schriftliche Anweisungen und schrieb sachliche Berichte über den Vollzug der Vernichtung. Die Unpersönlichkeit, Leidenschaftslosigkeit und Sachlichkeit des Völkermordes entsprachen der Struktur bürokratischen Handelns und bürokratischer Organisation: es ging um jeweils nur sehr spezifische Vorgänge und Entscheidungen, die von schriftlichen Anordnungen und Bestimmungen gedeckt sein mußten und einspruchssicher vollzogen werden sollten.

Die Kommunikation innerhalb der Vernichtungsbürokratie war zwar schriftlich und unpersönlich, aber keineswegs öffentlich. Nicht nur die Durchführung der sogenannten Endlösung, sondern auch die Verwaltung der Diskriminierung vor dem Kriege waren durch verschiedene Grade der Geheimhaltung vor den Augen und Ohren Unbefugter geschützt. Weder die Opfer noch unbeteiligte Dritte spielten daher eine Rolle im Kommunikationsfeld der Bürokraten. Den Opfern und dem Grauen der Vernichtung selbst begegneten sie nur in Ausnahmefällen. Die Menschen, die zu deportieren oder zu exekutieren waren, hatten kein Gesicht und keine Stimme für die Verwaltung. Sie traten als ein Problem der Verwaltung oder als eine Ziffer auf, welche die Aufgabe bezeichnete. So konnte die Detachiertheit und Unpersönlichkeit der Bürokratie erhalten bleiben. Die primordiale Identität, die die Bürokraten den Opfern zuschrieben, war hier eine Identität von Gegenständen geworden. Auch vor der Perspektive der externen Öffentlichkeit waren Verwaltungsvorgänge geschützt. Im Falle des Judaozids kamen noch besondere Geheimhaltungsbefehle hinzu. Nur von Vorgesetzten und direkten Mitarbeitern mußte man mit Sanktionen und Kommunikationen rechnen; für die unteren Ränge galt es daher, sich genau an die Anweisungen zu halten, um Schwierigkeiten zu vermeiden. Eine Position, von der sich die Frage öffentlicher und moralischer Rechtfertigung hätte stellen können, war in dieser Lage überhaupt nicht kommunikativ präsent: der Bürokrat handelte unter Ausschluß der Öffentlichkeit. Darüber hinaus konnte sich der Beamte, der mit der Lösung des Judenproblems beschäftigt war, sogar diese Abkoppelung von der Öffentlichkeit als einen Vorgang der Zivilisierung vorstellen. Mit der ordnungsgemäßen und planmäßigen Durchführung der Vertreibung und später der Vernichtung waren die unkontrollierte Willkür und vulgäre Gewalttätigkeit des Pöbels, den die SA verkörperte, zurückgedrängt. Nicht eine universalistische Moral, sondern die Ordnungsmäßigkeit nach Recht und Gesetz im Unterschied zur spontanen Willkür stellten für den Beamten der Vernichtungsbürokratie die Richtschnur des Handelns.

Neben dieser Beschränkung der Perspektive, die Hannah Arendt als Banalität des Bösen bezeichnet hat und die sich mit der Person Eichmanns illustrieren ließe, fanden sich jedoch auch rassistische Überzeugungstäter wie Ohlendorf oder Best, die die Pläne des Genozids entwarfen oder als Kommandeure der Einsatzgruppen den Judenmord befahlen. Nicht selten akademisch gebildet, glaubten sie mit der Vernichtung des europäischen Judentums eine welthistorische Mission zu erfüllen, die in Begriffen der Seuchenmedizin oder Hygiene beschrieben wurde. Ähnlich wie die Bürokraten waren auch sie nicht durch ein persönliches Ressentiment bewegt; für die Opfer empfanden sie weder Mitleid noch Haß - sie kehrten die Dämonisierung der Außenseite primordialer Gemeinschaften in die Gleichgültigkeit von Seuchenmedizinern gegenüber ihrem Gegenstand um, der nicht der gleichen Gattung angehört. Die jüdischen Opfer wurden als Schädlinge oder Parasiten betrachtet, die weder schuldhaft noch kommunikationsfähig seien. Die Primordialisierung kollektiver Identität wird hier auf das Äußerste vorangetrieben: die Grenzen markieren nicht mehr Verschiedenheit der Verständigung oder des Interesses, sondern die totale Verschiedenheit der Gattung, die jede Art von Empathie ausschließt. Im Unterschied zu früheren Formen des Antisemitismus ist hier jede Form der persönlichen Auseinandersetzung, des Konfliktes, der Anklage, des Hasses, die ja immer noch den Gegner als Menschen wahrnehmen, verschwunden. Mit Ungeziefer oder Vieh ist Kommunikation nicht mehr möglich - sie werden einfach vernichtet oder geschlachtet. Die rassistischen SS-Männer konnten daher leidenschaftslos und mit beruhigender Stimme die Opfer in die Gaskammern bringen; es bestand für sie keine kommunikative Notwendigkeit, den Juden die Gründe ihres Todes mitzuteilen. Im Unterschied zu den Bürokraten, die nicht nach der Begründung der einmal gestellten Aufgabe fragten, ging es den rassistischen SS-Offizieren jedoch - so pervers dies auch klingen mag - um eine Idee der Rettung und Weltverbesserung, die sie stellvertretend für das Volk radikal und kompromißlos in die Tat umzusetzen hatten. Sie waren nicht selten Intellektuelle, die eine neue Weltordnung ohne Rücksicht auf traditionale Werte oder persönliche Gefühle in einem unerhörten und ungeheuren Vorgang der Beschleunigung von Geschichte verwirklichen wollten. Diese revolutionäre Beschleunigung von Geschichte sollte sich nicht durch Konversion der Außenseiter, durch Überzeugung und Erziehung, sondern durch ihre physische Vernichtung vollziehen. Das Weltverbesserungsmotiv der Intellektuellen und die radikale Primordialisierung kollektiver Identität verbanden sich hier zu einer Barbarei, die in der Geschichte keinen Vergleich hat. Sie wurde gefördert durch die Außerordentlichkeit der Kriegssituation, in der Männerbünde zivilisierende Zweifel und Bedenken vergessen und ihre Ängste verdrängen konnten, wenn sie sich selbst als eine heldische Elite, als Herren über Leben und Tod des Gegners beschrieben. Es ging in dieser Situation nicht mehr bloß um die unverbindliche Bekräftigung rassistischer Vernichtungsideen im Diskurs der Intellektuellen, sondern um die konsequente und leidenschaftslose Mordtat, die von den Gesinnungsgenossen erwartet und beobachtet wurde und mit der das Herrenmenschenbewußtsein unter Beweis gestellt werden konnte. Aus diesem Selbstbild der SS-Führung als einer revolutionären Elite mit rassenmedizinischer Verantwortung ergab sich auch das Gebot der Geheimhaltung der Mission gegenüber dem eigenen Volk, das - so vermutete man - wie ein Kranker für die unbarmherzigen, aber lebensnotwendigen Operationen kein Verständnis aufgebracht hätte und im übrigen auch noch zu stark in persönliche Gefühle und konventionelle Rücksichten eingebunden war. Für manche Deutsche hatten in der Tat die Opfer noch Gesichter und Stimmen; die jüdischen Menschen waren noch nicht in der äußersten Außenwelt primordialer Gemeinschaften zu bloßen Gegenständen geworden, die als unnütz und schädlich beurteilt und vernichtet wurden.

Schlußwort

Zwischen dem wissenschaftlichen Rassismus der Gebildeten bis zu dem rassenmedizinischen Vernichtungsmotiv der SS-Intellektuellen liegen eine

Reihe von Formen primordialer Klassifikation und Ausgrenzung, die zwar dem gleichen Muster der Grenzkonstruktion folgen, aber dennoch in ganz unterschiedliche Handlungssituationen eingebettet sind und je nach Kommunikationsform und Trägergruppe auch einen ganz unterschiedlichen Sinn aufweisen können. Eine Perspektive, die nur einen historisch unveränderbaren Kern des Antisemitismus und Rassismus annimmt, ist zwar eine verständliche Vereinfachung, sie trägt aber selbst nur wenig zum Verständnis der Formen antisemitischer Ausgrenzung bei. Nicht jede primordiale Grenzkonstruktion bedeutet auch schon die implizite Billigung von Rassismus, und nicht jeder antisemitische Intellektuelle des 19. Jahrhunderts ist auch für den Holocaust verantwortlich. Die Katastrophe hat nicht eine einzige, leicht greifbare Ursache, sondern sie ergibt sich aus dem komplexen Zusammenwirken von kulturellen Traditionen, sozialen Situationen und kommunikativen Institutionen; ihre Analyse schärft auch den Blick für Schuld und Verantwortung der Deutschen.

Wir haben zu zeigen versucht, daß die primordiale Codierung der Gemeinschaftsgrenzen im Antisemitismus und Rassismus entscheidend von der strukturellen Lage einer Trägergruppe und ihren wichtigsten Kommunikationsformen beeinflußt wird. Antisemitische Ressentiments, Verschwörungstheorien oder Hexenjagden entstehen zumeist in Krisen, in denen eine Schicht ihre gewohnte Stellung im Verhältnis zu anderen Gruppen, vor allem im Verhältnis zu aufwärtsmobilen Juden, bedroht sieht und den Distinktionsverlust durch die Konstruktion unüberwindlicher primordialer Grenzen zu kompensieren versucht. Die in einer Schicht jeweils üblichen Kommunikationsformen, die verfügbaren kulturellen Unterscheidungen und der zivilisierende Einfluß der Öffentlichkeit führen jedoch zu ganz unterschiedlichen Formen der antisemitischen Ausgrenzung und Dämonisierung. Während die gewalttätigen Pogrome der ländlichen Unterschichten auf die Anwesenheit von Menschen mit einer fremden Religion antworteten, ging der kompensatorische Antisemitismus der völkischen Intellektuellen gerade von dem Verschwinden des sichtbar Fremden aus. Die strukturellen Ursprünge des Rassismus hingegen liegen nicht in den Abgrenzungsbedürfnissen verunsicherter Schichten, sondern in dem Versuch selbstsicherer bürgerlicher Schichten, eine naturwissenschaftliche Erklärung kultureller Unterschiede zu finden. Ebenso wie der Antisemitismus durchläuft auch der Rassismus verschiedene sozialstrukturelle Szenarien; dabei radikalisiert sich die Grenzziehung zwischen den Rassen immer mehr: von einer allgemeinen Sicht auf empirische Unterschiede über die Idee primordialer Grenzen der kulturellen Verständigung zur Vorstellung des Rassenkampfes und schließlich der Vernichtung einer Rasse durch eine andere. Mit der Trivialisierung und Popularisierung des Rassismus steigt auch seine emotionale und politische Aufladung; gegen Ende des 19. Jahrhunderts verbindet er sich eng mit dem antisemitischen Ressentiment. Der Antisemitismus wiederum kann aus dem Rassismus einen wissenschaftlichen Anspruch beziehen, der ihn für die beruflich-bürokratische Welt des modernen Staatsapparates verwendbar macht; die planmäßige und leidenschaftslose Vernichtung der europäischen Juden markiert so die perverse professionelle Ausdifferenzierung des Antisemitismus.

Hans Mommsen

Der Weg zur Vernichtung der europäischen Juden

Die Rassenpolitik des Nationalsozialismus unterschied sich von den antisemitisch-völkischen Strömungen der Epoche, die nicht nur in Deutschland, sondern vor allem in Polen, in Österreich und in Südosteuropa weite Verbreitung fanden, weniger durch ihre ideologischen Inhalte als dadurch, daß die Nationalsozialisten in die Wirklichkeit umsetzten, was die völkischen Nationalisten zum Gegenstand lautstarker Agitation machten. Biologistische Termini, die die Juden als »Parasiten« und »Ungeziefer« hinstellten und damit implizit den Gedanken der Vernichtung artikulierten, waren auch im herkömmlichen Antisemitismus weit verbreitet, wenngleich sie unter den rechtsstaatlichen Bedingungen der Weimarer Republik in der Regel zurückhaltend formuliert wurden, so daß der Centralverein Deutscher Staatsbürger Jüdischen Glaubens keinen Anhaltspunkt für eine erfolgreiche Klageerhebung besaß.

Formell verfolgte die NSDAP das Ziel, wie es in den 25 Punkten von 1920 hieß, die Juden unter »Fremdenrecht« zu stellen, die jüdische Einwanderung zu unterbinden und Juden aus öffentlichen Berufen, desgleichen aus dem Pressewesen zu verdrängen. Göring ging 1932 über diese ersten Überlegungen hinaus und sagte die vollständige Ausschaltung aus allen kulturellen Berufen voraus, nahm aber die wirtschaftliche Betätigung von Juden aus den Verbotsmaßnahmen heraus. Gleichzeitig kündigte Göring ein Mischehenverbot an, das dann in die Nürnberger Gesetze vom September 1935 Eingang fand. Diese Zielsetzungen standen in der Tradition der völkischen Rechten, die ähnliche Forderungen seit 1917 vorgebracht hatte.

Gleichwohl verfügte die NSDAP in der »Judenfrage« zum Zeitpunkt der Machtergreifung und auch in den folgenden Jahren über keine präzisen programmatischen Vorstellungen. Es gab innerhalb der Reichsleitung der NSDAP vereinzelte gesetzgeberische Vorarbeiten, die vor allem den Entzug der Staatsangehörigkeit und die Aberkennung der Beamtenrechte bei Juden betrafen und direkt an antisemitische Gesetzesvorschläge von 1917/18 anknüpften. Sie fanden jedoch nicht unmittelbar Eingang in die Gesetzgebungsarbeiten im Reichsministerium des Innern, das in dieser Frage die Federführung besaß und schon am 7. April 1933 mit dem Gesetz zur »Wiederherstellung des Berufsbeamtentums« einen ersten maßgebenden Schritt zur Ausschaltung des jüdischen Einflusses in der öffentlichen Verwaltung tat.

Es fällt auf, daß die antisemitischen Maßnahmen der Reichsregierung, zu denen bis 1935 das Verbot der Eheschließung zwischen Juden und Nichtjuden, die Ausweitung des Berufsbeamtengesetzes auf zahlreiche andere Berufsgruppen wie Rechtsanwälte und Ärzte sowie das berüchtigte »Gesetz gegen die Überfremdung deutscher Schulen und Hochschulen« vom 25. April 1933 traten, äußerlich noch auf der Linie einer Dissimilation des jüdischen Volksteils stehenblieben und insoweit noch mit dem herkömmlichen konservativ-bürgerlichen Antisemitismus übereinstimmten, der sich primär für die Ausschaltung der nichtassimilierten jüdischen Zuwanderer aus Osteuropa und gegen das angebliche jüdische Übergewicht in einzelnen Berufsfeldern und Wirtschaftsbereichen stark gemacht hatte.

Noch 1935 erklärte der aus dem deutschnational-völkischen Lager zur NSDAP gestoßene Graf von Reventlow, daß den deutschen Juden zwar die Staatsbürgerschaft aberkannt, ihnen aber eine Art nationalkultureller Autonomie eingeräumt werden solle. In der Öffentlichkeit blieb daher zunächst die Vorstellung erhalten, daß das neue Regime nach der Abwehr des Zustroms jüdischer Einwanderer aus Osteuropa mit den im Reich alteingessenen Juden einen modus vivendi zu finden bereit sein würde. Dies erleichterte die Illusion in jüdischen Kreisen, daß, so schmählich die Nürnberger Gesetze vom 15. September 1935 auch ausfielen, damit doch eine rechtliche Festlegung der jüdischen Lebensbedingungen in Deutschland erreicht war, die die materielle Stellung des jüdischen Bevölkerungsteils im wesentlichen bestehen ließ. Folgerichtig kam es noch einmal zu einer begrenzten jüdischen Rückwanderung nach Deutschland.

Der harte Kern der NSDAP lehnte aufgrund des ihm inhärenten extremen Rassenantisemitismus die Politik schrittweiser Einengung des jüdischen Lebensbereichs ab und verlangte die rücksichtslose Ausschaltung, ohne jedoch eine konkrete Strategie zur *Lösung* der »Judenfrage« anbieten zu können. Vielmehr blockierten die immer mehr um sich greifenden »wilden« Übergriffe der SA und NSDAP gegen jüdische Gewerbe- und Wirtschaftsbetriebe die jüdische Auswanderung, die sich als Ausweg anbot. Übrigens wurden sie auch durch die noch von Reichskanzler Heinrich Brüning eingeführten Devisenrestriktionen, die sogenannte »Reichsfluchtsteuer«, nachhaltig behindert, da diese den Transfer von Devisen einengte. Demgegenüber erblickte die Gestapo unter Reinhard Heydrich in einer Forcierung der jüdischen Auswanderung den einzigen realistischen Weg zur *Lösung* der »Judenfrage«. Im Vorfeld der Berliner Olympiade von 1936 unterstützte die SS daher den zionistischen Flügel des deutschen Judentums, den sie für auswanderungsfreudiger hielt als das Reformjudentum, das noch immer nach einem Kompromiß Ausschau hielt, der angesichts der Natur des NS-Systems niemals von Dauer sein konnte.

Folgerichtig blieb die jüdische Auswanderung - im Reichsgebiet abzüglich des Saarlands lebten 1933 499.682 Personen *mosaischen Bekenntnisses* - in den Anfangsjahren des Regimes nach einem ersten großen Exodus von 37.000 Personen 1933 eher niedrig und belief sich in den Folgejahren auf weniger als 25.000, bis durch die Verschärfung der Judenverfolgung im Zusammenhang mit der »Reichskristallnacht« die Zahlen 1938 auf 40.000, 1939 auf 78.000 Personen hinaufschnellten. Vor Kriegsbeginn lebten etwa 190.000 Juden in Deutschland, zu denen noch 47.000 *Halbjuden* und 33.000 *Mischlinge Zweiten Grades* hinzuzuzählen waren. In den ersten Kriegsjahren konnten noch einmal 23.000 Juden Deutschland verlassen. Unter Berücksichtigung eines anwachsenden Sterbeüberschusses, der in erster Linie die zurückbleibende Bevölkerungsgruppe betraf, sind insgesamt unter Einschluß der späten Kriegsjahre 278.500 Juden aus dem Altreich emigriert.

Diese Zahlen zeigen, daß die nationalsozialistische Auswanderungspolitik trotz oder gerade wegen der auf den jüdischen Bevölkerungsteil ausgeübten Pressionen und Diskriminierungen nicht übermäßig erfolgreich war. Die Bemühungen der Auswanderungszentralen in Wien und Prag sowie dann der Reichsauswanderungszentrale in Berlin, die von Adolf Eichmann 1938/39 begründet waren, scheiterten, da die Auswanderung durch die territoriale Expansion des Deutschen Reiches ständig eingeholt wurde. Die Zahl der sich im deutschen Herrschaftsbereich befindenden Juden stieg mit der Annexion Österreichs und der Schaffung des Protektorats Böhmen und Mähren beträchtlich an. Mit dem Polenfeldzug erreichte sie über drei Millionen. Selbst wenn man die Auswanderungserfolge Eichmanns für Österreich und das Protektorat Böhmen und Mähren berücksichtigt, war mit dem Mittel der Zwangsausweisung das Ziel, den deutschen Herrschaftsbereich »judenfrei« zu machen, schlechthin nicht zu erreichen.

Abgesehen von den Widersprüchen der nationalsozialistischen Politik, die durch das Gegeneinanderarbeiten der verschiedensten Organisationen gekennzeichnet war - in der Auswanderung nach Palästina kam es zu offenen Konflikten zwischen der von Alfred Rosenberg gesteuerten Auslandsorganisation der NSDAP und der Gestapo, die die Palästinaauswanderung forcieren wollte -, muß vermerkt werden, daß die Westmächte vor 1939 die Zeichen der Zeit nicht erkannten, die akute Bedrohung der jüdischen Bevölkerung in den von Deutschland beherrschten Gebieten verniedlichten und aus eigennützigen Motiven heraus eine großzügige Auswanderung vielfach bekämpften, wobei neben einem bodenständigen Antisemitismus, auf den auch die amerikanische Politik Rücksicht nahm, Befürchtungen eine Rolle spielten, daß andere osteuropäische Staaten, insbesondere Polen, ebenfalls auf die Aufnahme ihrer zahlenmäßig vielfach größeren jüdischen Bevölkerungsteile drängen würden. Die eher taktische Behandlung des Problems auf der Konferenz von Evian und in den noch Anfang 1939 geführten Folgeverhandlungen mit dem Deutschen Reich lassen diesen Tatbestand klar erkennen.

Wie sehr sich die nationalsozialistische Judenpolitik von Verlegenheitslösung zu Verlegenheitslösung bewegte, zeigt die spontane gewaltsame Abschiebung von Juden polnischer Staatsbürgerschaft im Oktober 1938, die das Szenario für die Auslösung der »Reichskristallnacht« bereitstellte. Die Reichsregierung beabsichtigte, einer Ausbürgerung dieser Juden durch die Republik Polen, die ganz nach reichsdeutschem Vorbild zu handeln begann, zuvorzukommen, indem sie deren Ausweisung rechtlich erschwerte. Ähnliches gilt für die im Oktober 1940 vorgenommene willkürliche Abschiebung von 6.000 Juden aus Baden, der Pfalz und dem Saarland in das unbesetzte französische Gebiet. Eine Fortsetzung dieser Methoden verbot sich schon wegen der zu erwartenden scharfen Proteste der französischen Regierung.

Die nationalsozialistische Führung hatte bis spätestens Ende 1939 keine klaren Vorstellungen davon, wie sie auf absehbare Zeit in der »Judenfrage« weiterkommen sollte. Liquidierungsmaßnahmen, wie sie später selbstverständlich wurden, schienen außerhalb des Möglichen zu liegen. Heinrich Himmlers Denkschrift über die »Behandlung der Fremdvölkischen im Osten« vom Mai 1940 schloß eine solche Eventualität noch ausdrücklich aus. Deportationen in benachbarte Staaten wie Polen und Frankreich erwiesen sich mit der Ausdehnung des eigenen Herrschaftsraums ohnehin als kontraproduktiv. Trotzdem wurde die jüdische Auswanderung erst am 23. Oktober 1941 unterbunden, und zwar auf Anordnung des SD-Chefs Heinrich Müller, der nunmehr auch die *Verbringung* von Juden aus dem unbesetzten Teil Frankreichs nach Marokko untersagte.

Schon zuvor hatte sich bei der nationalsozialistischen Führungsgruppe die Vorstellung durchgesetzt, die »Judenfrage« durch die Schaffung eines *Judenreservats* im okkupierten polnischen Gebiet, damit also auf dem Wege der Zwangsdeportation lösen zu können. Dabei wirkte die Vorstellung ein, daß mit dem Deutsch-sowjetischen Nichtangriffspakt und dem Freundschaftsabkommen vom 28. September 1939 über den Gebietsaustausch in Ostpolen eine auf absehbare Zeit stabile Grenze zur Sowjetunion bestehen würde. Die ersten konkreten Vorschläge, die Juden in ein Reservat im Osten zu deportieren, scheinen von Alfred Rosenberg ausgegangen zu sein, der Anfang September 1941 die nun der deutschen Seite bekanntwerdende Anweisung Stalins zur Verschleppung der Wolgadeutschen nach Sibirien zum Anlaß nahm, um seinerseits »die Verschickung aller Juden Zentraleuropas in die östlichen, unter unserer Verwaltung stehenden Gebiete« zu verlangen.

Nach einer ersten Abschiebung von Juden aus Stettin und Umgebung, die im Februar 1940 in den Bezirk Lublin deportiert wurden, obwohl dort keinerlei Vorbereitungen für deren Unterbringung getroffen waren, setzte Adolf Eichmann seinerseits das *Nisco-Projekt* in Gang und veranlaßte die Deportation von mehreren Tausend mährischen und österreichischen Juden. Das Projekt scheiterte jedoch am hartnäckigen Einspruch Hans Franks, des Generalgouverneurs von Polen, und Eichmann mußte einen Teil der Deportierten zurückholen. Weitere Transporte wurden von Hermann Göring als Chef des Ministerrats für die Reichsverteidigung ausdrücklich untersagt, da die in Riga vorgenommenen Liquidierungen zu Protesten geführt hatten. Eichmann sah sich daher genötigt, den Reservatplan einstweilen fallen zu lassen und zur bisherigen Auswanderungspraxis zurückzukehren.

Wenngleich sich damit die Reservatpläne in Luft aufgelöst hatten, blieb der Gedanke, die jüdische Bevölkerung systematisch *abzusiedeln*, für die Judenpolitik des Regimes bestimmend. Allerdings war das Territorium dazu noch nicht gefunden. Während Heinrich Himmler »die Möglichkeit einer großen Auswanderung sämtlicher Juden nach Afrika oder sonst in eine Kolonie« in Betracht zog, unterbreitete Legationsrat Rademacher vom Auswärtigen Amt am 3. Juni 1940 das sogenannte *Madagaskar-Projekt*, das die *Absiedlung* zumindest aller »Westjuden« auf die in französischem Besitz befindliche Insel vorsah. Es wurde von Hitler und Himmler positiv aufgenommen und von Adolf Eichmann nachdrücklich unterstützt. Hitler erwähnte das vom Reichssicherheitshauptamt inzwischen längst aufgegebene Projekt noch 1942.

Nachdem der Madagaskar-Plan infolge der englischen Fortsetzung des Krieges in weite Ferne gerückt war, gewannen Ideen einer Abschiebung der Juden in das Gebiet jenseits des Ural erneut Gewicht. Es blieb jedoch bei vorläufigen Maßnahmen, so der nur teilweise realisierten Abschiebung von 90.000 Juden aus dem Warthegau in das Generalgouvernement, die Heydrich am 8. Januar 1941 verfügte. Die Deportationen wurden vom Interesse der meisten Gauleiter, ihre Gaue »judenfrei« zu machen, und vor allem von den Bestrebungen Gauleiter Greisers vorangetrieben, auch den Warthegau, der zum Altreich geschlagen worden war, von Juden zu »säubern«. Im Warthegau wurde die jüdische Bevölkerung gegenüber den Polen automatisch zur untersten Bevölkerungsgruppe herabgestuft, was die ohnehin niedrige moralische Hemmschwelle bezüglich der gegen sie angewandten Methoden weiter herabsetzte. Die Gauleiter, allen voran Joseph Goebbels für Groß-Berlin, drängten auf die Einlösung der von Hitler vage gemachten Zusagen, die jüdische Bevölkerung des Altreichs baldmöglichst »abzusiedeln«. Die Deportationsmaßnahmen aus Deutschland, die im Spätherbst 1941 einsetzten, richteten sich zunächst überwiegend auf die Verbringung in das Ghetto Lodz.

In der Vorstellungswelt der zuständigen SS-Bürokratie handelte es sich bei der Errichtung der Ghettos und der Abschiebung der Juden aus dem Altreich um bloß vorläufige Maßnahmen. Das von Heydrich in einer Weisung an die Einsatzgruppen in Polen vom 21. September 1939 ins Auge gefaßte »Nahziel« bestand in der Erfassung und Konzentrierung der jüdischen Bevölkerung. Das »Endziel« sollte in deren Unterbringung in einem Landstreifen zwischen Weichsel und Bug bestehen, doch mußte dieses Projekt wegen des Einspruchs der Wehrmacht, die weiträumige Truppenübungsplätze in diesem Raum vorsah, und anderer Interessenten alsbald aufgegeben bzw. aufgeschoben werden.

Für die Architektur der »Endlösung« war es kennzeichnend, daß mit den umfassenden Deportationen nach Lodz, nach Riga und nach Kaunas untragbare Verhältnisse geschaffen wurden, die Gewaltlösungen begünstigten, wie sie durch die inzwischen parallel dazu tätig werdenden Einsatzgruppen in der Sowjetunion längst gang und gäbe waren. Die Abschiebung der deutschen und mitteleuropäischen Juden seit dem Spätherbst 1941 geschah im Horizont der Erwartung, so oder so zu einer Reservatlösung zu gelangen. Klarheit bestand darüber nicht. Die Richtlinien des RSHA »für die Behandlung der Judenfrage« vom Juli/August 1941 gingen davon aus, daß jene Judenfrage »spätestens nach dem Krieg für ganz Europa generell gelöst werden wird«, und beschränkten sich einstweilen auf »vorbereitende Teilmaßnahmen«, darunter die »Schaffung von zumindest zeitweiligen Aufnahmemöglichkeiten für Juden im Reichsgebiet«.

Einen entscheidenden Motor für die Forcierung des Deportationsprogramms mitten im Kriege stellte die Zusage der Reichsregierung dar, die deutschen Minderheiten aus den baltischen Ländern und aus Wolhynien, später auch aus Bessarabien und der Dobrudscha herauszuziehen. Die Verpflichtung dazu war in Verbindung mit dem geheimen Zusatzprotokoll des Deutsch-sowjetischen Nichtangriffspakts vom 23. August 1941 eingegangen worden. Himmler übernahm selbst das zum Zweck der Ansiedlung der Volksdeutschen geschaffene Amt des Reichskommissars für die Festigung deutschen Volkstums und errichtete zu Beginn des Rußlandfeldzugs parallel dazu zunächst in den besetzten und annektierten Gebieten das System der Höheren SS- und Polizeiführer als einen ihm direkt unterstellten Exekutivapparat. Gleichzeitig wurde eine vielgliedrige Umsiedlungs- sowie eine Ansiedlungszentrale geschaffen, die die damit verbundenen Probleme lösen sollte. Das hier eingesetze Personal war weitgehend identisch mit den Personengruppen, die die »Endlösung der europäischen Judenfrage« vor Ort in die Tat umsetzten.

Götz Aly hat herausgearbeitet, daß die Notwendigkeit, plötzlich hunderttausende von Volksdeutschen umzusiedeln, nicht nur die Aussiedlung von Polen aus dem für die deutschen Siedler vorgesehenen Warthegau entscheidend beschleunigte, sondern auch mit der Ghettoisierung der Juden in Polen verbunden war, indem durch damit *freigezogene* Wohnungen der einheimischen jüdischen Bevölkerung Raum für die *abzusiedelnden* Polen geschaffen werden sollte. Dadurch entstand eine *Absiedlungsautomatik*, die eine beträchtliche Schubwirkung besaß, um die Lösung der »Judenfrage« schon jetzt, und nicht erst nach dem Ende des Krieges herbeizuführen.

Ein weiterer Radikalisierungsschub ging von der Tätigkeit der Einsatzgruppen in den besetzten Teilen der Sowjetunion aus, obwohl ihnen ursprünglich primär politische Säuberungsaufgaben zugedacht waren. Die am 31. Juli 1941, sechs Wochen nach Beginn des Rußlandfeldzuges ausgesprochene Bevollmächtigung Heydrichs durch Hermann Göring in seiner Eigenschaft als Vorsitzender des Ministerrats für die Reichsverteidigung, »die Endlösung der europäischen Judenfrage« vorzubereiten, stand im Kontext der Erwartung, daß der Sowjetfeldzug, mit Ausnahme der auf lange Zeit zu führenden Scharmützel jenseits des Ural, bis zum Spätherbst abgeschlossen sein würde. Die angestrebte »Gesamtlösung der Judenfrage« war in dem Dokument als Nachkriegsprogramm konzipiert, da erwartet wurde, daß Großbritannien nach der sowjetischen Niederlage zum Einlenken gezwungen sein würde.

Die definitive Regelung der »Judenfrage« schien demzufolge bis zum Kriegsende aufgeschoben. Die dann durchzuführende generelle Lösung, die an die Stelle der vielfach steckengebliebenen »Nahpläne« treten sollte, umfaßte das gesamte kontinentaleuropäische Judentum. Es handelte sich nicht um den Befehl zur systematischen Vernichtung der europäischen Juden, wie man vielfach gemeint hat. Vielmehr war Görings Anordnung von Adolf Eichmann verfaßt und Göring nur zur Unterzeichnung vorgelegt worden. Sie schloß sich an die Heydrich von Göring am 12. Dezember 1938 übertragenen Vollmachten an, hatte jedoch nunmehr die Planung einer umfassenden europäischen »Endlösung der Judenfrage« zum Gegenstand.

Um so dringlicher stellt sich die Frage, warum das Regime kaum ein halbes Jahr später die Vertagung der Endlösung auf das Kriegsende offensichtlich fallen ließ, obwohl es Kräfte im Reichsministerium des Innern, im Reichsjustizministerium und der Reichskanzlei gab, die weiterhin für eine Aufschiebung plädierten. Sie vermochten damit nicht durchzudringen, während Himmler und Heydrich fest entschlossen waren, die Kriegsbedingungen im Osten dazu zu nützen, in der »Judenfrage« eine Politik der vollendeten Tatsachen voranzutreiben. Einmal in Gang gesetzt, sollte sich das Programm der »Endlösung« als das einzige eingelöste Kriegsziel erweisen, und die Vorantreibung des Vernichtungsprozesses erfolgte durchaus auch als eine psychologische Kompensation für die sich zunehmend abzeichnende Wende des Krieges und die sich dann häufenden militärischen Rückschläge.

Die veränderte militärische Lage, derzufolge die Kampfhandlungen in der Sowjetunion nicht, wie erwartet, im Spätherbst im wesentlichen abgeschlossen sein würden, bildete den Hintergrund dafür, daß die Einsatzgruppen in der Sowjetunion seit Juli/August, ohne daß eine eindeutige schriftliche Anweisung vorlag, zur systematischen Liquidierung der autochthonen jüdischen Bevölkerung einschließlich der Frauen und Kinder übergingen, die im Kommissarbefehl und den ihn begleitenden Erlassen des RSHA nicht vorgesehen war. Dabei spielte eine Rolle, daß die Einsatzgruppen sich bei dem stockenden deutschen Vormarsch auch selbsttätig neue Aufgabenfelder erschlossen und unter dem Vorwand der Partisanenbekämpfung den Genozid auf regionaler Ebene in Gang setzten.

In der Forschung gibt es einen Disput darüber, wann der entscheidende Schritt zur systematischen Endlösung, die über die Liquidierung jüdischer Sowjetfunktionäre und die Entfesselung von Pogromen hinausging, getan worden sei. Die Annahme, daß es einen eindeutig formulierten Befehl Adolf Hitlers hätte geben müssen, ist inzwischen von den meisten Forschern fallengelassen worden. Zwar hat Hitler sich durchweg einer Verschärfung der Verfolgung aufgeschlossen gezeigt und auch einzelne Maßnahmen direkt befohlen, wie die dem Gauleiter Baldur von Schirach zugesagte *Absiedlung* der Wiener Juden, aber er hat den Prozeß nicht selbst gesteuert, auch wenn seine Unterführer in dem begründeten Glauben handelten, Hitlers »Wunsch« - dies der in den Quellen immer wieder auftauchende Terminus - zu erfüllen.

Nach der ersten Stufe, die in der Ausweitung der Tätigkeit der Einsatzgruppen in der Sowjetunion bestand, die trotz ihrer geringen zahlenmäßigen Stärke durch die Mobilisierung authochtoner antisemitischer Kräfte - so im Baltikum und der Ukraine - bis zu einer Million jüdischer Menschen liquidierten, zeichnete sich, wie Christopher Browning überzeugend argumentiert hat, im Spätsommer 1941 eine deutliche Ausweitung der Vernichtungspolitik ab, die nun auf eine flächendeckende Ermordung der jüdischen Bevölkerung gerichtet war. Dafür stellte Himmler nicht nur zwei SS-Brigaden mit einer Stärke von 4.000 bzw. 72.000 Mann ab, sondern auch die zunächst zu Sicherungsaufgaben im rückwärtigen Heeresgebiet herangezogenen Polizeibataillone der Ordnungspolizei - zunächst waren es elf, später 26 Bataillone, zu denen noch Hilfswilligenverbände aus nichtrussischen Nationalitäten hinzukamen. Statt der auf 3.000 Mann begrenzten Einsatzgruppen handelte es sich nunmehr um eine gewaltige Streitmacht von 165.000 Mann im Jahre 1942 und 300.000 Mann im Jahr 1943.

Browning stellt dies in den Kontext der unmittelbaren Erwartung des Sieges über die Sowjetunion, doch hat sich die Eskalation der Vernichtung parallel zu der sogenannten Aktion »Reinhard« vollzogen, die durch Odilo Globocnik im Bezirk Lublin und im Generalgouvernement in Gang gesetzt wurde. Die von Globocnik praktizierte »Vernichtung durch Arbeit«, die planmäßige Zerstörung jüdischen Lebens durch mörderische Rollbahnbauten, zusammen mit unmenschlicher Behandlung, sowie die von ihm zuerst angewandten Vergasungstechniken unter Mithilfe des Personals der T4-Aktion öffneten die Tore zur Gesamtvernichtung des Judentums im deutschen Herrschaftsbereich in Europa. Gleichwohl bestand nach wie vor - und nicht nur in propagandistischer Beziehung - ein fließender Übergang zwischen Deportation und Vernichtung.

Spätestens nach der Wannsee-Konferenz vom 20. Januar 1942 war die Deportation der in deutscher Hand befindlichen jüdischen Bevölkerung nach Osten beschlossene Sache, jedoch noch nicht die systematische Vernichtung, die sich erst »aufdrängte«, als ein *Verbringungsraum* nicht mehr bestand. So sprach Heydrich in Prag noch vierzehn Tage nach dem Staatssekretärstreffen am Großen Wannsee von der Schaffung eines gesonderten Territoriums des RSHA im nördlichen Eismeergebiet, also jenseits des für die dauernde Beherrschung durch die Generalkommissare vorgesehenen Teiles von Rußland, in das die 11 Millionen europäischen Juden, darunter die tschechischen, langfristig *abgesiedelt* werden müßten. Im engen Kreis seiner Vertrauten bedurfte Heydrich der üblichen Tarnsprache nicht, zumal er sich sonst äußerst offenherzig äußerte, was die Behandlung der Tschechen anging. Noch war das Vernichtungsprogramm nicht in unmittelbare Anschauung geronnen.

Die Erwähnung der straßenbauarbeitenden jüdischen Arbeitskolonnen im Protokoll der Wannsee-Konferenz hatte jedoch ein unmittelbares Vorbild - den Ausbau der Verbindungsrollbahn D IV von Lemberg nach Kiew, den SS- und Polizeiführer Odilo Globocnik weitgehend auf eigene Initiative mit jüdischen Arbeitskräften, deren Lager die Trasse säumten, vorantrieb. Auch Himmler dachte zu diesem Zeitpunkt noch nicht an systematische Vernichtung und ordnete noch eine Woche nach der Wannsee-Konferenz an, 150.000 deutsche Juden zur *Bestückung* von Auschwitz-Birkenau bereitzustellen, das ursprünglich als Häftlingsrüstungsausleihzentrale für sowjetische Kriegsgefangene gedacht war, aber wegen deren Massensterben nun auf jüdische Arbeitskräfte umgestellt werden sollte.

Die »Aktion Reinhard«, die systematische Erfassung der jüdischen Arbeitskräfte in Galizien und im Generalgouvernement unter maßgebender Leitung von Odilo Globocnik scheint den entscheidenden Umschlag von der Deportations- zur Vernichtungspolitik gebracht zu haben. Globocnik hatte veranlaßt, daß ca. 20.000 der nach Lodz deportierten Juden in den Gaswagen von Chelmno, dem ersten Vernichtungslager, liquidiert wurden, dann auch wachsende Zahlen von polnischen Juden, so daß weitere Vernichtungslager, Majdanek und Treblinka, errichtet wurden. Zunächst beschränkte man sich darauf, die als »nicht arbeitsfähig« geltenden Juden, in erster Linie Frauen und Kinder, zu ermorden, später ging man zur unterschiedslosen Vernichtung der jüdischen Menschen über.

Die Vernichtungspolitik setzte zu einem Zeitpunkt ein, an dem weitere Reservatpläne auf absehbare Zeit nicht durchgeführt werden konnten, teils weil Madagaskar nicht zur Verfügung stand, teils weil der von Himmler forcierte Generalplan Ost eben die Gebiete für deutsche Aufsiedlung beanspruchte, die ursprünglich für die Reservatlösung ins Auge gefaßt worden waren, schließlich aber auch, weil der militärische Rückschlag die Vision der Verfügung über weite Gebiete jenseits des Ural dahinschmelzen ließ.

Zu diesen Motiven trat indessen die im Zuge der völkischen Flurbereinigungspolitik Himmlers selbst geschaffene Zwangslage hinzu, für die aus dem Baltikum, aus Wolhynien und Bessarabien *abgesiedelten* Volksdeutschen Platz zu schaffen. Die dadurch geschaffene Motorik führte nicht nur zu einer Intensivierung der Euthanasie schon vor deren Genehmigung durch Hitler im Oktober 1939, sondern auch zur systematischen Liquidierung der depossedierten jüdischen Bevölkerung, zunächst desjenigen Teils, der nicht für kriegswichtige Arbeiten verwendbar schien, schließlich die gesamte jüdische Einwohnerschaft, die in den östlichen Arbeitslagern unvorstellbaren Mißhandlungen, völlig unzureichender Versorgung und katastrophalen sanitären Bedingungen ausgesetzt war und von Krankheit und Hunger dahingerafft wurde.

Für diese Vorgänge ist bezeichnend, daß die Vernichtungspolitik gegen Juden in engstem Zusammenhang mit ostpolitischen Zielsetzungen stand. Das Personal der Endlösung - Adolf Eichmann ebenso wie Odilo Globocnik - war nicht nur für die »Judenfrage«, sondern auch für die *Absiedlung* polnischer und südslawischer Bevölkerungsgruppen zuständig. Die Tätigkeit für die Errichtung der künftigen Machtstellung der Deutschen im Ostraum von Krakau bis Sewastopol und Bialystok füllte den größeren Teil ihres Zeitbudgets, diejenige für die Implementierung der »Endlösung« nur den kleineren aus.

Die Shoah erweist sich damit einerseits als die Kehrseite einer gigantischen Politik völkischer Flurbereinigung, die Westeuropa mit umfassen sollte - so dachte Himmler an die deutsche *Aufsiedlung* Burgunds ebenso wie der wallonischen Gebiete. Mit Recht urteilte Götz Aly, daß die Liquidierung des europäischen Judentums, wäre das NS-Regime nicht zusammengebrochen, nur »die Spitze des Eisbergs« der Vernichtung dargestellt hätte, da Millionen von Angehörigen slawischer und romanischer Völker der Chimäre, im Rahmen des Gesamtbesiedlungsplans Ost mehr als 50 Millionen deutsche Menschen auf Kosten der autochthonen Bevölkerung anzusiedeln, zum Opfer gefallen wären und teilweise auch gefallen sind.

Andererseits stellte die rassische »Umvolkungs«-Politik nur die Vorstufe der nach der Niederlage des Dritten Reiches erzwungenen Umsiedlungen dar: der Westverschiebung Polens und der Austreibung der Deutschen aus den Gebieten jenseits von Oder und Neiße und aus dem Sudentenland und Ungarn. Der durch die nationalsozialistische Rassenpolitik ausgelöste Schub erzwungener Migration war von einem umfassenden Prozeß ethnischer Flurbereinigung begleitet, der ganz Europa in seinen Bann zog. Sie spiegelte sich nach dem 8. Mai 1945 in der Existenz von Millionen von *Displaced Persons* wider.

Einmal in Gang gekommen, setzte sich der nun gegen das gesamte europäische Judentum gerichtete Vernichtungsprozeß mit unerhörter bürokratischer Effizienz und Perfektion fort, und Adolf Eichmann kümmerte sich schließlich persönlich darum, daß die letzten Juden im inzwischen von deutschen Truppen besetzten Ungarn nach Auschwitz gebracht wurden, und faßte, als die Bahn versagte, schließlich den Schiffstransport über die Donau ins Auge. Nachdem der Vernichtungsprozeß durch die Interaktion der SS-Apparate vor Ort und dem Reichssicherheitshauptamt eingeleitet war, wurde er mit allen Mitteln und unter Einschaltung der verschiedensten Apparate des Regimes, nicht zuletzt der Wehrmacht, zu Ende geführt. Neben den Rassenantisemitismus als unentbehrliche Bedingung trat eine zunehmend aufeinander eingespielte bürokratische Organisation, die zu fabrikmäßigem Töten überging, wenngleich der Anteil von Auschwitz-Birkenau an den fünf Millionen ermordeten Juden sich auf nicht mehr als ca. 1 Million Tote belief.

Hannah Arendt hat im Blick auf die Shoah den Begriff von der »Banalität des Bösen« geprägt, der darauf abstellt, daß die Vollstrecker in erster Linie aus bürokratischer Mentalität heraus, erst in zweiter Linie aus rassenideologischen Beweggründen gehandelt haben, die auch in der offiziellen internen Sprachregelung nicht auftauchten. Bei den Tätern spielten, wie auch Brownings Studie über das Polizeibataillon 101 aus Hamburg zeigt, Karrieremotive, Effizienzstreben, aber auch bloße Kameraderie eine verhängnisvolle Rolle. Dazu traten pseudomoralische Rechtfertigungen, wie sie Himmler in seiner Posener Rede vom Oktober 1943 darlegte, in der er die Verbrechen des Holocaust aufdeckte, um die Verantwortung für »das nie geschriebene und nie zu schreibende Ruhmesblatt« der Vernichtungspolitik auf breitere Schultern zu legen und nicht als allein Verantwortlicher in die Geschichte einzugehen. Himmler wies beredt darauf hin, daß seine SS-Männer, die die Peletons bestückt hatten, trotzdem »anständig« geblieben, sich nicht persönlich bereichert und nur aus pflichterfüllendem Gehorsam gehandelt hätten.

Der Holocaust war die schlimmste, aber nicht die einzige Folge des Durchbruchs der Barbarei im nationalsozialistischen Deutschland. So richtig es ist, daß die Zahl der extremen Antisemiten eher gering war und kaum mehr als 15 Prozent der Bevölkerung umfaßte, ist doch das durch den passiven Antisemitismus, die Billigung von nicht überdachten Vorurteilen, aber auch die Flucht vor der Verantwortung, die sich ausbreitende Gewöhnung an moralische Indifferenz, die schon zur Tatzeit einsetzende Verdrängung und das, was Theodor Mommsen den »Dienst im Gliede« genannt hat, mit für die Shoah verantwortlich.

Der Befund, daß nicht primär antisemitische Motive den Ausschlag gegeben haben, wie es neuerdings noch Daniel Goldhagen in seiner Studie nahelegt, ändert nichts an dem moralischen Problem, das in der Mitwirkung von vielen liegt, gleich ob sie sich ihres Handelns voll bewußt waren oder dessen Konsequenzen verdrängten - wie die Eisenbahner, die die Züge nach Auschwitz lenkten. Denn auch das Argument, vom Holocaust im präzisen Sinne nichts gewußt oder erfahren zu haben, ändert nichts an dem Tatbestand, daß sich die große Mehrheit der Nation aus einer Mischung von Gleichgültigkeit, dem Gefühl des Nichtbetroffenseins und einer autoritären Einstellung heraus nicht dem gegen die jüdischen Bürger gerichteten Unrecht widersetzte und dagegen protestiert hatte, solange das noch ohne ernsthafte Gefährdung möglich war. Gerade im Lichte dieses Versagens muß aber auch an jene erinnert werden, die unter den schwierigsten Umständen und mit größtem persönlichem Risiko Juden zu helfen und dem Zugriff der Gestapo zu entziehen versucht haben.

Harald Welzer

Massenmord und Moral. Einige Überlegungen zu einem mißverständlichen Thema

»Jedenfalls blieb ich m.E. immer sachlich, denn das war unsere Aufgabe.«
Adolf Eichmann

1.

Wenn es um die klassische Frage geht, wie es um die Moral derjenigen bestellt gewesen sein mag, die als Schreibtischtäter, SS-Schergen, Wehrmachtssoldaten, KZ-Aufseherinnen oder Hilfspolizisten am Massenmord an Juden, Zigeunern, Behinderten und sonstigen »Volksschädlingen« beteiligt waren, wird regelmäßig stillschweigend vorausgesetzt, daß diese Täter sich in irgendeiner Weise selbst hätten überwinden, belügen oder täuschen müssen, um ihr Morden in den Rahmen ihres sonstigen Handelns und in ihr Selbstkonzept integrieren zu können - eine Voraussetzung, die ihnen genau betrachtet ein vorgängiges moralisches Vermögen gerade unterstellt, und zwar eines, das demjenigen verblüffend ähnlich sieht, das wir uns selbst gerne attestieren.

In einer eigentümlichen Doppelbewegung werden NS-Täter mit der berühmten Frage »Wie konnten sie nur?« als Menschen konzipiert, die gegen ursprünglich bessere Vermögen schlecht gehandelt haben - eine Doppelstruktur, die kollektiv gewendet nicht zufällig derjenigen des kurzzeitig vom rechten Wege abgekommenen Volkes der Dichter und Denker entspricht. Wie aber, wenn die Täter nicht wider eine bessere Moral, sondern im Rahmen ihrer »Weltanschauung« höchst moralisch gehandelt haben; wie, wenn das Bewußtsein, trotz allem ein moralisch handelnder Mensch zu sein, am Ende gar das psychologische Rüstzeug dafür bereitgestellt hätte, ohne Abscheu und reinen Gewissens zu töten?

Die Frage nach dem Verhältnis von Massenmord und Moral wird selten explizit gestellt, liegt aber implizit den meisten täterpsychologischen Fragestellungen zugrunde, die sich auf die Suche nach spezifischen persönlichen Dispositionen und situativen Faktoren machen, die die Täterinnen und Täter dazu veranlaßt haben, andere Menschen umzubringen. Die implizite Hypothese, vorgängige moralisch motivierte Hemmungen hätten erst überwunden werden müssen, bevor der Mord nicht nur als Gedanke, sondern auch als Handlung möglich wurde, führt in einem prominenten Fall dahin, daß ausgerechnet vor dem Hintergrund des größten und grauenvollsten Genozids der bisherigen Geschichte auf das Vorhandensein einer »präsozialen Moralität« rekurriert wird, die durch sich erweiternde Sozialität und Gesellschaftsentwicklung so weit verschüttet worden sei, daß Auschwitz möglich wurde.[1]

Gegenüber solchen Positionen, die bei Licht besehen die Mörder - wenn auch auf komplizierte Weise - in Schutz nehmen, möchte ich im folgenden vor dem Hintergrund einiger recht einfacher Überlegungen und empirischer Beispiele zeigen, daß die Täter nicht nur wußten, was sie taten, sondern daß sie ihr Tun nur in Ausnahmefällen moralischen Zweifeln konfrontierten, ja, daß sie gerade deswegen töten konnten, weil sie sich dabei als moralisch integre Persönlichkeiten wahrnehmen konnten. Die folgende briefliche Mitteilung eines Euthanasie-Arztes an seine Frau mag das auf einer zunächst impressionistischen Ebene andeuten: »So, Mutti, jetzt hat Pa aber wieder ein Gutachten zurechtgezimmert, über das er sich selbst freut. Der Mann wird wahrscheinlich zum Tode verurteilt.«[2]

2.

Um mit einem aktuellen Beispiel zu beginnen: die Reaktion auf das Goldhagen-Buch *Hitlers willige Vollstrecker* in Deutschland hat gezeigt, daß der Autor bei allem Schematismus seiner Thesen mit der Thematisierung moralischer Gesichtspunkte einen Nerv deutscher Geschichtsbetrachtung getroffen hat, und eine genauere Betrachtung macht deutlich, daß dieser nervöse Punkt in den Diskussionen wohlweislich ausgespart blieb. Ich beziehe mich dabei auf Goldhagens Überlegung, daß die Deutschen zur Zeit des Nationalsozialismus nicht mit denselben ethischen und moralischen Grundüberzeugungen ausgestattet waren, die wir für uns selbst in Anspruch nehmen: »Vor allem«, schreibt Goldhagen, »darf man nicht länger von der Voraussetzung ausgehen, daß die Deutschen damals... unseren Idealvorstellungen von uns selber entsprachen.«[3]

1 Bauman, Zygmunt: Dialektik der Ordnung. Die Moderne und der Holocaust, Hamburg 1992; vgl. auch Welzer, Harald: Verweilen beim Grauen. Essays zum wissenschaftlichen Umgang mit dem Holocaust, Tübingen 1997, S. 84ff.

2 Friedrich Mennecke, zitiert nach Chroust, P.: Friedrich Mennecke. Innenansichten eines medizinischen Täters im Nationalsozialismus, in: Biedermann und Schreibtischtäter. Materialien zur deutschen Täter-Biographie, hrsg. von Götz Aly u.a., Berlin 1987, S. 67-122, hier S. 79.

3 Goldhagen, Daniel Jonah: Hitlers willige Vollstrecker. Ganz gewöhnliche Deutsche und der Holocaust, Berlin 1996, S. 66f.

Diese Überlegung hört sich simpel an, stellt aber im Zusammenhang der bisherigen Täterforschung eine Provokation dar, denn Goldhagen macht sich vor einem solchen Hintergrund ja nicht auf die Suche nach den sozialen, sozialpsychologischen und psychologischen Umständen, die die eigentlich »guten« Deutschen zu erbarmungslosen und grausamen oder gleichgültigen und emotionslosen Tätern und Mitläufern machte, sondern er geht von dem schlichten Sachverhalt aus, daß sie sich, wenn sie mordeten, eben keineswegs als gute Menschen verhielten. Die Anerkennung dieses einfachen Sachverhalts zieht eine andere Fragestellung nach sich als die Annahme, die Bereitschaft zum Mord hätte erst hergestellt, vorhandene moralische Barrieren und ethische Skrupel hätten erst überwunden werden müssen. Denn während diese Annahme von der empirisch durch nichts gedeckten Grundüberzeugung ausgeht, die Zivilisierung hätte bis zum 20. Jahrhundert eine gründliche Abneigung gegen das Töten etabliert, meldet Goldhagens Fragestellung Zweifel an der Gültigkeit dieser Grundüberzeugung an, indem sie darauf besteht, daß der Massenmord von Menschen vorbereitet und vollzogen wurde, die allem Anschein nach keine besonderen Schwierigkeiten damit hatten, ihr mörderisches Handeln mit ihrem Selbstkonzept in Einklang zu halten.

Darin liegt nach meinem Dafürhalten die Brisanz seines Buches, die durch das Holzschnitthafte seiner Thesen überdeckt wird, aber das Übergehen dieser zentralen Überlegung spricht doch deutlich aus, worüber man im Land der Täter eben nicht so gern reden möchte: darüber, daß ein großer Teil der Deutschen sich zur Zeit des Nationalsozialismus einer Moral verpflichtet fühlte, die die Erniedrigung und Verfolgung anderer Menschen nicht verurteilte, sondern forderte, und die unter anderem beinhaltete, daß es notwendig und gut sei, zu töten.

Goldhagen spricht in diesem Zusammenhang von einem »kognitiven Modell«, also von einem Deutungsmuster, das in Deutschland allgemein verbreitet gewesen sei und dessen zentraler Punkt in der Vorstellung bestanden habe, daß jegliches Unglück in Zusammenhang mit den Juden stehe und jeglicher Schritt zum besseren folgerichtig von deren Beseitigung abhänge. Dies ist so historisch gewiß nicht haltbar, aber Goldhagens Bild von einem »kognitiven Modell« läßt sich durchaus für die Untersuchung dessen verwenden, welche normativen Orientierungen im Deutschland der ersten Jahrhunderthälfte vorherrschend waren und die Erziehung wie die Menschenbilder prägten. Für die wissenschaftliche Untersuchung, von welchem Bewußtsein die »ganz normalen Mörder« ausgingen, reicht es natürlich nicht aus zu sagen, sie seien alle Antisemiten gewesen - denn erstens kann man in einem hoch arbeitsteiligen und industriell strukturierten Vernichtungsprozeß völlig ideologiefrei zum Mörder werden, zweitens führt ein Vorurteil nicht geradewegs zum Mord und drittens war der Antisemitismus in Deutschland keineswegs ausgeprägter als andernorts in Europa.

Hier kann der Kern der zum Mord bereiten kognitiven Modellbildung also nicht liegen. Bestandteile einer solchen müßten eher Vorstellungen über die absolute Ungleichheit von Menschen sein, über Prinzipien der Über- und Unterordnung, Orientierungen an Fragen der Ehre, des Blutes, des Volkes, der Rasse - kurz: die Ideale der wilhelminischen Gesellschaft, ergänzt um einen wissenschaftlichen Rassismus und Träume von der vollständigen Gestaltbarkeit der Welt. Norbert Elias hat in seinen *Studien über die Deutschen* versucht, die gesellschaftliche Situation in Deutschland vor 1933 hinsichtlich ihrer ethischen und moralischen Orientierungen zu untersuchen, und zwar um - in seinem Werk ganz singulär - die Frage zu klären, wie »Hitler möglich war«. Und bei der Klärung dieser Frage »drängt sich in der Tat die Einsicht auf, daß diese Ausbreitung von gesellschaftlich sanktionierten Modellen der Gewalttätigkeit und der sozialen Ungleichheit zu den Voraussetzungen seines Kommens gehörte.«[4]

Elias geht davon aus, daß sich seit der zweiten Hälfte des neunzehnten Jahrhunderts ein Gestaltwandel im deutschen Bürgertum vollzogen hat, in dem Fragen der Ehre, der Satisfaktionsfähigkeit, der Ungleichheit von Menschen, der Nation und des Volkes zunehmend größere Bedeutung zukam als humanitären Idealen und Fragen der Moral, wie sie für weite Teile des Bürgertums seit der Aufklärung Bedeutung hatten. Der sich etablierende »Ehrenkanon« beruht Elias zufolge »auf einer strikten Hierarchisierung der menschlichen Beziehungen, einer klaren Ordnung des Befehlens und Gehorchens, während der... mittelständische Kanon der Moral explizit den Anspruch auf Geltung für alle Menschen zu erheben scheint und so implizit das Postulat der Gleichheit aller Menschen bekundet.«[5] Elias führt diesen Gestaltwandel unter anderem darauf zurück, daß die Einigung der deutschen Nation eben nicht aus einer bürgerlichen Revolution resultierte, sondern aus dem militärischen Sieg von 1871, der unter der Führung der traditionellen Elite errungen worden war. Dies führte Elias zufolge zu einer Abkehr von den Idealen des bürgerlich-aufklärerischen Moralkanons und zur Orientierung am Ehrenkanon der Oberschichten, und der stuft, insbesondere in seiner preußischen Fassung »kulturelle Leistungen und alles das, was die Vertreter des deutschen Bürgertums in

4 Elias, Norbert: Studien über die Deutschen, Frankfurt a.M. 1989, S. 27.
5 Ebd., S. 130.

der zweiten Hälfte des achtzehnten Jahrhunderts hochgehalten hatten, also auch Humanität und eine generalisierte Moral, niedriger ein... Die musischen Interessen der höfisch-aristokratischen Gesellschaft selbst waren gering, und das gleiche gilt von den modellsetzenden Offizierskreisen des kaiserlichen Deutschland. Daß in diesen Kreisen die Tradition des kriegerischen Ehrenkanons und nicht die des bürgerlichen Kultur- und Moralkanons weitergetragen wurde, versteht sich von selbst. Ebenso selbstverständlich ist auch, daß sie an ein Herkommen der hierarchischen Ungleichheit von Menschen, der bedingungslosen Über- und Unterordnung gebunden waren... Ehrenfragen rangierten hoch, Moralfragen niedrig. Probleme der Humanität, der Identifizierung von Mensch zu Mensch waren aus dem Gesichtskreis verschwunden, und im großen und ganzen wurden diese früheren Ideale als Schwäche sozial niedrigstehender Schichten negativ bewertet.«[6]

Am Beispiel der schlagenden Verbindungen führt Elias zunächst mit Geltung für eine spezifische gesellschaftliche Gruppe vor, daß die Etablierung des militärisch-aristokratischen Ehrenkanons auch als Regelung der gesellschaftlichen Praxis der Beziehungen zwischen den Menschen fungierte und sowohl bestimmte Persönlichkeitsstrukturen wie auch die Ausprägung bestimmter Normen beförderte: »Die Erziehung stellte Menschen auf eine Gesellschaft mit betonten hierarchischen Ungleichheiten ein, wo der jeweils höhere sich ostentativ als überlegener und besserer Mensch verhielt und alle Niedrigerstehenden ausdrücklich fühlen ließ, daß sie niedriger, schwächer, schlechter seien als er.«[7]

Eine solche »Verhaltens- und Empfindenstradition« läßt sich in mehr oder minder ausgeprägten Spuren gewiß auch noch bis gegen Ende des zwanzigsten Jahrhunderts in Deutschland verfolgen - für die vergangene Jahrhundertwende jedenfalls dürfte sie, wenigstens in den Kreisen des Bürgertums und des Adels, der dominierende Faktor in der Herausbildung jener normativen wie politischen Orientierungen gewesen sein, die schließlich in den genozidalen Prozeß einmündeten. Wenn man Ulrich Herberts Studie über den völkischen Studentenführer und späteren Stellvertreter Heydrichs, Werner Best, liest, beginnt sich das von Elias vielleicht noch allzu abstrakt gezeichnete Bild etwas mehr mit Leben zu füllen. Herbert arbeitet nicht nur sehr sorgfältig die soziohistorische Situation der Zeit nach 1918 mit ihrer Entwicklung völkischer und nationaler Ideale heraus, sondern zeigt am Beispiel des jungen Juristen Best, daß sich in der aufstreben-

6 Ebd., S. 152f.
7 Ebd., S. 136.

den akademischen Elite der 20er Jahre vor dem Hintergrund elitärer, rassenbiologischer und völkischer Theorien ein Ethos der »Sachlichkeit« herausbildete, das in einer zeitgenössischen Selbstbeschreibung so charakterisiert wird: die hervorstechenden Eigenschaften dieser sogenannten »politischen Generation« seien »'Wahrheitsliebe und Schlichtheit', 'Ernst, wortkarge Verschlossenheit und Zurückhaltung, ja manchmal schroffe Kälte'. Das Wichtigste aber sei die 'Sachlichkeit': die Sache über das Persönliche zu stellen, die Ablehnung des 'Zurschautragens von Gefühlen'..., denn 'wo wir ehrliches Mitleid empfinden, scheuen wir uns, es nach altem Stil kitschig zu äußern und wollen lieber in den Verdacht der 'Gefühllosigkeit' kommen'.«[8]

Bests politische Schriften aus dieser Zeit propagieren denn auch die Bekämpfung des politischen und rassischen Gegners »aus dem Vollzug der Gesetze der Natur heraus und in der Verfolgung der Interessen des eigenen Volkes, so daß der Kampf nicht mehr in Emotion und Leidenschaft, sondern als 'sachliche Arbeit' geführt werden kann.«[9] Mit dieser Konzeption eines »seriösen Antisemitismus«, der gerade aus der Ablehnung persönlicher Motive und spontaner Gefühle heraus argumentiert und Handlungsoptionen entwickelt, teilt Best die Auffassung weiter Teile der akademischen Jugend, die dann nur ein Jahrzehnt später die Führungselite des »Dritten Reiches« bilden werden.

Wie Herbert herausarbeitet, wird das argumentative Fundament des »seriösen Antisemitismus« zum einen durch die rassenbiologische Lehre, zum anderen durch die völkische Theorie gebildet, die das Wohlergehen und die »Gesundheit« des Volkes als »überzeitlicher Gesamtwesenheit« (Himmler) gegenüber dem Geschick des Einzelnen privilegiert und daraus das Recht ableitet, im übergeordneten Interesse des Volkes diesem die Interessen des Einzelmenschen genauso unterzuordnen, wie jene der »Sklavenvölker« denen der »Herrenvölker« zu unterwerfen sind. In der innenpolitischen Theorie des mittlerweile zum Hauptabteilungsleiter des Geheimen Staatspolizeiamtes avancierten Juristen Best lautet das daraus abgeleitete Programm: »Der politische Totalitätsgrundsatz des Nationalsozialismus, der dem weltanschaulichen Grundsatz der organischen und unteilbaren Volkseinheit entspricht, duldet keine politische Willensbildung in seinem Bereiche, die sich nicht der Gesamtwillensbildung einfügt. Jeder Versuch, eine andere politische Auffassung durchzusetzen oder auch

8 Herbert, Ulrich: Best: biographische Studien über Radikalismus, Weltanschauung und Vernunft. 1903 - 1989, Bonn 1996, S. 44.

9 Ebd., S. 95.

nur aufrechtzuerhalten, wird als Krankheitserscheinung, die die generelle Einheit des unteilbaren Volksorganismus bedroht, ohne Rücksicht auf das subjektive Wollen seiner Träger ausgemerzt.«[10]

Die außenpolitische Variante dieser Programmatik bestand in der aus der »völkischen Weltanschauung« hergeleiteten Auffassung, daß es den »ewigen Gesetzen des Lebens« entspreche, wenn sich nach rassischen Kriterien definierte Völker als Feinde gegenüberstünden und auf Leben und Tod bekämpften - die besondere Rolle der Juden als Gefahr für das Überleben der anderen Völker leitet sich im Rahmen dieser Theorie aus dem Umstand ab, daß sie deren völkische Identität dadurch bedrohten, da sie innerhalb dieser Völker lebten und sich mit ihren Angehörigen vermischten. Der zentrale Feind der gesunden Entwicklung des deutschen Volkskörpers wohnte als »Parasit« in diesem selbst und mußte ebenso konsequent »ausgemerzt« werden wie andere Träger »schädlichen Erbgutes«, auf jeden Fall aber konsequenter bekämpft werden als äußere Feinde in Gestalt anderer Völker.

Dieser »seriöse Antisemitismus« war für Angehörige der Führungselite vom Schlage Bests keineswegs ein Anlaß, etwa persönliche Ressentiments gegenüber einzelnen Angehörigen der jüdischen Bevölkerung zu entwikkeln oder gar die Ausschreitungen »gewöhnlicher Antisemiten« auch in den Reihen der eigenen Partei oder deren Organisationen zu befürworten: die Juden waren in dieser Perspektive einfach »aufgrund ihrer Abstammung Teil eines den Deutschen feindlichen Volkstums, das zu bekämpfen, zu vertreiben, unter Umständen auch zu vernichten im Sinne... der Vorstellungen von den völkischen 'Lebensgesetzen' eine unumgängliche, von individuellen Gefühlen aber ganz unabhängige Notwendigkeit darstellte, die mit dem eigenen Verhalten gegenüber einzelnen Juden gar nicht in direkter Verbindung stand.«[11]

Das Vorhandensein solcher Orientierungen in den Kreisen der politischen, administrativen, medizinischen, naturwissenschaftlichen und technischen Eliten sagt natürlich nichts darüber aus, wie der faktische Umgang mit Angehörigen der Opfergruppen aussah, aber im abstrakteren Sinne einer Moral, die sich auf das Wohlergehen überindividueller und übertemporaler Einheiten bezieht, also gerade von subjektiven Motiven und Zielsetzungen absieht, lassen sich Auffassungen wie jene von Werner Best zitierte durchaus als »moralische« bezeichnen - wenn auch der Inhalt die-

10 Ebd., S. 164, das Zitat stammt aus dem Jahr 1936.
11 Ebd., S. 314

ser »Moral« von derjenigen abweicht, die wir gegenwärtig favorisieren.[12] Im Sinne der prominentesten psychologischen Theorie der Moralentwicklung, derjenigen Kohlbergs, wäre noch nicht einmal sicher zu entscheiden, ob Best eine konventionelle oder sogar eine postkonventionelle Moral zum Ausdruck bringt: das vierte Stadium der Moralentwicklung, laut Kohlberg das unter Erwachsenen am weitesten verbreitete Moralkonzept, ist dadurch gekennzeichnet, daß das Subjekt »einen Unterschied zwischen dem gesellschaftlichen Standpunkt und der interpersonalen Übereinkunft bzw. den auf einzelne Individuen gerichteten Motiven (macht). Übernimmt den Standpunkt des Systems, das Rollen und Regeln festlegt. Betrachtet individuelle Beziehungen als Relationen zwischen Systemteilen.«[13] Gründe, »das Rechte zu tun«, bezieht das konventionell moralische Individuum unter anderem aus dem Verlangen, als »guter Kerl« erscheinen zu wollen, um das »Funktionieren der Institution zu gewährleisten«, oder »um dem Gewissen Genüge zu tun, das an die selbstübernommenen Verpflichtungen mahnt.«[14]

Mag auf der Ebene des konventionellen Niveaus der Moralentwicklung, das Kohlberg zufolge von der Bevölkerungsmajorität der meisten Gesellschaften erreicht wird, die Kompatibilität auch mit den Handlungsnormen autoritärer oder diktatorischer Gesellschaften unmittelbar einleuchten,[15] ist es vielleicht etwas schwieriger zuzugestehen, daß sich Personen wie Werner Best womöglich sogar dem postkonventionellen Niveau zuordnen lassen, auf dem Kohlberg das rationale Individuum verkörpert sieht. Die

12 Ich sehe hier davon ab, daß moralisches Handeln in philosophischer Perspektive Freiheit voraussetzt und sich nur kategorial und nicht sozialwissenschaftlich bestimmen läßt. Mir geht es hier um so etwas wie ein praktisches Moralkonzept, dessen Subjekt nach geläufiger Auffassung auf überindividuell und nach Möglichkeit auch übertemporal orientiertes Handeln verpflichtet ist. Daß hierbei unmittelbar die nur epochen- und gesellschaftsspezifisch definierbare Größe ins Spiel kommt, was es denn ist, was dem Gemeinwohl dient, macht ein solches Moralkonzept prinzipiell anfällig dafür, mit jeglichem Inhalt angefüllt zu werden. Aber dies gilt auch und gerade dann, wenn wir im Alltagssinne von moralischem beziehungsweise amoralischem Handeln sprechen.

13 Colby, A./Kohlberg, Lawrence: Das moralische Urteil: Der kognitionszentrierte entwicklungspsychologische Ansatz, in: Entwicklungspsychologie Bd. 1, hrsg. von G. Steiner, Weinheim/Basel 1984, S. 348-366, hier S. 357.

14 Ebd., S. 357.

15 Kohlberg zufolge definiert das konventionell moralische Individuum das, »was rechtens ist«, in der folgenden Weise: »Die Pflichten zu erfüllen, die man übernommen hat. Gesetze sind zu befolgen, ausgenommen in jenen extremen Fällen, in denen sie anderen festgelegten sozialen Verpflichtungen widersprechen. Das Recht steht auch im Dienste der Gesellschaft, der Gruppen, der Institution«, in: Colby/Kohlberg: Das moralische Urteil (Anm. 13), S. 357.

»soziale Perspektive« dieses Niveaus nämlich besteht in der »Perspektive eines rationalen Individuums, das sich der Existenz von Werten und Rechten bewußt ist, die sozialen Bindungen und Verträgen vorgeordnet sind. Integriert unterschiedliche Perspektiven durch die formalen Mechanismen der Übereinkunft, des Vertrags, der Vorurteilslosigkeit und der angemessenen Veränderung. Zieht sowohl moralische wie legale Gesichtspunkte in Betracht, anerkennt, daß sie gelegentlich in Widerspruch geraten, und ist imstande, sie zu integrieren.«[16]

Ohne Kohlbergs definitorische Bemühungen allzu einseitig auslegen zu wollen - schließlich setzt er hinsichtlich anderer Dimensionen der postkonventionellen Moral unter anderem die Anerkennung eines Meinungspluralismus voraus -, wird doch unmittelbar einsichtig, daß solche deskriptiven Modelle der Moralentwicklung ohne weiteres Raum für die Zuordnung der Moral von NS-Tätern bieten, und zwar sowohl auf dem konventionellen wie auf dem postkonventionellen Niveau.

Mit dem Insistieren auf überzeitlich und universal gültigen moralischen Prinzipien kommt man also nicht weiter, wenn man das Handeln von Tätern im Nationalsozialismus erklären will. Hilfreicher scheint es da, auf ein sozialpsychologisches Axiom Bezug zu nehmen, das im ersten Drittel dieses Jahrhunderts von William I. Thomas formuliert wurde: »Wenn Menschen Situationen als real definieren, dann sind diese real in ihren Folgen.« Dieses als »Thomas-Theorem« bekanntgewordene Diktum besagt bei aller Einfachheit nicht weniger, als daß erstens das Handeln von Menschen davon abhängig ist, wie sie Situationen wahrnehmen und definieren, und daß zweitens die auf der Grundlage solcher Definitionen entstehenden Handlungsfolgen nicht Bestandteile von Phantasiewelten, sondern von Wirklichkeit sind. Wenn also »der Jude« aus der Sicht rassenbiologischer und völkischer Theorien als der Feind der Deutschen schlechthin erscheint, dann mag das - zumal aus heutiger Perspektive - als irrational oder pseudowissenschaftlich charakterisiert werden - zeitgenössisch bildete diese Wahrnehmung allemal das Fundament dafür, bestimmte Handlungen zu propagieren und auch zu vollziehen, und die Folgen dieser Handlungen waren der ganz und gar wirkliche Tod von Millionen von Menschen.

Hannah Arendt hat das sehr anschaulich beschrieben: »Die Nazis handelten wirklich so, als ob die Welt von Juden beherrscht sei und einer Gegenverschwörung bedürfe, um gerettet zu werden. Die Rassedoktrinen waren nicht mehr eine Theorie höchst zweifelhaften wissenschaftlichen Wertes, sondern wurden jeden Tag innerhalb einer funktionierenden Welt

16 Ebd., S. 357.

realisiert, in deren Rahmen es höchst 'unrealistisch' gewesen wäre, ihren Realitätswert zu bezweifeln.«[17] Die schlichte Evidenz des Thomas-Theorems mag hilfreich dafür sein, sich zu vergegenwärtigen, daß Menschen eben nicht zu allen Zeiten und in allen Gegenden der Welt im Rahmen identischer Perzeptionen und moralischer Urteile handeln, sondern daß es im Gegenteil die Unterschiedlichkeit der Rahmenvorgaben ist, die einmal diese und einmal jene Handlung als die richtige erscheinen läßt. Weiter gibt es auch Auskunft darüber, weshalb es möglich sein kann, daß jemand sich als moralisch vollkommen integres Subjekt wahrnehmen kann, der aus einer anderen Perspektive als geradezu außerweltlich amoralisch erscheint.

Die eingangs zitierte Unterstellung, daß zuvor vorhandene moralische Skrupel erst hätten ausgeschaltet oder überwunden werden müssen, bevor die Bereitschaft zum Töten hergestellt werden konnte, entpuppt sich vor diesem Hintergrund als *wishful thinking*: es könnte im Gegenteil viel mehr zur Erklärung von Täterhandeln beitragen, wenn man wenigstens probehalber davon ausginge, daß sich Schreibtischtäter gerade im Ausarbeiten ihrer Mordprogramme als moralisch handelnde Menschen empfanden, und daß unmittelbare Täter das Gefühl ihrer moralischen Integrität - in Kohlbergs Formulierung, das Gefühl, »ein guter Kerl« zu sein - gerade aus dem Bewußtsein bezogen, bei allem, was sie taten, »anständig« zu bleiben, das heißt im Sinne überpersonaler und übersituativer Normen zu handeln.

3.

»Von euch werden die meisten wissen, was es heißt, wenn 100 Leichen beisammen liegen, wenn 500 daliegen oder wenn 1000 daliegen. Dies durchgehalten zu haben, und dabei - abgesehen von Ausnahmen menschlicher Schwäche - anständig geblieben zu sein, das hat uns hart gemacht.«[18] Aus dieser oft zitierten Passage aus der Rede Himmlers vor dem obersten Führerkorps der SS im Oktober 1943 geht die unproblematische Verkoppelung von Töten und Moral auch ohne tiefschürfende Interpretation hervor. Es ist diese Verkoppelung aus der Einsicht in die Notwendigkeit auch unangenehmer Handlungen und dem Gefühl, diese notwendigen Handlungen gegen das eigene mitmenschliche Empfinden auszuführen, die die

17 Arendt, Hannah: Elemente und Ursprünge totaler Herrschaft, München 1986, S. 573.
18 Heinrich Himmler, zitiert nach Kommandant in Auschwitz. Autobiographische Aufzeichnungen des Rudolf Höß, hrsg. von Martin Broszat, München 1963, S. 16.

Basis bietet, sich als »anständig« wahrzunehmen - als jemand, der - um Rudolf Höß zu zitieren - »ein Herz hatte«, der »nicht schlecht war.«[19]

Dabei bliebe freilich noch genauer zu untersuchen, was eine solche Ethik der Anständigkeit umfaßte. Ich möchte diese Frage exemplarisch zunächst anhand des Falles des Kommandanten von Treblinka, Franz Stangl, skizzieren, um dann abschließend einige generalisierende Schlußfolgerungen anzudeuten.

Stangl, 1908 in Österreich geboren, von 1940 bis 1942 Polizeivorstand der Euthanasieklinik Schloß Hartheim, von März bis September 1942 Kommandant von Sobibor, war bis zum August 1943 der Kommandant des Vernichtungslagers Treblinka. 1971 hat er der Journalistin Gitta Sereny ausführliche Interviews über seine Vergangenheit gegeben, die das Material der folgenden Ausführungen liefern. Sereny selbst interessiert sich zentral für die Frage der Schuldanerkenntnis und -verarbeitung durch die Täter selbst, und auch sie geht implizit davon aus, daß ihre Gesprächspartner insgeheim ein tiefes Schuldgefühl empfinden - was ja wiederum voraussetzt, daß sie gegen eigene moralische Maßstäbe verstoßen haben. Stangl spricht Sereny zufolge nur ein einziges Mal von Schuld, und zwar im Zusammenhang eines Verhörs, in dessen Verlauf ein Opfer aufs äußerste erniedrigt wird.[20] Sereny interpretiert Stangls Schuldbekenntnis in diesem vergleichsweise noch harmlosen Fall als Verschiebung dafür, daß er im Zusammenhang der circa eine Million Menschen, die er auf dem Gewissen hatte, von Schuld nicht sprechen konnte. Auch hier setzt sie wiederum voraus, daß Stangl Schuld darüber empfand, daß in Sobibor und Treblinka unter seinem Kommando so unvorstellbar viele Menschen umgebracht wurden, und sie hat auch eine psychologische Erklärung dafür, warum Schuldbekenntnisse in solchem Zusammenhang nahezu unmöglich sind: »Nur ein Ungeheuer hätte an solchen Taten selbst aktiv teilnehmen, seine Schuld eingestehen und dann... noch weiterleben können.«[21]

Die Autorin sieht bei dieser Einschätzung nicht nur davon ab, daß Stangl auch im Zusammenhang des erwähnten Verhörs seine Schuld lediglich darin gesehen hat, nicht zu realisieren, in was »die Deutschen« ihn »hineingezogen« hatten, daß er mithin schon in diesem Zusammenhang ein etwaiges Schuldbewußtsein externalisiert, sondern daß ihre These vom

19 Höß, Rudolf: Meine Psyche. Werden, Leben und Erleben, in: Kommandant in Auschwitz (Anm. 18), S. 23-156, hier S. 156.

20 Vgl. Sereny, Gitta: Am Abgrund. Gespräche mit dem Henker. Franz Stangl und die Morde von Treblinka, München 1995, S. 41.

21 Ebd., S. 41f.

»Ungeheuer« durch nichts gedeckt ist als durch die Verwechselung ihres eigenen normativen Selbstbildes mit dem einer anderen Person.

Stangl selbst zeigt emotionale Betroffenheit gegenüber seinen Opfern nur dann, wenn sie schon tot sind und irgendetwas mit ihrer Beseitigung nicht funktioniert: »Sie hatten zuviele Leichen (in ein Grube) hineingelegt, und die Verwesung war so weit fortgeschritten, daß unten alles flüssig wurde. Die Leichen sind übergequollen, aus der Grube hinaus - und den Berg hinuntergerollt. Ich hab da welche gesehen - mein Gott, es war fürchterlich.«[22] Stangl löst diese Probleme der Konfrontation mit grauenerregenden Szenen - ganz ähnlich wie der Auschwitz-Kommandant Rudolf Höß[23] - durch Distanzierung vom Geschehen: entweder schaut er weg oder vermeidet die Schauplätze des Tötens generell (»In Sobibor konnte man fast vollkommen vermeiden, es zu sehen«[24]), oder er stürzt sich in manische Aktivitäten,[25] die ihn qua Arbeitsüberlastung darin hindern, wahrzunehmen, welche Resultate seine Arbeit hervorbringt.

Interessanter als solche Vermeidungsstrategien der unmittelbaren Konfrontation mit den ekelerregenden Aspekten seiner Aufgabe ist aber, welche Einschätzungen Stangl in den Interviews gegenüber den moralischen Aspekten seines Tuns abgibt - etwa wenn er auf der Grundlage des auf der Polizeischule Gelernten einzuschätzen versucht, ob er an verbrecherischen Handlungen beteiligt gewesen sei: »In der Polizeischule hatten sie uns beigebracht - ich erinnere mich genau, es war Rittmeister Leitner, der das immer sagte -, daß ein Verbrechen vier Grundvoraussetzungen erfüllen muß: die Veranlassung; den Gegenstand; die Tathandlung und den freien Willen. Wenn eines von diesen vier Prinzipien fehlte, dann handelte es sich nicht um eine strafbare Handlung... Sehen Sie, wenn die 'Veranlassung' die Nazi-Regierung war, der 'Gegenstand' die Juden, und die 'Tathandlung' die Vernichtungen, dann konnte ich mir sagen, daß für mich persönlich das vierte Element, der 'freie Wille' fehlte.«[26]

Sereny hält diese Theorie Stangls für eine Exkulpationsfigur, die der Verschleierung seines eigenen Schuldempfindens dient. Verschiedene andere Interviewausschnitte zeigen aber, daß Stangl in anderen Zusammenhängen, die im Rahmen seines Verantwortungsbereiches mit dem verknüpft waren, was er als »freien Willen« bezeichnet, großen Wert auf

22 Stangl, zitiert nach Sereny: Am Abgrund (Anm. 20), S. 129.

23 Vgl. Welzer, Harald: Härte und Rollendistanz. Zur Sozialpsychologie des Verwaltungsmassenmordes, in: Leviathan 21, 3, 1993.

24 Stangl, zit. nach Sereny: Am Abgrund (Anm. 20), S. 131.

25 Ebd., S. 235.

26 Ebd., S. 189f.

eine genaue Charakterisierung seiner Handlungsweise legt. Dabei spielt die Zurückweisung des Verdachts, er habe persönlich etwas gegen Juden gehabt, eine ebenso zentrale Rolle wie die für ihn peinliche Vorstellung, er habe als Kommandant irgendwelche Unkorrektheiten durchgehen lassen. So schildert er etwa die Beschwerde eines gerade in Treblinka angekommenen Juden (»ein anständig aussehender Kerl«), der sich über einen Aufseher beklagte, der ihm Wasser versprochen hatte, wenn er ihm dafür seine Uhr geben würde. »Aber dann hatte der Litauer die Uhr genommen, ihm aber kein Wasser gegeben. Ja, das war nicht korrekt, oder? Auf jeden Fall, Klauen hat's bei mir nicht gegeben. Ich habe die Litauer sofort gefragt, wer die Uhr genommen hatte. Aber es hat sich niemand gemeldet. Franz... flüsterte mir zu, daß es sich um einen der litauischen Offiziere handeln könnte - die Litauer hatten sogenannte Offiziere - und daß ich doch nicht einen Offizier öffentlich blamieren könnte. Ich habe ihm gesagt: 'Das interessiert mich absolut nicht, was ein Mann für eine Uniform trägt. Mich interessiert nur, was in ihm drinnen steckt.' Das ist auch sofort nach Warschau weitergegangen. Aber das war mir ganz egal. Was recht ist, muß recht bleiben, stimmt das nicht?«[27]

Auffällig ist hier das Ethos der überpersonalen Korrektheit, das den Juden als Beschwerdeführer genauso einbezieht wie das mögliche Fehlverhalten verbündeter Offiziere - »was recht ist, muß recht bleiben« ist Stangls Handlungsmaxime, die völlig unvermittelt zu dem Kontext ist, in dem die ganze Situation sich abspielt, und die völlig abgekoppelt von dem Umstand ist, daß der Beschwerdeführer wahrscheinlich noch vor dem Ende von Stangls Recherche in der Gaskammer ermordet worden ist. Auf Serenys Frage jedenfalls, was mit dem Mann geschehen sei, antwortet Stangl lapidar: »Ich weiß nicht.« Der Kontext der Massenvernichtung bleibt Stangl im Rahmen seiner Geschichte völlig äußerlich, wichtig ist ihm - wie Rudolf Höß im Rahmen analoger Geschichten - die Herausstellung seiner korrekten Handlungsweise, die von persönlichen Bevorzugungen oder Benachteiligungen strikt absieht. Daraus schöpft sich die moralische Integrität, die Stangl sich selbst zuschreibt, und da sie sich auf der Ebene des konkreten Handelns wenigstens aus seiner Sicht unzweifelhaft darstellen und belegen läßt, vermag die sonstige Erfüllung seiner Aufgaben, soweit sie seinem »freien Willen« nicht unterlag, keinerlei Beunruhigung bei ihm hervorzurufen.

Dazu allerdings ist eine andere Geschichte geeignet, die Stangl in die Gefahr bringt, als aus persönlichen Motiven heraus handelnd, ja, als sadi-

27 Ebd., S. 197.

stischer Charakter dargestellt zu werden - und diese Geschichte ist es entsprechend auch, die ihn in seinen Gesprächen mit Sereny in größter Unbehaglichkeit und Aufregung zeigt. Es geht dabei um den Zeugen Stan Szmajzner, der als 14jähriger Junge nach Sobibor kam und im Lager der Vernichtung entgehen konnte, weil er Qualitäten als Goldschmied bewies und offenbar eine Art von Sympathie bei Stangl wecken konnte. Stangl ließ sich mehrere Schmuckgegenstände von ihm fertigen und kam gelegentlich, wie Szmajzner berichtete, auch nur zum Plaudern zu ihm. Eine wichtige Rolle bei seinen gerichtlichen Aussagen spielte, daß Stangl ihm jeden Freitagabend Würstchen brachte mit den Worten: »Hier sind Würste für Dich, um den Sabbat zu feiern.« Auf die damit angedeutete Infamie, den jüdischen Jungen dazu zu verführen, nicht koscheres Fleisch ausgerechnet am Sabbat zu essen, kam Stangl in seinen Gesprächen mit Sereny mehrere Male zurück, und in der Tat war es genau diese Geschichte, die ihn von allen Zeugenaussagen im Prozeß gegen ihn am meisten beunruhigte und aufbrachte: »Diese Sache mit den Würstchen wurde absichtlich mißgedeutet... Es ist wahr, daß ich ihm Sachen zum Essen brachte, und wahrscheinlich waren auch Würstchen dabei. Aber nicht um ihn mit Schweinefleisch zu locken oder ihn zu verhöhnen: Ich brachte ihm ja auch andere Sachen. Ich glaube, es war, weil wir selbst unsere Lebensmittelzuteilungen am Freitag bekamen und weil das Lager ja meistens voll mit Essen war und uns Nahrungsmittel übrigblieben. Ich mochte diesen Jungen.«[28]

Für unseren Zusammenhang ist es ganz gleichgültig, ob Stangl seine Gaben tatsächlich aus einer besonderen Infamie heraus oder gutwillig und bloß gedankenlos darbrachte - bemerkenswert ist dabei, daß ihm nicht seine verantwortliche Beteiligung an den Massenmorden zu schaffen machte oder die Tatsache, daß er zwei Vernichtungslager kommandiert hatte, sondern daß seine moralische Integrität im persönlichen Umgang mit einer konkreten Person öffentlich in Zweifel gezogen wurde. Sereny selbst sieht das ganz richtig - »das, was er konkret getan hatte, und nicht das, was er war«, machte ihm am meisten zu schaffen[29] - allerdings sieht sie darin einen weiteren Beleg für Stangls »moralische Korrumpiertheit« und die Weigerung, »sich mit der totalen Veränderung seiner Person auseinanderzusetzen.«[30]

Auch hier zeigen die verwendeten Begrifflichkeiten die zugrundeliegende Theorie an: der eigentlich integre Stangl hat sich im genozidalen Prozeß

28 Ebd., S. 149.
29 Ebd., S. 150.
30 Ebd., S. 150.

korrumpieren lassen und sein moralisches Vermögen verloren. Die umgekehrte Deutung wäre viel naheliegender: Stangl hat keine oder kaum Probleme mit der »Arbeit« gehabt, die er seiner Auffassung nach zu verrichten hatte, und dies insbesondere dann nicht, wenn er sich in bezug auf seine Person als »guten Kerl« wahrnehmen konnte: gerecht, sachlich, ohne Parteinahme und gelegentlich über seine Vorschriften hinaus hilfreich und freundlich. Die Aufrechterhaltung dieses Selbstbildes des Vernichtungslagerkommandanten wird es gewesen sein, die sichergestellt hat, daß Stangl ob seiner eigentlichen Funktion, die darin bestand, Massen von Menschen dem Tod zuzuführen, eben keinerlei moralische Bedenken befielen: hier ist eine Aufgabe, die in ein Universum so oder so begründbarer Zwecke einzuordnen ist, dort ist das fallweise rollendistanzierte Individuum, das seine Aufgaben jederzeit pflichtgemäß zu erfüllen bereit ist, aber daneben auch »Mensch bleiben« will.

Der Zweifel an dieser letzteren Eigenschaft ist es denn auch im Gegensatz zu seinen eigentlich maßstabslosen Verbrechen, was ihn bedrückt - und gerade hier geht es ihm insbesondere in den Gesprächen mit Sereny um ein Zurechtrücken seiner Handlungen. Daß er im übrigen in den Lagern nicht erst moralisch korrumpiert wurde, sondern - wenn man denn kategorial so operieren möchte - es schon von Beginn an war, erschließt sich unter anderem daraus, daß Stangl die Stirn hatte, dem Ausladen der eingetroffenen Transporte von Deportierten im weißen Reitanzug beizuwohnen. Seine Begründung dafür bestand darin, daß er erstens wegen der schlechten Wege das Reiten als Fortbewegungsart bevorzugte, daß es zweitens heiß und drittens Zufall gewesen sei, daß der Schneider im Nachbarort lediglich einen weißen Leinenstoff verfügbar hatte, als Stangl wegen des Verschleißes seiner Uniform beschloß, sich einen Anzug machen zu lassen. Dieser besondere Verschleiß wiederum resultierte Stangl zufolge aus der mehrmaligen Desinfektion seiner Kleider wegen Sandfliegenbefalls. Als Stangl diese Geschichte erzählt, hakt Sereny ein und fragt: »Diese Sandfliegen müssen für die Gefangenen ein schreckliches Problem gewesen sein.« Worauf Stangl lapidar antwortet: »Nicht jeder reagierte so empfindlich auf sie wie ich... Sie mochten mich halt.«[31]

Auch wenn man hier gewiß von einem völligen Fehlen von Empathie und einer nachgerade schizoiden Gedankenlosigkeit sprechen kann - einen Prozeß von moralischer Korrumpierung deutet diese Episode gerade nicht an, sondern ein vorgängiges und ganz fragloses Gefühl von Superiorität und Allmacht, die Stangl ganz im Gegensatz zu den Zweifeln an seiner

31 Ebd., S. 137.

moralischen Integrität auch noch 25 Jahre nach den Ereignissen in keinerlei Beunruhigung stürzt. Mit Bestürzung allerdings erfüllt ihn, daß es gerade dieser Anzug war, der ihn retrospektiv im Chaos der ankommenden Transporte für überlebende Zeugen identifizierbar machte als jemand, der in die Menge gefeuert hatte - was ihn wiederum aufs tiefste empört und zu Beteuerungen veranlaßt, niemals in Menschenmengen geschossen zu haben.[32] Und komplementär zu dieser Empörung gegenüber der Erschütterung seiner Integrität durch solche Aussagen sind Geschichten, die Stangl erzählt, um gerade diese unter Beweis zu stellen - wie jene vom Häftling Blau, den er - offenbar aus Sympathie - zum Koch gemacht hatte: »Er wußte«, berichtet Stangl, »daß ich ihm helfen würde, wann immer ich konnte. Eines Tages klopfte er in der Frühe an meine Bürotür, stand habt acht und bat um Erlaubnis, mit mir zu sprechen. Er sah sehr besorgt aus. Ich sagte: 'Natürlich, Blau, kommen Sie herein. Was haben Sie denn auf dem Herzen?' Er antwortete, es wäre wegen seinem 80jährigen Vater. Er sei mit dem Morgentransport angekommen. Könnte ich nicht etwas tun? Ich sagte: 'Nein, wirklich, Blau, das ist unmöglich, das verstehen Sie doch; ein Achtzigjähriger...' Er erwiderte schnell, daß er das natürlich verstünde. Aber könnte er mich um Erlaubnis bitten, seinen Vater ins 'Lazarett' (anstatt in die Gaskammer) bringen zu dürfen? Und könnte er seinem Vater vorher in der Küche etwas zu essen geben? Ich antwortete ihm: 'Gehen Sie und tun Sie, was Sie für das Beste halten, Blau. Offiziell weiß ich von nichts. Aber inoffiziell können Sie dem Kapo von mir sagen, es geht in Ordnung.' Als ich am Nachmittag zurück ins Büro kam, wartete Blau schon auf mich. Er hatte Tränen in den Augen, stand habt acht und sagte: 'Herr Hauptsturmführer, ich möchte Ihnen danken. Ich habe meinem Vater zu essen gegeben und ihn ins 'Lazarett' gebracht - es ist alles vorüber. Ich danke Ihnen sehr.' Ich antwortete: 'Ja, Blau, da ist gar nichts zu danken, aber wenn Sie mir danken wollen, dann können Sie es natürlich tun.'«[33]

Gerade der Eindruck von einem unglaublichen Zynismus, mit dem man eine solche Geschichte von heute aus zur Kenntnis nimmt, geht an der ja nachgerade treuherzigen Intention Stangls, diese Episode zu erzählen, glatt vorbei: sie ist eben nicht der Beleg für einen moralischen Verfall, sondern dafür, daß sich jemand im Rahmen der zeitgenössischen normativen Orientierungen schon als guten Menschen wahrnehmen konnte, wenn er einem Menschen durch eine Unterlassungshandlung den Weg in den Tod ein wenig erleichterte. Die Tatsache, daß Stangl in der Lage ist, derlei

32 Ebd., S. 143.
33 Ebd., S. 244.

Geschichten als Beispiele für seine »menschliche« Haltung zu erzählen, zeigt das Auseinanderfallen der normativen Orientierungen von Erzähler und Zuhörerin, damit aber, daß Täter wie Stangl erstens in einem anderen normativen Rahmen gehandelt haben, als wir ihn nachträglich als Maßstab an ihre Wahrnehmungen, Deutungen und Handlungen anlegen, und daß sie zweitens ein - wie auch immer makabres - Handeln als »gute Menschen« offensichtlich benötigten, um ihr Selbstbild als integre Persönlichkeit aufrechtzuerhalten. In dieser Sicht wird die Moral zu einem psychologischen Accessoire, das eben gerade nicht geeignet ist, die Bereitschaft zum Mord zu hemmen, sondern sie im Gegenteil erst sicherzustellen.

4.

Es scheint einen grundlegenden Widerstand von Menschen dagegen zu geben, als »schlecht« zu gelten, und noch der skrupelloseste Verbrecher scheint aller Erfahrung nach größten Wert darauf zu legen, in irgendeiner Facette seiner Persönlichkeit als »menschlich« wahrgenommen zu werden. Diese Alltagsbeobachtung vermag in einer sozialpsychologischen Perspektive kaum zu irritieren, die davon ausgeht, daß es jenseits von sozialer Eingebundenheit menschliches Leben schlichtweg nicht gibt - und insofern, da kann man Sereny allerdings zustimmen, wäre es für Täter vom Schlage Stangls denn in der Tat zuviel gewesen, sich als das Ungeheuer zu erkennen, das er in unserer Perspektive war.

Aber war er tatsächlich ein Ungeheuer? Diese Frage ist politisch wie moralisch vielleicht ganz umstandslos zu entscheiden, nicht aber wissenschaftlich. Sozialpsychologisch betrachtet, und das sträubt man sich angesichts des Ungeheuerlichen seiner Taten zu schreiben, hat er nichts anderes getan, als sich einerseits im Rahmen zeitgenössischer normativer Paradigmen, wissenschaftlicher Lehrmeinungen, militärischer Pflichtauffassungen und kanonisierter Ehrendefinitionen zu verhalten und andererseits sich ebenso zeitgenössischer Definitionen von »Anständigkeit« zu versichern - und diese Ethik von »Anständigkeit« war es denn auch, die ihn, wie angedeutet, noch Jahrzehnte nach seinen Taten lediglich daran zweifeln ließ, ob er nicht im konkreten zwischenmenschlichen Verhalten gefehlt habe.

Dieser Zweifel an der durchgehaltenen Anständigkeit findet sich immer, wenn man sich mit autobiographischen Materialien über signifikante Täter beschäftigt, wo diese sich mit der persönlichen Dimension ihres Tuns beschäftigen, dort also, wo sich etwa Stangl mit dem Vorwurf persönlicher Gemeinheit konfrontiert sieht, wo etwa Höß über von ihm selbst begangene Handlungen räsonniert, »die jedem noch menschlich Empfindenden das Herz im Leibe umdrehen ließen«[34], oder wo einer der von Christopher Browning untersuchten Polizeibataillonsangehörigen die folgende Überlegung zu Protokoll gibt: »Ich habe mich, und das war mir möglich, bemüht, nur Kinder zu erschießen. Es ging so vor sich, daß die Mütter die Kinder bei sich an der Hand führten. Mein Nachbar erschoß dann die Mutter und ich das dazugehörige Kind, weil ich mir aus bestimmten Gründen sagte, daß das Kind ohne seine Mutter doch nicht mehr leben konnte. Es sollte gewissermaßen eine Gewissensberuhigung für mich selbst sein, die nicht ohne ihre Mutter mehr lebensfähigen Kinder zu erlösen.«[35]

Die Psychologie hat für solche Ungeheuerlichkeiten ein ganzes Arsenal von Kategorien zur Verfügung - Rationalisierung, Dissonanzreduktion, Abwehr, Abspaltung, was immer -, aber allzu selten wird auf die eher triviale psychologische Notwendigkeit hingewiesen, daß Handlungen für den, der sie vollzieht, in irgendeiner Weise mit Sinn belegbar sein müssen[36] und in irgendeiner Weise überführbar sein müssen in ein Selbstkonzept, das das Gefühl der eigenen moralischen Integrität nicht massiv infragestellt. Angesichts dessen kann man schon über die wenigen Fälle beglückt sein, in denen Täter verzweifelt sind und mit Nervenzusammenbrüchen, Alkohol, Drogen oder Desertionen auf die subjektive Unmöglichkeit reagiert haben, zu tun, was ihrer Wahrnehmung nach von ihnen verlangt wurde. Daß die weit überwiegende Zahl von Tätern ganz offenbar an ihren Aufgaben nicht zerbrach, sagt vielleicht etwas darüber aus, welche Rolle die Selbstvergewisserung über ihr moralisches Vermögen in jenen Handlungszusammenhängen spielte, die in der Vorbereitung oder Durchführung massenhaften Mordens bestanden.

Das Verhältnis von Massenmord und Moral müßte in dieser Perspektive genau andersherum diskutiert werden als gewöhnlich: nicht die Frage, wie moralische Hemmnisse überwunden werden konnten, führt zu einer Erklärung des Täterhandelns, sondern der Befund, daß die Selbstvergewisserung über ein trotz allem noch intaktes moralisches Vermögen die Taten für die Täter ermöglichte. Ich habe diesen erschreckenden Befund an anderer Stelle im Rahmen des Konzepts der Rollendistanz beschrieben,[37] einer

34 Höß: Meine Psyche (Anm. 19), S. 120.

35 Browning, Christopher R.: Ganz normale Männer. Das Reserve-Polizeibataillon 101 und die »Endlösung« in Polen, Reinbek 1996, S. 107.

36 Genau darauf hat bereits Raul Hilberg im ersten Satz seiner Untersuchung über die Täter hingewiesen, vgl. Hilberg, Raul: Die Vernichtung der europäischen Juden Bd. 3, Frankfurt a.M. 1991, S. 1061.

37 Welzer: Härte und Rollendistanz (Anm. 23).

zentralen Bedingung professionellen Handelns, die - Erving Goffman zufolge - den Abstand zwischen dem Individuum und seiner Rolle, »zwischen Tun und Sein« bezeichnet. »Tatsächlich«, so Goffman, »verleugnet das Individuum nicht die Rolle, sondern das mögliche Selbst, das die Rolle für alle Rolleninhaber impliziert, die sich nicht dagegen wehren.«[38]

Vor dem Hintergrund eines solchen Konzepts, das einen Mechanismus der Bewältigung professioneller Anforderungen beschreibt, schrumpft das Handeln der Täter auf ein Normalmaß ein, das allerdings mehr Schrecken bereithält, als jede Vorstellung, sie wären sadistisch, schizoid, verroht, korrumpiert oder was auch immer gewesen. Das moralische Vermögen, so müßte man nun ergänzen, übernimmt im Rahmen dieses Konzepts bloß die Funktion, die Distanz von der jeweiligen Rolle im Prozeß des Massenmordes sicherzustellen. Das Verhältnis von Massenmord und Moral ist in dieser Sicht nicht kontradiktorisch, sondern das einer wechselseitigen Bedingung - mit amoralischen Tätern hätte sich der Massenmord nicht durchführen lassen.

38 Goffman, Erving: Rollendistanz, in: Symbolische Interaktion, hrsg. von Heinz Steinert, Stutgart 1973, S. 260-279, hier S. 265.

Gerhard Armanski

GULag - Hinterhöfe des Stalinismus

1. Die vergessenen Opfer

Die Tiefe der menschlichen Tragödie und die historische Tragweite der nationalsozialistischen Konzentrationslager wird nie zu ermessen sein, und dies, obwohl unablässig und in letzter Zeit auch zunehmend Versuche unternommen werden, sie auszuleuchten. Vergleichbares läßt sich vom GULag, dem stalinistischen Lagersystem, nicht sagen. Obgleich er nicht wie jene von einem Schleier des Halbwissens umgeben war, gab es bis in die 80er Jahre dieses Jahrhunderts keine politischen und wissenschaftlichen Mittel, um ein auch nur annähernd angemessenes Bild von ihm herzustellen. Von den Betreibern jahrzehntelang mit Schweigen bedeckt, von Gegnern wie Freunden der Sowjetunion gleichermaßen vage ins Feld geführt beziehungsweise abgewiesen und von keiner gesellschaftlichen Instanz in die Schranken gefordert, blieb der Archipel GULag weithin eine *terra incognita*. Auch die literarisch-soziologische Pionierleistung Alexander Solschenizyns vermochte daran nichts zu ändern. Im ideologischen Niemandsland zwischen den Fronten des Kalten Krieges schlug sie nur weitab Wellen. Von einer kleinen Gruppe von Literaten, meist selbst ehemaligen Häftlingen, abgesehen, schien sich niemand ernsthaft und nachhaltig mit dem GULag zu beschäftigen. Auch die Perestroika hat daran nichts geändert. Es scheint, als wäre alles im riesigen Bauch der ehemaligen Sowjetunion verschwunden. In den Mühen des sich Zurechtfindens besteht mindestens derzeit *oben* kein Interesse und *unten* keine Kraft, das politische Drama der Lager im Gedenken aufzurollen oder etwa ihre dinglichen Überreste zu bewahren. Beide dämmern vor sich hin.[1] Sowohl drüben[2] wie hüben[3] gibt es bescheidene Ansätze der Sammlung, Sichtung und Aufarbeitung des vorhandenen dokumentarischen Materials. Aber die Archive sind bereits wieder halb geschlossen, die Forschungsmotive dispa-

1 Vgl. den ausgezeichneten Film »Verbotene Zone« (Die Gezeichneten) über die Straflager des Ural von Andrzey Klamt und Ulrich Rydzewski, ARTE 1995.

2 Vgl. die Arbeit der russischen Gruppe Memorial.

3 Vgl. die Tagungsberichte im Bulletin Nr. 5 der Berliner Gesellschaft für Faschismus- und Weltkriegsforschung, Berlin 1995.

rat und die Mittel dafür nicht eben reichlich. Insofern ist für die nächsten Jahre kaum damit zu rechnen, daß über Autobiographien und analytische Fragmente hinaus eine umfassendere Monographie greifbar sein wird.[4] In diesem Dilemma steckt die folgende Skizze.

2. Nachgeholte Moderne?

Die Sowjetunion stellte ein infolge der russischen Geschichte gegenüber dem Westen zurückgebliebenes Land dar. Anstelle des Adels oder Bürgertums war der Zar der entscheidende »Sammler der russischen Erde«. Die außerökonomische Gewalt des Staates bildete nicht das Instrument und die Begleiterscheinung der gesellschaftlich-wirtschaftlichen Entwicklung, wie das in der bürgerlichen Geschichte die Regel war, sondern deren Agens. Vor seiner Allmacht verblaßten die Klassen und erst recht die Individuen. »Es verblüfft an der russischen Geschichte, daß ihr jede Achtung vor dem Menschen fehlt... Der Mensch ist nichts anderes als Dünger für die Äcker des Staates.«[5]

Die Überwindung der Fremdherrschaft und (partiell) der Rückständigkeit wurden mit hohen menschlichen und moralischen Kosten erkauft. In drei gewaltigen Kraftakten versuchten die Zaren und ihre Nachfolger, ihr Land nach dem mehr oder minder unverhohlenen Vorbild des Westens zu modernisieren: im 16. Jahrhundert Iwan IV., der Schreckliche (eigentlich: Furchtgebietende), im 18. Jahrhundert Peter der Große, im 20. Jahrhundert Stalin. Im scharfen Nachtrab der Moderne griffen sie von Staats wegen zu äußerst barbarischen Mitteln, um die überlieferte Barbarei hinter sich zu lassen und mit den anderen europäischen Mächten rivalisieren zu können. Schwer lastete der autokratisch-bürokratische Apparat auf der Gesellschaft. Der Vorgriff auf die Zukunft würgte nicht wenig. Mit der Despotie entstand die Form staatlich organisierter Fron. Beide erreichten bereits im 16. Jahrhundert in Gestalt des zaristischen Terrorismus durch die *Opritschnina* (einer Art Sonderpolizei) und Deportationen erste Höhepunkte. Seit Peter dem Großen gingen die Ausbildung des autokratisch regierten Staates, der Leibeigenschaft und der Zwangsarbeit Hand in Hand.

4 Vorderhand finden sich die einzigen Skizzen nur bei Kaminski, Andrzej: Konzentrationslager 1986 bis heute. Geschichte, Funktion, Typologie, München/Zürich 1990, - dort wird der GULag allerdings in eins gesetzt mit den Konzentrationslagern - und bei Armanski in: Maschinen des Terrors. Das Lager (KZ und Gulag) in der Moderne, Münster 1993. Aber auch Hochschild, Adam: Stalins Schatten. Gespräche mit Russen heute, Steidl, Göttingen 1994, - eine Art sozialarchäologisches Protokoll - schließt diese Lücke nicht.

5 Kusnezow, Eduard: Lagertagebuch. Aufzeichnungen aus dem Archipel des Grauens, München 1974, S. 47.

Was die Gesellschaft nicht aus eigenen Antrieben hervorbrachte, wurde ihr vom Staat mehr schlecht als recht aufgenötigt. Unter Nikolaus I., zur Zeit der europäischen Revolutionen, kam die *Katorga* (Sträflingszwangsarbeit) auf. Die Obrigkeit sah Verbannung und Straflager als ökonomischer und sicherer gegenüber dem Gefängnis an. Die äußere und innere Organisation jener ersten Lager[6] nahm bereits vieles von dem, was da kommen sollte, vorweg: vom bewußten Zusammensperren »Krimineller« und »Politischer« bis zur Degradierung, schlechten Moral und dem geringen Ertrag der Arbeit. Es war eine spezifisch russische Vorgeschichte der Disziplinierung von Körper und Seelen; vor gut hundert Jahren waren etwa 13.000 Personen davon betroffen.[7] Allerdings wären die Lagerbedingungen jener Häftlinge des 19. Jahrhunderts ihren späteren Leidensgenossen hinsichtlich Nahrung, Unterkunft, Kleidung, Müßiggang oder Besuchsregelung geradezu günstig vorgekommen.[8]

»Die Zensur, die Geheimpolizei, das Exil, die Verbannung und die Zwangsarbeit wurden von den Romanows direkt an die Sowjets weitergereicht«,[9] ebenso die Folter und der Fatalismus vieler Opfer. Die Sowjetunion sollte weithin die zaristische autoritär-administrative Staatsfunktion und -ausstattung übernehmen - aber weder aus bloß fortwirkender Tradition noch aus Gusto. Den Revolutionären war klar, daß ohne das Mittun der fortgeschrittenen Länder des Westens eine sozialistische Umgestaltung unmöglich sein würde. Die Rückständigkeit der russischen Ökonomie und Gesellschaft sollte dann politisch formbestimmend werden, als jenes ausblieb. Aus der Zarenzeit hatte man vor allem das Problem geerbt, die industrielle Produktion auf breiter Basis in Gang zu setzen, wenn man den Anschluß nicht verpassen wollte. Das erforderte vor allem eine von ihren Subsistenzmitteln losgerissene Industriearbeiterklasse sowie Massen unentgeltlicher Arbeit, unter anderem zur Gewinnung von Rohstoffen. Dieser Prozeß der ursprünglichen Akkumulation von Kapital hatte in Europa vom 16. (England) bis zum 19. Jahrhundert (Deutschland) gewährt.

In der russischen Geschichte war dies nur lückenhaft und ansatzweise gelungen und sollte nun bei Strafe des Untergangs nachgeholt werden. Aber erst die »voluntaristische Politik der gewaltsamen Beschleunigung der gesellschaftlichen Entwicklung«,[10] nicht die russische Rückständigkeit schlechthin, brachte den stalinistischen Zwangskurs und -apparat hervor.

6 Fenner, Jocelyne: Le Goulag des Tsars, Paris 1986, S. 176-206.
7 Ebd., S. 280.
8 Vgl. Berichte von Dostojewskij und Tschechow.
9 Biagi, Enzo: Lubjanka oder die Gewöhnung an den Tod, Berlin 1991, S. 71.
10 Niemann, Heinz: Vorlesungen zur Geschichte des Stalinismus, Berlin 1991, S. 62.

Andere Fortschrittswege waren möglich und sind auch erwogen worden - sie setzten sich politisch nicht durch. Die Entwicklungsdiktatur des »Sozialismus in einem Land« wälzte durch die Zwangskollektivierung die Eigentumsverhältnisse auf dem Land um. Die vertriebenen Bauern wurden zur Belegschaft und Reservearmee der wachsenden Industrien und hatten die allgemeine Infrastruktur, Grundstoffe und Industriegüter möglichst billig bereitzustellen. Die eigene Bevölkerung wurde kolonialisiert, die sozioökonomisch und politisch Mißliebigen zu Paaren getrieben, die Schraube der Arbeitsdisziplin überall (im »großen« wie im »kleinen« Lager) hart angezogen. Großprojekte der Wirtschaftspläne konnten rücksichtslos durchgezogen und unwirtliche Landstriche »peupliert« werden. In diesem Zusammenhang fungierten die Lager als »Stoßarmeen« - wie die offizielle Propaganda wollte -, de facto als miserable Zwangsanstalt. Verdankte sie sich auch primär ökonomischen Beweggründen, verschlang sie zugleich molochartig politische Gegner, sozial Unzuverlässige, ganze Gruppen, Schichten und Völkerschaften. Der terroristische Zweiteffekt massenhafter Versklavung war kalkuliert und willkommen (er hatte anfangs sogar im Vordergrund gestanden): die Bevölkerung niederzuhalten und möglicher Oppositioneller zu berauben sowie die Bauern und neue Arbeiterklasse neben der alltäglichen Disziplinierung mit allfälliger Deportation zu bedrohen. Es war die politische Ökonomie des Sozialismus in einem rückständigen Land, die in stalinistischer Form auf die gesellschaftliche Notdurft und Isolation mit der Zwangsjacke antwortete.

3. Konturen des GULag

Die Einrichtung der Lager begann bereits kurz nach dem Oktoberumsturz. Im Bürgerkrieg setzten sowohl Lenin wie Trotzki auf autoritär-drakonische Methoden der Machtsicherung und des Arbeitseinsatzes. 1919 bestimmte der bolschewistische Parteikongreß »Besserungsarbeit« zu einer grundsätzlichen Strafform. Die *Tscheka* (Allrussische außerordentliche Kommission zur Bekämpfung der Konterrevolution und Sabotage) beziehungsweise später *(O)GPU* (Staatliche politische Verwaltung) erhielt die Befugnis, auf bloß administrativer Grundlage jeglicher konterrevolutionärer Umtriebe verdächtige Personen festzunehmen, zu deportieren oder zu erschießen. 1923 wurde auf den Solowki-Inseln im Weißen Meer, die eine lange zaristische Deportiertentradition aufwiesen, das erste große Lager installiert.

Anfangs ging es um die Internierung politischer Gegner, die in der Regel nicht arbeiten mußten und noch einem relativ milden Lagerregime unterstanden. Während die Zahl der Gefangenen in den 20er Jahren erst langsam wuchs, baute man die strafrechtlichen Grundlagen beständig aus. Die Verschärfung kam mit dem »linksradikalen« stalinistischen Kurs der Zwangskollektivierung und forcierten Industrialisierung ab 1928 - primärer und infolge der entstehenden Wirren und Widersprüche sekundärer Beweggrund des zunehmenden Terrors. Die Liquidierung der *Kulaken* (Bauern mit Privateigentum) als Klasse fiel mit dem ersten 5-Jahres-Plan und der Einführung von Zwangsarbeit als Mittel zur industriellen Entwicklung zusammen. Häftlinge sollten auf großer Stufenleiter verwendet werden, um wirtschaftliche Großprojekte zu realisieren und deren Kosten zu senken. Das erste dieser Art war der Weißmeer-Ostsee-Kanal, dessen Bau mit großem propagandistischem Aufwand in Szene gesetzt und politisch, erzieherisch wie ökonomisch begründet wurde. Der sozialistischen Strafpolitik, hieß es, ginge es nicht um Sühne, sondern um die Beseitigung der sozialen Gefahr zum Besten der Gesellschaft. Aus Sträflingen sollten gute Werktätige werden. Aber dem Vorhaben unterlagen noch andere Motive: »Das ökonomische Bedürfnis meldete sich... unverhohlen und gierig an: der Staat, der sich vorgenommen hatte, in kurzer Frist zu erstarken... und dafür nur Eigenes zu verwerten, brauchte eine besondere Art von Arbeitskräften; und zwar: extrem billige, noch besser - unbezahlte;... anspruchslose, jederzeit überallhin transportierbare... Solche Arbeitskräfte konnten nur beschafft werden, indem man die eigenen Söhne verheizte.«[11]

Das Land wurde »lagerisiert«, zu Arbeitspflicht und Residenzzwang traten nun in steigendem Maß die Anstalten der Zwangsarbeit. Den Häftlingen ging es materiell und rechtlich schlechter; das Besserungsarbeitsgesetz von 1933 blieb weitgehend Papier. Die Arbeit wurde von der vorgeblichen Erziehung zur Strafe sans phrase. Weitere Gesetze und Verordnungen, insbesondere die »Buchstabenparagraphen« des Artikels 58 des Strafgesetzbuches, dehnten den Feindbegriff aus, zum Beispiel auf Schädiger sozialistischen Eigentums und Vaterlandsverräter, verschärften die Strafform und erhöhten das Strafmaß. 1934 übernahm das neugegründete *NKWD* (Volkskommissariat des Innern, mit Einschluß der Geheimpolizei) die Verwaltung des Lagersystems und bediente sich der *OSO* (Sonderkonferenz bestehend aus dem NKWD-Kommissar, seinen Vertretern und dem Generalstaatsanwalt) als zentralem Einweisungsinstrument. Die üblichen Rechtsgarantien der Person wurden außer Kraft gesetzt, Wohl und Nutzen der proletarischen Staatsmacht standen obenan, und die Gerichte hatten als »unfehlbare Waffen gegen die Klassenfeinde« (Generalstaatsan-

11 Solschenyzin, Alexander: Der Archipel GULAG, 3 Bde., Reinbek bei Hamburg 1978, hier Bd. 2, S. 132.

walt Wyschinski) zu wirken. Das geflügelte Wort, das über allem stand, hieß *Proiswol* (Willkür), ein in der russischen Tradition tief verankerter Begriff, der nun in die Verdachts- und Handlungszwänge der Aburteilungsmaschinerie expandierte.

Es gab Arbeitskolonien, Massenarbeitslager und Straflager mit verschärftem Regime, vielfach funktionell und geographisch unterteilt. Nach dem Krieg unterstanden sie dem *MWD* (Ministerium des Innern) und teilweise dem *MGB* (Ministerium für Staatssicherheit). Im Zentrum des vielarmigen Kraken, der die Gesellschaft umfaßt hielt und aussog, operierte GULag, die NKWD-Hauptverwaltung der Lager in Moskau. Das war eine Superbehörde mit zahlreichen Unterabteilungen nach Lagertypen, Wirtschaftszweigen und Regionen, die - wie *Dalstroj* (Bautrust des Fernen Ostens) - »halbautonome terrorpolizeiliche Wirtschaftsimperien« (Kaminski) bildeten. »Diese Lager konstituieren einen Staat im Staat, weil sie auf dem Territorium, das sie besetzen, eine gänzlich isolierte Situation und Position einnehmen. Den lokalen Autoritäten sind sie in keiner Weise unterstellt. Sie verfügen über ihre Armee und über eigene Polizeikräfte. Sie haben ihre Bevollmächtigten und ihre Gerichte, die nur Moskau unterstehen und niemandem verantwortlich sind.«[12] Der GULag betrieb flächendeckend Lagerzonen unterschiedlicher Zwecke und Größe. Sie waren vor allem im westlichen Teil der Sowjetunion massiert, weiter im Kaukasus sowie im äußersten Norden und Osten. Dort herrschten besonders schwere Bedingungen. So nannte man die eisige Kolyma die »Gaskammer des Nordens«. Insgesamt soll es Anfang der 40er Jahre 80 Zentrallager mit einer unbekannt großen Zahl von Lagerpunkten gegeben haben.

Die Häftlingszahlen sind bis heute nicht genau ermittelt. Gegenüber teilweise überzogen hohen Angaben geht die neuere Forschung meist von durchschnittlich 5 bis 10 Millionen Personen aus.[13] Die Hälfte von ihnen dürfte nach Artikel 58 verurteilt worden sein, die andere setzte sich aus leichteren und schwereren Kriminellen zusammen. Zuweilen mischte man sie mit Absicht. Bis zu den großen Säuberungen hatten die bolschewistischen Oppositionellen noch Privilegien. Danach verschärften sich die Lagerbedingungen, wurde nicht nur die Folter eingeführt, sondern der Vorrang der Kriminellen befestigt. Die Wellen der Verhaftungen und Einweisungen kamen und gingen mit den politisch-ökonomischen Gezeiten

12 Livre Blanc Sur Les Camps de Concentration Soviétiques, hrsg. Commission Internationale Contre Le Régime Concentrationnaire, Paris 1951, S. 100.

13 Vgl. Graziosi, Andrea: The Great Strikes of 1953 in Soviet Labor Camps in the Accounts of their Participants, in: Cahiers du Monde Russe et Soviétique 4, 1992, S. 419-445.

stalinistischer Geschichte. Aus dem gleichen Grund fiel die Lagerexistenz unterschiedlich aus. An Nachschub mangelte es nicht. Die »Zerstörung nach Kategorie« (Tolstaja) erfaßte nach Sollvorgaben oft ganze Personen-, Sozial- oder Volksgruppen. In den 20er Jahren kamen vor allem Mitglieder der zaristischen Oberschicht in die Lager, gefolgt vom Millionenheer der Kulaken. In den 30er Jahren waren es »Trotzkisten«, Verletzer kollektiven Eigentums und »Konterrevolutionäre«. In diese Rubrik fielen viele Mitglieder des Herrschaftsapparates selbst, das heißt Parteifunktionäre, Militärs, Direktoren von Handels- und Industriebetrieben. Ab 1939 verfielen Angehörige, ob Kommunisten oder nicht, als feindlich angesehener Völkerschaften (Balten, Polen, Tataren, Deutsche) der Deportation ebenso wie Kriegsgefangene der Gegner und sowjetische Heimkehrer aus deren Gewahrsam, Disziplinarfälle der Armee und Anhänger Wlassows. Mit und nach dem Kriegsende erreichte das Lagersystem seinen größten Umfang. Nun kamen »Kollaborateure« sowie periodisch aus der Nomenklatura Entfernte dazu. Gleichzeitig verschärfte sich das Lagerregime (Nahrung, Disziplin und Normen). Erst in den Jahren danach entspannte sich die Lage allmählich, bis der GULag mit dem Tod Stalins zu schrumpfen begann und an Bedeutung verlor. In Resten gibt es ihn indes noch heute.

4. Politische Ökonomie der Zwangsarbeit

Der umgebenden Gesellschaft waren und erschienen die Zwangsarbeitslager als gar nicht so abseitig. Der umfangreiche und beständige personelle Austausch zwischen der »großen« und der »kleinen« Zone machte es anscheinend zur Frage von Zeit und Zufall, welcher man anheimfallen würde; sozialmoralisch und ideologisch standen beide in Osmose. Das Gebäude der Macht ruhte auf dem tradierten Gehorsam einer nach dem revolutionären Frühling wieder passiv gehaltenen Bevölkerung, streng reglementierter Arbeit und drakonischen Strafgesetzen - die Lager bildeten die Spitze des Eisbergs, die von der Beschaffenheit des Ganzen kündete und mit ihm verwachsen war. Sie faßten in konzentrierter Form leitende Funktionsprinzipien der sowjetischen Gesellschaft zusammen.

Die schweren Mängel der Wirtschaft sollten mit massenhafter Zwangsarbeit ausgeglichen werden. Für die nationale Planökonomie waren daher die Lager vorteilhaft und notwendig, bildeten geradezu eine ihrer integrierenden Grundlagen. Sie wurden in die 5-Jahres-Pläne eingestellt (freilich nicht als solche deklariert) und waren für deren Durchführung vor allem in der Kriegs- und Nachkriegszeit unerläßlich. »Die Straflager spielen in der sowjetischen Wirtschaft eine lebenswichtige Rolle. Da sie sich wie eine

Kette vom äußersten Norden des europäischen Rußlands und Nordsibiriens zu den verlassensten Orten der zentralen und südlichen Teile des asiatischen Rußlands erstrecken, stellen sie für die Sowjets ein ungeheures Reservoir an Rohmaterial dar. Wie sollte die Wirtschaft des Landes ohne die Kohlengruben an den Flüssen Petschora und Workuta existieren und sich weiterentwickeln, ohne das Eisenerz aus Norilsk oder das Uran, Gold oder Zinn aus Kolyma? Diese gewaltigen Reichtümer müssen gewonnen werden, und die Menschen, die danach graben, sind immer noch die Millionen Strafgefangener. Sie geben die billigsten Arbeitskräfte der Welt ab - einen Sträfling kann man mit weniger als der halben Ration eines sibirischen Hundes ernähren.«[14] 1941 sollen etwa 400.000 Häftlinge in der Holzwirtschaft, eine Million im Bergbau, ebensoviel in Staatsbetrieben, 3,5 Millionen auf dem Bau und 600.000 in Lagerbau und -erhaltung tätig gewesen sein.[15]

Für einzelne Projekte und Produkte schien sich die Zwangsarbeit rentiert zu haben; so war zum Beispiel die Kohle aus dem Lagerbezirk von Karaganda billiger als die vom Donez. In vielen Regionen gab es gar keine anderen Arbeiter als zwangsverpflichtete; sie waren nicht nur in klimatischer Hinsicht unwirtlich. Die *Seki* (Kurzwort für Gefangene) besiedelten unfreiwillig weite, dünnbevölkerte Gegenden und ließen Dörfer zu Städten werden.[16] Die zentralen Volkswirtschaftspläne legten den Lagern Produktionssollzahlen und kostendeckende Häftlingsarbeit auf. Das Plandiktat übersetzte sich in die miteinander verkoppelten Normvorgaben, Brigaden und Brotzuteilungen und wurde von Kommandantur und Produktionsleitung, die oft konkurrierten, überwacht. Aber trotz der Bindung der Nahrungsrationen an die Produktenmenge wurde der vorgegebene Kostenausgleich meist nicht erreicht, und viele Lager erwirtschafteten Defizite.

Während von Kalkül und Blickwinkel des Systems her die Lagerarbeit unerläßlich und daher rentabel war, galt dies keineswegs für die Lagerökonomie im einzelnen. Für den Lebensunterhalt pro Häftling und Tag waren 1941 gut zwei Rubel aufzubringen, für die Betriebs- und Verwaltungskosten gut zwölf.[17] Auf mindestens zwanzig Häftlinge kam ein Wächter, der in der Regel gut bezahlt war. Auch arbeiteten nicht alle Gefangenen. Etwa die Hälfte versah Lagerdienste oder arbeitete aus verschiedenen Gründen nicht. Die extreme Übernutzung der Arbeitskräfte ließ viele Häftlinge oft

14 Solomon, Michael: Sieben Jahre in sowjetischen Straflagern, Bayreuth 1974, S. 338f.
15 Conquest, Robert: The Great Terror. A Reassessment, London u.a. 1990, S. 330f.
16 Vgl. zum Beispiel Norilsk.
17 Vgl. Livre Blanc (Anm. 12), S. 91.

nach wenigen Monaten erlahmen und sterben. Ohne ständigen Nachschub war das Arbeitssoll nicht einmal formell zu halten. Infolge der schlechten Ernährung, Ausrüstung, Unterbringung und Arbeitsmoral betrug die Produktivität der Seki nur einen Bruchteil jener der freien Lohnarbeit auf normalem Reproduktionsniveau. Nur durch mehr oder minder offenes Unterlaufen der gesetzten Aufgaben beziehungsweise Vortäuschen ihrer Erfüllung konnten sich die Seki über die Runden zu bringen hoffen. »Sabotage« wurde schwer geahndet. Die Formen eines verdeckten Klassenkampfs zeigten sich auf Häftlingsseite in allgemeiner Drückebergerei, Pfusch und Verantwortungslosigkeit. »Pro lagernomu«, auf Lagerweise zu arbeiten, bildete die Achillesferse des Systems - und das stellte sich in der Sowjetgesellschaft insgesamt durchaus ähnlich dar. Die Mittel untergruben den Zweck der »Produktionsschlacht für den Sozialismus«.

Der Arbeitsprozeß war neben den genannten Ursachen durch externe, oft unsinnige Vorgaben der Pläne und der Wirtschaftspolitik belastet, die sich um konkrete Bedingungen vor Ort kaum kümmerten. Die desinteressierten und schlecht qualifizierten Seki waren oft einer ebenso willkürlichen wie überbürokratischen Arbeitsleitung ausgesetzt. Aus diesen Zuständen folgte eine riesige Verschwendung von Maschinen, Arbeitsmitteln und vor allem Menschen.[18] So ging etwa die Arbeit in den Bergwerken auf primitivste Art vor sich. In den engen Schächten schufteten die Sträflinge mit unzureichender Arbeitskleidung und -gerätschaft (zum Beispiel ohne Grubenlampen). Dies und mangelhafte Anlagen wie kaum beachtete Arbeitssicherheit führte zu zahlreichen meist tödlichen Unfällen und Krankheiten.

So äußerte sich der innere Widerspruch der politischen Ökonomie der Zwangsarbeit in dürftigen Produktivkräften und dem letztlich selbst betrogenen Produktionsverhältnis der Gewalt. Zu bezahlen hatten das die Seki, aber nicht nur sie: die gesellschaftliche Moral und Leistung insgesamt litten darunter. Der stalinistische Entwicklungsweg, mit barbarischen Mitteln den Rückstand der sowjetischen Gesellschaft zu beheben, sollte Millionen Menschen das Leben kosten, die Gesellschaft vergiften und dennoch oder gerade deswegen scheitern. Die Roßkur hielt zwar den Patienten am Leben und in Bewegung, richtig auf die Beine brachte sie ihn aber nicht.

18 In der Kolyma galt die Faustregel, daß die Förderung von einer Tonne Gold tausend Häftlingsleben verschlang.

5. Die Lagergesellschaft: *Natschalniki, Urki* und *Seki*

Die Häftlinge hießen *Wremmenyje Saklutschonnyje*, »zeitweilig Inhaftierte«, abgekürzt Seki. Aus den unterschiedlichsten Zusammenhängen und Gründen waren sie auf wochen- bis monatelangem Transport, meist per Bahn, über Sammelgefängnisse und Durchgangslager an ihren zeitweiligen oder endgültigen Bestimmungsort, das Strafarbeitslager, gelangt. Vier Fünftel kamen zu den »Allgemeinen«, die den Kern des Lagers bildeten und seinen schweren Bedingungen am heftigsten ausgesetzt waren. Sie waren Fronarbeiter; wie die alten Leibeigenen wurden auch die neuen *Ljudi* (Leute) gerufen und waren in Wohl und Wehe gänzlich von ihren »Herren« abhängig.

Im Verhältnis zur Produktion und zur Verteilung der Produkte bildeten die Häftlinge eine eigene Klasse, der Stalinschen Definition zufolge kraft eigenes Territoriums, spezifischer Geschichte und Kultur gar eine Nation. Sie waren von einem kategorialen Strafsystem den gleichen grausamen Zustände ausgesetzt, unzureichend gekleidet und genährt, von den Entbehrungen gezeichnet. Sie benutzten eine verarmte und knappe Lagersprache, standen unter straffen (in)formellen Verhaltensregeln wie eine eigene Ethnie. In ihrer Wertskala standen Brot, *Balanda* (Suppe) und *Machorka* obenan, gefolgt von Schlaf, »Windmacherei« (bei der Arbeit) und allgegenwärtiger, mißtrauischer Wachsamkeit. Sie waren verschlossen, gleichmütig und vorsichtig, scharfsichtig auf die vitalen Dinge in der Nähe gerichtet, während die Ferne unscharf wurde und verschwamm. Unterhalb der fatalistischen Oberfläche erlosch das Verlangen nach Gerechtigkeit indes nie, äußerte sich in Beschwerden und Revolten, verlor sich bisweilen in der Vergangenheit mit ihrem unweigerlichen Bruch und prägte sich in einer Art Häftlingslatein und -humor aus. Aber die Gefangenen wiesen innerhalb und entgegen dieser Gemeinsamkeit zahlreiche Unterschiede nach individuellem Lebenslauf, sozialer Herkunft, Strafart und -maß sowie Stellung im Lager auf. Sie stellten eine eigene geschichtete Lagergesellschaft dar. Neben den Schwerkriminellen standen Gelegenheitsverbrecher und kleine Gauner. Unter den *Bytowiki* versammelten sich unter anderem Gesetzesübertreter verschiedenster Art. Sie vor allem besetzten die höheren Posten in der Lagerverwaltung. Als Zwischengruppen gab es die »Ordner« sowie die »technischen Spezialisten«. Ganz unten standen die »volksfeindlichen« Politischen, die etwa die Hälfte der Lagerbevölkerung ausmachten. Für jede nach allgemeinem oder politischem Strafrecht erfolgte Verurteilung gab es Kürzel - zusammen mit der Strafzeit, dem Vor- und Vaternamen und dem Geburtstag auf Anforderung zu nennen.

Je nach Strafart und Lager bildete sich eine Hierarchie unter den politischen Häftlingen aus. Die Verurteilung wegen »antisowjetischer Agitation« etwa wog leichter als jene infolge »konterrevolutionärer trotzkistischer Tätigkeit«, die einem Paß in den Tod gleichkam und vielfach in den Reihen der *Katorshniki*, der zu Ankettung und schwerer körperlicher Arbeit bei minimaler Ausstattung und ohne Beziehung zur Außenwelt Verdammten, endete. Unter den Politischen waren alle Gruppen der Bevölkerung vertreten, insbesondere aus der russischen und ausländischen Intelligenz, unter ihnen viele Kommunisten und andere Linke, Christen, als staatsfeindlich angesehene Individuen und Angehörige nichtrussischer Völker, aber auch solche Gruppen wie republikanische Spanier, Beschäftigte der Atomindustrie (also Geheimnisträger), Lageraufständische usw. Sie lebten ziemlich separiert neben- und nicht selten auch gegeneinander. Bewußt wurden sie mit Kriminellen gemischt. In den 30er Jahren herrschte ein regelrechter »Bürgerkrieg« zwischen dem demoralisierten Proletariat und der revolutionären Intelligenz, der später vom NKWD unterbunden wurde.[19]

Offiziell gab es nur die Lagerleitung und die Masse der Sträflinge, eingeteilt nach vier Kategorien: A umfaßte die in der Produktion Tätigen, zu der mindestens 85% gehören sollten; B setzte sich aus dem Personal der Lagerdienste zusammen, nach Planvorgabe nicht mehr als 10%, im Lagerjargon *Pridurki* (Drückeberger) genannt; C und D bildeten schließlich die zeitweise oder endgültig Nichtarbeitenden. Das stand so auf dem Papier; es bedurfte nicht selten erheblicher *Tufta* (oder *Tuchta*), also des Unterschleifs, damit die Verhältniszahlen pro forma stimmten. Alle Gefangenen standen im sozialen Feld der doppelten Lagerobrigkeit, der Häftlingsfunktionäre, der Kriminellen und der »Allgemeinen«. Zwischen der privilegierten NKWD-Lagerleitung, das heißt vor allem dem Kommandanten und dem Produktionsleiter, die oft rivalisierende Ziele auf Kosten der Lagerinsassen verfochten und sich auf mannigfache Weise bereichern konnten, und der Masse der gemeinen Häftlinge standen im besonderen die *Urki* (Jargonwort für Kriminelle) oder *Blatnyje* (Verbrecher), welche die eigentlichen Herren des unmittelbaren Lagerlebens waren. Unter ihrem Regime hatten zeit- und teilweise »die Wächter die Gefangenen nur so weit in der Gewalt, wie die Bajonette und die Strahlen ihrer Scheinwerfer reichten«.[20] Sie waren einflußreich und draufgängerisch und bildeten eine deutlich - auch äußerlich durch eine Art Uniform und Tätowierungen - abgehobene Gruppe innerhalb der Seki. In der russischen Subkultur traditionell veran-

19 Herling, Gustav: Welt ohne Erbarmen, Köln 1953, S. 33.
20 Ebd., S. 32.

kert, von der Lagerleitung toleriert oder gar gestützt, stellten die Urki eine verschworene, bandenähnliche Welt mit einem eigenen Ehrenkodex dar. Sozialromantische Anklänge wären indes irreführend.

In ihrer großen Mehrheit waren die Mitglieder der kriminellen Kommune üble Verbrecher, die auf Kosten der *Frajer* oder *Schtymps* (übrige, vorwiegend politische Gefangene) leben, stark und ungestört sein wollten. Sie raubten, erhielten höhere Normen und hatten weniger zu arbeiten. Der kriminelle Miniaturstaat verfügte über eigene Gesetze und Gerichte, verschaffte sich Werkzeuge und Waffen und exekutierte in der Nacht seine Urteile. Die Urki fuhren gut dabei, und der Lagerleitung Schaden war es nicht. Aus dem Lager entlassen wurden sie so gut wie nie, sie gehörten zum »Stamm«. Die Freiheit draußen war ihnen fremd. Untereinander zerfielen sie in Banden, die von einem Häuptling (*Baldower*) mit unbedingter Autorität angeführt wurden. Diese waren in allen Lagern bekannt und hielten regelrecht Hof, umgeben von ihren Frauen, Agenten und den Bytowiki, den leichteren Kriminellen, die erst als Rückfällige zu Urki werden konnten. Politische fanden zu dieser Welt keinen Zugang beziehungsweise in ihr keine Gnade. Erst nach Stalins Tod vermochte die Obrigkeit die kriminelle Gegengesellschaft im Lager zu zerschlagen.

Das Lagersystem beruhte auf der Kollusion der *Natschalniki* (Lagerleiter), Urki und Pridurki zum Schaden der »Allgemeinen«. Es bildete eine Hack- und Schlagordnung aus, deren Rahmen, weniger aber ihre innere Form von den Bewachern organisiert wurde. Der gewöhnliche Häftling war dem Druck der Leitung, der Kriminellen und seinesgleichen ausgesetzt. Nach manchen Berichten besaß er nur einen Verbündeten, nämlich den Arzt, von dem die Einteilung in Arbeits- beziehungsweise Gesundheitskategorien sowie die Krankschreibung abhing. Etwas besser dran waren die Informanten und Provokateure, die angeblich bis zur Hälfte der Häftlinge ausmachten. Sie waren vor allem wegen des legalistischen Gebarens des sowjetischen Lagerwesens erforderlich, das zum Beispiel für das beliebte Verfahren der Strafverlängerung oder auch das der Hinrichtung rechtsfähiger Zeugen bedurfte. Der »Gevatter« (der NKWD-Bevollmächtige) lockte oder preßte sie in seine Dienste, aber sie hatten dafür auch die Rache ihrer Mithäftlinge, insbesondere der Urki, zu gewärtigen. Eine Spitzellaufbahn konnte so ein abruptes Ende nehmen. Der gewöhnliche Häftling beschloß hingegen sein elendes Schicksal oft als aktenkundiger Invalide. Auf Sparkost gesetzt, abgeschoben und medizinisch kaum versorgt, fiel er meist rasch ins letzte Stadium vor dem Tod, in die Erscheinung der *Dochodjagi* (Abkratzer oder Weggeher), das heißt der unaufhaltsam Heruntergekommenen am unteren Ende der Lagerhierarchie.

Willkürlich und oft zufällig, wie jemand zum Opfer wurde, konnte es nur ein schmaler Grad von Umständen sein, der jenes von den Aufsehern trennte. »In diesem Theater des Entsetzens bekommen die einen Schauspieler die Rollen der Opfer, die anderen die der Henker.«[21] Kraft Angst, Anpassung und Routine funktionierte das Lagerpersonal des MWD beziehungsweise NKWD ohne Umschweife. Es hatte freie Hand und nutzte dies zu oft tödlichem Tun: »Die unbeschränkte Macht in den Händen von beschränkten Menschen gebiert immerzu Grausamkeit.«[22] Gerade da der Dienst der Wächter ebenfalls schwer war, kühlten sie gern ihr Mütchen an den Seki. Aus dem nämlichen Grund konnten sie Groll gegen Umstände und Obrigkeit tragen. Deswegen und weil sie, etwa bei Diebstählen, mit den Häftlingen kollaborierten, wies die Despotie Lücken auf, sie konnte gelegentlich menschliche Züge zeigen. Die Offiziere des MWD/NKWD beziehungsweise der *WOchra* (Truppen der innerstaatlichen Bewachung) stellten kraft Bewerbung, Ausbildung und Dienst eher eine negative Auslese dar, von Macht und Geld geködert. Vom Lagerkommandanten bis zum Wächter »organisierten« sie alle Dienste und Waren für sich. Kaum (selbst)kontrolliert führten sie sich selbstherrlich auf, begriffen das Lager als Eigenleben. In den Berichten erscheinen sie im besten Fall »neutral« und pflichtbewußt, meist aber ebenso faul wie streng und boshaft. Seinen Gipfel erreichte das System bei den hohen Satrapen mit ihrem Gefolge. Es mochte den Häftlingen zur Genugtuung gereichen und war überdies für die konkreten Lagerbedingungen wichtig, daß jene nicht selten jäh in Ungnade fielen, verschwanden oder selbst zu Lagerhäftlingen wurden.

In vieler Hinsicht ähnelte die Lagergesellschaft in ihrer Abstufung von Privileg, Macht und Ausbeutung einer kolonialen Ordnung, nicht zuletzt die gesamtgesellschaftlichen Strukturen der Sowjetunion elbst widerspiegelnd. Selbstherrlichkeit, Willkür und Bereicherung diffundierten von oben nach unten. Spätestens ab der Ebene der mittleren Funktionäre, das heißt vor allem der Freigelassenen (die freiwillig oder gezwungen dem Lagerleben verbunden blieben) und Freien, verzahnte sich das Lager mit der nahen Umwelt. Diese fungierte als Membran zwischen der engeren Zone und der Gesellschaft. Das Lager brauchte dauernd oder zeitweilig Freiensiedlungen um sich, die sich später oft zu großen Städten auswuchsen, gewissermaßen durchlagerte Orte, über die der GULag ins Land strahlte. Diese erweiterte Zone setzte sich aus der Stammbevölkerung, den WOchra-Leuten, Lageroffizieren mit Familien und ehemaligen Häftlingen

21 Ginsburg, Jewgenija Semjonowna: Marschroute eines Lebens, Reinbek 1967, S. 41.
22 Solschenyzin: Gulag (Anm. 11), Bd. 2, S. 498.

zusammen, weiter aus unklaren Randschichten, großen und kleinen Produktions- und Glücksrittern, hängengebliebenen Freien im Lagerdienst. Auch die mühsam ihren verhafteten Männern nachreisenden Frauen lebten hier. Im Lager selbst gab es wenige, infolge ihres Geschlechts besonders unterdrückt und in prekärer Lage.

Der Filter des GULag wirkte nach zwei Seiten. Durch ihn passierten die Massen der aus der Gesellschaft Gerissenen, aber auch die Angst und Lüge des Lagerlebens. »Während sich die Behörden abmühten (ob jemals wirklich?) die Häftlinge mit Hilfe von Losungen, von Kultur- und Erziehungsstellen, von Postzensoren und Lagergevattern umzuerziehen, haben es die Häftlinge viel schneller zuwege gebracht, das ganze Land via Lagerumwelt umzuerziehen. Nach der gelungenen Unterwerfung des Archipels stieß die Weltanschauung der Kriminellen weiter vor und eroberte mühelos den gesamtsowjetischen ideologischen Markt, der eine ihr überlegene Ideologie nicht auf Lager hatte. Die gulagische Happigkeit, die Brutalität der menschlichen Beziehungen, die Panzer der Gefühllosigkeit um die Herzen, die Abneigung gegen jede Art gewissenhaften Arbeitens - all dies hat mit Leichtigkeit die Lagerumwelt bezwungen und später der freien Welt draußen seinen Stempel tief eingedrückt. So rächt sich der Archipel an der Union für seine Erschaffung.«[23] Die Lagerzonen und ihre Umwelt bildeten für fünf Jahrzehnte den »Wilden Osten« der Sowjetunion - und den Unterschied der Gesellschaftssysteme mag man auch gerade an ihren extremen Randformen (vgl. den »Wilden Westen« Amerikas) ersehen. In beiden Fällen sah man sie sozialmoralisch als Außenposten der eigenen Gesellschaft an, als deren verrückte Normalität, im Sowjetvolk mit Furcht vor den Lagern und nicht selten Sympathie für ihre Insassen - war doch niemand vor ihnen gefeit.

6. Das Lagerleben zwischen Fron und »Fütterung«

Sie kamen in langen und harten Transporten ins Lager, in überfüllten Waggons notdürftig versorgt, von den Kriminellen und den Wachen drangsaliert, ihres Schicksals ungewiß. In Sammelgefängnissen und Durchgangslagern erfuhren sie das Nötigste; diese waren eine Art Volkshochschule des Lagerwesens. Von nun an bewegten sich die Seki nurmehr als Kolonne. Beständig wurden sie in großangelegten Operationen verschoben, an Knotenpunkten generalstabsmäßig bewegt, wie Strafsoldaten regimenterweise übers offene Feld marschierend und dort auch oft kampierend. Waren sie endlich angekommen, konnte der Anblick der elenden Behausun-

23 Ebd., S. 515.

gen (sofern vorhanden) und Insassen sie nicht mehr über ihr Geschick im Zweifel lassen. Zugangs- und Einweisungsprozedur sowie einschlägige Begrüßung taten ein übriges.

Anders als in der alten Sklaverei waren die Herren in dieser Form der modernen nicht besonders an der Erhaltung oder gar dem Wohlergehen der Zwangsarbeiter interessiert; hatten sie diese doch nicht erworben. Die Unterhaltskosten konnten ohne weiteres unter das Existenzminimum gedrückt, die nicht ausbleibende hohe Todesrate unter den Häftlingen stets mit frischer und billiger Zufuhr ausgeglichen werden. Entsprechend sahen auch die allgemeinen Lebensbedingungen aus. »Der vollkommene Mangel an Hygiene, das Fehlen einer elementaren medizinischen Versorgung, die Verachtung des Menschenlebens in gefährlichsten Arbeiten bilden die Lagerrichtschnur. Unterkunftsart und ungenügende Kleidung in extrem strengem Klima vermehren die körperlichen Leiden der Häftlinge. Die unmöglich zu erfüllende Norm zwingt zu einer ununterbrochenen Arbeit von zwölf bis vierzehn Stunden am Tag, ohne Ruhe und Rast während der ganzen Woche; da von ihr die Nahrungsration abhängt, folgt eine Unterernährung, die in dem Maße zunimmt, wie der immer schwächer werdende Gefangene weniger und weniger arbeiten kann. So treten Mangelkrankheiten auf, namentlich Skorbut, die zur Verlegung der Häftlinge in die Invalidenlager führen, wo der Hungertod die Regel ist.«[24]

Im Kern stand die *Kotlowka*, die Fütterung nach Normerfüllung, womit man den Selbsterhaltungstrieb als ökonomischen Anreiz einzusetzen gedachte. Sie bildete die eine Achse des Lagergeschehens in körperlicher, seelischer und sozialer Beziehung, um die sich der Alltag und (fast) alles Sinnen und Trachten gruppierte. Es war eine »Welt, in der ein Mensch nach der Erfüllung seiner Normen bewertet« wurde.[25] Auf der Grundlage einer Mindestration von 300g bis 400g Brot erhob sich ein ausgeklügeltes System abgestufter Nahrungszuteilung. Übernormarbeiter erhielten zum Beispiel in etwa 1kg Brot. Auch die übrige Ernährung erfolgte nach unterschiedlich »reichhaltigen Kesseln«, schwankte im übrigen regional und zeitlich. Der Kampf gegen die Geißel des Hungers im Lager ließ alle nach dem fünften Kessel streben, der einzig sattzumachen versprach, durch Normübererfüllung oder vermittels bevorzugter Arbeitsplätze. Ansonsten versuchte man, auf irgendeine andere Weise den Magen zu füllen. Der Hunger fraß in den Eingeweiden, stopfte die Sinne und machte den Leib

24 Livre Blanc (Anm. 12), S. 173.
25 Heller, Michael: Stacheldraht der Revolution. Die Welt der Konzentrationslager in der sowjetischen Literatur, Stuttgart 1975, S. 148.

schlaff. Er war Quelle des Neids und beständiger Konflikte. Selbst das minderwertigste Essen wurde ausgekostet oder gar zelebriert.

Das andere Zentrum des Lagerlebens wurde von der Arbeit eingenommen, die ja auch ideologisch und materiell obenan stand. Viele Lagertore waren mit der Inschrift versehen: »Arbeit ist eine Sache der Ehre, des Mutes und des Heldentums.« Mit solchen quasi patriotischen und soldatischen Parolen versuchte man - mit geringem Erfolg - die Seki zu motivieren; denn das Häftlingsdasein war weniger rühmlich, »Arbeit und Tod, das waren Synonyme im Lager«.[26] Wie Arbeitstiere wurden die Gefangenen gemustert und nach Kategorien eingeteilt. Allmorgendlich zogen die Kolonnen zur Arbeit, rituell von den Wachen kontrolliert und bisweilen von der Lagerkapelle begleitet. Die »allgemeinen Arbeiten« sahen meistens eintönig aus und konnten kaum geschafft werden. Am schlimmsten war es im Bergbau, vor allem im Goldabbau, der dem Häftlingsleben binnen weniger Wochen ein Ende setzen konnte.

Das Prinzip der Ernährung nach Normerfüllung auf Brigadebasis führte dazu, daß die Häftlinge sich selbst antrieben und desolidarisierten. Rücksicht oder gar Hilfe gegenüber Schwächeren wurden dadurch sehr erschwert, wenn nicht unmöglich. Die Jagd nach Normprozenten regierte. Die Brigade galt ideologisch als Grundform der Umerziehung durch kollektive Arbeit, diente aber vor allem als Instrument der Kontrolle und Antreiberei. Aus ihr gab es kein Entrinnen, allenfalls nach unten. Dem Brigadier, der seine Leute auch zu bespitzeln hatte, schuldeten diese strikten Gehorsam. Sein Charakter und Verhalten waren darum für die Seki oft ausschlaggebend. Ein guter Brigadier, der die Arbeit und sich mit den Lagerautoritäten verstand, über Leistung und Tufta eine hohe Norm und manch andere Vergünstigung herausschlug und die Häftlinge nicht besonders schikanierte, war ein Glück. Zwischen den Seki und den anderen Funktionshäftlingen in der Lagerverwaltung herrschten allerdings Mißtrauen und Mißgunst. Diese letzteren waren den Gefangenen gleich, schlugen aber aus ihrer Position mannigfache Vorteile heraus.

Außer dem Regiment des Hungers und der Arbeit waren die Seki der Tyrannei der Urki und den zahlreichen Lagerstrafen unterworfen. Vor allem der Strafisolator oder Bunker (»Stalins Villa«) wurde, obwohl seit dem Besserungsarbeitsgesetz von 1933 untersagt, für die verschiedensten Vergehen gegen Norm und Disziplin verhängt. Die geringsten Anlässe, etwa unerlaubtes Rauchen, Aufsässigkeit und Abwesenheit oder nicht zulässige Kleidung genügten. Der Strafisolator war ein lichtloser und kalter

26 Schalamow, Warlam: Geschichten aus Kolyma, Frankfurt a.M. u.a. 1983, S. 132.

Bau, oft auch nur ein Erdloch, ohne jegliche Einrichtung. Der Häftling mußte in ihm seine Strafe von einem Tag bis zu mehreren Wochen bei einer Hungerration durchstehen. Außerdem gab es eine Vielzahl von Strafeinrichtungen mit verschärftem Essens- und Arbeitsregime. Auch zu Erschießungen kam es aus häufig nichtigen, fabrizierten Anlässen, sei es von zentralen Rollkommandos oder vom lokalen NKWD. Schließlich ergänzten Prügel, im Sommer die Mücken und im Winter die Kälte die Liste der Torturen.

Die Häftlinge haßten die Lagerleitung - aber einander ebenfalls: »Wer ist der schlimmste Feind des Sträflings? Sein Nebenmann. Wenn nicht jeder jedermanns Feind wäre, dann wäre alles etwas anders.«[27] Unter den Umständen erzwungenen Zusammenseins und wechselseitiger Angewiesenheit entstanden unter den Gefangenen ambivalente Gefühle gegenüber ihren Leidensgenossen. Sie konnten sich voller Wut aneinander für die unfreiwillige Schicksalsgemeinschaft rächen. Die üble(re) Lage anderer ließ Sympathie für sie zu Trost für einen selbst werden. Andererseits ging es allen ähnlich schlecht, was eine begrenzte Kameradschaft oder gar eine ebenso verschworene wie prekäre Gemeinschaft schuf. Fälle von opferbereitem Einsatz füreinander gab es, aber beispielgebend waren sie nicht. Zu schwer lastete der Druck und zu zahlreich waren die Reibungspunkte. Jeder sorgte in erster Linie für sich. »Das Lager, in dem die Gefangenen den tiefsten Stand des Menschseins erreicht haben und sich in ihrem Verhalten den anderen gegenüber nur von ihren eigenen grausamen Gesetzen leiten lassen«[28], zwang dazu. Wenn das passierte, der Häftling parierte und die elenderen Leidensgenossen mit den Augen der Obrigkeit und stärkerer Mitgefangener als Last und Abfall zu sehen begann, war er neu zusammengesetzt und *in praxi* lagertauglich. Es gab häufig »Menschen, deren Persönlichkeit sich durch den täglichen Kampf ums Dasein im Lager völlig veränderte. Alles, was früher einmal gewesen war, wurde bei ihnen verdrängt. Es entstand ein neuer Mensch, und dieser Mensch war furchtbar. Es waren hölzerne Marionetten, ohne Bindung, ohne Seelenleben und vor allem ohne Gedächtnis. Diese Menschen dachten nie mehr an die Freiheit, an die menschliche Periode ihres Lebens zurück. Solche Erinnerungen wären für sie eine Belastung gewesen.«[29] Das neue Lager-(Über-)Ich hielt

27 Solschenyzin, Alexander: Ein Tag im Leben des Iwan Denissowitsch, München/Zürich 1963, S. 140.
28 Herling: Welt ohne Erbarmen (Anm. 19), S. 76.
29 Ginsburg: Marschroute eines Lebens (Anm. 21), S. 308f.

Selbst- und Mitgefühl in Schach. »Die erdrückende Mehrheit verhielt sich so: kleinmütig, hilflos, schicksalsergeben.«[30] Sie wurde, wie sie sein sollte.

In der Lagerwelt gab es wenig Lichtblicke. Die Zukunft war verhangen, die Vergangenheit abgeschnitten. Besuche von Angehörigen, formell erlaubt, stießen nicht immer auf Gegenliebe bei den Häftlingen - ihre trostlose Lage wurde ihnen dann noch fühlbarer. Eher versuchten die Seki, innerhalb des Lagers mit seinen Bedingungen über die Runden zu kommen. Mit Hilfe von *Blat* (Protektion) und dem allgemeinen Tauschhandel trachtete man, der Arbeit der »Allgemeinen« zu entkommen. Wer dies so oder kraft Lagerfunktionen nicht konnte, strebte vor allem in die Krankheit. Simulantentum und Selbstverstümmelung waren weitverbreitet, die verschiedensten Methoden dafür wurden geübt. Ziel dieser Bemühungen waren Arbeitsbefreiung und Lazarett, das aber schwer zu erreichen war und möglicherweise nicht den erhofften Effekt hatte. Auf andere Weise wollte man dem Lagerelend durch die Liebe entkommen. Trotz aller äußerlichen Gleichbehandlung waren weder Geschlechterdifferenz noch -spannung geschwunden, ja nicht einmal weit abgedrängt worden. Die - weniger zahlreichen - Frauen lebten und litten wie die Männer, aber ihre Moral soll höher, ihr Äußeres und das der Baracken gepflegter, ihr Verhalten »vernünftiger« und ihre Ernährungsweise »ökonomischer« gewesen sein; vielleicht waren das aber auch nur männliche Mythen. Wann und wo immer denkbar, wurde Geschlechtsverkehr ausgeübt. Am liebsten führte man regelrechte Lagerehen; beiden Seiten erleichterten sie das Leben. Die Frauen und ihre Kinder genossen einen gewissen Schutz und etliche Vergünstigungen. Mit zwei Jahren wurden die Kinder aber in besondere Heime geschafft und sahen ihre Mütter zumeist nie wieder.

Während es innerhalb des Lagers verschiedene positionelle und situative Möglichkeiten gab, das eigene Los zu bessern, verlassen konnte man es wesentlich schwerer. Beschwerden und Eingaben blieben in der Regel erfolglos. Die *Parascha* (wörtlich Abortkübel, übertragen: Gerücht) ging reichlich um, aber die erträumten Amnestien realisierten sich nicht. Hingegen waren Strafverlängerungen aus verschiedensten Anlässen an der Tagesordnung. Dem Lagerdasein durch Flucht entkommen zu wollen, erwies sich durchweg als aussichtslos. Das Entweichen war die geringste Schwierigkeit, aber eine widrige Natur und eine mißtrauische Bevölkerung erwiesen sich als unübersteigbare Hindernisse. Nur auf zwei Wegen konnte man das Lager wirklich verlassen: als Toter oder als Entlassener. Die Freilassung wurde von den Seki aber nicht einhellig begrüßt. Sie löste unter

30 Solschenyzin: Gulag (Anm. 11), Bd. 2, S. 43.

Umständen nichts mehr aus. Der Häftling war inzwischen körperlich und seelisch derart ans Lagerleben gewöhnt (worden), daß er sich in ein freieres Dasein nicht mehr trauen mochte, wenn es auch nur das der Verbannung war. Das Lager erwies sich sozialmoralisch als »negative Schule des Lebens« (Schalamow).

7. Revolten und das Ende

Es gab, wie wir gesehen haben, verschiedene Taktiken des Überlebens. Die wichtigste Regel lautete: weg von den Allgemeinen (das heißt den Außenarbeitsbrigaden). Auf Dauer konnte nur ein kleiner Funktionsposten im Lager helfen. Man mußte sich in die Zwangsarbeit fügen, sie aber nach Kräften unterlaufen, falls man ihr nicht erliegen wollte. Das Sterben des anderen konnte die eigene Lebensfrist verlängern. Jeder war auf sich gestellt und vermochte nur mit einem lagerspezifischen sechsten Sinn für Chancen und Gefahren zu überleben. Dafür existierten gewisse Regeln, Notbehelfe und Sensibilitäten - ein russisches Roulette neuer Art blieb es immer. Ungeachtet der Erniedrigung der Person auf ihren egoistischen Kern hielten sich über pragmatische Kameradschaft hinaus Hilfe und Solidarität.

Jenseits eines Alltagsnetzes des Überlebens und gelegentlicher Revolten kam es selten zum Widerstand. Erst nach dem Ende des Krieges, seiner Anspannung und Hoffnung begann eine schier ununterbrochene Kette von großen Aufständen, die das Lagersystem erschütterten. Die Nachrichten davon waren und sind rar. Hunderttausende von Häftlingen waren daran beteiligt, brachen die Autorität der Leitung, verweigerten die Arbeit, besetzten und organisierten die Lager und sammelten sich zum Marsch auf regionale Zentren wie Magadan oder Workuta. Die näheren Gründe liegen im Ende des »Großen Hungers« von 1947/48, der auch die Sträflinge dissoziiert und deprimiert hatte. Des weiteren setzte sich nach den bisherigen Wellen der Lagereinweisung nun mit dem Zustrom neuer Gruppen die Häftlingsbevölkerung neu zusammen. Die Balten, Polen, Ukrainer, Rotarmisten aus deutscher Gefangenschaft und deutsche Kriegsgefangene bildeten ein zwar vielfach gespaltenes, aber auch explosives Gemisch. Sie waren autonomer, erfahrener und selbstbewußter als ihre Vorgänger. Die Gegenmaßnahmen des MWD - bessere Lagerbedingungen, häufige Überstellungen und die Trennung von Politischen und Kriminellen - konnten den Prozeß nicht unterbinden, ja förderten ihn sogar. Durch den Austausch von Häftlingsgruppen kam es zur überregionalen Verständigung.

Die Politischen setzten sich zunehmend gegen die Kriminellen und zugunsten einer strafferen Lagerselbstorganisation durch.

Vielfach bildeten sich geheime Widerstandszirkel politischer, militärischer oder informeller Art. Als quasi gewerkschaftliche Organisationen sprachen sie die Arbeiter an, die selbst von der Leitung immer mehr als besonderer Teil der sowjetischen Arbeiterklasse angesehen und behandelt wurden und nach gerechter Leistung und Entlohnung verlangten. Das Vorgehen gegen Informanten, Brigadiere und Vorarbeiter wurde prononcierter. Die politische Krise und (zaghafte) Reformen im Gefolge von Stalins Tod 1953 sowie der Aufstand in der DDR lösten in den Lagern Unruhe und ausgedehnte Revolten aus. Die Autoritäten und Wachen wurden unsicher. Im Zuge einer Amnestie erlangten binnen Jahresfrist eine Million Gefangener die Freiheit (aber es kamen auch 600.000 neue). Forderungen, Verlauf und Folgen waren überall ähnlich, sei es in Norilsk, Workuta oder Kingir. Es ging in erster Linie um Amnestie, Arbeits- und Lebensbedingungen. Verhandlungen mit hochrangigen Regierungskommissionen wurden erzwungen, die allerdings mit der brutalen Niederschlagung der Aufstände endeten.

Der Funke aber war nicht mehr auszutreten. Trotz der großen Entfernungen und strikter Geheimhaltung trat er gleichzeitig an den verschiedensten Orten auf. Der Höhepunkt des unbestrittenen Lagerregimes war überschritten. Im Gefolge der Revolte blieben Veränderungen nicht aus; in der Sowjetunion hatte die Chruschtschow-Ära begonnen. Kleinere Erleichterungen des Lagerlebens - Entfallen der Nummern, gitterlose Fenster, besseres Essen und mehr Kontakte mit den Angehörigen bei Reduzierung der Arbeitszeit - wurden wenigstens in Angriff genommen. 1955 kamen die Lager unter staatsanwaltschaftliche Aufsicht. Breite Straferlässe und Rehabilitierungen betrafen nach offiziellen Angaben 1957 fast drei Viertel der Lagerbevölkerung; der Anteil der politischen Gefangenen soll auf zwei Prozent gesunken sein.

Die Bedeutung des krassen außerökonomischen Zwangs als Entwicklungsmittel sank. Die Nomenklatura begann, sich von der Kuratel der Sicherheitsorgane zu befreien und zu spüren, daß sie der Modernisierung der sowjetischen Gesellschaft entgegenstand. Die Lagerrevolten schärften ihr diese Lektion ein. Obwohl sie eher gewerkschaftlicher Natur waren, berührten sie das Regime an einer empfindlichen politischen Stelle. Wenngleich man mit Gewalt Herr der Lage wurde, war der Anfang vom Ende des stalinistischen Zwangsarbeitsregimes eingeläutet. Vieles spricht dafür, daß »alle Versuche, die wirtschaftliche Entwicklung Rußlands zu rationalisieren, durch den Terror vernichtet wurden«, der sie doch forcieren sollte; damit wurde der »Mythos begraben, Terror und ungeheure Verluste an Menschenleben seien der Preis gewesen, der für eine schnelle Industrialisierung nun einmal gezahlt werden mußte. Wirklichen Fortschritt gab es erst nach Stalins Tod.«[31] Die Zwangsjacke des Fortschritts wurde abgestreift, aber die Striemen verschwanden nicht.

31 Arendt, Hannah: Macht und Gewalt, München 1970, S. 98.

Frank Chalk, Kurt Jonassohn

Genozid - Ein historischer Überblick

Einleitung

Das Wort »Genozid« ruft die Erinnerung an mehrere Massentötungen im 20. Jahrhundert wach: Hitlers Deutschland, Stalins Rußland, Pol Pots Kambodscha, doch auch andere Gewalt drängt sich dem Gedächtnis auf. Und obwohl der Begriff selbst erst in den 40er Jahren geprägt wurde, haben sich die Ereignisse, die er beschreiben will, seit Anbeginn der Geschichte verwirklicht.

Verschiedene Gründe sprechen dafür, die historischen Ursprünge von Genozid näher zu betrachten. Denn zum einen erkennen nur wenige an, daß Genozid über den gesamten Verlauf der Geschichte in allen Teilen der Welt ausgeübt wurde. Zweitens ist Genozid als die äußerste Verletzung der Menschenrechte anzusehen. Und drittens sind heute weit mehr als die Hälfte aller Flüchtlinge Folgehandlung von Genozidhandlungen. Zu diesen Überlegungen werden wir aber erst nach der Behandlung einiger definitorischer Problemstellungen zurückkommen.

Frühere Definitionen von Genozid

Juristen des internationalen Rechts und Sozialwissenschaftler folgen ihren jeweils eigenen, legitimen Richtlinien, wenn sie die Grenzbereiche eines Subjekts festlegen. Genozid zu definieren bedeutet für Rechtswissenschaftler, ein Verbrechen zu definieren. Dem Umgang mit jedem anderen kriminellen Vergehen gleich, muß die Definition von Genozid für die gesetzliche, strafrechtliche Verfolgung geeignet sein und der Prüfung durch Richter und Verteidiger standhalten können. Sozialwissenschaftler verfolgen andere Richtlinien. Wenn sie Genozid definieren, markieren sie die Grenzen einer Auswahl von zu untersuchenden Fällen, um gemeinsame Elemente zu finden und die Prozesse zu analysieren, aus denen diese hervorgegangen sein könnten. Möglicherweise sind die Unterschiede im methodischen Vorgehen auch ein Grund für die Unterschiede in Geltungsbreite und Schwerpunktsetzung, die man in den zahlreichen Definitionen von

Genozid feststellen kann, welche nach der ersten Ausarbeitung des Konzeptes durch Raphael Lemkin im Jahre 1944 erschienen sind.[1]

Lemkin definierte Genozid als koordinierte und geplante Vernichtung einer nationalen, religiösen oder rassischen Gruppe durch eine Vielzahl von Handlungen, die zum Ziel haben, die essentiellen Grundlagen für das Überleben der Gruppe als Gruppe zu zerstören. Eine Zeitlang hatte die Generalversammlung der Vereinten Nationen ernsthaft darüber debattiert, der Liste Lemkins eine neue Kategorie von Opfern hinzuzufügen - »politische und andere Gruppen« -, doch wurde der Versuch aufgegeben, als Delegierte aus Großbritannien und dem Sowjetblock argumentierten, daß die Einbeziehung von politischen Gruppen »aufgrund ihrer Unbeständigkeit und dem Fehlen kennzeichnender Eigenschaften« die gesamte Konvention verzerren und schwächen würde.[2]

Am 9. Dezember 1948 hatten die Vereinten Nationen die Genozidkonvention angenommen, die die folgende Definition in Artikel II beinhaltet: »In dieser Konvention bedeutet Völkermord eine der folgenden Handlungen, die in der Absicht begangen wird, eine nationale, ethnische, rassische oder religiöse Gruppe als solche ganz oder teilweise zu zerstören:

a. Tötung von Mitgliedern der Gruppe;

b. Verursachung von schwerem körperlichen oder seelischem Schaden an Mitgliedern der Gruppe;

c. vorsätzliche Auferlegung von Lebensbedingungen für die Gruppe, die geeignet sind, ihre körperliche Zerstörung ganz oder teilweise herbeizuführen;

d. Verhängung von Maßnahmen, die auf die Geburtenverhinderung innerhalb der Gruppe gerichtet sind;

e. gewaltsame Überführung von Kindern der Gruppe in eine andere Gruppe.«[3]

Die enge Definition der Opfergruppen, das Herzstück der Genoziddefinition der UNO, war das direkte Ergebnis eines politischen Kompromisses, der geschlossen wurde, um die Genozidkonvention überhaupt durchzusetzen. Diese Opferdefinition war eine Antwort sowohl auf die praktischen Notwendigkeiten der Regierungen als auch auf die scharfe Kritik der internationalen Rechtswissenschaftler. In der Folge wurden seit 1944 gera-

1 Lemkin, Raphael: Axis Rule in Occupied Europe, Washington D.C. 1944, Kapitel 9.

2 Siehe dazu Kuper, Leo: Genocide: Its Political Use in the Twentieth Century, New Haven 1981, S. 26, der hier die polnische Delegation zitiert.

3 Vereinte Nationen: Konvention zur Verhütung und Bestrafung von Völkermord vom 9. Dezember 1948, dt. Text nach Berber, Friedrich: Völkerrecht, Dokumentensammlung, Bd. 1: Friedensrecht, München/Berlin 1967, S. 924.

de auch von Sozialwissenschaftlern zahlreiche alternative Genoziddefinitionen entwickelt. Zu den wichtigsten Arbeiten dieses Untersuchungsfeldes gehören die Ansätze von Pieter N. Drost, Irving Louis Horowitz, Helen Fein und Robert Melson.[4]

Pieter N. Drost, ein niederländischer Professor für Rechtswissenschaften mit umfangreichen Erfahrungen in Niederländisch-Indien, schrieb im Jahr 1959 ein bedeutendes Werk über die UNO-Konvention. Drost kritisierte insbesondere das Fehlen politischer, aber auch anderer Gruppen in der Genoziddefinition der Vereinten Nationen, wobei er richtig vorhersah, daß dieses offensichtliche Nadelöhr in der Konvention durch die Regierungen ausgenützt werden würde. Er wies die Vorstellung zurück, daß Opfer von Genozid auf rassische, religiöse, nationale und ethnische Gruppen beschränkt seien, und schlug vor, daß die Vereinten Nationen Genozid als »vorsätzliche Vernichtung physischen Lebens einzelner Individuen aufgrund ihrer Mitgliedschaft in irgendeiner menschlichen Gemeinschaft als solchen«[5] redefinieren sollten.

In den frühen 70er Jahren äußerte Hervé Savon seine Skepsis gegenüber der Anwendbarkeit der UNO-Definition als Werkzeug für Soziologen, indem er anmerkte, daß die Definition der Sprache des Gesetzes und der Ethik zugehöre und nicht dem Bereich soziologischer Analyse.[6] 1976 nahm der Soziologe Irving Louis Horowitz zu eben diesem Thema Stellung; er schlug vor, Genozid als eine grundlegende Politik zu werten, die ein Staat verfolge, um Konformität im Hinblick auf seine Ideologie und sein Gesellschaftsmodell zu erreichen. Horowitz stellte Genozid als »strukturelle und systematische Vernichtung von unschuldigen Menschen durch einen bürokratischen Staatsapparat«[7] vor. Von dieser Eingrenzung ausgehend hielt Horowitz fest, daß eine totalitäre Gesellschaft zwar eine notwendige Voraussetzung für den Genozidprozeß sei, daß diese allein aber nicht ausreiche. So ist er der Ansicht, daß die »nationale Kultur« im Genozid eine sehr viel wichtigere Rolle spiele als die Ideologie des Staates. Eine totalitäre Ideologie könne Klasse, Rasse oder Religion zu tödlichen Sünden erklären,

4 Vgl. Chalk, Frank/Jonassohn, Kurt: The Conceptual Framework, in: The History and Sociology of Genocide: Analyses and Case Studies, hrsg. von dens., New Haven/London 1990, S. 9-23.

5 Drost, Pieter N.: The Crime of State, Bd. 2, Leiden 1959, S. 125.

6 Savon, Hervé: Du cannibalisme au génocide, Paris 1972, siehe hier besonders Kapitel 1.

7 Horowitz, Irving Louis: Taking Lives: Genocide and State Power, New Brunswick/N.J. 1980, S. 17, 183-187.

aber die Entscheidung, so Horowitz, diese Sünde durch den Vollzug eines Genozids auszulöschen, sei hauptsächlich eine Funktion der Kultur.[8]

Im Zusammenhang mit Horowitz' Beitrag zur Genoziddiskussion sollte auf die Soziologin und Historikerin Christina Larner hingewiesen werden, die 1981 aufzeigte, daß Schottlands Herrscher die falsche Anklage der dämonischen Hexerei im 17. Jahrhundert dazu benutzten, der widerspenstigen schottischen Landbevölkerung eine neue Vorstellung von einem Nationalstaat aufzuzwingen. Im schottischen Fall ging es um das Erfordernis, die zumeist ungetaufte Landbevölkerung zum calvinistischen Christentum zu zwingen und die Bauern auf diese Weise einer Prüfung ihrer Loyalität gegenüber dem König und seiner neuen Definition des Staates zu unterziehen. Die Hexenverfolgungen im 17. Jahrhundert waren keine Genozide, doch bereiteten sie jene Methoden vor, die von den Tätern ideologisch motivierter Genozide im 20. Jahrhundert angewandt werden sollten.[9]

Im Jahr 1990 konzentrierte Helen Fein, ebenfalls Soziologin, ihre Aufmerksamkeit auf die Entwicklung einer soziologischen Definition von Genozid. An einige ihrer vorhergehenden Arbeiten anknüpfend hielt sie schließlich fest, unter »Genozid eine anhaltende, zielgerichtete Handlung eines Täters« zu verstehen, »um ein Kollektiv direkt oder indirekt durch die Unterbrechung der biologischen und sozialen Reproduktion der Gruppenmitglieder physisch zu vernichten, ausgeführt ungeachtet einer Kapitulation oder des Fehlens von Widerstandsversuchen durch die Opfer.«[10] Feins Erläuterungen zu ihrer Definition zeigen, daß sie sich entschlossen hat, politische und soziale Gruppen als Opfer einzubeziehen und Tod durch Kriegsführung auszuschließen.

Nach Raphael Lemkin hat insbesondere Leo Kuper mehr als jeder andere zur vergleichenden Untersuchung von Genozid im 20. Jahrhundert beigetragen. In seinen Arbeiten *Genocide* (1981) und *The Prevention of Genocide* (1985) stellte Kuper eine umfassende Analyse von Genozidprozessen und -motivationen vor und wies dabei auf die Schwierigkeiten einer Definition von Genozid hin.[11] Nachdem er eine vernichtende Kritik der UNO-Konvention hinsichtlich der politischen Kompromisse, unter denen

8 Horowitz, Irving Louis: Genocide and the Reconstruction of Social Theory: Observations on the Exclusivity of Collective Death, in: Armenian Review 37, 1, 1984, S. 1-21.

9 Siehe Larner, Christina: Enemies of God: The Witch-Hunt in Scotland, London 1981, sowie unsere Diskussion in: The History and Sociology of Genocide (Anm. 4), S. 38f., 152f.

10 Fein, Helen: Genocide: A Sociological Perspective, London 1993; zuerst erschienen in Current Sociology 38, 1, 1990, S. 24.

11 Kuper: Genocide (Anm 2); ders.: The Prevention of Genocide, New Haven 1985.

diese Konvention zustandekam, und des Rekords an moralischen Bankrotterklärungen aufgrund ihrer mangelnden Durchsetzung entwickelte, versucht Kuper die Handhabung der UNO aus dem Grunde trotzdem zögernd zu akzeptieren, da ihre Definition international anerkannt sei und eines Tages zu einer Basis für effektivere Präventivmaßnahmen durch die Vereinten Nationen werden könne. Auch Kuper ignoriert die Gruppen nicht, die von der UNO-Definition ausgeschlossen sind. So diskutiert er die Opfer staatlich-organisierter, politisch-motivierter Massentötungen in der stalinistischen Sowjetunion, in Indonesien und in Kambodscha unter der Überschrift »Verwandte Greueltaten«. Kuper wies dabei darauf hin, daß jeder dieser Fälle als Genozid bezeichnet worden wäre, wenn die Definition der UNO politische Gruppen eingeschlossen hätte.

Auch Robert Melson ist ein Wissenschaftler mit besonderem Interesse am Genozidprozeß. In seiner Arbeit von 1992, *Revolution and Genocide: On the Origins of the Armenian Genocide and the Holocaust,* unterstützt er unsere Argumente, »ein weites Spektrum von Kollektiven und menschlichen Kategorien in Ergänzung zu den Gemeinschaften als Opfer von Genozid« einzuschließen. Melson definiert Genozid als »öffentliche Praktik [policy], die hauptsächlich vom Staat mit der Absicht ausgeführt wird, ein soziales Kollektiv oder eine soziale Kategorie ganz oder teilweise zu vernichten, zumeist eine Gemeinschaft, eine Klasse oder eine politische Gruppe.«[12] In seinen früheren Publikationen argumentierte Melson, daß der Genozid an den Armeniern und der Holocaust zu einem Typus von Genozid gehörten, der dadurch gekennzeichnet sei, daß das Opfer des Massenmordes eine ethnoreligiöse Minderheitengruppe mit einem traditionell niedrigen Status war, die ihre soziale und ökonomische Position in der modernen Welt dramatisch verbessert habe. Die Armenier und Juden, so Melson, wären für Desaster, die den Staat und einen Großteil der Gesellschaft betroffen hätten, verantwortlich gemacht worden. Die jeweiligen Staaten hätten sich unter dem Einfluß einer neuen Ideologie, die ihre Identität radikal umdefinierte, entschieden, die anstößige Gruppe aus ihren sozialen Strukturen zu eliminieren.[13]

Ein einzeln stehender Versuch, Genozid zu definieren, wurde 1994 von Steven T. Katz, Professor für jüdische Geschichte und Geisteswelt, im ersten Band seiner Arbeit *The Holocaust in Historical Context* unternom-

12 Melson, Robert: Revolution and Genocide: On the Origins of the Armenian Genocide and the Holocaust, Chicago 1992, S. 26.

13 Siehe auch ders.: Provocation or Nationalism: A Critical Inquiry into the Armenian Genocide of 1915, in: The Armenian Genocide in Perspective, hrsg. von Richard G. Hovannisian, New Brunswick/N.J. u.a. 1986, S. 79f.

men. Als Rechtfertigung seiner Schlußfolgerung, daß der Holocaust historisch einzigartig unter den vielen Massenmorden in der Geschichte sei, schlägt Katz vor, Genozid als Begriff zu definieren, der »anzuwenden, und allein anzuwenden sei, für die Realisierung der Absicht, wie erfolgreich sie auch immer durchgeführt wird, eine nationale, ethnische, rassische, religiöse, soziale, geschlechtliche oder ökonomische Gruppe, die durch den Täter definiert ist, in ihrer Totalität durch gleich welche Mittel zu ermorden.«[14] Während Katz unsere Argumente akzeptiert, daß es der Täter ist, der die Grenzen einer Gruppe definiert, und er auch die Wichtigkeit erkennt, Mitglieder politischer und sozialer Gruppen in seine Definition von Genozid einzubeziehen, bemüht er sich doch darum, aufzuzeigen, daß der Holocaust als einziger Genozid in der Geschichte angesehen werden kann. Seine Sichtweise begründet er mit der Einstellung, daß allein die Täter des Holocausts beabsichtigt hätten, alle Mitglieder der Opfergruppe zu vernichten.

Wir empfinden die Argumente von Steven T. Katz als nicht unproblematisch. Zunächst ist es nicht korrekt, daß die Nationalsozialisten beabsichtigt hatten, konsequent auch den letzten Juden im Reich zu ermorden. Viele Juden durften auswandern, andere überlebten als Sklavenarbeiter in kriegswichtigen Industrieunternehmen.

Zweitens ignoriert Katz in seinem Beharren darauf, daß der Holocaust der einzige Genozid in der Geschichte war, die Windungen des Weges, über den die Nationalsozialisten den Holocaust verfolgten. So hat er in seiner Analyse nicht ausgearbeitet, wann die Absicht entwickelt wurde, die »Gesamtheit« der jüdischen Bevölkerung zu vernichten, und auf welche Weise dies hatte vor sich gehen sollen.

Zuletzt stimmen wir nicht mit seiner Ansicht überein, daß andere Fälle von Genozid den Holocaust exakt widerspiegeln müßten, um als Genozid bezeichnet werden zu können. So schloß Katz Fälle aus, bei denen es Überlebenden gestattet war zu fliehen (Albigenser); er vermindert die Zahl der Opfer anderer Genozide, wobei er, um seine Position zu stärken, auch Verzerrungen zuneigt, deren Wortlaut nach »Genozidleugnung« klingen (zum Beispiel in bezug auf die Armenier); Katz läßt die Aspekte vergleichender historischer Forschung missen, die wichtige Gemeinsamkeiten aufzeigen kann und historische Ereignisse nicht zu ausschließender Einzigartigkeit und Unvergleichlichkeit reduziert.

14 Katz, Steven T.: The Holocaust in Historical Context, Bd. 1: The Holocaust and Mass Death before the Modern Age, New York 1994, S. 131.

Unsere Definition

Die Definition von Genozid, die in der Konvention der Vereinten Nationen zur Verhütung und Bestrafung des Verbrechens von Völkermord enthalten ist, ist aus einem sehr einfachen Grund so unbefriedigend: keine einzige der größeren Opfergruppen der Genozide, die seit der Annahme der Konvention ausgeführt wurden, fiel unter seine restriktiven Bestimmungen. Es gab eine Anzahl von Bemühungen, die UNO-Definition zu verbessern und um mögliche Opfergruppen zu erweitern - bisher jedoch ohne Erfolg.[15]

Diese Erfolglosigkeit ist um so erstaunlicher, da die Konvention der Vereinten Nationen aus dem Jahre 1951 über den Status von Flüchtlingen erklärt, daß unter einem Flüchtling jede Person zu verstehen sei, »die sich aus der begründeten Furcht vor Verfolgung wegen ihrer Rasse, Religion, Nationalität, Zugehörigkeit zu einer bestimmten sozialen Gruppe oder wegen ihrer politischen Überzeugung außerhalb des Landes befindet, dessen Staatsangehörigkeit sie besitzt...«[16] Diese beiden einander widersprechenden Definitionen, die von derselben Organisation verabschiedet wurden, scheinen ein paradoxes Verwirrspiel hervorgerufen zu haben: Menschen, die vor einem Genozid fliehen, werden - wie unten definiert - als Flüchtlinge anerkannt, wohingegen diejenigen, die vor denselben Ereignissen nicht fliehen können, nicht als seine Opfer anerkannt werden. Nach vielen Überarbeitungen haben wir nun die folgende Definition für unsere eigene Forschung gewählt:

Genozid ist eine Form einseitiger Massentötung, mit welcher ein Staat oder eine andere Autorität versucht, eine Gruppe zu vernichten, nachdem diese Gruppe und die Mitgliedschaft in ihr durch den Täter definiert wurde.[17]

Der Hauptunterschied zwischen der Definition der Vereinten Nationen und unserer Eingrenzung besteht darin, daß wir keine Einschränkung hinsichtlich des Typus der betroffenen Gruppen aufgenommen haben. Dies erlaubt uns, auch diejenigen Gruppen einzuschließen, die keine verifizierbare Realität außerhalb der Vorstellungen der Täter haben, wie zum Bei-

15 Whitaker, Ben: Revised and Updated Report on the Question of the Prevention and Punishment of the Crime of Genocide, in: United Nations Economic and Social Council. Commission on Human Rights, E.CN. 4 Sub. 2, 1985, 6, 2. Juli 1985.

16 D'Souza, Frances/Crisp, Jeff: The Refugee Dilemma. Minority Rights Group, Report Nr. 43, London 1985, S. 7; hier zitierte dt. Fassung: Geiger, Rudolf: Recht der internationalen Beziehungen. Ein Führer durch internationale Abkommen und Organisationen, München 1982, S. 151.

17 Chalk/Jonassohn: History and Sociology (Anm. 4), S. 23.

spiel »Volksfeinde«; während diese Gruppen aus allgemein üblichen Gruppendefinitionen, wie sie in den Sozialwissenschaften üblich sind, herausfallen würden, reicht hier für die Kennzeichnung als Gruppe die Etikettierung durch den Täter aus.

Historische Ursprünge

Obwohl der Begriff »Genozid« erst Mitte des 20. Jahrhunderts geprägt wurde, beschreibt er ein Phänomen, welches so alt ist wie die Geschichte selbst. Baillet[18] berichtet, daß Genozide im prädynastischen Ägypten üblich waren; die Assyrer[19] erheben den Anspruch, ihn praktiziert zu haben, wenn wir ihren eigenen Aussagen glauben möchten. Zahlreiche Fälle können im Alten Testament[20] gefunden werden, das einige sehr genaue Beschreibungen enthält, die für uns interessant sind. So sollen die Amalekiter mehrfach ausgerottet worden sein, was Fragen über die historische Genauigkeit der Berichte ebenso aufwirft wie Fragen darüber, mit welcher Vollständigkeit diese Vernichtungen durchgeführt wurden. Von Interesse sind für uns weniger die Details als vielmehr der Stil, in dem berichtet wird. Denn dieser Stil erlaubt uns die Schlußfolgerung, daß die physische Vernichtung eines ganzen Volkes besiegter Gegner zur damaligen Zeit nicht unüblich war und keine humanitäre Empörung hervorrief. Die Opfer scheinen, während sie noch die Verluste beweinten, ihr Schicksal als das übliche Los der Verlierer hingenommen zu haben.

Die Ursprünge von Genozid liegen in der entfernten Vergangenheit verborgen. Da jedoch über Genozid im Altertum stets in Verbindung mit Kriegen berichtet wurde, müssen wir uns auf begründete Vermutungen über seine Wurzeln beschränken. Die Stadtstaaten und alten Reiche sind nach modernen Maßstäben als ausgesprochen klein anzusehen; viele von ihnen lagen im sogenannten Goldenen Dreieck, dem heutigen Nahen Osten. Die geopolitischen Dimensionen dieses Gebietes scheinen geradezu dafür bestimmt zu sein, beständig Krieg hervorzurufen. Die Täler von Euphrat und Tigris sind sehr fruchtbar und weisen nur wenige natürliche Grenzen auf. Zudem liegt die Region an den Handelswegen zwischen Asien, Europa und Afrika. Ähnliche Eigenschaften treffen auch auf das Nildelta zu. Die Möglichkeit eines zu kriegerischen Auseinandersetzungen führenden Wettbewerbs und Konflikts scheint hier immer gegenwärtig.

18 Baillet, Jules: Le Régime Pharaonique dans ses rapports avec l'évolution de la morale en Egypte, Bd. 1, Paris 1912, S. 151f.
19 Chalk/Jonassohn: History and Sociology (Anm. 4), S. 58-61.
20 Ebd., S. 61-63.

Offensichtlich scheinen diese Kriege anfänglich keine einschneidenden Veränderungen mit sich gebracht zu haben; die besiegte Partei ging nach Hause, rekrutierte und bildete eine neue Armee aus, stellte mehr und manchmal bessere Waffen her und kam dann zurück, um erneut Krieg zu führen, um das Verlorene zurückzugewinnen und Rache zu üben. Es bedarf nicht viel Vorstellungskraft, um zu entscheiden, daß der einzige Weg, einen Sieg auf Dauer zu stellen, darin bestand, den Feind vollständig zu vernichten - und nicht nur seine Streitkräfte. Baillet legt dar, daß diese Methode der Vollendung eines siegreichen Feldzuges über tausend Jahre lang in Ägypten angewandt worden war, bevor sie außer Gebrauch kam. Dieser Wandel war dabei keineswegs das Ergebnis eines Erwachens humanitärer Bedenken, sondern Ergebnis der Einsicht, daß die Opfer lebendig wertvoller waren als tot.[21]

Jene Staaten in den fruchtbaren Flußebenen waren außergewöhnlich arbeitsintensiv; ihre blühenden Täler benötigten ausgedehnte Bewässerungssysteme, für die große Zahl der verehrten Götter waren Tempel notwendig, und nur wenige Herrscher gaben sich mit den Palästen ihrer Vorgänger zufrieden. So wurden gewaltige Ressourcen für neue Paläste oder Grabstätten eingesetzt, um die jeweilige Herrschaft zu verherrlichen. Dies war es, was in der Region die neue Erkenntnis durchgesetzt hatte, daß die Gefangenen eines besiegten Feindes als Sklaven wertvoller seien denn als Leichen.

Genozide wurden weiterhin von Staaten und Reichen durchgeführt, um eine reale oder angenommene Bedrohung auszulöschen, um einen wahren oder imaginären Feind zu terrorisieren oder um sich ökonomische Ressourcen der anderen anzueignen, die nicht als Beute weggeschafft werden konnten. Diese drei Motive waren zumeist gleicherweise vorhanden, obwohl jeweils eines von ihnen in einer bestimmten Situation überwogen haben mag. Sicherlich wird es, je weiter wir in die Vergangenheit zurückgehen, immer schwieriger werden, Anhaltspunkte für die Motive der Täter zu erhalten.

In bezug auf die Antike ist es dabei besonders schwierig, das Schicksal der Völker nachzuvollziehen. Aus Inschriften, Tonscherben und Pergamenten kennen wir viele Namen von Völkern, über die jedoch kaum etwas Näheres bekannt ist. Selbst wenn uns Einzelheiten aus ihrer Geschichte überliefert sind, sind doch einige von ihnen verschwunden, ohne daß wir wissen, was ihnen zugestoßen ist. Ein klassisches Beispiel ist die Geschich-

21 Baillet: Le Régime Pharaonique (Anm. 17), S. 167f.

te der Hethiter,[22] die uns aus der Bibel und ägyptischen Aufzeichnungen wohlvertraut sind. Wir wissen, daß sie ihre Nachbarvölker erobert und ein Reich errichtet hatten, das mit Assyrien und Ägypten konkurrierte. Doch dann verschwanden sie aus der Geschichte, ohne eine Spur zu hinterlassen. Tatsächlich wurden erst in moderner Zeit die Überreste ihrer Hauptstadt entdeckt; diese war bis auf die Grundmauern niedergebrannt und verflucht worden, um jegliche Neubesiedlung unmöglich zu machen. Ihre »Bibliothek« enthielt Tausende von Tontafeln, die durch die Hitze der Feuersbrunst so gründlich gebrannt worden waren, daß sie für die Nachwelt erhalten blieben. Ihre Schrift wurde entschlüsselt und das Friedensabkommen mit Ramses II. entziffert. Doch haben wir noch immer keinen Hinweis darauf, was mit dem Volk der Hethiter passiert ist. Wurden sie in andere Gegenden zerstreut? Wurden sie unter der Kultur ihrer Eroberer assimiliert? Oder wurden sie niedergemetzelt? Allein der Entwicklung einer Archäologie des Genozids könnte eine Erfolgsaussicht zukommen, dieses Rätsel zu lösen.

Die Geschichte der Weltreiche wird bis in die Moderne von periodischen, zum Teil zu Genoziden eskalierenden Verfolgungen markiert, die entweder dazu dienten, ein Reich zu errichten oder dieses zu erhalten. Eines der wichtigsten Kennzeichen dieser Typen von Genozid ist darin zu sehen, daß die Opfergruppen in physischer und sozialer Hinsicht außerhalb der Tätergesellschaft standen. Die Feldzüge Athens gegen Melos[23] und Roms gegen Karthago,[24] die Feldzüge von Dschingis Khan gegen zahlreiche Völker[25] oder der Kreuzfahrer gegen die Bevölkerungen von Antiochien und Jerusalem[26] können hier als Beispiele dienen.

Moderne Genozide

Beginnend mit den Kreuzzügen zeigte sich ein neues Element, das im 20. Jahrhundert dominieren sollte: Genozide wurden nun geführt, um einen Glauben, eine Ideologie oder eine Theorie durchzusetzen. Der Kreuzzug, der Palästina zurückerobern sollte, und auch der Kreuzzug gegen die Albigenser im Süden Frankreichs, waren frühe Vorläufer, in denen die Motive der Vergrößerung des Reiches ebenso gegenwärtig waren wie die Absicht,

22 Chalk/Jonassohn: History and Sociology (Anm. 4), S. 60f.

23 Ebd., S. 65-73.

24 Ebd., S. 74-93.

25 Ebd., S. 94-113.

26 Runciman, Stephen: The History of the Crusades, Bd. 1: The First Crusade and the Foundation of the Kingdom of Jerusalem, Cambridge 1962, S. 235, 260, 286f.

einen Glauben zu verbreiten. Ende des 11. Jahrhunderts waren die Kreuzfahrer ausgezogen, um das Heilige Land von den Ungläubigen zu befreien. Als sie Jerusalem erobert hatten, töteten sie die gesamte Bevölkerung. Aber sie waren auch geblieben, um ein Königreich zu errichten und sich Reichtum anzueignen. Zu Beginn des 13. Jahrhunderts war der Languedoc (gelegen im heutigen Südfrankreich), die blühendste Region Europas, durch den Kreuzzug gegen die Albigenser verwüstet worden. Verschiedene Volkshäresien waren weit verbreitet gewesen und hatten unter den Aristokraten der höfischen Kreise Sympathie gefunden. Der Papst hatte hier eine Bedrohung der römischen Autorität gesehen und den König von Frankreich ersucht, einen Kreuzzug zu organisieren, um die Ketzer auszulöschen. Letzterer hatte seinen Feldzug so gründlich verfolgt, daß die Region nie wieder an ihren früheren herausragenden Status hatte anknüpfen können; und während die Ketzer und ihre Sympathisanten vernichtet wurden, wurde das Gebiet dem Reich des Königs von Frankreich einverleibt.

Als erster wirklich ideologischer Genozid kann die Verfolgung der Christen im Japan des 17. Jahrhunderts angesehen werden.[27] Frühe spanische und portugiesische Handelsschiffe hatten nicht allein Handelsware, sondern auch Missionare befördert, die erstaunlicherweise sehr erfolgreich darin gewesen waren, sowohl Angehörige der höheren Schichten als auch der armen bäuerlichen Bevölkerung zum Christentum zu konvertieren. Der Hof Tokugawa verstand dieses fremde Eindringen als eine Bedrohung, die nicht nur traditionelle Handelsgewohnheiten untergrub, sondern auch jene traditionellen Werte, die die äußerst starre soziale Ordnung bestimmten. Dieser Konflikt führte zunächst zu den zahlreichen sogenannten Ausschlußdekreten und in der Folge zum Shimabara-Aufstand, während dessen eine große Zahl von Christen niedergemetzelt wurde. Die Ausschlußdekrete sollten Japan gegenüber westlichen Einflüssen für mehr als 200 Jahre auf wirksame Weise abschließen.

Zu ungefähr derselben Zeit erlebte die westliche Welt die Großen Hexenverfolgungen, in deren Verlauf hauptsächlich die arme Bevölkerung, und hier zumeist Frauen, aufgrund einer Konspiration mit dem Teufel verfolgt wurde. Wir wollen hier nicht andeuten, daß diese Verfolgungen Genozid waren - sie waren es nicht. Doch hatten die ausgedehnten Hinrichtungen und Verbrennungen zum Ziel, Abweichungen vom herrschenden Glaubenssystem durch die Einführung eines Terrorregiments zu verhindern. Dabei spielte es kaum eine Rolle, ob die Opfer tatsächlich eine Volksmagie praktizierten oder nicht. Ziel war es, eine Konformität unter

27 Chalk/Jonassohn: History and Sociology (Anm. 4), S. 139-151.

der herrschenden Ideologie zu erzwingen. Die Verfolgungsprozeduren, die zu dieser Zeit entwickelt wurden, um die vernichtenden Beweise zu erbringen, werden heute noch von modernen genozidalen Regimen angewandt.

Wenn wir uns in der weiteren Betrachtung dem 20. Jahrhundert zuwenden, stellen wir fest, daß alle größeren Genozide ideologischen Ursprungs sind; sie werden durchgeführt, um einen ideologischen Imperativ durchzusetzen. Hier sind die Opfergruppen stets innerhalb der Tätergesellschaft zu finden, sowohl in physischer als auch in sozialer Hinsicht. Dies erklärt einen der oft übersehenen Unterschiede zwischen Genoziden, die ausgeführt werden, um ein Reich zu errichten oder zu bewahren, und Genoziden, die ausgeführt werden, um einen ideologischen Imperativ durchzusetzen: die ersteren brachten greifbare Vorteile für die Täter mit sich, da sie eine Bedrohung eliminierten, einen Feind terrorisierten oder neuen ökonomischen Reichtum hervorbrachten, während letztere trotz hoher sozialer und ökonomischer Kosten für die Tätergesellschaften ausgeführt wurden.[28] Dies trifft für die türkische Vernichtung der armenischen Gemeinschaft zu, die Vernichtung der Zigeuner und Juden durch das nationalsozialistische Deutschland, Stalins Auslöschung bestimmter gesellschaftlicher Gruppen oder die Morde an Kambodschas städtischer Bevölkerung durch die Roten Khmer.

Gemeinsame Merkmale

Es gibt mehrere Grundzüge, die ideologischen Genoziden gemeinsam zu sein scheinen und möglicherweise einen Anhaltspunkt bieten für die Suche nach Wegen der Verhütung zukünftiger Genozide. Diese Typen von Genozid werden zumeist im Namen von Theorien, Glaubenssystemen oder Ideologien vollzogen, die (1) das Individuelle zugunsten des Kollektiven gering schätzen; (2) die Mittel zur Erreichung des Ziels rechtfertigen, (3) die Rechtsordnung ablehnen und (4) sich nicht unter die Allgemeine Deklaration der Menschenrechte stellen, die von der Generalversammlung der Vereinten Nationen am 10. Dezember 1948 verabschiedet worden ist. Jeder dieser Punkte wird in den folgenden Abschnitten kurz erörtert werden.

(1) Einer der wichtigsten Aspekte, in welchem sich Glaubenssysteme, Ideologien und Theorien unterscheiden, ist die Definition ihrer Anliegen.

28 Ebd., S. 415-421. Diesem Argument ist trotz der offensichtlichen Tatsache zuzustimmen, daß einige individuelle Täter sich bereicherten. Für eine ausgedehnte Diskussion zu diesem Aspekt siehe Jonassohn, Kurt: The Consequences of Ideological Genocides and their Role in Prevention, in: The Armenian Review 42, 4, 1989, S. 1-16.

In einigen Fällen wird das Individuum zum Anliegen bestimmt, das Kollektive spielt nur eine untergeordnete Rolle. Mit diesem Modus sind wir im Westen wohl vertraut; so glauben wir für eine Zivilgesellschaft, daß Individuen wählen sollten, um die Zukunft der Gemeinschaft mitzuentscheiden, und in religiösen Angelegenheiten vertrauen wir dem individuellen Gewissen eher als der Verantwortung der Gemeinschaft. Doch in vielen anderen Teilen der Welt ist das Individuum von zweitrangiger Bedeutung, und es ist allein das Kollektive, das zählt. In diesen Ländern wird es als Selbstverständlichkeit akzeptiert, daß das Individuum zum Wohl der Gemeinschaft leiden muß. Politisch Verantwortliche werden hier möglicherweise mit Geringschätzung auf die *Erklärung der Menschenrechte* (oder die amerikanische *Bill of Rights*) als ein Dokument einer minderen Kultur blicken.

(2) Glaubenssysteme, Ideologien und Theorien unterscheiden sich ferner in ihrer Interpretation der Beziehung zwischen Mitteln und Zwecken. Diese Beziehung hat einige hochinteressante Debatten und Analysen hervorgebracht. Doch wird es im vorliegenden Kontext ausreichen, allgemein darauf zu verweisen, daß Menschenrechte und Menschenleben ernsthaft gefährdet werden, wenn Zwecke die Mittel rechtfertigen.

(3) Obwohl der Begriff der »Rechtsstaatlichkeit« häufig genug ohne ergänzende Erläuterung gebraucht wird, ist seine Bedeutung weder offensichtlich noch eindeutig. Für eine vergleichende Untersuchung von Regierungssystemen wird die Studie der Rechtsordnungen auf jeden Fall zu einem sehr wichtigen Analyseaspekt. Vereinfacht gesagt, das Konzept der Ordnung durch das Recht bezieht sich auf eine Gesellschaftsform, in der es nur ein gültiges Recht gibt und ein jeder Subjekt dieses Rechts ist. In einer Gesellschaft, die von Rechtsstaatlichkeit bestimmt ist, sind die untersten Arbeiterschichten und die höchsten, führenden Eliten demselben Gesetz unterworfen. Wenn eine Gesellschaft bestimmte Individuen oder Gruppen von diesem Gesetz ausschließt, hat sie erste Schritte unternommen, die von einem demokratischen System wegführen. Im übrigen ist die Idee der Demokratie derart weitverbreitet, daß wir uns oft nicht mehr erinnern, was sie eigentlich bedeuten mag. Im wörtlichen Sinn meint Demokratie die Herrschaft des Volkes; etwas, was in einer komplexen Gesellschaft kaum möglich ist. Statt dessen wird die Regierungsgewalt in die Hände von Repräsentanten gelegt, die über freie Wahlen ernannt werden. Noch immer halten wir daran fest, eine solche Regierung als Demokratie zu bezeichnen, und wir nennen Länder, die diese Form des Arrangements getroffen haben, Republiken. Ob diese Bezeichnung angemessen bleibt, hängt von der Fähigkeit der Menschen ab, jene letzte Kontrolle auszuüben. Wenn eine Regierung trotz einer oppositionellen Mehrheit regiert und

gegen den Willen des Volkes an der Macht bleibt, dann wird die Bezeichnung »Demokratie« unangemessen und Menschenrechte stehen auf dem Spiel.

(4) Die drei Aspekte Glaubenssystem, Ideologie und Theorie überschneiden sich weitgehend. Möglicherweise wird man - in einer Art Schnellverfahren der Beurteilung - auch davon ausgehen können, ob ein Land die Menschenrechtsdeklaration der Vereinten Nationen oder den Vertrag von Helsinki beachtet. Leider haben einige Länder unter dem Druck westlicher Mächte diese Dokumente unterzeichnet, ohne die Bestimmungen innenpolitisch umzusetzen. Sicherlich aber ist die Verpflichtung, diese Übereinkommen einzuhalten, die beste Garantie, die Menschenrechte nicht zu verletzen - und dies schließt Genozid, als die äußerste Verletzung der Menschenrechte mit ein.

Eine Antwort auf Verfolgung und potentiellen Genozid ist der Versuch zur Flucht. Da es immer einigen Menschen gelungen ist zu fliehen, kann man in keinem Fall von einem vollständig »erfolgreichen« Genozid sprechen. In der zweiten Hälfte dieses Jahrhunderts haben sich zahlreiche Genozide ereignet, die jeweils eine wachsende Zahl von Menschen zur Folge hatten, denen es gelungen war zu fliehen, als sie die Gefahr erkannten. Die Mehrheit aller Flüchtlinge auf der Welt ist heute Folgeerscheinung einer Flucht vor einem Genozid. Diese Flüchtlinge repräsentieren zwei Herausforderungen: Die erste resultiert aus der Tatsache, daß sie als Geflüchtete häufig die genauesten und verläßlichsten Nachrichten über einen beginnenden Genozid zu liefern vermögen. Wenn sie ernstgenommen und nicht als voreingenommene Beobachter mißachtet werden, könnten sie ein wichtiger Teil eines Frühwarnsystems für Genozid sein. Die zweite Herausforderung stellen die Aufgaben an den Hohen Kommissar der Vereinten Nationen für Flüchtlinge sowie die humanitären Organisationen dar, die versuchen müssen, diesen Geflohenen zu helfen.

Schlußbemerkung

Es ist noch ein weiter Weg, bis wir jemals die Situationen und Prozesse verstehen werden, die zu gravierenden Menschenrechtsverletzungen und zu Genoziden führen. Ein zentraler Aspekt des Problems sollte jedoch bereits jetzt deutlich sein. Alle Glaubensrichtungen, Ideologien und Theorien können von »wahren Gläubigen« zu Extremen geführt werden, und es ist ein solcher Extremismus, der eine notwendige, wenn auch nicht hinreichende Bedingung für die ernsteren Verletzungen von Menschenrechten ist. Der Hauptgrund, warum solche Extreme so gefährlich sind, besteht darin, daß sie den Gebrauch jeglicher Mittel rechtfertigen, um ihre Ziele zu erreichen. Daher sollte es die Aufgabe einer jeden Verteidigung der Menschenrechte sein, dem Gebrauch jeglicher Mittel entgegenzustehen, die die Bewahrung der Menschenrechte aufs Spiel setzen - was die meisten Länder unterstützen, indem sie für diesen Schutz bei den Vereinten Nationen ihre Stimme abgegeben und die relevanten Konventionen unterzeichnet haben.

Roger W. Smith

Pluralismus und Humanismus in der Genozidforschung

Völkermord ist ein altes Phänomen, doch beginnt seine Untersuchung erst mit den Schriften von Bartolomé de Las Casas, einem spanischen Priester im 16. Jahrhundert, der versuchte, die Bewohner der Neuen Welt vor der Vernichtung durch seine europäischen Landsleute zu bewahren.[1] Die nächste wichtige Figur in der Entwicklung einer Analyse von Völkermord war Alexis de Tocqueville, der über die fortschreitende Vernichtung der Indianer im Amerika des 19. Jahrhunderts schrieb. Die Themen, die beide Denker aufwarfen, sind in einer Zeit, in der indigene Völker auf den meisten Kontinenten der Erde bedroht sind, noch immer aktuell; und auch der Euphemismus, der für den Tod verwendet wird, ist noch immer derselbe: Entwicklung. Von bleibender Bedeutung ist ferner auch der Bericht Henry Morgenthaus über den Völkermord an den Armeniern von 1915, insbesondere, da als häufigste Ursache für die Genozide im 20. Jahrhundert der Kampf um die Monopolisierung von Macht (zumeist geleitet von Nationalismus) festgehalten werden muß. Dabei sind heute Fragen zentral, die bei Völkermorden gegen äußere Feinde im Hintergrund standen: wer dazu gehört, wer »ethnisch gesäubert« werden und wer eine Stimme in der politischen Gemeinschaft haben sollte, welche ihre Zielsetzungen sein werden. In letzter Zeit sind unzählige Bücher und Artikel über den Holocaust erschienen, die annähernd jede seiner Facetten analysieren, und doch entzieht sich uns in wichtigen Aspekten ein Verstehen. Die Vergleichende

1 Eine gute Darstellung über Las Casas findet sich bei Todorov, Tzvetan: The Conquest of America: The Question of the Other, New York 1984, dt.: Die Eroberung Amerikas. Das Problem des Anderen, Frankfurt a.M. 1985. Daneben gibt es jedoch eine detaillierte *Schilderung* von Genozid in Numeri 31, geschrieben vor unserer Zeitrechnung. Bereits an anderer Stelle habe ich dargestellt, daß man in Numeri 31 ein Paradigma finden kann, welches viel über Logik und Struktur von Völkermord offenbart, wie er vom ersten Jahrtausend vor unserer Zeitrechnung bis ins 20. Jahrhundert praktiziert wurde. Dieses Muster veränderte sich jedoch im 20. Jahrhundert in verschiedenster Hinsicht: so waren beispielsweise Frauen für Jahrhunderte von der direkten Teilnahme an Völkermord weitgehend ausgeschlossen gewesen; dies war jedoch, wenn natürlich in unterschiedlichem Ausmaß, keineswegs der Fall im nationalsozialistischen Deutschland, in Kambodscha oder Ruanda. Siehe dazu Smith, Roger W.: Women and Genocide: Notes on an Unwritten History, in: Holocaust and Genocide Studies 8, 3, 1994, S. 315-334.

Genozidforschung, die sich vor weniger als fünfundzwanzig Jahren zu entwickeln begann, ist noch weit weniger zufriedenstellend. Obwohl einige interessante und wichtige Studien erschienen sind, ist das Untersuchungsfeld als Ganzes noch von offenen Problemen gezeichnet. Vielleicht können einige dieser Forschungsprobleme gelöst werden, andere aber wohl auch nicht.[2]

So ist zunächst nicht eindeutig, was mit »Genozid« gemeint ist. Der eine Ansatz sucht Genozid in Bedingungen eines paradigmatischen Falls zu definieren, ähnlich dem Holocaust, und sieht ihn als Versuch, eine biologische Gruppe restlos zu vernichten.[3] Ein anderer Ansatz betrachtet Genozid als Konzept mit eher unscharfen Rändern, dessen Zentrum von Handlungen bestimmt ist, die beabsichtigen, eine Gruppe zu vernichten. Was hier betont wird, sind Strukturähnlichkeiten zwischen einer Vielzahl von Handlungen, Motivationen und Konsequenzen. Zur gleichen Zeit kommen Strukturunterschiede ins Spiel: Krieg, sporadische Tötungen und politische Repression werden in den meisten Fällen als etwas von Genozid zu Unterscheidendes beschrieben. Weder die Eigenschaften der Gruppe noch die Ziele der Täter definieren, ob Genozid stattgefunden hat oder nicht: hier geht es darum, daß die Konsequenzen dergestalt sind, daß die Gesamtexistenz der Gruppe auf dem Spiel steht und die Täter dennoch an ihren Handlungen festhalten. Dieser zweite Ansatz hat den Vorteil, daß er uns erlaubt, von einer genozidalen *Gesellschaft* und nicht nur von einem genozidalen *Staat* zu sprechen.[4] So ist aus dieser Sichtweise kein Grund gegeben, zwischen politisch motivierten Tötungen in großem Ausmaß und Genozid zu unterscheiden, ebenso braucht nicht auf der Forderung bestanden zu werden, daß Völkermord eine besondere Absicht benötigt. Ein dritter Ansatz, der von denjenigen verfolgt wird, die ein Primärziel in der

2 Als sorgfältigen Überblick über das gesamte Feld der Vergleichenden Genozidforschung siehe Fein, Helen: Genocide: A Sociological Perspective, London 1993.

3 Lang, Berel: The Concept of Genocide, in: The Philosophical Forum 16, 1/2, Sonderausgabe: Philosophy and the Holocaust, 1984/85. Siehe dazu auch meine kritische Stellungnahme in: Armenian Review 39, 3, 1986, S. 88-90.

4 Zum Konzept der Strukturvergleiche siehe den Begriff der »Familienähnlichkeit« bei Wittgenstein, Ludwig: Philosophical Investigations, Oxford ^{2}1958, dt.: Philosophische Untersuchungen, in: Schriften Bd. 1, Frankfurt a.M. 1960ff., Abschnitte 65-84. Zum Terminus der »genozidalen Gesellschaft« siehe Barta, Tony: Relations of Genocide: Land and Lives in the Colonization of Australia, in: Genocide and the Modern Age: Etiology and Case Studies of Mass Death, hrsg. von Isidor Wallimann und Michael N. Dobkowski, Westport/CT 1987, S. 237-251.

Bestrafung von Völkermord sehen, hat die Definition der Konvention der Vereinten Nationen trotz ihrer vielen Mängel übernommen.[5]

Unter Berücksichtigung der vielfältigen theoretischen wie auch praktischen Fragestellungen in der Definition des Konzepts Genozid werden wir schwer einen einheitlichen Gebrauch des Begriffs erreichen können.[6] Vielmehr müssen wir mit dem Eingeständnis, daß es eben nicht nur Genozid gibt, sondern eine Vielzahl von genozidalen »Familienähnlichkeiten«, Typologien entwickeln, die uns helfen, diese zu untersuchen. Zwei Fragen sind hier vorrangig: was ist das Ziel der Täter und welche Form hat der genozidale Prozeß? Der ersteren könnte man sich durch die Entwicklung einer »Grammatik der Motive« annähern, in der Berücksichtigung von zum Beispiel Eroberung, Rache, Gewinn, Herrschaft und Idcologie.[7] Die zweite Frage führt die Probleme der Ursachen und Abfolgen ein, der Typen von Opfern, des Stands der Technologie oder der Konsequenzen, die für bestimmte Formen von Genozid als spezifisch anzusehen sind. Man könnte beispielsweise verschiedene Genozidakte an indigenen Völkern vergleichen, so diejenigen, die aus dem Machtkampf in pluralen Gesellschaften entstanden, und diejenigen, die von höchst ideologischen Regimen ausgeführt wurden, um zu sehen, ob diese Fälle von Genozid (wenn sie dies sind) spezifischen Mustern folgen. Natürlich könnte sich auch herausstellen, daß wir immer mit einzigartigen Fällen konfrontiert sind, obwohl dies unwahrscheinlich scheint.

Um mit der Beantwortung von Fragen nach Zielen oder Verläufen von Genozid zu beginnen, sind detaillierte Fallstudien vonnöten. Gegenwärtig gibt es jedoch selbst für Beispiele aus dem 20. Jahrhundert zu wenige. Eine Ursache liegt wohl darin, daß es oft leichter erscheinen mag, sich Genozid über einen abstrakten Weg zu nähern, als ein bestimmtes Fallbeispiel zu erläutern. Analyse und Theorie sind notwendig, doch ebenso notwendig ist die Ereignisdarstellung und die Beachtung des Kontextes. Zudem sollten wir unsere Aufmerksamkeit nicht allein auf Fallstudien kürzlich begange-

5 Siehe zum Beispiel Kuper, Leo: Genocide: Its Political Use in the Twentieth Century, New Haven/CT 1982, Kapitel 2.

6 Einiges von dem, was hier zur Debatte steht, wird angedeutet bei Bedau, Hugo Adam: Genocide in Vietnam?, und Falk, Richard A.: Ecocide, Genocide, and the Nuremberg Tradition of Individual Responsibility, beides in: Philosophy, Morality, and International Affairs, hrsg. von Virginia Held, Sidney Morgenbesser und Thomas Nagel, New York 1974. Für eine nachdenkliche Diskussion der Probleme in der Definition von Genozid siehe vor allem Fein: Genocide (Anm. 2), Kapitel 2.

7 Smith, Roger W.: Human Destructiveness and Politics: The Twentieth Century as an Age of Genocide, in: Genocide and the Modern Age: Etiology and Case Studies of Mass Death, hrsg. von Isidor Wallimann und Michael N. Dobkowski, Westport/CT 1987, S. 21-39.

ner Genozide beschränken; so werden Beispiele aus dem 16. und 19. Jahrhundert viel über die Vergehen an indigenen Völkern mitteilen; über diese Beispiele aus früheren Perioden kann eine breitere Basis für das Verstehen der Entwicklung von genozidalen Formen (so war zum Beispiel Krieg für Jahrhunderte synonym mit Genozid) gewonnen werden, sich wandelnden (und manchmal konstanten) Einstellungen gegenüber Massenvernichtung, für die Rolle der Religion in der Ermöglichung oder Verhinderung von Genozid und für die Entwicklung einer Technologie des Todes.

Darüber hinaus gibt es eine große Anzahl von thematischen Studien, die erst noch angeregt werden müssen. So wissen wir zum Beispiel wenig über genozidale *Gesellschaften*, über die Reaktionen von Regierungen auf Genozidakte, über die Beziehungen zwischen Wirtschaftssystemen und Genozid, religiöse Stimuli und Genozid, Geschlechterdifferenzierung oder die Beteiligung der jungen Generation im Genozid. Des weiteren wird den Konsequenzen von Genozid mehr Beachtung geschenkt werden müssen. Welche bleibenden Effekte hat Genozid auf die Politik, die Ökonomie und die soziale Struktur des Landes, in dem er stattfindet? Wie rehabilitiert sich eine genozidale Gesellschaft? Rehabilitiert sie sich überhaupt? Welchen Einfluß hat der Genozid auf die internationale Politik, die Kultur und Denkweisen oder das Leben derer, die ihres Heimatlandes beraubt wurden? Bereits an diesem Stand der Untersuchung sollte deutlich sein, daß die Auswirkungen von Genozid nicht mit der letzten Grausamkeit enden, sondern im Gegenteil für Generationen fortdauern. Besonders deutlich wird dies im Fall der Armenier, in welchem achtzig Jahre türkischer Verleugnung zur Einschüchterung und Korrumpierung der Wissenschaften geführt haben, zu absichtlichen Verzerrungen der Geschichte durch Regierungen, aber auch zu einer Wut, die sich manchmal in Gewalt äußert, und zu einem fortdauernden Schmerz für die Überlebenden und ihre Nachkommen in ihrer zweifachen Opferwerdung: jener des weitgehend erfolgreichen Versuchs der Vernichtung sowie jener der sich daran anschließenden »Orwellschen« Neuschreibung von Geschichte, die das Wissen um die Tat beseitigen will.[8]

Dennoch scheint ein Fortschritt im Verstehen vieler grundlegender, wenn auch versteckter Aspekte von Genozid möglich. Als Ergebnis jüngerer Untersuchungen zu Altruismus und zum Hilfeverhalten haben wir nun eine weitaus bessere Vorstellung davon, warum manche Menschen bereit

8 The Armenian Genocide in Perspective, hrsg. von Richard G. Hovannisian, New Brunswick/NJ 1986, siehe hier besonders die Beiträge von Boyajian, Levon/Grigorian, Haigaz: Psychosocial Sequelae of the Armenian Genocide, und Miller, Donald E./Touryan Miller, Lorna: An Oral History Perspective on Responses to the Armenian Genocide.

sind, ihr Leben zu riskieren, um vorgesehene Opfer des Genozids zu retten. Außerdem gibt es Fortschritte in unserem Verstehen der Motivation von »normalen Männern«, einen Völkermord auszuführen, sowie im Verstehen des Verhaltens der »Zuschauer«, die nicht töten, aber weit davon entfernt sind, unschuldig zu sein.[9]

Eine ernsthafte Gefahr für das Verstehen menschlichen Zerstörungswillens würde jedoch durch den Versuch entstehen, die Untersuchung von Genozid auf einen einzelnen Ansatz zu reduzieren, um auf diese Weise Wissen zu entwickeln, das sowohl komparativ als auch kumulativ wäre. Ein spezifisches und zugleich partikulares Konzept der Sozialwissenschaften würde folglich Grundlage des zu entwickelnden Modells. Gründe für einen solchen Schritt bestünden dabei nicht allein darin, ein besseres Verstehen des menschlichen Zerstörungswillens zu erreichen, sondern auch eine wissenschaftliche Vorhersage von Genozid zu ermöglichen. Mit diesem Anspruch, zukünftige Völkermordereignisse voraussagen zu wollen, geht die Aufgabe des Sozialwissenschaftlers über »die Registrierung von Todesfällen, wenn sie geschehen«, hinaus; Prävention wird nun zu einer Möglichkeit.[10] Wissenschaft, die moralisch neutral sein will, wird Mittel zu einem moralischen Ziel - der Verteidigung des Rechts auf Leben.

Den Versuchen, die Erforschung von Genozid auf ein einzelnes, wie auch immer konzipiertes Modell zu reduzieren, sollte jedenfalls widerstanden werden. Denn zunächst zeigen bereits die wichtigsten Arbeiten über Genozid selbst, daß die Suche nach einer überragenden Methode oder einem alles erklärenden Paradigma eine Illusion ist. Es gibt sicherlich keine einzelne theoretische Perspektive, die von Raul Hilberg, Helen Fein, Leo Kuper, Robert Melson, Christopher Browning, Richard Hovannisian, Ervin

9 Zum Hilfeverhalten siehe Hallie, Philip: Lest Innocent Blood Be Shed, New York 1978; Tec, Nechama: When Light Pierced the Darkness: Christian Rescue of Jews in Nazi-Occupied Poland, New York 1986; Oliner, Samuel P./Oliner, Pearl: The Altruistic Personality: Resuers of Jews in Nazi Europe, New York 1988. Siehe zur Frage der Motivation »normaler« Personen, am Genozid teilzunehmen, Browning, Christopher R.: Ordinary men: Reserve Police Battalion 101 and the Final Solution in Poland, New York 1992, dt.: Ganz normale Männer. Das Reservebataillon 101 und die »Endlösung« in Polen, Reinbek bei Hamburg 1993; Hirsch, Herbert: Genocide and the Politics of Memory: Studying Death to Preserve Life, Chapel Hill/NC. 1995; Staub, Ervin: The Roots of Evil: The Origins of Genocide and Other Group Violence, Cambridge 1989. Zu den Zuschauern siehe ebenfalls Staub: The Roots of Evil sowie ders.: Transforming the Bystanders: Altruism, Caring, and Social Resposibility, in: Genocide Watch, hrsg. von Helen Fein, New Haven/CT 1992.

10 Der zitierte Satz stammt von Harff, Barbara/Gurr, Ted Robert: Genocides and Politicides since 1945: Evidence and Anticipation, in: Internet on the Holocaust and Genocide. Sonderausgabe 13, 1987, S. 4.

Staub oder Vahakn Dadrian geteilt würde. Gemeinsam ist ihren Arbeiten hingegen, daß sie wichtige Fragen aufwerfen, daß sie dem Kontext große Beachtung schenken, daß sie detailreich, rücksichtslos ehrlich und in hohem Maße verstehend sind. Kurz, viele unterschiedliche Ansätze zur Untersuchung von Genozid haben unser Verstehen des menschlichen Zerstörungswillens erweitert und vertieft. Zudem werden in der Untersuchung von Genozid die unterschiedlichsten Problemstellungen mitberührt - politische, psychologische, philosophische, literarische und kulturelle. Ebenso muß eine Vielzahl von Einzelthemen berücksichtigt werden, so unter anderem Fragen nach Verantwortlichkeit, Verursachung oder Verhinderung. Kein einzelner Ansatz, keine einzelne Methode und keine einzelne Theorie könnte diesen vielfältigen und verschiedenen Problemen und Themen gerecht werden. Möglicherweise gibt es eine »Logik« der Grausamkeit, doch enthält diese Logik viele einzelne Logikaspekte; Pluralismus scheint dem Subjekt selbst eigen zu sein.

Wenn andererseits das Modell, das uns nahegelegt wird, das Modell einer positivistischen Sozialwissenschaft ist, welches als systematisch, gründlich, methodisch, wertfrei und objektiv gedacht wird, dann müssen ergänzende Anmerkungen gemacht werden. Erstens würden die grundlegenden Annahmen bezüglich einer eindeutigen Unterscheidung zwischen Fakten und Werten, Beschreibung und Analyse, dem Wissenden und dem Gewußten, objektivem und subjektivem Wissen, von den meisten zeitgenössischen Wissenschaftsphilosophen nicht anerkannt werden.[11] Zweitens, auch wenn dies nicht in einer kausalen und deterministischen Sozialwissenschaft angelegt sein mag, würden solche Studien in hohem Maße zu Generalisierung, Abstraktion und Quantifizierung sowie zu einer Entfernung von den eigentlichen menschlichen Subjekten tendieren, die vom Genozid betroffen sind. Des weiteren kann dieses Erklärungsmodell nicht angemessen mit der Vielzahl von Fragestellungen umgehen, die die Annäherung an Genozid unausweichlich verlangt - motivationale, philosophische, existentielle, interpretative Aspekte. Dabei ist es charakteristisch, daß Fragen, die das Modell nicht beantworten, das heißt nicht quantifizieren kann, wie bedeutungslos an den Rand gedrängt oder als Angelegenheit der »Emotion« behandelt werden. Verstehen wird aber auch durch die Suche nach jener kleinen Anzahl von Indikatoren reduziert, die es ermöglichen sollen, zukünftiges Verhalten vorherzusagen. Mit einer solchen Einengung

11 Siehe zum Beispiel Spragens, Thomas A. Jr.: The Irony of Liberal Reason, Chicago 1981; Taylor, Charles: Interpretation and the Sciences of Man, in: Interpretive Social Science: A Reader, hrsg. von Paul Rabinow und William M. Sullivan, Berkeley 1979.

der Untersuchungsfragen werden wir von weiten Wissensgebieten abgetrennt, die aber zum Verständnis von Genozid unumgehbar einbezogen werden müssen.

Der israelische Dichter Abba Kovner erzählt, daß ihm ein maßstabsgetreues Modell gezeigt wurde, welches der Gestalt nach eine exakte Nachahmung von Treblinka war. Diejenigen, die ihm das Modell präsentiert hatten, sagten im wesentlichen: »Dies ist Treblinka.« Kovner erwiderte: »Nein, dies ist nicht Treblinka. Wo sind die Angst und der Schrecken? Ohne Angst und Schrecken ist Treblinka nicht Treblinka.«[12] Ohne Schrekken und Leid ist Genozid kein Genozid. Können wir von einem Modell, das von den Menschen befreit ist, die zum Opfer des Genozids wurden, wirklich glauben, daß irgend jemand dazu bewegt werden könnte, dieses Verbrechen gegen die Menschheit zu verhindern, egal, wie genau die Voraussagen auch sein mögen?

Und doch ist es genau dieser Anspruch, zukünftige Ereignisse von Genozid vorhersagen zu können, ausgestattet zu sein mit einem Frühwarnsystem für Genozid, der dieser Art von Sozialwissenschaften in der Politik eine privilegierte Stellung verschafft hat.[13] In der Tat kann die wissenschaftliche Beschäftigung mit Genozid dazu beitragen, Leben zu retten (vorausgesetzt, daß diesem Wissen von denen Beachtung geschenkt wird, die an der Macht sind); doch kann sie ebenso hilfreich sein, in positiver wie negativer Hinsicht, zu verstehen, was es heißt, Mensch zu sein. Daher ist es wichtig, unsere Ziele, Methoden und Fragen derart zu gestalten, daß sie ein Verständnis für das Wesen des Menschen nicht ausschließen. Genozid wirft ein Licht auf unsere eigene Natur, das Funktionieren von Gesellschaft, die Paradoxien von Vernunft und Idealismus, die zur Vernichtung führen, auf die Stärke ebenso wie die Schwäche von Menschen in Extremsituationen, die Gleichgültigkeit von Individuen, Kirchen und Nationen gegenüber dem Holocaust und anderen Genoziden wie auch auf die Bedeutung und Wichtigkeit von Erinnerung. Die Forschung würde uns auf diese Weise erlauben, Solidarität mit den Opfern auszudrücken (die Wahrheit über den armenischen Genozid festzuhalten ist genau dies), und sie kann uns ermahnen, wachsam zu sein gegenüber Vorurteilen und mörderischen Impulsen in uns selbst und in unserem Volk.

12 Die Aussage Abba Kovners, die ich hier paraphrasiert habe, ist angeführt in: The Holocaust as Historical Experience, hrsg. von Yehuda Bauer und Nathan Rotenstreich, New York 1981, S. 251.

13 Gurr, Ted R.: Assessing Risks of Ethnopolitical Conflict and Mass Repression: An Empirical Study of Minorities at Risk in Asia, Ms.: First Conference of the Association of Genocide Scholars in Williamsburg/Virginia, 14.-16. Juni 1995.

In der positivistischen Sozialwissenschaft ist jedenfalls keine dieser Fragen aufgeworfen worden. Anstelle der menschlichen Dimension, die ein wichtiger Teil der Genozidforschung ist, werden wir einerseits mit einer großen Menge von Daten konfrontiert, viele davon numerisch und mit geringem Bezug zum Kontext, sowie andererseits einigen wenigen Variablen, darunter zum Beispiel der Struktur und den Zielen des betreffenden Regimes, dem Ausmaß von Polarisierungen in der Gesellschaft oder der Wirkungsbreite vergangener und gegenwärtiger Konflikte, in die die dominanten und die untergeordneten Gruppen miteinander verwoben waren.[14] Auf der Grundlage dieser Variablen oder auch möglicherweise anderer, noch zu identifizierender, wird angenommen, daß man die Wahrscheinlichkeit von Genozid und politisch motiviertem Massaker wissenschaftlich vorherbestimmen kann. Auf diese Weise kann die Sozialwissenschaft möglicherweise tatsächlich dazu beitragen, Leben zu retten. Und doch gibt es einiges Unbehagen, wie in einer positivistischen These über die Ziele der Genozidforschung deutlich wird:

»Meiner Meinung nach gibt es nur wenig Zweifel daran, daß sich Genozidforscher dafür entscheiden würden (wenn sie die Wahl hätten), alles in ihrer Macht stehende zu tun und ihr Wissen zu nutzen, um dabei zu helfen, zukünftige traumatische Ereignisse vorherzusagen und zu verhindern. Die Frage ist, wie man mit 'Vorbeugung' umgehen soll, ohne die Grundsätze sozialwissenschaftlicher Forschung zu opfern.«[15]

Lassen Sie mich nun Einzelaspekte wieder aufnehmen, die sich aus dem Material ergeben, das ich hier vorgestellt habe. Zunächst einmal ist da die Frage, ob Vorhersagen über menschliche Lebensverhältnisse jemals den gleichen Status einnehmen können, wie zum Beispiel Vorhersagen im Bereich der Physik.[16] Das Ausgangsproblem besteht darin, daß menschliche Verhältnisse keine geschlossenen Systeme sind; äußerer Einfluß wie innerer Wandel sind auf die eine oder andere Art und Weise immer möglich. Daß Sri Lanka eine genozidale Entwicklung erleben würde, war vielleicht denkbar gewesen, aber wer hätte vorhersagen können, daß die indische Armee mit dem Segen der Regierung von Sri Lanka einmarschieren würde? Hier ist die Sozialwissenschaft der Meteorologie näher als der Physik. Und doch unterscheidet sie sich von der Meteorologie dadurch, daß ihre Vorhersagen

14 Siehe zum Beispiel Harff/Gurr: Genocides and Politicides (Anm. 10).

15 Aus dem Memorandum für die Teilnehmer am »International Studies Association annual meeting«, Roundtable: Approaches and Objectives in Comparative Inquiry on Genocides and Politicides, St. Louis/Missouri, 2. April 1988.

16 Taylor: Interpretation and the Sciences of Man (Anm. 11), S. 69-71.

Teil eines geschichtlichen Prozesses werden, daß sie Genozidereignisse als selbsterfüllende oder selbstverneinende Prophezeiungen beeinflussen kann. Zudem können Messungen menschlicher Lebensverhältnisse nie eine mit der Physik vergleichbare Exaktheit aufweisen, auch werden bereits unterschiedliche Nuancen in der Interpretation zu unterschiedlichen Vorhersagen führen. Ist zum Beispiel die Vernichtung der indigenen Bevölkerung in Zentral- und Lateinamerika eine Frage nach Autoritarismus (wenn ja, welcher Art?), eine Frage nach der Gestaltung und Zielrichtung der wirtschaftlichen Verhältnisse, nach traditionellen Einstellungen oder irgendeiner Kombination dieser oder jener Faktoren?[17] Es mag sein, daß man bessere Indikatoren finden wird und zudem auch solche, die weniger offen sind für weitreichende Akzentsetzungen; die Aspekte der Beurteilung, des Verstehens und des interpretativen Risikos werden jedoch bleiben. Vielleicht sollten wir daher in bezug auf Genozid besser von *Erwartung* als von *Vorhersage* sprechen. Denn auch wenn viele von uns den Genozid in Burundi und Ruanda erwartet hätten, sein genauer Zeitablauf und seine Schnelligkeit wären uns entgangen.

Der schwache Status, der der Vorhersage bezüglich menschlicher Verhältnisse zuzuschreiben ist, würde vielleicht nicht weiter stören, wären da nicht Positivisten, die ihre Vorhersagen in den objektiven Mantel der Wissenschaft kleiden wollten. So möchten diese betonen, daß die Vorhersage von Genozid keine Konfrontation sei, sondern Wissenschaft; daß es sich nicht um eine politische Stellungnahme, sondern um objektives Wissen handelte; auch ginge es nicht um ein praktisches Urteil, abhängig von und offen für das Risiko, sondern um eine wissenschaftliche Aussage, die in der Theorie verankert und höchst zuverlässig in der Erwartung von Zukunft sei.

Dabei scheint die positivistische Frage nach der Kompatibilität von Objektivität und Handlung anzudeuten, daß der Sozialwissenschaftler in einem Dilemma gefangen ist: Leben zu retten ist wichtig, doch können Sozialwissenschaftler ihren Ruf aufrechterhalten, wenn sie dies tatsächlich versuchen? Möglicherweise besteht dieses Dilemma aber nur scheinbar, die positivistische Überlegung selbst beinhaltet auch eine Lösung: beides tun, sowohl Leben zu retten als auch seine professionelle Reputation zu wahren, wird möglich sein über eine Distanzierung von Politik und menschlichem Leid, um vielmehr objektive Indikatoren für drohende Massenver-

17 Einige Teilantworten können in dem beeindruckenden Beitrag von Julian Burger gefunden werden: Report from the Frontier: The State of the World's Indigenous Peoples, London u.a. 1987.

nichtungen bereitzustellen. Offensichtlich scheint der paradoxe Preis dafür, bei der Rettung von Leben behilflich sein zu können, der Mangel an Engagement zu sein. Sicherlich kann aber ein solcher Anspruch nicht der richtige Weg sein: gilt Leo Kuper nun weniger als Wissenschaftler, weil er einer der Gründer von *International Alert* war? Sind er und Richard Hovannisian als Wissenschaftler fragwürdig geworden, weil sie dafür eintraten, daß über Genozid und Menschenrechtsverletzungen an den Schulen unterrichtet werden sollte? Ist Yehuda Bauer disqualifiziert, über den Holocaust zu forschen, weil er Jude ist? Soll Raul Hilberg verurteilt werden, weil er in *Shoah* auftrat? Und doch sind solche Ansichten in der Tradition verwurzelt, aus der ein großer Teil der sozialwissenschaftlichen Literatur über ein Frühwarnsystem für Genozid entstammt.

Für diejenigen, die sich mit Genozid beschäftigen, besteht jedoch die problematische Seite ihrer Arbeit weit weniger darin, zukünftige Genozidereignisse vorherzusagen, obwohl solche Vorhersagen ja unausweichlich zu einer Angelegenheit der praktischen, wenn auch dem Zweifel offenen Urteilskraft werden, als vielmehr in die Frage nach der Verhinderung von Genozid und gegen große Menschengruppen gerichtete Unterdrückung. Diese letztere Frage ist zum Teil Angelegenheit des Wissens und zu einem anderen Teil Angelegenheit eines Willens, Genozidhandlungen entgegenzutreten. Was das Wissen angeht, hier sind thematische Studien, Fallstudien sowie Untersuchungen vonnöten, die uns helfen, Typen, Ursachen, Prozesse und Auswirkungen von Genozid zu verstehen. Ebenso wichtig aber wird eine Forschung sein, die daran orientiert ist, effektive Formen organisierter Strukturen zu entwickeln, die die Wahrscheinlichkeit erhöhen, daß Menschenrechte verteidigt werden können; Strategien, Ereignisse an die Öffentlichkeit zu bringen, bevor sie in Massenmord umschlagen; Wege, potentielle Opfer sichtbarer und somit weniger verwundbar zu machen; effektive Mittel, jüngere wie ältere Generationen über Menschenrechte und Genozid aufzuklären. Dies sind realisierbare Möglichkeiten für die Forschung, obwohl es vielleicht nicht die Art von Themen sind, die Sozialwissenschaftler und Historiker bisher auch nur annähernd verfolgt haben. Was von uns als Wissenschaftler erwartet werden kann, ist, daß wir das Engagement, Leben zu retten, mit der Verpflichtung in Übereinkunft bringen, beständig, verantwortungsvoll und fair in unserer Forschung zu sein, mit einem für Freund und Feind gleichen Verhaltensstandard. Vor allem müssen wir dazu beitragen, eine Atmosphäre zu erschaffen, in der Männer und Frauen (und, wie zu hoffen ist, Regierungen) Genozid als das radikale Übel erkennen, das er ist, und daher jeder seiner Manifestationen, einschließlich der Verleugnung, entgegenstehen. Wenn dies getan werden kann, dann wird das »Wir«, von dem Helen Fein spricht, real geworden sein. Bis dahin wird ihre Voraussage über die Zukunft von Genozid mehr oder weniger zutreffend bleiben:

»Trotz der Probleme, die dem Verstehen und Benennen von Genozid inhärent sind, glaube ich, daß die Gründe dafür, warum wir in der Vergangenheit in der Verhinderung oder Wahrnehmung versagt haben, nicht hauptsächlich in dem Fehlen von Warnungen oder einer Nachprüfbarkeit lagen, sondern vor allem darin, daß es kein 'Wir' - weder eine Organisation, einen Staat (Staaten), eine Wählerschaft oder Gemeinschaft - mit der Verpflichtung gab, zu handeln. Es gibt kein *Wir*, das bereit ist, die Bedeutung von Leben - ungeachtet von Nationalität, Rasse, Religion, Ethnizität oder Politik - vor politische, nationale oder ideologische Interessen zu stellen... Ein solches Eintreten würde eine Überprüfung unserer Annahmen, Strategien und Taktiken erfordern und Auswirkungen auf unsere übrigen Ziele haben. Bis zu dem Zeitpunkt, an dem sich ein solches *Wir* entwikkelt, sind wir hier und jetzt Teil des Problems.«[18]

18 Fein, Helen: Scenarios of Genocide: Models of Genocide and Critical Responses, in: Toward the Understanding and Prevention of Genocide, hrsg. von Israel W. Charny, Boulder/CO 1984, S. 28f.

Irving Louis Horowitz

Wissenschaft, Modernität und autorisierter Terror

Um es bereits zu Beginn kurz voranzustellen: Aus der Perspektive einer politischen Soziologie sollte versucht werden, Genozid als eigenständiges soziales Phänomen zu verstehen und zu analysieren und weniger als Reflex auf Ökonomie und Technologie. Um dies zu erreichen, ist es notwendig, Genozid von anderen Formen der Menschenvernichtung, wie zum Beispiel von Naturkatastrophen, willkürlichen Tötungen, Krieg und symbolischen oder kulturellen Gewaltakten, klar abzugrenzen. Das gemeinsame Merkmal von Genozid, die Verurteilung eines Opfers aufgrund seiner Mitgliedschaft in einer Gruppe, einem Stamm, einer Rasse oder einer Religion, unterscheidet die Genozidhandlung von anderen sozialen Gewaltakten. Der Genozid widerspricht traditionellen westlichen Normen wie Vorstellungen von Gesetz und Moral, die die individuelle Verantwortung für Handlungen betonen und vor diesem Hintergrund spezifische Formen von Bestrafung für Überschreitungen vorsehen.

In meinem früheren Werk *Taking Lives: Genocide and State Power* habe ich versucht, eine Typologie staatlicher Systeme zu entwickeln, die von freiheitlichen bis zu genozidalen Systemen reichte und in ihrer Bandbreite als wesentliche sozialpsychologische Charakteristika Fragen nach Schuld, Scham und Toleranz aufwarf.[1] Für den vorliegenden Beitrag habe ich mir zur Aufgabe gestellt, eine Typologie repressiver staatlicher Systeme zu entwickeln, die das Töten von Leben zulassen, angefangen von sehr spezifischen Bedingungen, wie zum Beispiel der Todesstrafe, bis zum Töten in umfassendem Maße, wie im Fall des Genozids. Darüber hinaus gilt meine Anstrengung dem Nachweis, daß auch die für den Begriff des Genozids selbst festzumachenden tiefgreifenden Unterschiede in den Annäherungen an das Thema des staatlichen Terrors einer Untersuchung bedürfen.

In der kalten, sogenannten wissenschaftlichen Analyse staatlich unterstützten Terrors oder der Massenvernichtung von Menschen gibt es nur wenige Faktoren, die so zwingend und zugleich so umstritten sind wie die nackten Zahlen. Letzlich beruht ja auch die Beweisführung für das Vorlie-

1 Horowitz, Irving Louis: Taking Lives: Genocide and State Power, New Brunswick u.a. [3]1980.

gen von Genozid auf der Zählung der Leichen der unzählbaren Opfer, deren Überreste die Tragödie beglaubigen, in die sie normalerweise unfreiwillig und oft ohne ihr Wissen verwickelt wurden. Die wissenschaftliche Untersuchung von Genozid ist eine Übung des Leichenzählens: hieraus folgende Einschätzungen sind auch als Fußnote zu meiner früheren Arbeit zu verstehen.[2]

In rein numerischen Aussagen läßt sich die Geschichte der Ursache des Mordens in diesem Jahrhundert wie folgt erzählen: Regierungen waren direkt verantwortlich für den Tod von ungefähr 120 Millionen Menschen, während Kriegshandlungen - sowohl zwischen Nationen als auch Bürgerkriege - für den Tod von 35 Millionen Menschen als Ursache festzuhalten sind. Mit anderen Worten, in diesem Jahrhundert, das heißt eigentlich in den letzten 45 Jahren, wurden dreieinhalbmal mehr Menschen von ihren eigenen Regierungen getötet als von feindlichen Staaten.[3]

Die weitere Aufschlüsselung zeigt, daß von den 120 Millionen, die von ihren eigenen Regierungen getötet wurden, über 95 Millionen in kommunistischen Staaten und weitere 20 Millionen in nicht-kommunistischen, autoritären Staaten gelebt hatten. Womit wir uns hier beschäftigen ist folglich nicht irgendein Nebenschauplatz dieses Jahrhunderts, sondern ein in der Häufigkeit zunehmendes Hauptereignis, und vielleicht auch das einzige Hauptereignis angesichts des wachsenden hohen Risikos konventioneller Kriegsführung in der derzeitigen postnuklearen Periode.

Die Wichtigkeit des Leichenzählens ist dabei von den Tätern der systematischen Vernichtungshandlung mindestens ebenso erkannt worden wie von den Opfern, die moralische und historische Anerkennung suchen. So haben die verantwortlichen Regierungsautoritäten jedes größeren Genozids versucht, die Zahl der betroffenen Opfer anzufechten, um auf diese Weise ihre ungeheuerlichen Taten abzuschwächen. Während es auch grausig erscheinen mag, die qualitative Bedeutung von Genozid über quantitative Größen festzustellen, ist doch die Notwendigkeit offenkundig, diese Daten in ein sinnvolles theoretisches Gerüst einzubringen, welches dabei helfen soll, uns die grausamen Potentiale staatlich unterstützten Mordes bewußt zu machen.

Im nachfolgenden möchte ich das gegenwärtige theoretische Interesse an staatlich unterstützter Verletzung von Menschenleben untersuchen und aufzeigen, auf welche Weise bereits bekanntes Wissen über die Zahl der

2 Ebd.

3 Rummel, R.J.: Deadlier than war, in: Institute of Public Affairs Review 41, 2, 1985, S. 24-30; ders.: Death by Government, New Brunswick u.a. 1994.

getöteten Menschen auch diese weitergehenden Überlegungen beeinflussen kann.[4] Beschränken werde ich mich dabei auf die folgenden, hier paarweise zusammengestellten Konzepte: (1) naturverursachte Formen von Katastrophe im Unterschied zu sozial sanktionierten Tötungen; (2) systematische Vernichtung gegenüber »zufälligen« oder »willkürlichen« Tötungen; (3) Genozid im Unterschied zu Krieg; (4) staatlich sanktionierter Mord im Gegensatz zu außergesetzlichem Terror; und (5) tatsächlich nachweisbare Leichenzahlen im Unterschied zu symbolischen oder kulturellen Zwangsmaßnahmen. Im übrigen werde ich mich weder einem Manichäismus hingeben noch mich mit Gegenüberstellungen von Gut und Böse beschäftigen. Vielmehr wird es meine Aufgabe sein, signifikante Unterschiede herauszuarbeiten zwischen staatlichen Autoritätsformen, die von hellgrau bis pechschwarz reichen.

Die angeführten fünf Konstrukte erschöpfen die Möglichkeiten zur Betrachtung von Genoziddaten in keinster Weise; doch eröffnen sie zusammengenommen allgemeine theoretische Leitlinien, die schon lange bestehende Probleme in der Entwicklung der Sozialforschung betreffen und diese letztlich auch zu lösen vermögen. Es mag dies als eine äußerst dürftige Antwort auf das von Millionen von Menschen getragene Unrecht erscheinen. Doch wenn es der Sozialforschung gelingt, eine Grundlage für Signale der Frühwarnung bereitzustellen oder einen Beitrag zu leisten, damit zukünftig Körperverletzung und Mord verhindert werden können, wird sie sich zuletzt doch wenigstens als ein wichtiger Ausgangspunkt erweisen können.[5]

Für den Versuch, die Untersuchung von Genozid als Teil des zentralen und nicht eines peripheren Forschungsinteresses in die politische Soziologie einzuordnen, verbleiben trotzdem ernstzunehmende Hindernisse. So können qualitative Probleme nicht einfach ignoriert werden. Wie unterscheidet man zum Beispiel zwischen staatlich unterstütztem Terror, quasiunterstütztem Terror durch private Armeen, wie im Fall der *Ton Ton Ma-*

4 Obwohl es einen umfangreichen Bestand an Schriften zum Holocaust und zu Genozid generell in den Sozialwissenschaft gibt, ist vergleichsweise wenig zu der Frage geschrieben worden, wie sich die Struktur sozialwissenschaftlichen Vorgehens als Ergebnis solch fundamentaler Prozesse, wie sie genozidale Systeme in den technologischen Strukturen industrieller Gesellschaften verursachen, verändert. Eine solche Annäherung ist bei Zygmunt Bauman zu finden: Sociology after the Holocaust, in: British Journal of Sociology 39, 4, 1988, S. 469-97.

5 Lifton, Robert J.: The Nazi doctors: Medical Killing and the Psychology of Genocide, New York 1986, dt.: Ärzte im Dritten Reich, Stuttgart 1988. Zu einem weit detaillierteren und umfassenderen Ansatz siehe Burleigh, Michael: Death and Deliverance: »Euthanasia« in Germany, 1900-1945, New York u.a. 1995.

coutes auf Haiti, und anti-staatlichen Formen terroristischer Aktivitäten wie der *Baader-Meinhoff-Gruppe* in Deutschland, den *Roten Brigaden* in Italien und Japan und zahllosen anderen Gruppen und Individuen? Es operieren zur Zeit buchstäblich Tausende von Gruppen außerhalb des Gesetzes, und dies im Einklang mit moralischen Überzeugungen, die nichts weniger als die radikale Veränderung der Zivilisation zum Ziel haben sowie - im Falle eines Scheiterns - deren Zerstörung.[6]

Terrorismus scheint eine jedermann zugängliche und offensichtlich auch von jedermann angewandte Methode. Es gibt armenische Gruppen in Opposition zu türkischen Gruppen; antikommunistische Allianzen gegen radikal geführte Guerrillas; afghanische Kollektive und jüdische Brigaden; prochinesische versus provietnamesische Splitterparteien innerhalb kommunistischer Gruppen; religiöse und säkulare Revolutionsgruppen innerhalb der Arabischen Welt. Im Unterschied zu den Bedingungen von Genozid wird im Terrorismus häufig eine seltsame Balance außerstaatlicher Kräfte wirksam; eine Balance, die »Endlösungen« vorbeugt. Terrorismus wird zu einer Basisnorm, zu nichts Geringerem als zu einer spezifischen Form des politischen Kampfes, der sich militärischer Macht und außerhalb der Legalität stehender Mittel bedient. Hat man dies anerkannt, so wird die Pluralität der terroristischen Gruppen für die Sicherung einer recht seltsamen »Demokratie der rauchenden Colts« stehen. Denn nicht zuletzt läßt ja dieser *Pluralismus der Extreme* den leichten Triumph einer einzelnen Gruppe unwahrscheinlich werden und es auch einem einzelnen Individuum unmöglich machen, einen Staat zu einer genozidalen Vernichtung zu mobilisieren. Damit unterscheidet sich die gegenwärtige Epoche, die Epoche nach der Erfahrung des Zweiten Weltkriegs, von früheren Perioden, in denen die Konzentration von Waffen wie gleichsam die Verschwörungen selbst in vergleichsweise wenigen Händen lagen.[7]

Terrorismus wird andererseits auch als Verteidigung des Bestehenden gerechtfertigt, das heißt als Terrorismus des Staates als solchem. Dieses Argument wird beispielsweise von Diplomaten der Türkei angeführt, die die Behauptung aufrechtzuerhalten suchen, daß es sich bei den Armeniern um gefährliche Sezessionisten handele.

Als ein weiterer Vorbehalt gegen die rein numerische Betrachtung muß die fehlende Differenzierungsmöglichkeit thematisiert werden zwischen

6 Maculas, Edward F./Saddler, Toad/Murdock, Jean M.: International Terrrorism in the 1980s: A Chronology of Events, Bd. 1: 1980-1983, Ames 1989.

7 Horowitz, Irving Louis: The texture of terrorism: socialization, routinization and integration, in: Political Learning in Adulthood: Sourcebook of Theory and Research, hrsg. von Roberta Sigal, Chicago 1989, S. 286-314.

denen, die tatsächlich Opfer eines genozidalen Massakers wurden, und denen, die in der Folge kriegerischer Aktivitäten umkamen. Dies muß beispielsweise berücksichtigt werden in der Betrachtung der offiziellen nigerianischen Position in den Bürgerkriegen (mit Biafra) während der 60er Jahre oder des Krieges der ehemaligen Sowjetunion gegen Afghanistan in den 80er Jahren.

Das schlichte Bereitstellen rein quantitativer Daten löst keines der ausstehenden qualitativen Probleme. Dennoch werden über statistische Analysen von Genozid spezifische Antworten auf einige der schon lange bestehenden Fragen in der Unterscheidung von Demokratie und Diktatur möglich; Fragen, für die ein objektiver Indikator bereits lange erwartet worden war, um die Unterscheidung selbst als *brauchbares heuristisches Instrument* in die Forschung wie auch die Politik von Gemeinschaften einzubringen.

Möglicherweise ist es vernünftig, über die speziellen Eigenschaften in gleicher Weise wie über die allgemeinen Charakteristika dieses neuesten Zugangs in die dunklen Bereiche der Gesellschaftswissenschaften nachzudenken. Anders zu verfahren wäre so, als ob wir uns den Luxus erlaubten, das Studium organisierten Mordens in Abstraktionen zu ertränken. Genozid wird über die Aussagen paarweiser Gegensätze oder wenigstens kontrastierender Nuancen sehr gut zu betrachten sein. Dies mag einer der besten Wege sein, die Schrecken des 20. Jahrhunderts in eine allgemeingültige Sprache der Sozialwissenschaften zu integrieren und auf diese Weise die Forschung über den Massenmord durch eine Staatsgewalt auch in die Bemühungen um ein Frühwarnsystem für derartig grausame Ereignisse einzubringen. Tatsächlich kann diese Suche nach antizipatorischen Erwiderungen auf Genozid das wichtigste Element im gegenwärtigen Stadium der Analysen sein.

Zur Unterscheidung zwischen dem Natürlichen und dem Sozialen

Die erste und vielleicht allzu offensichtliche Feststellung, die sich für die Genozidforschung treffen läßt, ist ihre Differenz zur Epidemieforschung. Die Ausbreitung der Beulenpest oder der Schwarzen Pest im Europa des 14. und 15. Jahrhunderts war nach jeglichem Ermessen katastrophisch. Man nimmt an, daß die Seuche zwischen 1346 und 1350 jenes Bevölkerungswachstum beendete, das die späte mittelalterliche Gesellschaft charakterisiert hatte. Während dieser über vier Jahre andauernden Periode hatte Europa um die 20 Millionen Menschen durch das »Große Sterben«

oder »Die Pestilenz« verloren, die offensichtlich über Flohbisse übertragen und von Nagetieren in Europa und Asien verbreitet worden war.

Auch wenn die Ursachen der Seuche bis zum Beginn des 20. Jahrhunderts nahezu unbekannt bleiben sollten, waren doch verschiedene pathologische Erklärungen vorgebracht worden. Diese waren um die Vermutung einer Bestrafung für Sünden und Überschreitungen konzentriert. Dabei hatten die natürlichen oder pathogenen Ursachen der Seuche eine fesselnde Wirkung auf die Bevölkerung ausüben können, insbesondere durch die verbreitete Ansicht, daß sich hier größere, mysteriöse Kräfte gegen die menschliche Rasse in ihrer Gesamtheit vereinigt hätten und diesen folglich mit einem abgestimmten Verhalten gleich welcher Art begegnet werden müsse. Reisende wurden unter Quarantäne gestellt, Fremde wurden verbannt und Schiffsreisende zu anderen Küsten geleitet. Doch hatte die natürliche oder übernatürliche Basis der Seuche keine Auseinandersetzungen zwischen Völkern hervorgerufen.

Im Falle des Genozids - womit die Überlegungen noch einmal in der Gefahr stehen, etwas allzu Offensichtliches hervorzuheben - ist die Ursache des Massentodes als soziale Ursache festzuhalten, das heißt als Vernichtung von Menschen durch Menschen. Folglich stehen die gesellschaftsspaltenden Konsequenzen von Genozid in deutlichem Gegensatz zu dem vereinigenden Charakter der Beulenpest. In den Konzentrationslagern waren diejenigen, die sterben sollten, in diabolischer Weise denjenigen gegenübergestellt, die am Leben blieben. Genozid war selektiv und systematisch, nicht individuell und willkürlich. Die menschlichen Objekte, die zur Vernichtung erwählt wurden, waren, wie die Nationalsozialisten zu sagen pflegten, »anthropologisch« aufgrund von Religion, Ethnizität und Rasse oder anderer zugeschriebener Merkmale zu dieser bestimmt. Damit liegt eine radikal andere und ausschließlich dem 20. Jahrhundert zugehörende Setzung vor, die in deutlichem Gegensatz zu den Seuchen steht, welche sich ja weniger als Ergebnis von Handlungen sondern vielmehr als Serie ungeplanter Katastrophen verwirklichten.

Bevor ich diese Überlegungen zur Unterscheidung von natürlichen und sozialen Ursachen verlassen möchte, wird es nicht unwichtig sein, uns der *Kontinuität von Leben* zu versichern. Diese Rückbesinnung, so ausgezeichnet und ansprechend von der verstorbenen Loren Eiseley verdeutlicht,[8] wird manchmal in einen mystischen, sich selbst widerlegenden Pantheismus degeneriert. Doch handelt es sich bei diesem Gedanken in seiner rein-

8 Silent bones and fallen kingdoms, in: The Lost Notebooks of Loren Eiseley, hrsg. von Kenneth Heuer, Boston 1987, S. 20-23.

sten Form um ein Bewußtsein, daß alles Leben eine gemeinsame Basis und einen gemeinsamen Ursprung habe und daher unseren Respekt verdient. Frühere Diskussionen über Stufen des Lebens und ihre Wertigkeit oder über die Frage, ob die menschliche Spezies die Vollendung anderer Formen von Leben sei, wie es Darwin glaubte, haben sich heute verändert. Die Entstehung der Soziobiologie ist in dieser Hinsicht sicherlich durchaus als ein wirkungsvolles Instrument einzuschätzen, den Menschen für seine Kontinuitäten mit der natürlichen Umwelt zu sensibilisieren. Der Gedanke der Kontinuität von Leben wird aber sicherlich nur als allgemeiner Vorbehalt in der Diskussion zu berücksichtigen sein. Diskontinuitäten zwischen dem Biologischen und dem Sozialen bleiben Grundlage für eine Unterscheidung zwischen naturbedingten Katastrophen und dem »artifiziellen«, das heißt vom Menschen gewollten Genozid.

Zur Unterscheidung des Holocaust von anderen Genoziden

Eines der empfindlichsten und umstrittendsten Probleme betrifft die Ansprüche auf den Holocaust-Status.[9] Doch warum sollte dies überhaupt Thema einer analytischen Diskussion sein? Die Antwort ist möglicherweise darin zu suchen, daß auch innerhalb der Kategorie Genozid *Stufen des Schreckens* anerkannt werden müssen. Jede verfolgte Gruppe wünscht, letzte Ehre für sich selbst zu beanspruchen. Ein Blick auf die Situation Polens unter deutscher Besatzung mag ein wenig Licht auf die Unterscheidung zwischen Genozid und Holocaust werfen.

Zwischen 1939 und 1945 wurden ungefähr drei Millionen nichtjüdischer Polen, etwa zehn Prozent der Bevölkerung, von den Nationalsozialisten ermordet. Während desselben Zeitraums wurden ebenfalls drei Millionen in Polen lebender Juden vernichtet, zwischen 90 und 95 Prozent der jüdischen Bevölkerung Polens. Die Tatsache, daß beide Gruppen je drei Millionen Menschenleben verloren hatten, verbirgt den Aspekt, daß die

9 Eine politische Variante der modernistischen Hypothese zum Holocaust besagt, daß er »ein fester Bestandteil einer synkretistischen Ideologie war, die die Grundsätze von Konservatismus, Reaktion und Faschismus verband«. Während diese Sicht, die vielleicht am deutlichsten ausgearbeitet vorliegt bei Arno Mayer in: Why Did the Heavens not Darken: The »Final Solution« in History, New York 1988 (siehe im besonderen S. 449), dem ersten Anschein nach sehr attraktiv ist, tendiert sie dazu, die spezifische Rolle der Juden in der Geschichte, lange bevor es eine Endlösung gab, undeutlich werden zu lassen. Die Verwirklichung von Antisemitismus und Rassismus durch kommunistische nicht weniger als durch faschistische Regimes und schließlich die Existenz von faschistischen Regimes, die sich nicht an der Endlösung beteiligten, diese Aspekte werden in meiner oben angeführten Arbeit (Anm. 1) behandelt.

Polen als Nation sowie 90 Prozent der polnischen Bevölkerung den Krieg überlebten. Die jüdische Gemeinschaft Polens hingegen war ausgelöscht. Und die kleine Anzahl der Juden, die den Nationalsozialismus überlebt hatten, sollte den nachfolgenden Wellen der kommunistischen Verfolgung in Polen nicht entkommen können.

Vor allem Lucy Dawidowicz[10] hat dieses einzeln stehende Beispiel, in dem der Holocaust und ein Genozid zur gleichen Zeit in einem Land stattfanden, kommentiert. Sie sprach die Problematik direkt an: wie schwer die Polen auch immer unter der deutschen Besatzung gelitten hatten, und sie hatten schwer gelitten, war ihre Situation dennoch nicht mit den jüdischen Gemeinschaften in Europa vergleichbar. Die Juden waren eine Minderheit von drei Millionen innerhalb Polens; die Polen waren die Mehrheit mit über 30 Millionen. Die Juden waren, bevor sie ermordet wurden, in Ghettos eingeschlossen und ihrer Bewegungsfreiheit beraubt worden; den Polen war ein Minimum an lokaler Selbstverwaltung und Mobilität innerhalb ihrer Wohnorte erlaubt gewesen. Die Juden wurden systematisch ausgehungert; die Polen waren unterernährt. Den Juden wurde jegliche medizinische Hilfe und Medikamente verweigert. Die Juden hatten keine militärische Ausrüstung; die im Untergrund operierende Polnische Heimatarmee hatte beträchtliche Materialreserven.

Um es kurz zu fassen, das nationalsozialistische Deutschland hatte die Polen zu Unfreiheit und Sklaverei verurteilt, die Juden aber zur Vernichtung.[11] Dies war keine Entscheidung vor dem Hintergrund einer neuen Technologie, sondern aufgrund ererbten Hasses gegen den Außenseiter, den Fremden, den Kosmopoliten, den mythologischen Zerstörer. Der nationalsozialistische Holocaust war von der entscheidenden Gegenwart rassistischen, vernichtenden Verhaltens geprägt, das sich spezifisch gegen die Juden richtete. Dieser Paria-Status war möglicherweise auch in einem so furchtbaren und umfassenden Genozid, wie dem, dem die Armenier zum Opfer fielen, nicht zu finden.

Auch diese Überlegungen verweisen noch einmal auf die Notwendigkeit eines analytischen Ansatzes, der uns erlauben muß, alle Formen von Gewalt und Leid zu verurteilen, während gleichzeitig der Holocaust sorgfältig von Genozid unterschieden wird und umfassende Pogrome ebenso wie selektive Angriffe einer Mehrheit gegen eine Minderheit differenziert wer-

10 Dawidowicz, Lucy S.: The War against the Jews: 1933-1945, New York 1975, S. 150-166.

11 Zarecka, Iwona Irwin: Neutralizing Memory: The Jew in Contemporary Poland, New Brunswick u.a. 1988; Hass, Aaron: The Aftermath: Living with the Holocaust, New York u.a. 1995.

den müssen von der kollektiven Vernichtung eines gesamten Volkes, also dem Genozid.

Wir können keine hervortretenden Kontinuitäten nachzeichnen: Geschichte schreitet nicht in gerader Linie von Genozid zu Zivilität fort, von staatlich unterstütztem Mord zur Begrenzung staatlicher Macht durch seine Bürger. Statt dessen finden wir auch in den am höchsten entwickelten Nationen Gegebenheiten vor, für deren Analyse eine Unterscheidung getroffen werden muß zwischen der kollektiven und totalen Ermordung einer Bevölkerung oder der selektiven und teilweisen Ermordung einer unterworfenen Bevölkerungsgruppe. So grausam diese Unterscheidung auch sein mag, das Versäumnis, sie zu treffen, hätte ebenso eine unverantwortbare Fehldarstellung des geschichtlichen Prozesses selbst zur Folge wie nicht weniger auch einen grundlegenden Fehler in der Analyse der sozialen Ursachen des Genozids.

Zur Unterscheidung von Genozid und Krieg

In zunehmendem Maße entwickelt sich ein Konsens darüber, daß sich - in kurzen Worten - Genozid zu Selbstmord verhält wie Krieg zu Mord: Genozid ist die Wunde, die der Staat selbst seinen eigenen Bürgern zufügt, Krieg hingegen die Verteidigung des Staates gegen äußere Angriffe, wobei er natürlich, wenn er offensiv geführt wird, auch als Versuch zu sehen ist, äußere Feinde zu vernichten oder einen Vorteil durch ihre Niederlage zu erringen. Zugegeben, es gibt Bedingungen, unter welchen solch eindeutige Unterscheidungen nicht getroffen werden können, hier wäre zum Beispiel an die kriegerischen Auseinandersetzungen in Jugoslawien oder Burundi zu erinnern. Doch bleibt die hier vorgestellte Unterscheidung aus operationalen Gesichtspunkten sinnvoll, auch wenn sie weder eine zentrale analytische Differenzierung vorstellt noch einen Beitrag leistet für juristische Entscheidungsprozesse innerhalb der postgenozidalen Bewertungen des zurückliegenden Fehlhandelns.

Eine weitere Möglichkeit, den hier angesprochenen Themenaspekt zu diskutieren, besteht darin, Genozid als eine fortgeschrittene Form des Staatsterrorismus anzusehen, der in vorsätzlicher Weise von Eliten einer Gesellschaft angewandt wird, um Herrschaft über eine Zielgruppe derselben Gesellschaft, die als Bedrohung empfunden wird, zu bewahren oder auszuweiten. Gerade jene Staaten, die eine lange Geschichte innenpolitischer Repression aufweisen, tendierten in der Moderne nicht selten dazu, auch genozidale Formen zu entwickeln. Traditionen des zaristischen Rußland wurden in der Sowjetunion unter stalinistischer Herrschaft eher fortgesetzt und verfeinert als beendet; dasselbe kann, wenn auch in geringerem Maße, von den - in anderen gesellschaftlichen Bereichen durchaus tiefgreifenden - Veränderungsprozessen des Osmanischen Reichs zur Türkischen Republik behauptet werden.

Kriege werden von Nationen und Völkern gegen andere Nationen und Völker geführt. Demokratische und freiheitliche Staaten greifen in gleicher Weise zum Krieg als Instrument der Außenpolitik wie repressive oder totalitäre Staaten. Tatsächlich wurden während des gesamten 20. Jahrhunderts zwischen demokratischen und autoritären Staaten Kriege geführt. Und während es sich hier keineswegs um einfache Kämpfe von Gut und Böse handelte, muß in gleicher Weise berücksichtigt werden, daß Kriege in allen Formen sozialer Systeme vorgekommen sind. Genozid jedoch findet seine Anwendung in einem speziellen sozialen System, und zwar im totalitären.

Bevölkerungskonflikte rufen bei Außenstehenden nicht selten moralische Ambiguitäten hervor. Häufig nehmen dabei Kämpfe, die räumlich auf eine einzige Nation begrenzt sind, solche Ausmaße an, daß Genozid*vorwürfe* wie auch Genozid*ansprüche* erhoben werden. Hier kann auf den nigerianischen Bürgerkrieg verwiesen werden, der in der inneren Auseinandersetzung zwischen Hausa und Ibo auch Genozidmuster entwickelte. Es gibt Schätzungen, daß drei Millionen Menschen in diesen Auseinandersetzungen starben; für diese Toten werden nicht selten die Gleichgültigkeit der führenden Industrienationen und die Scheinheiligkeit der Vereinten Nationen verantwortlich gemacht.[12] Dabei muß jedoch berücksichtigt werden, daß sich hier ein Bürgerkrieg zu einem systematisch ausgeführten Versuch entwickelte, ein Volk zu vernichten. Der »Autogenozid« unter der Herrschaft der Roten Khmer in Kambodscha, der sich im Namen einer nationalen Befreiung vollzog, kann möglicherweise einer ähnlichen Kategorie nationalen Schreckens zugordnet werden.

Kurz nach der Kapitulation Biafras im Jahre 1970 hatte ein bescheidenes Hilfsprogramm begonnen. Was sich den Helfern darbot, zeigte die äußersten Grenzen von Krieg und die Anfangsstadien eines Genozids: von den geschätzten 5,8 Millionen Ibo litten 970.000 unter Ödemen, Auszehrung oder Eiweißmangel. Annähernd ein Drittel der Kinder Biafras war von schwerer Unterernährung gezeichnet; für die schätzungsweise eine Million Ibo, die zum Teil auch aufgrund der von der nigerianischen Regierung während des Krieges verhängten Blockade humanitärer Hilfe gestorben waren, war es bereits zu spät. Die Situation zwischen den Völkern der Tutsi und der Hutu in Ruanda hat gegenwärtig das Stadium erreicht, in

12 Jacobs, Dan: The Brutality of Nations, New York 1987.

dem man die Leichen zählt. Dabei ist jetzt bereits deutlich, daß dieses jüngere menschliche Blutbad dem des nigerianischen Bürgerkrieges gleichkommt oder es sogar übertrifft. In diesem besonderen Bürgerkrieg wird der Zusammenbruch auch der letzten Andeutung einer noch sicheren Zuflucht offensichtlich: denn die Kirchen, die während der Massaker der Vergangenheit dem Wahnsinn noch einen Moment des Innehaltens hatten abringen können, wurden hier zu zentrifugalen Kräften, durch welche die Morde gelenkt wurden - nicht selten mit der Hilfe von Priestern der kriegführenden Stämme.

Wenn in weniger entwickelten Nationen Krieg ohne Regeln geführt wird, scheinen die Regeln der Kriegführung bei entwickelten Nationen durcheinander gebracht. Zeigen sich die sozialen und ökonomischen Entwicklungsstufen einer Nation auch in ihrem Umgang mit Konflikten? Wenn eine Gesellschaft gefestigte und eindeutige Regeln für kriegerische Auseinandersetzung besitzt, dann sind Differenzierungen zwischen dem Zivilen und dem Militärischen weitaus schärfer als in den Gegenden der Welt, in denen diese Standards für Konflikte nicht gelten.

Zur Unterscheidung staatlich unterstützten Mordens von allen anderen Formen staatlich getragener Gewalt und Menschenfeindlichkeit

Die vielleicht problematischsten Kategorien, mit denen man in der wissenschaftlichen Analyse von Genozid konfrontiert ist, sind über Formen staatlich unterstützter Verfolgung zu bilden, die man nicht gänzlich als kollektiven Mord bezeichnen kann, die diesem aber dennoch nah sind. Ein Beispiel dafür sind Deportationen.

Hier wären die jüngsten Erfahrungen der Kurden zu berücksichtigen, eines Volkes, das sowohl die Türkei und der Iran, als auch der Irak und Syrien zu assimilieren suchten - bisher ohne Erfolg. Während des vergangenen Jahrzehnts ist der Irak wohl am grausamsten vorgegangen: ungefähr 300.000 Kurden wurden gewaltsam aus den von ihnen besiedelten Gebirgsregionen deportiert und in die Wüsten im Süden des Landes umgesiedelt.[13] Diese Politik der Arabisierung führte zur Aufteilung kurdischen Landbesitzes und schließlich zur restlosen Zerstörung kurdischer Dörfer. Als der Versuch mißlang, die Kurden als Volk auseinanderzureißen, wurden rund 3.500 der 5.000 kurdischen Dörfer zerstört; dabei waren gegen die Menschen auch chemische Waffen eingesetzt worden. Schätzungsweise

13 Seedopour, Vera B.: Iraq attacks to destroy the Kurds, in: The Institute for the Study of Genocide, Newsletter 1, 2, 1988, S. 2-11.

100.000 Kurden wurden getötet, während 500.000 umgesiedelt worden waren.

Die Gewalttaten gegen Kurden sind systematisch und brutal; sie umfassen neben dem Verlust vieler Menschenleben auch die gewaltsame Assimilation von Menschen innerhalb neuer Regionen und beinahe jeden Schrekken, den man sich nur vorstellen kann. Angesichts dieser überwältigenden Tragödie und der vorliegenden Beweise für Vernichtungshandlungen ist es den Vereinten Nationen trotzdem nicht einmal gelungen, eine Resolution zur Illegitimität chemischer Kriegsführung zu verabschieden. Ohne ein moralisches Urteil darüber fällen zu wollen, wer mehr leidet, die Lebenden oder die Toten, bleibt dennoch die Tatsache bestehen, daß die Kurden als ein Volk überlebt haben. Es mag abscheulich und abstoßend erscheinen, wenn der Irak von einer »Amnestie« für die Kurden spricht, doch zeigt das Eröffnen eines solchen Angebots das Fehlen eines Genozidprogrammes auf, das ein sich entwickelndes Volk in seiner Totalität vernichten will.

In einer Arbeit über afrikanische Genozide wurde vor kurzem der Begriff eines »selektiven Genozids« eingeführt, der speziell auf die Behandlung der Hutu durch die Tutsi in Burundi bezogen wurde.[14] Im Jahre 1972, also lange vor den Vorfällen von 1992/93, waren nach einem Versuch, die Regierungsgewalt aus den Händen der Tutsi zu nehmen, schätzungsweise 100.000 Hutu in einer Vergeltungsaktion getötet worden. Als sich 1988 aus einer lokalen Auseinandersetzung zwischen den Tutsi und Hutu eines Dorfes ein weiterreichender Konflikt zu entwickeln drohte, war die burundische Armee einmarschiert und hatte jeden erkennbaren Hutu erschossen. Schätzungen über die Zahl der getöteten Hutu reichen von 5.000 bis zu 20.000 Opfer, dazu müssen 40.000 weitere Hutu gezählt werden, die ins benachbarte Ruanda geflohen waren; wiederum begleitet von dem ungeheuerlichen Schweigen der Weltorganisationen des Rechts und des Gesetzes. Die unvermeidliche Folgehandlung vollzog sich in den Jahren 1992/93: Offensivtruppen der Hutu, schätzungsweise 40.000 bis 50.000 Mann, sollten ungefähr fünf- bis zehnmal so viele Tutsi töten.

Doch diese gegenseitigen Übergriffe von Hutu und Tutsi als Genozid zu bezeichnen, ist ebenso problematisch, wie den Begriff auf die Massaker an den Kurden zu beziehen. Trotz der Brutalität und Grausamkeit haben Hutu und Tutsi als Volk überlebt; von dem jeweils herrschenden Regime wurde jeder systematische Versuch der Vernichtung des anderen Volkes in

14 Lemarchand, Rene: Selective Genocide in Burundi, London 1974. Als jüngeren und nicht weniger prägnanten Standpunkt siehe Destexhe, Alain: The Third Genocide, in: Foreign Policy 97, 4, 1994-1995, S. 3-17.

seiner Gesamtheit kategorisch verneint. In diesem Sinne wäre die Benutzung von Begriffen wie »selektiver Genozid« oder »kultureller Genozid« als emotionsgeleiteter Versuch anzusehen, die Aufmerksamkeit auf den speziellen Charakter dieses einen Massenmordes zu lenken, um darüber hinaus eine Sensibilisierung zu stärken für die Leiden vieler so häufig vernachlässigter Völker.

Es mag erschreckend hart erscheinen, in chirurgischer Schärfe Unterscheidungen vorzunehmen zwischen unterschiedlichen Erscheinungsformen von Tod und Grausamkeit. Doch ist dies genau die Herausforderung, mit der sich die Sozialforschung in der Analyse von Genozid konfrontieren lassen muß. Jene sorgfältig verfolgten Differenzierungen suchen keine Definitionen für unterschiedliche Formen des Bösen, aber sie sollen abschätzen, welche Konsequenzen dieses Böse jeweils mit sich bringt. Wie bereits Goethe sagte, sind die Entscheidungen, die wir in der wirklichen Welt treffen, nicht Entscheidungen zwischen Gut und Böse, sondern allein zwischen unterschiedlichen Formen des Bösen. Das Studium dieser Formen jedoch zeigt, in welcher Weise sich der Tod, als letztgültige, äußerste Form der Gewalt, die weder eine Wiedergutmachung noch ein Ungeschehenmachen erlaubt, von allen anderen Formen der Opferwerdung unterscheidet; Formen, für welche - jedenfalls in der Theorie - ein Wiederanfang, wenn nicht sogar Vergeltung möglich ist.

Über Konzepte wie diese, das heißt über die Klassifizierung von Genoziden wie ebenso über die Unterscheidung des Genozids von anderen Formen staatlicher Angriffe auf die menschliche Würde und den Frieden, wird es seriöse Meinungsverschiedenheiten und eine sicherlich andauernde Debatte geben. Möglicherweise aber kann gerade aus der Asche solcher Debatten und Diskussionen eine redliche Sozialwissenschaft entstehen, mit der Macht der quantitativen Analyse auf der einen Seite und der Kraft des moralischen Urteils auf der anderen. Dies ist jedenfalls das Versprechen der gegenwärtig in unterschiedlichen Ländern und unterschiedlichen Kontexten verbreiteten Ansätze zu einer Genozidforschung.[15] Der Gedanke, daß die Sozialwissenschaft Konzepte entwickelt, die das Messen von Toten vor dem Hintergrund der Formen von Vernichtung untersucht, ist natürlich wenig tröstlich. Doch steht dieser nicht im Konflikt zur Verantwortung der Sozialwissenschaften, ihre Kräfte zusammenzuschließen, um einerseits die bedeutendsten der wertfreien Forschungstraditionen und

15 Harff, Barbara/Gurr, Ted Robert: Genocides and politicides since 1945: Evidence and anticipation, in: Internet on the Holocaust and Genocide. Sonderausgabe 13, 1987.

andererseits wertende Ansätze zur Entwicklung von Handlungsmustern gegenüber Genozidpraktiken zu verbinden.

Zur Unterscheidung von tatsächlichem und symbolischen Genozid

Für diejenigen, die über die Bedeutung von Holocaust und Genozid im allgemeinen in Kenntnis setzen wollen, ist es notwendig, zu vermeiden, daß dieses insgesamt tragische Thema dadurch herabgewürdigt wird, daß man auch Aspekte kultureller Unterdrückung einbezieht oder Formen der Bestrafung ausgewählter Individuen berücksichtigt, auch wenn sie symbolisch für eine gesamte Bevölkerungsgruppe stehen. Das Lynchen von Schwarzen nach dem amerikanischen Bürgerkrieg war furchtbar. Aber: während des schlimmsten Höhepunkts kurz vor dem Ausbruch des Ersten Weltkriegs konnten die Fälle in Hunderten pro Jahr gemessen werden. Der Großteil der schwarzen Bevölkerung wurde unterdrückt und diskriminiert, doch wurden die Schwarzen nicht unterschiedslos liquidiert. Hier ist ein entscheidender Unterschied zwischen den demokratischen Vereinigten Staaten und dem totalitären nationalsozialistischen Deutschland auszumachen.

Desgleichen muß zwischen Kategorien wie *Exil* und *Tod* differenziert werden. Daß im vorigen Jahrzehnt schätzungsweise 125.000 Kubaner und vielleicht ein Drittel soviele Haitianer in Booten zu den amerikanischen Küsten flüchteten, waren tragische Episoden in der Geschichte Kubas und Haitis, doch hatten sie keine verheerenden Auswirkungen für das Überleben der Kubaner und Haitianer. Die nicht leichte moralische Unterscheidung zwischen Leiden und Tod ist wichtig, um unterschiedliche Konsequenzen der Verfolgung für die Zeit nach dem Exil erkennen zu können. So mag es auch in ähnlicher Weise zutreffend sein, daß die Koreaner während der japanischen Besatzung von 1910 bis 1945 als Sklaven benutzt und systematisch ihrer Kultur beraubt wurden. Aber auch dies war ein reversibler Prozeß und - letztlich - eine verfehlte Politik. Wir müssen daher in der Betrachtung der weniger demokratischen Systeme ebenso deutliche Unterscheidungen treffen wie in der Betrachtung von Systemen politischer Herrschaft im allgemeinen.

Die hier vorgestellten Überlegungen mögen emotional nur schwer zu akzeptieren sein, doch sind sie unter empirischen Gesichtspunkten um so bedeutsamer: tatsächliche Genozide verursachen reale Tote. Diese Toten können weder durch eine posthume Wiedereingliederung in die Gesellschaft noch durch Parteibeschlüsse oder kollektive Schuldeingeständnisse zurück zum Leben erweckt werden. Genozid ist ein Ereignis, das sowohl endgültig wie auch begrenzt ist. Der sogenannte symbolische oder kulturelle Genozid, sei er nun an den Iren, den Schwarzen oder den Koreanern begangen worden, ist hingegen »umkehrbar«. Im übrigen sucht ja auch die besondere Aufmerksamkeit, die das Thema Genozid selbst weckt, gegen Tendenzen der Verleugnung und der kulturellen Unterdrückung anzugehen.

Festzuhalten ist, daß es sowohl gefährlich wäre als auch ein schlechter Dienst an dem Ernst des Themas, wenn man das spezifische Konzept Genozid in einem allgemeinen Diskurs über menschliches Fehlverhalten aufweichen würde. Dies würde die tragischen Verletzungen, die sich Menschen gegenseitig zufügen, in Kategorien von Epidemien und Dezimierung verwandeln. Kurz, die Moderne oder Modernität als solche zu verdammen, ist ebensowenig vernünftig, wie die Atomkraft als Ursache des Zweiten Weltkriegs anzuklagen. Der Welt, in der wir leben, mit Verachtung zu begegnen, bedeutet, Genozid zu trivialisieren und zu sentimentalisieren.

Die meisten Formen von Ausbeutung und Dezimierung sind tragisch, aber auch begrenzt; es ist eine Frage der Zeit, wann moralische Korrekturen geleistet werden. Demgegenüber ist es gerade die Irreversibilität des staatlichen Mordes, die die einzigartige und ehrfurchtgebietende Dimension des Genozids ausmacht. Paradoxerweise gibt die Genozidforschung den Sozialwissenschaftlern ein Instrument für die Erforschung von Gesellschaften in ihrer Gesamtheit an die Hand, eines, das die Sozialwissenschaftler wieder in Verbindung mit allgemein gültigen Denkweisen bringt, nicht zu reden von den Menschen des Alltags, dem sie angeblich so oft dienen.

Zur Unterscheidung zwischen dem Kollektiven und dem Individuellen

Ein eindeutiges Schlüsselmerkmal von Genozid ist seine kollektive Natur. Diese bringt dann Probleme mit sich, wenn es darum geht, Verantwortungen zuzuordnen. Im Unterschied zur kriminellen Handlung und zur Bestrafung der Kriminellen sind im Genozid keine Individuen beteiligt, die aus ihrer eigenen Verantwortung heraus handeln und bestraft werden können. Denn Genozid trägt die Kraft des Gesetzes nicht weniger mit sich als die Macht des Staates. Den löblichen Bemühungen der Nürnberger Prozesse zum Trotz bleiben in der Frage nach dem Subjekt von Genozid Verwirrung und Ambiguitäten bestehen, da die Vernichtung von Menschen hier im Namen einer staatlichen Autorität und unter gesetzlicher Absicherung durchgeführt wird. Durch den offiziellen Charakter und die kollektive Natur von Genozid sind die Täter von jeglichem Gefühl eines Verstoßes oder einer Schuld befreit.[16] Die Unrechtshandlung wird ausgeführt von unpersönlichen Kräften, von speziellen Milizen bis zu fachtechnischen Abteilungen.

Die Unmöglichkeit der Identifizierung spezifischer Individuen, die die Verbrechen ausführen und für diese auch bestraft werden können, ist ein grundlegendes Charakteristikum des Genozid. Ein zusätzliches Problem ist das häufige Mißlingen, auch einzelne Opfer zu identifizieren - dies erklärt das Entkommen aus der Bestrafung wie aus der moralischen Verurteilung. In demokratischen Gesellschaften ist das Konzept der kollektiven Schuld kein Konzept, das leicht akzeptiert wird. Denn nicht zuletzt ist ja der Grundsatz individueller Bestrafung für spezielle Verbrechen das wahre Wesen liberaler Ordnungen. Die komplexen rechtlichen Fragen, die Genozid aufwirft, machen ferner deutlich, daß auch die Bestrafung von Kriegsverbrechern nicht mit der Beurteilung von Verantwortungen für einen Massenmord zu vergleichen ist. Die festzuhaltende Differenzierung zwischen Machthabenden einer Nation, der mittleren Ränge von Bürokraten, befehlsausführenden Technikern und der breiten, willfährigen Bevölkerung deutet auf die Notwendigkeit eines gesetzlichen Rahmens hin, der ein halbes Jahrhundert nach dem Holocaust noch immer aussteht.

Die Untersuchung Raul Hilbergs über die Art und Weise, in der das deutsche Eisenbahnsystem für den Transport der Juden in den Tod verwandt wurde, ließ offenbar werden, daß sich der gesamte technische Apparat der Eisenbahnarbeiter, der Büroangestellten und Zivilisten, die mit diesen Zügen fuhren, sehr wohl auch jener menschlichen Fracht bewußt gewesen sein mußten.[17] Wie wird man all diejenigen bestrafen können, die in den Transport jener menschlichen, dem Tod geweihten Fracht verwikkelt waren? Der umfassende Charakter dieser Operation läßt die Zahl der Schuldigen ebenso zu einem zentralen Anliegen der Analyse werden wie die Zahl der verursachten Opfer: einem Anliegen ohne einfaches Lösungsangebot.

Die abendländische Rechtsprechung basiert auf dem Grundsatz individueller Bestrafung für spezielle Vergehen. Westliche Moralvorstellungen basieren in gleicher Weise auf individuell internalisierten Verhaltenscodes. Vielleicht mag meine Einschätzung zu stark vereinfachend sein, aber einer der interessantesten Aspekte der Genozidforschung (wenn man wagen darf, dies zu äußern) besteht in der Entdeckung, daß Menschen das Gesetz

16 Gurr, Ted Robert: Persisting patterns of repression and rebellion: foundations for a general theory of political coercion, in: Persistent Patterns and Emergent Structures in a Waning Century, hrsg. von Margaret P. Karns, New York 1988, S. 149-68.

17 Hilberg, Raul: German railroads/Jewish souls, in: Society 14, 2, 1976, S. 60-74.

übertreten können und nicht nur der Bestrafung entkommen, sondern auch den Schuldgefühlen für das, was sie getan haben. Auf welche Weise sich das Verhältnis von individuellem Handeln und kollektivem Verhalten in der Planung ebenso wie in der Ausführung eines sanktionierten Mordes bestimmt, dies muß Mittelpunkt der sozialen und psychologischen Genozidforschung sein, wie sie sich in diesem Jahrhundert entwickelt hat.

Mit dem Gedanken einer entscheidenden Übereinkunft menschlichen Verhaltens wurde ich unwillkürlich an Jane Goodalls Reflexionen über die historische Behandlung des Schimpansen erinnert; dieser Primat ist ja in genetischer Hinsicht dem Menschen ähnlicher als irgendein anderer im Königreich der Tiere. So schrieb sie in der Diskussion von Personen, die für die Benutzung von Schimpansen in Tierversuchen verantwortlich waren: »Sie sind Opfer eines Systems, das errichtet war, lange bevor die kognitiven Fähigkeiten und emotionalen Bedürfnisse der Schimpansen verstanden wurden. Neu eingestellte Mitarbeiter, die mit einem normalen Maß an Mitgefühl ausgestattet sind, werden leicht krank von dem, was sie sehen. Tatsächlich kündigen viele ihre Jobs, unfähig, das Leiden zu ertragen, das den Tieren zugefügt wird, sich machtlos fühlend, Hilfe zu leisten. Doch andere bleiben, während sie die Grausamkeit schrittweise in dem Glauben akzeptieren, daß es sich hier um einen unvermeidlichen Teil des Kampfes zur Reduzierung menschlichen Leidens handele.«[18]

In ähnlicher Weise können Genozidhandlungen in dem Glauben ausgeführt werden, daß mit diesen Taten Staatsgegner beseitigt und die Gesellschaft »gereinigt« würde. Ähnlich dem Leben selbst ist auch das Geschäft des Tötens ein Kontinuum. Die Täter sehen sich selbst nicht als Handelnde für ein personalisiertes Böses, sondern als Handelnde für das kollektiv Gute. Dies ist die letzte Lehre der über die jüdischen Opfer forschenden Ärzte im Nationalsozialismus. Auch wenn persönliche Zweifel aufkamen, wurden diese schnell durch den Glauben rationalisiert, daß sich ihre Handlungen für die Lebenden nützlich erweisen werde.

Um das Band der Beziehung zwischen allen lebenden Wesen zu begreifen, müssen wir keineswegs in eine Debatte über Vivisektion eintreten. Ebensowenig ist es notwendig, die Schrecken der Moderne zu diskutieren, um die Verbindung zwischen dem Schenken und dem Nehmen von Leben zu verstehen. Die Unverhältnismäßigkeit von Mitteln und Zielen, jene zugunsten scheinbar edler Ziele einer anscheinend guten Gesellschaft verwirklichte Grausamkeit, der zur Anwendung gebrachten Folter, der Kör-

18 Goodall, Jane: A plea for chimps, in: The New York Times Magazine vom 17. Mai 1987, S. 108-120; siehe auch ihre Arbeit: The Chimpanzees of Gombe, Cambridge/Mass. 1986.

perverletzung und des Mordes, dies ist die zentrale Wurzel des willkürlichen Tötens menschlichen Lebens. Die Mittel wie Wege sind vielgestaltig, einige von ihnen wurden hier auch besprochen. Doch bin ich fest davon überzeugt, daß die Ursachen wie die Ziele dieser spezifischen Gewalt singular sind.

Wenn dies tatsächlich so sein sollte, dann könnten wir uns einem sehr grundsätzlichen Verstehen menschlichen Verhaltens angenähert haben, welches Ziel der Sozialforschung seit ihren Anfängen war. Daß wir ein Jahrhundert der Genozide erleiden mußten, um diese Quelle einer integrierenden, allgemeinen Theorie festzumachen, ist ein tragischer und zugegeben schrecklicher Preis für ein Wissen.[19] Möglicherweise aber ist dies die Lehre des sozialen Lebens selbst: der Kampf um Wissen vollzieht sich im Zentrum der Gewalttaten. Der Kampf um die Bewahrung und die Ausgestaltung von Leben lehrt uns, daß das Gute nicht immer das Angenehme ist. Die Genozidforschung wäre schmerzliche Bestätigung eines solchen Axioms. Aus der Asche der Verzweiflung mag die Hoffnung auf eine bessere Sozialwissenschaft entstehen und vielleicht auch auf eine bessere Gesellschaft.

19 Bauman, Zygmunt: Modernity and the Holocaust, London u.a. 1990; und als eine Zusammenfassung der Argumentation seines Buches siehe: Assimilation and Enlightenment, in: Society 27, 6, 1990, S. 71-81.

Karl Josef Partsch

Die Armenierfrage und das Völkerrecht in der Zeit des Ersten Weltkrieges. Zum Wirken von André Mandelstam[1]

Mit dem vorliegenden Beitrag möchte ich einen sehr spezifischen Ausschnitt zur Forschung über den Völkermord an den Armeniern behandeln, indem ich mich einerseits der Armenierfrage im Lichte des Völkerrechts nähern werde, das während des Ersten Weltkrieges galt, und andererseits dem Wirken des russischen Diplomaten und Völkerrechtlers André Mandelstam, der es sich zum Lebensinhalt gemacht hatte, die Lehren aus den Erfahrungen des Ersten Weltkrieges für die Ausgestaltung eines Völkerrechts der Zukunft nutzbar zu machen. Wenn es uns heute ganz selbstverständlich erscheint, daß die Völkerrechtsordnung - insbesondere durch den internationalen Schutz der Menschenrechte - tief in die Ausgestaltung der nationalen Rechtsordnungen eingreift, so dürfen wir doch nicht vergessen, daß diese Entwicklung noch sehr jung ist und sich auch erst auf regionaler Ebene voll durchgesetzt hat.

Schlaglichtartig wird die Situation durch die Äußerungen zweier maßgebender Völkerrechtler aus den dreißiger und vierziger Jahren dieses Jahrhunderts beleuchtet, die nur sehr kurz und eher beiläufig zu dem internationalen Schutz von Menschenrechten gegen den eigenen Staat Stellung nahmen. Der berühmte italienische Völkerrechtler Dionisio Anzilotti, Richter am Ständigen Internationalen Gerichtshof, schrieb in seinem *Lehrbuch des Völkerrechts* von 1928, das von Carlo Schmidt in die deutsche Sprache übersetzt wurde, über die veraltete und längst überwundene Lehre der Naturrechtler, daß auch das Individuum als Glied der Menschheit seinen Platz im Völkerrecht habe: »Hier liegt offenbar eine Verwechslung zwischen der Völkerrechtsordnung und einem angeblichen Recht der Menschheit vor. Das sind zwei ganz verschiedene Dinge, und es lohnt sich

1 Der Vortrag wurde im Rahmen des von der Friedrich-Naumann-Stiftung veranstalteten Symposiums »Der erste Völkermord des 20. Jahrhunderts. Die Verfolgung der Armenier« gehalten, das vom 25.04. bis 26.04.1980 im Europa-Haus Bad Marienberg stattfand. Anläßlich des Todes von Karl Josef Partsch am 30.12.1996 ist es uns eine besondere Ehre, mit der Aufnahme dieses Beitrags an ihn erinnern zu können. Die Herausgeber.

nicht, Worte darüber zu verlieren, um nachzuweisen, daß die Anerkennung von Menschenrechten, die sich nicht auf geschriebenes Recht stützen, ausschließlich in den Bereich des Naturrechts gehört und völkerrechtlich nur den Charakter eines Postulats hat«.[2] In seinem Nachlaß hat man allerdings ein Exemplar seines Werkes mit Notizen für eine Neuauflage gefunden, in der er am Rande vermerkt hatte: Hier muß ich aber doch die Entschließungen des *Institut de Droit International* von 1929 berücksichtigen.[3] Der Berichterstatter für diese Entschließung über internationale Menschenrechte war André Mandelstam.

Das zweite Beispiel stammt aus dem September 1944. C.C. Hyde, lange Jahre Rechtsberater des amerikanischen State Department, sprach unübersehbar skeptisch über den Eingriff des Völkerrechts in die Beziehungen zwischen dem Staat und seinen eigenen Angehörigen und zitierte zunächst eine Äußerung von Woodrow Wilson auf der Konferenz von Versailles 1919 über den Minderheitenschutz, schließlich auch Werke von André Mandelstam und die von ihm eingebrachte Menschenrechtserklärung von 1929, die als Glaubenssache anzusehen sei, »the substance of things hoped for, the evidence of things not seen«, keinesfalls aber als ein »statement of what the family of nations acknowledges to be the law to which its several members are obliged to conform«[4]. Dies hatte er geschrieben, kurz bevor die Charta der Vereinten Nationen in Kraft trat. Sein Buch wurde sogar erst danach ausgeliefert.

Für die nachfolgenden Ausführungen möchte ich mir erlauben, diese in die Lebensgeschichte von André Mandelstam einzubetten, wobei aber die Entwicklung des Völkerrechts während dieser Periode nicht vernachlässigt werden soll.

André Nikolajewitsch Mandelstam wurde 1869 - also kurz nach der Befreiung der Bauern aus der Leibeigenschaft - in Mohilew am Dnjepr geboren, heute eine weißrussische Stadt inmitten eines blühenden Industriezentrums, damals eine der ärmsten Gegenden des europäischen Rußlands. Nach Studien der Rechte und der orientalischen Sprachen in St. Petersburg wurde er Assistent des bedeutenden russischen Völkerrechtlers von Martens und vertiefte seine Kenntnisse in Paris. 1899 kam er als Dragoman - wir würden heute Gesandtschaftssekretär sagen - an die Botschaft seines

2 Anzilotti, Dionisio: Lehrbuch des Völkerrechts, dt. Ausgabe Bd. 1, 1929 (Übersetzung der 3. Auflage von 1928).
3 Anzilotti, Dionisio: Corso di diritto internazionale, Bd. 1, Padua ^{4}1955, S. 120, Anm. 7.
4 International Law, chiefly as interpreted and applied by the United States, Boston ^{2}1947, S. 40, Anm. 9.

Landes an der Hohen Pforte in Konstantinopel, wo er 15 Jahre bis zum Ausbruch des Ersten Weltkrieges bleiben sollte. Doch hatte er als besonders begabter Völkerrechtsexperte in dieser Zeit an einer ganzen Reihe von großen internationalen Konferenzen teilgenommen. So war er 1907 Sekretär der 2. großen Friedenskonferenz in Den Haag gewesen, die wesentliche Impulse zur Formulierung des Kriegsrechtes gab.[5]

Während der Zeit seines Wirkens in Konstantinopel war er in enge Berührung mit dem Problem der Armenier gekommen, deren Schicksal den russischen Regierungen während des 19. Jahrhunderts besonders am Herzen lag. Ein russischer Diplomat an der Hohen Pforte hatte in dieser Zeit nicht nur ein aufmerksamer Beobachter dieses Problems zu sein, sondern er war auch unmittelbar und aktiv in dieses Problem eingeschaltet, da sich die damaligen russischen Regierungen als Vertreter eines christlichen Staates dazu berufen fühlten, für das christliche armenische Volk einzutreten und ihm beizustehen.

Mandelstam hat in einer ganzen Reihe seiner literarischen Arbeiten[6] dieses Wirken Rußlands zugunsten des armenischen Volkes während des 19. Jahrhunderts geschildert und dabei nicht unterlassen, darauf zu verweisen, daß sein Land sich für die nationale Minderheit der christlichen Armenier nicht aus eigennützigen Motiven eingesetzt habe, sondern ausschließlich aus humanitären Gründen. Bis zum Ausgange des Krimkrieges habe Rußland dies allein und aus eigener Verantwortung tun können, nach dem Frieden von Paris 1856 und nach dem Berliner Kongreß 1878 aber nur noch als Teilnehmer im Konzert der Großmächte. Dieses Konzert habe sowohl während der Regierungszeit Abdul Hamids II. wie auch unter der Herrschaft der Jungtürken ab 1908 weitgehend seinen humanitären Einfluß auf die Türkei eingebüßt, was wesentlich auf die mit der Türkei verbündeten Deutschen und Österreicher zurückzuführen gewesen sei.

Es ist hier nicht der Ort, der Frage nachzugehen, welchen Einfluß die Spaltung der sechs Großmächte in die Entente Cordiale einerseits und die Mittelmächte andererseits schon während des letzten Drittels des 19. Jahrhunderts gehabt hat. Da mag sich der Beobachter aus Rußland in seinen

5 Siehe dazu den Nachruf von Alexander Makarov, in: Annuaire de l'Institut de Droit International 43, 1950, S. 482 ff.

6 Vgl. Mandelstam, André: Le sort de l'Empire ottoman, Lausanne/Paris 1917; ders.: La protection des minorités, in: Recueil des cours de l'Academie de Droit International, Paris 1923; ders.: La Société des Nations et les Puissances devant le problème arménien, Paris 1926; ders.: Das armenische Problem im Lichte des Völker- und Menschenrechts. Einzelschriften aus dem Institut für internationales Recht an der Universität Kiel 15, Berlin 1931.

Schriften, die während des Ersten Weltkrieges oder kurz danach entstanden waren, doch zu stark von jener Mächtekonstellation beeinflußt haben lassen, die eben während dieses Ersten Weltkriegs bestand. Fruchtbarer ist es, der Frage nachzugehen, ob die zweifellos während des 19. Jahrhunderts stattgehabten Interventionen dieser Großmächte - insbesondere Rußlands - als Interventionen im Interesse der Humanität und außerhalb irgendwelcher nationaler Interessen qualifiziert werden können. Für André Mandelstam ist dies unstrittig, er sieht eine kontinuierliche Entwicklung von dem Wirken des zaristischen Rußlands bis zu den Aktionen des Völkerbundes im Interesse nationaler Minderheiten. Dieser Staat sei - fern aller nationalen Interessen - stets für die Menschenrechte eingetreten, daher sei es nichts neues, wenn nun im Zeichen des Selbstbestimmungsrechtes der Völker Menschenrechte allgemein und für die Angehörigen aller Staaten international garantiert würden. Von Mandelstams Grundgedanken ausgehend, daß sich alle Staaten unter der neuen Ordnung des Völkerbundes für diese Idee einsetzen müßten, wird seine Sicht in hohem Maße verständlich und begreifbar. Doch habe ich Zweifel - sehr ernsthafte Zweifel -, ob diese Sicht im historischen Rückblick berechtigt ist. Alle Maßnahmen der christlichen Großmächte, die sich auf dem Wiener Kongreß zur *Heiligen Allianz* zusammengefunden hatten, ergingen auf der Grundlage, daß sich diese Staaten - wie es in dem Allianzvertrag von 1815 heißt - als »Mitglieder *einer* christlichen Nation« empfanden und sich daher untereinander durch Solidaritätspflichten verbunden fühlten. Diese letzteren wurden auch gegenüber der Pforte geltend gemacht. Mir scheint aber, daß die sechs Großmächte damals aus dem allgemeinen Völkerrecht kein Recht herleiten konnten, sich gegenüber Mächten außerhalb des christlichen Machtbereiches auf ein Mandat zu berufen, das ihnen im Namen der Humanität anvertraut war. Die humanitäre Intervention bedurfte damals vielmehr einer vertraglichen Grundlage, wie sie von dem Pariser Frieden von 1856, von dem Frieden von San Stefano 1876 und dann auch von dem Berliner Kongreß 1878 geschaffen wurde, an denen die Hohe Pforte beteiligt war. Die Heilige Allianz von 1815 mag zwar von den Russen auch als Grundlage betrachtet worden sein, aber doch nur als eine einseitige.

Als André Mandelstam 1899 nach Konstantinopel kam, hatte er zunächst das letzte Jahrzehnt der Herrschaft des »Roten Sultans« Abdul Hamid II. erlebt und dann den Beginn der jungtürkischen Herrschaft. Er hatte sich von den Jungtürken, die mit ihrem liberalen und durchaus modernen Reformprogramm angetreten waren, um den »Kranken Mann am Bosporus« von seinen Übeln zu heilen, durchaus beeindrucken lassen.

Doch als sie bald die grausamen und einseitig nationalistischen Praktiken des Roten Sultans übernahmen, war er tief enttäuscht.

In den Jahren 1913/14 fanden in Konstantinopel Verhandlungen zwischen den sechs Großmächten und der Hohen Pforte statt, um das armenische Problem zu entschärfen.[7] André Mandelstam war an diesen Verhandlungen maßgeblich beteiligt. Der von ihm im Auftrag des russischen Botschafters von Giersch ausgearbeitete Vorschlag erscheint in der deutschen diplomatischen Korrespondenz als »Mandelstam-Plan« - und wurde von Seiten der Mittelmächte als gefährlich angesehen. Der Mandelstam-Plan sah einen Zusammenschluß aller überwiegend von Armeniern besiedelten Gebiete in einem Verwaltungsdistrikt vor. Diesem Distrikt sollte ein Generalgouverneur - ein osmanischer Christ oder ein Europäer - vorstehen, der von der Hohen Pforte und gleichzeitig im Einverständnis oder sogar auf Vorschlag der sechs europäischen Großmächte bestellt werden und das Recht haben sollte, alle höheren Beamten der Verwaltung und Justiz zu ernennen oder auch abzuberufen. In diesem autonomen Gebiet sollten Justiz und Finanzverwaltung grundlegend reformiert werden. Es ist heute nicht mehr ganz leicht zu verstehen, warum dieser Plan zunächst eine so entschiedene Gegnerschaft der Mittelmächte fand. Daß sie sich verpflichtet fühlten, die Integrität des türkischen Staatsgebietes und die Souveränität der ihnen militärisch verbundenen Pforte zu betonen und eine Form zu suchen, welche türkische Empfindlichkeiten möglichst nicht verletzen werde, ist verständlich. Der Verdacht, der Zusammenschluß der vorwiegend armenisch besiedelten Provinzen sollte der Auftakt zu einer Annexion dieses Gebiets durch sich auf dem Wege nach Konstantinopel befindliches Rußland sein, wie ihn der deutsche Botschafter von Wangenheim äußerte, erscheint angesichts der Versicherungen des russischen Außenministers Sasonov oder auch der Berichte des deutschen Botschafters in Moskau, Graf Pourtalès, wenig überzeugend. Rußland hatte damals andere und wichtigere Probleme und konnte es sich jedenfalls zu dieser Zeit nicht leisten, den Versuch zu wagen, das Testament Peters des Großen zu erfüllen und auf die Meerengen zuzugreifen.

Angesichts der Opposition der Mittelmächte zeigte sich Rußland dann erstaunlich verhandlungsbereit und gab in vielen Punkten nach. Vor allem verzichtete es auf die Forderung eines geschlossenen armenischen Autonomiegebietes und fand sich mit zwei Sektoren ab, die unter der Aufsicht von zwei Generalinspektoren stehen sollten, welche aber auch auf Vorschlag der großen Mächte von der Pforte ernannt werden sollten. Bedeute-

7 Mandelstam: Das armenische Problem (Anm. 6), S. 91-149.

te dies in der Folge eine Internationalisierung der »Armenischen Frage« unter der Kontrolle der sechs europäischen Großmächte und nicht allein nur Rußlands? Am 8. Februar 1914 ist der Mandelstam-Plan als russisch-türkisches Abkommen in Kraft getreten, und in der Tat hatten sich zwei europäische Generalinspektoren, der holländische Verwaltungsfachmann Westenenk und der norwegische Major Hoff, auf den Weg gemacht, ihre Ämter anzutreten, die sie jedoch niemals ausfüllen sollten. Das Deutsche Reich hat sich aus verständlichen Gründen nicht formal beteiligt.

Der Ausbruch des Ersten Weltkrieges machte den zwischen dem Deutschen Reich und dem Zarenreich mühsam ausgehandelten Kompromiß zunichte, der auf deutsches Drängen von der Osmanischen Türkei akzeptiert worden war, und gab den Türken in der Behandlung der nichttürkischen Minderheiten freie Hand. Den Großmächten sollte zukünftig kein Anlaß mehr gegeben werden, ihretwegen einen Versuch der Intervention zu unternehmen. Verbale Proteste des Deutschen Reiches, daß angekündigte Umsiedlungen der Armenier zu Massakern führten, wies die türkische Regierung mit dem Bemerken zynisch zurück, daß revolutionäre Bewegungen auch in Deutschland nicht anders behandelt würden.

Für André Mandelstam bedeuteten diese Entwicklungen einen wichtigen Lebenseinschnitt. Mit dem Ausbruch des Ersten Weltkrieges hatte er Konstantinopel verlassen und war in amtlichem Auftrag in die Schweiz gegangen. Das Schicksal des Osmanischen Reiches beschäftigte ihn jedoch weiterhin, und so erschien 1917 sein Buch *Le sort de l'Empire ottoman* in Paris.[8] Von der provisorischen Regierung des Fürsten Lwow wurde er im selben Jahre zum Leiter der Rechtsabteilung des russischen Außenministeriums berufen, hatte aber diesen Posten nicht mehr antreten können, da im Juli 1917 Kerensky die Regierung übernahm. Mandelstam schied aus dem Dienst seines Landes aus. Als Gelehrter und Publizist sollte er für mindestens 10 Jahre bis 1936 in Paris wirken; weniger lautstark, jedoch in unermüdlicher Weise versuchte er sich danach bis zu seinem Tode im Jahre 1949 als Mahner für die Achtung der Menschenrechte in der Welt einzusetzen. Es läßt sich sehr deutlich erkennen, daß die bitteren Erfahrungen der »Armenischen Frage« und ihrer Entwicklung die Initiativen Mandelstams fortdauernd bestimmt haben. Er wirkte als Vortragender an der Akademie im Haag, an dem Institut für internationale Studien in Genf und als sehr aktives Mitglied des Institut de Droit International, schließlich unermüdlich als Schriftsteller und Mahner. Nach der Veröffentlichung der deutschen Materialien in der Edition *Große Politik der europäischen*

8 Mandelstam: Le sort de l'Empire ottoman (Anm. 6).

Kabinette[9] hatte Mandelstam im Jahre 1931 seine Erfahrungen mit dem deutschen Verhandlungspartner in Konstantinopel eindrucksvoll in deutscher Sprache geschildert.[10]

Nach dem Ausscheiden aus dem diplomatischen Beruf und der damit verbundenden Entlastung aus der Auftragsgebundenheit hatte er seine neue Freiheit für seine Ideen einzusetzen gesucht. Wenn seine Werke auch deutlich die Schule erkennen lassen, die der Autor als Diplomat genossen hatte, so fühlte er sich doch andererseits nicht gehindert, die Haltung der Entente-Mächte gegenüber dem armenischen Volk in der Zeit zwischen den Konferenzen von Sèvres 1920 und Lausanne 1923 anzuprangern.

Bereits auf der Sitzung des Instituts in Rom 1921 war Mandelstam damit betraut worden, einen Bericht über den internationalen Schutz der Menschenrechte, Bürgerrechte und die Rechte der Minderheiten zu erstellen. Dies war das erste Mal, daß in diesem internationalen Gremium der Begriff der internationalen Menschenrechte überhaupt verwandt wurde, denn vorher hat es diesen Begriff nicht gegeben. Es gab zwar den Begriff der Grundrechte der Staaten, doch nicht der Grundrechte von Menschen. Die Vorstellung, daß das Individuum als Träger völkerrechtlicher Rechte oder Pflichten in Betracht gezogen wurde, beschränkte sich auf den Piraten, den Sklavenhändler und - mit Verlaub zu sagen - den Papst. Andere Individuen erschienen im Völkerrecht nicht, das in seinem Charakter von der Abgrenzung der Machtbereiche der Staaten beherrscht war.

Sicher hatten die Pariser Vorortverträge eine Bresche geschlagen, indem sie gewissen Staaten - den Verlierern des Ersten Weltkrieges wie auch den neuen Staaten - Pflichten zum Schutz nationaler Minderheiten auferlegten, aber diese Pflichten galten doch nur für 14 Staaten minderen Rechts. Die Sieger des Ersten Weltkrieges waren diesen Pflichten nicht unterworfen und weder die Basken, Bretonen und Elsässer noch die Schotten, Waliser und Iren, ganz zu schweigen von den Georgiern, Usbeken und Jenissey-Ostiaken erhielten völkerrechtlichen Schutz. Das Minderheitenschutzsystem des Völkerbundes war ebenso auf bestimmte Bevölkerungsgruppen beschränkt wie die Entschließungen zur Beseitigung des Kolonialismus. Die großen Sieger des Ersten Weltkrieges, so Frankreich und England, blieben unberührt.

9 Die Große Politik der Europäischen Kabinette 1871-1914, hrsg. von Johannes Lepsius, Albrecht Mendelssohn Bartholdy und Friedrich Thimme, Berlin 1922ff.

10 Mandelstam: Das armenische Problem (Anm. 6).

Gegen diese Ungleichbehandlung hatte sich bereits im Völkerbund vor allem seitens Jugoslawiens, Rumäniens und der Tschechoslowakei Opposition erhoben, was dazu führte, daß die 3. Tagung am 21. September 1922 eine Empfehlung an jene Mitgliedstaaten richtete, mit denen keine besonderen Minderheitenabkommen abgeschlossen worden waren, ihren rassischen, religiösen und sprachlichen Minderheiten dieselbe Behandlung zu gewähren wie sie in den Verträgen vorgesehen sei.[11] Diese Empfehlung hatte jedoch nur moralischen Charakter und keine rechtlich bindende Wirkung, sie verlieh vor allem dem Kontrollsystem des Völkerbundes keine allgemeine Geltung. Bezeichnend für die Haltung der Großmächte ist eine Äußerung des französischen Delegierten de Jouvenel: »Frankreich hat keine Minderheiten. Um in Frankreich Minderheiten zu finden, müßte man sie erfinden. Gerade jetzt ist eine Polemik darüber entstanden, ob das Bretonische ein 'patois' oder gar eine Sprache sei.«[12] Dasselbe Problem beschäftigte vor kurzem den Rassendiskriminierungsausschuß bei den Vereinten Nationen.

Unter diesen Umständen mußte André Mandelstam mit großer Vorsicht an das Problem einer Menschenrechts- und Minderheitenerklärung herangehen. Einen ersten Bericht[13] beschränkte er auf den Minderheitenschutz, wobei er es den Staaten selbst überließ, welche Gruppen sie als solche anzuerkennen bereit seien. Um aber gewissen fundamentalen Menschenrechten eine allgemeine Grundlage zu sichern, deren Beachtung sich die Staaten nicht mit der Behauptung entziehen könnten, sie hätten keine Minderheiten, entwarf er eine auf wenige Artikel beschränkte Erklärung internationaler Menschenrechte, die so allgemein gehalten war, daß sie unbedenklich von allen Staaten hätte angenommen werden können.[14] Das Institut hat die Erklärung im Oktober 1929 in New York beschlossen. Hier liegt die entscheidende Wende in diesem Entwicklungsprozeß. Sicher mag man es beanstanden, daß eine Garantie internationaler Menschenrechte sozusagen als Abfallprodukt des Minderheitenschutzes erschien. Wesentlich war aber doch, daß hier zum ersten Mal die Menschenrechte aus dem Kontext des Minderheitenschutzes gelöst wurden; daß es nicht nur Christenrechte, sondern Menschenrechte waren, deren Schutz hiermit gesetzt war.

11 Mandelstam, André: La protection internationale des Minorités, Paris 1931, S. 50.
12 Plenarsitzung der 6. Völkerbundversammlung am 14.9.1925.
13 Vgl. Annuaire de l'Institut. Session de Stockholm, 1928, S. 275.
14 desgl., Session de New York, 1929, vol. I S. 715-732 (Bericht); vol. II S. 110-138 (Diskussion); S. 298-300 (Resolution).

Im Vergleich zu den heute geltenden Instrumenten des internationalen Menschenrechtsschutzes erscheint die damalige Erklärung bescheiden, ja geradezu schmalbrüstig. Sie benennt - ähnlich dem Protokoll der Berliner Konferenz von 1878 - die Rechte auf Leben, Freiheit und Eigentum und enthält ein Verbot der Diskriminierung nach Nationalität, Geschlecht, Rasse, Sprache oder Religion. Definiert sind weder die Rechte selbst noch die verwandten Begriffe. Die Freiheit der Religionsausübung ist unter den Vorbehalt des »ordre public« und der »guten Sitten« gestellt, hingegen ist das Recht zum Gebrauch und zum Unterricht der eigenen Sprache ohne solchen Vorbehalt ausgesprochen. Keinem eigenen Staatsangehörigen dürfen aus diskriminatorischen Gründen seine privaten oder öffentlichen Rechte entzogen werden, wobei als Beispiele der Zugang zu öffentlichen Bildungsanstalten, die Ausübung wirtschaftlicher Tätigkeiten, Berufe und Industrien genannt sind. Gleichheit soll nicht nur dem Namen nach, sondern effektiv herrschen. Den durch Diskriminierungsverbote geschützten Personen darf die Staatsangehörigkeit nicht entzogen werden, es sei denn aus Gründen, die in der allgemeinen Gesetzgebung vorgesehen sind.

In diesem Katalog fehlen ausgesprochen wesentliche Rechte wie Meinungs-, Vereinigungs-, Versammlungs- und Pressefreiheit, sämtliche Garantien für die Gerichtsbarkeit und den Rechtsschutz, für die Freizügigkeit, das Familienleben, auch soziale und politische Rechte. Inhalt und Grenzen der Rechte sind nur zaghaft angedeutet. Doch soll hier dieser erste Schritt, der damals in völkerrechtliches Neuland führte, nicht kritisiert werden. Wer die zum Teil erstaunlichen Reaktionen auf den Entwurf Mandelstams liest, wird sich der Kühnheit des Unterfangens bewußt, eine erste Öffnung in die feste Mauer der staatlichen Souveränität zu brechen.

Der Erfahrungshintergrund des Mannes, der diesen ersten Schritt unternommen hatte, war das weiter zurückliegende Eintreten der christlichen Großmächte für ihre Glaubensbrüder im Orient sowie dann die Erfahrung des Völkermordes an den Armeniern und Mandelstams sehr persönliches und mutiges Eintreten für die Rechte das armenischen Volkes.

Mit diesen kurzen Überlegungen wollte ich darauf verweisen, daß die - wenn auch vielleicht nur kurze - Erschütterung des Weltgewissens durch die Vernichtung der Armenier wenigstens die Wissenschaft dazu geführt hat, neue Wege zu suchen, solchen Katastrophen vorzubeugen. Einen wirklich greifbaren Erfolg auf zwischenstaatlicher Ebene hat die Suche gerade nach neuen völkerrechtlichen Ansätzen freilich erst gezeitigt, nachdem ein zweites Mal in diesem Jahrhundert ein Volk zum Opfer eines Völkermordes wurde.

Otto Luchterhandt

Bekämpfung von Völkermord: Konzepte des Völkerrechts

Einleitung

Zwischen den Kategorien »Moderne« und »Völkerrecht« besteht ein spezifischer Zusammenhang, denn die Völkerrechtswissenschaft teilt herkömmlicherweise ihren Gegenstand, vom historischen Standpunkt aus gesehen, in das »klassische« und das »moderne« Völkerrecht ein. Das Kriterium für diese Unterscheidung, die Einschätzung des Krieges beziehungsweise das Verhältnis zum Krieg, ist durchaus auch bedeutsam für unser Thema, also die Bekämpfung von Völkermord, weil in der Epoche des »klassischen« Völkerrechts der Krieg - nicht nur als Verteidigungs-, sondern auch als Angriffskrieg - ein legitimes Mittel der Staaten zur Durchsetzung ihrer Interessen war: der Krieg war »die Fortsetzung der Politik mit anderen Mitteln« (Clausewitz). Kriege aber stehen in einer spezifischen Beziehung zum Phänomen des Völkermords.

Der Briand-Kellog-Pakt vom 27.8.1928, auch »Kriegsächtungspakt« genannt, leitete die Wende in der Einschätzung des Krieges durch das Völkerrecht ein. Sein Art. I lautet: »Die Hohen Vertragschließenden Parteien vereinbaren, daß die Regelung und Entscheidung aller Streitigkeiten oder Konflikte, die zwischen ihnen entstehen könnten, welcher Art oder welchen Ursprungs sie auch sein mögen, niemals anders als durch friedliche Mittel angestrebt werden soll.«

Diese Selbstverpflichtung der Staaten hat bedauerlicherweise den Ausbruch des Zweiten Weltkriegs nicht verhindern können, sie ist aber unmittelbar nach dessen Ende, nämlich in der Charta der Vereinten Nationen (Art. 2 Ziffer 4) in Gestalt des sogenannten Interventionsverbots, nachhaltig und mit universellem Geltungsanspruch bekräftigt worden.[1]

Was nun den Zusammenhang mit unserer Thematik anbelangt, ist es eine historische Erfahrung, daß Kriege als Perioden der Barbarisierung, der Entmenschlichung, der sittlichen Verrohung die Wahrscheinlichkeit dramatisch ansteigen lassen, daß insbesondere nationale, ethnische Minderheiten zum Opfer von Diskriminierungs- und Unterdrückungsmaßnahmen

1 Das Interventionsverbot erleidet nach der UN-Charta enge Ausnahmen. Zu ihnen später.

oder gar von Mordaktionen und Massakern werden. Die in die erste Hälfte des 20. Jahrhunderts fallenden schrecklichsten Fälle von Völkermord, nämlich die Auslöschung der Armenier im Osmanischen Reich während des Ersten Weltkrieges[2] und die Vernichtung des europäischen Judentums durch den deutschen Staat sowie die Abschlachtung großer Teile des serbischen Bevölkerungsteils in Kroatien durch das von Deutschland gestützte Ustascha-Regime[3] im Zweiten Weltkrieg sind für diesen Zusammenhang offenkundige Belege.[4]

Es gibt noch einen weiteren Unterschied zwischen dem »klassischen« und dem »modernen« Völkerrecht, der mit unserem Thema verbunden ist, nämlich die Anerkennung der Völkerrechtssubjektivität des Individuums durch die Normierung der Menschenrechte in einer kaum mehr zu überschauenden Vielzahl von völkerrechtlichen Verträgen seit 1945.[5] Die Verpflichtung, zur »Achtung vor den Menschenrechten und Grundfreiheiten für alle ohne Unterschied der Rasse, des Geschlechts, der Sprache oder der Religion zu fördern und zu festigen«, von Art. 1 Ziffer 3 der UN-Charta zum »Ziel« der Vereinten Nationen erhoben, umschließt als Teil eines sogenannten Mindeststandards, jedenfalls nach ganz herrschender Meinung, das Menschenrecht auf Leben sowohl in individueller Hinsicht als auch in seiner kollektiven Dimension als Gruppenrecht. So liegt bereits in

2 Siehe dazu Dadrian, Vahakn N.: The History of the Armenian Genocide, Oxford 1995; zur (umstrittenen) Frage einer Mitschuld der deutschen Militärberater im Osmanischen Reich am Völkermord an den Armeniern vgl. Dadrian, Vahakn N.: German Responsibility in the Armenian Genocide. A Review of the Historical Evidence of German Complicity, Watertown/Mass. 1996, und die (kritische) Rezension von Nahum Orland in: Frankfurter Allgemeine Zeitung (FAZ) vom 16.5.1997, S. 10.

3 Der kroatische Völkermord an den Serben bildet ein wichtiges historisches Hintergrundereignis für die Ereignisse beim Zerfall Jugoslawiens 1990/91. Siehe dazu Umeljić, Vladimir: Die Besatzungszeit und das Genozid in Jugoslawien 1941-1945, Los Angeles 1994, S. 89ff.; ferner Sundhaussen, Holm: Der Ustascha-Staat: Anatomie eines Herrschaftssystems, in: Österreichische Osthefte 37, 1995, S. 497-533, hier S. 520ff. und 527ff.

4 Über Versuche, vor dem Hintergrund der »Moderne« über eine vergleichende Genozidforschung zu einem tieferen Verständnis der Ursachen (und damit in der Perspektive auch zu einer Entwicklung erfolgreicher Abwehrstrategien) von Völkermord zu kommen, siehe insbesondere auch Melson, Robert: Revolution and Genocide. On the Origins of the Armenian Genocide and the Holocaust, Chicago u.a. 1992; zu gewissen Gemeinsamkeiten - bei allen Unterschieden - zwischen jüdischem und armenischem Leben »in der Fremde« aufgrund (auch) der Völkermorderfahrung siehe Dabag, Mihran/Platt, Kristin: Diaspora und das kollektive Gedächtnis, in: Identität in der Fremde, hrsg. von dens., Bochum 1993, S. 117-144; siehe dazu ferner Generation und Gedächtnis, hrsg. von Kristin Platt und Mihran Dabag, Opladen 1995.

5 Im »klassischen« Völkerrecht war die Völkerrechtssubjektivität von Individuen eine seltene Ausnahme; sie blieb auf Piraten, Sklavenhändler und - den Papst beschränkt.

Art. 1 der UN-Charta die radikale Gegenposition des modernen Völkerrechts zum Völkermord begründet.[6] Zugleich tritt hier die fundamentale Bedeutung auch der (individuellen) Menschenrechte für die Bekämpfung von Genozid hervor.

Das »moderne« Völkerrecht entwirft also, auf eine knappe Formel gebracht, die Perspektive einer friedlichen, humanen Weltgemeinschaft, und das heißt: unter der Herrschaft des modernen Völkerrechts und bei seiner Beachtung nach Treu und Glauben ist Völkermord in allen seinen Spielarten ausgeschlossen.

Im Blick auf das hier gestellte Problem der Bekämpfung von Völkermord ist außerdem noch auf eine bedeutsame Paradoxie aufmerksam zu machen, nämlich die, daß im Zentrum des »Völkerrechts« nicht eigentlich die »Völker« stehen, sondern die »Staaten«.[7] Die Völker sind im Völkerrecht eine problematische, ja geradezu eine prekäre Erscheinung, sofern wir sie nicht als Staatsvölker (nations) mit den Staaten selbst unausgesprochen identifizieren. Denn nicht selten befinden sich, wie wir wissen, die Ethnien »quer« zu den Staaten und ihren Grenzen, womit das latent den Frieden bedrohende Problem der nationalen Minderheiten entsteht, und dieses Problem ist dann noch gesteigert, wenn ein Volk über *mehrere* Staaten verteilt als Minderheiten lebt, wie im Falle der Kurden, ohne - in welchem territorialen Umfang auch immer - einen Staat hervorgebracht zu haben.

Die »Völker« sind als Subjekt von Rechten in der UN-Charta nur einmal erwähnt, allerdings an herausragender Stelle, nämlich in dem in Art. 1 Ziffer 2 verankerten Bekenntnis zu »Gleichberechtigung und Selbstbestimmung der Völker« als einem »Grundsatz«. Der juristische Inhalt dieser Aussage, nämlich der Rechtscharakter des Selbstbestimmungsrechts der Völker, war lange Zeit umstritten.[8] Insbesondere durch die gleichlautenden Art. 1 der beiden Menschenrechtspakte der Vereinten Nationen von 1966 hat sich inzwischen die Auffassung durchgesetzt, daß das Selbstbestimmungsrecht eine verbindliche Norm des Völkerrechts sei. Allerdings besteht nach wie vor ein hohes Maß an Unsicherheit und viel Streit hinsicht-

6 Kuper, Leo: Genocide: Its Political Use in the Twentieth Century, New Haven/London 1981, S. 11ff.

7 Im Englischen kommt das nicht zum Ausdruck, da »Public International Law«, das heißt Internationales Öffentliches Recht, mit dem von Hegel begründeten Begriff des »Äußeren Staatsrechts« korrespondiert und auf die *Staaten* als die »Subjekte« des Völkerrechts Bezug nimmt.

8 Zu dem Problem siehe insbesondere aus der neueren Literatur Murswiek, Dietrich: Offensives und defensives Selbstbestimmungsrecht, in: Der Staat 23, 1984, S. 523-548; Oeter, Stefan: Selbstbestimmungsrecht im Wandel, in: Zeitschrift für ausländisches öffentliches Recht und Völkerrecht 54, 1994, S. 741-780.

lich der Frage seines Trägers, seines Umfanges und des Verfahrens seiner Durchsetzung.

Das Selbstbestimmungsrecht der Völker ist allerdings gerade in heutiger Zeit politisch und rechtlich ein außerordentlich prekäres Rechtsinstitut, weil es in einer staatlich verteilten Welt mit klar definierten und international anerkannten Grenzen tendenziell als Störfaktor, ja als ein revolutionäres Element erscheint, wobei seine Durchsetzung mit Gewalt und Krieg eine latente Gefahr und nicht selten aktuelle Realität darstellt, wie auch umgekehrt seine Bekämpfung und Unterdrückung.[9] Die letzten Jahrzehnte bieten dafür reiches Anschauungsmaterial: Palästina, Biafra, Berg-Karabach, Abchasien, Bosnien-Herzegowina oder Tschetschenien. Gerade die ethnischen Konflikte und Selbstbestimmungsprozesse im postkommunistischen Raum Ost- und Südosteuropas haben in ganz besonderer Weise den engen Problemzusammenhang von Minderheitenstellung, Selbstbestimmungswillen, Krieg und Völkermord sichtbar werden lassen.

Die Minderheiten oder, nach einem anderen, im deutschen Sprachraum seit dem späten 19. Jahrhundert dominierenden und auch heute wieder stärker in den Vordergrund tretenden Ausdruck »Volksgruppen«, mögen sie nationalen, ethnischen, rassischen oder religiösen Charakter tragen, fanden als Regelungsobjekt und Rechtsinstitut in die Charta der Vereinten Nationen keinen Eingang. Anders als nach dem Ersten Weltkrieg wurde dieses Problem 1945 bei der Gründung der Vereinten Nationen bewußt ausgeblendet.[10] Die Minderheitenschutzinstrumente des Völkerbundes und das in den Pariser Vorortverträgen geschaffene System bilateraler Minderheitenschutzverträge, das teils an den Unzulänglichkeiten des Völkerbundes, teils an der Welle von Nationalismus, Chauvinismus und Menschenrechtsfeindlichkeit im Europa der dreißiger Jahre gescheitert war, wurde nach dem Zweiten Weltkrieg unter dem Eindruck dieser Ereignisse und Entwicklungen allzu schnell verworfen. Tatsächlich bedeuteten jene Minderheitenschutzinstrumente durchaus einen hoffnungsvollen Ansatz zur Neutralisierung von Ungerechtigkeiten insbesondere im Zusammenhang mit

9 Siehe dazu aus jüngster Zeit Buchanan, Allen: Self-Determination and the Right to Secede, in: Journal of International Affairs 45, 2, 1992, S. 347-365; Heraclides, Alexis: Secession, Self-Determination and Nonintervention, in: ebd., S. 399-420; Franch, T. M.: Postmodern Tribalism and the Right to Secession, in: Peoples and Minorities in International Law, hrsg. von Catherine Brölmann, René Lefeber, Marjoline Zieck, Dordrecht u.a. 1993, S. 3-27.

10 Zur neueren Entwicklung des Minderheitenschutzrechts umfassend siehe Blumenwitz, Dieter: Minderheiten- und Volksgruppenrecht. Aktuelle Entwicklung, Bonn 1992.

der Neubestimmung der Staatsgrenzen in Ost- und Südosteuropa nach dem Ersten Weltkrieg.

Es verdient in diesem Zusammenhang besonders erwähnt zu werden, daß der Leiter der Rechtsabteilung im Außenministerium des kaiserlichen Rußland, André Mandelstam, wichtige intellektuelle Vorarbeit auf dem Gebiet des nationalen/ethnischen Minderheitenschutzes geleistet hat.[11] Mandelstam war zu der Beschäftigung mit dieser Problematik entscheidend durch seine Berührung mit dem Schicksal der Armenier im Osmanischen Reich und dem Völkermord von 1915 gedrängt worden.[12] Wie sehr zu der damaligen Zeit das Problem der Menschenrechte noch in das Problem des Rechtsstatus nationaler/ethnischer Minderheiten gekleidet war, kann man daran erkennen, daß der Entwurf einer »Erklärung internationaler Menschenrechte«, den Mandelstam 1929 für das Institut de Droit International ausgearbeitet hatte, aus seiner Arbeit über Minderheitenschutzrechte hervorgegangen ist.

So kam es 1945 bei der Gründung der Vereinten Nationen zu einem Paradigmenwechsel: vom Schutz von Minderheiten, also Kollektiven beziehungsweise Gruppen hin zu dem von Individuen. Man propagierte die These, der (individuelle) Menschenrechtsschutz sei ausreichend (auch) für die Sicherung der legitimen Rechte von Minderheiten und ihrer Angehörigen. Freilich hatten schon damals viele Beobachter gesehen, daß dieser Ansatz nicht richtig ist, und die Berechtigung dieser Kritik ist inzwischen weithin anerkannt.[13]

Die Einwände kamen damals aber nicht zum Zuge, weil die Siegermächte des Zweiten Weltkrieges teils wegen ihrer prinzipiellen, ideologischen Grundpositionen, teils aufgrund ihrer politischen Interessen dem Minderheitenproblem gleichgültig oder ablehnend gegenüberstanden. Nach den Erfahrungen seit dem Ende des Ersten Weltkrieges erschien das Problem unheimlich und gefährlich, da Irredenta und Separatismus für die Geschlossenheit, Gleichförmigkeit und Handlungsfähigkeit der Staaten

11 Siehe dazu nur Mandelstam, André N.: La Protection Internationale des Minorités, Paris 1931; siehe dazu im übrigen: Partsch, Karl Josef: Die Armenierfrage und das Völkerrecht, 1993, abgedruckt in diesem Band.

12 Mandelstam war 1913/14 maßgeblich an internationalen Verhandlungen zur Lösung der Armenier-Frage im Rahmen des Osmanischen Reiches beteiligt und hat sich auch in den folgenden Jahren intensiv mit dieser Frage vom juristischen Standpunkt aus beschäftigt.

13 Zu dem Problem vgl. jetzt umfassend Niewerth, Johannes: Der kollektive und der positive Schutz von Minderheiten und ihre Durchsetzung im Völkerrecht, Berlin 1996, S. 131ff.

und die von ihnen geschaffene neue internationale Friedensordnung bedrohlich erschienen.

Unter diesen Umständen war es sehr bemerkenswert, daß man parallel zu der Erarbeitung der Allgemeinen Erklärung der Menschenrechte der Vereinten Nationen eine Konvention über die Verhütung und Bestrafung von Völkermord ausarbeitete, die von der UN-Generalversammlung einen Tag vorher, am 9.12.1948, verabschiedet wurde. Die Völkermord-Konvention ist - bis heute - eine der ganz wenigen UN-Konventionen, die unmittelbar dem Gruppen beziehungsweise Minderheitenschutz dient, damit über den Individualrechtsschutz der Menschenrechte als Hauptansatz der Vereinten Nationen hinausreicht und so über Jahrzehnte die Erinnerung an die Notwendigkeit eines solchen Gruppenschutzes auch durch die Völkerrechtsgemeinschaft wachgehalten hat. Die Distanz der Vereinten Nationen gegenüber einem völkerrechtlichen Minderheitenschutz ist erst seit 1989/90 unter dem Eindruck der Virulenz des Minderheitenproblems während und nach dem Zerfall des kommunistischen Herrschaftssystems in Ost- und Südosteuropa zurückgedrängt worden und der - noch immer eher vorsichtigen - Bereitschaft gewichen, sich dem Problem zu stellen. Die vorläufig wichtigste Frucht dieser Entwicklung ist die am 18.12.1994 verabschiedete Deklaration der UN-Generalversammlung »Über die Rechte von Personen, die zu nationalen oder ethnischen, religiösen und sprachlichen Minderheiten gehören«.[14]

Der Weg zur Völkermord-Konvention von 1948 war wesentlich von dem in die USA emigrierten polnischen Völkerrechtler jüdischer Abstammung, Raphael Lemkin, vorbereitet worden.[15] Lemkin hat den Begriff »Genozid« (genocide) geprägt und seine juristische Konzeption zu dessen Abwehr wesentlich unter dem Eindruck der Erfahrungen mit der deutschen Okkupation in Europa entwickelt.[16]

14 Vgl. dazu Dicke, Klaus: Die UN-Deklaration zum Minderheitenschutz, in: Europa-Archiv 1993, S. 107-116, hier S. 109ff.

15 Eine bedeutende Rolle hat das Werk Lemkins »Axis Rule in Occupied Europe«, erschienen in Washington, D.C. 1944, gespielt. Seine wegweisenden Arbeiten wollten gerade auch dem Minderheitenschutz dienen, vgl. ders.: Genocide as a Crime under International Law, in: American Journal of International Law 41, 1947, S. 145-151, siehe hier S. 150: »By declaring genocide a crime under International Law and by making it a problem of international concern, the right of intervention on behalf of minorities slated for destruction has been established.«

16 Der Massenmord an den Juden stand dabei paradoxerweise keineswegs im Mittelpunkt. Nach Lemkin war der »genocide« durch zwei Tatbestände geprägt, nämlich »Barbarei« und »Vandalismus« (S. 92f.): »Every action infringing upon the life, liberty, health, corporal integrity, economic existence, and the honour of inhabitants when committed be-

Die Völkermord-Konvention will, so ihr offizieller Titel, in den Dimensionen sowohl der »Vorbeugung« als auch der »Bestrafung« wirken. Analysiert man ihren knappen Text aus 19 Bestimmungen jedoch näher, zeigt sich, daß letztlich nur die Strafsanktion substantiell ausgefallen ist. Auf diesem schärfsten Abwehrinstrument des Völkerrechts gegenüber Fällen von Völkermord wird daher das Schwergewicht in dem nachfolgenden Überblick liegen. Aber natürlich kann sich die Behandlung des gestellten Themas keineswegs darauf beschränken. In systematischer Hinsicht entfaltet sich die Bekämpfung von Völkermord mit den Mitteln des Völkerrechts in drei Dimensionen:

- im Vorbeugen
- im Unterbinden unmittelbar bevorstehender oder bereits laufender Völkermord-Aktionen und
- in Sanktionen gegen verübten Völkermord.

Ausgehend von der Wirkungsintensität der entsprechenden völkerrechtlichen Instrumente beziehungsweise Vorschriften, werden im weiteren diese drei Dimensionen in umgekehrter Reihenfolge behandelt.

1. Sanktionen gegen verübten Völkermord

Die aus juristischer Sicht schärfste Form der Bekämpfung von Völkermord sind Sanktionen, die von berufener Seite, also aus der Mitte der Völkergemeinschaft heraus, gegen die für Völkermordhandlungen verantwortlichen Personen, Organe, Organisationen bis hin zu Staaten ergriffen werden (können). Die Sanktion hat freilich den (in ihrer Natur selbst liegenden) Nachteil, daß sie regelmäßig erst dann einsetzt, wenn die Unmenschlichkeiten bereits geschehen sind oder wenn sie zumindest begonnen haben und bis zu einem gewissen, von der Umgebung schließlich als unerträglich empfundenen Punkt fortgeschritten sind. Gleichwohl besteht die Erwartung und Hoffnung, daß erfolgreich durchgeführte Sanktionen nicht nur moralisch-politische Signale im Sinne einer Aufrichtung und Auffrischung der Maßstäbe für die Unterscheidung von »gut« und »böse« in der Völkergemeinschaft aussenden, sondern dadurch zugleich auch Beiträge zur Vor-

cause they belong to a national, religious or racial group.« Mit diesem konzeptionellen Ansatz hat er sich allerdings in der Redaktion der Völkermord-Konvention nicht durchsetzen können.

beugung und Verhinderung von Völkermord in der Zukunft zu leisten vermögen.[17]

Die schärfste (rechtliche) Sanktion gegen verübten Völkermord, nämlich die strafrechtliche, hält die Konvention über die Verhütung und Bestrafung des Völkermordes vom 9.12.1948 bereit[18], die am 12.1.1951 in Kraft trat und im Herbst 1996 von 122 Staaten ratifiziert war.[19] Sie hat daher am Anfang des folgenden Überblicks zu stehen.

1.1 Die Bestrafung von Völkermord

Art. I der Konvention erklärt den Tatbestand des Völkermords, ob im Frieden oder im Krieg begangen, für ein »Verbrechen gemäß internationalem Recht« (Crime under International Law). Obwohl bei vielen geschichtlichen und aktuellen Ereignissen für den um Objektivität bemühten Beobachter offensichtlich ist, wann beziehungsweise daß »Völkermord« vorliegt - und gerade bei den vorangehend bereits angeführten drei spektakulärsten Fällen der ersten Hälfte dieses Jahrhunderts, welche die Entwicklung bis heute überschatten, ist dies am wenigsten zweifelhaft - bereitet die Feststellung von Völkermord in manchen Fällen bisweilen nicht unerhebliche Schwierigkeiten. In rechtlicher Hinsicht sind daher manche Aspekte nicht unumstritten. Das betrifft weniger die objektive Seite des Verbrechenstatbestandes, als vielmehr dessen subjektive Seite.

1.1.1 Der Tatbestand des Verbrechens

Wendet man sich dem Tatbestand des Völkermords systematisch zu, stößt man zunächst auf die Frage nach dem Opfer des Verbrechens. Es sind keineswegs nur »Völker«.

17 Der aus Ungarn stammende Abgeordnete der Parlamentarischen Versammlung des Europarats, Richard Hörcsik (Demokratisches Forum), wies in der Debatte vom September 1993 über die Stärkung des internationalen strafrechtlichen Schutzes auf dem Gebiet des humanitären Völkerrechts mit großer Klarheit und völlig zutreffend auf die anzustrebende Abschreckungswirkung eines Ständigen Internationalen Strafgerichtshofes hin: »Und wenn nur eine Vergewaltigung verhindert, eine Folterung gestoppt oder nur ein Kind durch die Existenz des Tribunals gerettet wird, hat der Gerichtshof seine Aufgabe erfüllt. Seine vorrangige Schutzaufgabe ist der Schutz von Leben, nicht die Bestrafung. Und um dieses Ziel zu erreichen, darf kein Preis zu hoch sein.«, zit. nach Hausmann, Hartmut: Europarat fordert weltweit tätigen Gerichtshof, in: Das Parlament 43, vom 22.10.1993, S. 13.

18 UNTS Bd. 78, S. 277; BGBl. 1954 II, S. 730.

19 Vgl. Dokument GA A/51/422 vom 27.9.1996.

Wer ist »Opfer«?

Die Konvention schützt »nationale«, »ethnische«, »rassische« und »religiöse Gruppen als solche« sowie deren Mitglieder (Art. II). Diese auf Raphael Lemkin zurückgehende Bestimmung des personellen Schutzbereiches[20] ist verschiedentlich als zu eng beanstandet worden. In der ganz überwiegend von Historikern, Soziologen und Politikwissenschaftlern geführten Genozid-Diskussion der letzten Jahrzehnte, die ihren Schwerpunkt in den Vereinigten Staaten hat,[21] wurde und wird es als mißlich und ungerechtfertigt empfunden, daß aus dem Schutzrahmen etwa nach »politischen« Merkmalen zu Feinden erklärte Gruppen - »Konterrevolutionäre«, »Reaktionäre«, »Volksfeinde« oder »Kommunisten« - und »sozioökonomisch« definierte Gruppen - wie zum Beispiel die »Kulaken«, »Ausbeuter« oder »Schmarotzer« - nicht erfaßt würden.[22] Es war vor allem Leo Kuper, der die Aufmerksamkeit darauf im Zusammenhang mit Stalins »Säuberungen«, mit den Verfolgungen von Kommunisten in Indonesien und Kambodscha lenkte.[23] Sozialwissenschaftlich ansetzende Autoren erweiterten im Ergebnis mit unterschiedlichen Begründungen das vom Genozid-Phänomen erfaßte Spektrum auf eben auch soziale und politisch definierte Gruppen.

Aus rechtsgeschichtlicher Sicht ist zu dieser Diskussion auf die interessante Tatsache aufmerksam zu machen, daß beide Vorentwürfe der Konvention auch »politische Gruppen« einbezogen[24] und die Einbeziehung »ökonomischer« Gruppen ebenfalls diskutiert wurde. Bezeichnenderweise war es die (damals gerade die schreckliche politische Repressionsphase des »Spätstalinismus« durchlebende) Sowjetunion, die sich im Rechtsausschuß

20 Lemkin, Raphael: Axis Rule in Occupied Europe, Washington D.C. 1944, S. 79ff., hier S. 93. Durch Hinzufügung des Merkmals »ethnisch« wurde, über Lemkin hinausgehend, der Tatbestand noch präzisiert.

21 Siehe dazu die eindrucksvolle Bibliographie bei Fein, Helen: Trend Report. Genocide: A Sociological Perspective, in: Current Sociology 38, 1, 1990, S. 113-126.

22 Siehe dazu den Überblick bei Fein: Genocide (Anm. 21), S. 1ff., 10ff.; Jonassohn, Kurt/Chalk, Frank: A Typology of Genocide and some Implications for the Human Rights Agenda, in: Genocide and the Modern Age. Etiology and Case Studies of Mass Death, hrsg. von Isidor Wallimann und Michael N. Dobkowski, New York u.a. 1987, S. 3-20, hier S. 11ff.

23 Kuper. Leo: Genocide. Its Political Use in the Twentieth Century, New Haven 1982, S. 11ff.

24 Vgl. Art. I Abs. 1, Entwurf des Sekretariats: The Purpose of This Convention is to Prevent the Destruction of Racial, National, Linguistic, Religious or Political Groups of Human Beings, Text: Ferencz, Benjamin: An International Criminal Court: A Step Toward World Peace. A Documentary History and Analysis, 2 Bde., London u.a. 1980, Bd. 2: S. 131.

der UN-Generalversammlung zum Hauptanwalt der Ablehnung machte und damit durchsetzen konnte. Das entscheidende, durchaus gewichtige theoretische Argument war, daß politische Gruppen (personell) nicht stabil, nicht klar abgrenzbar, weil nicht homogen seien, das pragmatische Argument, die weite Definition sei zu wenig konsensfähig.[25]

Daß die eher restriktive Fassung der Konvention viel für sich hat, bestätigt sich indirekt an der Arbeit von Barbara Harff und Ted Gurr, die einprägsam von »politicide« sprechen, allerdings mit einem sehr breiten Ansatz, der über eindeutige Völkermordaktionen (im Sinne der Konvention) hinaus beliebige politisch oder ideologisch motivierte »Massaker« an irgendwelchen Oppositionsgruppen in schwer begrenzbaren Dimensionen erfaßt.[26] Die für jeden Straftatbestand, ob national oder international, aus rechtsstaatlichen Erwägungen anzustrebende Bestimmtheit wird hier wohl verfehlt.

Das Problem wird dadurch gleichwohl nicht elimiert, denn die Frage nach der personellen Reichweite der Konvention spitzte sich in jüngerer Zeit besonders im Falle des Millionen zu Opfern machenden »Politicide« der Roten Khmer in Kambodscha zu.[27]

Der Kambodscha-Fall ist allerdings mehrschichtig: die Vernichtungspolitik der Roten Khmer richtete sich im Ergebnis nämlich nicht nur gegen sozial-politisch bestimmte Schichten und Gruppen der »alten« Gesellschaft, sondern erfaßte mit ihrem ideologischen Kern, dem Ziel einer »abstrakten« Homogenisierung der »neuen Gesellschaft«, ebenso zwangsläufig wie gewollt auch ethnische und ethno-religiöse Gruppen, nämlich das islamische Ethnos der Cham, die Buddhisten oder die Vietnamesen - und erfüllte damit jedenfalls alle Merkmale des Völkermords im Sinne der Konvention. Gerade diese völlige Einheit sowohl im ideologischen Ausgangspunkt der Täter als auch in ihrem »Erfolg« muß allerdings die unterschiedliche rechtliche Qualifizierung des Geschehens besonders fragwür-

25 Hinweise auf Entstehungsgeschichte und Diskussionen in dem im Auftrage der Unterkommission der Menschenrechts-Kommission verfaßten Report des Berichterstatters Nicodème Rukashyaniko: Story of the Question of the Prevention and Punishment of the Crime of Genocide, Text: (UN) E/Cn. 4/sub. 2/416, 1978, Punkte 23ff., 43ff., 69f., 80.

26 Harff, Barbara/Gurr, Ted Robert: Genocides and Politicides since 1945: Evidence and Anticipation, in: Internet on the Holocaust and Genocide 13, 1987, S. 1-7.

27 Dazu umfassend Kiernan, Ben: The Pol Pot Regime. Race, Power and Genocide in Cambodia under the Khmer Rouge 1975-1979, New Haven 1996; siehe auch den Bericht zum Yale-Projekt von Haubold, Erhard: »Genozid-Programm« gegen das Vergessen, in: FAZ vom 28.8.1996, S. 3; zu den Langzeitwirkungen des »Politicide« siehe Müller, Andreas F.: Die Angst ist in den Köpfen der Menschen geblieben, in: Frankfurter Rundschau (FR) vom 21.4.1995, S. 7.

dig, ja willkürlich erscheinen lassen, denn es dürfte eigentlich keinen Unterschied machen, ob die Opfer - immerhin Mitglieder desselben Staatsvolkes (!) - Angehörige des Mehrheitsethnos oder »nur« ethnischer Minderheiten sind. Der hinter dieser Unterscheidung möglicherweise stehende Gedanke, daß sich die Angehörigen des Mehrheitsethnos das Verhalten der sie als Mehrheit repräsentierenden Regierung zurechnen lassen müssen, ist dann wenig überzeugend, ja offenkundig abwegig, wenn das Mehrheitsvolk selbst zum Opfer breiter Ausrottungsaktionen einer ideologisch-politisch fanatisierten, verblendeten Regierungsclique wird.

Die Völkerrechtler Hurst Hannum und David Hawk unternahmen hier den beachtlichen Versuch,[28] jenen Vernichtungsfeldzug gegen einen erheblichen Teil des eigenen Volkes - auch - im präzisen Sinne der Konvention als »Völkermord« ein- und zuzuordnen, nämlich mit der Begründung, daß in einem so gelagerten Fall der Ausrottung erheblicher Teile des eigenen Volkes ebenfalls eine »nationale«, »ethnische Gruppe« betroffen sei: der »autogenocide« gewissermaßen als »Grenzfall« des von der Konvention inkriminierten Völkermords! Man muß sich in der Tat fragen, wieso (innerhalb eines Staates) nur eine fremdnationale, das heißt vom Mehrheitsethnos abweichende Gruppe vom Schutzzweck der Völkermordkonvention erfaßt werden soll. Immerhin ergibt sich aus ihrer Entstehungsgeschichte, daß keineswegs nur »Minderheiten«, sondern - im neutralen Sinne - »Gruppen« Schutzobjekt sein sollen.[29]

Die Vereinten Nationen haben sich in ihrem Verhältnis zu dem Pol Pot-Regime allerdings nicht von der Konvention leiten lassen. Offenkundig blieben sie dem traditionalen, das heißt engeren Genozid-Verständnis verhaftet, das den Autogenocide - noch? - nicht einschließt. Man wird möglicherweise Kambodscha als Grenzfall anzusehen haben, und zwar wegen der gewaltigen Verluste an Menschenleben, welche die Vernichtung eines wesentlichen Teils der Nation bedeuteten.

Wer ist »Täter«?

Art. IV der Konvention zieht den verantwortlichen Täterkreis weit: erfaßt werden alle »Personen«, die die als Völkermord inkriminierten Handlungen begehen, wobei ausdrücklich hinzugefügt wird, daß es gleichgültig sei, ob es sich um »private Einzelpersonen«, »öffentliche Beamte« (Bedienstete) oder um »regierende Personen« handelt. Entscheidend ist also die Bege-

28 Hannum, Hurst/Hawk, David: The Case against the Standing Committee of the Communist Party of Kampuchea, New York 1986, S. 140ff.

29 Withaker, Benjamin: Revised and Updated Report on the Question of the Prevention and Punishment of the Crime of Genocide, Text: E/CN. 4/Sub. 2/1985/6 Anm. 31.

hung des Delikts, nicht hingegen der Status, die Funktion oder die Stellung des Täters. Schon die Völkermordaktionen im Osmanischen Reich gegenüber den Armeniern, vor allem ihre planmäßige Vernichtung während des Ersten Weltkrieges hatten und haben der Mit- und Nachwelt gezeigt, daß sich die verantwortlichen Politiker zur Durchführung ihrer Verbrechen eigens dafür aufgestellter Hilfseinheiten, nicht selten aus begnadigten Kriminellen bedienten.[30] Parastaatliche Terrorkommandos, »Todesschwadronen«, von privatwirtschaftlichen Interessenträgern zur Verdrängung oder Vernichtung regional »störender« Urvölker (Aborigines) angeheuerte kriminelle Banden[31] - sie werden ausnahmslos von der Konvention erfaßt. Die Verfahrensordnung des Internationalen Strafgerichtshofes für das ehemalige Jugoslawien hat diesen Ansatz bekräftigt.[32]

Der objektive Tatbestand

Völkermord stellt seinem Wesen nach die Vernichtung des Lebens oder der Lebensmöglichkeiten der geschützten Gruppe dar; umgekehrt gesagt: es geht bei entsprechenden Gegenmaßnahmen um den Schutz des Lebens der Gruppenmitglieder in ihrem spezifischen Zusammenhang, also um die Garantie eines der elementarsten Menschenrechte in einer spezifisch gruppenbezogenen Form. An diesen Schutzzwecken sind die folgenden (objektiven) Tatbestandsmerkmale des Völkermords orientiert, die Art. II der Konvention aufstellt:

»a) Tötung von Mitgliedern der Gruppe;

b) Verursachung von schwerem körperlichen oder seelischen Schaden an Mitgliedern der Gruppe[33];

c) vorsätzliche Auferlegung von Lebensbedingungen für die Gruppe, die geeignet sind, ihre körperliche Zerstörung ganz oder teilweise herbeizuführen;

30 Siehe dazu Dadrian, Vahakn N.: Genocide as a Problem of National and International Law: The World War I Armenian Case and its Contemporary Legal Ramifications, in: The Yale Journal of International Law 14, 2, 1989, S. 221-334; Gust, Wolfgang: Der Völkermord an den Armeniern. Die Tragödie des ältesten Christenvolkes der Welt, München/Wien 1993, S. 209ff.

31 Heute ein kaum wahrgenommenes Problem im Hohen Norden Rußlands nach dem Zerfall der Sowjetunion.

32 Vgl. Art. 7 Abs. 2 des Statuts.

33 Hierunter fallen insbesondere auch die Massenvergewaltigungen, die die bosnischen Serben gezielt an muslimischen Frauen begingen, vgl. Volk, Tatjana: Vergewaltigung und sexueller Mißbrauch als Strategie eines Ethnozids, in: Vierteljahresschrift für Sicherheit und Frieden 2, 1993, S. 90-93, hier S. 92f.; ferner Amnesty International: Bosnien-Herzegowina. Vergewaltigungen und sexueller Mißbrauch durch bewaffnete Kräfte, Bonn, Januar 1993.

d) Verhängung von Maßnahmen, die auf die Geburtenverhinderung innerhalb der Gruppe gerichtet sind;

e) gewaltsame Überführung von Kindern der Gruppe in eine andere Gruppe.«

Der Katalog läßt expressis verbis wie auch zwischen den Zeilen verschiedene Schutzzwecke erkennen, die letztlich auf zwei eng miteinander verbundene Ziele hinauslaufen:

(1) den Schutz des Lebens im gegenständlichen, physischen oder biologischen Sinne der Gruppe, dies sowohl in ihrem aktuellen Bestand als auch für die Zukunft hinsichtlich ihrer Fortpflanzungs- beziehungsweise Fortdauermöglichkeiten (Punkte a, c, d);

(2) den Schutz der elementaren Lebensmöglichkeiten der betreffenden Gruppen in ihrem spezifischen Bezug, sozialen Zusammenhang und Zusammenhalt, wobei diese Schutzrichtung ersichtlich über die rein physische Existenzsicherung der Gruppenmitglieder hinausgehen soll, indem sie nämlich auch sonstige Formen der Gruppenzerstörung ohne signifikante physische Vernichtungsmaßnahmen einschließt.

Im Blick auf eine der Haupterfahrungen in diesem Jahrhundert, nämlich die mit der ebenso zynisch-irreführenden wie absurden Bezeichnung »ethnische Säuberungen«[34] versehene Praxis der *Vertreibung* von Volksgruppen, wirft der Katalog die naheliegende Frage auf, ob aus ihrer fehlenden Erwähnung geschlossen werden muß, daß Vertreibungen nicht unter den Schutz der Völkermordkonvention fallen. Man wird diese Frage verneinen müssen. Mit Otto Triffterer[35] kann man unter Vertreibung »die mit Gewalt oder mit einer sonstigen Zwangsmaßnahme erfolgte räumliche Verdrängung von Einzelpersonen oder ganzen Bevölkerungsgruppen aus ihren angestammten Siedlungsgebieten« verstehen, wobei zweitrangig, jedenfalls nicht wesentlich ist, ob dabei die Staatsgrenzen überschritten werden.

Vertieft man sich in das Geschehen der größten Völkermordaktionen des 20. Jahrhunderts, an den Armeniern im Ersten und an den Juden im Zweiten Weltkrieg, stößt man sofort auf die Tatsache, daß in beiden Fällen Austreibung, Flucht und vor allem Massendeportationen in die Mordprogramme integriert waren und daher eine ganz herausragende Rolle

34 Siehe dazu Aly, Götz: »Ethnische Säuberungen« - die Geschichte eines europäischen Irrweges, in: FAZ vom 27.5.1995, Beilage; Lemberg, Eugen: »Ethnische Säuberung«: Ein Mittel zur Lösung von Nationalitätenproblemen?, in: Aus Politik und Zeitgeschichte, Beilage B 46, vom 6.11.1992, S. 27-38.

35 Triffterer, Otto: Die Bestrafung von Vertreibungsverbrechen, in: Flucht und Vertreibung, hrsg. von Dieter Blumenwitz, Köln u.a. 1987, S. 259-295, hier S. 265.

gespielt haben. Doch auch dann, wenn die Vertreibung nicht in die physische Vernichtung einmündet, verursacht sie doch wegen des Heimatverlusts unausweichlich zumindest »schweren seelischen Schaden an Mitgliedern der Gruppe« im Sinne von Art. II lit. b) der Konvention. Regelmäßig dürften mit der Vertreibung als einem komplexen Phänomen aber auch Tötungen von Gruppenmitgliedern (lit. a) verbunden und auch die Variante von lit. c) nicht selten erfüllt sein, denn gewaltsam durchgeführte Vertreibungen, Deportationen in unwirtliche Gebiete erlegen den Betroffenen Lebensbedingungen auf, die typischerweise geeignet sind, auch physische Verluste herbeizuführen.[36]

Da der Völkermord-Tatbestand, strafrechtlich gesprochen, insofern ein abstraktes Gefährdungsdelikt ist, muß die Vertreibungsaktion selbst nicht unbedingt Menschenleben gekostet haben.

Der subjektive Tatbestand

Zu den intensivsten Kontroversen hat bislang die subjektive Seite des Verbrechens Anlaß gegeben: die eben aufgelisteten Handlungen müssen »in der Absicht« (engl.: intent) begangen sein, die geschützte Gruppe als solche (engl.: as such) ganz oder teilweise zu zerstören (Art. 2 a.A.).

Das Problem liegt hier in dem Erfordernis der »Absicht«. Verschiedene Autoren haben darin eine offene Flanke der Konvention gesehen, die deren praktische Anwendbarkeit ausschließe, zumindest aber gefährde, weil die des Völkermords Beschuldigten immer Motive für ihre Vernichtungsmaßnahmen geltend machen würden - und mit etwas intellektueller Geschicklichkeit auch könnten -, die über die Unmenschlichkeiten hinauswiesen.[37] Eindeutig ist lediglich der Fall, daß die Maßnahmen zur Herstellung rassischer, national-ethnischer oder national-religiöser Homogenität und Einheitlichkeit von Gesellschaft und Staat dienen, da dies lediglich die »positive« Umkehrung der Vernichtungsabsicht darstellt. Insofern bereitet der Völkermord an den Juden im Dritten Reich[38] keine besonderen analytischen Schwierigkeiten, obwohl die Ereignisse in die Kriegszeit fielen. Schwieriger stellt sich das Problem im Falle des Völkermords an den Ar-

36 Zutreffend daher auch Kimminich, Otto: Das Vertreibungsverbot in der völkerrechtlichen Entwicklung, in: Flucht und Vertreibung (Anm. 35), S. 95-112, hier S. 111; Ermacora, Felix: Vertreibung und Vertreibungsverbrechen vor dem Forum der Vereinten Nationen, in: Flucht und Vertreibung, ebd., S. 229-237, hier S. 236.

37 Ausführlich dazu Fein: Genocide (Anm. 21), S. 15ff.

38 Vgl. dazu zum Beispiel Krausnick, Helmut: Judenverfolgung, in: Anatomie des SS-Staates, Bd. 2, München ²1979 (dtv-Dokumente Nr. 2916), S. 235-366; Aly, Götz: »Endlösung«: Völkerverschiebung und der Mord an den europäischen Juden, Frankfurt a.M. 1995.

meniern dar, da die Türkei bis zum heutigen Tage darauf beharrt, die Armenier wären während des Krieges aus Sympathie für den christlichen Nachbarstaat und Gegner Rußland ihrem Heimatstaat, dem Osmanischen Reich, in den Rücken gefallen und hätten daher für ihren Verrat die gerechte Strafe erhalten.[39] In der Tat lassen sich Völkermordaktionen leicht durch vorgeblich andere, meist hehre, jedenfalls irgendwie sachlich vertretbar erscheinende Gründe und Motive verschleiern. Das Merkmal der Absicht ermöglicht es, unkoordinierte, von verschiedenen Akteuren ausgehende, gleichsam zufällige, häufig mit sozio-ökonomischen Modernisierungsmaßnahmen einhergehende Verdrängungs- und Zerstörungsprozesse - etwa gegenüber Urvölkern primitiver Kulturstufe - aus dem Anwendungsbereich der Konvention auszuscheiden und damit - im Interesse von Bestimmtheit und Rechtssicherheit, also Rechtsstaatlichkeit - einer andernfalls gegebenen Uferlosigkeit des Völkermordtatbestandes vorzubeugen. Das eigentliche Problem besteht folglich darin, festzustellen, ob beziehungsweise wann einzelne (begrenzte) Pogrome oder Massaker an Angehörigen ethnischer und sonstiger Gruppen zumindest als »Versuch« dann unter Art. II der Konvention fallen, wenn sie vorsätzlich, das heißt bewußt und gewollt geschehen, oder ob die subjektive Seite darüber hinaus auch den Plan zur Vernichtung der Gruppe *in ihrer Gesamtheit* (group as such) voraussetzt.

Unter Berücksichtigung der Entstehungsgeschichte haben Hannum und Hawk[40] indes überzeugend dargelegt, daß »Absicht« (intent) nicht mit »Beweggründen« (motifs) der Täter gleichzusetzen ist. Das Merkmal der Absicht verlange lediglich, daß die Täter bewußt und gewollt die Zerstörung der Gruppe betrieben, gleichgültig, von welchem Motiv sie sich dabei leiten ließen und ob es ihnen auf die Vernichtung der Gruppe insgesamt ankomme oder nicht.

39 Siehe dazu Dabag, Mihran: Katastrophe und Identität. Verfolgung und Erinnerung in der armenischen Gemeinschaft, in: Erlebnis-Gedächtnis-Sinn. Authentische und konstruierte Erinnerung, hrsg. von Hanno Loewy und Bernhard Moltmann, Frankfurt a.M./New York 1996, S. 177-235, hier S. 181f.; Ternon, Yves: Der verbrecherische Staat. Völkermord im 20. Jahrhundert, Hamburg 1996, S. 149ff.; zu den sozial- und individual--psychologischen Folgen der Leugnung des Völkermords siehe die Studie von Nolte, Helmut: Das Trauma der armenischen Katastrophe aus sozial-psychologischer Sicht, in: Identität in der Fremde (Anm. 4), S. 58-72, hier S. 66f.; eine Ausnahme unter türkischen Historikern stellt möglicherweise Taner Akçam mit seinen Schriften über das Thema dar, vgl.: Armenien und der Völkermord - Die Istanbuler Prozesse und die türkische Nationalbewegung, Hamburg 1996, vgl. aber auch die kritischen Vorbehalte bei Dabag: Katastrophe und Identität, ebd., S. 181ff.

40 Hannum/Hawk: The Case (Anm. 28), S. 140.

Diese Auffassung verdient den Vorzug; zum einen kann sie sich auf die Entstehungsgeschichte der Konvention berufen, denn ihre Autoren hatten den Antrag ausdrücklich verworfen, in Art. II einen Katalog von Beweggründen aufzunehmen. Zum anderen entspricht die Auffassung von Hannum und Hawk gerade dem Schutzzweck der Konvention, nämlich das elementare Existenzrecht der Gruppe gegen Angriffe schlechthin zu schützen und keine Prämie auf ein Motiv zuzulassen.

1.1.2 Strafbare Begehungsformen von Völkermord (Art. III)

Die Konvention richtet sich nicht nur gegen die Vollendung des Delikts, sondern sie setzt früher an, indem sie bereits Vorbereitungshandlungen, nämlich sowohl die (heimliche) »Verschwörung« (lit. b), als auch die »öffentliche Anreizung« (lit. c) zur Begehung von Völkermord für strafbar erklärt sowie - erst recht - den Versuch von Völkermord und die Teilnahme an seiner Begehung (lit. d und e).

1.1.3 Völkerrechtliche Ächtung völkermord*ähnlicher* Handlungen

Die Tatsache, daß bei enger Auslegung des Völkermordtatbestandes gewisse Gruppen und unmenschliche Handlungsweisen von der Konvention nicht erfaßt werden, darf nicht etwa zu dem Schluß verleiten, daß beispielsweise Massaker unter bestimmten politischen und sozialen Gruppen oder deren Angehörigen vom Völkerrecht ignoriert würden und aus dem Verbot durch das Völkerrecht herausfielen. Dies wäre in der Tat ein Irrtum. »Crime under International Law« erfaßt sehr viel mehr Tatbestände als nur den Völkermord! Die Herausbildung von Verbrechenstatbeständen im Völkerrecht, also die eines materiellen *Völkerstrafrechts*, vollzieht sich allerdings unter prinzipiell anderen Bedingungen als in den nationalen Rechtsordnungen, was schon daran erkennbar wird, daß mehr oder weniger bis heute das Völkergewohnheitsrecht eine seiner Hauptrechtsquellen bildet.[41]

Das Statut für den Internationalen Militärgerichtshof von Nürnberg hat, das ist inzwischen kaum noch streitig, mit seinen zwei Verbrechensgruppen (Art. 6) - »Verbrechen gegen den Frieden« und »Kriegsverbrechen«, zu denen »Verbrechen gegen die Menschlichkeit« in einem Akzessorietätsverhältnis traten, das heißt »Mord, Ausrottung, Versklavung, Deportation und

41 Siehe zum aktuellen Stand umfassend Triffterer, Otto: Bestandsaufnahme zum Völkerstrafrecht, in: Strafgerichte gegen Menschheitsverbrechen. Zum Völkerstrafrecht 50 Jahre nach den Nürnberger Prozessen, hrsg. von Gert Hankel und Gerhard Stuby, Hamburg 1996, S. 169-269.

andere unmenschliche Handlungen« - den gewohnheitsrechtlichen Konsens erstmals vertraglich fixiert.[42]

Im Blick auf die durch die Erfahrungen dieses Jahrhunderts reichlich erhärtete Tatsache, daß Völkermord und völkermordähnliche Vorgänge häufig in Begleitung, im Schatten oder in der Folge kriegerischer oder zumindest bewaffneter Auseinandersetzungen vorkommen, sind die (vier) Genfer Konventionen von 1949 zum Schutze unter anderem von Zivilpersonen[43] sowie die beiden Zusatzprotokolle von 1977 bedeutsam. Art. 147 der Vierten Konvention faßt zusammen:

»Als schwere Verletzung im Sinne des vorstehenden Artikels gilt jede der folgenden Handlungen, sofern sie gegen durch das Abkommen geschützte Personen oder Güter begangen wird: vorsätzliche Tötung, Folterung oder unmenschliche Behandlung einschließlich biologischer Versuche, vorsätzliche Verursachung großer Leiden oder schwere Beeinträchtigung der körperlichen Unversehrtheit oder der Gesundheit, rechtswidrige Verschleppung oder rechtswidrige Verschickung, rechtswidrige Gefangenhaltung, Nötigung einer geschützten Person zur Dienstleistung in den Streitkräften der feindlichen Macht oder Entzug ihres Anrechts auf ein ordentliches und unparteiisches, den Vorschriften des vorliegenden Abkommens entsprechendes Gerichtsverfahren, das Festnehmen von Geiseln sowie Zerstörung und Aneignung von Eigentum, die durch militärische Erfordernisse nicht gerechtfertigt sind und in großem Ausmaß rechtswidrig oder willkürlich vorgenommen werden.«

42 Text: Der Prozeß gegen die Hauptkriegsverbrecher vor dem Internationalen Militärgerichtshof. Nürnberg 14.11.1945-1.10.1946; Nürnberg 1947, dt. Nachdruck: München/Zürich 1984, Bd. 1, S. 10ff. Zum Problem des Begriffs »Verbrechen gegen die Menschlichkeit« vgl. jetzt Becker, Astrid: Der Tatbestand des Verbrechens gegen die Menschlichkeit. Überlegungen zur Problematik eines völkerrechtlichen Strafrechts, Berlin 1996, insbesondere S. 113ff.

43 Art. 32 des IV. Abkommens vom 12.8.1949 lautet: »Den Hohen Vertragsparteien ist jede Maßnahme, die körperliche Leiden oder den Tod der in ihrem Machtbereich befindlichen geschützten Personen zur Folge haben könnte, ausdrücklich untersagt. Dieses Verbot betrifft nicht nur Tötung, Folterung, körperliche Strafen, Verstümmelungen und medizinische oder wissenschaftliche, nicht durch erbliche Behandlung einer geschützten Person gerechtfertigte biologische Versuche, sondern auch alle anderen Grausamkeiten, gleichgültig, ob sie durch zivile Bedienstete oder Militärpersonen begangen werden.«
Art. 33 formuliert: »Keine geschützte Person darf wegen einer Tat bestraft werden, die sie nicht persönlich begangen hat. Kollektivstrafen sowie jede Maßnahme zur Einschüchterung oder Terrorisierung sind untersagt. Plünderungen sind untersagt. Vergeltungsmaßnahmen gegen geschützte Personen und ihr Eigentum sind untersagt.«
Art. 34: »Das Festnehmen von Geiseln ist untersagt.«

Die Verbote der Konventionen gelten auch dann, wenn der bewaffnete Konflikt sich lediglich in den Grenzen *eines* Staates abspielt, also etwa auch bei Bürgerkriegen (vgl. jeweils Art. 3 der Genfer Konventionen)[44], wie dies zum Beispiel im Bosnien-Herzegowina der Fall war.

Die im Kriegs- und Friedensvölkerrecht verstreuten Straftatbestände in einem internationalen Strafgesetzbuch auf völkervertraglicher Grundlage zu kodifizieren, ist seit Jahrzehnten die bei der UN-Generalversammlung tätige International Law Commission (ILC) bemüht.[45] Leider war sie, mehr vom politisch Gewünschten als von dem vom tatsächlichen Staatenkonsens getragenen Meinungsstand ausgehend - wie der Draft Code von 1991 zeigt[46] - der Versuchung erlegen, den Kreis der Verbrechen weit zu ziehen. Neben den Tatbeständen des Völkermords (Art. 19 E) und der Apartheid (Art. 20 E) unternimmt der Entwurf erstmals den Versuch, auch im übrigen Menschenrechtsverletzungen strafrechtlicher Sanktion zugänglich zu machen, dann nämlich, wenn dies »systematisch und massenhaft« geschieht, wenn sie also nach der geltenden UN-Menschenrechtsdogmatik die Qualität einer Friedensgefährdung annehmen.[47]

1.1.4 Gerichtsbarkeit in Völkermordsachen

Wenn die Völkermordkonvention Jahrzehnte hindurch keine »meßbare« praktische Bedeutung entfaltet hat, dann liegt dies an ihrer immer wieder

44 In Art. 3 Abs. 1 Nr. 1 heißt es u.a.: »Zu diesem Zweck sind und bleiben in Bezug auf die oben erwähnten Personen jederzeit und überall verboten

a) Angriffe auf das Leben und die Person, namentlich Tötung jeder Art, Verstümmelung, grausame Behandlung und Folterung,

b) das Festnehmen von Geiseln,

c) Beeinträchtigung der persönlichen Würde, namentlich erniedrigende und entwürdigende Behandlung,

d) Verurteilungen und Hinrichtungen ohne vorhergehendes Urteil eines ordentlich bestellten Gerichts, das die von den zivilisierten Völkern als unerläßlich anerkannten Rechtsgarantien bietet.«

45 Vgl. dazu Bassiouni, M. Cherif: The History of the Draft Code of Crimes against the Peace and Security of Mankind, in: ders.: Commenteries on the ILC's 1991 Draft Code of Crimes against the Peace and Security of Mankind, Toulouse 1993, S. 1-16; Tomuschat, Christian: Die Arbeit der ILC im Bereich des materiellen Strafrechts, in: Strafgerichte gegen Menschheitsverbrechen (Anm. 41), S. 270-294; ders.: Von Nürnberg nach Den Haag, in: Von Nürnberg nach Den Haag. Menschenrechtsverbrechen vor Gericht. Zur Aktualität des Nürnberger Prozesses, hrsg. vom Nürnberger Menschenrechtszentrum in Zusammenarbeit mit der Stadt Nürnberg/Jugendzen-trum für politische Bildung und der Evangelischen Akademie Tutzing, Hamburg 1996, S. 93-115.

46 Textnachweis: Report of the ILC to the General Assembly, Doc. A/46/10, 1991.

47 Siehe dazu auch unten S. 35ff.

herb kritisierten Regelung der zuständigen Gerichtsbarkeit. Art. VI überträgt nämlich die Jurisdiktion an erster Stelle den Gerichten des Staates, auf dessen Territorium die Verbrechen begangen worden sind, und daneben einem internationalen Strafgerichtshof, sofern dessen Zuständigkeit von den im Verbrechen involvierten Staaten anerkannt worden ist.

Die Zuständigkeit der nationalen Gerichte entspricht augenscheinlich dem Prinzip staatlicher Souveränität, führt aber zu der gerade im Falle von Völkermord besonders unerträglich erscheinenden Situation, daß der direkt oder indirekt in die verbrecherischen Taten verwickelte Staat quasi über sich selbst zu Gericht sitzen müßte. Da solches praktisch ausgeschlossen ist, kann diese Regelung von vornherein nur dann zur Wirkung kommen, wenn in dem betreffenden Staat nach *begangenem* Völkermord gegnerische Kräfte an die Macht gekommen sind, die zu gerichtlicher Abrechnung »mit der Vergangenheit« bereit sind. Wie die Geschichte gezeigt hat, ist dies keineswegs ausgeschlossen. Im Prinzip waren in Deutschland (nach 1945) sowohl in der Bundesrepublik als auch in der DDR die Voraussetzungen dafür gegeben, und man kann die Verfolgung der NS-Täter durchaus in diesen Zusammenhang stellen. Weniger bekannt ist, daß für eine kurze geschichtliche Phase auch in der Türkei, nämlich unmittelbar nach dem Ende des Ersten Weltkrieges 1919/20, auf Druck der Alliierten vor verschiedenen Militärgerichten Prozesse gegen Verantwortliche des Völkermords an den Armeniern stattfanden.[48] Es wurden auch Todesurteile verhängt und teilweise vollstreckt. Viele Täter, darunter der Hauptverantwortliche, Ex-Innenminister Talat Pascha, konnten sich jedoch ins Ausland absetzen.[49]

Die Beschränkung auf die Tatortgerichte durch die Völkermordkonvention gemäß dem Territorialitätsprinzip schließt allerdings nicht aus, daß die Mitgliedsstaaten über die Konvention hinausgehen und in ihre (nationalen) Strafgesetzbücher für den Tatbestand des Völkermords das Universalitäts- oder Weltrechtsprinzip vorsehen, wie es zum Beispiel im §6 StGB Deutschlands geschehen ist.[50]

48 Eingehend dazu Dadrian, Vahakn N.: A Textual Analysis of the Key Indictment of the Turkish Military Tribunal Investigating the Armenian Genocide, in: Armenian Review 44, 1, 1991, S. 1-36, sowie in: Journal of Political and Military Sociology 22, 2, 1994, S. 133-171.

49 Talat Pascha wurde 1921 in Berlin von einem Überlebenden des Genozid erschossen, vgl. dazu die bekannte Prozeß-Dokumentation von Armin T. Wegner: Der Völkermord an den Armeniern vor Gericht. Der Prozeß Talaat Pascha, hrsg. Gesellschaft für bedrohte Völker, Göttingen/Wien 1980.

50 »Das deutsche Strafrecht gilt weiter, unabhängig vom Recht des Tatorts für folgende Taten, die im Ausland begangen werden:

Art. VI der Konvention ist nun durch eine Entscheidung (Zwischenurteil) des Internationalen Gerichtshofs (IGH) in dem - seit 1993 anhängigen - Streit zwischen Bosnien-Herzegowina und der Föderativen Republik Jugoslawien (Serbien/ Montenegro) wegen der von Bosnien-Herzegowina gerügten Rechtsverletzungen Jugoslawiens während der Kriegshandlungen relativ weit, nämlich im Sinne einer Verpflichtung der Vertragsparteien ausgelegt worden, weltweit zur Verhinderung von Völkermord kooperativ zusammenzuwirken. Sie gehe über die Bestrafung von auf dem *eigenen* Territorium begangenen Völkermordhandlungen hinaus. Ob der IGH so weit gehen möchte, hieraus quasi die Verpflichtung abzuleiten, im nationalen Strafrecht für Völkermord eben jenes Weltstrafprinzip zu verankern, ist unklar und mit Blick auf den Wortlaut des Art. VI wohl nicht unproblematisch.

Die Wirkung des Universalitätsprinzips gewinnt dadurch an Kraft, daß 1968 durch ein UN-Übereinkommen die Nichtanwendbarkeit gesetzlicher Verjährungsfristen auf Kriegsverbrechen und Verbrechen gegen die Menschlichkeit vereinbart wurde, eine Regelung, die ausdrücklich auch für Völkermord gilt (vgl. Art. I lit. b).[51]

1.1.4a Vorarbeiten zu einem Internationalen Strafgerichtshof

Trotz seiner unbestreitbaren und mehr oder weniger von allen Seiten eingeräumten Schwächen war das Internationale Militärtribunal von Nürnberg (1945/46) - weniger das von Tokio[52] - ein erster und daher richtungsweisender Einstieg[53] in eine internationale Strafgerichtsbarkeit auf völkerrechtlicher Grundlage und sollte in der Folgezeit wesentliche Anstöße für

1. Völkermord - § 220 a.«
Diese Ergänzung durch das nationale Strafrecht hatte Raphael Lemkin schon 1944 in seinem bahnbrechenden Werk »Axis Rule in Occupied Europe« gefordert. Er schrieb (S. 93): »The system of legal protection of minorities adopted in the past, which was based mainly on international treaties and the constitution of the respective countries, proved to be inadaequate because not every European country had a sufficient juridicial machinery for the enforcement of its constitution. It may be said, in fact, that the European countries had a more efficient machinery for enforcing civil and criminal law than for enforcing constitutional law. Genocide being of such great importance, its repression must be based not only on international and constitutional law but also on the criminal law of the various countries.«

51 Übereinkommen vom 26.11.1968, Text: UNTS Bd. 754, S. 73.

52 Zum Prozeß von Tokio siehe im Rückblick jetzt auch Schmitt, Uwe: Wehe den Gerechten, in: FAZ vom 4.5.1996, Beilage.

53 Zur Bewertung 50 Jahre danach auch Frowein, Jochen Abr.: Ermutigender Neubeginn, in: FAZ vom 28.9.1996, Beilage.

Arbeiten sowohl an einem (materiellen) internationalen Strafrecht als auch für Diskussionen über die Errichtung eines Ständigen Internationalen Strafgerichtshofes geben, wie er von Art. VI der Völkermord-Konvention, wie vermerkt, ausdrücklich vorgesehen ist.[54] Bis zum heutigen Tage hat allerdings das Beharren der Staaten auf einer möglichst wenig eingeschränkten Souveränität den Durchbruch zu einem ständigen Strafgerichtshof verhindert. Immerhin aber zeichnet sich ein bedeutsamer Konsens ab, nämlich dahingehend, daß die Ratifikation des (für einen solchen Gerichtshof diskutierten) Statuts im Falle von Völkermord ohne eine spezielle Unterwerfungserklärung die Jurisdiktion des Gerichts für die Beitrittsstaaten begründet, und der Sicherheitsrat im übrigen u.a. bei Völkermord sich des Ständigen Strafgerichtshofes als eines Hilfsorgans bedienen darf.[55]

1.1.4b Internationaler Strafgerichtshof für das ehemalige Jugoslawien

Die Errichtung des Gerichtshofes
Die Einrichtung eines speziellen, für eine bestimmte Region und eine zeitlich befristete Aufgabe zuständigen Internationalen Strafgerichtshofes, des ersten seit »Nürnberg« und des ersten im Rahmen der Vereinten Nationen, stellt ein so bedeutsames Ereignis für die einschlägige Völkerrechtsentwicklung dar, daß es gerechtfertigt erscheint, auf diese Einrichtung und ihre praktische Arbeit ausführlicher einzugehen.

Daß im ehemaligen Jugoslawien Völkermord betrieben wurde, war spätestens Ende 1992 und definitiv 1993 durch die Verlautbarungen und Berichte des von der UNO-Menschenrechtskommission eingesetzten Sonderberichterstatters, des früheren polnischen Ministerpräsidenten Tadeusz Mazowiecki, und durch die vom Weltsicherheitsrat im Oktober 1992 eingesetzte UN-Expertenkommission zur Untersuchung von Kriegsverbrechen im ehemaligen Jugoslawien unter ihrem Leiter, dem ägyptischen Völkerrechtler M. Cherif Bassiouni, der Weltöffentlichkeit bekanntgeworden.[56]

54 Zu dem Problem der Schaffung einer internationalen Strafgerichtsbarkeit siehe Bassiouni, M. Cherif: Das Vermächtnis von Nürnberg: Eine historische Bewertung 50 Jahre danach, in: Strafgerichte gegen Menschheitsverbrechen (Anm. 41), S. 15-38; Tomuschat: Die Arbeit der ILC (Anm. 45), S. 270-294; ders.: Von Nürnberg nach Den Haag (Anm. 45), S. 93-115, hier S. 107ff. m.w.N.

55 Näheres bei Tomuschat: Von Nürnberg nach Den Haag (Anm. 45), S. 109.

56 Vgl. dazu Pape, Matthias: Humanitäre Intervention. Zur Bedeutung der Menschenrechte in den Vereinten Nationen, Baden-Baden 1997, S. 234ff. m.w.N.; zu der Lage in der Region insgesamt siehe den Bericht der Carnegie Endowment for International Peace,

Mazowiecki konstatierte im Dezember 1992 in der Presse: »Die ethnische Säuberung ist nicht die Konsequenz dieses Krieges, sondern sie ist das *Ziel* dieses Krieges.«[57]

Die von Bassiouni geleitete Kommission stellte mit höchstem Engagement umfangreiche Ermittlungen an, die Daten über Hunderte von Gefangenenlagern, Massengräbern und Tausenden von Vergewaltigungsopfern zusammenstellten. Die als Ermittlerin tätige norwegische Richterin Hanne Sophia Grewe äußerte die Erkenntnis: »Die Systematik, mit der die Verbrechen begangen wurden, (ist) weitaus größer, als man anfangs vielleicht als Außenseiter gedacht hatte... Wir fanden jedoch ein hochstrukturiertes System, an dem viele Ebenen partizipiert haben: reguläre Armee-Einheiten, paramilitärische Einheiten, Spezialtruppen, die für diese Situation geschaffen wurden, und auch Ortsbewohner.«[58]

Wie vor ihm schon Mazowiecki beklagte Bassiouni die letztlich geringe Unterstützung für seine Arbeit in der UN-Zentrale in New York, die Widerstände und die bewußte Verzögerung der Veröffentlichung seines Berichts: »Es ist schwer, mit so viel menschlicher Grausamkeit zu tun zu haben und distanziert genug zu bleiben, auch noch mit der UN-Bürokratie zurechtzukommen. Am 1. November 1993 stand ich in einem Massengrab in Kroatien, bis zu den Knien in Leichen. Am nächsten Tag war ich in New York und mußte mich über das 94er-Budget für die Kommission streiten. Der Kontrast war schwer auszuhalten.«[59]

Dennoch - die nach dem Ende des Ost-West-Konflikts erreichte neue Einigkeit machte es möglich, daß im Mai 1993 der Weltsicherheitsrat ein »Internationales Gericht zur Verfolgung der Verantwortlichen für die seit 1991 im Hoheitsgebiet des ehemaligen Jugoslawien begangenen schweren Verbrechen gegen das humanitäre Völkerrecht« - so der volle Titel des Strafgerichtshofes - errichtete.[60] Die Maßnahme beruhte auf einer Resolu-

verantwortet von Leo Tindemans: Unfinished Peace. Report of the International Commission on the Balkans, hrsg. vom Aspen Institute Berlin, Washington 1996.

57 Vgl. Süddeutsche Zeitung (SZ) vom 19.12.1992, S. 4.

58 Vgl. ihr Interview in: Die Tageszeitung (TAZ) vom 21.10.1994; vgl. auch den Bericht von Neudeck, Rupert: Menschenrechtstragödien in Bosnien-Herzegowina, in: Aus Politik und Zeitgeschichte, Beilage B37 vom 10.9.1993, S. 30-39.

59 Siehe das Interview in: Die Woche vom 23.6.1994.

60 Dieser Schritt des Weltsicherheitsrats hat in der Öffentlichkeit wohl uneingeschränkte, in der Völkerrechtslehre hingegen nicht in vollem Umfange Zustimmung gefunden. Vgl. die Kritik bei Graefrath, Bernhard: Jugoslawien und die internationale Strafgerichtsbarkeit, in: Strafgerichte gegen Menschheitsverbrechen (Anm. 41), S. 295-324, hier S. 299ff.; ferner Hollweg, Carsten: Das neue Internationale Tribunal der UNO und der Jugoslawien-Konflikt, in: Juristen-Zeitung (JZ) 1993, S. 980-989, hier S. 981f.; Partsch,

tion vom 22.2.1993, zu welcher der Sicherheitsrat durch den Vorsitzenden der Expertenkommission zur Untersuchung von Kriegsverbrechen, den holländischen Völkerrechtler Fritz Karlshoven, angeregt worden war.[61] Durch die weitere Resolution des Weltsicherheitsrates (827/1993) vom 25.5.1993 wurde auf Vorschlag des UN-Generalsekretärs das Statut des Gerichtshofes verabschiedet.[62]

Die Zuständigkeit des Gerichtshofes
Die Formel »schwere Verstöße gegen das humanitäre Völkerrecht« schlüsseln Art. 2-5 des Statuts in vier Hauptdelikten auf, die ihrerseits in zahlreichen Einzeltatbeständen konkretisiert werden. An vorderster Stelle steht die Strafbarkeit von Völkermord (Art. 4) im Sinne der Konvention von 1948. Hinzu treten - zweitens - Verbrechen gegen die Menschlichkeit, das heißt auf der Linie der Genfer Konventionen insbesondere Mord, Ausrottung, Versklavung, Folter, Deportierung, Vergewaltigung; und schließlich werden Verstöße gegen die Gesetze und Gebräuche des Krieges der Jurisdiktion des Gerichtshofes unterstellt: Angriffe auf unverteidigte Siedlungen, mutwillige Zerstörungen, Verwüstungen, Zerstörungen von kulturellen und religiösen Einrichtungen,[63] kurz: Vorgänge, die in spezifischer Weise den Tatbestand des - in der Literatur weithin so genannten - »kulturellen Völkermords« erfüllen.

Es ergibt sich als wichtige Schlußfolgerung, daß das Statut dem Internationalen Strafgerichtshof für Jugoslawien ein weites Mandat erteilt, indem ihm die Zuständigkeit auch für die Aburteilung solcher Verbrechen zugewiesen wird, die zwar nicht mehr unter die Völkermord-Konvention, aber nach Auffassung verschiedener Genozid-Forscher unter eine zeitge-

Karl-Josef: Der Sicherheitsrat als Gerichtsgründer: Zur Entstehung des besonderen internationalen Strafgerichts für Jugoslawien, in: Vereinte Nationen, Bd. 42, 1994, S. 11-18.

61 Zur Vorgeschichte siehe ausführlich Kenny, Karen E.: Formal and Informal Innovations in the United Nations Protection of Human Rights: The Special Rapporteur on the Former Yugoslavia, in: Austrian Journal of Public and International Law/Österreichische Zeitschrift für Öffentliches Recht und Völkerrecht 48, 1995, S. 19ff.; ferner Giese, Martin: Das internationale Jugoslawien-Tribunal: Rechtsgrundlage, Ausgestaltung und erste Arbeitsergebnisse, in: WGO. Monatshefte für osteuropäisches Recht 1994, S. 23-34.

62 Text: Human Rights Law Journal 1993, S. 197; dt. Übersetzung bei Giese: Das internationale Jugoslawien-Tribunal, ebd., S. 35ff.; siehe außerdem die Übersetzung der Resolution vom 22.2.1993 - UN-Doc. S/25704 vom 3.5.1993, dt. Fassung: WGO. Monatshefte für osteuropäisches Recht 1994, S. 35-43.

63 In Bosnien kam es zu planmäßigen Zerstörungen von Moscheen.

mäße, soziologisch wie historisch und komparativ erarbeitete Völkermord-Definition und Konzeption fallen.[64]

In *personeller* Hinsicht bekräftigt das Statut des Strafgerichtshofes in Art. 7 Abs. 2 die bereits von der Völkermord-Konvention (Art. IV) vorgesehene Einbeziehung von Regierungspersonen: »Die amtliche Stellung eines Beschuldigten, ob als Staats- oder Regierungschef oder als verantwortlicher Amtsträger der Regierung, enthebt den Betreffenden nicht der strafrechtlichen Verantwortlichkeit und gilt auch nicht als Strafmilderungsgrund.«

Der Vorgesetzte ist für verbrecherische Handlungen seiner Untergebenen verantwortlich, wenn er hätte wissen müssen, daß der Untergebene beziehungsweise die Untergebenen das Verbrechen durchführen.

Da ein völkerrechtliches Strafgesetzbuch nicht existiert, ist im Prinzip nicht geregelt, welche Rechtsfolgen eine eventuelle Verurteilung wegen eines Verbrechens gemäß Völkerrecht nach sich zieht. Welche Strafen, welches Strafmaß sind zu verhängen? Die Völkermordkonvention wie auch sonstige Konventionen schweigen dazu. Das Statut des Internationalen Strafgerichtshofs für Jugoslawien hat indes die Lücke geschlossen (Art. 24), indem es als Prinzipien verkündet, daß 1. nur eine Freiheitsentziehung in Betracht komme, 2. die Schwere der Tat ebenso wie die persönlichen Umstände, unter Umständen ein Befehlsnotstand und schließlich 3. auch die Praxis der jugoslawischen Gerichte in Bezug auf den Strafrahmen[65] zu berücksichtigen sei.

Die Organisation des Gerichts und die Arbeit der Anklagebehörde

Das Gericht besteht aus 11 Richtern mit zwei Strafkammern zu je drei Richtern und einer Berufungskammer aus fünf Richtern. Ihre postulierte und zugleich garantierte Unabhängigkeit wird durch das persönliche Anforderungsprofil unterstrichen: Befähigung zu den höchsten Richterämtern, Erfahrungen im humanitären Völkerrecht unter Einschluß der Menschenrechte und hohes sittliches Ansehen.

Die Richter wurden am 17.9.1993 aus 23 Kandidaten von der UN-Generalversammlung gewählt. Ihre Zusammensetzung spiegelt das Bemühen um regionale Ausgewogenheit wider: drei Richter kommen aus Asien, drei aus Amerika, zwei aus Afrika, zwei aus Europa und einer aus Australien. Die Vorsitzenden kommen aus den USA und Nigeria; Vorsitzender der Berufungskammer und zugleich Präsident des Gerichts ist der Italiener

64 Siehe dazu oben S. 8ff.

65 Wie das Internationale Strafgericht im Fall »Tadić« diese Faktoren berücksichtigen wird, ist noch unklar, da die Verkündung des Strafmaßes erst für den 1.7.1997 vorgesehen ist.

Antonio Cassese, seine Stellvertreterin die frühere Justizministerin und Rechtsanwältin Elizabeth Odio-Benito aus Costa-Rica.[66]

Die Berufungskammer stellt einen Fortschritt gegenüber »Nürnberg« dar und beachtet zugleich das in Art. 14 Abs. 5 des Internationalen Paktes über Bürgerliche und Politische Rechte verankerte Recht auf Nachprüfung durch ein höheres Gericht.

Bei dem Gericht ist eine Anklagebehörde tätig, deren Leiter und Fachpersonal, darunter namentlich die Ermittler, vom Sicherheitsrat auf Vorschlag des UN-Generalsekretärs ernannt wurden beziehungsweise werden. Überraschenderweise wurde zum Chefankläger nicht der Leiter der Expertenkommission und faktisch in dieser Funktion für die UNO bereits tätige Ägypter Bassiouni ernannt, sondern der aus Südafrika stammende Richter Richard Goldstone.[67] So ging, da Bassiouni voll eingearbeitet war und binnen weniger Wochen die ersten Anklagen hätte erheben können, für die Tätigkeit des Gerichts fast ein Jahr verloren. Der im August 1994 ins Amt gelangte Goldstone zeigte sich indes nicht weniger entschlossen als Bassiouni, seine Funktion voll zu erfüllen: »Wenn wir Beweise erhalten, dann werden wir anklagen, unabhängig von den Positionen. Wir bemühen uns zur Zeit um die Sammlung von Indizien, mit denen sich Befehlsstrukturen und übergeordnete Verantwortlichkeiten nachweisen lassen. Das Tribunal ist nicht an irgendwelche politischen Vereinbarungen gebunden. Eine Amnestie bindet dieses Tribunal nicht.«[68]

Die folgende zweijährige Tätigkeit Goldstones zeigt, daß dies nicht nur gute Absichtserklärungen waren. Allerdings, einer der von Anfang an erkennbaren (kritischsten) Punkte ihrer Realisierung war und ist die schwache, ungesicherte Finanzausstattung des Gerichts und der bei ihm tätigen Ermittlungsbeamten. Während bei dem Internationalen Militärtribunal von Nürnberg circa 2.000 Untersuchungsrichter beziehungsweise Ermittlungsbeamte tätig waren, gebot Goldstone gegen Ende seiner Amtszeit über circa 30 Ermittler von insgesamt 178 Mitarbeitern aus über 40 Staaten.[69] Schon bei Amtsantritt hatte Goldstone verkündet, daß seine Behörde mindestens 70 Ermittler benötige.[70]

66 Vgl. dazu die Kurzprofile der Richter/innen, in: FAZ vom 18.11.1993, S. 9.

67 Zu seiner Person siehe Lucius, Robert von: Chefankläger, in: FAZ vom 11.7.1994, S. 10; ferner FAZ vom 25.7.1994, S. 3.

68 Vgl. das Interview in: FAZ vom 8.11.1994.

69 Siehe das Interview mit ihm in: Die Zeit Nr. 35, vom 23.8.1996, S. 4.

70 Die Finanzausstattung von circa 25 Mio US$ (1994) war nahezu vollständig durch den Personalbedarf verschlungen worden. Noch im Dezember 1994 war das Budget für das

Die Zurückhaltung und Unentschlossenheit hinsichtlich der Finanzierung des Tribunals war besonders fatal, weil internationale Strafverfahren solcher Art aus strukturellen Gründen zwangsläufig besonders aufwendig und teuer sind. Der Beweis kann nur über Zeugen erfolgen, die in diesem Falle über ganz Europa verstreut sind und weite Reisen erforderlich machen. Ferner müssen Ermittlungen beziehungsweise Vernehmungen vor Ort durchgeführt werden, und Massenverbrechen zwingen bis zu einem gewissen Grade auch zu »Massenvernehmungen«. Letztlich entschieden und entscheiden so auch die zuständigen Haushaltsausschüsse der Generalversammlung der Vereinten Nationen, ob und wie schnell der Internationale Strafgerichtshof zum Erfolg gelangen kann.[71]

Das erklärte Ziel Goldstones war es von Anfang an, den planmäßigen, systematischen Charakter der Verbrechen, die organisatorische Abstimmung zwischen den Vorgängen nachzuweisen. Er war daher auch nicht darauf aus, Anklage wegen einzelner Tatbestände wie Mord oder Vergewaltigung zu erheben, sondern wegen völkerrechtlicher »Gesamtverbrechen«, wie eben Völkermord, Kriegsverbrechen, Verbrechen gegen die Menschlichkeit. Zu einem solchen Vorgehen zwangen gerade auch die sehr begrenzten finanziellen und personellen Möglichkeiten der Anklagebehörde. Da von vornherein klar war, daß man nicht mehr als 9 bis 10 Fälle im Jahr würde erledigen können, mußte im Sinne dieser strategischen Zielsetzung der Anklage von vornherein eine scharfe Auswahl der anzuklagenden Personen angestrebt, jeder einzelne Fall zugleich *exemplarisch* verstanden werden.

Am 7.11.1994 wurde der Gerichtshof erstmals förmlich tätig mit zwei Entscheidungen, einem Auslieferungsantrag an Deutschland wegen Dusko Tadić[72] und mit einer Anklageerhebung sowie dem Erlaß eines internationalen Haftbefehls gegen den Kommandanten eines Gefangenenlagers, Nicolić.[73]

Den Hintergrund dieser Maßnahmen bildet der Umstand, daß gegen Angeklagte nur in Anwesenheit verhandelt werden darf,[74] was rechtsstaatlich zwar sehr zu begrüßen ist, zwangsläufig aber die Möglichkeit ein-

folgende Jahr ungeklärt (vgl. den Artikel von Th. Warrick in: International Herald Tribune vom 21.12.1994).

71 Zuständig für die Haushaltsfragen ist der 5. Ausschuß der UN-Generalversammlung, das Advisory Comittee on Administrated and Budgetory Questions, vgl. den Artikel von Theo van Boven in: FAZ vom 20.12.1994.

72 Ausführlich dazu siehe: FAZ vom 8.11.1994, S. 4.

73 Vgl. SZ vom 9.11.1994.

74 Vgl. Art. 21 Abs. 2 des Statuts.

schränkt, Prozesse gegen die Hintermänner und Schreibtischtäter in den höheren Machtetagen, also gegen die Hauptverantwortlichen des Völkermords zu führen. Allerdings besitzt der Strafgerichtshof gemäß seiner Verfahrensregel 61 das Mittel, ein »öffentliches Anhörungsverfahren« in Sachen abwesender Angeklagter durchzuführen, und davon hat das Gericht 1996 in den Fällen von Karadžić und Mladić Gebrauch gemacht.[75] Die Tatsache, daß sich »Dr. Karadžić« dabei anwaltlich vertreten ließ (Rechtsanwalt Pantelić aus Belgrad), darf als ein wichtiges Indiz für die Bedeutsamkeit und Wirkung dieser Verfahrensart angesehen werden.[76]

Ein weiteres Mittel, den politischen und rechtlichen Druck auf abwesende Angeklagte zu erhöhen, ist die Beantragung und Ausstellung eines »internationalen Haftbefehls«, zu welcher der Strafgerichtshof durch das Statut (Art. 20 Abs. 2) ermächtigt ist. Goldstone meinte dazu: »Wenn ein Land nicht ausliefert, stellen wir einen internationalen Haftbefehl aus. Werden die Gesuchten nicht ausgeliefert, wird das Land unter Druck gesetzt und kann mit einer internationalen Verurteilung rechnen.«[77]

Der Strafgerichtshof hat dieses Instrument am 11.7.1996 gegen Karadžić und Mladić angewendet.[78] Es verpflichtet die UNO-Mitgliedsstaaten gemäß Art. 25 der UNO-Charta, den Haftbefehl zu vollstrecken, wenn sich der Angeklagte in ihrem Machtbereich aufhält.[79] Die Bundesrepublik Jugoslawien (Serbien) hat sich nachweislich an diese Kooperati-

75 Siehe Levy, Ernst: Kommt es jetzt zu einem internationalen Haftbefehl?, in: FAZ vom 27.6.1996, S. 6. Die Anhörungen waren auf 7 Tage befristet. Bei ihnen fiel außerdem starker Verdacht auch auf den serbischen Staatspräsidenten Milošević (vgl. FAZ vom 29.6.1996, S. 8). Der ranghöchste Angeklagte war bislang der (bosnisch-serbische) General Djukić, der aber wegen tödlicher Erkrankung aus der Haft entlassen wurde (April 96) und bald darauf verstarb, vgl. FAZ vom 14.2.1996, S. 6; sowie vom 2.3.1996, S. 6.

76 Vgl. die Anhörung gegen Karadžić und Mladić, in: FAZ vom 28.6.1996, S. 8, und FAZ vom 4.7.1996, S. 6, zu den Vorgängen in Srebrenica vom Juli 1995 (Ernst Levy); ferner Lupis, Ivan: Human Rights abuses in the wake of collapse of the United Nations - designated 'safe area' of Srebrenica and the international community, in: Helsinki Monitor 7, 1, 1996, S. 65-72.

77 SZ vom 8.11.1994.

78 FAZ vom12.7. und 13.7.1996, S. 3.

79 Vgl. Art. 29 des Statuts des Internationalen Strafgerichtshofs für das ehemalige Jugoslawien. Bis September 1996 sind circa 70 Haftbefehle im Verfahren erlassen worden, vgl. FAZ vom 21.9.1996, S. 9. Zu den rechtlichen Aspekten eines Internationalen Haftbefehls siehe auch Fastenrath, Ulrich: Was bedeutet der Haftbefehl gegen Karadžić?, in: FAZ vom 29.7.1995, S. 5; ders.: Wirkungen der Haftbefehle, in: FAZ vom 13.7.1996, S. 3.

onspflicht nicht gehalten, als sie den aus Anlaß der Beerdigung von Djukić in Belgrad weilenden Karadžić nicht festnahm.[80]

Mit der Erhebung der Anklage gegen Karadžić und Mladić ist erstmals (!) seit den Kriegsverbrecherprozessen von Nürnberg und Tokio gegen verantwortliche Personen in Regierungsfunktionen ein internationales Strafverfahren eröffnet worden. Angesichts der für das Verbrechen des Völkermords typischen, ja entscheidenden Rolle, welche die Staaten - Regierungen, Bürokratie, Polizei, Militär - dabei spielen, kommt diesem Vorgang hohe symbolische Bedeutung zu.

Der Internationale Strafgerichtshof hat unter Berufung auf seine ihm vom Statut eingeräumte vorrangige Zuständigkeit vor den Gerichten der Einzelstaaten (Art. 9 Abs. 2 Satz 1) die Regierung in Sarajevo auf Antrag des Chefanklägers veranlaßt, ihm die dort bereits namentlich gegen Karadžić und Mladić anhängigen Verfahren zu überstellen, und dies in der Sache gerade auch mit der verantwortlichen Stellung der Angeklagten im Gesamtgeschehen begründet, für deren Aburteilung der Internationale Strafgerichtshof gerade geschaffen worden sei.[81]

80 Vgl. FAZ vom 27.6.1996, S. 6. Die Bundesrepublik Jugoslawien hat sich allerdings in einem Falle kooperativ gegenüber dem Strafgerichtshof verhalten, nämlich durch Auslieferung von Dražen Erdenović, einem der Mörder von Srebrenica (vgl. FAZ vom 1.6.1996, S. 6), zynischerweise vermutlich deswegen, weil Erdenović bosnischer *Kroate* ist (vgl. FAZ vom 8.7.1996, S. 2). Zur Kooperationsbereitschaft der beteiligten Konfliktparteien Bosnien-Herzegowina, Kroatien, Jugoslawien (Serbien), siehe mit gewohnter Deutlichkeit Richard Goldstone in seinem Interview »Wahrheit als Form der Gerechtigkeit«, in: Die Zeit Nr. 35 vom 23.8.1996, S. 4. Zu seinen verhalten optimistischen Erwartungen zu Beginn seiner Amtszeit siehe demgegenüber FAZ vom 13.10.1994, S. 8.

81 Antrag des Chefanklägers vom 15.5.1995 (vgl. FAZ vom 25.4.1995, S. 5; 16.5.1995, S. 10). Der Vorsitzende Richter der 1. Kammer, Karibi-Whyte (Nigeria), begründete sein Überstellungsbe-gehren (auch) mit der Rechtsprechung von Nürnberg und Tokio und hob hervor, »daß das Prinzip der persönlichen strafrechtlichen Verantwortlichkeit von Personen mit Befehlsgewalt auch durch eine Reihe von Entscheidungen nationaler Gerichte bestätigt worden sei. Daraus folge, daß die offizielle Funktion einer Person, die 'de facto in einer befugnisgebenden Position' stehe, diese Person nicht von ihrer strafrechtlichen Verantwortlichkeit freistelle; solche Funktionen würden die Verantwortlichkeit vielmehr noch verstärken. Überdies sei es die Befehlsposition, die es den Verdächtigen ermögliche, zu planen, aufzuhetzen oder Verbrechen anzuordnen. Die Befehlsposition gebe ihnen ebenso die Mittel, Verbrechen zu verhindern oder die Täter zu bestrafen. Folglich könnten Befehlshaber mehr als diejenigen, die die Befehle ausführten, die internationale Ordnung stören, 'und deshalb ist das von der internationalen Gemeinschaft geschaffene Internationale Tribunal zur Wiederherstellung dieser Ordnung... berechtigt, seine Vorrangigkeit über nationale Gerichte einzufordern, wie dies auch in Art. 9 (2) des Tribunalstatuts anerkannt wird'«, vgl. Artikel von Ernst Levy in: FAZ vom 17.5.1995, S. 7.

Punkt 19 der von Chefankläger Richard Goldstone vertretenen Anklageschrift[82] vom 25.7.1995 gegen Karadžić und Mladić[83] faßt das Wesentliche der erhobenen Vorwürfe wie folgt zusammen: »Radovan Karadžić und Radko Mladić verübten zwischen April 1992 und Juli 1995 auf dem Gebiet der Republik Bosnien-Herzegowina durch ihre Akte und Unterlassungen und gemeinsam mit anderen Personen Verbrechen gegen die Menschlichkeit durch die Verfolgung bosnisch-muslimischer und bosnisch-kroatischer Zivilisten aus nationalen, politischen und religiösen Gründen. Wie unten beschrieben wird, sind sie strafrechtlich verantwortlich für die ungesetzliche Gefangennahme, die Ermordung, Vergewaltigung, Notzuchtverbrechen, Folter, das Schlagen, Berauben und die unmenschliche Behandlung von Zivilisten; für gezielte Maßnahmen gegen politische Führer, Intellektuelle und Angehörige bestimmter Berufsgruppen; für die ungesetzliche Deportierung und Verschiebung von Zivilisten; für den ungesetzlichen Beschuß von Zivilisten; für die ungesetzliche Aneignung und Plünderung von immobilem und persönlichem Eigentum; für die Zerstörung von Häusern und Betrieben und die Zerstörung von sakralen Stätten.«[84]

Die Bilanz der Arbeit des Gerichts bis Ende 1996 war eher dürftig. Zwar hatte man 74 Ermittlungsverfahren mit einer Anklageerhebung abgeschlossen, aber man konnte bis Ende 1996 nur eines Dutzends Angeklagter habhaft werden beziehungsweise nach Den Haag holen, und nur ein Verfahren (Erdemović) konnte in dieser Zeit zum Abschluß, ein weiteres - der Fall »Tadić« - bis kurz vor den Abschluß gebracht werden.[85]

Anfang Oktober 1996 wurde Richard Goldstone, der an das Verfassungsgericht nach Südafrika zurückkehrte, von der kanadischen Richterin Louise Arbour als neue Chefanklägerin abgelöst.[86]

82 Textauszüge der Anklageschrift: FAZ vom 9.8.1995, S. 5.

83 Vgl. dazu Frankfurter Rundschau (FR) vom 27.7.1995, S. 7.

84 Einen »Höhepunkt der Schrecklichkeiten« hatten die Ereignisse bei der Eroberung der moslemischen Enklave Srebrenica im Sommer 1995 gebildet. Siehe dazu nur die Reportage von Constanze Stelzenmüller in: Die Zeit Nr. 29 vom 12.7.1996, S. 3; ferner Artikel von M. Rüb in: FAZ vom 10.7.1996, S. 3.

85 Ausführlich dazu Levy, Ernst: Untypisch für das Haager Tribunal, in: FAZ vom 4.12.1996, S. 16. Erdemović war geständig und hatte so einen raschen Abschluß des Verfahrens erleichtert. Siehe dazu die Prozeßreportage in: FAZ vom 12.10.1996, S. 35, sowie Die Zeit Nr. 27 vom 28.6.1996, S. 6. Zu Goldstones Bilanz im Herbst 1996 vgl. FAZ vom 21.9.1996, S. 9. Die Schlußplädoyers wurden im Tadić-Prozeß am 28.11.1996 gehalten. Am 8.5.1997 wurde Tadić wegen Verbrechens gegen die Menschlichkeit verurteilt, vgl. Hamburger Abendblatt vom 9.5.1997, S. 2; am 14.7.1997 folgte die Verkündung des Strafmaßes, das auf 20 Jahre lautete, vgl. FAZ vom 15.7.1997, S. 1.

86 Goldstone sorgt sich um das Fortbestehen des Tribunals, in: FAZ vom 21.9.1996, S. 9

Zur Bewertung des Strafgerichtshofes

Die sowohl prinzipielle wie auch historische Bedeutung des Internationalen Strafgerichtshofes für Jugoslawien läßt sich in den folgenden Punkten zusammenfassen:

Der Strafgerichtshof stellt einen Durchbruch im institutionellen Schutzsystem von Volksgruppen dar, dessen Auswirkungen auf die Völkerrechtsentwicklung heute noch nicht abschätzbar sind.[87] Der Internationale Strafgerichtshof für Jugoslawien ist ein bedeutsamer, vielleicht sogar wesentlicher Schritt hin zu einem Ständigen Internationalen Strafgerichtshof der Weltgemeinschaft. Die Urteile des Strafgerichtshofes haben kraft ihrer Feststellungswirkung rechtliche Bedeutung auch in anderen, insbesondere nationalen Strafverfahren; sie sind ein wichtiges, multifunktional verwertbares juristisches Material.

Das Verfahren vor dem Strafgerichtshof hat nicht nur juristische Bedeutung, sondern auch eine wichtige moralische Seite; es besitzt einen bedeutenden Symbolwert und trägt so auf mehreren Ebenen zur Stärkung und Ermutigung der Kräfte bei, die national und international für den Schutz der Menschenrechte und Minderheiten arbeiten.

Das Verfahren vor dem Internationalen Strafgerichtshof im allgemeinen und seine Entscheidungen im besonderen schaffen eine gewiß nur begrenzte, aber immerhin doch eine Genugtuung für die ungezählten namen- und sprachlosen Opfer des Völkermords im ehemaligen Jugoslawien.

Verfahren sowohl wie Entscheidungen des Strafgerichtshofes signalisieren der Weltöffentlichkeit, daß Völkermordhandlungen von der Staatengemeinschaft nicht mehr sanktionslos hingenommen werden. Die Täter müssen damit rechnen, namhaft gemacht, international geächtet, strafrechtlich verfolgt und verurteilt zu werden. Daraus ergibt sich eine Abschreckungswirkung, die zugleich für die Zukunft einen Beitrag dazu leistet, daß der Entstehung neuer Völkermordhandlungen vorgebeugt wird. Für die Ächtung und Verhütung von Völkermord hat die weltweite Publizität der Verhandlungen des Internationalen Strafgerichtshofes vermutlich die größte Bedeutung.

Auf diese Dimension, die Funktion der Medienberichterstattung mit ihren zwar diffusen, aber erkennbaren Ausstrahlungswirkungen auf Politik, Wissenschaft und Praxis hat namentlich immer wieder Richard Goldstone hingewiesen.[88] Freilich scheint nicht weniger klar zu sein, daß die mediale

87 David Cohen sieht den Gerichtshof an einer Wegkreuzung zur Fortentwicklung des Völkerrechts, vgl. seinen Artikel in: East European Constitutional Review 5, 4, 1996, S. 75-79, hier S. 79.

88 Vgl. insbesondere sein Interview in: Die Zeit Nr. 35 vom 21.8.1996, S. 4.

Wirkung der Arbeit des Strafgerichtshofes letztlich ganz wesentlich von seinem Erfolg in der Sache abhängt, das heißt von einer nicht nur symbolischen Aburteilung einiger »kleiner« Verbrecher, sondern von der Aburteilung wenigstens eines Hauptverantwortlichen. Zu recht haben denn auch Goldstone und der Präsident des Gerichts, Antonio Cassese[89], keinen Zweifel daran gelassen, daß die Verhaftung und Überstellung namentlich Karadžićs und Mladićs von prinzipieller Bedeutung sei. Dieses zu erwirken bedarf allerdings besonderer Anstrengungen, und hier dürften unter den obwaltenden politischen Umständen nur die Einschaltung des Weltsicherheitrates und von ihm ausgehende Vollstreckungsanordnungen zum Ziele führen. Cassese hat eine derartige Initiative eingeleitet.[90] Allerdings ist ein Vorgehen des Weltsicherheitsrates fraglich, da Rußland mit seiner negativen Reaktion auf die Haftbefehle gegen die beiden bosnischen Serbenführer bereits frühzeitig eine entsprechende Abneigung zu erkennen gegeben hat. Dennoch müßte dieser Weg beschritten werden, um alle Verfahrensmöglichkeiten der Weltorganisation auszuschöpfen. Es dürfte keinem Mitglied des Weltsicherheitsrats unter den Augen der Weltöffentlichkeit leichtfallen, durch ein Veto offensichtliche »Völkermörder«, also gemeine Verbrecher, zu decken.

Natürlich wäre es naiv, von dem Internationalen Strafgerichtshof »Wunder« zu erwarten; das politische Umfeld, in dem er handelt, und die Praxis der Staatenbeziehungen untereinander, aber auch das tief verwurzelte Souveränitätsdenken zwingen selbstverständlich zur Nüchternheit. Gleichwohl, man sollte den mit dem Internationalen Strafgerichtshof für Jugoslawien unternommenen Schritt nicht unterschätzen. Völlig zutreffend ist vielmehr die Würdigung, die Sybille Tönnies ihm gewidmet hat: »Statt diese Anfänge von Weltjustiz geringzuschätzen, sollte man sie bestaunen. Denn sie sind der Beginn einer neuen Ära... Statt mit dem Finger auf ihre Schwächen zu zeigen, sollte man diesen vorsichtigen schwankenden ersten Schritten alle Unterstützung geben. Sie brauchen Anerkennung, Legitimation.«[91]

1.1.4c Der Internationale Strafgerichtshof für Ruanda

Tief im Schatten des Strafgerichtshofes für das ehemalige Jugoslawien steht der Internationale Strafgerichtshof für Ruanda, der vom Weltsicher-

89 Vgl. FAZ vom 13.7.1996, S. 1.
90 Vgl. FAZ vom 13.7.1996, S. 1.
91 Siehe dazu das brillante Essay: Tönnies, Sybille: Töten mit einem Federstrich, in: Die Zeit Nr. 20 vom 9.5.1997, S. 44.

heitsrat durch Resolution Nr. 955 vom 8.11.1994, gleichfalls gestützt auf »Kapitel VII« der UNO-Charta, errichtet wurde.[92] Beide Strafgerichtshöfe sind nicht nur zeitnah entstanden, sondern auch organisatorisch miteinander verknüpft, doch weisen die Fälle »Bosnien-Herzegowina« und »Ruanda« nicht unerhebliche Unterschiede auf.[93]

Hintergrund der Völkermordaktionen in Ostafrika, die nicht nur Ruanda, sondern auch den Nachbarstaat Burundi betreffen und jüngst auf die angrenzenden Gebiete in Ost-Zaire übergegriffen haben, sind die ethnisch, kulturell und zugleich sozial bedingten Stammesgegensätze zwischen dem hamitischen »Hirtenvolk« der Tutsi und dem vorwiegend Ackerbau betreibenden Bantu-Volk der Hutu, die circa 85% der Bevölkerung Ruandas stellen.[94] Nachdem es vor allem seit Anfang der 70er Jahre immer wieder zu Massakern zwischen den Stämmen - auch von seiten der in den Armeen von Ruanda und Burundi dominierenden kriegerischen Tutsi-Minderheit - gekommen war, wurden 1994, als die Hutu-Mehrheit sich in Ruanda machtpolitisch durchsetzen konnte, systematisch Massaker und Greuel an den Tutsi begangen.

Eine vom Weltsicherheitsrat bereits am 1.7.1994 eingesetzte Expertenkommission stellte unter anderem auch die Begehung von Völkermord fest, und zwar von beiden Seiten, überwiegend aber durch die Hutu vorangetrieben.[95] Als die Armee der Tutsi im Sommer 1994 die Macht eroberte und damit auch die gerade bestehende Mitgliedschaft Ruandas im Weltsicherheitsrat dirigieren konnte, unterstützte die Regierung die Errichtung eines Internationalen Strafgerichtshofes für Ruanda mit dem Mandat, die Völkermord- und Kriegsverbrechen im Zeitraum vom 1.1. bis zum 31.12.1994 zu untersuchen und abzuurteilen.[96] Gerade durch diesen Um-

92 Text: UN. Security Council S/Res/955 (1994); vgl. außerdem den Überblick über den Ruanda-Gerichtshof bei Ruxton, Gavin F.: Ein Tribunal gegen den Völkermord. Die Arbeit des Internationalen Strafgerichtshofes für Ruanda, in: Von Nürnberg nach Den Haag (Anm. 45), S. 225-236; umfassend ferner die vom Department of Public Information der Vereinten Nationen herausgegebene Dokumentation: The United Nations and Rwanda 1993-1996 with an Introduction by Boutros Boutros Ghali, New York 1996; Karhilo, Jaana: The Establishment of the International Tribunal for Rwanda, in: Nordic Journal of International Law 64, 4, 1995, S. 683-713.

93 Zu den Realien von Bürgerkrieg und Völkermord in Ostafrika siehe u.a. Buch, Hans-Christoph: Gemetzel im Jammertal, in: Die Zeit Nr. 24 vom 9.6.1995, S. 9-11; Krabbe, Günter: Gerechtigkeit wird es in Ruanda nicht geben, in: FAZ vom 17.5.1995, S. 9.

94 Vgl. vorhergehende Anmerkung.

95 Vgl. die Resolution Nr. 932 vom 1.7.1994, Text: United Nations. Security Council S/Res/935, 1994.

96 Siehe Punkt 1 der Resolution vom 8.11.1994.

stand unterscheidet sich der Ruanda-Fall deutlich von den Vorgängen in Bosnien-Herzegowina. Ein beträchlicher Teil der mutmaßlich Schuldigen konnte nach dem Regimewechsel noch 1994 inhaftiert werden, nämlich circa 85.000, und so ist es den Untersuchungsbeamten der Anklagebehörde wesentlich erleichtert worden, ihre Aufgabe zu erfüllen.

Das Mandat des Gerichtshofes deckt sich im wesentlichen mit dem in Den Haag; auch hier stehen die Verbrechen des Völkermordes und die gegen die Menschlichkeit an erster Stelle.[97]

Seinen Sitz hat das Ruanda-Gericht in der im Nachbarstaat Tansania gelegenen Stadt Arusha. Es besteht ebenfalls aus zwei Kammern mit je drei Richtern. Als Berufungskammer fungiert hingegen die des Internationalen Strafgerichtshofes für Jugoslawien in Den Haag,[98] eine institutionelle Verklammerung, die die Einheitlichkeit der Rechtsprechung beider »Tribunale« sicherstellen soll.

Gemeinsam ist für beide Gerichte auch die Anklagebehörde,[99] zunächst unter Richter Goldstone, nun unter Richterin Arbour. Die Behörde ist vor Ort, das heißt in Kigali, der Hauptstadt Ruandas, durch ein Büro vertreten, das von Richter Rakotomanana aus Madagaskar geleitet wird.[100]

Gericht und Anklagebüro wurden im Herbst 1995 konstituiert. Von den inhaftierten Tatverdächtigen hat die Anklage die circa 400 schwersten Fälle ausgesondert, von denen bis Ende 1996 22 Personen angeklagt worden waren.[101] Der Kern der Hauptverantwortlichen konnte sich allerdings durch Flucht in die Nachbarstaaten dem Verfahren vorläufig entziehen.

1.2 Einschaltung des IGH in Völkermordsachen

Für die rechtliche beziehungsweise gerichtliche Behandlung des Verhaltens von Staaten (Regierungen) im Zusammenhang mit Völkermordhandlungen ist nicht allein an die (internationale) Strafgerichtsbarkeit zu denken. Da allen historischen Erfahrungen nach solche Vorgänge auch das Verhältnis zu anderen Staaten tangieren, eröffnet Art. IX der Völkermordkonvention auch die Möglichkeit, den Internationalen Gerichtshof (IGH)

97 Vgl. Art. 2-4 des Ruanda-Gerichtsstatuts, Text: Anhang zur Resolution Nr. 955 (Anm. 96).

98 Art. 12 Abs. 2 des Statuts.

99 Art. 15 Abs. 2.

100 Das Personal des Gerichts (Arusha) und des Anklagebüros (Kigali) beläuft sich auf insgesamt 150 Personen, ausgestattet mit einem Jahresbudget von circa 30 Mio US$, vgl. Neue Zürcher Zeitung (NZZ) vom 26.9.1996, S. 5.

101 Krabbe, Gerechtigkeit (Anm. 93), S. 9; Lucius, Robert von: Verfahren wegen Völkermordes in Ruanda eröffnet, in: FAZ vom 30.12.1996, S. 4.

der Vereinten Nationen einzuschalten, und zwar unter dem Gesichtspunkt, ob ein Staat seine sich gegenüber einem anderen Staat aus der Konvention ergebenden Pflichten verletzt hat. Eine solche Klage hat die Republik Bosnien-Herzegowina 1993 vor dem IGH gegen die Föderative Republik Jugoslawien (Serbien/Montenegro) erhoben. Der IGH hat die Zulässigkeit der Klage in einem Zwischenurteil im August 1996 mit dem Ergebnis anerkannt, daß beide Staaten als Parteien der Völkermordkonvention verpflichtet seien. Von der endgültigen Entscheidung ist daher eine Klärung insbesondere der Fragen zu erwarten, welche Konventionspflichten insofern bestehen, wie weit sie reichen und ob Jugoslawien in Gestalt seiner Regierung insbesondere durch die unterlassene Verfolgung von mutmaßlichen »Völkermördern«, durch die Unterlassung von Auslieferungen (aut dedere aut punire!) und vielleicht sogar durch Teilnahmehandlungen am Völkermord in Bosnien-Herzegowina die Konvention verletzt hat.[102] Die (End)Entscheidung des IGH in der Sache würde zwar unter Umständen zur Feststellung der Begehung eines völkerrechtlichen »Delikts« durch Jugoslawien führen, sie wäre aber kein »Strafurteil«, sondern ein »Zivilurteil«, dessen spezifische Sanktion auf Schadensersatz beschränkt ist beziehungsweise wäre.[103] Aber es ist natürlich völlig klar, daß die vom IGH getroffenen Feststellungen zur Frage einer eventuellen Verletzung der Pflichten aus der Völkermordkonvention durch Jugoslawien erstens starke politische Wirkungen in der Weltöffentlichkeit haben und die Entscheidung zweitens kraft ihrer Feststellungswirkung auch für die Rechtsprechung des Internationalen Strafgerichtshofes für das ehemalige Jugoslawien seine Bedeutung entfalten würde.

102 Vgl. dazu die Kommentierung des IGH-Zwischenurteils durch Fastenrath, Ulrich: Alle Staaten müssen überall Völkermord verhindern, in: FAZ vom 9.9.1996, S. 14; siehe auch Oellers-Frahm, Karin: Anmerkungen zur einstweiligen Anordnung des Internationalen Gerichtshofes im Fall Bosnien-Herzegowina gegen Jugoslawien (Serbien und Montenegro) vom 8.4.1993, in: ZaöRV Bd. 53, 1993, S. 638-656.

103 Zur Unterscheidung siehe Schlochauer, Hans-Jürgen: Die Entwicklung des völkerrechtlichen Deliktrechts, in: Archiv des Völkerrechts 16, 1974/75, S. 239-277 (244f.: Abgrenzung Delikt - Verbrechen); Hofmann, Rainer: Zur Unterscheidung von Verbrechen und Delikt im Bereich der Staatenverantwortlichkeit, in: ZaöRV Bd. 45, 1985, S. 195-230, hier S. 198ff.

2. Humanitäre Intervention gegen Völkermord

Die Aburteilung von Völkermordverbrechen, die naturgemäß nur post factum geschehen kann, leistet kaum mehr als symbolische Beiträge zur Vorbeugung und Verhütung von Völkermord, indem von ihr weithin für die Öffentlichkeit sichtbar zeichenhafte Signale zur Bekräftigung der universell gültigen Maßstäbe von Moral und Recht gesetzt werden. So wichtig dies ist - die Völker- beziehungsweise Staatengemeinschaft muß danach trachten, Völkermord schon in statu nascendi zu identifizieren und selbst zu unterbinden, wenn die entsprechenden Abwehrkräfte in der »genozitären Gesellschaft« sich hierfür als zu schwach erweisen. Dies ist das Thema der »humanitären Intervention«: mit politischen und militärischen Mitteln einzugreifen und gegen die verbrecherischen Kräfte, Organe und Strukturen eines fremden Staates vorzugehen, welche den Plan verfolgen, Teile der eigenen Bevölkerung umzubringen, oder welche Massenmordaktionen von dritter Seite im eigenen Machtbereich nicht entgegentreten.[104]

Die Intervention zur Unterbindung von Völkermord kann von Interventen erfolgen, die sich aus dem Blickwinkel ihrer rechtlichen Legitimation grundlegend unterscheiden: Intervent kann erstens sowohl ein beliebiger einzelner Staat als auch eine Gruppe von (verbündeten) Staaten sein, der beziehungsweise die sich unter dem Eindruck des Geschehens zum Eingreifen entschließen, zweitens die internationale Staatengemeinschaft als solche in Gestalt der Vereinten Nationen. Beide Varianten humanitärer Intervention sind bereits praktisch geworden. Beide werfen schwierige rechtliche (und politische!) Probleme auf, die weit davon entfernt sind, übereinstimmend beantwortet zu werden.

2.1 Intervention »anstelle« und ohne Ermächtigung der Vereinten Nationen

Greift ein Staat - etwa Belgien oder Frankreich in Afrika - oder eine völkerrechtlich organisierte Gruppe von Staaten, zum Beispiel die Nato oder die Europäische Union, zum Schutz fremder Menschen in einem Drittstaat ein, geraten sie in Konflikt mit ihren Verpflichtungen, sich im internationalen Verkehr oder zwischenstaatlichen Verhältnis jeder Form von Gewalt-

104 Dazu Pauer, Alexander: Die humanitäre Intervention. Militärische und wirtschaftliche Zwangsmaßnahmen zur Gewährleistung der Menschenrechte, Basel/Frankfurt a.M. (Diss.iur.) 1985, siehe insbesondere S. 125ff.; Pape, Matthias: Humanitäre Intervention. Zur Bedeutung der Menschenrechte in den Vereinten Nationen, Baden-Baden 1997, S. 83ff.

anwendung zu enthalten[105] und ihre Ziele nur mit friedlichen Mitteln zu verfolgen.[106] Zwar erkennt Art. 51 UNO-Charta das »naturgegebene Recht zur individuellen und kollektiven Selbstverteidigung« der UNO-Mitgliedsstaaten an, versteht darunter aber keineswegs beliebige Angriffe auf die Menschheit wo auch immer, sondern in einem engen, etatistischen Sinne »den bewaffneten Angriff gegen ein Mitglied der Vereinten Nationen«, und diese Voraussetzung ist bei Völkermordaktionen in Drittstaaten in aller Regel nicht erfüllt.[107] Unter Umständen können dann zwar, worauf gleich näher einzugehen sein wird, die Vereinten Nationen eingreifen. Was aber geschieht, wenn diese aus irgendeinem Grunde das Eingreifen ablehnen oder durch das Veto eines ständigen Sicherheitsratsmitgliedes blockiert werden?

In der Völkerrechtsliteratur findet sich eine ganze Reihe von Autoren, die mit teilweise recht verschiedenen Begründungsansätzen die humanitäre Intervention zum Schutz der Menschenrechte auch jenseits oder unabhängig von dem Fall der Selbstverteidigung rechtfertigen.[108] Matthias Pape hat in seinem Überblick zur Staaten*praxis* allerdings nachgewiesen, daß die Unterbindung von massiven Menschenrechtsverletzungen oder gar von Völkermordaktionen wie im Falle der vietnamesischen Intervention 1979 in Kambodscha eine nur untergeordnete Rolle im Rechtfertigungsarsenal der Intervenienten spielt,[109] daß vielmehr ganz überwiegend machtpolitisch-strategische Gründe den Ausschlag geben, die unter der Herrschaft der Art. 2 und 51 UNO-Charta von vornherein eigentlich keinen Platz haben dürften. Gleichwohl hat der Weltsicherheitsrat diese eher in der Tradition »klassischer« Interventionspraxis stehenden einseitigen Maßnahmen stillschweigend hingenommen.[110] Sollte also ein hinreichend mächtiger Staat - etwa die Vereinigten Staaten von Amerika - evidentermaßen ausschließlich oder wenigstens ganz überwiegend zur Unterbindung schwerer Menschenrechtsverletzungen, von Massakern oder Völkermordaktionen eingreifen, wird man dies auch unter der UNO-Charta für gerechtfertigt ansehen müssen. Dies ist ein wichtiges Ergebnis, denn es ermöglicht, das

105 Vgl. Art. 2 Nr. 4 UNO-Charta.

106 Vgl. Art. 2 Nr. 3 UNO-Charta.

107 Vgl. dazu Bruha, Thomas: Gewaltverbot, in: Handbuch Vereinte Nationen, hrsg. von Rüdiger Wolfrum, München ^{2}1991, S. 234ff.

108 Blumenwitz, Dieter: Die humanitäre Intervention, in: Aus Politik und Zeitgeschichte, Beilage B 47, 1994, S. 3-10, hier S. 5ff.; Pape: Humanitäre Intervention (Anm. 104), S. 91f.

109 Pape: Humanitäre Intervention (Anm. 104), S. 93ff.

110 Blumenwitz: Humanitäre Intervention (Anm. 108), S. 6f. (unter Berufung auf Verdross, Alfred/Simma, Bruno: Universelles Völkerrecht, §1338, vgl. Anm. 118).

Zögern gewisser Staaten, unilateral gegen sich aufbauende Völkermordsituationen zu intervenieren, schärfer zu analysieren, vorgeschobene und wahre Argumente für ihre Zurückhaltung oder auch für ihre Interventionsbereitschaft klarer zu erfassen.

2.2 Humanitäre Intervention durch die Vereinten Nationen

Die Vereinten Nationen haben zwar das Ziel, insbesondere auf dem Wege internationaler Zusammenarbeit auch die »Achtung der Menschenrechte und Grundfreiheiten für alle ohne Unterschied der Rasse, des Geschlechts, der Sprache oder der Religion zu fördern und zu festigen« (vgl. Art. 1 Nr. 3 UNO-Charta), aber dies legitimiert ihre Organe noch nicht ohne weiteres, bei jeder beliebigen Menschenrechtsverletzung oder Mißachtung in die inneren Verhältnisse eines Mitgliedstaates zu intervenieren. Das verbietet der im Prinzip auch für die Völkergemeinschaft als solche geltende Grundsatz der Nichteinmischung in die inneren Angelegenheiten eines Mitgliedstaates (Art. 2 Nr. 7 UNO-Charta). Der fundamentale Zweck der Weltgemeinschaft, nämlich Weltfrieden und internationale Sicherheit zu wahren (Art. 1 Nr. 1 UNO-Charta), setzt sich jedoch gegenüber diesem Verbot durch, wenn der Sicherheitsrat feststellt, daß »eine Bedrohung« oder ein »Bruch des Friedens« eingetreten ist (vgl. Art. 39 i.V.m. Art. 2 Nr. 7 UNO-Charta).

Hier liegt der entscheidende Ansatz für die Legitimation der humanitären Intervention der Vereinten Nationen, denn es ist völkerrechtlich anerkannt, daß die fundamentalen menschenrechtlichen Normen, deren Verletzung gleichzeitig ein völkerrechtliches Verbrechen darstellt, nicht unter den domaine reservé der inneren Angelegenheiten fallen, sondern eine von allen Staaten zwingend zu beachtende Verpflichtung beziehungsweise Norm (ius cogens) und Bedingung des Friedens sind.[111] Dazu gehört an vorderster Stelle auch das Verbot des Völkermords,[112] denn es ist eine dem - positiven - Friedensbegriff der UNO-Charta entsprechende, universell anerkannte, weil auf Erfahrung beruhende Erkenntnis, daß schwerwiegende, brutale, massenhafte Menschenrechtsverletzungen, mögen sie auch

111 Zu dem Problem vgl. Lillich, Richard B.: Humanitarian Intervention Through the United Nations: Towards the Development of Criteria, in: Zeitschrift für ausländisches Öffentliches Recht und Völkerrecht 1993, S. 557ff.; Franck, Thomas M.: The Security Council and »Threats of the Peace«. Some Remarks on Remarkable Recent Developments, in: Le Développement du Rôle du Conseil de Securité, hrsg. von René-Jean Dupuy, Dordrecht u.a. 1993, S. 83ff.; vgl. dazu auch den zusammenfassenden Überblick bei Pape: Humanitäre Intervention (Anm. 104), S. 64ff.; 124ff.

112 Blumenwitz: Humanitäre Intervention (Anm. 108), S. 8.

formell auf das Territorium eines Staates beschränkt sein, Spannungen in der ganzen Region erzeugen, die Leidenschaften entfachen, Flüchtlingsbewegungen auslösen, die anteilnehmenden Nachbarvölker stark beunruhigen und dadurch den Frieden gefährden.

Der Weltsicherheitsrat ist infolgedessen im Rahmen von Kapitel VII UNO-Charta durch Art. 39 ermächtigt, nach seinem Ermessen friedliche (Art. 41) oder gewaltsame (Art. 42) Sanktionsmaßnahmen zu ergreifen, kurz: in den verbrecherisch handelnden Staat zu intervenieren.

Indem insbesondere seit dem Ende des die UNO schmerzlich blockierenden Ost-West-Gegensatzes ein zwar unsicherer, bislang aber erstaunlich breiter politischer Konsens die Handlungsfähigkeit der UNO-Organe auf ein qualitativ anderes Niveau gehoben hat, hat der Weltsicherheitsrat seine ihm durch Art. 24 UNO-Charta zugewiesene Aufgabe der Friedenssicherung durch eine rasch und steil ansteigende Zahl von Eingriffsentscheidungen in Krisenregionen wahrgenommen.[113] Zwar hätte er (auch) in neuester Zeit mehrfach Veranlassung gehabt, die entsprechenden Beschlüsse allein mit massenhaften Menschenrechtsverletzungen oder gerade auch mit Völkermordverbrechen zu begründen und zu rechtfertigen, aber eine nähere Analyse der unter der Ägide des Sicherheitsrates eingeleiteten friedenssichernden Maßnahmen zeigt, daß jene Gesichtspunkte selbst hier eine eher untergeordnete Rolle im Knäuel der politischen Motive gespielt haben:[114] die zumindest völkermordähnlichen Aktionen der irakischen Regierung nach dem Golfkrieg gegen ethnische (Kurden) und religiöse (Schiiten) Minderheiten, die von massiven Menschenrechtsverletzungen und Bürgerkriegsaktionen herbeigeführte Hungerkatastrophe in Somalia und schließlich der Völkermord in Bosnien-Herzegowina bieten weitgehend das gleiche Bild, nämlich ein langes Zögern und Schwanken des Sicherheitsrates, durch der Situation angemessene, insbesondere militärische Maßnahmen den Verbrechen entschlossen Einhalt zu gebieten. Statt dessen überwiegt die Tendenz, sich regelmäßig schon bald als unzureichend erweisende Maßnahmen der friedlichen Streitbeilegung gemäß Kapitel VI beziehungsweise Art. 33ff. UNO-Charta in Form von Blauhelmeinsätzen in Konsens mit den Konfliktparteien zu ergreifen. Zwar wird später - so namentlich in Jugoslawien - insbesondere das Mandat der UNPROFOR durch Ermächtigungen zu Maßnahmen aktiver, militärischer Friedenssicherung gemäß Kapitel VII UNO-Charta ausgeweitet und angereichert,

113 Vgl. Eitel, Tono: Rechtliche Aspekte internationaler Friedenssicherung, in: 60. Deutscher Juristentag (1994), Sitzungsbericht Q, Band II/1, München 1994, S. Q9-Q22.

114 Ausführlich dazu Pape: Humanitäre Intervention (Anm. 104), S. 155ff.

jedoch durch die unglückliche Vermischung dieser beiden im Ansatz grundverschiedenen Mandatsformen und Vorgehensweisen (»Kapitel VI einhalb«) die Verwirrung der UN-Einheiten zum Schaden der zu lösenden Aufgaben, nämlich der Unterbindung massiver Menschenrechtsverletzungen und Völkermordhandlungen, eher vergrößert.[115]

So zeigt sich im Verhalten der Weltorganisation ein eigenartiger Widerspruch: einerseits läßt der Weltsicherheitsrat mit der ganz herrschenden Völkerrechtslehre massenhafte Menschenrechtsverletzungen und erst recht Völkermord für einseitige, eben auch gegen den Willen der betroffenen Staaten verhängte Sanktionen im Prinzip genügen,[116] andererseits zögert er nicht nur, jene Legitimationsgründe ihrer Bedeutung entsprechend entschieden in den Vordergrund zu stellen, sondern auch auf die Stärke der Verbrechen abgestimmte Mandate zu erteilen.

3. Universeller Menschenrechtsschutz als »Frühwarnsystem« drohender Völkermordverbrechen

Die Einschaltung des Weltsicherheitsrates bei massenhaft begangenen oder auftretenden und damit den Weltfrieden im Sinne der UNO-Charta gefährdenden Menschenrechtsverletzungen stellt die entschiedenste Reaktion und Sanktion dar. Sie setzt eindeutig, sei es durch die Evidenz der Geschehnisse, sei es durch Untersuchungs- und Verifikationsmaßnahmen festgestellte massive Menschenrechtsverletzungen voraus.[117] Es ist jedoch nicht der Regelfall, daß Völkermordaktionen plötzlich, gleichsam eruptiv ausbrechen. Meist wird eine mehr oder weniger lange Phase vorausgehen, in der sich eine genozitäre Situation in Staat und Gesellschaft aufbaut. Eine solche Entwicklung dürfte sich durch gehäuft auftretende Menschenrechtsverletzungen und Übergriffe ankündigen. Aus dem Blickwinkel der Vorbeugung, der rechtzeitigen Bekämpfung und Unterbindung massenhafter Menschenrechtsverletzungen und insbesondere von Völkermordaktionen sind Verfahren wichtiger, die schon frühzeitig bei solchen sich häu-

115 Kritisch dazu mit beachtlichen Argumenten siehe Weller, Marc: In Bosnien ein diffuser Auftrag für Blauhelme und NATO, in: FAZ vom 12.7.1995, S. 11.

116 Vgl. dazu die im Detail vielleicht etwas zu »wohlwollende«, in der Tendenz aber durchaus zutreffende Analyse der einschlägigen Resolutionen des Sicherheitsrates bei Blumenwitz: Die humanitäre Intervention (Anm. 108); S. 8ff.

117 Vgl. aus der reichhaltigen Literatur vgl. hier Bindschedler, Rudolf L.: Der Schutz der Menschenrechte und das Verbot der Einmischung, in: Staatsrecht - Völkerrecht - Europarecht. Festschrift für Hans-Jürgen Schlochauer, Berlin/New York 1981, S. 179-191, hier S. 184f.

fenden Fällen von Menschenrechtsverletzungen in Gang gesetzt werden können und die sowohl die Feststellung der einschlägigen Tatsachen als auch bereits gewisse Gegenmaßnahmen vorsehen. Einen solchen Ansatz bietet die UNO-Charta in Art. 62 Abs. 2, der dem Wirtschafts- und Sozialrat der Vereinten Nationen (ECOSOC) das Mandat erteilt, »Empfehlungen abzugeben, um die Achtung der Menschenrechte und Grundfreiheiten für alle zu fördern«. Zur Erfüllung dieser Aufgabe bedient sich der Rat der Menschenrechtskommission, die 1946 aufgrund von Art. 68 der UNO-Charta eingesetzt wurde und zwischen 1959 und 1970 aufgrund der Resolutionen Nr. 728 F, Nr. 1235 (von 1967) und Nr. 1503 (1970) des Wirtschafts- und Sozialrates einen Kontrollmechanismus entwickelt hat und praktiziert, der geeignet ist, die obengenannten beiden Zwecke zumindest zu fördern.[118]

Das sogenannte 1503-Verfahren ist außerordentlich umständlich. Es kann, wie folgt, in drei Hauptabschnitte unterteilt werden:

erste Phase: systematische Erfassung und Zusammenstellung eingehender Menschenrechtsbeschwerden;

zweite Phase: Prüfung der Beschwerden aus dem Blickwinkel regelhafter, struktureller Menschenrechtsverletzungen in einem gestuften Verfahren;

dritte Phase: Abschluß durch Bericht und Empfehlungen.

3.1 Die erste Phase: systematische Erfassung und Zusammenstellung von Menschenrechtsbeschwerden

Der Generalsekretär der Vereinten Nationen ist ermächtigt, die jährlich bei der UNO spontan aus aller Welt eingehenden, im Laufe der Jahre stetig angestiegenen und inzwischen über 100.000 zählenden Menschenrechtsbeschwerden (»Mitteilungen« - communications) listenmäßig nach Ländern zu erfassen, dabei knapp Beschwerdeführer, Land und Beschwerdegegenstand zu bezeichnen, bei den beschwerten Staaten (Regierungen) Stellungnahmen einzuholen und dieses Material an die Mitglieder der UNO-Menschenrechtskommission sowie die Mitglieder der Unterkommission für die Verhinderung von Diskriminierung und für den Schutz von Minderheiten zu übersenden.

118 Siehe dazu Verdross, Alfred/Simma, Bruno: Universelles Völkerrecht. Theorie und Praxis, Berlin ^{3}1984, S. 832f. (§1245) m.w.N.

3.2 Die zweite Phase: Überprüfung der Beschwerden unter dem Gesichtspunkt regelhafter Menschenrechtsverletzungen

Die Unterkommission ist ermächtigt, eine Arbeitsgruppe einzusetzen, die unmittelbar vor der Jahrestagung der Unterkommission in maximal zehn Tagen das vom Generalsekretär zugeleitete Petitionsmaterial unter dem Gesichtspunkt prüfen darf und prüft, ob die Beschwerden für irgendeinen Staat »ein Gesamtbild schwerer und zuverlässig bezeugter... Verletzungen von Menschenrechten und Grundfreiheiten erkennen lassen«.

Trifft die Arbeitsgruppe mit Mehrheit eine bestimmte Feststellung über derartige Verletzungen, leitet sie das Ergebnis an die Unterkommission weiter, die ihrerseits prüft und entscheidet, ob der Tatbestand so schwerwiegend ist, daß seine Vorlage bei der Menschenrechtskommission erforderlich ist. Bejaht die Unterkommission dies, weil der Sachverhalt auf ein »Gesamtbild« schwerer Menschenrechtsverletzungen hindeutet, dann ist es Aufgabe der UNO-Menschenrechtskommission, sich mit dem Petitionsmaterial zu befassen.

Wenn die Kommission feststellt, daß der oder die Beschwerdeführer alle ihnen auf nationaler Ebene zustehenden Rechtschutzmöglichkeiten ergebnislos ausgeschöpft haben und kein anderes internationales Organ des Menschenrechtsschutzes vorrangig zuständig ist, hat sie zwei Möglichkeiten, das Verfahren weiterzuführen:

- sie kann eine *Studie* darüber in Auftrag geben, ob sich die Petitionsbeschwerden tatsächlich zu einem »Gesamtbild« von Menschenrechtsverletzungen zusammenfügen oder
- sie kann zum Zwecke der Sachverhaltsuntersuchung ein »Ad-hoc-Komitee« aus »unabhängigen Persönlichkeiten, deren Sachkunde und Unparteilichkeit außer Frage steht«, ernennen.

Diesen qualifizierten, richterähnlich zusammengesetzten Untersuchungsausschuß darf sie freilich nur mit ausdrücklicher Zustimmung des beschwerten Staates einsetzen und besetzen, und der Ausschuß kann seinerseits nur im ständigen Einverständnis mit dem betroffenen Staat seine Arbeit verrichten.

3.3 Die dritte Phase: Verfahrensabschluß

Nachdem die Studie oder der Untersuchungsbericht des Ad-hoc-Komitees der Menschenrechtskommission vorgelegt worden ist, ist diese ermächtigt, darüber zu entscheiden, ob sie die getroffene Feststellung eines Gesamtbildes schwerer Menschenrechtsverletzungen an den Wirtschafts- und Sozialrat förmlich weiterleitet und ihm zugleich Abhilfevorschläge unterbreitet. Von dem Augenblick an, in dem die Menschenrechtskommission solche Empfehlungen beschließt, endet die bis dahin strikt einzuhaltende Vertraulichkeit des Untersuchungsverfahrens, und die Öffentlichkeit kann in Kenntnis gesetzt werden.

3.4 Zur praktischen Bedeutung des »1503-Verfahrens«

Die Schwächen des 1503-Verfahrens sind evident: erstens ist es ungeheuer zäh, langwierig, zeitraubend, und zweitens endet es ohne eine bestimmte Entscheidung. Hierzu paßt, daß bislang noch in keinem einzigen Falle das ganze Verfahren durchlaufen wurde. Insbesondere aus der Sicht der (individuellen) Petenten muß dies natürlich außerordentlich enttäuschend wirken. Gleichwohl wäre es voreilig und daher verfehlt, das Verfahren als sinnlose Veranstaltung und nur als eine Verbrämung realer Ohnmacht der Weltorganisation in Menschenrechtsfragen zu geißeln. Gerade aus dem hier behandelten Zusammenhang mit der Vorbeugung und Verhütung von Völkermord kommt dem spezifischen Zweck des Verfahrens, nämlich ein »Gesamtbild« schwerer und das heißt gerade auch systematischer und struktureller Menschenrechtsverletzungen aus einer großen Zahl von zunächst einmal zufällig eintreffenden »Mosaiksteinchen« zusammenzusetzen und mit präzisen Konturen zu versehen, ein besonderer Rang zu. Cum grano salis, einem seismographischen Warnsystem der Früherkennung mutmaßlicher Vulkanausbrüche vergleichbar, erscheint auch das 1503-Verfahren geeignet, über die rechtzeitige »Meldung« massiver oder gar massenhafter Menschenrechtsverletzungen die Gefahr (auch) von Völkermord zu signalisieren. Die mit dem 1503-Verfahren gesammelten praktischen Erfahrungen[119] haben jedenfalls erbracht, daß die betroffenen Staaten erstens empfindlich wegen ihrer Plazierung auf der Liste von Verdachtsfällen, also bereits auf die *Einleitung* des Verfahrens reagieren, diesen Umstand als Makel empfinden und zumeist bestrebt waren, sich davon wieder zu befreien; zweitens hat die UNO-Menschenrechtskommission seit Beginn der 80er Jahre zunehmend von ihrer Ermächtigung Gebrauch gemacht, Sonderberichterstatter zur Erstellung von Länderstudien zu ernennen. Sie hat dadurch das Zustimmungserfordernis für die Einrichtung eines Ad-hoc-Komitees von seiten des im Verdacht massiver Menschenrechtsverletzungen stehenden beschwerten Staates gezielt umgangen und

119 Zur Praxis siehe die fortlaufende jährliche Berichterstattung von Bartsch, Hans-Jürgen: »Die Entwicklung des internationalen Menschenrechtsschutzes« in der Neuen Juristischen Wochenschrift (NJW), zuletzt NJW 1991, S. 1390-1397 und NJW 1994, S. 1321-1329. Ein weiterer Bericht steht unmittelbar bevor.

damit immerhin den Willen demonstriert, in der Sache wenigstens zu verwertbaren Feststellungen zu kommen. Bis heute sind über 40 solcher special rapporteurs tätig geworden. Namentlich die beiden »Afghanistan-Berichte« des österreichischen Staats- und Völkerrechtlers Felix Ermacora haben bewiesen, daß von diesem Instrument nicht unbeträchtliche Wirkungen ausgehen (können).[120]

Objekte von 1503-Verfahren waren in den 70er und 80er Jahren vorwiegend lateinamerikanische Staaten - Argentinien, Paraquay, Uruquay, Bolivien, Chile, Venezuela, Guatemala oder Haiti -, und es dürfte kaum ein Zweifel bestehen, daß diese Tatsache in Verbindung mit den Aktivitäten von Nichtregierungsorganisationen zum Schutze der Menschenrechte (NGO) ihren Beitrag zu der unverkennbaren Verbesserung der Menschenrechtssituation gerade auch in jener Hemisphäre geleistet hat.

Die frühzeitige Signalisierung von gehäuften und massiven, insbesondere von einseitig gegenüber bestimmten Minderheiten begangenen Menschenrechtsverletzungen ist eine notwendige Bedingung zur Verhütung von Völkermordaktionen - hinreichend ist sie dafür freilich nicht. Angemessene politische und rechtliche Schlußfolgerungen - national, vor allem aber international - daraus zu ziehen, wird durch sie zwar ermöglicht und vielleicht sogar auch erleichtert, aber verbürgt ist dies nicht. Immerhin aber sind seit dem Ende des Ost-West-Konflikts die Chancen dafür gestiegen, daß (auch) im 1503-Verfahren verifizierte Feststellungen von Menschenrechtsverletzungen nicht in der UNO-Menschenrechtskommission hängenbleiben, sondern weiter, nach oben auf die Agenda auch des Weltsicherheitsrates gelangen und unter Umständen zu Interventionsmaßnahmen führen, wie sie im vorigen Abschnitt beschrieben wurden.

Nachdem die Wiener Weltkonferenz der Vereinten Nationen über Menschenrechte in ihrem Aktionsprogramm vom 25.6.1993[121] eine entsprechende Empfehlung ausgesprochen hatte (Punkt 18), beschloß die UN-Generalversammlung im Dezember 1993, das Amt eines Hochkom-

120 Vgl. den Bericht über die Lage der Menschenrechte in Afghanistan an die Vereinten Nationen vom 5.11.1985, Köln 1986.

121 Text: Europäische Grundrechtezeitschrift 1993, S. 520-533. Zur Wirkung auf die Arbeit der UN-Menschenrechtskommission vgl. Baum, Gerhart R.: Menschenrechtspolitik fängt zu Hause an, in: Vereinte Nationen 1995, S. 206-209.

missars für Menschenrechte einzurichten.[122] Am 28.2.1994 wurde Botschafter José Ayala Lasso/Equador dazu ernannt.[123]

Der Hochkommissar steht dem in Genf eingerichteten »UN-Menschenrechtszentrum« vor, dessen Funktion als Exekutivapparat namentlich auch der Menschenrechtskommission durch das Aktionsprogramm der Wiener Weltmenschenrechtskonferenz zwar aufgewertet wurde (Punkte 13-16), dessen äußerst schwache finanzielle Ausstattung aber nur begrenzte Handlungsmöglichkeiten eröffnet.[124]

4. Schutzmechanismen für rassische, ethnische, nationale und religiöse Minderheiten

4.1 Ebene der Vereinten Nationen

Indem die Opfer von Völkermord oder völkermordähnlichen Verbrechen rassische, nationale, ethnische, religiöse, insbesondere nationale-religiöse Gruppen - »Minderheiten« oder »Volksgruppen« - sind, gewinnen schließlich - und das ist der letzte der in dieser Studie zu betrachtenden Aspekte - unter den Instrumenten der Vorbeugung und Verhütung von Völkermord Rechtsstellung und Schutz solcher Minderheiten im Völkerrecht eine überragende Bedeutung. Die historische Erfahrung bestätigt immer aufs Neue, daß solche Volksgruppen sich von vornherein in der Lage einer ständigen latenten Gefährdung ihrer Identität oder gar Existenz befinden, und daher - universell wie regional - alle Anstrengungen unternommen werden müssen, um diese ihre »strategische« Schwäche mit den Mitteln des Rechts und einer darauf bezogenen Politik auszugleichen.

»Weltweit gibt es rund 3.500 ethnische Gruppen und etwa 180 Nationalstaaten. Kann jede ethnische Gruppe ihren eigenen Nationalstaat beanspruchen?«[125] fragt David Hamburg, Präsident der Carnegie Corporation of New York, und er lenkt den Blick auf die - aberwitzigen - Konsequenzen: »Das Problem durch die Verschiebung von Grenzen und Menschen zu lösen, hieße erstens mindestens 1.000 neue Staaten zu gründen, zweitens 1

122 Text des Beschlusses: UN General Assembly (Press Releases) 48/141 vom 20.12.1993 (Meeting: 85).

123 Partsch, Karl-Josef: Hoffen auf Menschenrechte. Rückbesinnung auf eine internationale Entwicklung, Zürich 1994, S. 155ff.

124 Siehe dazu den Report von Constanze Stelzenmüller, in: Die Zeit Nr. 12 vom 17.3.1995, S. 14.

125 Ethnische Konflikte, in: Europa-Archiv 1993, S. 117-122, hier S. 117.

Milliarde Menschen umzusiedeln und drittens Haß und Gewalt in unvorstellbarem Ausmaß zu entfesseln.«

Deutlicher kann man es kaum nahelegen: es gibt grundsätzlich keine Alternative zu politischen und rechtlichen Lösungen, die von der Wirklichkeit des Zusammenlebens unterschiedlicher Volksgruppen innerhalb eines Staatsgebietes ausgehen und mit dem Instrument von Minderheitenstatus und Minderheitenschutz den gebotenen fairen Interessenausgleich zwischen Mehrheitsvolk und Minderheitengruppe(n) herzustellen versuchen. Natürlich wird dadurch nicht ausgeschlossen, daß es im Rahmen des Völkerrechts, das heißt auf dem Wege friedlicher Einigung, in Extremfällen, nämlich solchen massiver Unterdrückung von Volksgruppen, auch mit Gewalt zur Verschiebung staatlicher Grenzen durch Abspaltung oder Vereinigung kommen kann und kommt. Aber diese Fälle können nur mehr oder weniger seltene Ausnahmen sein,[126] und hier entfaltet unter Umständen die akute Gefahr von Völkermordhandlungen kraft des zwingenden Charakters der in der Völkermord-Konvention ausgesprochenen Verbote eine Sperrwirkung gegenüber solchen Veränderungen zugunsten des Status quo.

Jahrzehnte hindurch, nämlich während des Ost-West-Konflikts, bestand in der Völkerrechtsgemeinschaft ein nur sehr mäßiges Interesse an dem Problem des Rechtsstatus nationaler/ethnischer Minderheiten, und man betrachtete es fast immer nur durch das Prisma eines im Ansatz individualrechtlichen Menschenrechtsdenkens.[127] Lange Zeit beinahe das einzige, jedenfalls aber das wichtigste Rechtsinstrument war in dieser Hinsicht Art. 27 des Internationalen Paktes über Bürgerliche und Politische Rechte von 1966 (»Bürgerrechtspakt«), der 1976 in Kraft trat und bestimmt:[128]

»In Staaten mit ethnischen, religiösen oder sprachlichen Minderheiten darf Angehörigen solcher Minderheiten nicht das Recht vorenthalten werden, gemeinsam mit anderen Angehörigen ihrer Gruppe ihr eigenes kulturelles Leben zu pflegen, ihre eigene Religion zu bekennen und auszuüben oder sich ihrer eigenen Sprache zu bedienen.«

126 Zu der Problematik eingehend Oeter, Selbstbestimmungsrecht im Wandel (Anm. 8), sowie Luchterhandt, Otto: Nationale Minderheiten und Loyalität, Köln 1997.

127 Zur Entwicklung im Überblick vgl. Blumenwitz, Dieter: Minderheiten- und Volksgruppenrecht. Aktuelle Entwicklung, Bonn 1992, insbesondere S. 47ff.; vgl. ferner Brunner, Georg: Nationali-tätenprobleme und Minderheitenkonflikte in Osteuropa, Gütersloh 1996.

128 Eingehend zu seinem Inhalt und Tragweite Tomuschat, Christian: Protection of Minorities under Article 27 of the International Covenant on Civil and Political Rights, in: Völkerrecht als Rechtsordnung. Internationale Gerichtsbarkeit. Menschenrechte, Festschrift für Hermann Mosler, Berlin u.a. 1983, S. 949-979.

Auch wenn man Christian Tomuschats positiver Einschätzung der Bestimmung zuzustimmen bereit ist und in ihr Ansätze zu einem effektiven Schutz nicht nur in individueller, sondern durchaus auch in gemeinschaftlicher Form erkennt, ist sie doch eine allzu schmale Basis für die Abdekkung auch nur der elementaren materiellen Statusinteressen der betreffenden Minderheiten. Die vom Bürgerrechtspakt bereitgehaltenen Schutzinstrumente zugunsten dieser Vorschrift - die Staatenberichte (Art. 40) sowie, kraft besonderer Unterwerfung, auch die Staatenbeschwerde (Art. 41) und die Individualbeschwerde (Fakultativ-protokoll zum Bürgerrechtspakt) - sind an zu enge Voraussetzungen geknüpft, lückenhaft und ziemlich schwach.

Kaum mehr bietet das ebenfalls dem individualrechtlichen Ansatz verpflichtete »Internationale Übereinkommen zur Beseitigung jeder Form von Rassendiskriminierung« vom 7.3.1966, das über seine verkürzende Bezeichnung hinaus auch Diskriminierungen wegen »der Hautfarbe, der Abstammung, der nationalen Herkunft oder des Volkstums« verbietet (Art. 1) und damit eine spezifische Schutzwirkung bereits im Vorfeld der Völkermordkonvention entfaltet.[129]

Zu den wichtigsten Begleiterscheinungen der Auflösung des sowjetischen Hegemonialbereichs in Osteuropa und des Endes des Ost-West-Konflikts gehört auch die Tatsache, daß die Probleme von Status und Schutz nationaler und ethnischer Minderheiten nunmehr - wohl nur vergleichbar mit der Zeit nach dem Ersten Weltkrieg - wieder intensiv diskutiert werden und verschiedene, parallele Initiativen zur Erarbeitung weiterreichender völkerrechtlicher Schutzinstrumente ergriffen wurden.

Dies hat auf der (universellen) Ebene der Vereinten Nationen zur Verabschiedung einer »Deklaration über die Rechte von Personen, die nationalen oder ethnischen, religiösen und sprachlichen Minderheiten angehören«, durch die UN-Generalversammlung am 18.12.1992 geführt.[130] Als mögliche Vorstufe einer entsprechenden »Konvention« zu verstehen, hat

129 Siehe dazu Partsch, Karl-Josef: Neue Maßnahmen zur Bekämpfung von Rassen- und Fremdenhaß, in: EuGRZ 1994, S. 429-436, mit weiterführenden Literaturhinweisen; ders.: The Committee on the Elimination of Racial Discrimination, in: The United Nation and Human Rights - A Critical Appraisal, hrsg. von Ph. Alston, New York 1992, S. 359-368.

130 Text: UN-Doc. A/Res/47/135; zu Vorgeschichte und Inhalt vgl. Dicke, Klaus: Die UN-Deklaration zum Minderheitenschutz, in: Europa-Archiv 1993, S. 107-116; siehe außerdem auch den 2nd Progress Report »Protection of Minorities« von Asbjørn Eide, in: UN-Doc. E/Cen/4/Sub. 2/1992/37 (1.7.92), der »mögliche Wege und Mittel zur Erreichung einer friedlichen und konstruktiven Lösung von Problemen« untersucht, »an denen Minderheiten beteiligt sind«.

sie selbst allerdings (noch) nicht die Qualität bindenden Völkerrechts. Ihre neun Artikel zielen auf eine Präzisierung und zugleich Verbesserung des *materiellen* Rechtsstatus der »Angehörigen nationaler/ethnischer Minderheiten« ab und erfüllen damit zugleich ausweislich der Präambel definitiv die Funktion, die in diversen Konventionen und namentlich in Art. 27 des Bürgerrechtspakts enthaltenen Ansätze eines Minderheitenschutzes fortzuentwickeln. Der dem individualrechtlichen Konzept der Menschenrechte verpflichtete Ansatz (»Personen«; »Angehörige«) wird dabei in Richtung auf Gruppenrechte nicht überschritten.[131] Der durch die Deklaration erreichte Fortschritt für Status und Schutz der Minderheiten ist also, streng genommen, nur sehr gering; sie hat in erster Linie die Qualität eines völkerrechtspolitischen Signals, das als richtungweisende Wegzeichensetzung verstanden werden kann und gewiß auch soll.

Die auf der universellen Ebene der Völkergemeinschaft vorhandenen Mechanismen und Verfahren zum Schutze der Minderheiten sind durch die Deklaration weder erweitert noch verstärkt worden. Schutzmöglichkeiten bestehen auf der universellen Ebene auch für die Minderheiten allein über den *Menschenrechts*schutz, namentlich das oben behandelte 1503-Verfahren.

4.2 Ebene des Europarates

Ungleich größere Forschritte sind demgegenüber zur gleichen Zeit in Europa erreicht worden, und zwar zum einen im Europarat, zum anderen im Rahmen der Organisation für Sicherheit und Zusammenarbeit in Europa (OSZE).

Nach Vorarbeiten, die zunächst darauf abzielten, den Schutz nationaler/ethnischer Minderheiten über ein Zusatzprotokoll zur Europäischen Menschenrechtskonvention zu realisieren,[132] entschied das Ministerkomitee des Europarats am 10.11.1994, augenscheinlich aus Furcht davor, durch die Einbeziehung der (Angehörigen der) nationalen/ethnischen Minderheiten in den fest etablierten und relativ starken Schutzmechanismus der Straßburger Konventionsorgane könnten desintegrative Wirkungen insbesondere in den alten westeuropäischen Nationalstaaten gefördert

131 Zu dem Problem jetzt eingehend Niewerth, Johannes: Der kollektive und der positive Schutz von Minderheiten und ihre Durchsetzung im Völkerrecht, Berlin 1996, S. 55ff.; 113ff.

132 Siehe dazu den Entwurf eines Zusatzprotokolls betreffend die nationalen Minderheiten und ihre Angehörigen vom 1.2.1993, Text: EuGRZ 1993, S. 152-153, mit der Einführung von Heinrich Klebes, S. 148-151.

werden,[133] ein von der EMRK getrenntes, selbständiges »Rahmenübereinkommen zum Schutz nationaler Minderheiten« zu erarbeiten. Es wurde am 1.2.1995 zur Unterzeichnung aufgelegt.[134]

Für wie delikat, ja brisant selbst die im Europarat zusammengeschlossenen »alten« demokratischen Rechtsstaaten West- und Mitteleuropas die Frage nach dem Status und Schutz nationaler/ethnischer Minderheiten ansehen, läßt sich an der erheblich geringeren normativen Kraft des Rahmenübereinkommens im Vergleich zur Europäischen Menschenrechtskonvention ablesen. Folgende Momente sind hervorzuheben:

Schon die Bezeichnung der Konvention macht deutlich, daß sie nur Grundsätze und Ziele eben als »Rahmen« für die Mitgliedstaaten formuliert, welche der Umsetzung in das nationale Recht bedürfen, um zu Wirksamkeit gelangen zu können.

Das Abkommen verpflichtet allein die Beitrittsstaaten, während die Angehörigen der nationalen/ethnischen Minderheiten nur indirekt, nämlich als Destinatäre beziehungsweise objektiv Begünstigte der Staatenverpflichtungen in den Blick kommen.

Als Schutzmechanismus kennt das Rahmenübereinkommen die Pflicht der Mitgliedsstaaten, innerhalb eines Jahres nach ihrem Beitritt über die eventuell getroffenen nationalen Schutzmaßnahmen (unter anderem Gesetze; Verordnungen; Institutionen oder Verfahren) dem Europarat förmlich zu berichten und später, auf Anfragen, ad hoc weitere relevante Informationen zuzustellen (Art. 25 Rahmenübereinkommen). Die Berichte werden vom Ministerkomitee geprüft, das sich hierbei der Hilfe eines »Beratenden Ausschusses« aus Spezialisten für Minderheitenfragen bedient (Art. 26 Abs. 1).

Das Rahmenübereinkommen enthält zwar eine ganze Reihe von Bestimmungen, die geeignet sind, den materiellen Rechtsstatus der Minderheiten im nationalen Recht der Mitgliedsstaaten anzuheben oder in einigen nationalstaatlich besonders sensitiven Punkten - wie den grenzüberschreitenden Kontakten der nationalen Minderheiten - wenigstens mehr

133 Solche Befürchtungen werden besonders in Frankreich gehegt. Zur Problemlage dort vgl. Gerdes, Dirk: Frankreich - »Vielvölkerstaat« vor dem Zerfall?, in: Aus Politik und Zeitgeschichte Beilage B12 vom 22.3.1980, S. 3-17.

134 Text (mitsamt dem Erläuternden Bericht): EuGRZ 1995, S. 268-271 beziehungsweise 271-278. Zur Vorgeschichte und erste inhaltliche Würdigung siehe Klebes, Heinrich: Rahmenübereinkommen des Europarats zum Schutz nationaler Minderheiten, in: EuGRZ 1995, S. 262-268; ferner Rönquist, Anders: The Council of Europe Framework Convention for the Protection of National Minorities, in: Helsinki Monitor. Quarterly on Security and Cooperation in Europe 6, 1995, S. 38-44; engl. Text der Konvention ebd. S. 120-126.

Klarheit zu schaffen (vgl. Art. 17, 18 Rahmenübereinkommen), aber es bleibt insgesamt weit hinter dem zurück, was die Organisation für Sicherheit und Zusammenarbeit in Europa (OSZE) inzwischen an Schutzmechanismen zugunsten nationaler/ethnischer Minderheiten entwickelt hat und praktiziert. Eine besondere Paradoxie dieser Tatsache liegt darin, daß das Rahmenübereinkommen, juristisch gesehen, einen höheren Rang besitzt, weil es Völkerrecht, also ein völkerrechtlicher Vertrag ist, während die KSZE/OSZE-Abmachungen »nur« politische Selbstverpflichtungen sind, derer sich die Signatarstaaten durch schlichte Nichtbefolgung entledigen können, ohne (rechtliche) Sanktionen befürchten zu müssen. Tatsächlich ist aber im Falle der OSZE der Druck zur Einhaltung der Abmachungen in der Regel weitaus stärker, nachhaltiger und damit auch wirksamer als im Falle der Konvention, weil das institutionell-organisatorische Netzwerk der OSZE sehr dicht geknüpft ist und infolgedessen eine ungleich strengere politische Kontrolle ermöglicht, als dies bei dem für die Rahmenkonvention als Schutzmechanismus allein vorgesehenen Berichtssystem der Fall ist. Das positive Urteil über den Minderheitenschutzstandard im Rahmen der OSZE beruht daher nicht, zumindest nicht in erster Linie, auf den Festlegungen in dem Abschließenden Dokument der KSZE-Konferenz über die menschliche Dimension von Kopenhagen im Juni 1990, die im internationalen Vergleich wohl am weitesten gehen,[135] sondern auf jenen Institutionen und Verfahren der KSZE/OSZE, die heute weltweit den höchsten Entwicklungsstand unter den Instrumenten zur Vorbeugung und Verhütung von interethnischen Konflikten sowie von blutiger Unterdrückung nationaler/ethnischer Minderheiten darstellen. Das zeigt der folgende Überblick, mit dem die Studie zugleich abschließt.[136]

4.3 Ebene der KSZE/OSZE

Es würde zu weit führen und den hier gesetzten Rahmen sprengen, wollte man an dieser Stelle das gesamte Netzwerk der OSZE-Institutionen beschreiben. Unter dem hier allein interessierenden Gesichtspunkt sollen vielmehr allein jene Einrichtungen herausgegriffen werden, deren Mandat ganz wesentlich darin besteht, sich aufbauende, interethnische und zwischennationale Konflikte innerhalb eines Staates sowie grenzüberschreitend so früh wie möglich zu erkennen, erste Gegenmaßnahmen zu ergrei-

135 Text des Dokuments vom 29.6.1990, in: Europa-Archiv 1990, S. D 380-394 (Punkte 30-39).

136 Dazu auch Wenig, Marcus: Möglichkeiten und Grenzen der Streitbeilegung ethnischer Konflikte durch die OSZE, Berlin 1996, S. 99ff.; 313ff.

fen, um ihrer Eskalation entgegenzuwirken, und sie unter institutionelle OSZE-Kontrolle zu bringen, kurz: massenhafte Menschenrechtsverletzungen und letztlich Völkermord zu verhüten. Diese Funktionen erfüllen insbesondere:

- der Hochkommissar für nationale Minderheiten,
- die OSZE-Langzeitmissionen sowie, mit beiden eng verbunden,
- das Büro für Demokratische Institutionen und Menschenrechte (ODIHR), ferner
- das OSZE-Frühwarnsystem und
- die Überprüfungskonferenzen hinsichtlich der Einhaltung der OSZE-Verpflichtungen insbesondere auf dem Gebiet von Menschenrechten und Minderheitenschutz.

Der folgende Überblick beschränkt sich auf die ersten beiden, für die Minderheiten im Sinne der Völkermordkonvention wichtigsten Einrichtungen.[137]

4.3.1 Der Hochkommissar für nationale Minderheiten

Das Amt des Hochkommissars wurde im Zuge der institutionellen Umwandlung der »Konferenz« zu einer internationalen »Organisation« für Sicherheit und Zusammenarbeit 1992 auf dem Folgetreffen von Helsinki als Organ definitiv zu dem Zweck und mit dem (allgemeinen) Mandat errichtet, »zum frühestmöglichen Zeitpunkt« für »Frühwarnung« und gegebenenfalls für »Frühmaßnahmen« hinsichtlich von Spannungen zu sorgen, die Bezug auf Angelegenheiten nationaler Minderheiten haben und das Potential in sich bergen, sich im KSZE-Gebiet zu einem den Frieden, die Stabilität und die Beziehungen zwischen den Teilnehmerstaaten gefährdenden Konflikt zu entwickeln«.[138] Der Hochkommissar wird vom »Ministerrat« der OSZE für drei Jahre mit der Möglichkeit einer einmaligen Wiederwahl aus dem Kreis »namhafter Persönlichkeiten mit langer einschlägiger Erfahrung, von der eine unparteiische Wahrnehmung des

137 Einen umfassenden Überblick über die Institutionen der OSZE vermitteln die Beiträge in dem vom Institut für Friedensforschung und Sicherheitspolitik an der Universität Hamburg herausgegebenen OSZE-Jahrbuch 1995 und 1996 sowie - demnächst - 1997, das im Nomos-Verlag (Baden-Baden) erscheint.

138 Abschn. I Punkt 23 und Abschn. II des Abschließenden Dokuments des Folgetreffens von Helsinki vom 10.7.1992, Text: Bulletin des Presse- und Informationsamtes der Bundesregierung 1992, S. 781. Siehe dazu auch den knappen Überblick über die Institutionen der OSZE von Chigas, Diana: Bridging the Gap between Theory and Practice. The CSCE High Commissioner on National Minorities, in: Helsinki Monitor 5, 3, 1994, Nr. 3, S. 27-41.

Amtes erwartet werden kann«, ernannt. Sein Amtssitz ist Den Haag. Er verfügt dort über einen kleinen Arbeitsstab, hat sich im übrigen aber auf das (Warschauer) Büro für Demokratische Institutionen und Menschenrechte (ODIHR) und das (Wiener) Konfliktverhütungszentrum zu stützen. Amtsinhaber ist der frühere niederländische Außenminister Max van der Stoel.[139]

Aus dem zitierten Mandat folgt, daß der Hochkommissar nicht eigentlich ein spezifisches Schutzorgan, kein »Ombudsmann« (einseitig) für die nationalen/ ethnischen Minderheiten ist, sondern ebenfalls eine Institution der Friedenssicherung beziehungsweise ein »Instrument der Konfliktverhütung«,[140] allerdings »nur« mit dem besonderen Auftrag, die »aus der Ecke« interethnischer - latenter und offener - Spannungen drohenden Friedensstörungen frühzeitig verhindern zu helfen.[141] Dennoch bilden die Förderung der Menschenrechte und der Interessenausgleich zugunsten (auch) der nationalen Minderheiten, zumindest mittelbar, wesentliche Elemente und Zielpunkte in der Arbeit des Hochkommissars,[142] allerdings in allgemeiner, struktureller Hinsicht im Wege des diplomatischen Dialogs. Interventionen in Einzelfällen sind ihm daher ausdrücklich untersagt.[143] Es ist aber gerade diese allgemeine, strukturelle Zielrichtung, die sein Amt für die Verhütung beziehungsweise Bekämpfung von Völkermord besonders wichtig macht.

Der Hochkommissar war bisher in elf von 54 OSZE-Staaten tätig: in Albanien, Estland, Kroatien, Kazachstan, Kyrgyzstan, Lettland, Mazedonien, Rumänien, Slowakei, Ukraine und Ungarn. Die Länderauswahl ist grund-

139 Die Ernennung erfolgte auf dem KSZE-Außenministertreffen von Dezember 1992. Auf der KSZE-Konferenz von Kopenhagen im Juni 1990 hatte die schwedische Delegation noch vergeblich die Einrichtung eines entsprechenden »Ombudsmannes« gefordert. Das Erschrecken über die in Osteuropa aufgebrochenen nationalen Gegensätze machte den Wandel möglich. Vgl. im übrigen Bloed, Arie: CSCE Preventive Diplomacy in Operation, in: Helsinki Monitor 4, 1, 1993, S. 46-51, hier S. 46f.

140 So Abschn. II Punkt 2 des Abschließenden Dokuments von Helsinki 1992.

141 Max van der Stoel selbst wird nicht müde, gegen das weitverbreitete Mißverständnis seines Mandats immer wieder anzugehen. Vgl. dazu zuletzt seinen Vortrag vor dem European Center for Minoritiy Issues, Flensburg, am 10.4.1994 (Manuskript); ferner ders.: Report of the OSCE High Commissioner of National Minorities, Warsaw, Oct. 1995, in: Helsinki Monitor 6, 4, 1995, S. 35-40; siehe im übrigen Bibliography on the OSCE High Commissioner on National Minorities: Documents, Speeches and Related Publications, hrsg. von Alexandra Rothenberger, ^{3}The Hague 1977.

142 Van der Stoel, Max: The Heart of the Metal. The Human Dimension of the OSCE, in: Helsinki Monitor 6, 3, 1995, S. 23-30, hier S. 29f.

143 Vgl. die Mandatbeschreibung in Abschn. II Punkt 5c des Abschließenden Dokuments von Helsinki, 1993.

sätzlich in sein funktionsgemäßes Ermessen gestellt, und die Liste spiegelt die Einschätzung des Hochkommissars wider, wo sein Eingreifen am meisten gebraucht wird und zugleich am erfolgversprechendsten ist. Wenn paradoxerweise Schauplätze von Völkermord oder völkermordähnlicher Handlungen, also Regionen wie Tschetschenien,[144] Berg-Karabach, Abchasien oder Bosnien nicht dabei sind, dann deswegen, weil der Hochkommissar eben ein Instrument der Konflikt*verhütung* sein soll, sein Mandat also endet, wenn Spannungen in das Stadium eines akuten, gewaltsam ausgetragenen Konflikts übergehen. Natürlich bedeutet das nicht den Rückzug der OSZE gerade aus den am stärksten von der Gefahr des Völkermordes betroffenen Gebieten; dort zu wirken, ist vielmehr Aufgabe anderer OSZE-Organe, insbesondere der anschließend zu behandelnden »Missionen«.

Selbstverständlich ist es kein Zufall, daß ausnahmslos alle Länder, in denen der Hochkommissar bisher tätig war, in der früheren »Zweiten Welt«, im postkommunistischen Raum Osteuropas liegen. Dem immerhin auch denkbaren Einsatz des Hochkommissars in Regionen wie Kurdistan, Korsika, Baskenland oder Ulster dürfte allerdings das mandatsbegrenzende Verbot entgegenstehen, »sich mit Fragen nationaler Minderheiten in Situationen« zu beschäftigen, »in denen es um organisierte terroristische Handlungen geht«.[145]

Die Einzelheiten seiner Mandatsbeschreibung verschaffen jedoch trotzdem dem Hochkommissar vielfältige und nahezu ideale Möglichkeiten, die Aufgaben der Früherkennung und Deeskalation zu erfüllen.[146] In seinen Einsatzentscheidungen ist er von den OSZE-Führungsorganen (Hoher Rat; Ministerrat; Amtierender Vorsitzender) unabhängig und bei der Durchführung nur begrenzt abhängig von dem betroffenen KSZE/OSZE-

144 Vgl. dazu den Untersuchungsbericht des »Rechtsschutzzentrums Memorial« (Moskau): Mit allen vorhandenen Mitteln... Die Operation des Innenministeriums der Rußländischen Föderation im Dorf Semaški, 7.-8.4.1995 (russisch), Moskau 1995, S. 41ff.

145 Vgl. Anm. 140, Punkt 5b).

146 Siehe zum folgenden auch die Beiträge enger Mitarbeiter des Hochkommissars: Zaagman, Rob/Bloed, Arie: Die Rolle des Hohen Kommissars der OSZE für Nationale Minderheiten bei der Konfliktprävention, in: OSZE-Jahrbuch 1995, hrsg. vom Institut für Friedensforschung und Sicherheitspolitik an der Universität Hamburg, Baden-Baden 1995, S. 225-240; Timmermans, Frans: Die Konfliktverhütungsaktivitäten des Hohen Kommissars für Nationale Minderheiten der OSZE, in: OSZE-Jahrbuch 1996, Baden-Baden 1996, S. 405-408; siehe dazu ferner das von Arie Bloed verfaßte laufende »OSCE-Chronicle« im Helsinki Monitor (Utrecht) sowie die regelmäßig ebenda im Anhang abgedruckten »Documents of the OSCE High Commissioner on Nationale Minorities«; ferner: The Foundation on Inter-Ethnic Relations, Annual Report 1996, The Hague 1997.

Signatarstaat. Er hat den Auftrag, sich umfassend aus jeglichen Quellen über die Lage der Minderheiten zu informieren und insbesondere auch das Recht, »Vertreter von Verbänden, nichtstaatlichen Organisationen, religiösen und anderen Gruppen direkt betroffener und im Spannungsgebiet lebender nationaler Minderheiten, die von den Angehörigen dieser nationalen Minderheiten ermächtigt sind, sie zu vertreten«, zu treffen und von ihnen Berichte entgegenzunehmen.[147] Zur Feststellung der realen Verhältnisse kann der Hochkommissar auch unabhängige Sachverständige hinzuziehen.

Eine Auswertung der bisherigen Aktivitäten des Hochkommissars fördert die - nicht überraschende - Erkenntnis zutage, daß unter den die Minderheiten belastenden Hauptproblemen im posttotalitären Osteuropa die folgenden sind: der freie Gebrauch der Muttersprache, insbesondere auch bei Behörden und vor Gerichten, der Mangel an Bildungseinrichtungen, die ungeklärten oder als unbefriedigend empfundenen Staatsangehörigkeitsfragen und fehlende, durch unüberbrückbar erscheinende Interessengegensätze, wechselseitiges politisches Mißtrauen, Unverständnis und nationale Arroganz verbaute Gesprächsbereitschaft zwischen Minderheiten und fremdnationaler postkommunistischer Regierung.

Im Rahmen einer intensiv betriebenen Reise- und Besuchsdiplomatie hat der Hochkommissar sich daher vor allem darauf konzentriert, die mehr oder weniger in Konfrontation verharrenden Seiten miteinander ins Gespräch zu bringen, sie kompromißfähig und kompromißbereit zu machen und dabei, seinem Auftrag zur unparteiischen Amtsführung entsprechend, auf beide Seiten mäßigend einzuwirken.[148] Diesem wesentlichen Ziel näher zu kommen, dient ein weiteres Arbeitsprinzip des Hochkommissars: Vertraulichkeit der Beratungen und Diskretion.[149]

Vom Hochkommissar mit erkennbarem Erfolg entwickelte und praktizierte Dialogformen sind insbesondere Gespräche am »Runden Tisch«, unter Umständen auf neutralem Boden, Treffen zwischen Regierungsbeamten und Minderheitenvertretern, informelle Einschaltung der Minderheiten in die Vorbereitung von Gesetzesentwürfen, Bildung von »Minderheitenparlamenten« als Gesamtvertretungen und Dialogpartner, Durchführung pluralistisch zusammengesetzter Seminare zu Schlüsselfragen (unter anderem Sprache oder Bildung).

147 Abschnitt II Punkt 26b) des Abschließenden Dokuments von Helsinki 1992.
148 Van der Stoel: Report (Anm. 141), S. 37.
149 Dazu Zaagman/Bloed: Die Rolle des Hohen Komissars (Anm. 146), S. 233.

Eine weitere Hauptrichtung seiner Bemühungen gilt der Einwirkung auf die nationalen Gesetzgeber durch Initiativen und Empfehlungen, die Interessen der Minderheiten in den besonders empfindlichen Lebensbereichen ausreichend zu berücksichtigen. Erfolgreich war dies etwa im Staatsangehörigkeitsrecht Estlands, im Hochschulwesen Mazedoniens und im Sprachenrecht der Slowakei.

Der Hochkommissar besitzt - es versteht sich fast von selbst - keine unmittelbaren politischen, geschweige denn administrativen Druckmittel; er kann nur Erfolg haben, wenn der betreffende Staat kooperationsbereit ist und sich auf eine Mediation einläßt. Ein begrenzter, mittelbarer politischer Druck auf einen kooperationsunwilligen Staat kann allerdings davon ausgehen, daß der Hochkommissar seinen Besuch in einem Signatarstaat damit abschließt, daß er dem Amtierenden Vorsitzenden des Ständigen OSZE-Rates einen streng vertraulichen Bericht über seine Mission, ihre Schwierigkeiten und Ergebnisse sowie seine Empfehlungen übermittelt, der dann möglicherweise zur Grundlage für politische Einwirkungen auf den betreffenden Signatarstaat wird.

Kommt der Hochkommissar aufgrund seiner Ermittlungen und Gespräche zu dem Ergebnis, daß die ernste Gefahr eines offenen Konflikts zwischen Staat und Minderheit besteht, kann er eine förmliche Erklärung im Sinne einer »Frühwarnung« an den Amtierenden Vorsitzenden übermitteln, der diese an den Hohen Rat der OSZE weiterleitet. Der bis zum KSZE-Folgetreffen von Budapest (Dezember 1994) als »Ausschuß Hoher Beamter« (AHB) benannte Rat setzt sich aus den »Politischen Direktoren« der Signatarstaaten zusammen.[150] Dieser kann dann entscheiden, ob er den sogenannten »Berliner« Dringlichkeitsmechanismus der OSZE in Gang setzt.[151] Letzterer führt äußerstenfalls zur Einberufung des (Außen-)Ministerrats der OSZE und verleiht dem Vorgang damit eine politische Dramatik und internationale Wirkung, die sich im Ergebnis konfliktmindernd und kompromißfördernd auswirken kann und soll.

Es spricht auch für die professionelle Amtsführung van der Stoels, daß bislang nicht einmal die Notwendigkeit eintrat, den Frühwarnmechanismus in Gang zu setzen.

150 Vgl. Budapester Dokument Punkt 17 der »Beschlüsse«, Text: Bulletin des Presse- und Informationsamtes der Bundesregierung vom 23.12.1994 (Nr. 120), S. 1097-1116, hier S. 1100.

151 »Mechanismus für Konsultationen und Zusammenarbeit in dringlichen Situationen«, beschlossen auf dem KSZE-Ratstreffen von Berlin am 20.6.1991, Text: Bulletin des Presse- und Informationsamtes 1991, S. 582f.

4.3.2 Die KSZE/OSZE-Missionen

Das wichtigste Instrument der Konfliktverhütung, darüber hinaus aber auch der Konflikteindämmung sind neben dem Hochkommissar die Missionen, die in konfliktgefährdeten Signatarstaaten grundsätzlich für sechs Monate, jedoch mit der nicht begrenzten Möglichkeit der Verlängerung, letztlich bis zur endgültigen Erfüllung des Mandats eingerichtet werden. In der Praxis sind so durch regelmäßige Verlängerungen »Langzeitmissionen« entstanden. Es sind dies internationale, aus Diplomaten, Offizieren, Juristen, Wissenschaftlern und anderen Regionalexperten zusammengesetzte Beobachtergruppen (sechs bis acht Personen), die unter der Leitung eines Botschafters in dem betreffenden Signatarstaat mit festem Sitz und entsprechenden Räumlichkeiten tätig sind. Die Missionen haben mindestens drei Aufgaben:

- sie sind Anlaufstellen für Bürgerbeschwerden vor allem aus dem Bereich der Angehörigen von nationalen/ethnischen Minderheiten, und sollen kraft hinreichender Kenntnis der örtlichen Verhältnisse frühzeitig die OSZE-Organe vor drohenden 'heißen' Konflikten warnen;
- sie sollen präventive diplomatische Maßnahmen zur Eindämmung und Deeskalierung hochsteigender und sich zuspitzender Konflikte durchführen;
- ihre Aufgabe ist schließlich Krisenmanagement bei ausgebrochenen Gewalttätigkeiten, Vermittlung zwischen verfeindeten Gruppen und Förderung friedlicher Streitbeilegung, ferner Verhinderung erneuter Gewaltausbrüche durch diplomatische Interventionen, demonstrative Präsenz und politische Kontrolle vor Ort.

Die Zielsetzung der Missionen unterscheidet sich damit in einem Punkt prinzipiell von dem Mandat des Hochkommissars für Nationale Minderheiten, nämlich darin, daß sie auch in Zonen gewaltsamer Konfliktaustragung eingerichtet werden (können), wie dies in Tadschikistan, Georgien (Abchasien; Süd-Ossetien), in Tschetschenien, Moldova und Bosnien-Herzegowina (Sarajewo) geschehen ist. Während der Akzent beim Mandat des Hochkommissars auf der Konfliktverhütung durch diplomatische Einwirkung auf und Vermittlung zwischen Staat und Minderheiten in Spannungslagen unterhalb der Schwelle gewaltsamer Konflikte liegt, ist das Mandat der Langzeitmissionen also umfassender.

Einsetzend im September 1992 in Serbien und Montenegro mit ihren stark von Minderheiten geprägten Provinzen beziehungsweise Regionen (Kosovo; Sandschak-Novi Pazar; Vojvodina) sind bislang insgesamt zwölf KSZE/OSZE-Langzeitmissionen eingerichtet worden, und zwar - bezeichnenderweise - ausschließlich auf den Territorien des früheren Jugoslawien (außerdem noch in der Bundesrepublik Jugoslawien, in Mazedonien, Bosnien-Herzegovina, Kroatien) beziehungsweise Sowjetunion (Estland, Lettland, Moldova, Ukraine, Georgien, Tschetschenien, Tadschikistan).[152]

Man kann die wichtigsten Erfahrungen der Langzeitmissionen ausweislich der darüber vorliegenden Berichte, die teilweise von in ihrem Rahmen tätigen Wissenschaftlern stammen (Troebst, Uibopuu), wie folgt zusammenfassen:[153]

- die professionelle Zusammensetzung der Missionen, ihre weitgehend ungehinderten Bewegungsmöglichkeiten im Lande und die intensive Kommunikation mit der Bevölkerung, vor allem mit den Angehörigen und Vertretern der Minderheiten sowie unangemeldete Besuche bei Behörden oder öffentlichen Einrichtungen schaffen unter anderem geradezu ideale Voraussetzungen, um ein realistisches Bild von den tatsächlichen Verhältnissen, den verbreiteten Stimmungen und der Praxis der Behörden zu bekommen;

- die ständige Verbindung zwischen dem Chef der OSZE-Mission und dem Amtierenden OSZE-Vorsitzenden sowie seine regelmäßig, nämlich im Zwei-Monats-Rhythmus, erfolgende Berichterstattung vor dem Hohen Rat der OSZE (in Wien) und die über diese Schaltstellen mögliche Weiterleitung der Missionsberichte an die anderen Signatarstaaten machen die

152 Vgl. die Übersicht (Stand: Ende 1995) bei Schlotter, Peter: Die Mühen der stillen Diplomatie. Konfliktprävention und Krisenmanagement durch die OSZE, in: Aus Politik und Zeitgeschichte Beilage B 5, 1996, S. 27-31, hier S. 29.

153 Lahelma, Timo: The Role of the CSCE-Missions in Preventive Diplomacy - The Case of Estonia (August 1993 - June 1994), in: The Challenge of Preventive Diplomacy. The Experience of the CSCE, hrsg. von Staffan Carlsson, Stockholm 1994, S. 87-99; Kriesel, Friedrich W.: The CSCE-Mission to Georgia/South Ossetia and its Cooperation with the Russian Peace Keeping Forces - Model or Individual Case?, in: Crisis Management in the CIS: Whither Russia?, hrsg. von Hans-Georg Ehrhart, Anna Kreikemeyer und Andrei V. Zagorski, Baden-Baden 1995, S. 179-190; Uibopuu, Henn-Jüri: Die OSZE-Mission in Estland und ihre bisherige Tätigkeit, in: OSZE-Jahrbuch 1995 (Anm. 137), S. 159-170; Eiff, Hansjörg: Die OSZE-Mission für Georgien, in: OSZE-Jahrbuch 1995, S. 179-186; Welberts, Rolf: Der Einsatz der OSZE in der Republik Moldau, in: OSZE-Jahrbuch 1995, S. 193-210; Schlichting, Ursel: Das Engagement der OSZE in Tschetschenien, in: OSZE-Jahrbuch 1995, S. 211-220; Frowick, Robert H.: Die OSZE-Mission in Bosnien und Herzegowina, in: OSZE-Jahrbuch 1996, S. 163-176; Troebst, Stefan: »Dicke Bretter, schwache Bohrer«. Die Langzeitmissionen der OSZE, in: Frieden machen, hrsg. von Dieter Senghaas, Frankfurt am Main 1997, S. 147-165 (mit Nachweisen weiterer Berichte des Autors zu Mazedonien und Moldova); siehe im übrigen die Beiträge von Hansjörg Eiff, Rolf Welberts, Falk Lange und Anna Kreikemeyer in: Vierteljahresschrift für Sicherheit und Frieden 13, 1995, S. 243-252, zu Grundproblemen der präventiven Diplomatie im Zusammenhang mit den Langzeitmissionen.

Vorgänge in dem betreffenden Signatarstaat für die OSZE-Gremien und die anderen Partnerstaaten so durchsichtig, daß sie auf bedenkliche konfliktträchtige Vorgänge sofort und wirksam reagieren können;

- die nachhaltige Bewußtmachung nicht nur auf der Regierungsebene, sondern auch und gerade auf den unteren Stufen der Staatsverwaltung und der Justiz, bei Polizeidienststellen, kommunalen Ämtern oder Schulverwaltungen, daß ihre Arbeit und ihr Verhalten sich unter den Augen einer internationalen Öffentlichkeit vollzieht und daß die Möglichkeit von Interventionen mit unkalkulierbaren Folgen besteht, mahnt die Funktionsträger zur Vorsicht und ist tendenziell geeignet, Schikanen, Unterdrückung und rücksichtslose Maßnahmen zu unterbinden.

Die OSZE-Akteure und außenstehende Beobachter sind sich längst darüber einig, daß der Hochkommissar und die OSZE-Missionen zu den erfolgreichsten Institutionen im gesamten Netzwerk der Organisation gehören.[154] Diese Einschätzung ist in der Tat völlig richtig, man darf dabei jedoch einen wichtigen Punkt nicht übersehen, daß nämlich beide Instrumente der Konfliktverhütung und der Deeskalation nur und erst dann voll zur Wirkung gelangen (können), wenn weitere Faktoren hinzutreten. Die Konfliktverhütung hat sich nämlich dann als am erfolgreichsten erwiesen, wenn verschiedene OSZE-Institutionen und Verfahren zusammenwirkten und diese Aktivitäten durch die Interessenlage der Groß- und Regionalmächte begünstigt wurden. Im Falle der baltischen Staaten, aber auch Moldovas und Mazedoniens, war eine Konfiguration solcher Faktoren gegeben; und darin liegt der entscheidende Grund, daß es hier entweder nicht zum Ausbruch gewaltsamer Konflikte gekommen (Baltikum) oder aber Deeskalation und ein Übergang zu friedlichen Dialogformen gelungen ist (Moldova - vorläufig jedenfalls).

In Estland, um nur dieses Beispiel zu nennen, verbindet sich die Mediationstätigkeit des Hochkommissars mit der laufenden operativen Kontrolle und Einwirkung der Langzeitmission, die vor allem dem russischsprachigen Teil der Bevölkerung das für die Psychologie des Konflikts wichtige Gefühl vermittelt, auf hoher, internationaler Ebene direkt gehört und ernstgenommen zu werden. Dazu tritt als mächtiger Faktor der Mäßigung und Förderung von Kompromißbereitschaft das alles überschattende Interesse Estlands, in die Organisationen der europäisch-atlantischen Gemeinschaften (Europarat, NATO, Europäische Union) aufgenommen zu werden und die Eintrittsvoraussetzungen insbesondere auf den Gebieten

154 Höynck, Wilhelm: From the CSCE to the OSCE. The Challenges of Building New Stability, in: Helsinki Monitor 6, 3, 1995, S. 11-22, hier S. 22f.

von Menschen- und Minderheitenrechten zu erfüllen. Der mächtige politische Druck von seiten der Rußländischen Föderation verstärkt noch das Bewußtsein, auf »den Westen« angewiesen zu sein und die inneren Spannungen mit der russischen Bevölkerung nicht zu überdehnen.

Auf die russische Bevölkerung wirkt ihrerseits mäßigend die greifbare Erfahrung ein, daß die Befriedigung ihrer sozio-ökonomischen Erwartungen und Bedürfnisse innerhalb Estlands in einem wesentlich rascheren Tempo als in Rußland erfolgt, auf qualitativ höherem Niveau steht und insgesamt mit unvergleichlich viel besseren Zukunftsperspektiven rechnen kann. Eine große, im einzelnen aber schwer bestimmbare Bedeutung kommt schließlich der Tatsache zu, daß Estland historisch dem mittel- und nordeuropäischen Kultur- und Rechtsraum zugehörig ist, der für den Aufbau eines funktionsfähigen demokratischen Rechtsstaates den fruchtbarsten Boden abgibt, und daß das Land bereits in der Zwischenkriegszeit eine bekanntermaßen vorbildliche Minderheitenschutzgesetzgebung besaß und daher schon über eine entsprechende politische Tradition verfügt.

5. Einige Schlußfolgerungen

Es ist eine immer wieder - verzweifelt, enttäuscht oder anklagend - vermerkte Tatsache, daß selbst im räumlichen Geltungsbereich der KSZE/OSZE-Abmachungen Völkermordaktionen - in Bosnien-Herzegowina, in Tschetschenien, in Abchasien und im Transkaukasus - möglich waren und sich die vorhandenen Gegenmittel der Konfliktverhütung und Konfliktdämpfung als unwirksam erwiesen haben. In allen drei Fällen geschahen die Unmenschlichkeiten im Zusammenhang mit *Kriegen*, die infolge des Zusammenbruches und Unterganges zweier kommunistischer Föderationen - Jugoslawiens und der UdSSR - mit ihren ungelösten und nationalen Problemen sowie künstlich zurückgestauten Konflikten entstanden waren. Damit bestätigt sich erneut die der Genozidforschung längst geläufige Erkenntnis, daß die Wahrscheinlichkeit von Völkermordhandlungen (im eigentlichen Sinne) im Schatten von Kriegen beziehungsweise zu Kriegszeiten dramatisch ansteigt. Daher muß ein vorrangiges Ziel der Verhütung von Völkermord insbesondere in ethnisch-national gemischten Regionen die unbedingte Verhinderung von Krieg sein. Kriegsverhütung ist ein entscheidendes Instrument zur Verhütung von Völkermord! Aus der Sicht des Völkerrechts folgt daraus, daß die Völkerrechtsgemeinschaft dem Ausbruch regionaler oder lokaler Kriege nicht »zusehen« darf, sondern - vertreten durch den Weltsicherheitsrat - so schnell und entschlossen wie nur möglich intervenieren und notfalls unter Einsatz überlegener Waffengewalt die Kampfhandlung stoppen, einen Waffenstillstand erzwingen und Wege zu einem friedlichen Konfliktausgleich eröffnen muß. Es liegt zwar auf der Hand, daß eine solche Forderung nicht ohne Beachtung der am Krieg beteiligten Staaten erfüllt werden kann und es darüber hinaus gewiß einen Unterschied macht, ob eine Atommacht wie Rußland Krieg führt (so in Tschetschenien) oder eine Regionalmacht wie Serbien (so in Bosnien-Herzegowina), aber dadurch wird der formulierte Ansatz nicht widerlegt oder falsch. Seine Durchsetzung verlangt unter Umständen nur zusätzliche *politische* Anstrengungen.

Gelingt es, einen Kriegsausbruch zu verhindern, oder bewegen sich die Konflikte von vornherein unterhalb dieser Schwelle, können sich die konfliktverringernden, konfliktverhütenden und einem fairen Interessenausgleich dienenden Aktivitäten namentlich im Rahmen der OSZE entfalten und voll zur Wirkung kommen. Estland, Mazedonien und Moldova sind dafür überzeugende Beispiele.

Indes ist aus dem Blickwinkel der Bekämpfung von Völkermord auch hier ein prinzipielles Problem zu berücksichtigen. Die dem Schutz gerade auch von nationalen/ethnischen Minderheiten dienenden, konfliktverhütenden diplomatischen Strategien haben es in ihrem Hauptarbeitsfeld, nämlich in Osteuropa und der GUS, ganz überwiegend mit Ländern und Völkern zu tun, deren Nationalstaatsbildung noch nicht abgeschlossen ist oder überhaupt erst begonnen hat und daher von gesteigerten Emotionen, Hoffnungen und politischen Leidenschaften begleitet ist. Diese Tatsache lenkt den Blick zurück auf den von der Genozid-Forschung thematisierten prinzipiellen Zusammenhang zwischen »Völkermord« und »Moderne«.

Versklavung, Vertreibung, Abschlachtung ganzer Volksgruppen - kein Zweifel, sie begleiten die Weltgeschichte, seitdem es schriftliche Zeugnisse politischer Ereignisse gibt. Zumal die Geschichte Zentralasiens und die des Vorderen Orients seit der Antike sind voll davon. Dennoch wandelt sich das Phänomen des Völkermords im Laufe der Epochen. Mihran Dabag hat, ausgehend von dem Fall des Völkermords an den Armeniern in der Türkei, herausgearbeitet, daß in der Epoche der Moderne der Völkermord als eine Begleiterscheinung im Prozeß der Nationalstaatsbildung auftritt und so - über die von dem zur Selbstbehauptung entschlossenen Volk stark verinnerlichten Prinzipien der ethnischen beziehungsweise rassischen Homogenität und der kulturell-geistigen Identität - ein nationales, das heißt von der gesamten Nation getragenes, der Nation insgesamt zuzurechnendes Verbrechen wird.[155] Es tritt dabei aber noch ein wichtiges Moment hinzu: »Genozid als nationaler Entscheidungsprozeß«, so Dabag, »geht von einem Moment aus, in dem die Tatsache oder das Gefühl außen- und innenpolitischer Bedrängung zum Eindruck einer Systemgefährdung umschlägt und sich über das Kollektivbewußtsein einer Bedrohung eine zur konsequenten Gewalt enthemmte Tätergesellschaft formiert... Die Definition der Zielgruppe des genozidalen Angriffs, der innenpolitische Homogenität schaffen soll, wird gefördert von allgemeinverbreiteten Stereotypen und Vorurteilen und in besonderer Weise von einer Vorgeschichte der Verfolgung wie einer Gewaltbereitschaft der Mitglieder der Tätergesellschaft.«

Wie Dabag sieht auch Yves Ternon in dem Gefühl der »Bedrohung« ein Hauptmotiv der genozitären Gruppe. Zwar sei die Bedrohung niemals eine wirkliche, doch werde sie als eine umso beängstigendere Wirklichkeit erlebt, als sie fiktiv sei.[156] Damit deckt Ternon eine in sozialpsychologischer Hinsicht typische Paradoxie in der Befindlichkeit der genozitären Staatsgesellschaft auf, die wichtig für die innere, durchaus auch »moralische« Rechtfertigung der Völkermordbereitschaft ist: »Zur Verachtung und zum Haß, den Voraussetzungen für den Ausschluß (sc. der »fremden« Gruppen - O. L.), kommt eine entscheidende Komponente: die Furcht. Je näher und schwächer eine Gruppe ist, desto stärker wird die Überzeugung von einer Bedrohung. Der Mörder hält sich für das Opfer einer Verschwörung.«

Welche Bedeutung haben diese Erkenntnisse für die Frage nach den rechtlichen Instrumenten insbesondere der Verhütung von Völkermord? Die Antwort kann nur lauten: Wenn Völkermord heute (auch) das Produkt kollektiver Wahnphantasien im Bunde mit einer partikularen, nationalistischen Ideologie ist, dann ist das wirkungsvollste und letztlich allein entscheidende Gegenmittel die Verankerung von Menschenrechten und von Minderheitenschutz, das aber heißt zugleich die wechselseitige Öffnung von Staaten und Gesellschaften füreinander, ihre Einbindung in ein politisches und völkerrechtliches System und Netzwerk, das Daseinsängsten und Bedrohungsvorstellungen direkt entgegenwirkt und nationalistische, rassistische Ideologien in aussichtslose politische Minderheitenpositionen abdrängt. Eine weltweit betriebene, auf Vernetzung nationaler und internationaler Institutionen, Strukturen und Verfahren hinzielende Menschenrechtspolitik, welche die sozio-ökonomischen wie kulturellen Voraussetzungen ihrer nationalen und lokalen Wirksamkeit mitreflektiert und durch

155 Siehe Dabag: Katastrophe und Identität (Anm. 39), S. 220.
156 Der verbrecherische Staat (Anm. 39), S. 66ff.; 68f.

eine entsprechende internationale Wirtschafts- und Sozialpolitik zu ergänzen sucht, außerdem die Entwicklung und der Ausbau von Strategien zum Schutze vor allem nationaler, ethnischer und religiöser Minderheiten, ferner diese positiv als Brücken und Faktoren zwischennationaler, nachbarschaftlicher Annäherung wahrzunehmen, nicht hingegen als Bedrohung staatlicher Territorialität oder gar staatlicher Existenz - dies sind Ansätze, die uno actu wesentliche Maßnahmen zur Verhütung und Verhinderung von Völkermord darstellen.

Alles, was in jene Richtungen geschieht und insbesondere in und durch die Institutionen der KSZE/OSZE, um den Minderheiten einen Mindeststatus im nationalen Recht, umgesetzt in den wichtigsten öffentlichen Wirkungsbereichen und Institutionen, angefangen beim Bildungswesen, zu sichern, um die allgemeinen Menschenrechte des Völkerrechts und die Grundrechte der jeweiligen Verfassung zu effektuieren, um die demokratischen und die rechtsstaatlichen Institutionen im Lande zu stärken und um die aktive Einbindung des Landes in eine diesen Zielen verschworene Staatengemeinschaft (Europarat, Europäische Union usw.) zu fördern, kann letztlich (auch) als eine Maßnahme zur Verhütung von Völkermord verstanden und bewertet werden, ja, es sind erst diese Strategien zur Etablierung von Rechtsstaaten mit Menschen- und Minderheitenrechten, die letztlich allein den Weg zu einer »genozitären Gesellschaft« versperren und dahindrängende politische Leidenschaften und Ideologien aufhalten und zurückdrängen.

Humanitäre Interventionen sind demgegenüber schmerzliche Eingriffe, wenn das Übel bereits eingetreten ist und seinen Lauf nimmt, und völkerstrafrechtliche Verfahren und Aburteilungen können kaum mehr sein als symbolische Signale für den verbindlichen Rechts- und Wertekonsens der Völkergemeinschaft. Sie sind wichtig, unverzichtbar, aber sie verstärken bei aller Genugtuung über ihren eventuellen Erfolg zugleich die Bitterkeit darüber, daß die Welt vor ihren Hauptzielen - Frieden und Achtung der Menschenrechte - in erschreckender Weise versagt hat.

Zu den Autoren

Gerhard Armanski, Dr., geb. 1942, Professor, Sozial- und Kulturhistoriker, Lehrbeauftragter an der Johann Wolfgang Goethe Universität Frankfurt und der Universität Osnabrück. Forschungsarbeiten insbesondere zum System der Gewalt in Osteuropa. Veröffentlichungen u.a.: Maschinen des Terrors: Das Lager (KZ und GULAG) in der Moderne (1993); Es begann in Clermont: Der erste Kreuzzug und die Genese der Gewalt in Europa (1995).

Zygmunt Bauman, Dr., geb. 1925, Professor (em.) für Soziologie an den Universitäten Warschau (bis 1968), Tel Aviv (bis 1971) und Leeds (bis 1991). Forschungsschwerpunkte: Theorie der Moderne und Postmoderne, Ethik, Moderne und Gewalt. Veröffentlichungen u.a.: Dialektik der Ordnung: Die Moderne und der Holocaust (1992); Tod, Unsterblichkeit und andere Lebenstrategien (1994); Modernität und Ambivalenz. Das Ende der Eindeutigkeit (1995).

Wolfgang Benz, Dr., geb. 1941, Professor, Leiter des Zentrums für Antisemitismusforschung der Technischen Universität Berlin. Forschungsschwerpunkte: Deutsche Geschichte im 20. Jahrhundert, Vorurteilsforschung und deutsch-jüdische Geschichte. Veröffentlichungen u.a.: Der Holocaust (1995); Feindbild und Vorurteil (1996); Mitherausgeber von: Vorurteil und Völkermord: Entwicklungslinien des Antisemitismus (1997).

Frank Chalk, Dr., geb. 1939, Professor für Geschichte an der Concordia University Montreal/Canada. Forschungsschwerpunkte: Geschichte des Genozids, Afrika, Geschichte der Vereinigten Staaten. Zahlreiche Veröffentlichungen u.a. in Holocaust and Genocide Studies; Mitherausgeber von: The History and Sociology of Genocide: Analyses and Case Studies (1990).

Mihran Dabag, Dr., geb. 1944, Direktor des Instituts für Diaspora- und Genozidforschung an der Ruhr-Universität Bochum. Wissenschaftliche Projektarbeiten u.a. im Bereich der Friedens- und Konfliktforschung, Soziologie und Sozialpsychologie, Forschungsschwerpunkte und Veröffentlichungen zu den Themen Gedächtnis und Erinnerung, Diaspora- und Genozidforschung. Mitherausgeber von: Identität in der Fremde (1993); Generation und Gedächtnis (1995).

Bernhard Giesen, Dr., geb. 1948, Professor für Soziologie an der Justus-Liebig-Universität Gießen. Forschungsarbeiten zur Makrosoziologie und allgemeinen Soziologie, nationaler und kultureller Identität, Antisemitismus und Rassismus. Veröffentlichungen u.a.: Soziologie der sozialen Ungleichheit (1987); Die Entdinglichung des Sozialen. Eine evolutionstheoretische Perspektive auf die Postmoderne (1991); Die Intellektuellen und die Nation. Eine deutsche Achsenzeit (1993); Mitherausgeber von: Nationale und kulturelle Identität (1996).

Horst Gründer, Dr., geb. 1939, Professor für Neuere und Neueste Geschichte an der Westfälischen Wilhelms-Universität Münster. Forschungsschwerpunkte: Politische und soziale Geschichte des 19. und 20. Jahrhunderts sowie vergleichende europäische Überseegeschichte. Veröffentlichungen u.a.: Christliche Mission und deutscher Imperialismus (1982); Geschichte der deutschen Kolonien (1985/^{3}1995); Welteroberung und Christentum (1992).

Irving Louis Horowitz, Dr., Professor (em.) für Soziologie und Politikwissenschaft, Hannah Arendt Lehrstuhl der Rutgers University New Brunswick/New Jersey. Forschungsschwerpunkte: Soziologische Theorie, Moderne und Gewalt. Veröffentlichungen u.a.: Israeli ecstacies, Jewish agonies (1974); Genocide: state power and mass murder (1976); Terrorism, legitimacy and power (1983); The decomposition of Sociology (1994); Taking Lives: Genocide and State Power (1980/^{4}1997).

Kurt Jonassohn, Dr., geb. 1920, Professor für Soziologie an der Concordia University Montreal/Canada. Forschungsschwerpunkte: Soziologische Theorie, komparative Genozidstudien. Zahlreiche Veröffentlichungen u.a. in Holocaust and Genocide Studies, Mitherausgeber von: The History and Sociology of Genocide. Analyses and Case studies (1990); Mitautor von: Genocide and Gross Human Rights Violations in Comparative Perspective (1998).

Burkhard Liebsch, Dr., geb. 1959, PD, Institut für Philosophie der Ruhr-Universität Bochum, zur Zeit am Kulturwissenschaftlichen Institut Nordrhein-Westfalen. Veröffentlichungen u.a.: Spuren einer anderen Natur. Piaget, Merleau-Ponty und die ontogenetischen Prozesse (1992); Verzeitlichte Welt (1995); Vom Anderen her. Erinnern und Überleben (1997); sowie zahlreiche Aufsätze zur Phänomenologie in Frankreich.

Otto Luchterhandt, Dr., geb. 1943, Professor am Seminar für Ostrechtsforschung an der Universität Hamburg. Forschungsarbeiten zur Theorie und Praxis des Internationalen Völkerrechts, zahlreiche Veröffentlichungen und Studien insbesondere zum Ostrecht. Neuere Veröffentlichungen u.a.: Nationale Minderheiten und Loyalität (1997).

Hans Mommsen, Dr., geb. 1930, Professor (em.) für Neuere Geschichte an der Ruhr-Universität Bochum, verschiedene Gastprofessuren u.a. in den Vereinigten Staaten. Arbeiten zur mitteleuropäischen Arbeiterbewegung, zur politischen und sozialen Entwicklung Deutschlands in der Zwischenkriegszeit, zum Dritten Reich und Widerstand. Veröffentlichungen u.a.: Die verspielte Freiheit: Der Weg der Republik von Weimar in den Untergang 1918 bis 1933 (1989); Geschichte des Volkswagenwerks im Dritten Reich: Forschungsergebnisse (1991); Das Volkswagenwerk und seine Arbeiter im Dritten Reich (1996).

Karl Josef Partsch, Dr., geb. 1914, gest. 1996, zuletzt Professor am rechtswissenschaftlichen Seminar der Universität Bonn. Langjähriger Mitarbeiter im U.N. Ausschuß für die Beseitigung der Rassendiskriminierung, Angehöriger des Ausschusses des Exekutivrates der UNESCO für Konventionen und Entschließungen. Veröffentlichungen insbesondere auf dem Gebiet des Staats-, Verwaltungs- und Völkerrechts, u.a.: Das Hoffen auf Menschenrechte: Rückbesinnung auf eine internationale Entwicklung (1994).

Kristin Platt, geb. 1965, wissenschaftliche Mitarbeiterin am Institut für Diaspora- und Genozidforschung an der Ruhr-Universität Bochum, Forschungsarbeiten und Veröffentlichungen insbesondere zur Traumaforschung. Mitherausgeberin von: Identität in der Fremde (1993); Generation und Gedächtnis (1995).

Michael Schäfer, Dr., geb. 1953, derzeit Fellow der Netherlands Organization for Scientific Research (Den Haag/Universiteit van Amsterdam) mit dem Forschungsschwerpunkt: Legitimation von Grundrechten und kulturelle Aspekte von Demokratietheorien. Veröffentlichungen zum Thema u.a.: Die »Rationalität« des Nationalsozialismus: Zur Kritik philosophischer Faschismustheorien am Beispiel der Kritischen Theorie (1994); Der philosophische und soziologische Diskurs der Moderne und der Nationalsozialismus (1998).

Roger W. Smith, Dr., geb. 1936, Professor für Politikwissenschaft und Vergleichende Genozidstudien am College of William and Mary in Williamsburg/Virginia. Forschungsarbeiten insbesondere im Bereich komparativer Genozidstudien. Veröffentlichungen u.a.: Women and Genocide, in: Holocaust and Genocide Studies (1994); Scarcity and Genocide, in: The coming age of Scarcity, hrsg. v. I. Wallimann u. M. Dobkowski (1997); zahlreiche Veröffentlichungen über die Geschichte und Prävention von Genozid.

Harald Welzer, Dr., geb. 1958, Professor für Sozialpsychologie am Psychologischen Institut der Universität Hannover. Forschungsarbeiten zur soziologischen und sozialpsychologischen Theorie, zur Transmission von Geschichtsbewußtsein. Veröffentlichungen u.a.: Transitionen. Zur Sozialpsychologie biographischer Wandlungsprozesse (1993); Herausgeber von: Nationalsozialismus und Moderne (1993); Mitautor von: »Was wir für böse Menschen sind«. Der Nationalsozialismus im Gespräch zwischen den Generationen (1997).

GPSR Compliance

The European Union's (EU) General Product Safety Regulation (GPSR) is a set of rules that requires consumer products to be safe and our obligations to ensure this.

If you have any concerns about our products, you can contact us on ProductSafety@springernature.com

In case Publisher is established outside the EU, the EU authorized representative is:

Springer Nature Customer Service Center GmbH
Europaplatz 3
69115 Heidelberg, Germany

Batch number: 10809466

Printed by Printforce, the Netherlands